The Outbreak of
the Peloponnesian War

# 伯罗奔尼撒战争的爆发

[美]唐纳德·卡根（Donald Kagan）著
曾德华 译　李隽旸 校

华东师范大学出版社

华东师范大学出版社六点分社　策划

本书由国家社会科学基金重大项目"《牛津古典大辞典》中文版翻译"
（项目批准号：17ZDA320）资金支持

# 中文版导读[①]

李隽旸

## 一、生　平

　　唐纳德·卡根是耶鲁大学史特林讲席荣休教授。卡根教授著有对伯罗奔尼撒战争进行详尽外交与战略剖析的四卷本伯战史论,被公认为修昔底德学及伯罗奔尼撒战争研究的泰斗。

　　1932年,卡根出生于立陶宛犹太人家庭,幼年失怙。两岁时,他随家人移民美国,在纽约市布鲁克林区的布朗斯维尔(Brownsville)长大。卡根教授告诉我说,他童年时代生活的这个街区类似丛林社会,充斥着电影《教父》般的暴力统治。这样的成长环境或许可以成为一位关注战争与外交的古典学家、美国鹰派对外政策路线的拥护者和新保守主义公共知识分子的早期注脚。

　　卡根分别在布鲁克林学院和布朗大学获得学士和硕士学位。1958年,他凭借以科林斯在421年《尼基阿斯和约》签订后到336年科林斯同盟覆灭前的城邦政治与政策为主题的博士论文,取得俄亥俄州立大学历史学博士学位。[②] 1958至1959年间,他得到富布赖特项目资助,

---

[①] 本文为"伯罗奔尼撒战争史论"四卷本(即第一卷《伯罗奔尼撒战争的爆发》、第二卷《阿奇达慕斯战争》、第三卷《尼基阿斯和约与西西里远征》,以及第四卷《雅典帝国的覆亡》)总论。
[②] Donald Kagan, "Politics and Policy at Corinth:421—336 B. C.", Doctoral Dissertation, Ohio State University, 1958.

在雅典美国古典学学校(American School of Classical Studies at Athens)进行研究。1958 年,卡根教授的长子罗伯特·卡根出生于雅典。

1959 年,从雅典回国后,卡根在宾夕法尼亚州立大学担任了一年历史学讲师;1960 年,他加入康奈尔大学,任历史学助理教授,并于 1967 年成为历史学教授。1969 年对于卡根教授来说是重要的一年。1969 年春夏,民权运动如火如荼,种族对抗情绪席卷美国大学校园。在康奈尔,不断升级的种族主义对抗最终酿成 Willard Straight Hall 夺楼事件。① 卡根教授因为这一事件,从一名"支持罗斯福和新政的老式自由主义者"②转变为保守主义的共和党人。③ 此后,卡根教授不仅成为了坚定的保守主义者,还通过各种方法对美国外交政策进行积极批评,被视为美国新保守主义对外政策路线的重要智识后盾。④ 卡根的两个儿子罗伯特·卡根、弗雷德里克·卡根也跟随父亲脚步,他们不仅像父亲一样成为了战略学家和历史学家,同样也成为了新保守主义公共知识分子。2016 年,特朗普参选及出任总统以后,罗伯特·卡根

---

① Wikipedia s. v. "Willard Straight Hall" on 1969 building take-over: https://en.wikipedia.org/wiki/Willard_Straight_Hall#1969_building_takeover, visited Feb 8, 2019. Official personal site of Steve Starr: "Steve Starr Photojournalist—50 Years of Available Light: the Pulitzer Prize", http://stevestarr.com/pulitzer-prize, visited Feb 8, 2019.

根据上面所引的资料,事件情况大致如下。康奈尔大学设立了一个旨在录取更多非裔学生的项目,校园内种族主义矛盾升级。Wari House 草坪发生起火事件后,非裔学生在校园内示威。非裔学生要求不处罚示威学生,同时建立非洲学研究中心。4 月 18 日,周五,一些非裔学生占领学生会所在的 Willard Straight Hall,驱赶因参加周末校园开放日而前来校园、住在楼上的家长。ΔΥ 兄弟会的一些学生试图空拳暴力夺楼未遂。占楼的非裔学生秘密携带了来复枪和猎枪等武器。校方忧虑会爆发武装冲突,展开密集谈判。4 月 20 日,周日下午,事件和平解决。

② Bruce Fellman, "Lion in Winter", *Yale Alumni Magazine* (Apr. 2002), https://web.archive.org/web/20070809010253/http://www.yalealumnimagazine.com/issues/02_04/kagan.html, visited 23 June, 2019.

③ Craig Unger (2007). *American Armageddon*. Simon and Schuster. p. 39. quoted from Wikipedia s. v. "Donald Kagan," https://en.wikipedia.org/wiki/Donald_Kagan, visited Feb 8, 2019.

④ 虽然我并不同意作者将卡根教授与 Irving Kristol,Leo Strauss 并列为美国新保守主义"教父"的做法,因为三者并不是通过同样的方式对美国政治思潮及对外政策发生作用,三人的立场也不太相同,但是这本书至少说明,在相应的政治思潮及对外政策取向上,这三个人是较有影响的:John Bloxman, *Ancient Greece and American Conservatism: Classical Influence on the Modern Right*, I. B. Tauris, 2018.

更是成为共和党建制派批评总统的重要声音,而卡根家族这一保守主义政治传统的起始点,正是民权运动浪潮中的1969年。在这一年,四卷本第一卷《伯罗奔尼撒战争的爆发》出版。同样是在这一年,卡根转入耶鲁大学,任历史学和古典学教授,凡44年,2013年荣休。

卡根对国际政治及美国外交政策的看法,可以用"霸权国必须具备使用武力的足够能力及充分意愿才能维系和平"这一观点来简要概括。这一观点直接出自他于1995年出版的《论战争根源与和平存续》(*On Origins of War and Preservation of Peace*)一书。这本书是卡根转入耶鲁大学后新开设的战略史课程的产物。在数十年的时间里,这门课程在耶鲁十分受欢迎,特别是对于学生政治联盟(Yale Political Union)、辩论社(Yale Debate Society)等政治实践社团的耶鲁学生而言。在听过这门课的学生当中,有许多人像他的两个儿子及儿媳维多利亚·纽兰(Victoria Nuland)一样,后来也进入到美国的外交圈当中。由此可以推知,美国对外政策的制定者和批评者当中,有不少人受过卡根的学术和政治影响。

2013年5月,卡根教授从耶鲁大学最高学术职级史特林教授讲席任上荣休。荣休演讲由耶鲁的保守主义学生组织"小威廉·F. 巴克利计划"(the William F. Buckley Jr. Program)主办。这个组织的学生皆宣称自己为保守主义者,将小威廉·F. 巴克利的这番话奉为圭臬:"美国面临的最大文化威胁是知识分子党社的服从……对此,我们毫无保留地支持卓越,①而非'新潮';我们毫无保留地进行坦率的智识战斗,而不顺从。"②卓越与新潮孰轻孰重,保守与自由如何分野,我不会在此展开分析;在此,我只描述该组织与耶鲁的关系:这些孩子在耶鲁这样一个校园中,感到保守主义的声音及相应的政治理念没有得到充分展现;而卡根教授就是他们的伯利克里。一位同学告诉我这样一则轶事:某年,学生们为卡根教授送上的生日蛋糕上写着"祝耶鲁'第一公

---

① 考虑到这些学生所处的语境和所受的教育,似乎可以作一种不甚可靠的推断:他们意在使用"arete"一词。
② Official site of "the William F. Buckley Jr. Program at Yale", https://www.buckley-program.com/, visited Feb 9, 2019.

民'生日快乐"。① 我猜想,卡根教授和追随他的学生,很可能同样会认同甚或追求这样一种政体:像伯利克里治下的雅典一样,这个政体"名义上是民主政体",但实际上,"出类拔萃之辈"②应当像伯利克里一样,具备更深远精确的战略目光和团结引导民众的领袖才能,保持这个民主政体对外政策的连贯性与稳定性。

## 二、论　　著

卡根教授论著丰硕。除了"伯罗奔尼撒战争史论"四卷本(《伯罗奔尼撒战争的爆发》《阿奇达慕斯战争》《尼基阿斯和约与西西里远征》《雅典帝国的覆亡》)之外,在历史学及古典学方面,卡根教授还独自撰写或参与撰写了数部通史通论类作品,例如写给公众的古希腊政治思想史《大对话:从荷马到波利比乌斯的希腊政治思想史》(The Great Dialogue: A History of Greek Political Thought from Homer to Polybius, 1965),通识教育读本《西方的遗产》(The Western Heritage, 1979),③以及《修昔底德:重塑历史》(Thucydides: Reinvention of History, 2010)。除此之外,卡根教授还著有多部专题研究性著作,其中,《雅典的伯利克里与民主的诞生》(Pericles of Athens and the Birth of Democracy, 1991),深化并发展了先前"伯罗奔尼撒战争史论"四卷本中与伯利克里相关的研究。

除专业研究外,卡根还著有充满现实政治关切的作品。其中影响较大的一部是上文提到的《论战争根源及和平存续》。这部著作总结了卡根在耶鲁执教生涯里相当受欢迎的一门战略史课程,是一部战略研究著作,既涉及几次重大战争的爆发过程,也涉及古巴导弹危机这样一

---

① Thuc. 2.65.9: ἐγίγνετό τε λόγῳ μὲν δημοκρατία, ἔργῳ δὲ ὑπὸ τοῦ πρώτου ἀνδρὸς ἀρχή."[雅典]名义上是民主政体,实际上是第一公民的统治。"
② "kaloi kagathoi"这个概念如果可以被尝试使用在20世纪美国的政治语境中,或许可以借用戴维·哈尔伯斯坦(David Halberstam)对越战一代精英政府错误政策那部不动声色的批驳与挽歌《出类拔萃之辈》(the Best and the Brightest)的措辞。
③ 本书在前些年已被译为中文引进出版,参见[美]唐纳德·卡根等著,《西方的遗产》,袁永明等译,上海人民出版社,2009年。

个成功避免战争爆发的史例。在卡根教授看来，他的作品中最值得被翻译成中文的便是这部著作。显而易见地，作为四卷本中文译者的我并不赞同这一点。最值得翻译成中文的作品，当然还是"伯罗奔尼撒战争史论"四卷本。

还有一部著作也值得一提，这就是他与次子弗雷德里克·卡根共同撰写的《当美利坚在沉睡：自我欺骗，军事积弱与今日和平面临的威胁》(While America Sleeps: Self-Delusion, Military Weakness, and the Threat to Peace Today, 2000)。这部书标题直指温斯顿·丘吉尔于1938年出版的《武装与契约》。该书最初在美国出版时，使用的书名便是《当英格兰在沉睡：1932—1938年世界事务总览》。① 卡根父子之所以要用书名影射丘吉尔这部著作，是因为该书是反对绥靖主义的名篇。卡根父子的书利用同样结构的书名，表达了同样强烈的反绥靖主义立场，提倡增加军费，保持对外政策强硬立场。然而，这部作品的鹰派色彩使其毁誉参半。连一位军方学者也认为这本书的观点所展现的是"帝国精神的傲慢"。②

## 三、"伯罗奔尼撒战争史论"四卷本

尽管著作等身，卡根教授学术生涯中最重要的研究仍旧是"伯罗奔尼撒战争研究史论"四卷本。除第一卷《伯罗奔尼撒战争的爆发》写作于康奈尔大学、出版于1969年以外，后三卷皆写作于他在耶鲁大学任教期间，分别出版于1974年，1981年，1987年。可以说，"伯罗奔尼撒战争史论"四卷本的写作正值卡根教授学术创造力最为旺盛的20年，是他对历史学和古典学学界最重要的贡献，也构成了他批评美国政治现实的声誉和智识基础。

---

① 关于此书在英国和美国出版时的不同书名，参见 https://en.wikipedia.org/wiki/Arms_and_the_Covenant, 2019年2月9日访问。
② Gregory Elich, "The Arrogance of the Imperial Mind: Review on *While America Sleeps: Self-Delusion, Military Weakness, and the Threat to Peace Today* by Donald Kagan and Frederick W. Kagan", *Science & Society* 67(summer 2013), 231—236.

## (一) 结构　a:四卷本

"伯罗奔尼撒战争史论"四卷本是继1927年亨德松(Bernhard W. Henderson)的《雅典与斯巴达之间的大战:修昔底德军事历史指南》(*The Great War between Athens and Sparta: A Companion to the Military History of Thucydides*)之后近半个世纪以来,第一部对伯罗奔尼撒战争进行全景式研究的作品。将伯罗奔尼撒战争全景分为四个部分来进行研究写作,与伯罗奔尼撒战争的起源和发展有着密切的对照关系。

我们一般所谓的修昔底德史书所涉及的伯罗奔尼撒战争(公元前431—前404年),史称"第二次伯罗奔尼撒战争"或"伯罗奔尼撒大战"。它与发生在公元前460至前445年期间的雅典与斯巴达的战争相对应,后者史称"第一次伯罗奔尼撒战争"。① 从规模方面看,第一次伯罗奔尼撒战争不亚于后来的伯罗奔尼撒大战。据修昔底德记载,在第一次伯战的塔纳格拉战役中,雅典"全军出动",单方面涉及兵力已达"一万四千人"。② 塔纳格拉战役后,雅典与斯巴达签订《三十年和约》,奠定了希腊本土地区国际关系格局,是这次战争历史重要性的体现。自从公元前479年希波战争大体结束、从斯巴达手中取得希腊联军领导权以来,③雅典一直在不停扩张其帝国。④ 然而,在第一次伯罗奔尼撒战争结束以后,雅典便放弃了在伯罗奔尼撒半岛也就是希腊本土大陆地区的诸多据点,事实上也放弃了帝国的陆权扩张,由此与斯巴达海陆分治,形成希腊世界的双头统治格局。⑤ 希腊本土这一两极体系持续

---

① Thuc. 1.107—8.
② Thuc. 1. 107. 5: ἐβοήθησαν δὲ ἐπ' αὐτοὺς οἱ Ἀθηναῖοι <u>πανδημεὶ</u> καὶ Ἀργείων χίλιοι καὶ τῶν ἄλλων ξυμμάχων ὡς ἕκαστοι· ξύμπαντες δὲ ἐγένοντο <u>τετρακισχίλιοι</u> καὶ μύριοι.
③ Thuc. 1.95.
④ 这一段时期雅典的对外政策史(所谓"五十年纪事":Thuc. 1.89—117)作为插入叙事,是对1.23.6修昔底德对战争"最真实原因"的判断——雅典不断增长的势力——的解释和说明;引导这段史述的1.88是对1.23.6论断的重申。至于在这段时期内,雅典扩张的程度和性质究竟如何,学者们根据不同的材料(特别是依据可能属于这段时期的铭文材料),持有截然不同的观点。
⑤ 第一卷第七章"战争的结束",原书第128页。

到公元前431年第二次伯罗奔尼撒战争爆发之际。甚至,伯罗奔尼撒大战爆发时,参战双方各自怀有的抗拒情绪还表明,这一体系原本可以维持得更久。希波战争大体结束后,雅典与斯巴达及各自的同盟如何走向了第一次伯罗奔尼撒战争,这次战争所奠定的两极格局如何崩溃并导致第二次伯罗奔尼撒战争,是修昔底德史书第一卷所考察的主要内容,也是四卷本第一卷《伯罗奔尼撒战争的爆发》所处理的史实与问题。

第二次伯罗奔尼撒战争前后共27年。根据公元前421年、公元前413年两个时间节点,这27年可以再被具体分为三个阶段。

战争第一阶段(公元前431—前421年)有时被称为"十年战争",有时也根据战争爆发时斯巴达国王阿奇达慕斯的名字,被称作"阿奇达慕斯战争"。修昔底德史书第二卷至第五卷第24节处理这段历史,形成相对完整的"十年战争"部分。相应地,四卷本第二卷《阿奇达慕斯战争》处理战争这一阶段。

战争第二阶段被称为尼基阿斯和平时期(公元前421—前413年)。这一阶段因雅典政治家尼基阿斯主导并促成签字的雅典与斯巴达和约而得名。在此期间,雅典与斯巴达之间虽然没有直接冲突,但是战火仍在大希腊世界持续燃烧。公元前415年,雅典以无敌舰队远征西西里,前413年在西西里全军覆灭。十年战争结束时留下的战略平衡被打破,斯巴达于公元前413年重启对雅典及其盟友的战争。修昔底德史书第五卷余下部分记载了《尼基阿斯和约》签订期间的外交与军事事务,第六至七卷则被称为"西西里纪事",交代西西里远征的前因后果。相应地,四卷本第三卷《尼基阿斯和约与西西里远征》处理战争这一阶段。

伯罗奔尼撒战争的最后一个阶段从公元前413年雅典西西里远征惨败、斯巴达重新入侵亚狄珈开始,持续到公元前404年羊河口战役后雅典陷落。以斯巴达驻防雅典北部亚狄珈平原德西利亚为标志的陆上战斗,有时被称为"德西利亚战争";在爱琴海展开的多次海战,有时则被称为"爱奥尼亚战争"。同时,也有人以"德西利亚战争"或"爱奥尼亚战争"来指代战争的整个这一阶段。修昔底德没能完成他的史书,他的史书第八卷不仅未及修改,而且甚至并不完整,其史述终止于公元前411年,战争第三阶段的第三年。这一阶段战争余下时间的主要史料来源是色诺芬和狄奥多罗斯的史书以及普鲁塔克的传记。四卷本第四卷《雅典帝国的覆亡》主要借助色诺芬、狄奥多罗斯和普鲁塔克的记载,处理这一段历史。

## (二) 结构 b:第一卷与后三卷

不过,值得一提的是,第一卷(战争前史)与后三卷(战争叙事)在结构与写作方法上的差异值得关注。在诸多差异中,值得注意的第一个变化是时代误置在不断减少,另一个变化是读者群设定的收窄。这两个变化间接体现了作者的写作背景、研究方法与立场转变。

### 1. 时代误置

四卷本第一卷最引人注意甚或诟病的问题之一,是历史分析中的时代误置现象。具体来说,在第一卷中存在两种时代误置:一种是概念术语的跨时代使用,另一种是历史事件的跨时代类比。

第一种误置,是使用现当代国际政治概念术语去描述、概括、分析古代历史。卡根用于分析公元前5世纪希腊世界的国际政治学概念如"极化"(polarization)、阵营(power blocs)等,许多都脱胎于现当代国际关系史。历史学家往来于当代理论概念与古代经验事实之间,对于这种做法的风险有深刻认知和足够的规避意识。但是,卡根在这一做法上却颇为大胆,许多同行对这一做法并不赞同。①

在我看来,这些批评有合理的部分,也有不尽合理的部分。例如,Robert L. Hohlfelder说卡根使用的"极化"概念是时代误置,②这一批评就是不能成立的。因为卡根教授在第一卷中提

---

① 同行书评对这一问题的批评,参见 Robert L. Hohlfelder on *the Outbreak of the Peloponnesian War*, *the Historian* 33, 99.

② 具体来看,这批评并非由 Robert L. Hohlfelder 直接作出,因为他的原话是"<u>有些人</u>会觉得卡根教授所使用的一些术语如'极化'……是时代误置"。Robert L. Hohlfelder on *the Outbreak of the Peloponnesian War*, *the Historian* 33, 99.

到"两极化"时，完全是为了反对在古代城邦政治史中使用这一概念。① 在此，我们可以看到，卡根对于现当代国际政治概念术语的使用，至少在某些地方体现出了作为一名历史学家的足够审慎。

第二种误置，是在不同时代的具体事件之间建立连接和类比。对此，卡根教授毫不掩饰，在第一卷前言便坦白陈述了他对这种做法的认识、偏好，以及这一做法可能存在的危险："……我常常会将公元前5世纪的历史与现代历史进行类比，我明白这种类比所存在的危险……我希望通过类比，让大家明白我为什么会得出这些结论……关于第一次世界大战，我们掌握了翔实的资料，因此我相信研究这次战争的起因，肯定有助于我们理解伯罗奔尼撒战争的爆发。"② 在第一卷中，不同时代具体事件之间的类比随处可见。例如，卡根教授提到，在第一次世界大战之前，德国完全依靠施里芬计划这一战略计划，以致过于重视所谓的快速反应，反而导致了一战更快爆发。卡根用这个例子说明，到伯罗奔尼撒大战爆发之前，斯巴达的鹰派犯下了类似的错误：他们深信战争会很快结束，所以"毫不犹豫将同胞与盟邦往战争的道路上驱赶"。③ 又例如，他认为，埃皮丹努之于第二次伯罗奔尼撒战争，犹如萨贡托之于第二次布匿战争，萨拉热窝之于第一次世界大战。④ 再例如，卡根认为，冷战时期的美苏两极格局完全类似希波战争之后希腊本土的国际关系格局：他将希腊同盟类比为联合国，将提洛同盟比作北约，并把美国推行的"马歇尔计划"比作雅典发出的《大会法令》。⑤ 对于这一做法，许多同行并不赞同。

然而，从第二卷开始，甚至无需细读全书，只要翻一翻专有名词索引，我们就能知道，论著中与现当代国际关系史的类比近乎消失不见。当然，后三卷中并非完全不包含对现当代历史的类比。但是，后三卷中的史例类比，更多是服务于技术性目的，对全书结论的论证过程影响不

---

① 第一卷第十九章"战争的起因"，原书第349—350页。
② 第一卷"弁言"，原书页码第x—xi页。
③ 第一卷第十八章"雅典"，原书第336页。
④ 第一卷第十三章"埃皮丹努"，原书第205页。
⑤ 第一卷第六章"爱琴海危机"，原书第112—113页。

大。例如，在第四卷中，卡根用丁字战法（T字阵型战术理念）对特拉法加尔海战、马岛海战、莱特湾战役的影响，来说明库济科斯一役作为"三列桨战舰时代最伟大的海战成就"，对后来的战役可能产生的影响。① 不过，这个类比的重要性远远比不上第一卷中不胜枚举的跨时代类比。

上面所揭示的种种类比无疑具有时代误置的危险。

同行书评已经提出了类似的批评。Henry R. Immerwahr 在评价第一卷时指出，卡根对战争起因的解释或许未能充分基于公元前5世纪关于战争与和平的语境。② Malcolm F. McGregor 则在评述第一卷时提到，卡根对伯利克里所拥有的权力理解有误，而这是因为他对雅典民主制度的理解不够充分。③ 在不少学者看来，卡根对那个时代的战争与和平、帝国与城邦关系的理解是不符合时代语境的，他确实犯下了时代误置的错误。同时，还有一项佐证是 Raphael Sealey 在评价第三卷时的一项具体批评。Sealey 认为卡根在解释西西里远征时，对雅典城邦内的派别政治理解得不准确。因为事实上，雅典民主制下的派别政治主要体现在法庭和选举等与投票有关的活动中，而并不一定能够在对外政策、特别是战争与和平问题上形成鲜明的鹰派和鸽派分野。④

我认为，是作者所处的时代里的主要问题深刻影响了作者并（很可能）塑造了他在历史分析中所使用的归因机制、进而塑造了他的历史分析。我们有足够理由去挖掘四卷本成书时代的背景及其中的突出事件——冷战，古巴导弹危机，美苏缓和——对这一古代战争研究的影响。这种影响由一系列相互联系的问题组成：战争会爆发吗？战争是可避免的吗（战争是必然的吗）？现有格局和体系是可持续的吗？在进

---

① 第四卷第十二章"小居鲁士、莱山德与阿尔喀比亚德失势"，原书第315页及以下。
② Henry R. Immerwahr's review on *The Outbreak of the Peloponnesian War*, AHR 75 (1970), 2023.
③ Malcolm F. McGregor's review on *The Outbreak of the Peloponnesian War*, CW 63 (1976)202. 其实，McGregor 对第二卷的批评也包含了这一点（Malcolm F. McGregor's review on *The Archidamian War*, CW 70 〈1976〉, 219）。这也许可以表明，时代误置问题出自研究者本身对所研究时代的国际政治语境理解得有偏差。虽然这对于历史学家来说是严重的批评，但这也确实是历史学家易于犯下的错误之一。
④ Raphael Sealey's review on *The Peace of Nicias and the Sicilian Expedition*, AJP 103 (1982), 339.

行古代战争研究的时候,回答这些问题可以被用作研究进路;同样,在研究现当代战略史的时候,回答这些问题也可以被用作研究进路。所以,相应的回答或许分别是这样的。

第一,对于公元前5世纪最后四分之一个世纪的希腊世界来说,大战爆发已是既成事实;但就冷战初期的世界而言,在代理战争和局部冲突的阴云中,对两大阵营爆发直接冲突的忧虑和恐惧主导了这个时期关于世界政治的思考。在这种气氛中,卡根才会对雅典与斯巴达抗拒战争的情绪格外敏感。这种想法将进一步体现在第一卷里他对科林斯等中等权势城邦的归咎和批评中。

第二,第一卷出版之前7年,也就是1962年,古巴导弹危机成功解决,并未酿成直接战争。这一事件对国际政治学学科的发展影响重大,或许也使得四卷本的作者开始质疑修昔底德的战争必然性。这一点不仅能够从第一卷中读到,还能够被《论战争根源与和平存续》这部书的结构和结论所证明。在这部书中,被用来说明"避免战争爆发是可能的"这一点的,就是古巴导弹危机;而被用来探究战争爆发诸因的,则是第二次伯罗奔尼撒战争、第二次布匿战争和20世纪的两次世界大战。

第三,古巴导弹危机之后开始的美苏缓和或许令卡根认为,两极格局作为一种国际关系权力结构,是有可能被维系下去的。卡根也丝毫没有掩饰他将《三十年和约》之后、伯罗奔尼撒大战之前的局势与冷战期间、古巴导弹危机之后的美苏缓和进行类比的意图:"我们不禁要问,《三十年和约》所创造的缓和局面难道就不可能持续下去吗?"① 在60年代的美国,"缓和"这个词所引起的联想,除了美苏缓和之外,不会存在别的可能。卡根写作第一卷的时候,"和平的局面已经维持了20多年,敌对双方的紧张局势也有所缓和"。② 这个看法将最终转变为他对公元前446/445年雅典-斯巴达《三十年和约》之重要性、有效性和可持

---

① "We must ask whether the *détente* achieved by the Thirty Years' Peace could have endured,...?"第一卷"导论",原书第3页,斜体为原文所标出。
② 第一卷第十七章"斯巴达",原书第299—300页。

续性的辩护。和约的重要性、有效性和可持续性将成为第一卷核心论点的主要论证策略。①

2. 读者群设定

这样，通过考察这些既适用于古代战争史、也适用于冷战史的问题，我们已经多少理解了第一卷为何有这么多时代误置，以及我们应当如何通过这些时代误置去把握第一卷的结论及其论证策略。但现在我们还想知道，在后三卷中，时代误置为什么会急遽减少？第一卷与后三卷之间的另一个差异或许可以帮助我们回答这个问题：第一卷似乎是写给较为广泛的一个读者群的，而后三卷的专业性和技术性似乎略强于第一卷。换言之，读者群的设定似乎略微收窄了。

首先，几乎所有的书评人都赞扬，四卷本拥有一个较为广泛的读者群体设定。大家普遍认为，四卷本不仅为专业领域增加了知识，值得研究者参考，同时也适合任何具备一般文化水准和智识好奇的读者去阅读。这得益于四卷本流畅的散文风格、明晰的归因决断，以及在较艰深的技术性论证和完整通畅的历史叙事之间取得平衡的体例安排。卡根教授将艰深的讨论纳入脚注和附录，保持行文流畅和叙事完整，使得一般读者可以方便地抛开技术讨论，享受卡根对历史事件的叙述和分析。

然而，读者也会发现，后三卷比第一卷的专业程度更高，读起来更难一些。这部分是由于第一卷的体例安排和后三卷的体例安排不完全一样。第一卷提供了多达 11 篇关于具体争议和研究困难的附录，但是第二卷只提供了两篇附录，第三、四卷则取消了附录。然而，后三卷对技术性难题的讨论并没有减少。公元前 5 世纪是史料稀少的时代，关于这个时代的研究是十分困难的，后三卷所涉及的地形、航海、史料定年等问题完全不比第一卷少。尤其是在修昔底德抛弃我们之后，情况雪上加霜。但是卡根教授并没有放弃讨论这些问题，没有逃离学术争议的战场。取消附录但论述难度不减，意味着后三

---

① 在第一卷中，卡根反驳修昔底德战争必然性时，主要的路径是提问：三十年和约原本是否能够维持下去。关于对这一论证策略的观察，参见 Malcolm F. McGregor on *The Outbreak of the Peloponnesian War*, CW 63(1970), 202。

卷面向的是更为专业一些的读者,所以普通读者会感觉到,后三卷比第一卷读起来更难。

作者为什么将后三卷写给更为专业的读者,而将第一卷写给一个更为广泛的读者群?根据以下这个事实,我们能够得到答案:在写作后三卷的时候,卡根教授在学术写作和政策评论之间取得了新的平衡。

对现当代国际关系的类比减少,并不意味着在这个时期卡根教授对现实变得漠不关心,也完全不意味着他在写作第一卷时所感知到的时代问题和解决这些问题的智识焦虑有任何程度的减轻。事实刚好相反。1969年出版第一卷、转入耶鲁大学以后,卡根教授在大众媒体的出现频率较之先前在康奈尔的时候,反而大为增加。卡根教授在非学术性的公众媒体——包括《公共利益》(Public Interest)、《评论》(Commentary)等——上发声,差不多正是始于这一时期。《评论》和《公共利益》都被视为新保守主义的旗帜刊物,《评论》主编Norman Podhoretz、《公共利益》创始人Irving Kristol都是70年代以来美国新保守主义运动的先锋。[1] 除了在公众媒体大量写作之外,卡根还开始着手写作现实政治题材的专门论著。在写作后三卷的这一时期,作者对美国现实政治和外交的关注是在不断加强的。

与此同时,学术写作中的现实关怀逐步被作者剥离了出去。先前,从第一卷的诸多时代误置中,我们观察到作者强烈的现实关怀与受此影响的全书结论和论证策略。后来,我们看到,卡根教授一面将后三卷写给更专业一些的读者,一面直接通过大众媒体和其他论著表达自己对现实政治的强烈关怀。在出版第一卷之后,对伯罗奔尼撒战争的研究不再直接承载卡根教授对美国现实政治与外交政策的批评;这些批评融入了他后来出版的战略史和当代美国外交论著、还有他在大众媒体的发表作品之中。

---

[1] 关于卡根教授的媒体作品,参见作者在耶鲁历史系的教员页面:https://history.yale.edu/people/donald-kagan,2019年2月9日访问。关于《评论》及主编的政治立场,参见Wikipedia s. v. "Norman Podhoretz": https://en.wikipedia.org/wiki/Norman_Podhoretz,2019年2月10日访问。

## 四、学术语境中的四卷本

在谈论了四卷本的结构和卷帙安排以及其宏观特征之后,我们可以转向考察:四卷本是怎样一部作品呢?无疑,它既是一部修昔底德研究指南,也可以被视为关于伯罗奔尼撒战争的一部历史、战略、外交注疏,甚至同时是关于公元前5世纪古希腊的一部编年通史。最后,四卷本是国际政治学研究修昔底德的必备基础。

首先,用John F. Oates的评价来说,四卷本"基本可视为一部修昔底德研究指南",①为重要的研究困难刻画了争议现状,具有完备及时的相关文献。在研究实践中,这样的作品可以为研究者发挥指南功能。其次,四卷本堪称一部"关于伯罗奔尼撒战争的历史、战略、外交注疏",②因为它对伯罗奔尼撒战争期间的外交与战略问题(近乎)逐一进行了分析。再次,非专业读者翻开四卷本,可以借由作者的精心安排,③方便地躲过其中对技术性争议的复杂讨论,得到关于公元前5世纪后半叶希腊的一部编年通史。这部通史基于修昔底德史书,同时在内容上超出了修昔底德史书对战争的记载:它还包括了借助其他古代文献和通过考古学、碑铭学、纸草学、航海学、地形学研究及现代历史学的其他手段得到的历史还原结果,并以和修昔底德史书同样的方式——编年史——呈现在读者面前。

### (一) 与古代史料

#### 1. 卡根对修昔底德的看法

怎样看待并在此基础上如何利用修昔底德史书,是所有修昔底德

---

① John F. Oates on *The Archidamian War*, *the Historian* 38(1975), 121. 关于真正以"研究指南"之名出版的修昔底德研究指南,参见《修昔底德研究博睿指南》(*Brill's Companion to Thucydides*, 2006)、《修昔底德研究牛津手册》(*Oxford Handbook of Thucydides*, 2017)等作品。
② 作为译者和相关领域研究者,我非常希望用"a historical, strategical, diplomatic commentary of Thucydides and his continuators wherefrom he abandons us"来称四卷本。
③ 也就是如本文第三节第二小节所述,不读脚注和附录即可。

学家或伯罗奔尼撒战争研究者需要回答的基本问题之一,影响着研究者对于一系列相关问题的基本立场。总的来说,卡根教授在四卷本中对修昔底德的态度可以概括为:似嫌过度信赖,但同时勇敢批判使用。

总体而言,相对于学界同行,卡根更为信赖修昔底德的叙述。卡根对修昔底德史书的以下两种做法可以清楚展现这种信赖。

第一,是卡根对修昔底德史书中的演说、对话、辩论等内容的看法和使用。对于史书中的演说辞,据修昔底德自己说,他写作这些演说辞的原则是一方面使演说者说出适合于各种场合所要求的话,另一方面尽可能保持实际演说的大意。① 这就表明,修昔底德史书中的演说辞几乎肯定不完全是真实言说的实录。② 因此,关于修昔底德史书演说辞,其总体内容真假如何、每个具体个例又该如何处理,差不多可以算是修昔底德学中争议最大的问题之一。但许多同行都认为,卡根对修昔底德演说的可信性是过于乐观了。③ 一个较为极端的例子——弥罗斯对话——可以说明这一点。修昔底德写下的弥罗斯对话与历史实情相符合的可能性是很低的。该对话虽然不至于像有些学者所认为的那样完全是"虚假的创作"或"文学的虚构",④但也没有多少历史学家会赞同卡根的如下看法:"尽管弥罗斯对话不是对整个会议的逐字记录,而是一个简写了、风格化、戏剧性地拔高了的叙述,但是,我们仍可将这段叙述视作真实谈话内容的可靠记载。"⑤Jack Cargill 指出,卡根这样看待并处理弥罗斯对话,是有问题的。⑥ 对待可信性程度极低的弥罗斯对话都如此信任,我们可以推知卡根对待修昔底德笔下其他演说辞

---

① Thuc. 1.22.
② 例如,H. D. Westlake 提醒我们注意,如果修昔底德想要教育读者的冲动凌驾于他如实记载的动机之上的话,那么修昔底德写作的演说辞就不太可能是与真实情况相符的。H. D. Westlake on *The Outbreak of the Peloponnesian War*, CR 21(1971), 250.
③ Henry R. Immerwahr on *The Outbreak of the Peloponnesian War*, AHR 75(1970), 2022.
④ 例如,Brückner 持这种看法,参见 Diether Roderich Reinsch, "Byzantine adaptations of Thucydides", *Brill's Companion to Thucydides*, 761。Lawrence Tritle 将弥罗斯对话称为"文学虚构",参见 Lawrence Tritle, "Thucydides and Power Politics", *ibid.*, 487.
⑤ 第三卷第六章"曼提尼亚之后:斯巴达与雅典的政治和政策",原书第 150 页。
⑥ Jack Cargill on *The Peace of Nicias and the Sicilian Expedition*, AHR 88(1983), 86.

的态度。

第二,卡根对修昔底德史书的过度信赖还体现在,他常常使用"默证"(argumenta ex silentio)这一危险的论证方法去分析修昔底德史书并以此作出结论,特别是在"五十年叙事"等资料稀缺的时段。① 诉诸默证法的危险之处在于它需要依赖一系列极为严格的前提才能成立。② 这种做法体现的是卡根对于古代信源怀有的"某种程度的天真"。卡根说,对于古代信源的某种说法,"除非有其他资料对这种说法提出质疑,或者这种说法本身存在明显的漏洞,或者有自相矛盾之处,否则,我们就不应该拒斥这种说法"。③ 对待其他古代信源如此,对待修昔底德,他就更是如此。

当然,对于修昔底德记载的信赖并不代表卡根就对修昔底德的结论也亦步亦趋。恰恰相反,四卷本引起的广泛学界关注和讨论,很大程度上是因为它尖锐地挑战了修昔底德的战争必然论。

Cargill 在评论第三卷时说,卡根教授无疑是属于"这样一个学派,他们会区分修昔底德史书中的'新闻'部分和'社论'部分"。④ "新闻-社论"这一譬喻来自于 G. E. M. de Ste Croix 对修昔底德史书的一句著名评论:"修昔底德是如此客观的一位史家,以至于他自己就提供了足够的证据(给别人去)反驳他自己。打个比方我们可以这样说,修昔底德史书中的'新闻'部分与'社论'部分存在相互矛盾之处。"⑤ 修昔底

---

① Robert L. Hohlfelder on *The Outbreak of the Peloponnesian War*, the Historian 33 (1970), 99.
② Langlois 和 Seignobos 提出、John Lange 总结出来的前提包括以下四条:(1)现存有文献 D,其中没有提及 E 事件;(2)文献 D 的作者的目的是穷尽枚举 E 事件所属的那个事件类别中的所有事件;(3)文献 D 的作者熟悉这个事件类别中的所有事件;(4)E 事件必须是文献 D 的作者所无法忽视的那种事件。John Lange, "The Argument from Silence," *History and Theory* 5(1966), 290.
③ 第一卷附录 B"狄奥多罗斯对公元前 475 年斯巴达公民大会的描写的历史真实性",原书第 378 页。
④ Jack Cargill's review on *The Peace of Nicias and the Sicilian Expedition*, AHR 88 (1983), 87.
⑤ de Ste Croix, "The Character of Athenian Empire", *Historia* 3(1954), 3. 因为这篇用政治经济学理论解释雅典帝国性质的论文引起了许多争议,这句评论也在争议的往复中变得有名。

德以冷静公正著称,最重要的原因就是其史书主要由第三人称战争叙事构成,读者不能直接读到作者对事实的判断。这也就是 de Ste Croix 所说的修昔底德史书中的"新闻报道"部分。与此同时,作者以第一人称口吻直接对历史事件发表评论,在修昔底德史书中是少之又少的。这些评论也就是 de Ste Croix 所说的修昔底德史书中的"社论"部分。但是,在这些极为偶见的"太史公说"中,仍然有一些与其第三人称叙事部分提供的信息相互矛盾。这些矛盾给学者留下了巨大的争议和研究空间,是修昔底德学当中的重要问题领域。

四卷本的第一卷和第三卷都是依赖史家评论与历史叙事之间的矛盾之处来得到全书结论的。① 在第一卷中,卡根基于修昔底德的"五十年叙事",②勇敢地挑战了修昔底德同样通过"五十年叙事"得出的战争必然论。③ 而第三卷的结论,则浮现于作者对伯利克里的挽悼④中对西西里远征失败原因的总结(未能给予海外军队以及时足够的支援)与西西里远征叙事(公民大会决议派出无敌舰队远征,并在尼基阿斯的要求下及时再派同样规模的舰队支援)之间的矛盾中。我们可以看到,对于"新闻-社论"分野,卡根不仅赞成,而且研究深入,使用熟练。

因此,卡根对修昔底德史书的使用并不缺乏批判性。我们大致可以这样总结卡根对修昔底德史书使用方法:在史书"新闻"部分,卡根非常信赖修昔底德;在史书"社论"部分,卡根则勇敢挑战修昔底德。同行也观察到了这一点。例如,M. E. White 指出,第一卷的前半部分(第7—130 页)在方法上十分保守,而后半部分在反驳修昔底德的战争必然论时,则十分激进。⑤ 保守与激进之间这根绷紧的弦,一端连着作者对修昔底德史书的看法,另一端则关乎作者对现当代研究文献的利用方法。在讨论后一方面之前,我先简要总结一下四卷本对修昔底德史

---

① 需要指出,此处的讨论无需涉及第四卷,因为第四卷所处理的历史时期主要依据的不是修昔底德史书,而是色诺芬、狄奥多罗斯、普鲁塔克的作品。
② Thuc. 1.88—117.
③ Thuc. 1.23.6, 88.
④ Thuc. 2.65 ff.
⑤ M. E. White on *The Outbreak of the Peloponnesian War*, *Phoenix* 25(1971), 382.

书以外的古代史料的使用。

2. 卡根如何使用其他古代史料

许多学者批评了卡根对古代史料的使用。在对第一卷的评论中，H. D. Westlake 批评说，卡根不应该像采信战争亲历者修昔底德提供的信息那样，去采信非第一手资料的其他古代史料。① 在这里，我们不妨再次来看卡根承认自己比之其他历史学家更怀有"信古天真"的这段话："在这方面，我愿意抱有某种程度的天真……对于古代某位作家的说法，除非有其他资料对这种说法提出质疑，或者这种说法本身存在明显的漏洞，或者有自相矛盾之处，否则，我们就不应该拒斥这种说法。"②

然而，不少学者并不赞同卡根这种"信古的天真"。这一分歧实际涉及史料处理的根本原则。不少学者认为历史学家应该对古代史料抱有更具批判性的预设态度，更加严格地考辩非第一手的古代资料。关于非第一手古代史料的价值，Westlake 的看法比较准确。他认为，如果古代作家作为非第一手资料提供了独家信息，那么，这些独家信息就并不如第一手资料那样可信，因为这些独家史料很可能是对（我们所不知道的那些）第一手史料的复述或改述；而在复述或改述的过程中，史料会发生什么样的扭曲，今天的我们是无从判断的。为此，他认为卡根第一不该那样采信普鲁塔克的掌故，第二不该那样信任狄奥多罗斯的史书。因为生活在公元前 1 世纪的狄奥多罗斯和公元 1—2 世纪的普鲁塔克对于公元前 5 世纪的战争，并不掌握第一手材料。A. W. Gomme，这位 20 世纪最重要的修昔底德学家之一，已经指出，普鲁塔克对一手、二手、三手资料不作区分，导致有价值的史料得不到应有的重视，而有时又过度利用一些可疑的史料，例如轶闻作家和喜剧诗人的文学

---

① H. D. Westlake on *The Outbreak of the Peloponnesian War*, CR 21(1971), 248. M. E. White 在批评卡根对演说辞的使用方法与信心后，也批评了卡根对其他古代信源的使用。M. E. White on *The Outbreak of the Peloponnesian War*, Phoenix 25(1971), 383. 但实际上，他也是在我所读到的书评中，唯一没有批评卡根演说辞使用方法过于极端的同行。他说，卡根对演说辞的使用方法，类似 Adcock 所持的中间立场，也就是认为修昔底德演说辞大致保留了内容实质。同上，382.

② 第一卷附录 B"狄奥多罗斯对公元前 475 年斯巴达公民大会的描写的历史真实性"，原书第 378 页。

作品。① 而狄奥多罗斯,他本人的写作就充斥着混乱和误解;其所重度依赖的信源、公元前4世纪的史家埃弗鲁斯作为史料也颇为可疑。因此,Westlake 说,卡根不应当采信狄奥多罗斯对公元前 475 年斯巴达政策论辩的记载。然而,卡根不仅采信了狄奥多罗斯这一记载,还在讨论完这次政策辩论之后坦白了自己对古代信源的一般处理法则,那就是"天真信古"。②

除了这种"信古的天真"之外,也有学者指出,在四卷本中,有时是作者"丰富的想象"弥合了现存史料之间的空白,并提供了一种天衣无缝的流畅叙事。因为事实上,现存史料不仅留出空白,更有可能彼此冲突;而在彼此冲突、无法调和的史料交叠处,仅怀有"信古的天真"是无法解决这些问题的。不过,我认为,对于无法调和的矛盾和无法确证的史实,适度的天真和谨慎的想象是避免不可知论、勉力为仅有资料提供一定解释的必经之路。专业的读者当然应该对此保持警惕,但一般读者似乎无需太过在意这一点。

## (二) 现当代学术语境下的卡根

在作者开始写作四卷本时的 20 世纪中叶,修昔底德学与公元前 5 世纪希腊历史研究的领土被以下三项重要研究所大致界定:雅典贡赋表(*ATL* III)、《修昔底德历史评注》五卷本、Jacqueline de Romilly 等学者的修昔底德研究著作。③ de Romilly 及其他一些学者的研究将修昔底德学从 19 世纪以来的"分析派"泥潭中拯救出来,奠定了"统一派"的统治地位。④ 争论其史书写作是一蹴而就、还是分阶段进行的"修昔底德问

---

① 关于普鲁塔克作为历史材料(特别是在修昔底德所述历史框架内)的价值,A. W. Gomme 有特别完备精致的讨论:"Introduction", *A Historical Commentary on Thucydides* Volume I, 55—84。

② 关于狄奥多罗斯对这次政策辩论的独有记载,以及是否应当采信及其理据,参见第一卷附录 B,原书第 378 页。

③ Ronald S. Stroud on *The Outbreak of the Peloponnesian War*, *CJ* 67, 87.

④ Jacqueline de Romilly 通过雅典帝国主义这一概念的发展,证实修昔底德史书具有大致的完整性,这捍卫了"统一派"立场,反驳了修昔底德史书是分阶段写成的这一"分析派"立场,参见 Hartmut Leppin, *Thukydides und die Verfassung der Polis*: *ein Beitrag zur politischen Ideengeschichte des 5. Jahrhunderts v. Chr.*, 9。

题"不再占据修昔底德学的核心战场。雅典贡赋表的重建与出版为历史学家重新考证公元前5世纪希腊的许多历史事实提供了数之不尽的新材料。《修昔底德历史评注》五卷本则为修昔底德史书被进一步深入研究提供了一个崭新、扎实的离散式基础。在接下来对四卷本及其学术语境的关联与区别的呈现与分析中,我们将看到这三项重要研究的影响。

1. 卡根与现代的古代史研究

我认为,四卷本在使用现当代研究文献时,有三个核心特征:首先,四卷本在技术性问题方面推进不多,基本依赖学界既有结论;其次,就历史重建而言,卡根并不长于提出新建;不过,在对重建后的史实进行解释时,他的进路则相当激进。

在碑铭学、纸草学、地形学等技术性问题上,一些学者批评卡根过于甚或全部依赖学界既有结论。正如 Ronald S. Stroud 所观察到的,第一卷对铭文材料的处理几乎全部依靠学界既有结论;同时他说,卡根在引用亚狄珈铭文的时候"与引用普鲁塔克没有什么两样"。[1] 这一做法的问题在于公元前5世纪亚狄珈铭文本身的破碎面貌导致学者们几乎在任何问题上都无法形成共识和结论,因为那个最基本的问题——石头上究竟写了什么——都没有办法被确定下来。例如,Harvey E. Yunis 提醒大家注意,在《柯罗丰法令》中,最完整的一行也只有45个字母中的39个。[2] 铭文与其他文字史料在使用方法和难度上应当有所区别。

卡根教授自己并不是没有意识到这一独特而严重的困难。试举一例。在第三卷第七章"决定攻打西西里"的注释2中,为了给雅典与塞结司塔结盟的日期定年,需要训读一则损毁严重的铭文残片,定年的关键在于如何训读这则铭文中提到的名年执政官。然而,这位名年执政官的名字中,"只有最后两个字母(—ον)是清晰可见的。这样,该名字可能指向以下五名执政官中的一位:哈布隆(Habron,公元前458/457年),阿里斯同(Ariston,公元前454/453年),埃潘美农(Epameinon,公元前429/428年),阿里斯提翁(Aristion,公元前421/420年),以及安

---

[1] Ronald S. Stroud on *The Outbreak of the Peloponnesian War*, CJ 67(1971), 88.

[2] Harvey E. Yunis on *The Fall of the Athenian Empire*, CJ 85(1990), 361.

替风(Antiphon,公元前418/417年)。……T. E. 魏珂教授十分善意地致信我,大意是他有一张照片,能够表明倒数第三个字母是Φ,这表明该名字应该训读为安替风,这则铭文的日期应被推断为公元前418/417年,但不凑巧的是,魏珂教授没能将照片复印件发给我。然而,即便我得到了照片复印件,我也不相信我能够从中读出字母Φ来,如果没有经验更为丰富的碑铭学家的指导的话,我并无能力去解读这则铭文"。① 卡根不仅承认具体的困难,还早在第一卷就坦白了自己在碑铭学问题上的行动准则:"平民不敢贸然涉足碑铭学战场"。② 但是,逃离相关讨论、尽可能明智地选择结论就是更为安全的做法吗?

显然,学界同行并不这样认为。铭文的一般保存状况是如此之差,所以大部分学界同行都认为,在历史重构中使用铭文之前,研究者必须独立对所要使用的铭文作出合理的推测(conjectures)与还原(reconstruction)。这个过程中必然包含着研究者自己的原创性研究。因此,Stroud提醒四卷本的作者不能像引用普鲁塔克那样去径直引用亚狄珈铭文,他的提醒有一定道理。同样,在其他技术问题层面,包括纸草学、航海学、地形学等,卡根对现当代研究文献的使用依据了差不多同样的原则。

学界的评价有一定道理,但是作为译者和跨学科的研究者,我认为在这个问题上,四卷本的作者值得得到如下辩护。一方面,学术研究必然涉及具体研究领域之间的分工与合作,这使得"依赖同行研究、尽可能明智地抉择结论"本身无可指摘。历史学家依赖碑铭学家的铭文研究结论,是领域分工与学科合作的正常做法。此外,我们也可以认为,四卷本在碑铭学问题上对同行研究的过度依赖嫌疑,事实上体现的是公元前5世纪希腊史研究在20世纪最重大的进展之一:以雅典贡赋列表为代表的铭文资料的整理和出版。在新的铭文史料得到极大丰富的时候,直接投入铭文研究似乎并非历史学家所长。值得注意的另一方面是,在一些细节问题上,四卷本亦提供十分精妙的原创解释。例如,在第四卷中,卡根教授为阿吉努赛战役中的舰船排布提出了一个新的

---

① 第三卷第七章"决定攻打西西里",原书第159—160页。
② 第一卷附录D"重建雅典贡赋表",原书第381页。

事实猜想,①为雅典最终战败前的最后一次战场胜利给出了独立的、绝妙的历史重构。②

与之相对,在历史解释的层面,四卷本的作者是勇敢无畏的,敢于挑战修昔底德,也敢于挑战学界既有的看法。本节第一小节末尾处已经提到过 White 对第一卷前后部分方法差异的精妙观察。在这个问题上,H. E. Yunis 对第四卷的评价显得十分公允,同时也适用于整个四卷本:"我们未必需要接受作品中的所有观点,但这些观点将促使我们去重翻修昔底德的史书并重新开始思考,因而将带给我们很大的收获。"③

与此同时,正如许多学者在书评中指出的那样,四卷本对现当代学术同侪讨论成果的使用是准确的,四卷本所依赖的学术文献基础是充分、及时、丰富的。④ 四卷本的文献基础与时俱进的一个体现是,第四

---

① 第四卷第十三章"阿吉努赛战役",原书第 342—348 页。

② 与前文所述的技术层面问题处理方法类似,卡根在进行历史事实的全貌重建的时候,也比较依赖学界的现有成果。许多同行看到,四卷本进行历史重构的方法就是在既有结论之间进行明智地抉择。例如,Raphael Sealey 对第四卷的评价(*The Peace of Nicias and the Sicilian Expedition*,*AJP* 103,338),Westlake 对第一卷的评价(Westlake on *The Outbreak of the Peloponnesian War*,*CR* 21,284)。与前文所述的技术层面问题处理方法类似,卡根在进行历史事实的全貌重建的时候,也比较依赖学界的现有成果。M. E. White 同时还观察到,卡根在对既有结论进行抉择时,他作出的抉择实际上是比较保守的。这里,M. E. White 所说的是第一卷的前半部分,也就是他所观察到的、与后半部分历史解释部分形成鲜明对比的历史重建部分。M. E. White on *The Outbreak of the Peloponnesian War*,*Phoenix* 25(1971),382—383。

③ Harvey E. Yunis on *The Fall of the Athenian Empire*,*CJ* 85(1990),364.

④ 几乎所有书评人都称赞四卷本文献掌握丰富且及时。第一卷,Malcolm F. McGregor on *The Outbreak of the Peloponnesian War*,*CW* 63(1970),201,称赞作者的文献掌握。M. E. White on *The Outbreak of the Peloponnesian War*,*Phoenix* 25(1971),383,称赞书目有用。Robert L. Hohlfelder on *The Outbreak of the Peloponnesian War*,*The Historian* 33(1970),99,称赞该卷书目是"非常重要的学术贡献"。第二卷,Carl Roebuck on *The Archidamian War*,*AJP* 97(1976),81,称赞了第二卷所使用的书目。Malcolm F. McGregor on *The Archidamian War*,*CW* 70(1976),219,说第二卷对现当代文献的掌握令人印象深刻。John F. Oates on *The Archidamian War*,*The Historian* 38(1975),121,指出脚注对当代文献的引述非常丰富,对研究生而言,可以作为了解过去 100 年修昔底德文本的文献导论,而对研究者来说,书中所提供的文献是更新及时的。第三卷,Thomas Kelly on *The Peace of Nicias and the Sicilian Expedition*,*The Historian* 45(1983),394,说第三卷对当代文献掌握全面。第四卷的文献掌握情况得到了 Matthew R. Christ 的赞扬:Matthew R. Crist on *The Fall of the Athenian Empire*,*CW* 83(1989),133。

卷参考书目中出现了卡根的学生的名字,包括 Charles D. Hamilton, Paul Rahe 等。① Victor Davis Hanson 甚至对此评论说,卡根在研究中"过于尊重、甚或夸大了"他当作博士生指导过的学者的学术贡献,仅仅因为这些成果体现了他本人的兴趣和进路。② 不过,我们借此也可以看到,卡根的研究对伯罗奔尼撒战争研究中的一个重要流派发挥了显著的影响。

当然,这并不意味着四卷本吸收并接受了 20 世纪修昔底德学与公元前 5 世纪希腊史研究的所有发展与更新。在修昔底德学的诸多研究进路中,我们不难判断,四卷本属于修昔底德学中的兰克传统。

2. 兰克传统

现当代修昔底德学的兰克传统将修昔底德视为兰克一样的历史学家(Thucydides à la Ranke)。四卷本与兰克传统的关联可以从它的经验材料选择与研究方法哲学中得到展现。

首先,在经验材料选择方面,四卷本比修昔底德更加修昔底德。四卷本基本只涉及军事、政治、外交、战略方面的史实和解释,而修昔底德本人的论述也极端专注于军事和政治内容。评价第一卷的学者赞扬它提供了五十年时期的完备外交史。③ 而有学者对第四卷提出批评,认为卡根所选择的内容领域,代表了一种略显过时的归因倾向,那就是将历史视为大人物的军事政治决策,而很少提及"决策达成的社会经济条件"。④ 对于四卷本的大致全貌来说,这一评价基本是适用的。当然,在评论一部作品时,我们最好不要过度批评它所没有涉及的内容,尤其需要考虑这一特征也是受到史料限定的。另一方面,作者也提供过军

---

① 注意到这一点的有他的学生 Charles D. Hamilton on *The Fall of the Athenian Empire*, AHR 95, 1505。

② 参见他对四卷本作为一个整体的述评。Victor Davis Hanson on *A New History of the Peloponnesian War*, JMH 56(1992),121. 与此同时,Victor Davis Hanson 也承认说,尽管卡根似乎过于强调其学生的贡献,他亦十分尊重其他古典学学者的研究。

③ Henry R. Immerwahr on *The Outbreak of the Peloponnesian War*, AHR 75(1970), 2202。

④ Matthew R. Crist on *The Fall of the Athenian Empire*, CW 83(1989),133。

事政治之外内容的精彩原创研究,例如第二卷对雅典财政状况的分析和处理。①

这一倾向可以视为对其同时代的修昔底德学成果的发展。W. R. Connor 在给 20 世纪另一部重要的修昔底德学作品《修昔底德历史评注》五卷本写书评时说,因为对伯罗奔尼撒战争的政治和军事方面过于重视,所以《修昔底德历史评注》五卷本比修昔底德本人更加"修昔底德"。② 以这种标准来看,四卷本就比《修昔底德历史评注》五卷本还要更加修昔底德,因为《修昔底德历史评注》五卷本另外一大长处——语文学注解——也被我们的四卷本作者舍弃了。伯战史论四卷本只涉及纯粹的外交和战略分析。

其次,在纯粹的军事与政治经验材料之上,卡根所覆盖的研究哲学是属于历史学家的特殊主义哲学与复杂系统思维。这一进路可以从三个方面来观察和理解。第一,四卷本的历史归因路径是特殊主义的。卡根反对使用经济等抽象宏观因素来归纳战争的起因。相反,他通过提供一部完备详尽的五十年外交史来说明,战争的起因乃是相关城邦领袖的一系列具体误判。每一个误判都是个别事件,这些误判的叠加也是独一无二的。第二,四卷本的历史叙事依赖复杂系统而非单一路径。先前关于伯罗奔尼撒战争爆发原因的种种归因理论,包括贸易敌对论、族群冲突论、政体竞争论等,③本质上都属于单一路径归因机制。与此不同,四卷本的战争爆发史述则采取了多种路径融合的复杂系统模式。④ 第三,比起修昔底德本人来说,卡根也更加"历史"、更加"兰克"。根据 White 的观察,我们发现,卡根将修昔底德所提到的那些"直接原因"——包括城邦领袖对整体情势、

---

① 第二卷附录 A"伯利克里与雅典的收入",原书第 363—364 页。
② W. R. Connor on *HCT* V, *CP* 79, 234. Simon Hornblower 说《修昔底德历史评注》是"历史学的",是在与 19 世纪更为"语言学的"的修昔底德注疏作对比的语境下说的,例如,Classen-Steup 的修昔底德注疏。参见 Hornblower, "Introduction", *A Commentary on Thucydides*, Volume II: Books IV—V. 24. 4。
③ 关于各种单一归因路径的一个简单论述,参见 Francis M. Cornford, *Thucydides Mythistoricus*, 4。
④ Ronald S. Stroud on *The Outbreak of the Peloponnesian War*, *CJ* 67(1971), 88。

其他城邦反应及相应后果的误判——视为战争爆发的"真实原因",修昔底德本人则试图为战争爆发来寻找一个普遍的动力机制,以区别于点燃战争的那些直接火花,这就是修昔底德在 1.23.6 的著名论断:是雅典不断增长的权势给斯巴达带来了恐惧,促使其不得不发动了对雅典的战争。① 从这个意义上来看,修昔底德确实具有哲学家的一面,因为他作出了探索普遍、进而使其作品"垂诸永远"②的努力。与修昔底德不同,四卷本的作者并不寻找普遍法则,因此在这一意义上而言也确实更加"历史"。

这一历史主义进路和特点事实上将修昔底德史书视为史料,隐含了对修昔底德史书真实性的基本确认,拥抱了修昔底德学的兰克传统。自兰克以来的现代史学家——特别是 19 世纪的 Barthold Georg Niebuhr、Leopold von Ranke(兰克)、Eduard Meyer 等——笃信历史编纂的目标是保存事实(*wie es eigentlich gewesen*),将修昔底德视为具有高度客观性的伟大史家,③认为修昔底德完美地履行了史家的义务。因为笃信修昔底德真诚地提供了历史的真实性并试图重现这一过程,Niebuhr 甚至想象修昔底德在写作时是先有档案,然后再对档案进行客观严格处理的。Meyer 对修昔底德史书的信任则表现在,他相信修昔底德致力于提供公正平等的作者-读者关系:史家本人躲在演说辞等修辞工具的背后,不直接表达自己的看法,不干扰读者,希望读者能够独自面对史书呈现出来的客观事实,独立形成自己的看法。④ 由此可见,兰克传统的历史学家会认为,修昔底德史书的历史叙事和演说辞都是出于"保存真实"的目的而写下来的。

四卷本继承兰克传统,将修昔底德史书视为史料进行批判性考证,而接下来,我们将看到,20 世纪出现的另一修昔底德研究流派,对于历史叙事部分是否提供了历史真实并不在意。这些学者将全部热情投入修昔底德史书作为文学作品的身份之中。

---

① M. E. White on *The Outbreak of the Peloponnesian War*, *Phoenix* 25(1971), 381.
② Thuc. 1.22.4: κτῆμά ... ἐς αἰεί. "垂诸永远的财富。"
③ F. M. Pires, "Thucydidean Modernities", *Brill's Companion to Thucydides*, 811—825.
④ F. M. Pires, "Thucydidean Modernities", *Brill's Companion to Thucydides*, 823—825.

### 3. 卡根与文学批评流派

将修昔底德视为如 Henry James 一般的伟大作家（Thucydides à la Henry James），①是 20 世纪修昔底德学最为重要、成果最为丰富的研究进展。② 尽管四卷本决不属于这一流派，但如果无视其他研究进路对四卷本的影响，就会妨碍我们对四卷本作出准确评价。

在这里，必须再次对修昔底德史书中的"新闻-社论"分野问题予以审视。四卷本反复使用叙事与评论的矛盾来论证全卷结论：在第一卷，卡根基于修昔底德的五十年叙事，勇敢地挑战了修昔底德通过五十年叙事得出的战争必然结论；第三卷的结论则浮现于伯利克里悼词对西西里远征失败原因的总结与西西里远征叙事之间的矛盾中。在这两卷的结论中，卡根都进一步得出结论说，史书中的战争叙事与作者评论之所以产生矛盾，是因为修昔底德旨在驳斥当时被雅典人乃至希腊人普遍接受的一些结论，而今天的我们已经无法重构那些结论了，因为关于这次战争的史料，流传至今的差不多只剩下了修昔底德的史书。③ 这种解释方法来自兰克传统的早期重要学者 Meyer。④ 这一结论后来也成为了四卷本之后出版的《修昔底德：重塑历史》一书的结论。这一结论的特点是，它仍然将修昔底德史书视为史料，以还原史实为目的，去解释史书中"新闻"与"社论"之间的矛盾。

文学批评流派的学者则不这么看。在他们看来，修昔底德是刻意制造了叙事与评论之间的分歧，史家有他自己的叙事意图。对于他们来说，叙事部分的历史真实性无关紧要——虽然这一古老声誉至少可以追溯到文学批评家们的古代同行 Dionysius of Halicarnassus⑤——，

---

① F. M. Pires, "Thucydidean Modernities", *Brill's Companion to Thucydides*, 836—837.
② Jeffery S. Rusten, "Thucydides and His Readers", *Oxford Readings in Classical Studies: Thucydides*, 9—11, 14.
③ 当然，根据当时的戏剧诗歌、演说辞、其他传世以及出土文献来重构部分图景，管窥公元前 5 世纪的希腊政治，当然不是绝对不可能的。
④ Eduard Meyer, *Forschungen* II, 297, 转引自第一卷第二十章"修昔底德与战争的必然性"，原书第 362 页，注释 17。
⑤ D. H. *Thuc* 8.1.

而"新闻"部分的叙事技巧、"新闻"-"社论"之间的关系①才是更值得注意的分析对象。

将修昔底德视为伟大的作家并对其史书进行文本分析和文学批评,我们可以追溯至 20 世纪初的 Francis M. Cornford。他观察到,修昔底德在写作中借用了悲剧诗人特别是埃斯库罗斯的技巧。② 在 Cornford 之后,采取这种进路的学者给修昔底德研究增添了许多别致的新研究,在 20 世纪中后期,数量与质量都尤为可观。

他们发现了修昔底德的叙事结构与隐含在这种结构中的叙事目的。Virginia J. Hunter 声称,她发现修昔底德在叙事结构中藏着诱导读者的意图。通过观察修昔底德对叙拉古人战术动机的描述和叙拉古海战叙事之间的联系,她论证修昔底德精心设置了"行动-言辞-行动"这种结构的叙事罗网。表面上看起来,他的叙事冷静客观,鼓励读者依据事实独立作出评判;但事实上,他设下了叙事罗网诱捕读者,读者将无从躲避史家早已预设的结论。③ de Romilly 和 C. Schneider 则发现了演说辞作为读者面对事实之前的"智识准备"这一功能。他们认为,修昔底德的演说辞,特别是政策辩论,会在读者头脑中预设关于后来所发生的事件的知识,这样当读者接下来读到叙事部分的时候,会联想到这些预设知识,进而"主动"运用在对叙事部分的判断中。④

修昔底德精致的写作技巧被不断挖掘。在 Simon Hornblower 看来,使用编年体写作的修昔底德在每一年战事结束时写下的同一个句

---

① Jeffrey S. Rusten, "Thucydides and His Readers", *Oxford Readings in Classical Studies: Thucydides*, 10.
② 关于作为剑桥礼学派(Cambridge Ritualists)的 Francis M. Cornford 是如何开始摧毁修昔底德的科学名声,而 Cochrane 又是如何通过与之论战来重建修昔底德致力于如实保存历史的科学名声,参见 F. M. Pires, "Thucydidean Modernities", *Brill's Companion to Thucydides*, 832。
③ Virginia Joyce Hunter, "Thucydides and the Historical Fact", *CJ* 67(1971), 14—19.
④ 关于 C. Schneider 的 *Information und Absicht bei Thukydides: Untersuchung zur Motivation des Handelns* 一书的基本观点,参见 Jeffrey S. Rusten, "Thucydides and His Readers", *Oxford Readings in Classical Studies: Thucydides*, 9。关于 Jacqueline de Romilly 对西西里叙事两卷叙事技巧的发现,参见 de Romilly, "16 A Highly Complex Battle-Account: Syracuse", in Jeffrey S. Rusten ed. *Oxford Readings in Classical Studies: Thucydides*, 359—380。

子"这个冬天这样结束了,修昔底德所写的这场战争中的第 x 年这样结束了"①就如同悲剧作品中歌队的诗节末句副歌。② 用词重复作为一种修辞策略的功能,被其他学者观察到。③ 甚至史书中的传令官抵达和遗体归来这两类情节都可以发挥情节标点或是结构化叙事工具的作用。④

进入 20 世纪 90 年代以后,文学批评流派被叙事学理论(narratology)接续发展。除了史书的上述结构和技巧之外,文本中的问题聚焦、时间转换等更为精细的叙述技巧都被相应的研究揭示出来。⑤ 总的来说,这些研究进一步确立了"统一派"在"修昔底德问题"上长达半个世纪之久的牢固地位,⑥因为人们发现,这些技巧的使用在史书中是一以贯之的。

虽然文学批评流派的分析似乎有逐渐摧毁修昔底德客观公正史家名声的危险,但真相是他们其实并不关心修昔底德史书的历史真实性如何。例如,这一流派的重要代表 Adam Parry 在研究修昔底德与医学文本的关联时,虽然是将修昔底德史书作为文学作品予以研究和赞赏,但是他并不质疑修昔底德史书的精确性。⑦ 在这一流派当中,既有质疑其历史真实性的研究者,也有不怀疑其历史真实性的研究者,但是双方都会将写作技巧方面的赞赏给予这位了不起的古代作家。

显然,四卷本并未拥抱这一新流派。这体现在两个方面。首先,四

---

① 例如,Thuc. 2. 103. 2: καὶ ὁ χειμὼν ἐτελεύτα οὗτος, καὶ τρίτον ἔτος τῷ πολέμῳ ἐτελεύτα τῷδε ὃν Θουκυδίδης ξυνέγραψεν."这个冬天这样结束了,修昔底德所写的这场战争中的第三年这样结束了。"
② Simon Hornblower, "4 Intellectual Affinities", in Jeffrey S. Rusten ed. *Oxford Readings in Classical Studies*: *Thucydides*, 67. 关于用同一句话作为诗节末句副歌的例子,参见 埃斯库罗斯,《阿伽门农》,第 121、139、158 行,歌队使用的这句话: αἴλινον αἴλινον εἰπέ, τὸ δ᾽ εὖ νικάτω.
③ Jeffrey S. Rusten, "Thucydides and His Readers", *Oxford Readings in Classical Studies*: *Thucydides*, 9—10.
④ Donald Lateiner, "Heralds and Corpses in Thucydides", *CW* 71(1977), 97.
⑤ David Gribble, "Narrator Interventions in Thucydides", *JHS* 118(1998), 41—67.
⑥ Jeffrey S. Rusten, "Thucydides and His Readers", *Oxford Readings in Classical Studies*: *Thucydides*, 14.
⑦ F. M. Pires, "Thucydidean Modernities", *Brill's Companion to Thucydides*, 833.

卷本仍然将修昔底德史书视为史料而非文学作品,作者仍然致力于批判性地考察这份史料的真实性。卡根说,在某些情况下,"我们有责任质疑修昔底德的解释",但是我们不能径直推翻修昔底德所记载的史实。① 同时,一如文学批评流派的研究者并不关心其历史真实性,卡根也不关心修昔底德的修辞技巧是否高超。另一方面,对于修昔底德的解释,特别是与"新闻"部分有所出入的"社论",四卷本试图使用史实考辩而非写作策略作为理据去解释这些矛盾。这就是我们在上面所看到的,第一卷、第三卷以及《修昔底德:再造历史》的结论产生方式。这与文学批评流派解释这些矛盾的进路完全不同。

然而,为了解释修昔底德史书中"新闻-社论"矛盾,四卷本就与文学批评流派站在了同一片战场上。卡根承认修昔底德有自己的写作意图,也不否认史家的选择性叙事策略,②但是在与这一流派学者的观点进行交锋的时候,卡根的讨论都是从历史真实性和可能性出发,并没有就叙事策略的优劣与文学批评流派展开讨论,也基本没有引用或评论过探讨修昔底德叙事策略的文献。例如,在第一卷中,作者在考察修昔底德史书第一卷雅典人在斯巴达公民大会的演说辞的历史真实性时,驳斥了 de Romilly 对这一演说辞之历史真实性的看法。③ 不过,对于她给出的理据——出现在斯巴达公民大会的雅典无名氏对雅典对外政策所作的一般化辩护,是修昔底德对帝国主义问题所作的抽象处理④——,卡根只说,"接下来,我们会证明,雅典人的这次发言绝非虚构"。⑤

事实上,我们应该同时接受修昔底德的兰克属性和 Henry James 属性:他的史书既是一部军事政治史料汇编,又是一部以艰涩和典雅著

---

① 第一卷第十七章"斯巴达",原书第 293 页。
② 在批评修昔底德必然论时,卡根说修昔底德使用的方法是"出色的修辞",参见第一卷第二十章"修昔底德与战争的必然性",原书第 367 页及以下。同时参见 Ronald S. Stroud on *The Outbreak of the Peloponnesian War*, CJ 67(1971), 89。
③ 第一卷第十七章"斯巴达",原书第 293 页。
④ Jacqueline de Romilly, trans. Philip Thody, *Thucydides and the Athenian Imperialism*, 243.
⑤ 第一卷第十七章"斯巴达",原书第 293 页,注释 13。

称的文学作品。修昔底德学研究作品可以像文学分析流派一样面向过去，成为对艰涩史撰文本的例解，成为生病城邦的内政病因学手册；也可以像兰克传统一样面向未来，通过找到人类政治社会的运行规律而如史家本人所愿，是"垂诸永久的教益"，是"国务家手册"。①

四卷本的第一卷面向未来。我们可以从第一卷扉页读到这一点，再明显不过。卡根教授在此引用了圭恰迪尼的一句话："过去照亮未来，因为世界命运恒定，一切正在发生和过去已经发生过的事情，将以不同的名义、带着不同的色彩，再次发生；但并不是每一个人都能辨认出来，只有明智之人仔细观察，勤勉思考，才能辨认出来。"②显然，他期待他的成果将对未来的国务家们有所启迪。不过，后三卷与第一卷不同，它们更加面向过去，实际发挥的功能更像是生病城邦的病因学分析报告。这将是本文最后一节处理的内容。

### （三）四卷本与国际政治学研究中的修昔底德

20世纪见证了政治学和国际政治学对修昔底德及其史书不断增加的兴趣，而四卷本是国际政治学利用修昔底德的最重要基础文献之一。事实上，修昔底德第一个英译本的作者Thomas Hobbes就深受修昔底德影响，将人性因素引入现代政治学分析中。③ 自称诞生于1919年的年轻学科国际政治学、特别是其现实主义流派④在寻找自身古代先驱时也将目光投向了修昔底德。20世纪中晚期，冷战的形成与发展鼓励战略学研究者向历史深处寻找两极格局的先例，寻找施行不同政治制度的国家组成的两大阵营之间对抗的史例，最终，他们找到了修昔底德。近来，修昔底德又成为了国际政治学领域最新的热门话题。基于公元前5世纪历史研究本身的难度、学科分工，以及这套书突出的战

---

① Josiah Ober, "Thucydides and the Invention of Political Science", *Brill's Companion to Thucydides*, 132.
② 弗朗切斯科·圭恰迪尼，《格言与反思》，第一卷，第114条，转引自第一卷扉页。
③ Jeffrey S. Rusten, "Thucydides and His Readers", *Oxford Readings in Classical Studies: Thucydides*, 12—13. 关于修昔底德论人性及其作品的价值，参见 Thuc. 1.22.4。
④ E. H. Carr, "Chapter 1: the Beginning of a Science", *The Twenty Years' Crisis*, 1919—1939. The Macmillan Press, 1946, 1—11.

略外交题材特色,四卷本几乎成为非历史学、古典学专业的国际关系学和战略学研究者最频繁引用①甚或唯一有能力引用②的修昔底德学和伯罗奔尼撒战争研究著作。如果国际政治学和战略学学者希望公正对待并有效利用修昔底德为我们留下的史料和教益,四卷本可能是现有的最佳文献基础。

现在,让我们来审视四卷本诞生的国际政治语境。

## 五、冷战语境中的伯罗奔尼撒战争研究

四卷本是一套完完全全诞生于冷战之中的学术专著。冷战在四卷本的历史解释中留下了印记。在历史事实的基本重构完成之后,研究者的任务是依据重构、解释历史。一般而言,历史解释比历史还原更加主观,因为它高度依赖研究者的潜在倾向和所选取的具体归因路径,而四卷本所提供的贡献中,很重要的一面就在于其大胆的历史解释。③我们或许可以借助冷战背景来理解这种大胆的历史解释及作者借此表达出来的政治情感与倾向。

从作品中推断作者的政治立场或倾向是一项危险的行动。正如我们无法依据其史书就准确推断修昔底德本人的政治立场一样,④这一节对卡根教授在国际和国内政治中的立场的推断,完全基于四卷本及

---

① 例如,参见基于修昔底德的这部战略学著作:Athanassios G. Platias and Constantinos Koliopoulos, *Thucydides on Strategy: Grand Strategies in the Peloponnesian War and Their Relevance Today*. Columbia University Press 2010。

  Paul A. Rahe 在评价这部著作时特别提到,看得出作者"仔细研究了卡根的四卷本"。Paul A. Rahe, "Review: *Thucydides on Strategy: Grand Strategies in the Peloponnesian War and Their Relevance Today* by Athanassios G. Platias and Constantinos Koliopoulos", *Journal of World History* 23 (special issue on global China; March 2012), 157.

② 例如这篇战略学论文:James R. Holmes and Toshi Yoshihara, "Taiwan: Melos or Pylos?" *Naval War College Review* 58(2005), 58, n. 10; 61, nn. 40, 44, 47, 53, 56, 57, 58。

③ 例如 Linda J. Piper on *The Peace of Nicias and the Sicilian Expedition*, CO 60(1983), 135 说,在伯罗奔尼撒战争研究的浩瀚文献中,卡根教授的书以其"解释"取胜。

④ Hartmut Leppin, *Thukydides und die Verfassung der Polis*, 11—12.

其他作品,也未必是完全准确的。但是,基于对四卷本中历史解释部分的观察,我仍然要冒险作出如下几项推断。

### (一) 政治情感:卡根的城邦

四卷本在历史解释方面的第一项特点,与作者在国际政治中的一种潜在情感倾向有关。我认为从第一卷中可以观察到,卡根教授对国际社会的大国和小国所怀有的理解与同情,存在细微的区别。在可能的情况下,他把理解给予国际体系中的霸权国,把谴责抛向了国际体系中的中等规模城邦科林斯。他认为,在伯罗奔尼撒战争的爆发过程中,尽管不能说是哪个城邦有意发动了战争,但是要为战争的爆发负上最大责任的是科林斯。科林斯人不甘沦为二流城邦,出于这种心理,他们鼓动斯巴达人发动了这场灾难性的战争。① 他们的"责任最大,因为他们面临的选择最多,"②甚至,科林斯还被描写为失去理性的一个城邦:"……一意孤行,不听劝阻,"③"……利益没有受到威胁,……权力或名誉也没有受到损害。……政策……建立在冲动而非理性之上。"④

学界同行对此有所察觉。Immerwahr 在第一卷中观察到,卡根把引起战争的责任归给小国,同时为两个"超级大国"的城邦领袖开脱,说这些城邦的政治领导误判情势,所以作出了错误的政策选择。⑤ 与此同时,他还观察到,在卡根的分析中,科林斯、柯西拉等中等规模城邦的动机则是"完全利己的,她们无视她们的行动将对国际社会产生的后果"。⑥ 这一观察准确呈现了作者在历史解释过程中的潜在情感倾向。

之所以说这种解释方法出于研究者本人的政治情感倾向,首先是

---

① 第一卷第十七章"斯巴达",原书第 293 页。
② 第一卷第十九章"战争的起因",原书第 354—355 页。
③ 第一卷第十九章"战争的起因",原书第 354—355 页。
④ 第一卷第十三章"埃皮丹努",原书第 221 页。
⑤ Henry R. Immerwahr on *The Outbreak of the Peloponnesian War*, AHR 75(1970), 2022。
⑥ Henry R. Immerwahr on *The Outbreak of the Peloponnesian War*, AHR 75(1970), 2023。不过,在第二卷中,有批评者指出,对雅典作战意愿的国内分歧处理得不够,虽然对斯巴达的作战意愿分歧处理得很好。Carl Roebuck on *The Archidamian War*, AJP 97, 81。

修昔底德记录的史实清楚表明,虽然大战爆发在很大程度上是同盟机制的联动后果,但是科林斯等城邦在制定对外政策、采取诸项行动时,是否会像卡根所呈现的那样完全不考虑将对国际社会产生的后果,很值得怀疑。其次,更为重要的是,我们看到卡根并没有将用在雅典和斯巴达身上的内政-外交分析机制用在科林斯身上,①这种差异需要得到解释,尤其在我们知道四卷本中并不缺乏对于中等城邦的类似分析,并且卡根本人——由于其博士论文专攻科林斯——完全熟悉科林斯的相关史料。

这一政治情感倾向具有鲜明的冷战特征。冷战期间,美苏各自拥有同盟与核武器,核威慑"确保相互摧毁",两大同盟互相对抗。在这样的国际政治语境下,两个敌对阵营的领袖国家都将尽力避免产生直接冲突。持续的对抗和敌意必须以其他方式展开,如争夺中间地带、进行代理人战争等。种种非直接冲突方式叠加同盟机制,确实存在这样的风险:直接冲突的双方盟国转头将各自盟主拖入直接武装对抗。因此,在主要由两个敌对阵营所塑造的国际政治格局中,在领导一个同盟的霸权国看来,愤怒的中等规模盟邦是其最需要小心处理的对外关系之一。而这一点,我认为,就是卡根教授对不同城邦在引发战争的责任归因时抱有的不同程度同理心的来源。

## (二)归因路径:从城邦党争到对外政策

### 1. 同行评价

在此,需要对四卷本在历史解释方面的主要归因路径——通过国内政治分析对外政策成因——进行更加仔细的介绍和分析。

---

① Ronald S. Stroud 试图为作者提供辩护,说卡根之所以没有将用在雅典和斯巴达身上的内政-外交分析机制用在科林斯身上,是因为关于科林斯内政的史料严重缺乏。Ronald S. Stroud on *The Outbreak of the Peloponnesian War*, CJ 67(1971), 88.

我认为,Ronald S. Stroud 的辩护不能成立。原因如下。作者在写作第三卷的时候,由于直接史料欠缺,他以公元前4世纪的史实去推断公元前5世纪的情况,推断科林斯的政体类型,并基于这种政体类型去解释科林斯在独立同盟内外的活动及其动机。这是一个精彩的论证。这证明无论从意愿还是操作可能上来说,卡根都完全有能力对科林斯进行同样的分析。

四卷本对这一归因进路的使用得到学界的广泛赞赏。对于第一卷,Immerwahr 将"希腊城邦内的党派之争与对外政策的持续联系"称为其中"最富成效的观点"。① Stroud 则说,卡根"最擅长的就是将雅典和斯巴达国内政治和对外政策的线索织就在一起"。② 而对于第二卷,Pohlsander 认为这一卷在展示"国内政治、财政政策与对外政策和军事战略之间的紧密互动"方面做得特别好。③ Roebuck 则提到,第二卷和第一卷一样,对"国内政治与政策制定之间的关系、政策及执行之间关系的评估……"造就了"对战争史撰的进步批评"。④ 关于第三卷,Kelly 认为他"处理雅典、斯巴达、科林斯、阿尔戈斯、忒拜等城邦的内政、追踪外交斡旋……颇为在行"。⑤

同时,尽管受到广泛的称赞,但是学界并非所有人都赞同这种归因路径;同时,四卷本在这方面的实践,也并非尽善尽美。有批评者指出,卡根教授似乎过度痴迷于将城邦政治作为对外政策的形成原因,忽视了存在更有说服力的其他解释的可能。⑥ 而 Sealey 则提出了更为激烈的批判。他认为,第三卷对"国内政治与对外政策之间的紧密联系"的处理难以让人信服,因为在用党派政治来解释公元前 415 年的两桩渎神案时,卡根追随了两项常见的误解:一是"党社是秘密社团",二是"大部分党社中人都倾向于寡头制"。⑦ 与之相对,Sealey 指出,党社并非秘密社团,而党社中人也不一定都是寡头派。这两项具体错误将影响"内政-外交"互动这一归因机制的有效性。

2. 归因路径再评价

对于内政-外交互动的重视,事实上已经在作者早年的学术训练和

---

① Henry R. Immerwahr on *The Outbreak of the Peloponnesian War*, AHR 75, 2022.
② Ronald S. Stroud on *The Outbreak of the Peloponnesian War*, CJ 67, 88.
③ Hans A. Pohlsander on *The Archidamian War*, CO 53, 56.
④ Carl Roebuck on *The Archidamian War*, AJP 97, 80.
⑤ Thomas Kelly on *The Peace of Nicias and the Sicilian Expedition*, the Historian 45, 394.
⑥ Jack Cargill on *The Peace of Nicias and the Sicilian Expedition*, AHR 88(1983), 87.
⑦ Raphael Sealey on *The Peace of Nicias and the Sicilian Expedition*, AJP 103(1982), 339—340.

研究中体现出来了。卡根教授的博士论文写的是科林斯在公元前421年《尼基阿斯和约》签订后到公元前336年科林斯同盟覆灭前的城邦政治与政策。① 科林斯虽然最后没有成为他奉献终身的研究题目,但是在其博士论文写作中训练出来的研究方法——对一个城邦的国内政治与政策进行外交和战略方面的详尽分析——成为了他研究伯罗奔尼撒战争的重要手段。

卡根选择从城邦政治来推断并分析对外政策的成因与动力学的另一个原因,是因为他自己对一个帝国主义民主政体有亲身的深入观察。在依据四卷本第一卷给耶鲁本科生开设的习明纳尔"伯罗奔尼撒战争的爆发"中,卡根教授从不讳言,美国就是一个帝国主义民主政体。作为古代帝国主义民主政体的研究者、作为当代帝国主义民主政体的观察者,卡根教授对这一类型政体的关切集中显示在大战中后期雅典政坛的两个关键人物尼基阿斯和阿尔喀比亚德的身上。第三卷和第四卷的结论分别基于卡根对这两个人物的评价。从这两个结论中,我们可以观察到作者本人对帝国主义民主政体在"帝国"和"民主"这两个面向上的忧虑和观察。作者本人在对外政策方面的鹰派倾向表现在,他选择尼基阿斯作为第三卷中心人物并予以批评,认为他的一系列决策失误应该为西西里远征的失败负上主要责任;而作者本人对民主政体的忧虑则显示在,他将阿尔喀比亚德这一突出个体在政治共同体中所发挥的负面作用,作为雅典帝国覆亡的根本原因。

### (三) 观察帝国主义民主政体的城邦政治

1. 尼基阿斯:绥靖的危险

谁主导和平年代? 关于阿奇达慕斯战争之后、战争第三阶段之前的"和平"时期,卡根教授说:"这一时期的历史统一性……体现在该时期的核心人物——尼基阿斯——身上:尼基阿斯的政策主导了该时期

---

① Donald Kagan, "Politics and Policy at Corinth: 421—336 B. C.", Doctoral Dissertation, Ohio State University, 1958.

的前半段,尼基阿斯的领导主导了该时期的后半段,其个性、天分、缺点塑造了这两个时段及其后果。"① 关于伯罗奔尼撒战争的两个不同阶段之间的和平年代到底由谁主导,学界并没有形成统一意见。有些学者如卡根认为,和平年代由尼基阿斯主导;有些学者如 Cargill 认为,至少,和平年代的雅典对外政策不是尼基阿斯主导的,而是由阿尔喀比亚德主导的。②

双方都有道理。在这一时期,雅典政坛上最有影响的人物是尼基阿斯和阿尔喀比亚德,雅典的对外政策显示为两人所推行的不同政策路线之间的角力。这一点为修昔底德本人所确证。③ 这一时期的城邦间政治条件确实是由鸽派尼基阿斯所推动签署的和约塑造的。同时,和约本身的缺陷确实是和约生效期间希腊城邦间政治局势不稳定的重要原因;但另一方面,即便是认为这一时期由尼基阿斯主导的卡根,也在第三卷的叙事中充分展示了阿尔喀比亚德的重要性:在尼基阿斯安排的和约框架上,阿尔喀比亚德的战略构想——尝试废除与斯巴达的和约和同盟、拉拢伯罗奔尼撒半岛民主城邦建立独立同盟、④公元前 419 年在伯罗奔尼撒半岛行军以炫耀武力⑤、乃至参与曼提尼亚战役、主张远征西西里——在相当的程度上得以实施。放在雅典对外政策史的框架里来看,阿尔喀比亚德是鹰派的继承人,他延续的是前辈鹰派克里昂、海珀布鲁斯等人的政策路线。⑥ 他所主张的对外政策与尼基阿斯所主张的和平路线形成了对峙。

我认为,作者之所以特别将尼基阿斯而非阿尔喀比亚德视为和平时期的关键人物,与其说是因为作者认为尼基阿斯对雅典对外政策的制定比阿尔喀比亚德发挥了更大的作用,不如说是因为作者的核心论证意图乃是要将和平之崩溃及远征之惨败归咎于尼基阿斯而

---

① 第三卷"弁言",原书第 7 页。
② Jack Cargill on *The Peace of Nicias and the Sicilian Expedition*, AHR 88(1983), 87.
③ Thuc. 2.65.10.
④ 第三卷第三章"雅典与阿尔戈斯联盟"。
⑤ 第三卷第四章"来自独立同盟的挑战",原书第 78—83 页。
⑥ 关于克里昂、海珀布鲁斯、阿尔喀比亚德在雅典政坛中形成的对外政策鹰派传统,参见第三卷第三章"雅典与阿尔戈斯联盟",原书第 61—62 页。

非阿尔喀比亚德。在这一卷的历史重构中,作者并未明显呈现尼基阿斯比阿尔喀比亚德发挥了更加重要的作用。在这一卷的历史解释部分,作者将尼基阿斯在斯巴达未能履行和约承诺后采取的政策称作"绥靖",①并以此作为和平溃败、战事重启、乃至10年后雅典最终输掉大战的原因。尼基阿斯主张与斯巴达媾和的政策居于第三卷历史解释部分的核心。

第三卷历史解释的核心之处体现了卡根的鹰派立场。尽管带有历史学家的典型审慎,但卡根对于这一时期的雅典政策选择的评论仍然明白显示了他对鹰派而非鸽派的赞同:"雅典人最终背弃了尼基阿斯的政策路线之后,……加入了阿尔戈斯人的同盟。这可能是最好的政策路线,也可能不是,……与阿尔戈斯结盟就意味着可能迟早要与斯巴达开战,……但尼基阿斯及其同袍拖延不决,当他们得到天赐良机,可以在曼提尼亚一举摧毁斯巴达权势的时候,却勉勉强强,只作了一点儿象征性的贡献。"②这一评论诱使我作出一项危险而可能并不十分牢固的推论:卡根如果是公元前5世纪的雅典人,他提出的政策建议一定会比尼基阿斯的绥靖政策要更加积极进取,这与卡根教授作为美国对外政策鹰派评论者的另一重身份,是相互呼应的。现实与研究在作者的头脑中是否曾经相互交织和影响,很难直接推断,也很难径直排除。

事实上,尽管不像第一卷那样直白地使用时代误置术语来进行古今类比,但是第三卷在提及"绥靖"这个概念时,很难说不是在影射现当代国际关系。在二战后国际政治语境中,绥靖概念的战略含义通常是负面的,而卡根教授本人作为鹰派,对绥靖政策极为警觉。一方面,卡根教授同时也是《当美利坚在沉睡:自我欺骗,军事积弱与今日和平面临的威胁》一书的合作者,而在本文第二节我们已经看到,此书影射的正是丘吉尔的反绥靖主义名篇《当英格兰在沉睡:1932—1938年世界事务总览》。另一方面,连接卡根教授的历史研究与政策批评的最主要

---

① 第三卷第十五章"结论",原书第356—358页。
② 第三卷第十五章"结论",原书第357—358页。

作品《论战争根源与和平存续》的核心论点也是反对绥靖政策。所以，有理由依据上述两点推断，作者的历史研究与政策批评相互影响。这一点同时也可以加强论证本文第三节的局部结论：时代误置情况在后三卷的略微消失绝不意味着作者对现实政治的关怀、焦虑、批评有所减弱。

2. 阿尔喀比亚德：毁于党争的帝国主义民主政体

那么，作为鹰派，卡根教授是否会对所谓"雅典帝国爱欲的化身"阿尔喀比亚德抱有更多同情、因而给予这个人物以更加充分的分析和理解呢？事实并非如此。对阿尔喀比亚德，卡根教授展示了历史学家的公正：他批判性地分析了阿尔喀比亚德的对外政策，并没有将"帝国爱欲"的帽子扣在他头上，在第四卷中呈现了阿尔喀比亚德的重要性；但与此同时，他赋予这一重要性以负面含义。

首先，阿尔喀比亚德本人是否确乎是雅典帝国主义的化身，有很多争议；而四卷本对阿尔喀比亚德与帝国主义扩张政策之间的关系的呈现，甚至可以说是负面的。换言之，卡根并不认为阿尔喀比亚德是雅典扩张主义外交政策的诚挚代言人。理由有三条。

第一，第三卷在讨论阿尔喀比亚德是否真的构想过后来他在斯巴达演说①时所提到的那个宏大战略计划的这个问题时，作者倾向于认为，阿尔喀比亚德在雅典民众大会与尼基阿斯进行政策辩论时，根本无此战略计划；从征服西西里全岛到征服迦太基帝国这样一个过于冒进的战略计划，根本只是阿尔喀比亚德在斯巴达公民大会发言的修辞策略之一。②

第二，作者还接受了 Peter A. Brunt 的观点，倾向于削弱修昔底德在其史书中赋予阿尔喀比亚德的战略重要性。Brunt 认为，阿尔喀比亚德有可能是修昔底德写作第五、六、八卷时某些事件及关于他自己的所有事件的史料来源。在两人接触、互通消息的时候——这是一个非常脆弱的推断——阿尔喀比亚德可能向修昔底德夸大了自己的重要

---

① Thuc. 6.89 ff.
② 第三卷第十章"第一次攻打叙拉古"，原书第 251—257 页。

性,而修昔底德未必能够留意到这一点,也未必能够准确矫正阿尔喀比亚德(可能的)吹嘘。① 基于这一理由,对于修昔底德史书中信源可能是阿尔喀比亚德的那些历史事件——特别是史书第五卷与斯巴达使节周旋和公元前415年的种种事件——,我们应当对其真实性和可靠性保持一定程度的警惕。

第三,卡根还明白告诉了我们阿尔喀比亚德选择对斯巴达采取强硬政策路线的根本原因。在阿奇达慕斯战争结束时的和约谈判进程中,"斯巴达人更愿意同经验丰富、老道可靠的尼基阿斯打交道。阿尔喀比亚德觉得被冒犯、被侮辱了,于是转变了立场"。② 毕竟,阿尔喀比亚德来自于一个长期亲善斯巴达的家庭。将他敌视斯巴达的政策路线简单归诸"帝国爱欲"的推动,是不足以说服研究者的。从以上三项论据可以看出,在四卷本中,卡根并没有将阿尔喀比亚德呈现为真心真意的鹰派。所以,他对阿尔喀比亚德的批评,也不是对在对外政策上诚挚抱有鹰派立场的政治人物的批评。

其次,阿尔喀比亚德的重要性,体现在四卷本的最终结论中。在第四卷的结论处,卡根教授对整个伯罗奔尼撒大战胜败原因作出了历史解释,深刻批判了阿尔喀比亚德这样的人物对民主政体运作机制的负面影响。在卡根看来,阿尔喀比亚德是重要的、天才的,但他愈是重要、愈是天才,就愈能够对雅典造成毁灭性的打击。

在施行民主政体的城邦中,政治精英必须通过争夺民众的注意和支持才能完成政策制定与实施。关于民主政体的精英-民众关系,修昔底德的记载奠定了基调:"……伯利克里之后的政治家,都想居于首要的地位……"③更为耳熟能详的或许是柏拉图的苏格拉底对阿尔喀比亚德的评论:"……只要雅典民众还没有毁掉你……"④此外,许多现当代古典学家论辩说,应当为政策最终负责的是民主政体中参与政策制定的民众,而阿尔喀比亚德这样的政治精英只是民众作用的对象。有

---

① Peter A. Brunt, "Thucydides and Alcibiades", *REG* 65(1952), 59—96.
② 第三卷第三章"雅典与阿尔戈斯联盟",原书第65页。
③ Thuc. 2.65.11 ff.
④ Pl. *Alc.* i 132 a.

学者指出,修昔底德本人也认为为政策负责的应当是民众,而领袖只是在争夺民众的注意力。① 还有学者认为,"腐蚀"阿尔喀比亚德的不是苏格拉底的哲学教育,而是雅典民众。②

在修昔底德和现当代古典学家限定的这种"精英-民众"民主政治语境中,卡根观察到个体野心的城邦效应,并以之作为第四卷同时也是伯罗奔尼撒大战最终胜败原因的历史解释:"围绕着阿尔喀比亚德这一雅典生活中的独特人物,私敌、党争、乃至普遍的不信任确乎给城邦造成巨大的伤害,并与雅典战败密切相关。阿尔喀比亚德失势最为严重的后果是,阿尔喀比亚德的友人与同党也一并失去了影响力与指挥权,在城邦最需要他们的军事与政治才干的时候。"③在此,卡根比其他学者更为深刻的地方在于,他不仅认为阿尔喀比亚德的去职对战争进程有关键性影响,同时还将影响战争进程中的城邦政治事务的变化——其他将军的选举与任命——归咎于阿尔喀比亚德的去职。借助这种解释方法,阿尔喀比亚德的作用不是通过他的帝国主义倾向,而是通过他对城邦政治运行的改变,从而变得更为重要了。

此处有一个细节可以提示我们去观察四卷本作者的政治立场。在对民主政治中的精英-民众关系进行解释时,卡根教授对其中一个重要机制、雅典的"政治党社"(hetairai)的描述与解释,受到了同行的批评。Sealey 指出,卡根在第三卷处理两桩渎神案件时,误解了雅典的政治党社与政治派别。④ Sealey 的观点是,政治党社不是秘密社团,因为雅典政治人物组建党派的目的主要是在法庭和选举中发挥作用,而如果社团保持秘密的话,就无法主导公开投票。在此,我无法对公元前 5 世纪的雅典政治党社作出详尽讨论。我只想指出,作者的历史解释没有被

---

① Kurt Raaflaub, "Thucydides on Democracy and Oligarchy", *Brill's Companion to Thucydides*, 195—209.
② Christos C. Evangeliou, "Political Ambition and Philosophic Constraint: Alcibiades, Socrates and the Sicilian Expedition", Heather L. Reid, Davide Tanasi eds. *Philosopher Kings and Tragic Heroes*, 111 ff.
③ 第四卷第十六章"结语",原书第 420 页。
④ Raphael Sealey on *The Peace of Nicias and the Sicilian Expedition*, AJP 103(1982), 339—340.

学界完全接受的地方提示我们，可以从作者本人的政治情感和政策倾向中去寻找原因。

答案可以在第四卷作者对历史的评论中找到。在阿尔喀比亚德去职以后，卡根发表评论说："从政治的角度来看，阿尔喀比亚德也是他的城邦的负担。在危如累卵的时刻，雅典最需要的是伯利克里在伯罗奔尼撒战争初期给雅典带来的那种团结。然而，阿尔喀比亚德却是个分裂众人的人物：他赢得了深刻倾慕，也唤起了强烈不满；但他从未得到大多数公民同胞的持续支持。他无法赢得可靠的大多数来支持自己的政策，但却又有能力阻碍任何其他人赢得民众中的大多数，因为情形一旦恶化，雅典人总是指望着阿尔喀比亚德的魔法和承诺能够救他们于水深火热。"①这一困境在雅典人处死取胜的阿吉努赛诸将时被延续："阿吉努赛事件所引发的憎意与疑惧也使得雅典失去了塞剌墨涅斯这样经验丰富的将领……而雅典城邦是多么需要所有这些能人，多么渴求他们的才干。"②而在第四卷的最末尾，在对整场伯罗奔尼撒大战作解释和回顾之后，卡根教授评论说："雅典人在伯罗奔尼撒战争中的经验表明，比起那些更加封闭的政体来，战争中的民主政体——所有事务都需经过公开辩论，所有事务都需说服多数人——在面对战争的种种必需时，也许更难调整和适应。当修昔底德将雅典失败与伯利克里去世联系起来的时候，也许这才是他内心所想；而伯利克里，他是唯一一位能够劝服民众去以违背他们偏见与经验的方式战斗的雅典政治家。"③卡根教授与修昔底德关于雅典政坛政治精英的意见是一致的：阿尔喀比亚德与伯利克里的区别在于，阿尔喀比亚德的才干分裂城邦，而伯利克里的才干团结城邦；基于他们对雅典民主政治精英的看法，卡根教授关于雅典最终为何失败的解释，与修昔底德关于雅典何以将西西里远征变为一场灾祸的解释，实质上是一样的。而卡根与修昔底德在历史解释方面的这种同质性，其实最终来源于他们所具有的相同身

---

① 第四卷第十二章"小居鲁士、莱山德与阿尔喀比亚德失势"，原书第 324 页。
② 第四卷第十四章"审判阿吉努赛诸将"，原书第 374—375 页。
③ 第四卷第十六章"结语"，原书第 426 页。

份：他们都是帝国主义民主政体的政治亲历者和批判性观察者。

### （四）总结

通过四卷本，我们观察到了作者政治倾向的完整图谱。在国际政治层面，卡根对霸权国/同盟领袖国怀有更多理解与同情。他建立了从城邦政治推断并分析对外政策的归因路径，连结了国际政治与国内政治，而在国内政治问题上，他最忧虑的不是对外政策的扩张性——他谴责绥靖主义，甚至不忧虑对外政策的过度扩张性——而是政治精英无法团结民众，进而致使民主政体无法面对紧要情势的考验。随着四卷本研究与写作的逐步深入，作者在对历史进行解释时，更加重视国内政治因素了。

作者的政治情感图谱是在冷战语境中形成的。这一图谱联系着四卷本在修昔底德学谱系中的地位，也联系着卡根教授本人对现实政治的关怀。诞生于冷战缓和之中的第一卷，如同修昔底德史书一样，带着未来国务家手册的面貌为四卷本奠定了基调。后三卷则逐渐体现出卡根对雅典的关怀，越来越像为无法经受极端考验的患病城邦所开具的一份病理学分析报告。这面向过去的立场与文学分析流派有些微的接近。对民主城邦政治分裂的担忧，对雅典厄运的重构和分析，总是令人回想起修昔底德第二卷第 65 节，回想起伯利克里这样的国务家，同时，也回想起本文第一节卡根教授的荣休演说与耶鲁的小威廉·巴克利计划对民主政体的保守主义期许来。

## 参考资料

### （A）唐纳德·卡根作品

（A.1）"伯罗奔尼撒战争史论"四卷本，华东师范大学出版社，2017 年以降。

（A.2）Donald Kagan, "Politics and Policy at Corinth: 421—336 B.C.," Doctoral Dissertation, Ohio State University, 1958.

(A. 3) Donald Kagan and Frederick W. Kagan, *While America Sleeps: Self-Delusion, Military Weakness, and the Threat to Peace Today*. St Martins Press, 2000.

(A. 4) [美]唐纳德·卡根等著,《西方的遗产》,袁永明等译,上海人民出版社,2009年。

**(B) 书评**

第一卷:

(B. 1. 1) Robert L. Hohlfelder, *the Historian* 33(1970), 98—99.

(B. 1. 2) Ronald S. Stroud, *Classical Journal* 67(1971), 87—89.

(B. 1. 3) Henry R. Immerwahr, *American Historical Review* 75(1970), 2022—2023.

(B. 1. 4) Malcolm F. McGregor, *Classical World* 63(1976), 201—202.

(B. 1. 5) H. D. Westlake, *Classical Review* 21(1971). 248—250.

(B. 1. 6) M. E. White on *The Outbreak of the Peloponnesian War*, *Phoenix* 25(1971), 380—383.

第二卷:

(B. 2. 1) Hans A. Pohlsander, *Classical Outlook* 53(1976), 56.

(B. 2. 2) John F. Oates, *The Historian* 38(1975), 121—122.

(B. 2. 3) Carl Roebuck, *American Journal of Philology* 97(1976), 80—83.

第三卷:

(B. 3. 1) Raphael Sealey, *American Journal of Philology* 103(1982), 338—340.

(B. 3. 2) Jack Cargill, *American Historical Review* 88(1983), 86—87.

(B. 3. 3) Thomas Kelly, *The Historian* 45(1983), 394—395.

(B. 3. 4) Linda J. Piper, *Classical Outlook* 60(1983), 135—136.

第四卷：

(B. 4. 1) Harvey E. Yunis on *The Fall of the Athenian Empire*, *Classical Journal* 85(1990), 360—364.

(B. 4. 2) Matthew R. Crist on *The Fall of the Athenian Empire*, *Classical World* 83(1989), 133.

(B. 4. 3) Charles D. Hamilton on *The Fall of the Athenian Empire*, *American Historical Review* 95, 1505—1506.

其他书评：

(B. 5. 1：对四卷的总评) Victor Davis Hanson, *Journal of Military History* 56(1992), 119—121.

(B. 5. 2) Gregory Elich, "The Arrogance of the Imperial Mind: Review on *While America Sleeps: Self-Delusion, Military Weakness, and the Threat to Peace Today* by Donald Kagan and Frederick W. Kagan," *Science & Society* 67(Summer 2013), 231—2366.

(B. 5. 3) W. R. Connor, "Review: *A Historical Commentary of Thucydides Vol. 5: Book* 8 by A. W. Gomme, A. Andrewes and K. J. Dover," *Classical Philology* 79(1984), 230—235.

(B. 5. 4) Paul A. Rahe, "Review: *Thucydides on Strategy: Grand Strategies in the Peloponnesian War and Their Relevance Today* by Athanassios G. Platias and Constantinos Koliopoulos", *Journal of World History* 23 (special issue on global China: March 2012), 155—159.

**(C) 古代文献**

(C. 1) 修昔底德史书。

Ed. H. S. Jones, J. E. Powell. *Thucydidis historiae*, 2 vols. Oxford: Clarendon Press, 1942—1967.

(C. 2) 哈利卡纳苏斯的狄奥尼修斯《论修昔底德》。

Ed. H. Usener, L. Radermacher. "De Thucydide," *Dionysii Halicarnasei quae exstant*, vol. 5. Leipzig: Teubner, 1899, Repr. 1965.

（C. 3）柏拉图《阿尔喀比亚德前篇》。

Ed. J. Burnet. "Alcibiades I," *Platonis opera*, vol. 2. Oxford: Clarendon Press, 1901, Repr. 1967.

**(D) 专著**

（D. 1）John Bloxman, *Ancient Greece and American Conservatism: Classical Influence on the Modern Right*, I. B. Tauris, 2018.

（D. 2）Hartmut Leppin, *Thukydides und die Verfassung der Polis: ein Beitrag zur politischen Ideengeschichte des 5. Jahrhunderts v. Chr.* Berlin: Akademie Verlag GmbH, 1999.

（D. 3）Francis M. Cornford, *Thucydides Mythistoricus*, London: Edward Arnold, 1907.

（D. 4）［美］戴维·哈尔伯斯坦,《出类拔萃之辈:聪明人在越战中的错误决策》,齐沛译,生活·读书·新知三联书店,1973年。

（D. 5）Edward Hallett Carr, *The Twenty Years' Crisis*, 1919—39. The Macmillan Press, 1946.

（D. 6）Athanassios G. Platias and Constantinos Koliopoulos, *Thucydides on Strategy: Grand Strategies in the Peloponnesian War and Their Relevance Today*. Columbia University Press 2010.

（D. 7）Jacqueline de Romilly, trans. Philip Thody, *Thucydides and the Athenian Imperialism*. Ayer Company Publishers, 1963.

**(E) 注疏、研究手册及其中本文所涉及的论文**

（E. 1）A. W. Gomme. *A Historical Commentary on Thucydides*. Vol. I. Oxford: Clarendon Press, 1959.

（E. 2）Simon Hornblower. *A Commentary on Thucydides*. Volume II: Books IV—V. 24. Oxford: Clarendon Press, 1996.

(E. 3) Ed. Antonios Rengakos and Antonios Tsakmakis. *Brill's Companion to Thucydides*, Leiden, Boston: Brill, 2006. 本文涉及其中以下论文:

(E. 2. 1) Josiah Ober, "Chapter 6: Thucydides and the Invention of Political Science," 131—160.

(E. 2. 2) Kurt Raaflaub, "Chapter 8: Thucydides on Democracy and Oligarchy," 189—222.

(E. 2. 3) Lawrence Tritle, "Chapter 18: Thucydides and Power Politics," 469—491.

(E. 2. 4) Diether Roderich Reinsch, "Chapter 30: Byzantine Adaptations of Thucydides," 755—778,

(E. 2. 5) F. M. Pires, "Chapter 32: Thucydidean Modernities," 811—837.

(E. 4) Ed. Jeffrey S. Rusten. *Oxford Readings in Classical Studies: Thucydides.* Oxford University Press, 2009. 本文涉及其中以下论文:

(E. 4. 1) Jeffery S. Rusten, "Chapter 1: Thucydides and His Readers," 1—28.

(E. 4. 2) Simon Hornblower, "Chapter 4: Intellectual Affinities," in Jeffrey S. Rusten ed. *Oxford Readings in Classical Studies: Thucydides*, 60—87.

(E. 4. 3) Jacqueline de Romilly, "Chapter 16: A Highly Complex Battle-Account: Syracuse," 359—380.

(E. 5) Ed. Ryan K. Balot, Sara Forsdyke, and Edith Foster, *The Oxford Handbook of Thucydides.* Oxford University Press, 2017.

(F) 期刊论文与论文集论文

(F. 1) John Lange, "The Argument from Silence," *History and Theory* 5(1966), 288—301.

(F. 2) de Ste Croix, "The Character of The Athenian Empire," *Historia: Zeitschrift für Alte Geschichte* 3(1954), 1—41.

(F. 3) David Gribble, "Narrator Interventions in Thucydides," *Journal of Hellenic Studies* 118(1998), 41—67.

(F. 4) Virginia Joyce Hunter, "Thucydides and the Historical Fact,"*Classical Journal* 67(1971), 14—19.

(F. 5) Donald Lateiner, "Heralds and Corpses in Thucydides," *Classical World* 71(1977), 97—106.

(F. 6) Peter A. Brunt, "Thucydides and Alcibiades,"*Revue des Études Grecques* 65(1952), 59—96.

(F. 7) James R. Holmes and Toshi Yoshihara, "Taiwan: Melos or Pylos?"*Naval War College Review* 58(2005), 43—62.

(F. 8) Christos C. Evangeliou, "Political Ambition and Philosophic Constraint: Alcibiades, Socrates and the Sicilian Expedition," in Heather L. Reid, Davide Tanasi eds. *Philosopher Kings and Tragic Heroes: Essays on Images and Ideas from Western Greece*. Fonte Aretusa: Parnassos Press, 2016, 111—126.

**(G) 互联网资料**

(G. 1) Donald Kagan's faculty page at Yale History Department: https://history. yale. edu/people/donald-kagan, visited Feb 9, 2019.

(G. 2) Wikipedia s. v. "Donald Kagan,"https://en. wikipedia. org/wiki/Donald_Kagan, visited Feb 8, 2019.

(G. 3) Wikipedia s. v. "Willard Straight Hall" on 1969 building take-over: https://en. wikipedia. org/wiki/Willard_Straight_Hall # 1969_building_takeover, visited Feb 8, 2019.

(G. 4) Wikipedia s. v. "Arms and the Covenant": https://en. wikipedia. org/wiki/Arms_and_the_Covenant, visited Feb 9, 2019.

(G. 5) Wikipedia s. v. "Norman Podhoretz": https://en. wikipedia. org/wiki/Norman_Podhoretz, visited Feb 10, 2019.

(G. 6) Official personal site of Steve Starr: "Steve Starr Photojournalist-50 Years of Available Light: the Pulitzer Prize", http://stevestarr. com/pulitzer-prize, visited Feb 8, 2019.

(G. 7) Official site of "the William F. Buckley Jr. Program at Yale,"https://www. buckleyprogram. com/, visited Feb 9, 2019.

(G. 8) Bruce Fellman, "Lion in Winter,"*Yale Alumni Magazine* (Apr. 2002), https://web. archive. org/web/20070809010253/http://www. yalealumnimagazine. com/issues/02_04/kagan. html, visited 23 June, 2019.

过去照亮未来,因为世界命运恒定,一切正在发生和过去已经发生过的事情,将以不同的名义、带着不同的色彩,再次发生;但并不是每个人都能辨认出来,只有明智之人仔细观察,勤勉思考,才能辨认出来。

**弗朗切斯科·圭恰迪尼**(Francesco Guicciardini)
《格言与反思》(*Ricordi*),第 1 卷,第 114 条

# 目　　录

弁言 ……………………………………………………… 1
导论 ……………………………………………………… 6

## 第一编　希腊世界的结盟与分裂

第一章　斯巴达同盟 …………………………………… 13
第二章　雅典帝国的起源 ……………………………… 35
第三章　希波战争之后的斯巴达 ……………………… 52
第四章　希波战争之后的雅典 ………………………… 60

## 第二编　第一次伯罗奔尼撒战争

第五章　希腊战争 ……………………………………… 81
第六章　爱琴海危机 …………………………………… 101
第七章　战争的结束 …………………………………… 124

## 第三编　和平年代

第八章　雅典政治：伯利克里的胜利 …………………………… 137
第九章　雅典与西部地区：图里的建立 …………………………… 157
第十章　萨摩司叛乱 ……………………………………………… 173
第十一章　雅典帝国的巩固 ……………………………………… 181
第十二章　战争爆发前夕的雅典政治局势 ……………………… 194

## 第四编　最后的危机

第十三章　埃皮丹努 ……………………………………………… 207
第十四章　柯西拉 ………………………………………………… 224
第十五章　墨伽拉 ………………………………………………… 251
第十六章　波提狄亚 ……………………………………………… 272
第十七章　斯巴达 ………………………………………………… 285
第十八章　雅典 …………………………………………………… 313

## 第五编　结　　论

第十九章　战争的起因 …………………………………………… 341
第二十章　修昔底德与战争的必然性 …………………………… 352

附录 ………………………………………………………………… 369
校对者跋语 ………………………………………………………… 385

# 弁　言

　　这本书所讨论的其实是一个很古老的话题，已经有很多人进行过研究，其中不乏修昔底德（Thucydides）这样的权威人士（我们的大部分资料都来自他）。不过，即便到了今天，这个问题依然值得关注。在 19 世纪以及 20 世纪初期，格罗特（Grote）、贝洛赫（Beloch）、布索特（Busolt）以及梅耶（Meyer）都出版了与希腊历史有关的著作，他们详细研究了伯罗奔尼撒战争（the Peloponnesian War）的起源，提出了非常有见地的观点。在我看来，直到今天，布索特的研究依然是最冷静、最权威的。不过，在布索特的书出版之后，又出现了很多新的资料，尤其是发现了很多雅典铭文。另外，在这 50 多年的时间里，通过《雅典贡赋表》(*Athenian Tribute Lists*)，戈姆（Gomme）的《修昔底德历史评注》(*Historical Commentary on Thucydides*)，德·萝蜜莉女史（Mme de Romilly）的《修昔底德与雅典帝国主义》(*Thucydide et l'impérialisme athénien*)，以及其他重要的专著与文章，我们对修昔底德以及伯罗奔尼撒战争有了新的认识。因此，有必要充分利用从铭文上获得的新证据以及现代学者的最新研究成果，重新对这个问题进行深入细致的探讨。

　　每一代人都需要为自己撰写历史。我们所面临的问题与我们的父辈乃至祖辈是不同的。不断地审视历史可以帮助我们认清历史，因为随着时间的推移，只有那些最具启示意义的问题才会保留下来。当然，坦白而言，[-vii, viii-]我写这本书还有另外一个目的。修昔底德认为，通过仔细研究历史，可以发现人类政治行为的规律，并为我们所用。对此，我们深表赞同。通过研究希腊城邦之间为什么会爆发如此残酷的战争，让一个伟大的文明元气大伤，并从此一蹶不振，应该可以找到一些与现代社会问题有着密切关系的规律。

伯罗奔尼撒战争爆发的原因是外交史上的一个难题。我认为，要研究外交关系，就必须同时研究相关城邦自身的历史，否则会造成严重的误解。因此，我会尽可能利用手上的证据，去寻找外交与国内政治之间的关系。当然，社会与经济方面的问题也会对外交事务产生重大影响，只是在古代它们的影响没有现在这么大。古代文献主要是从政治方面考虑这个问题。

接下来，我要对研究方法作一些解释。任何一位研究修昔底德的学者似乎都必须在两个基本问题上发表自己的观点：《伯罗奔尼撒战争史》的创作过程，以及书中那些演讲的真实性。我会在介绍具体事件时再详细讨论这些问题，但我可以先将自己的基本观点告诉各位。关于这部著作的创作，我认为它是一次成书的，这与约翰·H. 芬力(John H. Finley)的观点非常相似。他认为我们所读到的这个版本与修昔底德最终的想法差别不大：

> 毫无疑问，《伯罗奔尼撒战争史》中可能会有一些内容是之前创作的；修昔底德肯定曾经记过一些笔记，而在完成这部著作时，他肯定会用到这些笔记，但我们认为，他绝对不是将一些写于不同时期的东西胡乱地拼凑在一起，最后因为自己的突然离世而来不及进行整理。它应该是修昔底德根据此前的笔记，在某个时候一气呵成的。也许结尾部分有些突兀，还有几个地方不够完整，但总体而言，这部作品有着较强的整体性，这应该是在某个时期连续创作的结果。① [-viii, ix-]

---

① 约翰·H. 芬力，《哈佛古典语文学研究》(Harvard Studies in Classical Philology, HSCP)增刊，第1卷，1940年，第257页。

因为我们认为修昔底德的创作总体而言是完整的，所以对于书中难以解读的部分，我们绝对不会说这是因为修昔底德来不及将缺失的地方补全，或者是来不及在前后的观点之间进行协调。

修昔底德著作中的演讲是一个老问题，一直没有得到解决。某些人的看法非常极端，认为这些都是修昔底德虚构出来的，还有些人选择了另外一个极端，认为它们真实记录了当时的发言。实际情况应该居于两者之间。我认为这些发言还是比较真实的。很多争论都是围绕着一句有歧义的话：ὡς δ' ἂν ἐδόκουν ἐμοὶ ἕκαστοι περὶ τῶν αἰεὶ παρόντων τὰ δέοντα μάλιστ' εἰπεῖν，克劳利（Richard Crawley）将之译作"我根据不同场合的需要"。不过，很少有人注意到接下来的这句话：ἐχομένῳ ὅτι ἐγγύτατα τῆς ξυμπάσης γνώμης τῶν ἀληθῶς λεχθέντων, οὕτως εἴρηται，①克劳利将之译为："当然，会尽可能忠实于原话。"我的观点与埃德科（F. E. Adcock）一样：

> 据说，这位史家在还原这些发言时，尽可能"忠于发言的主要意思或者目的"，并且他会考虑到这些发言人在面对听众时最可能会说些什么。他自己的观点是其中一个制约因素，而他所说的"忠于发言者的主要意思或者目的"则是另外一个制约因素。如果他是根据这样的标准处理这些发言，读者至少可以知道当时发言的内容。因此制约修昔底德的应该是他的记忆力，这使他很难（或者说不可能）清楚记得发言的原文。②

修昔底德的说法显然排除了他编造这些发言的可能性。早在 1889 年，倪森就对格罗特有关伯罗奔尼撒战争的观点进行了反驳。对于格罗特"将那些发言当作那个时代的文献资料看待"，③他感到非常震惊。读

---

① Thuc. 1. 22. 1.
② 埃德科（F. E. Adcock），《修昔底德及其史书》（*Thucydides and His History*），剑桥，1963 年，第 27—42 页。
③ 倪森（H. Nissen），《历史学期刊（新编）》（*Historische Zeitschrift N. F.*），第 27 卷，1889 年，第 386 页。

者会发现，我与格罗特一样天真。

另外，还要介绍一下修昔底德之外的其他古代文献，[-ix, x-]其中主要是普鲁塔克(Plutarch)与西西里的狄奥多罗斯(Diodorus Siculus)的记录。普鲁塔克的《平行列传》(Lives)根据各种资料写成，有些资料比较可靠，有些可信度不高，有些来自公元前5世纪，有些则来自较晚的时间。狄奥多罗斯在描述我们所关心的这段历史时，除了希罗多德(Herodotus)或修昔底德，他主要依赖的是埃弗鲁斯(Ephorus)所提供的资料。埃弗鲁斯写作的时间是公元前4世纪。无论作为资料来源，或者是史家，他都没法与修昔底德相比。不过，他还是为我们提供了一些修昔底德或普鲁塔克没有提供的资料。对于我而言，当普鲁塔克或者狄奥多罗斯的说法与修昔底德的说法出现冲突时，我基本上都会选择修昔底德。主要的问题是，当他们提供的是修昔底德没有提及的资料时应该怎么办。人们现在倾向于对他们所提供的资料持批判态度，一般认为这些资料的年表不值得信赖，而且它们没有修昔底德提供的资料那样权威，但在我看来，对它们的批评有些言过其实。我倾向于选择相信它们。普鲁塔克与希罗多德一样，对各种说法进行了比较（他掌握的肯定是书面资料，而不像修昔底德获得的是一些口述资料）；他会拒绝接受那些荒诞不经的说法。无论他的理解正确与否，他确实保留了很多有价值的东西。埃弗鲁斯的用处较小，但也不可忽视。在处理普鲁塔克、狄奥多罗斯以及古代的其他资料时，我采用了同样的标准。我认为除非存在着明显的自相矛盾之处，或者听起来过于荒诞，或者已经被证明是错误的，否则我会选择相信它们。在引用他们的著作时，我采用的就是这样的标准。

此外，还要说明一点，我在书中常常会将公元前5世纪时的历史与现代历史进行类比。我明白这种类比所存在的危险。因此，在进行类比时，我会非常谨慎，确保所作的类比是合适的。当然，在得出结论与进行总结时，我会尽量将自己的理据开诚布公地告诉大家。作为一位历史学家，我自然会将所研究的问题与类似的事件或者情况联系起来。我对历史事件的判断是基于自己的经验。这些经验来自我对自己所处时代的事情的了解，以及我对以前发生的事情的了解。正如芬利

(M. I. Finley)所言,"历史学家在研究的时候总是在不断地进行总结,[-x, xi-]他越是清楚地意识到这一点,那么他在进行总结时就会表现得更加克制"。① 我希望通过类比,让大家明白我为什么会得出这些结论。读者会发现我用来进行类比的很多是第一次世界大战之前的事情。我这是有意为之。关于第一次世界大战,我们掌握了翔实的资料,因此我相信研究这次战争的起因,肯定有助于我们理解伯罗奔尼撒战争的爆发。希望我的这种想法能够得到读者的认同。

最后,我想对伯纳德·诺克斯(Bernad Knox)、梅里特(B. D. Meritt)以及我的同事沃特·拉夫博(Walter Lafeber)表示感谢。他们在读完我的书稿之后,指出了其中的很多错误。还要感谢康奈尔(Cornell)研究基金,以及康奈尔大学人文学科研究基金,他们给了我很多的支持,并且帮我打印了全书。另外要特别感谢位于华盛顿特区(Washington D. C.)的希腊研究中心(the Center for Hellenic Studies)的资深研究员,他们给我提供了一个很好的机会,让我在中心安安心心地进行了一年的研究,度过了一段非常美好的时光。同时要感谢中心其他的年轻研究员,与他们共事是一段非常愉快的经历,并且我学到了很多东西。最为感激的当然还是诺克斯先生,作为希腊研究中心的主任,他不仅才思敏捷,知识渊博,醉心于古典学研究,而且还将中心管理得井井有条。最后要感谢我的妻子,谢谢她给了我一个舒适的家,可以在家里得到很好的休息,然后精力充沛地投入自己的研究工作。

唐纳德·卡根
1968年10月记于纽约州绮色佳(Ithaca, New York)

---

① 芬利,《历史写作中的普遍化》(*Generalization in the Writing of History*),路易·戈德查克(Louis Gottschalk)主编,芝加哥,1963年,第27页。

# 导　论

　　修昔底德认为，雅典人与伯罗奔尼撒人之间的这场战争"有着重要的意义，值得记录"，①于是便开始撰写《伯罗奔尼撒战争史》。这场战争的持续时间、影响范围、激烈程度以及历史意义，超过了希腊以前的任何一场战争。这是"一场史无前例的巨变，对所有希腊人而言如此，对一部分蛮族而言如此，甚至可以说对全人类亦复如此"。② 而在我们看来，这场战争的意义还远不止于此：这还是考验城邦生命的炼丹炉。

　　希腊的这些城邦，诞生于黑暗时代的一片混乱之中，即便按照古代标准，也非常弱小、不堪一击。他们的经济之所以能有这么好的发展，应该归功于社会和政治上的稳定，并且没有受到外来的侵略；而他们之所以在最脆弱的时候没有受到恶邻的攻击，纯属运气使然。从多利安人（Dorians）入侵直到马拉松（Marathon）战役，在这关键时期，没有哪一个帝国能够完全控制地中海的东部地区。而在西部地区，庞大的罗马帝国还处于萌芽状态。殖民运动将城邦过剩的人口带到各个地方，从而扩大了城邦的政治与社会基础，使其得以在公元

---

① 所有的翻译都由我自己（译者注：指原著者，下同）完成，如果不是我的翻译，我会另外注明。在翻译修昔底德的著作时，我参考了娄卜（Loeb）英译本（C. 福斯特·史密斯［C. Forster Smith］译），以及布岱（Budé）法译本（德·萝蜜莉女史译）。当我想不出更好的翻译时，我会采用他们的译文。

② Thuc. 1. 1. 2.

前7世纪和前6世纪生存并发展。等到波斯帝国变成一个严重的外来威胁时，希腊的城邦已经成长起来，他们齐心协力，成功抵抗了波斯的侵略。[-1,2-]

不过，希波战争也暴露出城邦生活固有的矛盾。自由、独立、自治，甚至自给自足，这些都是城邦的理想。虽然在现实中，这些都受到了限制，但希腊政治体系的核心是一群独立的城邦，他们有着自己的制度以及独立的外交。伯罗奔尼撒同盟以及其他地方性组织虽然已经出现，但成员们都保留了很大的独立性与自治权。与波斯的战争表明，要想生存，希腊人必须团结起来，共同抵御敌人。如何在牺牲部分主权的同时保持自由自治，成了希腊人现在必须考虑的问题。

普拉提阿（Plataea）战役与米迦列（Mycale）战役并没有解除来自波斯的威胁，于是出现了雅典领导下的提洛同盟（Delian League），这个同盟后来发展成为雅典帝国。提洛同盟与伯罗奔尼撒同盟不同，但有一定相似之处。希腊被分成两个大的权力集团，这两大阵营在公元前5世纪的五六十年代发生了一系列的冲突。不过，这些在前5世纪中叶出现的战事并没有决出雌雄。双方的组织结构完好无损，只是大家都因为这次冲突而筋疲力尽，并且对于对手的力量有了更清晰的认识，因此变得冷静了许多。《三十年和约》给希腊的城邦提供了一个适应新现实的机会。现在希腊人由两大城邦领导着。这两个城邦有着不同的性格、不同的意识形态、不同的权力性质。如果她们可以克制各自的欲望，避免冲突，不被那些较小的城邦拖入战事，她们也许可以和平相处，从而给希腊世界带来和平的局面。如果她们真能如此，那将没有什么外敌可以战胜这股联合起来的力量，而城邦则会因此太平昌盛，其特点也将得到进一步的发展。然而，现实却是，斯巴达与雅典没能和平共处；伯罗奔尼撒战争爆发了，伴之而来的是死亡、贫困、内战、外敌入侵。希腊城邦繁荣的经济，稳定的社会，强大的军事力量，以及他们的自信都因此遭到了不可逆转的破坏。

修昔底德认为这场战争是不可避免的。他说："我认为战争爆发的根本原因是雅典的崛起，[-2,3-]这让斯巴达人感到不安，最后不得不选择了战争,但人们却很少提及这一点。"①现代历史学家对于这次战争爆发的原因有过争论,但很少有人会质疑其必然性。这是意料之中的事情。修昔底德对导致战争爆发的事件的描述很有说服力,而来自另一方的解释,无论是古代的,或是现代的,都要逊色很多。他通过洗练简洁的语言、精心的布局谋篇,对雅典帝国的崛起以及斯巴达的反应进行了精彩的描写,使人觉得除了战争,双方似乎别无选择。

现代读者最感兴趣的恰恰是这种必然性,而这也许正是修昔底德所期望的。他认为自己的作品应该"垂诸永久",帮助"那些希望通过了解历史去读懂未来的人"。② 他期望我们在读完他对雅典与斯巴达之间这场伟大战争的描述之后,可以举一反三,对现代社会的问题进行思考。他更希望我们能明白,在他所描述的条件之下,战争乃是不可避免的。两个大国之间的对立,是否一定会导致她们所领导的两个集团兵戎相向呢?这绝非一个历史学家所能回答的问题;事实上,从专业角度而言,这甚至不是他应该提出的问题;但有些问题则是他可以问,也必须问的;虽然这些问题没有确切的答案,但提出这些问题是完全合理的,而探求这些问题的答案可以让我们对修昔底德所说的"人类未来可能遇到的问题"有更多的了解。

我们不禁要问,《三十年和约》所创造的缓和局面难道就不可能持续下去吗?难道就没有其他政策可以替代那些导致战争爆发的政策吗?难道为了自身利益,斯巴达或雅典就一定要诉诸武力吗?抑或战争虽然与他们的利益有冲突,却还是发生了?在寻找这些问题的答案时,我们绝不能人云亦云,盲目追随那位最伟大的史家。他在战争期间开始自己的创作,战争结束后没多久就离开了人世。作为那个时代的史家,他有幸参与了这段历史中的某些事件,[-3,4-]而对于那些他未能亲历的事情,他也曾经仔细询问过那些亲历者。他的文笔又是如此

---

① Thuc. 1. 23. 6: τὴν μὲν γὰρ ἀληθεστάτην πρόφασιν, ἀφανεστάτην δὲ λόγῳ, τοὺς Ἀθηναίους ἡγοῦμαι μεγάλους γιγνομένους καὶ φόβον παρέχοντας τοῖς Λακεδαιμονίοις ἀναγκάσαι ἐς τὸ πολεμεῖν.

② Thuc. 1. 22. 4:ὅσοι δὲ βουλήσονται τῶν τε γενομένων τὸ σαφὲς σκοπεῖν καὶ τῶν μελλόντων ποτὲ αὖθις κατὰ τὸ ἀνθρώπινον τοιούτων καὶ παραπλησίων ἔσεσθαι.

生动，因此他的著作有着极强的说服力。不过，身处那个时代也有其不利之处。既成事实（fait accompli）的力量是强大的；即便是几百年之后，当人们回头再看当时所发生的一切时，都会受到这种想法的影响。对于修昔底德而言，这种感受一定更加强烈。所以为了检验他的解释是否正确，我们必须保持一种批判的态度。

所谓的必然性本身就是有问题的。在人类社会中，必然意味着什么呢？对于自由意志与决定论这样形而上的问题，我们姑且不谈，但人在作政治决定时享有多大程度上的自由，则是可以讨论的。人类社会某些选择看似是必然的，有时会因为之前发生的事件而变得不可能，有时又会因为之前发生的事件而变得更为可能；但人可以作出决定、改变事情的进程。史家有责任分清楚，哪些选择是开放性的，哪些选择只是表面看来如此。这项工作很艰难，却非常有必要。当修昔底德说伯罗奔尼撒战争不可避免时，他当然没错。因为在战争爆发前，肯定有那么一个时间点，从那个时间开始，事件的进程已经没有办法改变，战争已经成为必然，所以在讨论必然性时，最关键的是这个时间点的选择。如果说，在斯巴达军队进入雅典境内之后，战争已经成为必然，这种说法没有人会质疑，但也没有意义。至于说战争从一开始就是历史的必然，这是一个哲学命题，或者说，是一个形而上的命题，不属于历史研究范畴；而历史研究关注的是这两种极端之外的情况。

修昔底德的观点不属于这两种极端情况。显然，修昔底德认为，由于希腊世界本来就已经有了一个强国，因此，希波战争后，雅典帝国的崛起使得强国之间必然会产生冲突。在书中，他从公元前479年波斯撤退开始，介绍了雅典实力的逐步壮大。他插入这段内容正是为了证明自己的这种观点。修昔底德对第一次伯罗奔尼撒战争（公元前461—前445年）爆发原因的看法也许是正确的，但这次战争结束的时候双方已经签订了一份和约。虽然我们现在知道这份和约只是一个过渡性的东西，可当时的人却不可能知道这一点，所以我们要思考的问题[-4,5-]是：这个和约是否有可能得到遵守，公元前445年之后，雅典与斯巴达之间是否注定有一场战争。

有关公元前445年至公元前431年的这段历史，最好的史料来源就是修昔底德。通过研究他的著作，再加上我们所掌握的其他证据，我们希望了解究竟是哪些事件、哪些决定导致了战争的爆发。与此同时，我们一定要思考一下，当时是否有可能作出另外的决定，而这个决定也是人力之所能及的。确实，在某些特定时刻，因为环境所迫，人们往往只有一个可行的办法，但我们不应该忘记，有时候，人们还是可以有好几种选择的，而这些选择会对他们的命运产生或好或坏的影响。出问题的往往不是我们的命运，而是我们自己。

# 第一编　希腊世界的结盟与分裂

# 第一章　斯巴达同盟

伯罗奔尼撒战争并非单个希腊城邦之间的战争,而是伯罗奔尼撒同盟与雅典帝国这两大同盟之间的战争。在某些重要方面,这两大同盟有着相似之处:两大阵营所代表的都是一种"霸权治下的同盟"。① 这两大同盟都是"由一个居于领导地位的城邦,与很多其他城邦之间的同盟;这个同盟没有时间限制,也没有具体目标,其中一个城邦在战争中处于领导地位(后来在政治上,这个城邦也要处于领导地位);这两大同盟最初虽然只是一个松散的组织,但至少有在尝试成为一个超越单个城邦的组织"。② 但是,这两大同盟在很多关键之处,又有着显著不同,而这种差异影响了其发动战争与遵守和约的能力。这两大同盟有历史渊源,并非总是水火不容。要想了解这次大战的爆发,就必须清楚了解这两大同盟的性质,清楚了解它们如何走向了冲突。

热衷于使用悖论修辞的历史学家——如伏尔泰(Voltaire)——说,神圣罗马帝国(the Holy Roman Empire)既不神圣,也不罗马,亦非帝国。我们可以用同样的话评价伯罗奔尼撒同盟:伯罗奔尼撒同盟并非真正意义上的同盟,并且严格说来,也不是仅限于伯罗奔尼撒人参加的

---

① 这个名称出自维克多·厄霖博格(Victor Ehrenberg,《希腊城邦》[the Greek State],牛津,1960 年,第 112 页),这一概念的史例包括伯罗奔尼撒同盟、第一次与第二次雅典同盟,以及科林斯同盟。
② 厄霖博格,《希腊城邦》,第 112 页。

同盟。其中有的城邦来自科林斯地峡(the Isthmush of Corinth)以北。成员之间的关系也非常松散，冠之以"同盟"或"联盟"[-9,10-]并不合适。在古代，最常用的词是"同盟"(symmachia)，我们姑且将其译为"同盟"。这个词在希腊文和英语中的含义都很模糊。古人通常将这个组织称为"拉栖代梦人(Lacedaemonians)及其盟邦"。① 如果不是因为伯罗奔尼撒同盟这个叫法已经被广泛接受，现代历史学家们倒是可以沿用古代的叫法。

有关斯巴达同盟的性质、历史以及发展过程，文献资料很少，并且难以理解，所以学界观点分歧。斯巴达同盟与希腊同盟(the Hellenic League)以及提洛同盟都不一样。希腊同盟是在公元前481年为了对付波斯人而组成的，提洛同盟则是在公元前478/477年为了复仇、为了解放希腊城邦而成立的，针对的还是波斯人。斯巴达同盟并不是在受到外来威胁之后成立的。斯巴达同盟的出现是因为斯巴达希望确保自身的安全及其对伯罗奔尼撒地区的控制。② 到公元前6世纪初，斯巴达已经基本解决了长期困扰自己的黑劳士问题，终于得以分身，将自己的注意力转向伯罗奔尼撒北部地区。③ 在此之前，对待那些弱小的邻邦，斯巴达一直都是采取一种最简单的策略：先将它们打败，然后吞并它们的土地，将其中的毗辽士(perioikoi，边缘人)变为自由的臣民，将黑劳士变成某种类似于农奴的人。就这样，伯罗奔尼撒南部与西部地区逐渐成为斯巴达的领土，失去了自治权。于是斯巴达人终于可以腾出手来，对付自己北方的邻居：铁该亚(Tegea)。因为铁该亚人骁勇善战，长期顽强反抗，所以直到公元前6世纪中期，斯巴达还没有征服这个位于阿卡狄亚地区(Arcadia)的城邦。最后斯巴达人前往德尔斐(Delphi)的神示所，向神求助。结果他们被告知，要想夺取铁该亚，必须先找到俄瑞斯忒斯(Orestes)的骸骨。据说，有一位聪明的斯巴达人

---

① 布索特(Busolt)与所柏答(Swoboda)，《希腊治国方略》(Griechische Staatskunde, GS)，第1330页。
② 维克多·马丁(Victor Martin)，《希腊城邦间关系》(La vie internationale dans la Grèce des cités)，巴黎，1940年，第206页；厄霖博格，《希腊城邦》，第118—119页。
③ 赫胥黎(G. L. Huxley)，《早期斯巴达》(Early Sparta)，麻省剑桥市，1962年，第65页。

在铁该亚找到了一幅巨人的骸骨,并把这些骸骨带回国。不久之后,斯巴达人就占领了铁该亚。①

铁该亚是斯巴达政策的转折点。这次斯巴达人没有吞并铁该亚人的土地,而是与他们[-10,11-]签订了盟约,后来事实表明,该盟约持续了很长时间。② 盟约规定:铁该亚人不得庇护美塞尼亚(Messenian)难民,也不得伤害那些支持斯巴达的铁该亚人。虽然我们不知道盟约的主要条款,但可以肯定,其中包括了斯巴达后来与其他盟邦签订的盟约的基本内容,这些内容确定了斯巴达在同盟中的领导地位:所有盟邦承诺"拥有共同的朋友和敌人,无论在陆地,还是海上,她们将永远追随拉栖代梦人"。③ 不久之后,阿卡狄亚地区的其他城邦也落入了斯巴达人之手。④ 到公元前525年时,他们的势力已经延伸到了科林斯地峡,控制了除阿尔戈斯(Argos)与亚该亚(Achaea)之外的整个伯罗奔尼撒地区。⑤ 斯巴达同盟的每次扩张,都意味着又一个城邦接受了盟约,答应将自己的对外政策决定权拱手让与斯巴达。这对斯巴达当然是件求之不得的好事,但为什么这些盟邦会愿意接受这样的条件呢?

铁该亚人的经历可以提供一种解释。和约让他们保留了自己的土地、自由,还有部分的自治权利。作为战败一方,铁该亚人肯定愿意接受这些相对宽松的条件。阿卡狄亚地区的其他城邦经历或许大体类此。

---

① Hdt. 1.66—68;赫胥黎,《早期斯巴达》,第65—68页;厄霖博格,《保-威百科全书》(*PW*),"斯巴达"条目,第1383页。

② 普鲁塔克在《希腊问题》(Plut. *Quaest. Graec.* 5)中曾经提到过这次结盟及盟约的部分内容。同时参见普鲁塔克《罗马问题》;Plut. *Quaest. Rom.* 52. 爱德华·梅耶(Eduard Meyer),《古代历史》[*Geschichte des Altertums*, *GdA*],第2卷,第766页)认为这次结盟发生在公元前6世纪,但席勒·冯·加尔特林根(Hiller von Gaertringen,《希腊铭文集成》[*IG*],第2卷,第3条铭文)认为,结盟发生在公元前468年,即阿卡狄亚人起义之后。布索特与所柏答(《希腊治国方略》,第1320页,注释3)持同样观点。亥拜(L. I. Highby)(《埃吕忒莱政令》[*The Erythrae Decree*],作为《克丽娥学刊》[*Kilo*]增刊第36卷出版,1936年,第72—73页)认为,这个时间应该是在公元前6世纪,他给出的理由非常充分,我同意他的观点。

③ Xen. *Hell.* 2.2.20;布索特与所柏答,《希腊治国方略》,第1320、1325页。

④ 布索特与所柏答,《希腊治国方略》,第1320页;希罗多德(Hdt. 1.68)告诉我们,斯巴达人在打败铁该亚人时,已经控制了伯罗奔尼撒半岛的大部分地区。

⑤ 乌里奇·喀施戴特(Ulrich Kahrstedt),《希腊宪法》(*Griechisches Staatsrecht*),第1卷,哥廷根,1922年,第28—29页。

不过，据我们所知，并非所有的盟邦都是在战败之后才答应结盟的，因此很多城邦一定非常乐意与斯巴达结盟。对于伯罗奔尼撒地区那些保守的城邦，斯巴达的军事力量可以帮助他们对付来自城邦内外的敌人。他们对伯罗奔尼撒另外一个实力强大的城邦——阿尔戈斯——放心不下，另外，他们也害怕平民造反，担心平民推翻寡头政权，实行僭主统治，因此，这些城邦很愿意接受斯巴达人的领导。[-11,12-]

阿尔戈斯人在公元前7世纪曾经控制了伯罗奔尼撒地区，直到公元前6世纪，他们还曾经试图控制伯罗奔尼撒的北部地区。对于弗立坞（Phlius）、西叙昂（Sicyon），以及科林斯这样的城邦而言，阿尔戈斯的威胁阴云不散。公元前546年，斯巴达人打败了阿尔戈斯，控制了位于拉戈尼亚（Laconia）与阿尔戈里德（Argolid）之间的争议地带：苔黎亚堤（Thyreatis）。他们同时还占领了伯罗奔尼撒东南部海上的叙铁拉岛（Cythera）。① 这次胜利意义重大，斯巴达借此成功地将自己的势力延伸到了伯罗奔尼撒的东北部，从此，伯罗奔尼撒地区的领导权从阿尔戈里德转到了拉戈尼亚。不过，有一点很重要，阿尔戈斯既没有被占领，也没有遭到破坏，这也许是有意为之，也可能是不得已而为之。阿尔戈斯实力暂时被削弱，但依然是个潜在威胁。阿尔戈斯的那些敌人之所以忠于斯巴达的盟邦，不仅仅是因为心存感谢，同时也可能是心存担忧。

公元前6世纪时，希腊城邦内乱不断。制造业与贸易的发展，再加上人口的增长，严重影响了希腊贵族共和政权的政治与社会稳定。公元前7世纪，在阿尔戈斯、西叙昂、科林斯、墨伽拉以及伯罗奔尼撒地区以外的其他城邦，都出现了僭主执政的情况。虽然有些城邦的僭主专政一直持续到公元前6世纪，但到这个时候，大多数僭主都已经不再得到人民的拥护，与此同时，上层阶级也开始重振旗鼓，希望恢复寡头统治。到公元前6世纪中期，斯巴达成为了反对僭主统治、支持寡头政权的领头羊。普鲁塔克提供了一份名单，上面列出了所有被斯巴达人推翻的僭主的名字。② 这些被推翻的僭主来自于科林斯、安布罗西亚

---

① Hdt. 1. 82；赫胥黎，《早期斯巴达》，第70—73页。
② Plut. *Mor.* 859 D.

(Ambracia)、纳克索斯(Naxos)、雅典、西叙昂、塔索斯(Thasos)、米利都(Miletus)、佛基斯(Phocis)，以及帖撒利地区(Thessaly)。因此，普鲁塔克曾说："当时没有哪个城邦比斯巴达更热衷于追逐荣誉，也没有哪个城邦比斯巴达更仇恨僭主。"①虽然他给出的名单并未依据时间顺序，其中一些史例也未必真确，甚至有可能是虚构的，但是普鲁塔克对斯巴达的这番基本判断并无错误。与所有施行"混合政体"的古代城邦一样，斯巴达实际上施行寡头政体，是其他城邦流亡贵族与寡头的天然庇护所。她并不是[-12,13-]在摧毁僭主政权之后，就撒手不管。② 她的做法是先帮助寡头党掌权，然后为他们提供保护。"拉栖代梦人作为领袖，并没有让自己的盟邦缴纳贡赋；相反，他们确保这些盟邦由亲斯巴达的寡头进行统治。"③

进入公元前5世纪之后，斯巴达领导的这个同盟，在反抗波斯入侵的那个大同盟中成为了核心力量。这个同盟建立在斯巴达强大的军事力量之上，维系同盟的除了各邦对阿尔戈斯的戒心，还有齐心协力保卫寡头政权的目的。然而，无论是斯巴达的强大，还是共同的利益关系，都或许并不能持续良久，那么除此之外，是否还有一些更正式、更持久的东西在约束着同盟的成员？同盟成员是否只与斯巴达订立盟约，彼此之间并无其他瓜葛？斯巴达及盟邦的权利与义务又是什么？简而言之，伯罗奔尼撒同盟的纲领是什么？对于这样一个表面看来非常简单的问题，学者们却给出了五花八门的答案。乌里奇·喀施戴特的观点属于其中一个极端：

> 盟邦身份基于无固定期限的盟约，且所有成员只与斯巴达订立盟约；它与协会性的组织不同，加入这个同盟并不需要得到所有成员的同意。斯巴达与铁该亚之间签订的和约奠定了同盟的基础，后来，斯巴达与几乎所有邻邦都签订了同样的盟约，同盟便开始不断壮大。这

---

① Plut. *Mor.* 859 C；Thuc. 1. 18. 1.
② 赫胥黎，《早期斯巴达》，第75页；怀德-嘉利(H. T. Wade-Gery)，《剑桥古代史》(*CAH*)，第3卷，第568—569页。
③ Thuc. 1. 19.

样一来,任何城邦想要加入同盟,就必须与斯巴达签订盟约,而这些盟约与此前所签订的盟约应该是一模一样,或至少大同小异。同盟纲领约束的只是斯巴达与具体单个城邦之间的关系;盟邦之间没有相互约束关系,也不存在约束盟邦之间关系的同盟规定……因此,绝对不能用同盟、联邦、邦联之类的现代词汇来形容这种政治结构。①

与他的观点截然相反、处于另一极端的,是雅各布·拉尔森(Jacob Larsen)。拉尔森认为大约在公元前505年,斯巴达的所有盟邦在一起召开大会,这次会议可算作同盟立宪大会,伯罗奔尼撒同盟由此建立。② 他说,这次大会的目的是为了通过两项基本原则:[-13,14-]第一,斯巴达在要求盟邦提供援助之前,必须征求同盟意见;第二,如果大会以多数票通过请求,那么所有的盟邦必须接受决议并予以执行。接受这些原则"就等于接受了一套章程,将斯巴达的一群盟邦变成了一个组织,我们称之为伯罗奔尼撒同盟"。③ 拉尔森试图从此后的历史中寻找证据,并用希腊历史上的其他同盟进行类比,希望重建这次"同盟大会"的会议议程。他认为,来自斯巴达盟邦的代表首先召开大会,通过一系列的法令,确立同盟纲领。"之后再将这些原则体现在了所有的条约之中,最后各国交换誓言,通过条约。"④

只有拉尔森一个人认为此次会议依照这样一个正式议程召开,其他人既不同意他的观点,也不认同喀施戴特认为同盟非常松散的观点;他们选择中间立场。布索特强调伯罗奔尼撒同盟的二元性:一边是斯巴达,另一边则是所有的盟邦。⑤ 他发现了同盟内部的一些细微差别:

---

① 乌里奇·喀施戴特,《希腊宪法》,第1卷,第81—82页。
② 拉尔森的观点可以从他发表于《古典语文学》(Classical Philology,CP)上的这些文章中找到:第27卷,1932年,第136—150页;第28卷,1933年,第256—276页;第29卷,1934年,第1—19页。[-13,14-]另外,拉尔森的观点还体现在他的专著中:《希腊罗马史中的代议制政府》(Representative Government in Greek and Roman History),伯克利与洛杉矶,1955年,第三章。
③ 拉尔森,《古典语文学》,第27卷,第140页。
④ 拉尔森,《古典语文学》,第28卷,第265页。
⑤ 布索特与所柏答,《希腊治国方略》,第1330页。

广义而言,所有的城邦都是拉栖代梦人的盟邦,她们都与斯巴达签订了盟约,但同盟只包括那些参与其建立及其军事行动的城邦。这个松散的同盟组织一方面依赖的是拉栖代梦人与每个城邦所订立的盟约,另一方面依赖那些共同的法令,这些法令相当于同盟的法律。①

如果考察同盟的整体历史,我们很难注意到这些细微差别。这些结论都是建立于一些例外或者某些非常罕见的情况之上。这种重建方法过于条文主义。即便像维克多·马丁这样头脑清醒的学者,也会受到这种错误观点的影响。虽然他并不认同拉尔森对同盟的理解,并且承认[-14,15-]在最开始的时候,占主流的是双边条约,但他认为:"随着时间的推移,盟邦在共同参与行动之后,城邦的权利与责任逐渐得到确定,在某种程度上,这些权利与责任成为了对所有成员都具有约束力的惯例。"②

如果我们希望了解斯巴达同盟的运作方式,就必须放弃寻找其宪章或者那些"对所有成员都有约束力的惯例"。乌里奇·喀施戴特认为,伯罗奔尼撒同盟不过就是一群与斯巴达分别签订了盟约的城邦。他的这种观点是正确的,但即便是他也希望找到约束斯巴达与盟邦之间关系的共同准则,犯下了条文主义的错误。要想知道这种做法的问题所在,就要对那些寻找同盟纲领的努力进行一些研究。在这里,我们无法进行全面的剖析,但只要仔细研究一下下面这个问题,就可以有很大的收获:如果没有事先征求同盟大会的意见,斯巴达究竟能否命令其盟邦镇压同盟内部发生的叛乱? 这个问题非常重要,相对而言,也非常简单,可以帮助我们对所谓的宪章有清楚的认识。

要回答这个问题,有一些很好的例子。虽然这些事例发生在公元前5世纪末,但我们认为同盟在那之后并没有发生任何改变。公元前403年,国王泡萨尼阿斯(Pausanias)率领斯巴达人及其盟邦对雅典发

---

① 布索特与所柏答,《希腊治国方略》,第1330页。
② 维克多·马丁,《希腊城邦间关系》,第205—206页。

动了战争。虽然雅典与斯巴达在此前一年签订了盟约,但斯巴达认为雅典当时正在叛乱。① 科林斯人与彼欧提亚人(Boeotians)拒绝参加这次军事行动。他们认为,如果对雅典人发起进攻,就是违背了当年的盟誓,因为雅典人并没有违反和约。公元前400年,斯巴达人决定要驯服一直不听话的埃利斯(Elis),他们向自己的盟邦求援,希望这些盟邦能帮助自己对付这个叛邦。这次几乎所有的城邦,甚至包括雅典人都提供了帮助,而科林斯人与彼欧提亚人再次缺席了行动。② 拉尔森强调,在这两次事件中,缺席的成员都没有受到惩罚。③ 他希望借此[-15,16-]证明,同盟是一个真正的联邦组织,重要的权力被交给了同盟大会。他认为,这些事件显示出,虽然斯巴达可以对一个不听话的成员动武,并请求盟邦的支援,而且不用事先获得同盟大会的批准,但如果盟邦认为斯巴达做得不对,他们就有拒绝的权利和义务。关键在于,只有同盟大会才有权决定采取军事行动,而行动对象甚至可能是一个作乱的同盟成员。"如果斯巴达没有事先咨询同盟大会意见就采取行动,同盟成员完全有可能拒绝提供支持。"④

布索特对此作出了不同的解释。在他看来,"拉栖代梦人经常在没有咨询同盟大会的情况下,就召集盟邦参加行动。他们这样做必须有充足的理由:例如,某个盟邦受到攻击向其求援,或者是同盟的某个成员想要造反"。⑤ 如果真是这样,科林斯与彼欧提亚又怎么能够像拉尔森所说的那样,拒绝斯巴达的请求,并且没有受到任何惩罚?事实上,他们最终还是没能躲过斯巴达的报复。斯巴达人确实没有马上惩罚她们,不过,这并不是因为宪章赋予了这些不配合行动的城邦什么权利,而是因为斯巴达人在其他地方还有更迫切的事情要做;他们当时正在

---

① Xen. *Hell.* 2.4.30.
② Xen. *Hell.* 3.2.21—25.
③ 拉尔森(《古典语文学》,第28卷,第269页,注释37)认为彼欧提亚"根本算不上联盟的成员",但他并没有给出任何证据,我们推论他是受[-15,16-]"伯罗奔尼撒同盟"这个名称的影响,但这个名称在古代并不存在。我们认为没有证据质疑彼欧提亚在斯巴达同盟中的身份,正如我们无法质疑科林斯在斯巴达同盟中的身份一样。
④ 拉尔森,《古典语文学》,第28卷,第269—270页。
⑤ 布索特与所柏答,《希腊治国方略》,第1333—1334页。

亚细亚与波斯人交战。到了公元前395年,斯巴达人对科林斯与忒拜发动了战争,原因之一就是忒拜人曾经拒绝参加攻打雅典的行动,并且还说服科林斯人也不参加。① 他们之所以等到公元前395年才采取行动,不是因为要花上这么长的时间才想明白这些盟邦的行为违反了宪章,而是因为到那个时候,他们才觉得"这是教训忒拜人的好时机:在亚细亚的战事当时进行得很顺利,阿格西劳斯(Agesilaus)即将取胜,而在希腊又没有其他战事拖累自己"。②

有的人认为斯巴达同盟有着规范的[-16,17-]制度,但我们发现他们给出的解释都是非常随意的。以乌里奇·喀施戴特对同样事情的解释为例。他并不认为斯巴达是在要求大家帮助她平定同盟内部的叛乱。相反,他认为这些都是斯巴达自己发动的战争,而非防御性质,所以盟邦可以不用提供支援。③ 他认为如果斯巴达受到他人的攻击,那么所有的城邦都有义务提供帮助。当这些城邦自己受到攻击时,他们也会得到斯巴达的帮助,但其他盟邦可以不用参加,除非同盟大会宣布这是一场同盟的战争。④ 乌里奇·喀施戴特仍然纠缠于那些所谓的法律条文,他认为最开始的时候存在着一些形式条款(pro forma),要求斯巴达在同盟战争发生的时候搁置自己的争议。不过,因为他相信结盟是建立在双边协议之上,因此他被迫得出一个非常现实的结论:这些条款是毫无意义的。"如果斯巴达并不希望结束自己的冲突,那她每次都可以阻止同盟战争的爆发,因为宣布同盟战争不仅要得到盟邦的同意,而且要得到斯巴达公民大会(Spartan Apella)的批准。"⑤

因为一心希望找到斯巴达同盟的章程,某些学者在解释具体历史事件时,往往不是着眼于当时的政治或军事形势,或者各方的利益关系,而是去寻找一些通行的、正式的规定。这些规定几乎没有任何证据支持。有关伯罗奔尼撒同盟运作的分析,绝大多数都是根据同盟在伯

---

① Xen. Hell. 3.5.5.
② Xen. Hell. 3.5.5.
③ 乌里奇·喀施戴特,《希腊宪法》,第1卷,第92页。
④ 乌里奇·喀施戴特,《希腊宪法》,第1卷,第90页。
⑤ 乌里奇·喀施戴特,《希腊宪法》,第1卷,第92页。

罗奔尼撒战争前夕与战争期间的表现。这并不奇怪，因为对于其运作，唯一详细的描述只能在修昔底德的著作中找到。我们只想指出，斯巴达人及其盟邦在战前与战争期间的行为并不具有代表性。他们当时正准备开始一场危险而且艰难的战争，情况非常特殊，所采取的措施也非常特殊。因此，同盟[-17,18-]在公元前432年所采取的行动并不具有代表性，不应该据此进行概括性的总结——但那些研究同盟宪章的学者却正是这样做的。虽然对于具体事件的理解各有不同，但他们都没有意识到这种宪章分析是毫无意义的。如果我们要对这些重要的事件进行正确的评价，那就必须承认同盟在本质上是务实的，然后尽量去理解左右同盟行为的那些因素及利害关系。

斯巴达同盟是一个由斯巴达与单个盟邦组成的松散组织。每个城邦宣誓与斯巴达拥有共同的朋友和敌人，而斯巴达则为其提供保护，并承认其领土完整以及拥有自治权。因为每个城邦在订立盟约时都已经立下誓言，所以每个城邦与斯巴达的结盟可以说是永恒的。虽然我们经常发现斯巴达或者其盟邦拒绝参与某次军事行动，但没有谁会说，这是因为这些城邦只参加防御性战争。因此防御性战争与进攻性战争的区别当时根本不存在。像这种模棱两可的东西比比皆是。盟邦发誓与斯巴达拥有共同的朋友与敌人，这似乎意味着她们得对斯巴达俯首帖耳。事实上，当斯巴达对付的是铁该亚或者弱小的弗立坞之类的城邦，情况肯定是这样的，但我们并不清楚，在那个时候，所谓的义务是否只是单方面的。既然斯巴达承诺保护她们，那就意味着在某些时候斯巴达会把盟邦的敌人作为自己的敌人。后来，当科林斯与忒拜这样实力较强的城邦加入同盟时，盟约的双边性质更加明显。虽然盟约的措辞与以前的应该一样，但对其的理解则是不同的。至于这些盟约究竟是体现了签约国之间的平等，还是显示出了斯巴达的霸权，我们觉得从理论上进行探究是毫无意义的。他们的语言模棱两可，要想理解，我们不能靠理论，而只能从现实出发。

当斯巴达强大稳定的时候，一切都由她说了算。遇到有利可图或别无选择时，她会帮助其他城邦。在有必要或可能的时候，她还会强迫其他城邦帮助自己。因为希望得到斯巴达的回报，或是害怕遭到报复，

[-18,19-]或是为了自身利益,这些城邦会给斯巴达提供支援。有时候,与斯巴达结盟的城邦之间也会发生战争。拉尔森希望让我们相信,当出现此类冲突时,通常会交由同盟大会解决。遗憾的是,他只找到了一个例子来证明自己的观点。即便在他所说的这个孤证中,要求敌对双方将冲突交由同盟大会裁决的建议也遭到了拒绝,战争随即爆发。①

事实上,当责任出现冲突时,斯巴达总是根据自己的需要与利益进行理解。例如,公元前461/460年,科林斯与墨伽拉(Megara)之间因为边界争端打了起来。最开始斯巴达对此不予理会,后来墨伽拉人脱离斯巴达,改为与雅典结盟,此举对斯巴达的盟主地位、甚至还有其安全都构成了威胁,于是斯巴达及其盟邦开始支援科林斯。② 公元前423年,铁该亚与曼提尼亚(Mantinea)之间爆发战争,虽然当时斯巴达与雅典之间签订了和约,暂时没有什么牵挂,完全可以采取行动,但斯巴达却选择了袖手旁观。③ 这肯定是因为他们希望休养生息,恢复实力,毕竟这两个城邦之间的战争对其不构成任何威胁,也不会为其带来任何好处。公元前378年的情况正好相反。位于阿卡狄亚地区的两个小城邦,奥尔科门努(Orchomenus)与刻离坨(Cletor)之间爆发了战争,斯巴达人果断出手进行干涉。当时斯巴达人正在与忒拜(Thebes)进行着一场非常艰苦的战争,非常需要那些为刻离坨打仗的雇佣军。于是,斯巴达国王阿格西劳斯马上出钱将这些雇佣军从刻离坨雇了过来,并且命令奥尔科门努高挂免战牌,直到他这边的战斗结束。④ 在所有这些事件中,没有任何证据显示有人从宪章方面提出了质疑,更没有人要求召开同盟大会。

事实上,我们几乎从没听说同盟召开过大会。同盟大会只能由斯巴达召集,因为所有的盟邦只与斯巴达订立了双边协议。只有当斯巴达人觉得这样的会议是必要[-19,20-]或者有用时,他们才会召集。当然,如果要发动一场大规模的战役,肯定需要得到盟邦的同意,毕竟要

---

① 拉尔森,《古典语文学》,第28卷,1933年,第274—275页。这里指的是彼欧提亚与佛基斯人在公元前395年发生的冲突,这次冲突最终导致了科林斯战争的爆发,参见 *Hell. Oxy.* 13.4。
② Thuc. 1. 103. 4; Diod. 11. 79. 1.
③ Thuc. 4. 134.
④ Xen. *Hell.* 5. 4. 36—37.

想取胜还得依靠盟邦。公元前507年,当国王刻辽门内(Cleomenes)想帮助以撒革剌(Isagoras)恢复在雅典的贵族统治时,他召集了一支由盟邦组成的军队,但他根本没有征求同盟大会的意见,甚至连行动的目的也不说。① 当战斗马上就要打响时,科林斯人才强迫他们把问题拿出来讨论,最后因为科林斯人的退出迫使斯巴达人放弃了计划。② 不久之后,因为害怕克里斯提尼(Cleisthenes)刚刚建立的民主政权会逐渐壮大,于是斯巴达试图帮助希庇阿斯(Hippias)在雅典恢复僭主统治。有了上次的教训,他们这次变得谨慎了,事先召集所有的盟邦开会,但因为大家都对僭主政权深恶痛绝,另外也许还对斯巴达越来越大的野心感到担忧,所以他们这次的要求也遭到了拒绝。

在第一次伯罗奔尼撒战争的15年中,由始至终,我们都没有听说过任何同盟大会。当然,公元前432年,斯巴达人在对雅典帝国发动战争之前,被迫召开了这样的大会。我们后面会看到,即便这次大会也不仅仅是因为国际政治压力,同时也是出于国内政治的需要。公元前4世纪的时候,斯巴达非常强大,行动之前并不需要与她附近那些弱小的城邦商量,而且与她发生战争的经常是以前的盟邦,例如科林斯与忒拜。这些盟邦比较强大,并且距离斯巴达较远。因此,我们几乎没有听说同盟召开过任何大会。一位雅典发言人在公元前371年曾经对斯巴达人说:"你们随心所欲地与人开战,从来也不征求盟邦的意见,却要求他们跟着你们去冲锋陷阵。结果使那些所谓的自治城邦被迫与自己的朋友兵戎相见。"③

即便在他们最强大、最傲慢的这个时期,斯巴达人也只是在自己需要的时候才召集同盟会议。公元前396年,当他们准备攻入亚细亚时,因为这次行动规模庞大、危险重重,于是他们提出召开同盟大会;④公元前382年,因为需要对卡尔息狄斯同盟(Chalcidic League)发起进攻,⑤

---

① Hdt. 5. 74.
② 拉尔森认为在公元前507年,伯罗奔尼撒同盟尚未成立,所以并不需要召开同盟大会。参见拉尔森,《古典语文学》,第27卷,1932年。
③ Xen. Hell. 7. 3. 8.
④ Xen. Hell. 3. 4. 2.
⑤ Xen. Hell. 5. 2. 11—23.

[20,21]而对手实力强大，路途又遥远，斯巴达人只好召集盟邦开会；公元前376年，一支斯巴达军队因为无法进入忒拜境内而不得不解散，于是恼羞成怒的斯巴达人马上要求召开同盟大会。① 从我们所给出的这些事例可以看出非常重要的一点，每次起关键作用的并非同盟要求，而是当时的政治或军事现实。

在其他事情上起关键作用的，同样是一些非常现实的考虑。唯一曾经被人提起的正式规定是：要向求援的盟邦提供帮助。不过，即便是这样简单的一条规定，也常常会有很多借口拒绝。最重要的考量还是军事、政治或地理方面的现实情况。通过研究这些现实情况，我们发现斯巴达的盟邦并没有受到同等的对待。我们可以区分出三类盟邦，这种分类虽然不是正式的，却很有意义。第一类盟邦包括一些较弱小的城邦，与斯巴达距离较近，很容易受到斯巴达的影响。弗立坞、奥尔科门努都属于这类城邦。到伯罗奔尼撒战争爆发之前，这类城邦还包括铁该亚。第二类盟邦要强大一些，或者离斯巴达距离更远，或者兼而有之，但依然不够强大或者离得不够远，所以还是逃不出斯巴达的控制，其中包括：埃利斯、曼提尼亚、墨伽拉。当斯巴达强大的时候，会要求这些城邦乖乖听话，并且也有能力做到这一点。当斯巴达实力不济，或者被其他事情分心时，这些城邦就可以我行我素，②实行民主制度，③攻打自己的邻邦，而这些邻邦有时也是斯巴达的盟邦，她们甚至会与一个对斯巴达并不友好的城邦结盟。④ 不过，这样的独立总是暂时的，有时还需要付出高昂的代价。

第三类盟邦非常强大，或者距离斯巴达非常远，因此这些城邦的独立很少受到干扰，在执行外交政策时基本不会受到斯巴达的影响。

---

① Xen. *Hell.* 5.4.59—60.
② 有关埃利斯攻打勒浦雷坞(Lepreum)，参见 Thuc. 5.31；有关曼提尼亚攻打铁该亚，参见 Thuc. 4.134；有关曼提尼亚人占领阿卡狄亚部分地区，参见 Thuc. 5.29.1；有关墨伽拉与科林斯之间的战争，参见 Thuc. 1.104。
③ 有关埃利斯部分，参见 Arist. *Pol.* 1292b，以及 Xen. *Hell.* 3.3.27。有关曼提尼亚部分，参见 Thuc. 5.29。
④ 有关埃利斯、曼提尼亚与阿尔戈斯地区的结盟，参见 Thuc. 5.29 及 5.31；与雅典的结盟，参见 Thuc. 5.43 及 5.46；至于墨伽拉与雅典的结盟，则可参见 Thuc. 1.103.4。

[-21,22-] 属于这一类的只有科林斯与忒拜。忒拜是一个保守的农业城邦,通常由寡头党执政。出于对雅典民主政权的担忧,她大概是在公元前6世纪末加入了斯巴达同盟。因为自身的强大,并且远离伯罗奔尼撒,这保证了她的独立。当她的利益与斯巴达的利益正好一致时(通常就是在斯巴达与雅典交恶的时候),她可以成为一个非常有用的盟邦。当她觉得自己有着不同的利益诉求时,就会毫不犹豫地漠视斯巴达的愿望。公元前421年发生的一件事可以很好地证明忒拜的独立性。当时彼欧提亚人在忒拜的领导下,拒绝接受斯巴达人与雅典签订的《尼基阿斯和约》(Peace of Nicias)。① 斯巴达人要求他们释放在押的雅典囚犯,并交出他们占领的边界要塞巴纳克敦(Panactum),他们拒绝了斯巴达人的要求。② 这使得斯巴达人无法履行和约,对斯巴达的政策造成了沉重的打击。到了公元前4世纪,斯巴达在伯罗奔尼撒之外的帝国扩张野心与忒拜人的利益发生了直接冲突。至少从公元前395年开始,这两个从前的盟邦已经变成了死敌。不过,即便在此之前,斯巴达人也无法指望忒拜人对他们言听计从。

科林斯对于斯巴达行使自己的霸权是一个更大的障碍。科林斯横跨地峡之上,她既可以将斯巴达在伯罗奔尼撒之外的敌人挡在外面,也可以任由他们进入伯罗奔尼撒,威胁斯巴达的安全。另外,我们也不应该忘记阿尔戈斯在伯罗奔尼撒政治中所扮演的重要角色。斯巴达人非常清楚,只要苔黎亚堤与叙努里亚(Cynuria)还在他们的手中,只要他们还控制着伯罗奔尼撒半岛,阿尔戈斯人就会对他们充满敌意,并会伺机报复。对于科林斯人而言,斯巴达是他们对付阿尔戈斯人的法宝,而对于斯巴达人而言,科林斯也是同样的安全保证。斯巴达非常害怕阿尔戈斯与铁该亚之间恢复友好关系。公元前473/472年就曾经发生过这样的事情。③ 公元前421年时,科林斯人威胁要建立一个由阿尔戈斯、曼提尼亚、埃利斯以及科林斯组成的同盟,甚至还想将墨伽拉与忒

---

① Thuc. 5. 17. 2.
② Thuc. 5. 39.
③ 爱德华·维尔(Edouard Will),《科林斯志》(Korinthiaka),巴黎,1955年,第629—630页。

拜也拉进来。于是[-22,23-]斯巴达人再次被迫加入了一场自己并不需要的战争。① 当战争需要钱和船只时,科林斯就成为了一个非常重要的盟邦。科林斯的富有与斯巴达的贫穷同样有名。埃基纳(Aegina)衰落之后,科林斯成为斯巴达盟邦之中唯一一个能够建造大规模舰队、并为舰队提供人员装备的城邦。

因为以上种种原因,科林斯的意见是不容忽视的。在讨论外交政策时,她独立的声音也得到了重视。有时候,仅仅因为科林斯人的反对,斯巴达人的政策就无法得到执行,有时甚至斯巴达的政策是由科林斯决定的。公元前525年,在科林斯的大力支持下,斯巴达人派遣了一支军队前往萨摩司(Samos),希望推翻其僭主波律克拉底(Polycrates)。② 这是一次不同寻常的军事行动,斯巴达人不仅离开了伯罗奔尼撒地区,甚至还漂洋过海。我们可能会认为,斯巴达之所以这样做是因为她反对僭主政权。然而,根据希罗多德的说法,他们是为了报复人家偷了他们一个碗和一个护胸甲。对于这样的解释,现代学者当然无法满意。于是,他们认为这是一次针对波斯人的行动,因为波律克拉底已经成为了波斯的封臣。还有一些人则认为是因为斯巴达希望将自己的势力范围扩张到爱琴海地区。③

所有这些解释都缺乏说服力。不过,对于科林斯人参加这次行动的动机,修昔底德给出了更加离奇的解释。他认为科林斯人与斯巴达人一样,都是为了复仇而战。他说,科林斯的僭主曾将300个男孩子送给吕底亚(Lydia)的国王阿吕亚铁(Alyattes)做太监,结果萨摩司人却将这些人保护起来。④ 不过,这次行动发生在公元前525年,而他所说的这件事已经过去了半个多世纪。更何况当年这件事针对的不是科林斯人,而是他们非常厌恶的一位僭主,所以这样的解释根本不合理。那

---

① 详情请见卡根(Kagan),《美国古典语文学期刊》(*AJP*),第81卷,1960年,第291—310页,以及《古典语文学》,第57卷,1962年,第209—218页。
② Hdt. 3. 47.
③ 这些观点分别由格奥尔格·布索特、汉斯·谢斐(Hans Schaefer)以及哈斯布略克(J. Hasebroek)提出。维尔在自己的书中引用了他们的观点,参见《科林斯志》,第634—635页。
④ Hdt. 3. 48.

么,科林斯的真正动机又是什么呢？我们知道,科林斯是一个重要的贸易城邦,公元前6世纪时,其产品经常需要从地中海的一个地方运往另外一个[-23,24-]地方。而波律克拉底是一个海盗国王,任何城邦的货物只要经过萨摩司,他都会伺机抢劫。① 为了将波律克拉底的海盗船从海上清除,科林斯人自然希望对他发起进攻,结束他的制海权,让自己的船只可以在爱琴海安全地航行。这样的理由应该是比较充分的。②

那斯巴达又为什么要攻打波律克拉底呢？斯巴达既不靠海,也不依赖贸易。我们实在找不到合理的解释,唯一能得出的结论是:她是被科林斯拖进来的。③ 当时斯巴达同盟刚成立不久,来自阿尔戈斯的威胁又挥之不去,并且阿尔戈斯还有可能与科林斯、铁该亚结成统一战线。"在伯罗奔尼撒这个棋盘上,阿尔戈斯是科林斯用来对付斯巴达的一个棋子……这是我们在伯罗奔尼撒政治中首次发现的一个新常数。"④

公元前507年,科林斯人成功阻挠国王刻辽门内帮助僭主希庇阿斯在雅典复辟,这证明了科林斯人的独立性与影响力。⑤ 从中可以看出,在某些时候,科林斯会拒绝因为斯巴达而牺牲自己的利益。发生在公元前461年的另外一件事可以更好地证明科林斯在斯巴达同盟中的影响力。⑥ 波斯战争结束之后,斯巴达与雅典之间的关系在公元前462年开始恶化。不久之前,斯巴达发生了一场大地震,接着黑劳士开始造反。当时领导雅典的是亲斯巴达人的客蒙(Cimon),在他的强烈要求

---

① 布索特,《希腊历史》(GG),第2卷,第509—510页。
② 布索特,《希腊历史》,第2卷,第512页,以及爱德华·维尔,《科林斯志》,第636页。
③ 维尔对这种说法进行了充分论证,参见《科林斯志》,第636页。
④ 维尔,《科林斯志》,第636—637页。
⑤ 参见上文,第19页(原书页码)。
⑥ 对于这些事件发生的时间,我基本同意《雅典贡赋表》(*the Athenian Tribute Lists*, ATL),第3卷,第158—180页以及戈姆(A. W. Gomme)《修昔底德历史评注》[*Hist. Comm.*],第1卷,第389—413页)的观点。他们的描述虽然并非完全一样,但大致相同。要想确定波斯战争结束之后、伯罗奔尼撒战争爆发之前这段时间发生的事情的日期,非常困难。虽然对于某些城邦内部的政治事件发生的时间我有不同看法,但整体而言,我认为他们的说法可信度是很高的。

下,雅典人派出援军前往斯巴达,但在抵达当地之后不久,斯巴达人却非常无礼地要求他们离开。[-24,25-]这违反了斯巴达与雅典在波斯战争期间订立的盟约,引发了一场外交关系上的革命。雅典改与斯巴达的宿敌阿尔戈斯结盟。在伊棠木山上(Mt. Ithome)坚守的黑劳士最终在得到安全保证之后投降,雅典人收留了他们,并将他们安置在科林斯湾北岸的诺帕克都港(Naupactus)。①

雅典人的做法引起了斯巴达人的不满,但还不至于诉诸武力。公元前461年,科林斯人与墨伽拉人之间因为某处边界产生了争议,双方闹得不可开交。② 当墨伽拉人发现自己要输了时,便撕毁与斯巴达的盟约,转投雅典阵营。根据我们所掌握的资料,墨伽拉并没有向斯巴达人求援,也没有寻求仲裁,或者要求召开同盟大会。她一定清楚科林斯在斯巴达同盟中的特殊地位,知道斯巴达肯定会站在科林斯一边。墨伽拉变节之后,斯巴达人率领一支伯罗奔尼撒军队对墨伽拉发起了进攻,雅典人则派出自己的军队去保卫墨伽拉,于是两大同盟之间的第一次战争才真正爆发。

这次科林斯人与斯巴达人的利益即便不是完全一致,也应该大致相同。虽然他们此前的行动严重损害到了斯巴达的地位,但在追逐自身利益时科林斯人却并没有事先咨询他们在斯巴达同盟的盟邦。当时,斯巴达与雅典之间随时可能爆发战争,可科林斯人依然坚持采取行动。他们的做法不仅会促使战争的爆发,而且会让战争在对自己这一方不利的情况下进行。如果伯罗奔尼撒人可以先牢牢控制住墨迦里德(Megarid)山上的那些隘口,雅典人就无法攻入对方的领土,而只能是受到敌人的攻击。正如戈姆所说:"科林斯与墨伽拉发生冲突的原因是关于边界领土的(περὶ γῆς ὅρων),这具有代表性:科林斯人宁愿用伯罗奔尼撒同盟的安全去冒险,宁愿牺牲整个希腊世界的和平,也不愿意放弃自己对一小块土地的争夺。"③虽然斯巴达人与雅典人也许终有一

---

① Thuc. 1. 102—103.
② Thuc. 1. 103;Diod. 11. 79.
③ 戈姆,《修昔底德历史评注》,第1卷,第304页。

战,但他们肯定不愿意[-25,26-]在这种不利条件下开战。这就是所谓的尾巴逗狗的最好例子:斯巴达这条狗被科林斯这条尾巴给控制了。

无论这几个盟邦对斯巴达同盟有着怎样的影响力,领导这个同盟并提供军事力量的还是斯巴达自己。如果我们希望了解同盟的运作,不能仅仅考虑盟邦之间的关系,还要关注斯巴达内部的问题。斯巴达虽然有着军事上的优势,但她通常并不愿意参加战争。她的参战意愿与斯巴达军队需要离开家乡的距离有着密切关系。希罗多德曾经讲过一个非常有趣的故事,形象地描写出了斯巴达人骨子里面的那种谨慎。公元前499年,米利都的阿里司塔革剌(Aristagoras)正在策划一次爱奥尼亚起义,反抗波斯统治,于是,他来找斯巴达帮忙。为了说服国王刻辽门内,他承诺给国王本人以及斯巴达极高的荣誉、巨大的财富。刻辽门内在斯巴达人中间已经算是一个非常有野心的国王,对于这样的诱惑,他应该很难抵挡。他问,波斯国王住的地方离海边有多远。对于这个问题,阿里司塔革剌早有准备,还特意带了一张地图在身上。希罗多德说,他就是在这个地方犯下了大错。他回答说上岸以后要走3个月。"这时,刻辽门内打断了他的发言,说:'米利都来的异乡人呀,请在日落之前离开斯巴达吧,如果你想要拉栖代梦人上岸之后再走3个月,他们是不可能愿意的。'"①

人们一直认为斯巴达人之所以这么保守,主要是因为他们担心如果斯巴达军队长期不在,那些黑劳士会乘机造反。② 黑劳士与自由的斯巴达公民之间的比例大概是 10∶1。这是一个保守的估计,③因为[-26,27-]黑劳士经常造反,并且遭到残酷的镇压,所以他们与斯巴达人之间的关系非常紧张。古代的那些作者非常清楚这对斯巴达安全所

---

① Hdt. 5. 50.
② 古伦第(G. B. Grundy),《修昔底德及他那个时代的史学》(*Thucydides and the History of his Age*),第二版,第 1 卷,牛津,1948 年,第 212—239 页。格奥尔格·布索特在《拉栖代梦及其盟邦》(*Die Lakedaimonier und Ihre Bundesgenossen*,莱比锡,1878 年)的第一章阐述了同样观点,他对斯巴达所有政策的理解都是基于这点。
③ 古伦第,《修昔底德及他那个时代的史学》,第 1 卷,第 219 页。古伦第认为人口短缺与黑劳士是影响斯巴达所有政策的两大要素。盖·狄金思(Guy Dickins)曾经猛烈抨击过古伦第的这种观点,可他却并没有质疑古伦第提出的这个比例。参见盖·狄金思,《希腊研究期刊》(*JHS*),第 32 卷,1912 年,第 1—42 页。

构成的威胁,及其对斯巴达政策的影响。修昔底德说,"斯巴达的绝大多数制度都是为了防范黑劳士而制定的"。① 在列举斯巴达于公元前421年求和的原因时,他强调了黑劳士的离开,因为这让斯巴达人更加担心留下来的人会加入那些逃跑的人,"就像以前那样"。②亚里士多德对这个问题进行了全面的分析:"要想管理好一个城邦,闲暇是其中一个必需品;不过,以怎样的方式提供休闲,这很难把握。帖撒利农奴(penestai)经常起来反抗帖撒利人,斯巴达的黑劳士也一样,因为他们总是在等待着灾难降临到斯巴达人的头上。"③

不过,还有一个问题一直影响着斯巴达的政策执行。这个问题来自斯巴达的政治制度。古代与现代的学者都赞扬斯巴达是混合政制的楷模。这一制度很好地平衡了君主、贵族以及民主方面的因素,产生了一个非常罕见的局面:政治上的稳定。柏拉图、亚里士多德与波利比乌斯(Polybius)所描写的那种政体循环并没有在拉栖代梦出现。从公元前6世纪中期开始,斯巴达的政制似乎就已经定型,直到公元前3世纪,迫于环境压力,她才不得不作出改变。在此期间,斯巴达的政府模式一直没有发生变化。两个国王都是终身制,负责统帅军队、履行宗教与司法职责;5位监察官(ephors)每年一届,通过选举产生,负责监督国王行使职权;贵族议事会(gerousia)履行着参议院的职能,而公民大会偶尔召开,讨论或批准一些重要的决定。这种稳定似乎足以保证外交政策的延续性与执行效果。民主的雅典正好相反,理论上而言(现实中也曾经出现过),可以在某一天批准一个政策,然后在第二天又作出相反的决定,有时这一制度会采纳某个人的政策,却将政策的[-27,28-]执行交到另外一个人的手上,与这样的制度相比,斯巴达的制度似乎要优越很多。

然而,斯巴达的历史却显示,这种政制上的稳定却未必带来政策上的稳定。④ 公元前506年,斯巴达在刻辽门内的领导下,派兵前往雅典

---

① Thuc. 4. 80.
② Thuc. 5. 14.
③ Arist. *Pol*. 1269a.
④ 安德鲁斯(A. Andrewes,《古代社会与机制》[*ASI*],第1—20页)对斯巴达在古典时期的政治体制进行了非常准确的分析。

镇压其民主政权。科林斯人提出反对，拒绝参加，但最终让这次行动流产的却是因为另外一位斯巴达国王戴玛拉托斯（Demaratus）决定在未打一仗的情况下返回斯巴达。① 斯巴达人从这次事件中吸取了教训，从此之后，每次行动只有一位国王参加。不过，这项新的规定却无法避免这些国王在政策上的分歧，以及彼此之间的勾心斗角。每一位国王都可能成为斯巴达某个政治派别的领袖，竭力推行自己的政策，并给对手设置障碍。②

然而，对斯巴达外交政策的稳定构成威胁的除了国王之间的角力之外，还有一个更重要的因素：监察官。③ 这些监察官最初的职责确实是为了限制国王的权力，但到了公元前5世纪，[-28,29-]他们的角色变得更复杂，所起的作用也更大了。④ 似乎只有他们才可以召集并主持公民大会。他们与贵族议事会的成员一起开会，向贵族议事会汇报情况，是贵族议事会的执行官员。值得注意的是，他们有着非常重要的司法权，其中最为人所知的就是有权审理国王的叛国罪。当然，他们最

---

① Hdt. 5.75.
② 例如，公元前4世纪，阿格西劳斯与柯辽木布罗图（Cleombrotus）之间的较量，史密斯（R. E. Smith，《历史学刊》，第2卷，1953—1954年，第274—288页）曾经对此进行过分析。
③ 对于监察官的重要性，盖·狄金思（《希腊研究期刊》，第32卷，1912年，第1—42页）曾说："斯巴达在公元前5世纪初才开始出现人口问题，到公元前4世纪才开始变得非常严重，而在公元前550年之后的一个半世纪中，影响斯巴达外交政策的是国王与监察官之间的冲突。有50多年，这种冲突表现得非常激烈，而在斯巴达人的整个历史中，他们之间的矛盾虽然没有这么尖锐，却一直存在。"史料显示，人口问题与黑劳士问题在公元前5世纪是最重要的。公元前464年的地震不仅夺走了很多斯巴达人的生命，而且引发了黑劳士造反，狄金思也承认，这次地震"让斯巴达一蹶不振，攻击力大受影响"（《希腊研究期刊》，第32卷，1912年，第35页）。他甚至认为在监察官与国王之间存在结盟，可他并没有任何证据。有人认为这种冲突源于监察官与国王这两大权力机构，这是一种错误的看法。也许最初他们之间确实存在矛盾，但到了公元前5世纪，这种矛盾更多的是派系之间的矛盾。狄金思的文章虽然存在一些问题，但他毕竟指出了[-28,29-]监察官在制定和改变政策的过程中所扮演的重要角色，所以还是很有价值的。在同一期刊物里，古伦第（《希腊研究期刊》，第32卷，1912年，第261—269页）撰文对他的观点进行了反驳。狄金思在接下来那一期进行了回应（《希腊研究期刊》，第33卷，1913年，第111—112页）。安德鲁斯后来也曾经对狄金思的观点进行批驳（《古代社会与机制》，第8—10页）。不过，我认为，安德鲁斯低估了监察官对外交政策的影响力，过于强调公民大会的作用。
④ 有关监察官的权力，参见格林尼齐（A. H. J. Greenidge）的《希腊政体历史手册》（A Handbook of Greek Constitutional History，伦敦，1902年），第102—106页，以及布索特与所柏答，《希腊治国方略》，第683—691页。

主要的职责还是外交。① 格林尼齐曾说，他们是斯巴达的外交部。他们接待外国特使，进行谈判，在宣战之后下令发兵。在决定战争或和平时，按规定是要"获得监察官与公民大会的同意"。② 不过，莱山德（Lysander）曾经告诉雅典人，只有监察官才有权决定是战是和。他的说法并不夸张。③

问题不仅仅在于这些大权在握的官员经常干涉国王行使权力。关键在于监察官的数量。5位监察官，投票表决，少数服从多数。有时候，仅仅因为某一位监察官的投票就会改变整个政策的命运。公元前403年就曾经发生过类似的事情。当时，泡萨尼阿斯成功说服5位监察官中的3位，下令由他率领一支斯巴达军队进入阿提卡。结果推翻了三十僭主（Thirty Tyrants），恢复了雅典的民主政权，完全改变了莱山德的政策——也就是斯巴达此前一直推行的政策。④

有时候，即便是监察院中的少数派也可以对斯巴达的政策产生影响。当然，多数派的决定对所有的监察官都具有约束力，[-29,30-]在色诺芬笔下，雅典寡头克里提亚斯（Critias）曾经反问："如果斯巴达的某位监察官反对多数派作出的决定，他是否应该受到惩罚呢？"⑤不过，我们从修昔底德那里得知，至少曾经有过那么一次，少数派拒绝接受多数派的决定。当时是公元前421/420年冬天，《尼基阿斯和约》已经签订，两位监察官色那列（Xenares）与科辽布鲁（Cleobulus）"非常希望破坏和约，于是私自向彼欧提亚人以及科林斯人提出建议"，让这些城邦执行与斯巴达官方相左的政策。⑥ 这件事让我们见到了监察官对斯巴达外交政策的另一个令人不安的影响。尼基阿斯和约是由公元前422/421年当选的监察官签订的，但在接下来那一年，"在斯巴达掌权的监察官已经不再是签订和约的那些监察官，有些甚至是反对这份和约的人"。⑦ 所有这些问

---

① 格林尼齐，《希腊政体历史手册》，第106页。
② Xen. *Hell*. 3.2.23, 4.6.3.
③ Xen. *Hell*. 2.2.18—19.
④ Xen. *Hell*. 2.4.29.
⑤ Xen. *Hell*. 2.3.34.
⑥ Thuc. 5.36.1.
⑦ Thuc. 5.36.1.

题导致斯巴达的政策常常出现一些摇摆,这不仅让朋友与敌人困惑不解,甚至连那些中立者也感到非常纳闷。据说,在伯罗奔尼撒战争的初期,波斯国王根本不明白斯巴达到底想要什么,"因为他们虽然派了很多特使来找他,但每个人的说法却各不相同"。①

斯巴达国王之间的矛盾、监察官与国王之间的矛盾、监察官内部的矛盾,再加上监察官每年的轮换,导致了斯巴达内部的不稳定,而这削弱了斯巴达对盟邦的控制。一个盟邦如果不同意斯巴达的政策,她完全可以利用斯巴达内部的分歧来实现自己的目的。最稳定的制度却产生了最不稳定的外交政策。斯巴达强大的军队及其盟邦给了斯巴达强大的力量,但如果要将这种力量用在伯罗奔尼撒以外的地方,就可能会因为黑劳士的叛乱或者阿尔戈斯人的进攻而失去自己的根基;而如果她拒绝帮助同盟中那些强大的盟邦,她就有可能面临这些盟邦的变节。在整个公元前5世纪,这种进退两难的痛苦深深地折磨着斯巴达人。

---

① Thuc. 4. 50. 2.

## 第二章 雅典帝国的起源

公元前479年,希腊人在普拉提阿与米迦列取得胜利之后,斯巴达或者是不愿意,或者是不能够,总之没有将自身的影响力以及所承担的责任扩展到爱琴海以及爱琴海沿岸,这正是雅典帝国形成的原因。这些胜利并未结束与波斯之间的战争,毕竟波斯人还有可能卷土重来。即便排除这种可能性,希腊人在公元前481年召开的大会也要求各国继续采取统一行动,对付波斯帝国。这次大会促成了一个希腊城邦的同盟,而正是这个同盟导致了提洛同盟的形成,所以我们必须仔细研究这个同盟的历史。①

公元前481年,波斯帝国的薛西斯(Xerxes)大帝动身远征,宣称是为了惩罚雅典在马拉松对波斯的无礼。不过,希腊人早就知道,他真正的目的是要占领整个希腊(Hellas)。② 因此,不愿意投降的城邦便开会商讨如何应对。③ 于是,他们成立了一个以斯巴达为首的攻守同盟。

---

① 有关公元前481年的希腊同盟,参见布伦特(P. A. Brunt),《历史学刊》(*Historia*),第2卷,1953/1954年,第135—163页;《雅典贡赋列表》(*The Athenian Tribute List*, ATL),第95—105、183—187页,拉尔森(J. A. O. Larsen),《哈佛古典语文学研究》,第51卷,1940年,第175—213页;拉斐尔·西里(Raphael Sealey),《古代社会与机制》(*Ancient Societies and Institutions*, ASI),第233—256页;以及墨耶(H. D. Meyer),《历史学刊》,第12卷,1963年,第405—446页。
② Hdt. 7. 138.
③ 希罗多德并没有告诉我们这次大会的地址。狄奥多罗斯(Diod. 11. 3)认为是在科林斯地峡,保塞尼亚斯(Paus. 3. 12. 6)则认为是在斯巴达的赫勒尼翁(Hellenion)。大多数学者认可狄奥多罗斯的说法,但正如布伦特所说(《历史学刊》,第2卷,1953/1954年,第148页,注释2),狄奥多罗斯的观点同样缺乏证据。

[-31,32-]共同的威胁与庄严的盟誓将他们紧紧团结在一起。公元前480年春天,这个同盟在科林斯地峡(the Isthmus of Corinth)再次开会,确定了下一步的战略思想。他们先在萨拉米斯(Salamis)打了胜仗,后来在普拉提阿与米迦列又取得了决定性的胜利。虽然斯巴达是同盟的首领,并且斯巴达同盟中的大多数成员也是这个新同盟的成员国,但这个同盟绝不仅仅是伯罗奔尼撒同盟的延伸。①

这个新建立的同盟中还包括了雅典、普拉提阿、忒司彼崖(Thespiae)以及爱琴海的岛屿城邦,在此之前,这些都不是伯罗奔尼撒同盟成员。更重要的是,在经过一番讨论之后,斯巴达被授权指挥所有的军队。而这次讨论从本质上来说,与斯巴达同盟的精神是相违背的。②这个反波斯的邦联并没有正式的名称,在提到这个同盟时,成员国有时被称为"希腊人",有时则被称为"与蛮族打仗的希腊人",等等。③

在第一次大会上,这些希腊人订立了盟誓。虽然我们并未得知誓言的具体性质,但可以肯定,他们曾发誓要"为了共同自由"打败波斯。④ 并且极有可能的是,他们还宣誓拥有同样的朋友与敌人,而这就意味着所有结盟的城邦必须停止内斗。⑤ 而雅典与埃基纳(Aegina)也确实结束了[-32,33-]长期冲突。同盟既然承诺要为共同自由而战,那么,这就意味着同盟也有义务解放爱琴海及沿岸地区的希腊城邦。公

---

① 虽然《雅典贡赋列表》的作者(《雅典贡赋列表》,第95—100页)认为这个同盟只不过是伯罗奔尼撒同盟的延伸,但还是布伦特的观点(《历史学刊》,第2卷,第148页,注释2)更有说服力。
② 希罗多德(Hdt. 8.3)说,雅典虽然控制了海军,却屈服于这个同盟的盟邦的意愿。这种讨论在伯罗奔尼撒同盟内部是不会出现的。
③ 《雅典贡赋列表》的作者们认为,这个同盟的名字为"拉栖代梦人及其盟邦"(《雅典贡赋列表》,第3卷,第97页),这与他们认为"这个同盟只不过是伯罗奔尼撒同盟的延伸"这一看法是一致的。与此相反,拉尔森(《哈佛古典语文学研究》,第51卷,第177页)认为这个新同盟的名字应该是 ἡ συμμαχία τῶν Ἑλλήνων(希腊人的同盟)。布伦特(《历史学刊》,第2卷,第145—146页)的观点与上述两位学者都不一样。他说,作为唯一一份官方资料,蛇形青铜柱(Serpent Column)上面记录了与波斯作战的同盟成员的名字,但是这份列表抬头只写着"参战的有下列国家",所以我们可以推断,这个同盟并没有统一的名称,"因为这里没写名称"(《历史学刊》,第2卷,第146页)。
④ Hdt. 7. 148; Diod. 11. 3. 4. περὶ τῆς κοινῆς ἐλευθερίας.
⑤ 布伦特,《历史学刊》,第2卷,第157页;希罗多德(Hdt. 7. 145)说,盟邦发誓"要结束互相之间的冲突与敌对"。

元前479年，萨摩司、开俄斯（Chios）以及列斯堡（Lesbos）被接纳入盟，①同时同盟还在泡珊尼阿斯的指挥下在海勒斯滂（Hellespont）地区展开军事行动，这两点都表明，同盟亦有责任解放爱琴海地区。剩下的问题就在于，这次结盟到底是权宜之计，还是打算长期保持下去。我们目前所拥有的史料并没有明确表明同盟将长期维持下去，但有很多史料表明，这个同盟一直持续到了伯罗奔尼撒战争期间，无论是在事实上，还是在同盟盟邦的看法中。这个反波斯的同盟成立近20年之后，当斯巴达人面临着黑劳士叛乱所带来的威胁时，他们选择了向盟邦求援。前来支援的就有普拉提阿人②与雅典人。③ 后来因为斯巴达人不放心雅典人，将他们打发回家，于是雅典人便"终止了他们在抵抗米底人时与斯巴达人建立起的同盟关系"。④ 直到公元前427年，斯巴达人攻打普拉提阿的时候，还辩称他们这样做是因为普拉提阿人违反了当年在反抗波斯人时订立的协议，公然与奴役希腊人的雅典人站在一起。斯巴达人说："行使你们自治的权利，一起来解放那些当时[指波斯战争期间]与你们同舟共济、订下盟誓、而现在却被雅典人所奴役的人们吧。"⑤

因此，显然，在对波斯的战争中，为了打败敌人、保卫希腊自由，希腊人已经形成了没有时间限制的同盟。看上去，所有盟国约定要和平相处，并且当其中某一城邦受到攻击或面临失去自由的威胁时，所有盟国都必须出手相助。[-33,34-]这个全希腊的同盟与伯罗奔尼撒同盟

---

① Hdt. 9. 104.
② Thuc. 3. 54. 5.
③ Thuc. 1. 102.
④ Thuc. 1. 102.
⑤ Thuc. 2. 72. 1. 拉尔森《古典语文学》，第28卷，1933年，第262—265页，以及《哈佛古典语文学研究》，第51卷，1940年，第175—213页）认为接下来的同盟不是在公元前481年成立，而是公元前479年在普拉提阿成立的。他认为，普鲁塔克（Plut. *Arist.* 21. 1—2）所说的普拉提阿之盟（Covenant of Plataea）真实存在过。劳彼茨切克（A. E. Raubitschek）也持同样观点（《美国古典语文学会通讯》[*Transactions of the American Philological Association*, TAPA]，第91卷，1960年，第178—183页）。《雅典贡赋列表》的作者们（《雅典贡赋列表》，第3卷，第101—104页）与布伦特（《历史学刊》，第2卷，第153—156页）认为普鲁塔克所说的盟约并不存在。对我们而言，希腊同盟的延续究竟是在公元前481年还是公元前479年开始并不重要。

的不同之处在于，这个同盟不是建立在一个盟主与其他城邦分别订立的条约之上。相反，这个同盟是建立在所有盟邦自愿接受的盟约之上，只不过各成员国是不能退出的。斯巴达虽然被选为盟主，但这个盟主身份与她在伯罗奔尼撒同盟中所行使的盟主权力不同。每一次军事行动都由斯巴达人担任统帅，但斯巴达统帅要想发号施令，必须先征得其他盟邦将军的同意。斯巴达统帅被迫让步于其他盟邦将军、去执行他并不认可的政策的情况出现过好几次。盟约中并没规定例会时间，也没有财政安排。在处理希腊城邦关系方面，这个新尝试有着革命性意义。只不过因为当时急于应付波斯人的进攻，并且这个同盟在某些方面与斯巴达同盟有着相似之处，所以才没有显得非常突兀。然而，这个同盟的目标与组织结构比斯巴达同盟的更加含糊。只有通过具体事实，我们才能看出这个新同盟的本质。①

希腊人在米迦列的海战中获胜之后不久，希腊同盟就经受了一次考验。当时，爱奥尼亚地区的城邦揭竿而起，希望脱离波斯统治。这些城邦向同盟寻求帮助。② 这对同盟而言是一件棘手的事情，因为希腊军队肯定无法一直保护这些起义的城邦，而只要希腊人离开，留下来的爱奥尼亚人就得面对波斯的报复。在这个时候，我们已经可以清楚看见，希腊人内部出现了意见分歧，而正是这种分歧很快将他们分为两个敌对的阵营。伯罗奔尼撒人认为爱奥尼亚人应该放弃自己的家园，由同盟将那些与波斯为伍的希腊人的土地没收，交给这些爱奥尼亚人居住。不过，即便这条建议是可行的，爱奥尼亚人也不会愿意离开。于是，他们找到了雅典人。这个问题与雅典人有着利害关系，因为他们在这个地区有着自己的殖民地，并不想放弃。于是，雅典人强烈反对撤军，并且赢得了盟邦的支持。这些起义的岛邦在宣誓之后加入了全希腊的同盟。希腊人出发前往海勒斯滂，计划摧毁薛西斯修建的、[-34, 35-]用来连接亚细亚和欧罗巴的大桥。③ 不过，当这些希腊人抵达之

---

① 关于这个同盟与之前其他同盟之间的关系，参见伍斯特（F. R. Wüst），《历史学刊》第 3 卷，1954—1955 年，第 129—153 页。

② Hdt. 9.104.

③ Hdt. 9.106.

后,发现波斯人已经把桥给拆了。于是,斯巴达国王列奥提其达(Leotychidas)决定马上终止行动,返回希腊。刻桑提普(Xanthippus)率领的雅典军队则留了下来,对柯松半岛(Chersonese)上的塞斯图斯(Sestus)展开包围。① 修昔底德正是从此处起笔,描述雅典的崛起。他认为,正是雅典的崛起让斯巴达感到不安,并最终选择了战争。虽然斯巴达还是希腊同盟的盟主,但面对这第一次的考验,她因为自己传统的保守思想而拒绝承担责任。现在出现的新情况是,雅典对于承担这份责任,跃跃欲试,愿望明显,而几个月之内塞斯图斯就被攻陷,这证明雅典有能力承担这份责任;斯巴达不再是唯一一个有领导能力的城邦。②

在雅典发生的一些事情也加深了这种分裂。波斯人离开之后,雅典人从萨拉米斯、埃基纳以及托洛溱(Troezen)将逃到当地的避难者接回,然后他们开始重建自己的城墙。③ 这是完全可以理解的。看着自己的家园及神庙被毁,所有人现在都迫切希望能够保卫自己的城邦,使其不再受到侵犯。并且,伯罗奔尼撒人一直不愿意给地峡以北的任何城邦提供保护,[-35,36-]因此,若组成城邦均不设防,这集体安全机制将令人毫无信心。所以雅典人曾经修建过城墙,当时也没有任何人对此表示异议或不满,但波斯战争,尤其是上一个冬天发生的事情,改变了希腊的政治气候。斯巴达人当然希望希腊城邦不要修建城墙,方便斯巴达人以重装步兵方阵部队(phalanx)对这些城邦施压。④

---

① Hdt. 9. 114.
② 对于公元前478年之后,在对波斯的战争中领导权的转移,墨耶(《历史学刊》,第12卷,1963年,第405—446页)的看法完全不同。他认为这是雅典与开俄斯、萨摩司以及列斯堡共同实施的一个阴谋。限于篇幅,我在这里不准备详细反驳他的观点,但需要指出他的观点是站不住脚的,因为他根本没有将斯巴达和雅典的内部政治局势考虑在内,最重要的是他忽略了当时波斯的威胁依然存在,战事随时可能重新爆发。拉斐尔·西里(《古代社会与机制》,第233—255页)的研究得出了完全不同的结论,他的研究也很有意思。西里用一贯冷静的方式提醒大家,不要将当时的希腊过于理想化。在他看来,"成立提洛同盟是因为分赃不均,目的是要获得更多的战利"。这种观点过于简单,不符合人类行为特征,因为人类行为的目的往往是非常复杂的。单单就说那些住在爱奥尼亚地区的希腊人。他们刚刚摆脱波斯的统治,但波斯人随时可能卷土重来,且不论这些人的数量多少,可以肯定的是,这些人感兴趣的肯定不仅仅是获取更多的战利。
③ Thuc. 1. 89.
④ Thuc. 1. 90. 1.

斯巴达人渴望能早日结束战争，回到自己的正常生活，所以对雅典人修建城墙一事本打算睁一只眼闭一只眼，但他们的盟邦却一定要他们采取行动。这些盟邦说服斯巴达派人前往雅典，要求雅典人放弃修建城墙，与他们一起将伯罗奔尼撒之外的城墙全部夷平。修昔底德并没有点明是哪些盟邦，但我们猜到其中应该包括雅典的宿敌埃基纳与墨伽拉，另外可能还有科林斯。他们给出的理由是，如果没有城墙，即便波斯人再次入侵希腊，也找不到一个可以驻守的地方。① 这个理由听起来非常荒谬。其实，真正的原因是这些盟邦害怕"雅典人强大的舰队，害怕雅典舰队在波斯战争中所表现出来的勇猛"。②

雅典人无视斯巴达人的要求，凭借地米斯托克利（Themistocles）的聪明才智，他们很快就将城墙修到了足以保卫雅典的高度，而对手们却还来不及采取任何措施阻止。在知道雅典的城墙已经修好之后，地米斯托克利把消息告诉了斯巴达人，并且趁机给他们上了一课，让他们认清希腊世界的新现实。这样，雅典成了设防城邦，能够保护自己的居民了。"从今以后，如果斯巴达人或者他们的盟邦想派使臣到我们这里来，希望他们明白一点：我们知道哪些事对我们有利，哪些事对大家都有利。"③在雅典人看来，城墙是对雅典及所有盟邦都有利的。[-36,37-]"如果没有相当的军事实力，就不可能在同盟中占有相同或者相近的分量。"④这番话是发表脱离斯巴达领导的独立宣言，也是对在处希腊同盟事务中拥有同等地位的要求。这为提洛同盟的成立做好了铺垫，同时也埋下了猜疑与担忧的种子，而这种猜疑与担忧使斯巴达在未来选择了与雅典开战。由于雅典人在对波斯的战争中发挥了重要作用，斯巴达人当时对雅典人态度仍算友善。地米斯托克利发表演说之后，斯巴达人并没有表现出不满，也没有提出任何正式的抗议，就回国了，"心中却是隐隐作痛"。⑤

---

① Thuc. 1. 90. 1—2. 正如戈姆（《修昔底德历史评注》，第 1 卷，第 258 页）所言："这借口非常牵强，波斯人当年虽然曾经占领了忒拜和雅典这些有围墙的城邦，却并没有因此而改变战术。"
② Thuc. 1. 90. 1.
③ Thuc. 1. 91. 4—5.
④ Thuc. 1. 91. 7.
⑤ Thuc. 1. 92. 1.

地米斯托克利这番魄力，似乎加强了斯巴达国内一个政治派别的影响，这个派别希望斯巴达能够继续领导希腊人对抗波斯。米迦列战役之后，列奥提其达选择撤军，我们看到的是保守派所起的作用，保守派希望结束伯罗奔尼撒半岛之外的行动。保守派以为，斯巴达撤军就意味着行动结束，一切归于平静，不用再理会仍然处于波斯统治之下的那些希腊城邦。未曾想，雅典人站出来接过大旗。他们先是攻克塞斯图斯，接着又在雅典修筑城墙，地米斯托克利还发表了非常大胆的平等宣言，这些事件肯定使保守派在斯巴达人中失势。斯巴达人为此感到愤怒与不满，好战派随之得势，他们改变当初召回列奥提其达的方针，派遣国王泡珊尼阿斯进入爱琴海地区，意在重树斯巴达霸权。① 这些措施在当时收效良好。雅典人接受了斯巴达的领导，并没有表示任何异议，因为在泡珊尼阿斯率领的舰队中，有 30 艘船就是来自雅典。泡珊尼阿斯率军攻打塞浦路斯，占领其大部分地区，接着又从波斯人手中将拜占庭夺了过来。②

在此之时，历史动力那超凡的影响力——无论这种影响在其他时期作用如何——却输给了个体之癖性。我们知道，斯巴达本可以继续充当霸主，领导这场反对波斯的自由之战。[-37,38-]遗憾的是，这一切都葬送在了泡珊尼阿斯的性格上。他非常傲慢、专制，并且贪财："盟邦将军们忍受着他的怒火和粗暴，至于士兵们，更是常常受到鞭打，或是被迫肩扛铁锚站上一整天。无论上床休息、排队吃饭，还是去泉边饮水，斯巴达人总是排在第一；他们的仆人会手拿皮鞭，把其他想越位的人赶开。"③来自伯罗奔尼撒以外地区的希腊人，因为不习惯斯巴达人的这种傲慢，不断控诉泡珊尼阿斯，有告他专制的，有告他里通外国的，什么都有。斯巴达人不得不将他召回，对他进行审判。对斯巴达人而言，这样做绝不仅仅是为了调查国王行为有何不端。这是两派斗争的结果。好战派的势力仍然非常强大，所以泡珊尼阿斯的卖国罪名并不成立，斯巴达派遣铎耳基司（Dorcis）接替泡珊尼阿斯。④ 不过，好战派

---

① Thuc. 1. 94. 1.
② Thuc. 1. 94. 1.
③ Plut. *Arist.* 23. 2—3.
④ Thuc. 1. 95.《雅典贡赋列表》的作者认为（第 1 卷，第 192 页），泡珊尼阿斯是在公元前 478 年夏天被召回之后，斯巴达马上派出铎耳基司去接替他，这种观点很有道理。

似乎也没有完全取胜,因为泡珊尼阿斯的一些个人罪名还是被判成立,好战派更不满意的是,铎耳基司这次率领的只是一支规模很小的军队。①

然而,盟邦拒绝接受铎耳基司出任他们的统帅,好战派方针路线彻底失败。铎耳基司和他的属下回到斯巴达,而斯巴达人也没有再派出任何人去接替他。修昔底德说,斯巴达人害怕泡珊尼阿斯事件重演:"并且他们希望早点结束波斯战争。他们觉得雅典人可以胜任领导一职,而且雅典人在当时对斯巴达态度亲善。"②在斯巴达,保守派一定也是用这些理由改变了之前的方针路线。

爱奥尼亚的希腊人城邦与其他岛上诸邦因为很不喜欢泡珊尼阿斯,所以马上开始寻找新的统帅。要想弄清楚提洛同盟早期的历史就必须知道,提议建立同盟的不是雅典,而是她后来统治的那些城邦。这些城邦以大家都是爱奥尼亚人为理由,恳求雅典人出任盟主,[-38,39-]在有必要的时候,帮助他们对付泡珊尼阿斯。③ 修昔底德告诉我们,雅典是"在盟邦情愿的情况下"接过领导权的($\dot{\varepsilon}\kappa\acute{o}\nu\tau\omega\nu\ \tau\tilde{\omega}\nu\ \xi\nu\mu\mu\acute{\alpha}\chi\omega\nu$),我们也确有证据证明他的这种说法。④ 显然,说服雅典需要时间;毕竟,在没有伯罗奔尼撒人支持的情况下(甚至是在伯罗奔尼撒人反对的情况之下),要想领导这些盟邦对付波斯,是有一定危险的。并且,雅典人不知道爱奥尼亚的希腊人城邦与岛上诸邦会不会忠心耿耿,会不会愿意面对战争中可能出现的困难与代价。他们也担心这些盟邦是不是在以雅典人的积极行动为筹码,来迫使斯巴达在爱琴海地区发挥更积极的作用。

当萨摩司、开俄斯、列斯堡以及其他盟邦派人来说服雅典人接过领导权的时候,阿里斯提德(Aristides)一定想到了这些问题。他明白这些城邦有需要、有道理这样要求,但他仍然坚持要这些城邦采取一些行动,以便增加雅典人对他们的信任,并且使他们无法反悔。于是,萨摩

---

① Thuc. 1. 95. 6.
② Thuc. 1. 95. 7.
③ Thuc. 1. 95. 1.
④ Thuc. 1. 96. 1. 参见附录 A。

司的游利亚德(Uliades)与来自开俄斯的安塔戈拉斯(Antagoras)立即对泡珊尼阿斯进行了一番羞辱,并将他赶出了拜占庭。① 木已成舟,盟邦已经用行动证明,大家是多么渴望雅典出来领导他们。

他们的努力没有白费。实际上,雅典人也愿意出来扛大旗。雅典的将领,例如阿里斯提德与客蒙,举止得体,受人爱戴,而泡珊尼阿斯却遭到众人厌恶,他们之间形成了鲜明对比,这对雅典非常有利。② 希罗多德认为雅典人"以泡珊尼阿斯的肆心(hybris)为借口",③成功夺取了斯巴达霸主地位,这种说法很有道理。对于他们这种迫切的心理,我们不难理解。爱琴海及其沿岸并不在斯巴达传统的势力范围之内,插手这些地方的事务对斯巴达人而言虽然有吸引力,但同时也存在着风险。对雅典而言,情况完全不同。之前发生的事情显示,一旦波斯入侵,雅典是非常脆弱的。雅典的经济越来越依赖贸易,而这些贸易行为很多时候都是在爱琴海与海勒斯滂地区进行。雅典人吃的粮食中有很大一部分[-39,40-]是从乌克兰(the Ukraine)经由海勒斯滂海峡与爱琴海运过来的。正是因为这些原因,早在公元前6世纪的时候,雅典就在柯松半岛建立了自己的殖民地。雅典绝不能容忍海勒斯滂地区与爱琴海北部落入波斯之手,也不能容忍波斯威胁到这一地区。④ 此外,雅典人在感情上同情爱奥尼亚人,如果抛下他们,让他们继续忍受波斯人的统治,这对于雅典政客而言,似乎很难交代得过去。⑤ 而马拉松战役之后不久发生的萨拉米斯战役一定让雅典人重拾自信,并且重新燃起了他们的野心,这一切在地米斯托克利对斯巴达人所做的演讲中可以感觉得到。盟邦需要,斯巴达保守派得势,雅典人自己也有利益与野心,这

---

① Plut. *Arist.* 23. 4—5.
② Diod. 11. 46. 4—5; Plut. *Arist.* 23, *Cim.* 6.
③ Hdt. 8. 3.
④ 有关雅典在这个时期的经济发展情况,参见法兰奇(A. French)的《雅典的经济发展》(*The Growth of the Athenian Economy*,伦敦,1964年)一书,特别是该书的第三章。
⑤ 希罗多德(Hdt. 6. 21)曾经记录了一件事:公元前494年,波斯人洗劫米利都、镇压爱奥尼亚起义以后,斐林尼库(Phrynichus)曾经根据这一事件创作了一部戏剧,雅典人看了之后潸然泪下。于是他们对作者处以重罚,"因为他重提伤心往事",这部戏也因此遭到禁演。当时雅典刚刚战胜波斯,群情激昂,没有人能够拒绝去支持爱奥尼亚人的第二次起义。

一切促成了一个对抗波斯的新组织。

公元前478/477年的冬天,盟邦代表在提洛岛集会,这次会议可以称为一次立宪大会。雅典人阿里斯提德可能是这次会议的主席。① 而与会成员大概包括领导盟军的各邦将领。新同盟的目的与全希腊同盟的目的几乎一模一样:蹂躏波斯领土,为希腊苦难报仇,②同时,将那些依然生活在波斯人统治之下的希腊人解放出来。③ 不过,这些并不是唯一的目的。这些成员国宣誓要同仇敌忾,[-40,41-]拥有共同的朋友与敌人。④ 为了象征结盟的永恒,他们还把一些铁块沉入大海:只要这些铁块不浮起来,大家就永远是盟邦。⑤

虽然提洛同盟的目标与希腊同盟的几乎一模一样,但需要注意的是,两者的成员不同,并且提洛同盟也无法在没有征得斯巴达同意的情况下以希腊同盟的名义行事。⑥ 仅从成员构成就能明显看出他们的区别。希腊同盟由伯罗奔尼撒人与来自希腊本土的城邦组成,后来才有一些位于周边岛屿以及小亚细亚的城邦加入进来。提洛同盟中大约有20个成员是岛屿城邦,另有36个是爱奥尼亚地区的希腊人城邦,35个是海勒斯滂地区的希腊人城邦,24个是卡里亚地区(Caria)的希腊人城邦,33个位于色雷斯地区。⑦ 提洛同盟里没有成员城邦位于伯罗奔尼撒半岛,"在成立之初,主要由来自爱琴海诸岛

---

① 只有狄奥多罗斯(Diod. 11.47.1)提到了这次大会(*κοινὴ σύνοδος*)。有关提洛同盟,请参阅前面提到的拉尔森的论文,同时参见《雅典贡赋列表》,第3卷,第225—233页;另外,亦可参见维克多·马丁,《希腊城邦间关系》,第145—185页,以及布索特与所柏答,《希腊治国方略》,第1337—1360页。布伦特(同前)对拉尔森以及《雅典贡赋列表》中的观点进行了批评,同时给出了自己的看法。有关这一部分,亦可参见拉斐尔·西里,《古代社会与机制》,第233—256页。
② Thuc. 1.96.1.
③ Thuc. 3.10.3.
④ Arist. *Ath. Pol.* 23.5.
⑤ Arist. *Ath. Pol.* 23.5; Plut. *Arist.* 25.1. 拉尔森(同前,第187页,注释5)在一处脚注里总结了与这个仪式有关的观点。马丁(同前,第152页,注释1)也认为这个仪式并不意味着永久的结盟。布伦特(同前,第150页,注释1)对他的观点进行了反驳。在这件事上,大多数学者认为这次结盟是永久性的,而非临时的,对此我们表示赞同。
⑥ 这是拉尔森(同前,第184页)的观点。《雅典贡赋列表》,第3卷,第231页对此进行了有力的反驳。
⑦ 这些数字是根据《雅典贡赋列表》,第3卷,第194—224页所列名单统计而得的。

及沿海地区的城邦组成"。① 公元前4世纪,亚里士多德在回顾提洛同盟的成立时曾说,"这是爱奥尼亚人对斯巴达同盟的反抗"。这样说虽然不够准确,但清楚地点明了这个新的同盟是完全独立于旧同盟之外的。

我们这一代人要理解提洛同盟与希腊同盟之间的关系,比我们的上一代人会容易一些。阿尔弗雷德·格伦瑟将军(Alfred Gruenther)似乎是第一个将提洛同盟与北约相提并论的人,这种比较很能说明问题。北约是一个区域性组织,名义上是在联合国的框架下运作,但实际上是完全独立的机构。北约的一些成员同时也是联合国成员,但北约对于联合国的其他一些成员却明确拒绝。提洛同盟也是一个区域性组织,其中一些成员城邦也是希腊同盟的成员,[-41,42-]但提洛同盟对于希腊同盟的其他一些成员也明确拒绝。北约在采取行动时不需要征得苏联的同意,提洛同盟在采取行动前也并不需要得到斯巴达的许可。联合国可以要求其成员国提供军事或经济上的支持,而希腊同盟也可以要求同盟中属于提洛同盟的成员提供帮助。该同盟原则上可以这么要求。与现在的联合国秘书长一样,希腊同盟的盟主对于其成员国的反应也不敢打保票。提洛同盟成立之后,希腊同盟的影响日渐减弱,并且在第一次真正的考验中就轰然解体。

提洛同盟之所以变得越来越重要,是因为该同盟的目的对其成员而言非常重要,并且该同盟的组织结构更加清楚、简单、有效,在这方面,它比之前的两个邦际组织都要优越。立宪大会结束时,成员国代表进行了宣誓。一方是阿里斯提德,他代表雅典,另一方是爱奥尼亚人,他们代表了所有的盟邦。② 提洛同盟在成立之初雅典即被推为盟主。盟邦宣誓要将雅典的朋友当作自己的朋友,将雅典的敌人视为自己的敌人。他们还委派雅典人阿里斯提德负责计算每个城邦应该缴纳的贡赋。只有雅典人才可以担任同盟的财政官员,③而同盟的军事行动全

---

① 《雅典贡赋列表》,第3卷,第224页。
② 《雅典贡赋列表》,第3卷,第227页,注释9。
③ 沃尔克(E. M. Walker,《剑桥古代史》,第5卷,第46页)认为在刚开始的时候,提洛同盟财政官(the Hellenotamiae)是提洛岛人,而非雅典人。《雅典贡赋列表》,第3卷,第230页,注释26,对此进行了强有力的批驳。

部由雅典将军指挥。

霸权并不意味着统治。至少在同盟成立的初期，用修昔底德的话来说，雅典人"作为盟主，管理的是一群独立自主的盟邦，这些盟邦都参加同盟大会"。① 在刚开始的时候，所有政策都是由同盟大会决定的。另外，同盟大会还负责商定对那些不守规矩、意图谋反的城邦采取何种措施。在这个同盟大会中，所有的成员，包括雅典这个盟主，都只有一票。② 理论上而言，在同盟大会上雅典只是平等的一员，并不会比萨摩司、列斯堡，甚至瑟瑞乎(Seriphos)这样的城邦拥有更多的政治权利。事实上，正如后来密提林人(Mytilenean)所说的那样，每个成员拥有同等的投票权对雅典是最有利的。[-42,43-]雅典有着如此强大的海上力量与军事实力，并且享有很高的威望，这使众多的弱小城邦都会受到她的影响，而像萨摩司、密提林、开俄斯、塔索斯(Thasos)这些较大的城邦，虽然他们有可能对雅典的统治地位构成威胁，但因为雅典可以很容易拿到多数票，所以并不用担心。密提林人曾说，"正是因为拥有投票权的城邦太多了，所以这些盟邦根本无法联合起来保护自己"。③ 这样一来，雅典从一开始就可以放心地在提洛同盟中占据统治地位，而不会给人留下缺乏合法性或施行僭政的印象。

无论有什么其他弊端，这种安排有一个很大的优点：同盟可以迅速果断地采取行动。当年刻辽门内(Cleomenes)准备攻打雅典时，因为科林斯的临时变卦，行动不得不取消。在提洛同盟，这种事绝对不可能发生。正如伯利克里所暗示的那样，提洛同盟可以迅速召集政治性的全体大会，可以采取紧急措施，这与斯巴达同盟是不同的。④ 雅典有能力确保同盟决策迅速执行，雅典也是这样做的。作为盟主，雅典索取贡赋，存入同盟金库，也惩罚拒绝参加军事行动的成员。⑤ 与之前那些组

---

① Thuc. 1.97.1.
② 修昔底德(Thuc. 3.10—11)记录了密提林人的演说，从中可以清楚看出这一点。拉尔森(第192—197页)以及《雅典贡赋列表》，第3卷，第138—141页对同盟大会的组织结构以及日常运作进行了详细的介绍。
③ Thuc. 3.10.5.
④ Thuc. 1.41.6.
⑤ Thuc. 1.99.1;6.76.3.

织不同的是，提洛同盟甚至禁止成员国之间开战，并且雅典会对违反规定者进行惩罚。①

在另外一个重要方面，提洛同盟也比斯巴达同盟要更加先进：其财政制度。在与雅典的大战爆发之前，斯巴达同盟并不需要什么钱。战争基本上都是在陆地上进行，斯巴达人只是要求盟邦派出应派的军队。到公元前4世纪，斯巴达人有时会要求成员出钱，但斯巴达同盟的性质决定了这些钱只是特事专收，一旦战事结束就不用再交了。与此不同的是，提洛同盟的成员城邦主要来自沿海地区和海上，所以提洛同盟需要随时维持一支常备舰队。这是一笔很大的开销，需要建立完善的纳贡体制，确保定期有钱进入同盟的库房。[-43,44-]雅典负责核定各城邦应交的数额，并将这笔款项收上来。直到公元前454/453年，同盟金库仍设在提洛岛；而在那之后，同盟金库就搬到了雅典。从一开始，有些城邦既提供船只，又提供船员，而有些城邦则只出钱。虽然提供的船只、船员以及进行维护的费用会因为需要而发生变化，但这些城邦的负担总是比那些只出钱就可以享受军事保护的城邦要重很多。雅典承担的责任是最重的。她不仅是领袖，还要维持一支最庞大的舰队，为这支舰队配备人员，进行维护。当然，从波斯那里抢到的战利品可以抵消一部分开支，但各邦为此所付出的时间、精力乃至生命的代价都十分巨大。因此，我们完全可以理解为什么"大多数的盟邦要求只出钱、不出船，因为他们不愿意参加军事行动，这样就不用远离自己的家园"。②自然而然，由于盟邦不断推卸自己的责任，雅典承担的责任就越来越大。同盟权力不断向雅典集中，这种趋势使同盟在对付外敌时更加高效，但是同时，这种趋势也使这个组织的性质出现了决定性变化。

到伯罗奔尼撒战争爆发时，雅典国务家们乐于承认说，提洛同盟已经变成了一个帝国，而雅典就是僭主。③ 修昔底德认为，对于提洛同盟演变成一个帝国，"那些盟邦本身是有责任的"，④我们对此表示赞同；

---

① Thuc. 6.76.3；拉尔森：同上，第188—190页。
② Thuc. 1.99.3.
③ Thuc. 2.63.3.
④ Thuc. 1.99.

但与此同时,理解这种变化是如何发生的,而雅典人又是通过哪些手段来完成这一切的,同样重要。提洛同盟有据可查的第一次行动,是公元前 477 年秋天由客蒙领导的爱昂(Eion)之围。① 第二年,雅典人便从波斯人的手中将这个地方夺了过来,城中居民沦为奴隶。② 这次行动是波斯战争的一个步骤,具有合法性,[-44,45-]应该不会有谁反对。同年,提洛同盟部队攻陷了爱琴海上的叙罗斯岛(Scyros),岛上居住的是多罗披亚人(Dolopians)。这些人也成了奴隶,雅典人在岛上建立军事殖民地(cleruchy)。③ 虽然雅典人在这次行动中获益,但盟邦并没有什么意见。事实上,她们完全有理由感到高兴。居住在叙罗斯上的多罗披亚人以海盗为生,是半个蛮族。雅典人赶走他们,"解放了爱琴海"。④ 雅典人在岛上建立的军事殖民地可以确保爱琴海的这个地区免受海盗之苦。

没过几年,提洛同盟远征优卑亚岛(Euboea),攻打岛上城邦卡里斯图(Carystus)。这个城邦既不像爱昂那样被波斯统治,也不像叙罗斯那样是个海盗城邦。就我们所知,这个城邦实在没有做过什么值得提洛同盟对她大动干戈的事。不过,从另一方面看,卡里斯图人在此前不久的战争中曾经帮过波斯,因此,可以想见,她不能指望那些盟邦对她抱什么同情。普遍的看法是,卡里斯图一直游离在同盟之外,这次行动就是为了强迫她加入同盟。⑤ 这种看法有修昔底德的记载作为支持。修昔底德说,卡里斯图人没有得到优卑亚岛上其他城邦的支持,最终不得不有条件地投降。⑥ 后来,卡里斯图就出现在雅典的贡赋列表

---

① Thuc. 1.98.1. 关于这次行动的日期,参见《雅典贡赋列表》,第 3 卷,第 175—179 页。
② Thuc. 1.98.1. 修昔底德用的词是"ἠνδραπόδισαν"(译校注:"将自由民卖作奴隶"。),所以我们可以认为,爱昂的居民全部沦为奴隶。修昔底德经常使用另一个词"δουλεύειν"(译校注:"奴役"。),这个词可以表达同样的意思,但是修昔底德用这个词来说一个城邦而非某个人的时候,意思往往是政治上的臣服,即失去自治,而非全体居民沦为奴隶。有关修昔底德对这个词的使用,《雅典贡赋列表》,第 3 卷,第 155—177 页给出了清楚的解释。
③ 修昔底德(Thuc. 1.98.2)只说这是ᾤκισαν αὐτοί(译校注:"他们建立了殖民地"。),狄奥多罗斯(Diod. 11.60.2)却明确地说这是一个军事殖民地,这是我们所知的由提洛同盟建立的第一个军事殖民地。
④ Plut. Cim. 8.3—6.
⑤ 《雅典贡赋列表》,第 3 卷,第 198 页;戈姆,《修昔底德历史评注》,第 1 卷,第 281—282 页。
⑥ Thuc. 1.98.3.

上，成了定期纳贡的属邦。这是雅典第一次使用武力强迫其他城邦加入提洛同盟，而这种做法显然得到了同盟城邦的普遍支持。这次行动之所以针对卡里斯图，除了因为卡里斯图人曾经与波斯同流合污、为人诟病之外，还有其他的原因。若一个城邦受益于同盟与波斯作战，又受益于同盟而免受海盗滋扰，但自己却一毛不拔，全让邻邦负担，这委实说不过去。雅典人的行为得到了同盟的支持，但这是一个不好的开端。

大约在公元前 470 年，提洛同盟的创始成员纳克索斯（Naxos）退出了同盟。修昔底德没有告诉我们她退出的原因，[-45,46-]只是在写到纳克索斯岛被围攻攻陷时说"这是第一个被奴役[ἐδουλώθη]的盟邦，这种做法违反了盟约"。① 修昔底德没有详细说明这意味着什么。看起来可能的情况是，纳克索斯的海军被解散，因此将不能再提供船只与人员，只能缴纳贡赋。纳克索斯也许还得接受雅典驻军，船只与部分土地也许被雅典人没收，并且，雅典人有可能还在没收的土地上建立了自己的军事殖民地。② 我们或许仍然肯定，雅典的这次行动得到了同盟的许可。退出同盟这种事情肯定是不被允许的，否则同盟很快就会分崩离析。但是，通过再一次使用武力来镇压希腊同胞，雅典正在变得更加强大。

修昔底德用纳克索斯岛的遭遇让我们看到，同盟的性质已经发生了改变。纳克索斯不是唯一一个造反的城邦，而雅典对这些造反者的处置则越来越严厉。这已经成为了一个规律。这些成员国之所以要退出同盟，是因为他们不愿意或者已经没有能力再缴纳贡赋、提供船只或者参加军事行动；而雅典在征收贡赋、要求盟邦提供服务的时候又总是毫不留情。此外，雅典指挥官的表现这时也发生了变化。据说，雅典之所以被推举为盟主，很大程度上是因为阿里斯提德、刻桑提普以及客蒙平易近人、圆通老练。当时客蒙虽然还在，但雅典指挥官的表现却因为环境的不同而发生了变化。"雅典人不再是受人爱戴的领袖。在战斗

---

① Thuc. 1. 98. 4. 克拉森（Classen）认为 τὸ καθεστηκός 指的就是"盟约"，我对此表示赞同。另外，亦可参见戈姆，《修昔底德历史评注》，第 1 卷，第 282 页。

② 《雅典贡赋列表》，第 3 卷，第 156—157 页。

中,他们也不再把自己与其他人平等看待,并且他们发现,要镇压那些造反的城邦,简直易如反掌。"①站在盟邦的角度看,造反与镇压形成了一种恶性循环。每一个造反的城邦都被迫解散舰队,改为缴纳贡赋,这些城邦因此变得更加衰弱,而雅典却相应地变得更加强大。"她们交的钱让雅典的舰队日益壮大,但当她们要造反的时候,却发现自己对于打仗毫无准备,也没有经验可用。"②

公元前 469 年,在安纳托利亚(Anatolia)沿海地区[-46,47-]的欧里梅东河(Eurymedon River),客蒙大败波斯军队。③ 这次胜利的决定性意义如此鲜明,对波斯造成的打击如此重大,又募得了如此之多的战利,以致于一些人将认为,对抗波斯的同盟在经济与军事方面实在令他们负担沉重,这个同盟不再有必要存在了。不过,雅典人的想法正好相反,因为波斯人依然没有放弃对爱琴海地区的野心。④ 也许雅典人的想法才是正确的,但盟邦却越来越躁动,迫使雅典人越来越频繁地使用强迫手段。

塔索斯,提洛同盟创始成员,一个富有而且强大的城邦,拥有自己的舰队。公元前 465 年,塔索斯叛乱。塔索斯叛乱的原因与纳克索斯人完全不同。塔索斯叛乱,是因为她与雅典在一些贸易集散地以及一处矿藏的控制上产生了冲突。这些贸易集散地位于色雷斯的沿海地区,与塔索斯隔海相望,而那处矿藏也位于同一地区。⑤ 这些都是很重要的经济来源,一旦落入雅典的控制,对塔索斯将是一个沉重的打击。与此同时,雅典人在九路(Ennea Hodoi)建立了一个殖民地,有一万名来自雅典及其他盟邦的人在此居住。这就是后来的安菲玻里(Amphipolis)。九路靠近色雷斯海岸,与塔索斯隔海相望,对同盟有着重要的战略意义,可以作为对付马其顿人的根据地。在九路殖民应该是提

---

① Thuc. 1. 99. 2.
② Thuc. 1. 99. 3.
③ Thuc. 1. 100. 1; Plut. *Cim.* 12—14; Diod. 11. 60—62.
④ 根据狄奥多罗斯的说法(Diod. 11. 62),这次战役结束后,波斯人"担心雅典人的势力越来越大",于是开始大量建造三列桨战舰(triremes)。
⑤ Thuc. 1. 100. 2.

洛同盟的行动,不过,也许正是因为建立九路殖民地、雅典影响力深入塔索斯周边,令塔索斯不安,所以引起了这次叛乱。① 在被当地人打败之后,殖民者放弃了这个殖民点。但是,之后塔索斯城被围歼达两年之久。塔索斯人最终被迫投降,拆除城墙,交出舰队,并交出对色雷斯沿海地区的控制权和当地的矿场控制权。塔索斯不仅得马上支付战争赔款,将来还要定期上缴贡赋。② 这是雅典到那时为止作出的最严厉处罚。这显然给雅典带来了一笔巨大的财富,不过也让雅典更加不受欢迎。[-47,48-]下面这段描述来自狄奥多罗斯,其中所描述的同盟的情况应该是在塔索斯被攻陷之后不久的事情:

> 总地说来,雅典人的权势越来越强大,他们不再像以前那样,对盟邦以礼相待;相反,他们统治盟邦,骄横而粗暴。很多盟邦无法忍受他们的无礼,相约起义;有的甚至不把同盟大会放在眼里,自己想怎么行事就怎么行事。③

此处最后一句描述中,狄奥多罗斯似乎暗示这些盟邦希望独立,公然挑战同盟。但是,只要没有其他事情让雅典分心,这些盟邦就不可能得逞。到公元前462年的时候,雅典人在希腊大陆卷入了与斯巴达的战争。在长达15年的时间里,雅典将同时在陆地与海洋作战,从埃及与地中海东部直到希腊本土。在这种情况下,盟邦叛乱不可避免;"雅典帝国主义的危机"④即将出现。在战争与叛乱的双重压力之下,雅典人开始采取更加严厉的手段来确保自己对同盟的控制。正是在这个过程中,他们将同盟变成了帝国。

---

① 《雅典贡赋列表》,第3卷,第258页。
② Thuc. 1. 101. 3.
③ Diod. 11. 70. 3—4.
④ 这是罗素·密格斯(Russell Meiggs)(《哈佛古典语文学研究》,第67卷,1963年,第1—36页)一篇论文的标题,用在这里非常合适。

## 第三章　希波战争之后的斯巴达

斯巴达放弃领导爱琴海诸国对抗波斯的决定并不是轻率作出的。这是一系列不利因素所导致的。可以肯定，这让很多斯巴达人感到不满。波斯战争使斯巴达在希腊城邦中的影响和威望空前高涨，不过与此同时，这场战争也制造了一个可怕的对手，这个对手对她的领导地位构成了威胁。这场战争让斯巴达有机会扩大自己的影响，加强自己的实力，同时还可以获取巨大的财富，但这也意味着要在伯罗奔尼撒以外地区承担繁重的军事任务，而斯巴达官员及斯巴达所推崇的那种生活方式也有可能会受到腐化。战后数年的政策论辩不仅涉及斯巴达的外交政策，还涉及其制度与文化。

其实，对斯巴达人而言，摆在他们面前的是三个政策选项。第一，争取像战争期间那样，在陆地与海上拥有绝对的霸权，统治整个希腊。这是最有野心的选择，无疑会受到很多斯巴达人的拥护，但因为泡珊尼阿斯（Pausanias）那些不光彩的事情，这至少在当时是没法做到的。第二，假装战争从未发生，不去觊觎伯罗奔尼撒之外的地区，专心经营斯巴达同盟，维护传统的制度。这是最保守的方针，这个方案的拥护者肯定支持将泡珊尼阿斯与铎耳基司（Dorcis）召回。不过，他们专注于伯罗奔尼撒的政策并没有立即得到大家的支持。大家依然记得在普拉提阿（Plataea）[-49,50-]与米迦列（Mycale）所取得的胜利，没人可以彻底放下。第三个政策选项是放弃海上作战——毕竟斯巴达在这个方面并不擅长——，同时扩大自己在希腊大陆的影响，控制帖撒利（Thessaly）

以及希腊本土那些曾经支持波斯的城邦。执行这项政策等于是默认希腊世界的一种二元格局：斯巴达统治希腊大陆，雅典控制爱琴海。这样一种结果不会影响希腊同盟的继续，而斯巴达也可以继续控制希腊同盟。在波斯战争刚结束的那几年里，斯巴达人选择的正是最后一种政策。

大约在公元前 476 年春天，斯巴达人开始实施这项政策。① 他们派国王列奥提其达领兵出征帖撒利，希望推翻当地执政的阿留岱家族(the Aleuadae)。② 列奥提其达就是在米迦列战役中取胜的斯巴达国王。阿留岱家族曾经勾结波斯，而希腊同盟曾起誓严惩叛徒，所以斯巴达这番行动可以看作是其作为希腊同盟领袖所采取的爱国行动。这是推行大陆政策的极佳方案，斯巴达不仅可以利用这次行动惩处叛徒，还可以趁机扩大在希腊大陆的势力。列奥提其达在战场上取得了胜利，将帖撒利王子阿里斯托米德(Aristomedes)与安格洛斯(Angelos)废黜。整个帖撒利地区唾手可得。遗憾的是，斯巴达国王的贪财又一次让斯巴达在军事上的胜利成为徒劳。列奥提其达接受了阿留岱家族的贿赂，后来被召回斯巴达受审，自愿选择流放到铁该亚(Tegea)。

斯巴达还曾经建议将那些没有参加波斯战争的城邦从近邻同盟(Amphictyonic League)中赶出去，③ 这必然也是大陆政策的一部分。他们针对的主要是帖撒利、忒拜(Thebes)以及阿尔戈斯(Argos)。将她们除名，可以确保斯巴达在希腊大陆的重要宗教组织中占据统治地位。这些宗教组织的政治影响不可小觑。我们会看到，连雅典都[-50, 51-]希望自己的帝国霸权能够拥有宗教基础。斯巴达的这个提议也是为了使其大陆野心拥有类似基础。遗憾的是，地米斯托克利(Themistocles)代表雅典进行了干预，再次挫败了斯巴达。他为那些可能被除

---

① 虽然很难确定列奥提其达(Leotychidas)出征帖撒利的日期，但我认为布索特《希腊历史》[*GG*]，第 3 卷，第 1 册，第 83 页，注释 1)以及格罗特(Grote,《希腊历史》[*A History of Greece*]，第 4 卷，第四版，伦敦，1872 年，第 349 页，注释 1)的说法很有道理。可以将他们的观点与爱德华·梅耶《古代历史》，第 4 卷，第 1 册，第 489—490 页及第 490 页，注释 1)的观点进行比较。
② Hdt. 6.72；Paus. 3.7.8；Plut. *De Mal. Herod.* 859 D.
③ Plut. *Them.* 20.3—4.

名的城邦所做的演讲改变了辩论的进程，使斯巴达的动议未能通过。根据普鲁塔克的说法，因为他在这件事上所扮演的角色，斯巴达人对他恨之入骨，从而开始支持他的对手客蒙。①

列奥提其达的贪婪与地米斯托克利的聪明使得斯巴达无法向希腊本土与北部地区扩张，但斯巴达向伯罗奔尼撒以外地区扩张的冲动并没有就此消失。在某种程度上而言，政策分歧是代际冲突的一部分。年轻的斯巴达人对胜利感到欢欣鼓舞，并且见到那些不受吕库古（Lycurgus）律法约束的城邦如此富有繁华，因此不甘心固守拉戈尼亚（Laconia）与伯罗奔尼撒半岛的穷乡僻壤。狄奥多罗斯曾经记录了公元前475年在斯巴达进行的一场辩论。② 这场辩论暴露出了斯巴达人中的这种意见分歧。有很多人觉得斯巴达毫无理由地就失去了自己的海上霸权；对于那些离开他们转投雅典同盟的城邦感到非常愤怒。在一次贵族议事会（gerousia）会议上，他们提议攻打雅典，夺回海上控制权，而在讨论这个提议的公民大会上，年轻人与大多数老人都渴望能够重夺海上霸权。狄奥多罗斯说出了他们如此热衷于此的理由：一旦取得海上霸权，"他们就可以获得巨大的财富，斯巴达会变得更加强大，而每位公民的家庭也会因此变得更加富有"。③ 帝国扩张可以带来的这些好处险些让人们冲昏了头脑，不过关键时刻，荷妥玛力达司（Hetoemaridas）站了出来。他出生贵族、品德高尚、受人尊敬。他建议让雅典继续保持她在海上的霸权，"因为对斯巴达而言，去争夺海上控制权并不是一件好事"。④ 狄奥多罗斯并没有说他提出了哪些证据来支持自己的观点，但令[-51,52-]大家意外的是，他的意见居然得到了采纳，斯巴达完全放弃了与雅典开战的想法。

这个故事很重要。从中我们可以清楚得知在斯巴达国内支持帝国扩张的这一派的影响力以及他们的诉求。他们对斯巴达的事务一直有着重要影响。虽然斯巴达人在大多数时候都表现得非常保守，但我们

---

① Plut. *Them.* 20. 3—4.
② Diod. 11. 50. 参见附录 B。
③ Diod. 11. 50. 3—4.
④ Diod. 11. 50. 6：μὴ συμφέρειν γὰρ τῇ Σπάρτῃ τῆς θαλάττης ἀμφισβητεῖν.

千万不要因此对于斯巴达国内的意见分歧视而不见。严格的纪律与强大的传统使帝国主义政策在多数时候都无法取得成功,但来自这些人的压力一直存在,并且有时还会起到决定性的作用。通常而言,只有非常有能力的国王——例如,刻辽门内(Cleomenes)、泡珊尼阿斯、阿格西劳斯(Agesilaus),在某些很特殊的情况下,甚至像莱山德那样只不过是与王室关系密切的人物——同意他们的观点、领导他们,这些人才有可能挫败强大的传统与顽固的惰性。

然而,在公元前475年,各种情况都站在惰性的一面。泡珊尼阿斯与列奥提其达这两位国王将才突出,野心勃勃,支持扩张,但都作出了不光彩的事情,其政策因此失去民心。他们下台后留下的真空由贵族议事会中受人尊敬的长者出来填补,而这些人则认为野心勃勃的外交政策会给国家带来危险,会腐蚀人心。这些人相信雅典的领袖,例如阿里斯提德(Aristides)与客蒙,因此选择信任雅典。如果雅典是地米斯托克利在主政,那他很有可能会搞出一些事情,被斯巴达的反雅典势力加以利用,但在斯巴达的支持下,客蒙牢牢控制了雅典的局势。斯巴达鸽派认为,客蒙执政正是己方政策明智的证据。

当然,对于斯巴达及其在雅典的朋友而言,地米斯托克利是一个挥之不去的威胁。当斯巴达人讨论他们的雅典政策时(或者较早之前),就曾经试图将地米斯托克利除掉。① 他们让[-52,53-]地米斯托克利的敌人指控他卖国。斯巴达人给这些人提供资金与证据,证明地米斯托克利与泡珊尼阿斯的罪行有牵连。或者是因为斯巴达意图太过明显,又或者是因为大家对地米斯托克利的丰功伟绩太过记忆犹新,总

---

① 要确定地米斯托克利的年表十分困难,学术界对此争议很大,这一点在学术界广为人知。布索特《希腊历史》,第3卷,第1册,第112页,注释2)对此进行过非常深入的研究。在我看来,每一种看法的证据都不是特别充分,我个人倾向于接受罗伯特·J. 勒纳尔冬(Robert J. Lenardon)总结的年表(《历史学刊》,第5卷,1956年,第401—419页,《历史学刊》,第8卷,1959年,第23—48页),但亦有所保留。他充分考虑了所有证据,并且对现代学者的研究进行了分析。在这里,事件发生的绝对时间并不重要,我希望揭示的是重要事件之间的相对时间关系。我认为事件发展顺序是这样的:斯巴达人指控他勾结波斯、受贿,在雅典接受审判后,地米斯托克利被判无罪,[-52,53-]地米斯托克利遭到陶片放逐,在伯罗奔尼撒地区活动,斯巴达人再次对他提出指控,地米斯托克利逃往波斯。格罗特《希腊历史》,第4卷,第370—372页)、勒纳尔冬以及很多其他学者都持同样观点。

之,地米斯托克利不仅得以无罪释放,并且比以前更受欢迎。① 事情急转直下,他的敌人一定大为紧张。于是,这些人联起手来,成功地通过陶片放逐(ostracism)将其流放。② 然而,放逐地米斯托克利不仅没能解决斯巴达所遇到的麻烦,反而让事情变得更加棘手。地米斯托克利离开雅典后跑到了阿尔戈斯,还在伯罗奔尼撒半岛四处游历。③ 正如贝洛赫所言,"他并不是跑到这些地方去游山玩水的"。④ 这让斯巴达非常难受。波斯战争之后,阿尔戈斯本来一直由寡头集团统治,但当时已经被民主政权推翻。⑤ 新的政权所带来的活力很快体现在了对外政策上。阿尔戈斯的民主派决定重振城邦的威望与实力,并且在几年之内,他们就用某种方式将迈锡尼(Mycenae)、梯林斯(Tiryns)、柯辽奈(Cleonae)、叙希崖(Hysiae)、弥岱崖(Mideia)以及吞奈崖(Orneae)一一占领。阿尔戈斯人终于统一了阿尔戈里德地区(the Argolid),而这严重威胁到了斯巴达东侧的安全。⑥

与此同时,伯罗奔尼撒半岛的西北部地区风向也发生了改变。[-53,54-]埃利斯(Elis)由几个小村庄组成,曾经是一个非常太平的地区,现在也统一成为一个城邦。此后,这个地区逐渐繁荣起来,人口不断增加,实力也越来越强。⑦ 埃利斯统一表明,民主运动甚至已经影响

---

① Diod. 11. 54.
② Thuc. 1. 135. 3; Diod. 11. 55. 3; Plut. *Them*. 22, *Cim*. 10, *Arist*. 25; Nepos, *Them*. 8; Plato *Gorgias* 516 D. 有关反对地米斯托克利的政治同盟,参见布索特,《希腊历史》,第3卷,第1册,第110—112页。
③ Thuc. 1. 135.
④ 贝洛赫(K. J. Beloch),《希腊历史》(*GG*),第二版,第2卷,第1册,第146页,注释20。
⑤ 我们无法确切地知道民主政权在阿尔戈斯建立的时间。我们只知道波斯战争爆发前,控制阿尔戈斯的还是一个寡头政权,而在签订尼基阿斯和约时,控制阿尔戈斯的已经是民主政权。大多数学者认为,民主政权的建立应该就是在波斯战争爆发之后、公元前461年阿尔戈斯与雅典结盟之前(布索特,《希腊历史》,第3卷,第1册,第113—114,注释3)。格罗茨(Glotz)与柯恩(Cohen)(《希腊历史》[*Histoire grecque*, *HG*],第123页)认为民主政权的建立与地米斯托克利的到来有着直接关系。也许吹袭伯罗奔尼撒半岛的民主之风已经改变了阿尔戈斯的政权,而这正是他选择逃往阿尔戈斯的原因。我对此表示赞同。弗罗斯特(W. G. Forrest)对此有不同解释,他给出的年表也不一样《古典学季刊(新编)》[*CQ* N. S.],第10卷,1960年,第221—241页)。
⑥ Diod. 11. 65; Strabo 8,第373页; Thuc. 5. 47,77.
⑦ Diod. 11. 54; Paus. 5. 4. 3; Strabo 8,第336页。

到了埃利斯这样的世外桃源。① 埃利斯的民主派与阿尔戈斯的民主派一样,野心勃勃,积极扩张。不久之后,他们就占领了与美塞尼亚(Messenia)接壤的渠斐里崖(Tryphilia)。与之前统治埃利斯的寡头集团不同的是,他们与斯巴达的关系并不友好,他们喜欢交往的是像阿尔戈斯与雅典这种有着相似的政治体制的城邦。

当时,除了伯罗奔尼撒的这些麻烦,位于阿卡狄亚的曼提尼亚(Mantinea in Arcadia)也完成了统一,而完成这一任务的也是仇恨斯巴达的民主派。② 地米斯托克利当时住在阿尔戈斯,又经常在伯罗奔尼撒半岛的那些城邦跑来跑去,因此很难说他与这一切改变毫无关系。不过,阿尔戈斯在民主派掌权之后居然与宿敌铁该亚联起手来,这应该不是他的所为。这个看起来不可能的结盟之所以得以出现,完全是因为斯巴达风光不再,实力越来越弱,而铁该亚则借机独立。列奥提其达逃离斯巴达之后,铁该亚人曾经收留过他,这样肯定会得罪很多斯巴达人。也许是因为害怕斯巴达人的报复,或出于其他原因,他们与阿尔戈斯人订立了和约。知道这个消息之后,斯巴达人对铁该亚发起了进攻。虽然铁该亚得到了阿尔戈斯的支援,但经过一场激战之后,铁该亚还是输给了斯巴达。

很快,阿卡狄亚所有的城邦,除了曼提尼亚之外,全部开始造反,这是对斯巴达霸权地位的一次考验。虽然在人数上并不占优,但斯巴达的方阵部队还是再次战胜了敌人。③ 我们现在当然知道,这次胜利在较长时间内结束了伯罗奔尼撒半岛的动荡局面,但当时的斯巴达人并不清楚这次胜利的影响。为了加强对盟邦的控制,斯巴达人设立"驻盟军副将"(*xenagoi*)一职:由斯巴达军官出任,负责监督盟邦军队,并将他们带到指定的集合地点,[-54,55-]安排他们在战场上的位置。④ 这

---

① 布索特与所柏答,《希腊治国方略》,第1卷,第156页及注释1;布索特,《希腊历史》,第3卷,第1册,第117页。
② Strabo 8,第337页;布索特,《希腊历史》,第3卷,第1册,第118—119页。
③ Hdt. 9.35; Paus. 3.11.7;布索特,《希腊历史》,第3卷,第1册,第120—123页,以及第121页,注释1。
④ 布索特与所柏答,《希腊治国方略》,第2卷,第1323、1335页。

项旨在加强对斯巴达同盟控制的措施并未能有效阻止盟邦造反。于是，斯巴达人将注意力转向这些革命行为的主要煽动者，地米斯托克利。他们声称有证据证明地米斯托克利与泡珊尼阿斯的叛国行为有牵连，要求希腊同盟对他进行审判。这既是为了除掉一个非常危险的敌人，也是希望提醒希腊人，希腊同盟还没有解散，斯巴达仍然领导着这个同盟，并且已经开始缓过神来了。雅典人同意将地米斯托克利交出来受审。一旦受审，因为斯巴达在同盟中的地位，地米斯托克利肯定会被定罪。雅典官员在斯巴达人的陪同下一起去抓他，但因为有人给他通风报信，他提前逃走了。他先跑到柯西拉（Corcyra），最后投靠了波斯大王。波斯大王给了地米斯托克利一个既安全又受人尊敬的职位。① 在斯巴达人看来，地米斯托克利的流亡是一个令人满意的结果，因为这样就除掉了一个在伯罗奔尼撒煽动革命的人，而斯巴达也得以巩固自己的军事成果，恢复她在伯罗奔尼撒的霸主地位，修复自己受损的威望。②

在求和派看来，公元前 475 年大辩论之后所发生的事情有力地证明了他们这一方所推行的保守政策是正确的。斯巴达的兵力有限，而伯罗奔尼撒地区的麻烦已经够多了，完全没有必要再去挑起与雅典之间的斗争。冒险政策的终结也意味着斯巴达高层不再有机会堕落腐败。当然，最重要的一点是，事实证明，雅典人是值得信任的。他们没有掺和到伯罗奔尼撒的动乱中来，也没有帮助[-55,56-]那些新兴的民主政权，在把地米斯托克利交给斯巴达人处置这件事上，他们也毫不犹豫。于是，有人认为，斯巴达现在可以像战前那样，依照有德行的祖传

---

① Thuc. 1. 135—138; Diod. 11. 54—56; Plut. *Them.* 23—29.
② 布索特认为斯巴达在铁该亚与底湃崖（Dipaea）取胜发生在公元前 5 世纪 70 年代末。安德鲁斯（A. Andrewes，《凤凰学刊》[*Phoenix*]，第 6 卷，1952 年，第 1—5 页）认为铁该亚战役发生在黑劳士叛乱（公元前 465 年）之前不久，而底湃崖战役发生在黑劳士叛乱之后不久。W. G. 弗罗斯特《古典学季刊（新编）》，第 10 卷，1960 年，第 229—232 页）认为铁该亚战役发生在公元前 469 年，底湃崖战役发生在黑劳士叛乱之后。要完全确定这些事件的时间是不可能的。我仍然倾向于支持布索特的观点。即便这两次战役都是在公元前 465 年才发生，我们的说法依然成立。如果真是那样，这只能说，地米斯托克利在伯罗奔尼撒地区的工作还没有完全展开，斯巴达人就对他采取了行动。

生活方式生活，稳住伯罗奔尼撒霸权。至于对付蛮族的任务，可以放心地交给雅典去负责，雅典既可信、又可靠，但那些比较好战的斯巴达人则会说，地米斯托克利这位雅典人正是新近这些麻烦事情的罪魁祸首，而让伯罗奔尼撒陷入革命大潮之中的民主运动也是起源于雅典。他们对雅典所拥有的威望暗羡不已，而对于斯巴达居然要靠雅典来保障自己的安全倍感纠结。不过，只要在雅典当权的依然是斯巴达的朋友，这些好战的斯巴达人就无法得逞。于是，维持波斯战争后的这种力量均势的希望，就完全落在了庇尼刻斯（Pnyx）这个小山丘上——雅典民主政权在这里选举领袖，作出决策。

## 第四章　希波战争之后的雅典

在雅典,没有人反对提洛同盟,也没人反对继续攻打波斯。雅典在爱琴海地区采取进取政策、进而在这一地区发挥重要作用。地米斯托克利(Themistocles),他的政治对手阿里斯提德(Aristides)和刻桑提普(Xanthippus),还有年轻的政坛新星客蒙,对这一政策进程都功不可没。地米斯托克利为雅典海上政策奠基,阿里斯提德则成功取得了盟邦的信任,主持了同盟成立和贡赋核算。刻桑提普指挥了在海勒斯滂地区的第一次军事行动。客蒙领导了之后的军事行动,并大获全胜。

与斯巴达一样,雅典人当时也有三条政策路线选项:在普拉提阿(Plataea)与米迦列(Mycale)战役之后,再也不参加任何军事行动;或者,乘势统治整个希腊;或者,只在爱琴海上称霸,将希腊大陆与西部地区留给其他人。没有人会支持第一个政策选项,但对于后两个政策选项如何抉择,雅典人颇有争议。波斯战争之后的希腊与二战后获胜的同盟国,有些相似。两个国家,虽然互不信任,但出于现实考虑,又不得不走到一起。战争期间,双方在目标、战略、战术上曾经有过分歧,但只要还有着共同的敌人,她们就可以忽略这些分歧的存在。在各自的国家中,都有一些人认为这些分歧只是暂时的,希望通过互相之间的信任与妥协来找到一个解决方案。与此同时,还有一些人认为这些分歧是无法[-57,58-]消除的,冲突乃是不可避免的。如果不能立即开战,他们也希望至少可以占据最好的战略位置,为这场不可避免的冲突做好准备。二战之后,"冷战派"在苏联与美国都占了上风;而在当时的希腊,"和平共处"的观点在雅典与斯巴达都取得了胜利。

认为雅典应该执行积极扩张政策的那个派别,领袖是地米斯托克利。他设计让斯巴达同意雅典在比雷埃夫斯港(the Piraeus)建造防御墙,派兵驻防,还支持发展造船业,鼓励从外国引进工匠。① 他力主对盟邦采取强硬的态度。早在米迦列战役之前,他就曾经强迫爱琴海上诸岛邦交钱。通过武力威胁,他还成功地从卡里斯图(Carystus)、帕罗斯(Paros)以及其他岛邦那里收取贡赋。② 安德罗斯(Andros)的人民非常勇敢,拒绝了地米斯托克利的威吓。地米斯托克利对安德罗斯人说,雅典有"说服"与"必要"这两个伟大的神帮忙,所以他们必须交这笔钱。安德罗斯人说他们当地也有两个很强大的神灵保佑:一个是"贫穷",还有一个是"无助":"有这些神灵保佑,我们绝对不会出钱,雅典人能力再强,也敌不过我们的无能。"③如果我们对提谟克勒翁(Timocreon)的抒情诗的解读是正确的,那么就可以知道,地米斯托克利的勒索之手还伸到了罗德岛(Rhodes)这么遥远的地方,并且他还干涉了该岛内政。④

地米斯托克利在希腊的西部地区、意大利以及西西里岛肯定有些个人关系,他可能曾经计划将雅典的势力扩张到这些地区,⑤并且他还曾计划通过一项邪恶的计划让雅典拥有希腊唯一的海军。⑥ 这两种说法虽然没有足够的证据,但毫无疑问的是,地米斯托克利的目的是希望雅典在全希腊拥有至高无上、无人挑战的地位。这项政策的目标对斯巴达而言绝非友善。前面说过,当斯巴达反对雅典人在雅典与[-58,59-]比雷埃夫斯修筑城防时,他表现傲慢,而当斯巴达企图将那些勾结波斯的城邦从近邻同盟(Amphictyony)清除出去时,他又从中作梗,这

---

① Diod. 11. 43. 3.
② Hdt. 8. 112.
③ Hdt. 8. 111; Plut. Them. 21. 1.
④ 普鲁塔克曾援引(Plut. Them. 21. 1)提谟克勒翁这首抒情诗。
⑤ 我们仅有的证据是由格罗茨与柯恩搜集的,但他们或许夸大了他们搜集到的证据材料:《希腊历史》(HG),第 2 卷,第 55—56 页。
⑥ Plut. Them. 20. 1—2.

些都让斯巴达人大为恼火。如果地米斯托克利继续主政,那意味着雅典与斯巴达难免一战。

无论雅典政治家之间在其他方面存在什么分歧,在反对地米斯托克利这一点上,他们观点一致。阿里斯提德与刻桑提普都是地米斯托克利的宿敌,他们曾经因为他而遭到陶片放逐,在危机过后又回来与他作对,另外还有一些有势力的贵族也加入了他们的阵营。其中包括客蒙。客蒙的父亲米太亚德(Miltiades)曾经被雅典法庭处以巨额罚金,后来在狱中死去,给他的孩子们留下了一大笔债务。客蒙将其妹妹爱庇睨刻(Elpinice)嫁给了雅典最富有的人希波尼库斯(Hipponicus)的儿子卡利阿斯(Callias),客蒙也因此融入贵族圈。①与他同在一派的还有曾经将他父亲投入监狱的审判官刻桑提普。②客蒙自己娶了来自阿克美翁岱(Alcmaeon)家族的伊琐狄刻(Isodice)。后来成功指控地米斯托克利,使他遭到流放的列奥波替(Leobotes),则正是阿克美翁(Alcmaeon)的儿子。③ 斐籁岱(Philaids)家族与阿克美翁岱家族以及刻吕科司家族(Kerykes)家族之间的联姻使得这些最富裕、最有影响力的家族化敌为友,结成同盟。这使得某些学者认为,雅典政治中,此时的首要问题是社会问题,而地米斯托克利的下台是保守势力结成统一战线的结果。④ 事实并非如此。来自阿克美翁岱家族的克里斯提尼(Cleisthenes)创立了雅典民主,来自同一个家族的伯利克里则使民主政权得到发展。没有理由相信这次阿克美翁岱家族出手是因为反对民主。阿里斯提德肯定不是雅典民主政权的敌人。⑤ 不管客蒙个人的感受如何,他一直是在雅典民主政权的框架内进行自己的工作,同时,他是民众领袖,广受爱戴。在公元前462年埃斐亚提斯(Ephialtes)对战神山议会(Areopagus)发起攻

---

① Hdt. 6. 136.
② Plut. *Cim.* 4. 7; Athen. 589e; Nepos *Cim.* 1. 3—4.
③ Plut. *Cim.* 4. 9; 16. 1; *Them.* 23. 1. 普鲁塔克(Plut. *Arist.* 25)误将指控地米斯托克利的人说成阿克美翁(Alcmaeon),参见布索特,《希腊历史》,第3卷,第1册,第110—111页。
④ 布索特,《希腊历史》,第3卷,第1册,第110—111页;格罗茨与柯恩,《希腊历史》,第2卷,第122页。
⑤ Arist. *Ath. Pol.* 23. 3, 24. 3; Plut. *Arist.* 22. 1.

击之前，客蒙从来没有反对过任何民主提议。显然，这个反对地米斯托克利的同盟的主要目的并非[-59,60-]阻碍或颠覆雅典的民主进程。

还有一种观点认为，地米斯托克利之所以遭到反对，是因为他所推行的海上政策对雅典社会所产生的影响。这也同样站不住脚。后来的批评者说，他领导雅典人进入海洋，"这使平民（the demos）的权力大增，而贵族的影响力则因此被削弱。权力落在了水手、水手长与领航员这类人的手中，这让他们非常不悦"。① 事实上，地米斯托克利的反对者同样支持这些海上政策。早在萨拉米斯（Salamis）战役之前，当地米斯托克利试图说服雅典人放弃亚狄珈（Attica），改为在海上与波斯人展开决战时，客蒙就曾经率领一帮朋友前往卫城，将自己的马鞍献给雅典娜女神，以显示他对这些海上政策的支持。②

显然，地米斯托克利与反对派的主要分歧是雅典对斯巴达的政策。反对派认为，对于雅典而言，当时最安全的办法就是保持与斯巴达的友好关系，同时让他们逐渐适应雅典在爱琴海地区的霸主地位，及其在对波斯的战争中的领导地位。

客蒙是执行这项政策最合适的领袖。他年纪轻轻，精力旺盛。无论在陆地，还是海上，他都能征善战。他家境富有，出身高贵，注定会在这个国家出任要职。他热爱自己的城邦，支持在爱琴海地区执行更有野心的外交政策。他慷慨大方、风度翩翩、待人友善，深受人们的爱戴。不过，他之所以能有这么大的影响力，还因为他与斯巴达有着特殊的关系。无论举止言谈，或是所受教育，他都更像一位斯巴达人，而非雅典人；他给自己的一个儿子取名拉栖代梦尼乌斯（Lacedaemonius）；他本人则是斯巴达人在雅典的在邦领事（*proxenus*），即他们的正式代表。因此，他虽然年纪轻轻，却得到了斯巴达人的大力支持，成为反对地米斯托克利的领袖。

根据普鲁塔克的说法，雅典人很高兴斯巴达人这么看重客蒙。他

---

① Plut. *Them*. 19.4.
② Plut. *Cim*. 5.2.

这样说确实很有道理。毕竟因为他，两个城邦才得以友好相处，而雅典人也从两个城邦的友好关系中获益良多。① 雅典舰队[-60,61-]将提洛同盟变成雅典帝国，而并未因此与斯巴达人产生龃龉。同时，也正是因为客蒙所推行的稳健与可靠的政策，斯巴达的保守派才得以控制住那些野心勃勃的对手们。客蒙的胜利与地米斯托克利的失势意味着雅典至少暂时愿意与斯巴达平分秋色，将希腊分为两个势力范围。不过，正如在斯巴达还有敌视雅典的人，在雅典，那些仇视斯巴达的势力并没有被消灭，也没有放弃自己的想法。然而，只要客蒙继续主政雅典，鸽派继续控制斯巴达，那么这些人就只能选择等待。

如果地米斯托克利确实是在公元前473年遭到投票流放的，那么客蒙的领袖地位在近10年的时间内都没有遇到过任何真正的挑战。然而，新一代政治家正在逐渐成熟，他们可以挑战客蒙的领袖地位与政策方针了。对客蒙的这种挑战初露端倪，是在对塔索斯（Thasos）的军事行动中。塔索斯人在海上被客蒙打败之后，他们的城邦遭到围歼。此前不久，在色雷斯的九路（Ennea Hodoi），当地人曾经成功地打败了雅典殖民者。塔索斯人也许正是受到了这件事的鼓舞。后来，他们向斯巴达寻求帮助，而斯巴达人没有拒绝他们的请求，答应进攻亚狄珈，为他们解围。②

---

① Plut. *Cim.* 16.
② Thuc. 101. 1. 某些学者并不认可修昔底德的说法。例如，格罗茨与柯恩《希腊历史》，第2卷，第135页）提出质疑，认为斯巴达人从未作出过这种承诺，"因为这是与提洛同盟公开作战"。沃尔克（《剑桥古代史》，第5卷，第72页）也对此表示怀疑，他认为这种说法可能来自司忒辛布罗图（Stesimbrotus）。拉斐尔·西里（Raphael Sealey，《历史学刊》，第6卷，1957年）对修昔底德的这种说法提出了反驳。他警告大家说，修昔底德"之于伯罗奔尼撒战争之前发生的事情并非权威史料"，并且"对于那些秘密行动，或者是未能实现的想法，历史学家在读到相关描述的时候，必须保持一种谨慎的怀疑"（第369页）；但在后来的一篇文章"提洛同盟的起源"（The Origin of the Delian League，载《古代社会与机制》[*Ancient Societies and Institutions*, *ASI*]，第233—255页）中，他又似乎认为修昔底德对于"五十年时期"（*Pentacontaetia*）发生的事情的记录与解释都是较为可信的。在这件事上，修昔底德说得非常清楚，而那些怀疑他消息来源有误或说他在这件事上有偏见的人，却无法提供任何证据。大多数学者还是接受了修昔底德的这种说法，参见格罗特《希腊历史》，第4卷，第398—400页；布索特《希腊历史》，第3卷，第1册，第203页；梅耶《古代历史》，第4卷，第1册，第501—502页；贝洛赫《希腊历史》，第二版，第2卷，第1册，第149页；本岑（Bengtson）《希腊历史》（*Griechische Geschichte*），第189页；哈蒙德（Hammond）《希腊历史》（*History of Greece*），牛津，1959年，第290页。

不过,后来斯巴达发生大地震,使得他们无法兑现承诺,而这份秘密协议过了很多年才为人所知,但正如格罗特[-61,62-]所言,这种承诺本身就有着非常重要的意义。"它显示出斯巴达与伯罗奔尼撒人对雅典的担忧和仇恨与日俱增,而这仅仅是因为她的强大,并没有什么特别的理由……这种敌意使得斯巴达作出了进攻亚狄珈的承诺——也正是这种敌意最终导致了伯罗奔尼撒战争的爆发。"①虽然荷妥玛力达司(Hetoemaridas)当年成功地在斯巴达贵族议事会与公民大会里面战胜了鹰派,但10年之后,他们仍然可以取得监察院(ephorate)中的多数支持,愿意挑起与雅典的战争。如果这份秘密协议被公诸于众,那么客蒙以及他所推行的友好政策就会遇到极大麻烦,不过他的敌人当时并未得知这一协议,由此少了一个非常有力的武器。

然而,当这种攻击最终发生的时候,它所基于的理据却比斯巴达背信弃义要弱得多。公元前463年,被围第三年,塔索斯人最终选择了投降。客蒙这时的民望一定如日中天,但在他从塔索斯回国之后,他的对手们还是利用这个机会对他发起了攻击。他们认为当时的机会那么好,他却没有进攻马其顿,这是因为他接受了马其顿国王亚历山大(King Alexander of Macedon)的贿赂。② 我们认为贿赂之说纯属无稽之谈,当时雅典的陪审团也是这样裁定的。客蒙的家境与人品是有目共睹的,没有人相信他会为了钱而牺牲自己城邦的利益。这次审判实际上是关于外交政策的一次辩论。也许有人指责客蒙未能在爱琴海北部地区很好地推行雅典的帝国扩张政策,并间接攻击他对斯巴达的政策。客蒙的回答显示他非常清楚这些人的用意。他说:"我并不像某些人那样,为有钱的爱奥尼亚人以及帖撒利人(Thessalians)充当在邦领事,从中渔利;我是拉栖代梦人(Lacedaemonian)的在邦领事,我喜欢他们的节俭与克制,我认为这些比钱财更重要,而我也将从敌人那里获得的财富献给了自己的城邦。"③他成功地为自己攻打波斯,交好斯巴达

---

① 格罗特,《希腊历史》,第4卷,第399—400页。
② 有关塔索斯投降一事,参见 Thuc. 101. 3. 有关对客蒙的诋毁,参见 Plut. Cim. 14. 2—3。
③ Plut. Cim. 14. 3.

的政策进行了辩护,使得那些批评者哑口无言。[-62,63-]

伯利克里也是其中一位批评者。他是刻桑提普的儿子,当时还是一位 30 出头的年轻人,刚刚在雅典政坛崭露头角。他的母亲阿贾芮司忒(Agariste)是克里斯提尼的侄女,因此他出生在一个贵族家庭,而正是这个贵族同盟一直在反对地米斯托克利,并使客蒙在公元前 463 年成为了领袖。① 乍一看,他居然也站出来批评客蒙,这让人觉得很惊讶;但当时,情况与当年雅典的几大家族合力推翻地米斯托克利时,已经大不相同。首先,结盟的目的已经达到。地米斯托克利离开雅典已有 10 年之久,而在公元前 471 年之后,他更是离开了希腊。另外,雅典与斯巴达的关系似乎维持得还不错,而斯巴达的鸽派也牢牢地控制着局势。早在公元前 6 世纪初,这些家族之间就喜欢斗来斗去的,现在没有其他问题出现,他们便又开始了政治斗争。既然是家族之间的斗争,那伯利克里就是对付客蒙的最好人选。他的父亲刻桑提普曾使客蒙的父亲获罪,客蒙因此在从政伊始便背负了沉重的债务。也许客蒙并没有因此而怀恨在心。② 如果真是这样,那只能说他心胸实在非常宽广。然而,重要的是,伯利克里似乎并没有忘记家族之间的宿怨。塔西佗(Tacitus)曾说,仇恨那些被我们冤枉的人,是人的本性。这说法鞭辟入里。大家之所以要选伯利克里出来,也许正是因为他们依然记得他的父亲当年曾经成功地让米太亚德获罪。

不过,如果认为伯利克里接受这个任务,并且表现得如此投入,③ 纯粹是出于家族恩怨,④或是政治上的投机,那就大错特错了。这些当然会对他的行为产生影响,但任何一个人,拥有这样的出身、天赋以及教育背景,就一定会选择从政,也一定渴望能爬上这个城邦的最高位置。[-63,64-] 如果这场政治游戏继续按照希波战争以后的规则进行

---

① 有关他的家世,参见 Plut. Per. 3;有关对客蒙的审判以及伯利克里的崭露头角,参见 Plut. Per. 10.4—5,Plut. Cim. 14—15,以及 Arist. Ath. Pol. 27。
② 这是西里的看法:《赫尔墨斯学刊》(Hermes),第 84 卷,1956 年,第 239 页。
③ οὗτος γὰρ ἦν τῶν κατηγόρων ὁ σφοδρότατος. Plut. Cim 14.5.
④ 伊涅特(C. Hignett,《雅典政制史》[A History of the Athenian Constitution],牛津,1952 年,第 253 页)是这样认为的,但我对此并不十分赞同。

下去，客蒙——这位家族的宿敌，这位在战场上拥有无可置疑的指挥权的将军——必然挡住伯利克里上升的路线，并且很难撼动。公元前5世纪80年代的改革以及地米斯托克利的掌权都代表了平民政治力量的兴起，而这是对传统家族政治地位的最大威胁。西帕库司（Hipparchus）、墨贾克勒（Megacles）、刻桑提普与阿里斯提德先后遭到陶片放逐，而地米斯托克利这种出身卑微、喜欢煽动民众的人却得以大权独握。希波战争的爆发，使大家因为国家安全而暂时停止了派系斗争。贵族们在战争中的表现让他们重新赢得了人们的尊敬，恢复了影响力。战争结束之后，贵族派决定利用民众支持并团结起来，这样一来地米斯托克利就无法将他们一一清除，而地米斯托克利在战前10年就曾这样做过。结果便出现了我们前面所说的政治结盟以及"战神山议会"政体，亚里士多德认为，战神山议会政体于公元前479至前462年统治了雅典。①

某些现代学者质疑战神山议会政体的存在。② 他们认为亚里士多德并没有具体指出制度上发生的任何改变。亚里士多德只是说，"希波战争之后，战神山议会重新得势，但使他们掌权的并非正式法令，而是因为他们在萨拉米斯战役中所起到的作用"。③ 后来，当埃斐亚提斯对战神山议会发起攻击时，他只不过拿走了"格外权力"（epitheta），并凭借这种权力成为了整个城邦的护卫者。④ 这些说法语焉不详，使大家对这些说法产生了怀疑，但这种怀疑是没有什么道理的。在罗马，公元前287年订立的霍腾修斯法（Hortensian Law）确立的是非常民主的政

---

① Arist. *Ath. Pol.* 25.1；24.3；41.2. 詹姆斯·戴（James Day）与莫蒂默·张伯思（Mortimer Chambers）《亚里士多德对雅典民主政体的历史记载》[*Aristotle's History of Athenian Democracy*]，伯克利与洛杉矶，1962年，第1—4页）认为《雅典政制》（*Athenaion Politeia*）是亚里士多德所著，我接受这种观点。可以将这种观点与伊涅特《雅典政制史》，第27—30页）的观点进行比较。

② 例如，戴与张伯思《亚里士多德对雅典民主政体的历史记载》，第126页）曾说："历史上根本就不存在所谓的战神山议会政体；为了填补克里斯提尼建立的第二代民主政权与埃斐亚提斯建立的第四代激进民主政权之间的空白，亚里士多德凭空捏造了一个这样的东西。"

③ Arist. *Ath. Pol.* 23.1.

④ Arist. *Ath. Pol.* 25.2.

体,但到公元前133年格拉古兄弟(the Gracchi)试图推翻它时,它已经变成了一个寡头政权。研究罗马的历史学家发现,很难确定具体是什么导致了这一转变。[-64,65-]某些人会说,上层阶级正是利用在生死之战中树立起来的威望,逐渐掌握了未获认可的权力——某些人会说,这就是所谓的格外权力——,他们利用这种权力控制了整个国家。当格拉古兄弟向这些通过不正当手段获得的权力发起攻击时,元老院找不到法律依据,无从控诉,只能诉诸武力。战神山议会只存在了17年,后来贵族集团内部发生分裂,战神山议会受到攻击,所以并不需要使用革命的手段来推翻它。到公元前463年时,客蒙依然占据着领导地位,无人可敌。因此,为了实现自己政治上的抱负,伯利克里必须努力去改变政治角力的当前规则。

可这绝非易事。客蒙虽然据说有着斯巴达式的刻板,但他同时也聪明能干,普鲁塔克曾说:"他勇敢不输米太亚德,睿智不输地米斯托克利,而若要论及正义,则远胜二者。"① 这样的评价他是当之无愧的。在传统的政治体系下,名门之后为了城邦的权力与荣誉而相互较量;克里斯提尼凭借自己的天才与勇气将这个体系推翻。以前,地方上的贵族要想赢得选举,就必须得依靠自己的附庸:所谓附庸,就是当地贵族通过经济、宗教、军事手段所拉拢的农民。克里斯提尼推行的改革削弱了地方势力的影响以及贵族对宗教圣地的控制。② 另外,克里斯提尼还利用了一股越来越重要的政治力量:平民,尤其是居住在雅典城内及近郊的那些。他们实际上成为了克里斯提尼附庸的一部分。这些人再加上阿克美翁岱家族的传统支持者,足以确保克里斯提尼在雅典公民大会(ecclesia)上赢得多数票支持。陶片放逐程序,依赖的正是在公民大会获得可靠多数。克里斯提尼利用陶片放逐程序保护了自己,使自己不会遭到敌对派的攻击,也保护了新的政体,使新的政体不会被颠覆。③

---

① Plut. *Cim.* 5. 1.
② 刘易斯(D. M. Lewis),《历史学刊》,第12卷,1963年,第22—40页。
③ 卡根,《西土学刊》(*Hesperia*),第30卷,1961年,第393—401页。

地米斯托克利利用自己的聪明才智，成功地控制了克里斯提尼政体的政治机器。他的海上政策获得了平民的支持，同时他还利用陶片放逐将自己的敌人一一清除。[-65,66-]如果不是因为希波战争，地米斯托克利的统治应该还会持续很长一段时间；如果不是因为希波战争，贵族阶层——因为他们的领袖人物都遭到了流放——将受到致命的打击。客蒙想出了一个办法，使贵族可以适应这个新的政治局势。在刚刚结束的这次战争中，他表现英勇，有口皆碑，这是一个很大的优势。另外，他面容英俊，举止儒雅。① 他主张在海上对波斯展开进攻，这种外交政策被认为是地米斯托克利政策的延续，得到了广泛的支持。客蒙在政治上夺权的最后一个法宝是金钱：他有大量的金钱，并且花得还非常聪明。客蒙打了很多胜仗，获得很多战利品。我们可以引用普鲁塔克的描述来看看他是怎样花这些钱的：

> 他将自己领地的篱笆拆除，陌生人与有需要的公民都可以进来摘取地上生长的果实；他每天都会在家里设宴，虽然吃得很简单，但可以供很多人吃，任何穷人随时可以参加，这样他不用费力去操持家务，而是可以专心于公共事务。不过，亚里士多德说(Arist. Ath. Pol. 27.3)，他免费供餐的对象并非所有雅典人，而是只限于自己德谟的人(demesmen)，即拉夏岱人(Laciadae)。他旁边总有衣冠楚楚的年轻人陪伴，每当有衣衫褴褛的年长公民走过，他们都愿意将自己的衣服与他交换。这种做法给人留下了深刻的印象。这些随从还携带一大笔钱，每当在市集上遇到心地善良的穷人，他们就会把一些零钱悄悄塞到他们手中。②

虽然普鲁塔克与亚里士多德在客蒙帮助的对象上有所分歧，但这种分歧并不重要。他们给出的讯息是非常清晰的。他已经找到在平民

---

① Plut. *Cim.* 5.3—4.
② Plut. *Cim.* 10.1—3，英译依据佩林(B. Perrin)的娄卜英译本(Loeb Classical Library, LCL)。

中发展属于自己的附庸的办法,以此与地米斯托克利以及其他人进行抗衡。通过照顾那些贫穷的选民的个人需要,他成功地获得了他们的支持。这就像20世纪初在波士顿与纽约的那些爱尔兰政治领袖一样。[-66,67-]另外还有一个比较,虽然不是很恰当,但也很能说明问题。托利党(Tory)的党魁迪斯累里(Disraeli)也是通过解决人民最关心的问题来维持上层阶级统治的。

伯利克里要想在这场客蒙设计的游戏中打败他并不容易。客蒙军功卓著,而他在这方面还是一片空白;他的长相也不怎样,有着一个形状奇怪的脑袋,经常被喜剧家拿来取笑。① 要想将老百姓从他们以前所喜欢的人那里争取过来,他的言谈举止也还需要改善。当时有位诗人忆昂(Ion)曾将伯利克里的冒失、傲慢、目中无人与客蒙的平易近人相比较。即使我们认为忆昂这样说是出于诗人的夸张,不足为信,但必须承认伯利克里这个人不苟言笑,难以接近,这对他从政是不利的。② 虽然他的家境亦算优渥,但远比不上客蒙家财万贯。正是因为以上种种原因,当他加入反客蒙的阵营时面临的任务是非常艰巨的。也许他并没有想到会赢,只是希望作为反对阵营中一颗冉冉升起的新星引起大家的注意。因为很多拥护他父亲的人依然支持客蒙的外交政策(而这正是辩论的主要内容),所以他需要在辩论时控制自己的情绪。在整个审判过程中,他只站起来说了一次话,并且看起来更像是在完成任务。司忒辛布罗图将他这次温和的表现归咎于客蒙的妹妹,说是因为爱庇睍刻介入此事的缘故。③ 我们的观点没有这么浪漫,我们认为他这样做是出于谨慎。

事实上,我们并不认为伯利克里会反对客蒙的外交政策。客蒙推行的正是刻桑提普的政策,并且直到与斯巴达开战前,伯利克里从未发表过任何对斯巴达不利的言论,或是采取过任何敌对行动。需要指出的是,后来当斯巴达人因为黑劳士的叛乱而陷入困境时,站出来反对客蒙帮助斯巴达人的提议的是埃斐亚提斯。④ 伯利克里究竟怎么想的我

---

① Plut. *Per.* 3.2—4.
② Plut. *Per.* 5.3—4.
③ Plut. *Cim.* 14.4.
④ Plut. *Cim.* 16.7—8.

们无从得知,但如果说是后来的史家将他的反对意见删掉了,这根本说不过去,因为这些史家都知道他将领导雅典与斯巴达的战争,所以根本没有必要这样做。[-67,68-]在公元前463年的时候,伯利克里之所以反对客蒙,除了个人野心,另外肯定是因为客蒙的国内政策,而非外交政策。

伯利克里关心的第一个问题,肯定是如何通过政制与立法方面的改革,让城邦变得更加民主。他与埃斐亚提斯一起对战神山议会发起了攻击,将它刚刚攫取到手的权力取消了,也许还包括某些原本属于它的权力。① 他是第一位提议给陪审员支付报酬的人。② 普鲁塔克认为除了陪审员酬金,他还设立了观剧基金(theoric fund)以及其他公共开支。③ 通常认为,允许双牛级公民(zeugite class)出任执政官,重新设立30位所谓的地方裁判官(dikastai kata demous),都相当的"伯利克里",这些举措被认为是民主改革的一部分。④ 当然,没人说伯利克里是这些政策的制订者,毕竟公元前5世纪50年代时的伯利克里与公元前443年时统治雅典的那位伯利克里并不一样。如果认为在埃斐亚提斯死后,发生在雅典的所有事情都是伯利克里所为,这肯定是有问题的。不过,足够的证据显示,伯利克里步入雅典政坛之时是民主派的成员,并且是民主政策的拥护者。⑤ [-68,69-]

伯利克里是不是民主的拥护者,这历来就是一个存有争议的问题。

---

① Plut. *Per.* 9.3—4; *Cim.* 15.1—2; Arist. *Ath. Pol.* 27.1. 史家在描述埃斐亚提斯与伯利克里之间的关系以及他们之间发生的事情时,有着截然不同的说法。亚里士多德说埃斐亚提斯得到了地米斯托克利的帮助,这种说法没有历史依据。埃斐亚提斯应该是带头反对客蒙以及战神山议会的人,而伯利克里则是他的副手。
② Arist. *Ath. Pol.* 27.3.
③ Plut. *Per.* 9.3.
④ Arist. *Ath. Pol.* 26.2—3;布索特,《希腊历史》,第3卷,第1册,第263—269页。
⑤ 拉斐尔·西里(《赫尔墨斯学刊》,第84卷,1956年,第234—247页)对这种流行观点曾经提出过反驳。他警告人们不要进行一些没有根据的假设。有的人喜欢从现代的政党政治以及阶级斗争的角度对公元前5世纪的政治进行解读,他的话对于这些人是一种很好的提醒。他强调的是"各大家族间的家族政治",这种说法有一定道理,只是他过于强调这一点的作用。事实上,某些家族或者这些家族中的某些成员会倾向于支持民主,而另外一些人则会反对民主。总的说来,阿克美翁岱家族,尤其是伯利克里,似乎属于支持民主的一类,而斐籁岱家族,尤其是客蒙,则属于反对的一类。

柏拉图敌视雅典民主,他认为伯利克里是一位典型的煽动家,败坏了民众。亚里士多德说,伯利克里步入政坛之后,政制变得越来越民主;因为他与埃斐亚提斯所引入的这些变革,"人民的胆子越来越大,对国家大事的参与也越来越多"。① 不过,修昔底德曾说过一句著名的话,他认为伯利克里在位时的雅典"虽然名义上是民主的,但实际上是第一公民之治"。② 很明显,这句话自相矛盾,普鲁塔克对此深感棘手。他最后得出结论,认为伯利克里之所以在最初会选择民主是因为他没有其他办法来打败客蒙。不过,在公元前443年成功通过投票将客蒙流放之后,他再无对手,因此在后期的政治生涯中变成了一位"贵族政治家"。③

某些现代学者沿用了普鲁塔克的解释,但稍微做了些改动。他们认为从公元前443年开始,伯利克里之治的性质发生了变化。④ 至少有一位学者是用这种方法来解释这个矛盾的:他提出,伯利克里根本就不是什么民主派。⑤ 但是,与此相反的观点更有说服力。修昔底德对伯利克里所推行的政制的判断与他所记载的事实似乎并不一致。公元前430年与公元前450年时一样,所有政策的讨论以及所有的选举都是在公民大会上决定的,这是毫无疑问的。出任公职的人员,在履职时必须接受新任官员入职审查,离任时则必须接受离任审查程序;通过抽签选出的公民在所有事务上拥有最终裁决权。每年伯利克里都得出来竞选自己这个职位,每次公民大会他都需要取得多数票支持自己的政策。公元前430年,愤怒的公民将他撤职,处以罚款。更有说服力的是,他们居然可以不顾他的反对,派出使团[-69,70-]前往斯巴达议和,而他当时依然在位。所以无法否认:

---

① Plato *Gorgias* 515 E; Arist. *Ath. Pol.* 27. 1.
② Thuc. 2. 65. 7.
③ Plut. *Per.* 9, 15.
④ 布索特,《希腊历史》,第3卷,第1册,第494—497页;伊涅特,《雅典政制史》,第253—257页;贝洛赫(K. J. Beloch),《伯利克里以降的亚狄珈政策》(*Die Attische Politik seit Perikles*),莱比锡,1884年,第19—21页。
⑤ 西里,《赫尔墨斯学刊》,第84卷,1956年,第234—247页。

如果民主就是指公民管理一切,如果政策是由公民大会投票决定,如果每次政权更替都是通过自由选举完成,如果伯利克里一直是向拥有独立主权的平民负责,如果政治上的反对派可以不受迫害地存在——如果所有这一切都成立,那就可以说雅典是民主的,不仅理论上如此,实际上亦是如此。①

最后,我们还有伯利克里在阵亡将士葬礼上的演说为证。在修昔底德所记录的演说中,这一份应该算是最接近原话的。人们一致认为,这篇演说辞是对民主生活最优美、最感人的颂扬。一个人毕生为雅典服务,还发表了这样一番讲话,却要质疑他对民主的诚意,这是不近情理的。至于有人说他投身民主乃是出于政治需要,对于这种说法,我们无需计较。每当有贵族成为平民运动的领袖时,就会有人跳出来说这样的话。过去曾有人这样说过克里斯提尼,而在现代也曾有人这样说过富兰克林·D. 罗斯福(Franklin D. Roosevelt)。对他们三位的指控都与事实相矛盾。

我们这样说,并不意味在公元前 5 世纪 60 年代末期,年轻的伯利克里还是一位充满梦想的理想主义者,对于自己的所作所为的政治意义毫无察觉。相反,他很清楚自己掀起的这场革命的性质。前面说过,按照当时的政治游戏规则,他是无法取胜的。他成功地改变了这些规则,最终使自己可以独霸雅典政坛,前无古人,后无来者。他成功的关键也正是他的敌人批评得最猛烈的一点:他用公帑为那些履行社会义务的雅典公民支付报酬。理论上而言,这是非常有吸引力的一种做法。这样可以让所有的公民履行自己的义务,获得亚里士多德所说的公民荣誉感(μετέχειν κρίσεως καὶ ἀρχῆς,译校注:"参与决策,分享权力"),出任公职、担任陪审员和裁判官,充分挖掘民主的潜力。② 实际效果[-70,71-]也非常不错。它成功瓦解了客蒙的权力基础。穷人们再也不用依赖客蒙及其支持者的施舍;他们再也不需要因为欠下他的人情

---

① 马尔戈姆·麦格雷戈(Malcolm McGregor),《凤凰学刊》,第 10 卷,1956 年,第 93—102 页。
② Arist. *Pol.* 1275a. 23—24.

而不得不在选举时或者在公民大会上回报他。现在他们可以获得更为稳定的公共财政的支持,而这是他们应得的,并非他人的恩惠,他们可以自由地表达自己的不满,而这正是民主政治家所期待的。

反对伯利克里的人也许会说,他只是把"原本属于人民的东西给了他们",①但无论如何,人民非常感激他,并因此而支持他。最终的结果是将客蒙所创立的恩主体系彻底摧毁。罗斯福的新政通过给穷人提供福利,使他们不用再依赖当地那些恩主的保护,将他们置于中央政府的控制之下,从而结束了大城市中的土豪割据,而伯利克里的改革也使贫穷的雅典人不用再充当他人的附庸者。从今往后,伯利克里的对手要想跟他较量,就得站在他建立的这个新平台上。

这场国内革命能够取得成功实属不易,并且如果不是因为国外局势发生了变化,也许根本就不可能完成。② 民主派在抨击客蒙的人品而未能得逞之后改变了他们的策略。他们开始对保守思想的大本营、贵族阶级的堡垒——战神山议会——展开一连串的攻击。埃斐亚提斯与伯利克里率先指控议会中的某些人管理不善。③ 用这样一招来瓦解对方是非常有用的,但如果不是机缘巧合,也许无法大获全胜。公元前464年,斯巴达发生了大地震,之后黑劳士又开始造反,并且跑到伊棠木山(Mt. Ithome)躲了起来,④直到公元前462年,他们依然对斯巴达人构成很大威胁。于是斯巴达人不得不向盟邦求援,其中包括雅典人。雅典人擅长围歼战,而这正是斯巴达人所需要的。当然,这在雅典引起了一场辩论。[-71,72-]

以埃斐亚提斯为首的一派反对支援斯巴达人,提醒雅典人"不要帮助一个曾经与雅典为敌的城邦,不要让她东山再起,不要让斯巴达人重拾他们的傲气,要将她踩在脚下"。⑤ 从这些充满暴力的话语可以看

---

① Arist. *Ath. Pol.* 27. 4;Plut. *Per.* 9. 2;Aristophanes *Wasps* 684 ff.
② 见附录 C。
③ Arist. *Ath. Pol.* 25. 2;Plut. *Per.* 9. 3—4;*Cim.* 15. 1—2. 亚里士多德说埃斐亚提斯得到了地米斯托克利的帮助,但在公元前471年之后,这是不可能的事情。
④ Thuc. 1. 101. 1—2.
⑤ Plut. *Cim.* 16. 8.

出，埃斐亚提斯与他这一派中的某些人是多么仇恨斯巴达人。这在某种程度上是由地米斯托克利所推行的传统外交政策所导致的，因为他们希望使雅典成为希腊唯一的领袖；另外，这也是因为斯巴达一直在支持埃斐亚提斯的对手——客蒙。更令民主派生气的是，客蒙正是民主派所推行的民主制度改革的绊脚石。客蒙试图夺回战神山议会的权力，并且他的政治宣传口号居然是要恢复克里斯提尼时代的制度，他也许是第一个敢这样说的人。① 他的敌人认为他对斯巴达的崇拜与他对平民政权的仇恨之间有着密切联系，于是他们充分利用客蒙对斯巴达人的喜爱以及人们对斯巴达的仇恨大做文章。

虽然反对他的人又吵又闹，大肆煽动，但客蒙还是主持着大局。他成功说服雅典人让他带领 4000 重装步兵前去帮助斯巴达人，他说"不要让希腊成为瘸子，也不要让他们的城邦沦为失去共轭伙伴的独牛"。② 如果这次出征得以顺利进行，客蒙可以凯旋而归，而斯巴达人将对雅典人感恩不尽，从此大家友好相处，那民主的大潮也许将因此而受阻，甚至还会被倒逆回去。然而，事情的发展却出人意料。

雅典人抵达目的地之后不久，斯巴达人就突然改变了主意。在这么多盟邦中，他们单单要求雅典人打道回府，理由竟然是他们不再需要雅典人的帮助。修昔底德认为，斯巴达人这样做的真正原因是害怕"雅典人的勇猛与革命精神"；因为他们是[-72,73-]爱奥尼亚人，而非多利安人，"如果他们留下来，可能会听信伊棠木山上那些人的鼓动，改旗易帜"。③ 我们应该相信修昔底德的判断。虽然有客蒙充当统帅，但这4000 雅典重装步兵来自民主的国度，呼吸的是自由的空气，民主让他们的国家强盛，给他们带来荣耀，让他们倍感自豪。在很多斯巴达人的眼里，这是一群非常危险的人。可以想象，某些雅典人因为前来帮助遭遇不幸的斯巴达，所以当他们穿行在伯罗奔尼撒半岛上时，肯定表现得

---

① Ibid. 15. 2.
② Thuc. 102. 1—3; Plut. *Cim.* 16. 8—17. 4; Diod. 11. 64. 2—3. 有关军队人数，参见 Aristoph. *Lysistrata* 1138—1144. 有关客蒙这句话的来源，参见附录 B。
③ Thuc. 1. 102. 3; Diod. 11. 63. 2 与 Plut. *Cim.* 17. 2 似乎都是根据修昔底德的说法，并没有补充任何新资料。

非常骄傲。对于斯巴达人而言,即便是稍微民主一点的思想都会让他们感到错愕不已,难以接受。

然而,如果进一步研究修昔底德的这段描述,我们可以发现斯巴达人的决定背后所隐藏的派系斗争。斯巴达人一定早已得知,雅典人对于这次出兵,意见并不一致。他们一定听说了埃斐亚提斯的阻扰,并从中看出了某些雅典人对斯巴达人的仇恨。我们知道,在斯巴达,鹰派一直就不信任雅典,也很不服气,而当时这一派的势力已经得到恢复,足以对斯巴达的政策产生影响。也许雅典军队在伯罗奔尼撒半岛的表现确实令人恐慌,正好让这一派占了上风。斯巴达人心里非常清楚,一旦将雅典人打发回家,必将危及客蒙的地位,甚至会导致他下台,而那些仇恨斯巴达的民主派则会如愿以偿,趁势上台。斯巴达人的行为很有可能会引发战争,但他们还是选择了这样做。不知道客蒙是如何看待这样一个具有讽刺意味的结果:他本来希望通过这次出征促进雅典与斯巴达的友谊,可结果他在这两个国家的敌人却利用这个机会来破坏这种友谊。

客蒙离开期间,民主派成功地将战神山议会攫取的格外权力全部拿走,使它变为一个权力非常有限的法庭。我们有充分理由相信,如果不是客蒙带着他的 4000 重装步兵离开了雅典,这一切不可能得逞。①回国之后,他竭力想将政治局面恢复到他走之前的状态,试图恢复[-73,74-]战神山议会失去的权力,②可惜他的努力以失败告终。斯巴达人已经摧毁了他的政治信用。毫无疑问,在雅典人看来,自己的军队被这样遣返绝对是一种侮辱。他们十分痛恨造成这一局面的人。因为有这么多人如此仇恨斯巴达,斯巴达在雅典的那些老朋友便只能采取权宜之计,宣布与斯巴达断绝关系。③ 在这样的背景下,雅典人从他们

---

① 伊涅特,《雅典政制史》,第 341 页。
② Plut. *Cim*. 15.2.
③ 有关雅典人的反应,参见 Thuc. 1.102.4;Diod. 11.63.3. 贝洛赫《希腊历史》,第二版,第 2 卷,第 2 册,第 1、153 页)说阿尔喀比亚德(Alcibiades)二世——那位著名的阿尔喀比亚德的祖父——当时宣布自己不再是斯巴达人在雅典的在邦领事,我认为这是完全有可能的,参见 Thuc. 5.43.2。

在波斯战争期间与斯巴达所结成的同盟中退出,亦在情理之中。与此同时,他们选择与斯巴达的宿敌阿尔戈斯,再加上帖撒利,组成了三国同盟,而对手显然就是斯巴达。① 公元前461年春天,雅典人通过陶片放逐程序,将客蒙流放,外交政策上的革命终于完成。② 现在控制斯巴达的是仇视雅典的一派,而在雅典掌权的则是斯巴达的敌人。

---

① Thuc. 1. 102. 4.
② Plut. *Cim.* 17. 2.

# 第二编　第一次伯罗奔尼撒战争

## 第五章 希腊战争

客蒙遭到流放之后不到两年，雅典便与一个从斯巴达同盟中脱离出来的国家结盟，并且与好几个伯罗奔尼撒城邦兵戎相见。第一次伯罗奔尼撒战争就这样开始了。当斯巴达人拒绝了客蒙的部队之后，这场战争已经无法避免。修昔底德认为后来的第二次伯罗奔尼撒战争（也就是伯罗奔尼撒大战）爆发的"根本原因在于雅典的崛起，这让斯巴达人感到不安，最后不得不诉诸武力，但对于这个原因却很少有人提及"。我们完全可以将他对那次战争的爆发"最真实的原因"的说法套用在这次战争上，并且在每个方面看来都是成立的。从公元前479年开始，雅典的实力迅速增强（修昔底德的分析正是从这一年开始的）。从很多方面都可以看出斯巴达人对雅典的担忧：公元前475年在斯巴达贵族议事会（gerousia）进行的辩论，公元前465/464年承诺出兵帮助塔索斯（Thasos），以及在公元前462/461年将雅典重装步兵遣返。他们的这些举动是自发的，并不需要外因诱发。当斯巴达人决定将雅典人驱逐离境时，他们并没有受到科林斯人、埃基纳人（Aeginetans）或是墨伽拉人（Megarian）的挑拨。采取敌对行为的原因总是来自斯巴达本身。

斯巴达人的这种心理反映了从公元前479至前461年间希腊世界的一个重要现实：表面看上去非常稳定，但事实上并非如此。斯巴达与雅典的结盟并非这两个国家之间的结盟，而是派系之间的结盟。虽然客蒙的这一派与后来由阿奇达慕斯国王（Archidamus）领导的那一派愿意接受对各自国家霸主地位的约束,但在他们各自的[-77,78-]城邦中,还有很多人并不愿意接受这些限制。客蒙与斯巴达鸽派不可能一直掌权。斯巴达人还没有准备好与雅典分享霸权,而雅典人也不甘心让斯巴达人约束自己的发展。即便雅典军队没有遭到遣返,他们也很快可以找到另一个启战借口(casus belli)。在人类社会中,也许没有什么事情是必然的,但在提洛同盟成立之后,要想避免第一次伯罗奔尼撒战争的爆发,已经非常困难。

客蒙遭到陶片放逐之后,他的对手埃斐亚提斯(Ephialtes)便大权在握。不过,他还没来得及享受胜利果实,便在一次由寡头集团策划的暗杀行动中丧生了。① 于是,伯利克里成为了民主派与这个城邦的领袖,在接下来的30多年中,他对这两者都产生了重大的影响。虽然他与客蒙一样,也是出身于雅典的名门望族,但无论长相、性格、言谈举止或是个人爱好,他们都截然不同。除了与生俱来的差别,他们所受的教育也不一样。客蒙接受的是雅典贵族传统的体教(gymnastic training)。他虽然天资聪敏,但缺乏文学艺术方面的训练,而这些逐渐成为了希腊人必须拥有的才能。② 伯利克里则正好相反,喜欢比较形而上的东西,并且他比客蒙年轻,得以从公元前5世纪中期在希腊出现的文化潮流中吸取大量的营养。他的朋友与老师包括达蒙(Damon)、芝诺(Zeno)、阿纳克萨戈拉(Anaxagoras),他平时探讨的也是音乐、诗歌、科学、哲学之类的话题。客蒙要美化他的城市时,会在公民市集(agora)种下很多的悬铃木,给学园(Academy)修建很多新跑道供贵族青年进行训练。③ 伯利克里则修建了新的剧场排练厅(Odeon),还委托穆尼西克里斯(Mnesicles)给卫城(the Acropolis)修建山门(the Propylaea),委托卡里克利特(Callicrates)与伊科梯诺(Ictinus)修建了帕特农神庙(Parthenon),委派菲迪亚斯(Phidias)负责神庙的装饰,并为雅典娜女神制作雕像。他不仅天资好,受过良好教育,而且辩才出众,[-78,79-]非常正直。④ 他现在开始

---

① Plut. *Per.* 10.6—7; Arist. *Ath. Pol.* 25.4.
② Plut. *Cim.* 4.40.
③ Plut. *Cim.* 13.8.
④ Thuc. 2.65.8; Plut. *Per.* 15.4—5.

实施的各项民主措施所培育的政治力量，最终几乎所向无敌。

不过，在公元前461年，伯利克里的地位还很不稳定。那时他还不到35岁，非常年轻，之所以能够大权在握，实属偶然。客蒙的朋友肯定会与他作对，而他也还得想办法赢取自己领导的这个派别的信任。他也许并不赞成与斯巴达开战，但这是刚刚被暗杀的埃斐亚提斯拟定的政策，伯利克里别无选择，只有继续执行。大约在公元前461/460年的某个时候，伊棠木山(Mt. Ithome)上的那些黑劳士实在坚持不下去了，决定向斯巴达人投降。① 斯巴达人开出的条件算不上苛刻：只要这些黑劳士保证不再回来，他们就可以选择自由离开。斯巴达人肯定以为这些黑劳士会带着家人流落到希腊的各个角落，不会再对伯罗奔尼撒的安全构成威胁。如果他们真是这样想的，那可就要大失所望了。此前不久，雅典人占领了诺帕克都港(Naupactus)。这是一座位于科林斯湾北岸的城镇，以前属于洛克里司人中的奥佐利亚人(Ozolian Locrians)。雅典人将它送给了这些被赶出斯巴达的美塞尼亚人，他们欣然接受。修昔底德曾说雅典人这样做是出于"对斯巴达人的敌意"，②对此我们表示赞同。后来诺帕克都确实成为了一个非常重要的基地，从那里可以对伯罗奔尼撒的船只进行骚扰。也许有些雅典人想到了这一点，但大多数雅典人也许根本没想这么远，他们只是对自己所遭受的侮辱记忆犹新，于是希望借机报复一下斯巴达。[-79,80-]

另外一个报复斯巴达的绝佳机会很快也出现了。墨伽拉人在边界问题上与科林斯出现了争议，但发现自己根本不是科林斯的对手。他们肯定非常清楚科林斯在斯巴达同盟中的地位，因此根本不奢望能从

---

① Thuc. 1. 103. 1. 书中说这件事发生在黑劳士叛乱的第十年($\delta\varepsilon\kappa\acute{\alpha}\tau\omega\ \acute{\varepsilon}\tau\varepsilon\iota$)，而叛乱是在公元前464至前463年间开始的，因此伊棠木山是在公元前454至前453年被攻陷。戈姆和大多数学者认为这是不可能的。我同意这种观点。似乎原文有误，也许应该将原文中的$\delta\varepsilon\kappa\acute{\alpha}\tau\omega$更正为$\tau\varepsilon\tau\acute{\alpha}\rho\tau\omega$。这种更正方法并不一定百分之百正确，但确有可取之处。这样一来，黑劳士投降的时间就成了公元前461至前460年间。学术界关于该问题的争论的详情，参见戈姆，《修昔底德历史评注》，第1卷，第401—408页，以及《雅典贡赋表》，第3卷，第176页，注释58、59。有关这个问题的其他观点，参见李斯(D. W. Reece)，《希腊研究期刊》，第82卷，1962年，第111—120页，尤其是第111页，注释1。

② Thuc. 1. 103. 3.

斯巴达那里得到任何帮助。于是墨伽拉退出了与斯巴达的结盟，改为与雅典结成同盟。雅典人乘机派兵驻守佩岬（Pegae）。这是墨伽拉在科林斯湾的一个港口。与此同时，他们还开始修建城墙，将墨伽拉与尼赛亚（Nisaea）连接起来。尼赛亚是墨伽拉的另一个港口，位于撒罗尼湾（Saronic Gulf），雅典人派出军队在当地驻防。① 这被视为针对斯巴达的战争。雅典将一个从斯巴达同盟中跑出去的盟邦接纳到雅典同盟中，并且在连接伯罗奔尼撒与希腊其他地区的重要通道上驻防，这些都是斯巴达无法忍受的。雅典人非常清楚这一点，却并未犹豫。对他们而言，战争早已开始，而墨伽拉的结盟请求给了他们一个天赐良机，使他们可以在开战之前占据有利位置。

对雅典而言，墨迦里德地区（the Megarid）有着重要的战略意义。一旦控制了这个地区，要想从伯罗奔尼撒进攻亚狄珈就几乎不再可能；占领佩岬之后，就可以直接给诺帕克都港提供支援，控制科林斯海湾，不用再从伯罗奔尼撒绕行，进行漫长而危险的航行。② 不过，雅典人也为此付出了昂贵的代价。正是因为雅典这次干涉了墨伽拉的争端，使得"科林斯人开始对雅典人产生了刻骨仇恨"。③ 戈姆认为科林斯人因此而产生的敌意不仅是这次战争的重要原因，也是30年后那场战争爆发的原因之一。他说："需要科林斯与其他城邦的有力推动，斯巴达才会加入这场战争。虽然斯巴达总想找借口推迟战争的爆发，但她又不想失去科林斯这样重要的盟邦，并且她也意识到雅典帝国对伯罗奔尼撒以及整个希腊地区的安全都已经构成了严重的威胁。"④

显然，戈姆在讲这些话时想得更多的是公元前431年爆发的那场战争，而不是前面的这场战争。因为他的评论更适用于第二次伯罗奔尼撒战争，[-80,81-]而非第一次伯罗奔尼撒战争。斯巴达非常清楚雅典对伯罗奔尼撒所构成的威胁，不用人家提醒，这点我们前面已经说过。雅典人与墨伽拉结盟是对斯巴达的直接伤害，无需科林斯人挑拨。戈姆指责

---

① Thuc. 1. 103. 4; Diod. 11. 79.
② 戈姆，《修昔底德历史评注》，第1卷，第304—305页。
③ Thuc. 1. 103. 4.
④ 戈姆，《修昔底德历史评注》，第1卷，第305页。

科林斯人,为了一小块土地而置伯罗奔尼撒的稳定与希腊世界的和平于不顾,这种说法有失公允。① 科林斯完全没有料到墨伽拉会向它的宿敌雅典求援。更想不到的是,雅典人与科林斯人关系向来不错,这次居然会出手帮助科林斯的敌人。科林斯人没有意识到自己正处于一场外交关系的变革之中,而且雅典的行为针对的是斯巴达,并非科林斯。这并不是科林斯人的错。雅典人因为帮助墨伽拉而得罪了科林斯,从而播下了仇恨的种子,但这种子过了将近30年,才给他们带来复仇的滋味。

正当雅典卷入墨伽拉与科林斯的冲突时,发生在远方的一些事情引起了他们的注意。为了反抗波斯国王阿尔塔薛西斯(Artaxerxes),利比亚的国王伊纳洛斯(Inaros)在埃及领导了一场起义。当时阿尔塔薛西斯刚刚即位没有几年。伊纳洛斯意识到自己可能需要帮手,于是他向雅典人求援,当时雅典人正在塞浦路斯(Cyprus)打仗。于是,他们终止了在塞浦路斯的行动,派出200艘来自雅典和盟邦的舰船,沿尼罗河逆流而上,最终与伊纳洛斯的部队会合。② 虽然我们并不清楚塞浦路斯行动的原因与目的,但这支军队有可能是在与斯巴达交恶之前由客蒙派出的。③ 雅典人接受伊纳洛斯的邀请肯定是公元前460年之后的事,④但当时他们与伯罗奔尼撒人大战在即,却依然愿意跑到埃及去参与这样一次重大行动。对于雅典人的鲁莽,似乎很难找到一个满意的解释。

这个问题也让现当代历史学家大伤脑筋,尤其是那些认为伯利克里行事谨慎、不急于扩张[-81,82-]的历史学家。他们说,伯利克里虽然反对这次行动,可他当时羽翼尚未丰满,而客蒙这一派虽然被打败了,但依然有着影响力,因此他不得不继续执行客蒙的政策。⑤ 贝洛赫

---

① 戈姆,《修昔底德历史评注》,第1卷,第304页。
② Thuc. 1. 104.
③ 贝洛赫,《希腊历史》,第二版,第2卷,第2册,第205页;倪赛耳豪夫(Nesselhauf):《提洛-亚狄珈同盟历史研究》(*Untersuchungen zur Geschichte der delisch-attischen Symmachie*),《克丽娥学刊》增刊,第30卷,1933年,第6页,注释1。
④ 《雅典贡赋表》,第3卷,第177页,注释60。
⑤ 弗兰茨·密特讷(Franz Miltner),《保-威古典学百科全书》(*PW*),第19卷,1938年,条目"伯利克里",第754页;卡尔·狄讷特(Karl Dienelt),《伯利克里的和平方针》(*Die Friedenspolitik des Perikles*),维也纳与威斯巴登,1958年,第12页。

虽然并不是伯利克里的拥护者,却也无法相信埃及行动是由伯利克里主导的。"将塞浦路斯的庞大舰队派往埃及,这完全符合客蒙的风格。不过,在与斯巴达交恶之后还这样做,显然是失去了理智。像伯利克里、迈容尼德(Myronides)这样行事谨慎的人,应该不会作出如此的决定。"①因此,他不得不将这次远征的时间定在公元前 462/461 年,而这是完全不可接受的。②

除了时间不对之外,这种观点还有很多错误的地方。首先,没有任何资料显示客蒙与塞浦路斯或是埃及的行动有关系。当然,在这之后 10 年,他确曾领导了一次塞浦路斯行动,这是有据可查的。也没有任何人说迈容尼德当时是雅典的领袖。此外,贝洛赫实际上并不认为伯利克里就真的那样审慎,完全做不出蠢事。例如,贝洛赫认为伯利克里为了保住自己在国内的政治地位,就故意挑起伯罗奔尼撒战争。③ 正如戈姆所言,这种观点最大的问题在于,它会使人们得出不正确的结论,认为伯利克里"虽然不会基于行动本身的理由去支持雅典的埃及远征,却在将客蒙流放之后,出于感情因素,顺顺当当地将客蒙的政策执行了 6 年之久——并且这种延续仅限于埃及,在希腊他执行的则是完全不同的政策"。④

修昔底德没有将当时国内的政治局势告诉我们,[-82,83-]而在这件事上,我们所找到的其他史料也没能提供独立的信息。虽然没有办法得到确切的答案,但为了理解伯利克里后来统治雅典期间的政策,历史学家只能尽量去揣测伯利克里早期的想法。无论如何,我们不应该认为,伯利克里在公元前 450 年之后推行的政策与他 10 年前所支持的

---

① 贝洛赫,《希腊历史》,第二版,第 2 卷,第 2 册,第 205 页。
② 遐夫(W. Scharf,《历史学刊》,第 3 卷,1954—1955 年,第 308—325 页)持同样观点,他认为在塞浦路斯与埃及的行动都是客蒙的政策。戈姆对这种观点进行了有力的反驳(参见下文注释,本页注释④),我认为戈姆提出的理由非常充分。
③ 有关伯利克里与伯罗奔尼撒战争爆发的关系,参见贝洛赫,《伯利克里以降的亚狄珈政策》,第 19—22 页。贝洛赫对伯利克里的评价是"我们甚至怀疑,他是不是位伟大的国务家,……但他确实是位了不起的议会政治家,如我们今天所说"《希腊历史》,第二版,第 2 卷,第 1 册,第 155 页)。
④ 《修昔底德历史评注》,第 1 卷,第 307 页。

政策是一样的,不应该认为他的思想就没有一点进步,不应该认为他什么也没有学到,什么也没有忘记,就像波旁王朝(the Bourbons)在法兰西复辟一样。也许,他之所以后来在伯罗奔尼撒大战中坚持,打仗要专注,不能被其他战事分心,很可能就是因为当年在埃及的失败给他留下了极其痛苦的回忆,而当年他少不经事,支持了那次行动。对于他支持对波斯采取有力的行动,我们也不应该感到惊讶。这是他父亲帮助提出的政策;既然他可以继承父亲与斐籁岱家族(Philaids)的斗争,为什么就不能沿袭刻桑提普(Xanthippus)的外交政策呢?

另外,也不要认为只有客蒙的朋友才渴望与波斯开战。在雅典,所有人都认为要对波斯施加压力,从波斯那里尽可能获利。至少在这个方面,地米斯托克利与客蒙观点一致。作为地米斯托克利的继承者,埃斐亚提斯领导的这一派是最愿意四处扩张的,所以他一定主张继续对波斯采取攻势。伯利克里作为他的副手,政治上的继承者,没有理由不愿意推行同样的政策。如果我们觉得伯利克里与当时雅典的民主政权采取这样的行动是非常鲁莽、欠缺考虑的,那是因为他们都还年轻,拥有充满血色的乐观自信,并且他们当时刚刚取得胜利,还陶醉在新的制度给他们带来的美好感觉之中。正如法国与俄国革命中年轻的意识形态空想家一样,他们觉得自己生活在一个崇高的制度下、有着崇高的理想,必定会战无不胜。如果说他们这是盲目乐观、非常愚蠢,也没有什么好奇怪的,毕竟这不是他们最后一次犯错。[1][-83,84-]

---

[1] 格罗特(《希腊历史》,第4卷,第409页)与布索特(《希腊历史》,第3卷,第1册,第303页)并没有说埃及远征是谁的主意。他们显然认为雅典人在出兵埃及这个问题上并没有分歧,我对此表示赞同。[-83,84-]沃尔克(《剑桥古代史》,第5卷,第77页)说:"也许伯利克里与民主派其他领袖认为,这是教训波斯的大好机会。如果波斯不愿意与雅典和平相处,就将再次尝到与雅典交战的滋味。"他之所以这样说,是因为他认为公元前461年雅典曾经寻求与波斯签订和约,结果遭到波斯拒绝。格罗茨与柯恩(《希腊历史》,第2卷,第148页)认为,伯利克里在这个决策过程扮演了关键角色,他和自己这一派认为"干涉埃及有可能带来许多好处,包括取之不竭的粮仓,从腓尼基(phénicians)手中抢来的出口市场,以及悬于波斯侧翼那具有头等重要性的军事据点"。我认为他们说得很有道理。G.德·桑悌(G. De Sanctis,《亚狄斯》[Atthis],第二版,罗马,1904年,第460页)将这次行动与法国大革命进行比较,认为当时有很多雅典人野心勃勃,希望将整个希腊地区统一到雅典的旗下。

公元前460年春夏之际，雅典开始加强与阿尔戈斯的联系。他们先到了阿尔戈里德半岛（the Argolic peninsula）南部海边的哈烈崖（Halieis）。他们应该就是在这个时候取得了托洛溱（Troezen）的控制权。① 然而，在哈烈崖，他们被埃皮道鲁斯人（Epidaurians）与科林斯人组成的联军打败了。埃皮道鲁斯人出手是因为自己的领土受到了威胁，而科林斯人则希望可以阻止雅典人的步步紧逼。大约同一时间，雅典人在面纱岛（the island of Cecryphaleia）附近的海上取得了一场胜利。这个岛位于阿尔戈里德半岛与埃基纳之间。战争之初进行的这些战役似乎有着不好的预兆：雅典人虽然在海上打了胜仗，却在陆地上吃了败仗。②

雅典人企图在撒罗尼湾的西岸站稳脚跟，这让埃基纳人非常紧张，也很恼火。于是他们也加入了与雅典的战争。埃基纳是雅典的宿敌，长期以来就是她贸易上的竞争对手，现在在争夺海上控制权的较量中逐渐落败。伯利克里将埃基纳称为比雷埃夫斯港（the Piraeus）的眼中钉。③ 而在埃基纳人眼中，比雷埃夫斯城防坚固，拥有大量的三列桨战舰，一定更让他们难受。在盟邦的帮助下，他们与雅典人展开了一场海上大战。雅典人也得到了盟邦的支持。最终[-84,85-]雅典人大胜，俘获70艘敌舰，并登上了埃基纳岛，在斯特罗布斯（Stroebus）之子李奥克瑞特斯（Leocrates）的指挥下对埃基纳城进行了围歼。伯罗奔尼撒人将正在支援科林斯人与埃皮道鲁斯人的300重装步兵撤了出来，派往埃基纳。他们对雅典人展开了进攻，希望可以吸引敌人兵力，为埃基纳城解围，却未能得逞。公元前457年春，埃基纳被迫投降，加入雅典同盟。埃基纳人拆除了城墙，解散了舰队，成为同盟中缴纳贡赋的成员国之一。④

雅典人包围埃基纳之后不久，科林斯人对墨伽拉发起了攻击，希望

---

① 格罗特，《希腊历史》，第4卷，第410页。
② 关于这次战役，参见 Thuc. 1. 105. 1—2；Diod. 11. 78. 1—2 认为雅典取得了两次战役的胜利，但这种观点与修昔底德的说法相比，并没有更可靠的证据。
③ Plut. *Per.* 8. 5.
④ Thuc. 1. 105. 2—3；Diod. 11. 78.

可以迫使雅典人放弃围城。这种想法是很有道理的。当时很多雅典军队正在埃基纳作战，并且还有一支部队远在埃及，兵力一定非常紧张，但雅典人有勇有谋，足以面对这样的考验。迈容尼德召集了一些无法正常服役的老老少少，组成了一支杂牌军。他带领这群人进入墨迦里德地区，结果大败科林斯人。① 雅典人对自己非凡的军事成就感到非常自豪，我们可以从公元前460/459年的一则铭文感受到这一点："下面这些人都来自厄勒刻修岱大区（the tribe Erechtheis），在同一年中，他们分别在塞浦路斯、埃及、腓尼基、哈烈崖、埃基纳，以及墨伽拉战死。"②

在此期间，斯巴达人几乎没有采取任何行动，任由自己的盟邦在那里奋力厮杀。几年前，他们还曾经表示愿意进攻亚狄珈，而当时他们所受到的刺激要小很多，现在怎么等了这么久却还不采取行动，这令人感到好奇。某些人认为这是因为当时黑劳士的叛乱仍未平息。③ 不过，在公元前458年，④躲在伊棠木山的叛军还没有投降，斯巴达人就曾采取过一次大规模的军事行动，所以这种解释很难令人信服。[-85, 86-] 我们认为当时黑劳士的叛乱已经结束，但刚刚受到的惊吓却让传统的保守思想在斯巴达占据了上风，使斯巴达人不愿意在伯罗奔尼撒以外地区参加任何大规模的军事行动。另外可能还有政治上的原因。或许鹰派的胜利只是暂时的；或许羞辱雅典人所产生的严重后果让人们的感情出现了反复，于是保守派重新得势。对此，我们只能作出猜测，但无论斯巴达的政治局势如何，到了这个时候，没有哪一派会坐视不理。雅典人已经与科林斯、埃基纳、埃皮道鲁斯开战。这是斯巴达最重要的3个盟邦。如果再不采取行动，斯巴达不仅保不住自己的霸主地位，而且自身安全也会受到威胁。

---

① Thuc. 1. 105. 3—106. 2; Diod. 11. 79. 1—4. 有关这次胜利的意义以及历史学家后来对它的看法，参见戈姆，《修昔底德历史评注》，第1卷，第307—311页。
② $IG$, $I^2$, 929 = Tod, 26. 上面列出了177位烈士的名字。
③ 沃尔克，《剑桥古代史》，第5卷，第79页。
④ 此处根据的是《雅典贡赋表》里整理的时间表；没有任何学者认为这会晚于公元前457年。

要想阻止雅典,最简单的办法就是进攻亚狄珈,但斯巴达并没有这样做。原因很简单:他们做不到。雅典占领墨迦里德地区后在当地驻防,这使斯巴达军队无法从伯罗奔尼撒半岛这边直接进入亚狄珈。斯巴达一筹莫展。正在这时,一个意想不到的机会很快送上门来。佛基斯人(Phocian)对希腊中部的一个小城邦多利斯(Doris)发起了攻击。这个城邦与斯巴达有着特殊的关系。传说中赫拉克勒斯(Heracles)的后人就是从这里对伯罗奔尼撒展开了进攻,并获得胜利,使这一地区落入多利安人的控制。斯巴达人视多利斯为自己的故里。当斯巴达人听说佛基斯人入侵多利斯之后,马上准备出兵。他们召集了 1500 名斯巴达重装步兵,另外还有 10000 名来自盟邦的士兵。尼各美狄(Nicomedes)代替年轻的国王普雷斯托阿纳克斯(Pleistoanax)率队出征。他们通过科林斯湾绕道北行。① 显然,如果仅仅是想对付佛基斯人,这支部队绰绰有余。结果,他们很快就打败了佛基斯人。显然,斯巴达人[-86,87-]是想从彼欧提亚(Boeotia)一侧进攻雅典,那里是雅典防线最薄弱的地方。

从这次行动的指挥官的任命,我们可以获得一些有关斯巴达国内政治局势的线索。普雷斯托阿纳克斯确实太年轻,不足以担此重任,但为什么斯巴达人放着另一位国王不选,非要让尼各美狄来领导这次行动?答案在于另外一位国王是阿奇达慕斯。他是一位非常出色的将领,这一点已经得到过证明,并且后来他也出色指挥过其他军事行动。因此,我们只能得出这样的结论:阿奇达慕斯之所以没被选中,是因为他反对这次行动以及这次行动所代表的政策。也许阿奇达慕斯认为这次行动太过冒险;也许他希望雅典人可以恢复理智,选择和平。鸽派虽然没有办法实现自己的意愿,却成功地从他们认为冒险的政策中剥离了出来。

尼各美狄和他的支持者却有理由相信他们的政策会成功。他们没有马上经海路返回伯罗奔尼撒半岛,而是在彼欧提亚留了下来。修昔底德说,他们这样做是因为"有些雅典人悄悄地邀请他们留下,希望可以推翻国内的民主政权,停止修建长长的护城墙"。② 因为害怕斯巴达人的

---

① Thuc. 1. 107. 1—2; Diod. 11. 79;戈姆,《修昔底德历史评注》,第 1 卷,第 314 页。
② Thuc. 1. 107. 4.

进攻,雅典人早就开始修建城墙,将雅典与法累隆(Phaleron)以及比雷埃夫斯连接起来。后来还准备修建第三道城墙,与连接比雷埃夫斯的城墙平行。① 这些工程一旦完成,雅典就会变成一座岛屿,再也没有办法从陆地上打败,而只要雅典保持着自己在海上的控制权,就安枕无忧。这项政策是地米斯托克利政策的延续,强调的是海军的重要性,弱化了骑兵的作用,而骑兵属于贵族,海军来自平民,这样一来必然会增强雅典民主政权的力量。客蒙走后,党羽群龙无首,惊慌失措,甚至连责任感也没有了。后果就是雅典历史上相当罕见的一次叛国举动。一些人开始策划出卖国家利益。如果客蒙还在,这些人是不敢乱来的,并且他也肯定会阻止他们的行动。所有的证据显示,他并不反对[-87,88-]雅典民主政权,甚至在战神山议会失势之后,他依然可以很从容、很开心。他绝不允许为了党派利益而出卖城邦;遗憾的是,他当时已经遭到流放,无能为力。可能早在斯巴达人从伯罗奔尼撒出发之前,雅典的寡头集团就已经与斯巴达的鹰派有过沟通。可以肯定,正是在雅典寡头党的劝说下,尼各美狄才决定留下来,准备在彼欧提亚与雅典人决战。

　　尼各美狄的希望并非仅仅寄托在雅典寡头党薄弱的意志上。让他如此自信的真正原因是忒拜。在希腊城邦中,有一个普遍规律,所有相邻城邦必定互不信任,很多时候还互相敌视。希腊人多少地少,相邻国家往往会因为争夺边界上的领土而发生冲突。为了争夺苔黎亚堤(Thyreatis),斯巴达与阿尔戈斯闹了几百年;现在的这场大规模冲突也就是因为科林斯与墨伽拉的边界争端引起的;雅典与墨伽拉一直在边界问题以及萨拉米斯岛(Salamis)的归属问题上存有争议;像这样的例子可谓不胜枚举。

　　用当时希腊的标准衡量,雅典与彼欧提亚地区边界算得上相当长。忒拜是彼欧提亚最大的城邦。公元前6世纪末之前,她们似乎一直和平相处。古语说得好,篱笆牢才会有好邻居。他们之间隔着帕尔奈斯山脉(the Parnes mountain),很少有机会发生冲突;并且彼欧提亚与亚狄珈,幅员相对辽阔,比较富裕,压力较小。公元前6世纪末,她们之所

---

① 戈姆,《修昔底德历史评注》,第1卷,第312页。

以会发生冲突,主要是出于政治原因。雅典成功地统一了亚狄珈地区,所有的人都成为了雅典的公民,不再属于地方,但忒拜却未能在彼欧提亚完成同样的任务。即便是在忒拜最强大的时候,也仅仅是当地同盟的领袖;而同盟中的城镇拥有自治权,地方家族势力非常强大,而这些家族势力与忒拜的关系亲疏不一。

公元前 519 年,当忒拜试图加强对彼欧提亚的控制时,雅典人卷了进来。当时,忒拜向普拉提阿(Plataea)发起了进攻。为了维护自己的独立,普拉提阿人向雅典求援。雅典人成功地帮助他们击退了忒拜的进攻,与普拉提阿结下了永久的友谊,[-88,89-]但同时也与忒拜结了仇。① 公元前 506 年,当刻辽门内(Cleomenes)率领伯罗奔尼撒军队进入亚狄珈,镇压克里斯提尼(Cleisthenes)领导的民主政权时,忒拜人终于有机会发泄心中的怨气。他们加入了刻辽门内,与喀耳基司(Chalcis)的军队一起从三面对雅典发起进攻,占领了边界上的奥奈(Oinoe)与叙希崖(Hysiae)。因为科林斯人拒绝合作,并且伯罗奔尼撒军队突然开始撤退,计划以失败告终。于是,雅典人腾出手来,将忒拜人与喀耳基司人全部打败。忒拜人对于事情的转变感到非常愤怒,转而向埃基纳求援,使埃基纳与雅典之间发生了第一次冲突;但还是没用。忒拜人再次败在了雅典人的手中,他们的复仇愿望彻底落空。② 普拉提阿保持了独立,并与雅典建立起密切的关系。

波斯战争进一步疏远了这些本已交恶的邻邦。当雅典为了希腊的自由浴血奋战时,忒拜却与波斯勾结在一起。结果是忒拜的地位与影响力一天不如一天,而雅典的实力却日益增强。彼欧提亚邦联(Boeotian confederation)土崩瓦解,每个城邦都获得独立。③ 此后,一个温和的寡头政权取代了那个在波斯战争期间统治忒拜的僭主政权,那个"由少数

---

① 关于公元前 519 年发生的事件,参见 Hdt. 6. 108,以及 Thuc. 3. 68。有关时间的争议,参见保罗·柯罗歇(Paul Cloché),《彼欧提亚的忒拜》(*Thèbes de Béotie*),那慕尔、鲁汶与巴黎:无出版日期,第 30—32 页。关于忒拜早期的历史,参见保罗·柯罗歇,《彼欧提亚的忒拜》,第 12—29 页以及萧伯(F. Schobler),《保-威古典学百科全书》,第 5 卷,第 2 册,1934 年,词条"忒拜(彼欧提亚)"(Thebai[Boiotien]),第 1452—1459 页。
② Hdt. 5. 74—81.
③ Diod. 11. 8. 13.

人组成的王朝"。这个新政权使忒拜得以和平发展,直到第一次伯罗奔尼撒战争爆发。① 在和平时期,忒拜保存了自己的实力,并希望借机恢复自己的影响力。正是在这种情况之下,忒拜人邀请斯巴达军队进入彼欧提亚,"帮助他们的城邦获得控制全彼欧提亚的霸权"。② [-89,90-]

为什么斯巴达不愿意或不能够进攻亚狄珈,却愿意派出大军、离开伯罗奔尼撒去帮助忒拜重建她在彼欧提亚的霸权呢?从狄奥多罗斯那里,我们可以得到一些线索。据狄奥多罗斯说,忒拜人答应报答斯巴达人的援助,"他们将对雅典人宣战,这样斯巴达人就不用再从伯罗奔尼撒派出军队了"。斯巴达人对此感到非常高兴,于是答应了这个提议,"他们觉得这样做对自己有好处,并且如果忒拜强大起来,就可以制约雅典"。于是斯巴达协助忒拜建立城防,并强迫彼欧提亚的其他城邦归顺忒拜。③

也许雅典人并不知道是忒拜人发出的邀请,但他们知道有一支庞大的伯罗奔尼撒军队驻扎在彼欧提亚,并且怀疑有人阴谋推翻雅典民主政权。于是,他们集合所有的兵力,再加上来自盟邦的军队(其中包括 1000 名阿尔戈斯士兵)进入彼欧提亚,总兵力达到 14000 人。除此之外,还有一支来自帖撒利的骑兵部队。④

两支大军在塔纳格拉(Tanagra)相遇。雅典这边在人数上占优,

---

① 引文来自 Thuc. 3. 62. 3—4。布索特与所柏答(《希腊治国方略》,第 2 卷,第 1413 页,注释 1)认为忒拜政府是一个温和的寡头政权,我同意他们的观点。萧伯(《保-威古典学百科全书》,第 5 卷,第 2 册,第 1462 页)则认为当地在战后建立了一个民主政权。柯罗歇(《彼欧提亚的忒拜》,第 48—50 页)对此提出质疑,他的观点与布索特和所柏答基本一致,不过,他认为忒拜的新政权"是一个贵族政体"。
② Diod. 11. 81. 2。查士丁(Justin 3. 6)认为斯巴达人参战是"为了将彼欧提亚霸权交还给忒拜人"(ut Boeotiorum imperium his [sc. Thebanis] restituerent)。
③ Diod. 11. 81. 1—4。
④ Thu. 1. 107. 5—7。修昔底德并没有提到忒拜人的邀请,这也影响了他对雅典参战原因的理解。他说雅典人认为斯巴达 ἀπορεῖν ὅπῃ διέλθωσιν(译校注:"不知如何行进"),暗示雅典人渴望趁机一战,而斯巴达人则希望避免冲突。他说雅典人是去跟拉栖代梦人作战,根本没有提到忒拜人。然而,根据保塞尼亚斯(Pausanias 1. 29. 7)的说法,他曾经见到一块墓碑,是纪念两位雅典骑兵的,他们是在"埃力昂(Eleon)与塔纳格拉(Tanagra)的边界与拉栖代梦人、彼欧提亚人作战时"英勇牺牲。他似乎不知道狄奥多罗斯所说的事情,又或者是不相信狄奥多罗斯的说法。我们认为狄奥多罗斯的说法可信度很高。有关双方参战人数,参见戈姆,《修昔底德历史评注》,第 1 卷,第 315 页。

但帖撒利人中途投靠了斯巴达人,于是,斯巴达取得了这场战斗的胜利。不过,双方伤亡都很大。虽然斯巴达人在经过一天的厮杀之后控制了战局,但这是一场"庇耳卢式的胜利"(a Pyrrhic victory),他们付出了昂贵的代价,无法乘机扩大战果,只能从墨迦里德地区杀回伯罗奔尼撒。[-90,91-]雅典寡头集团的阴谋没能得逞。不到两个月,雅典人又杀了回来,占领了被伯罗奔尼撒军队放弃的彼欧提亚地区。①

在塔纳格拉战役中,雅典人遇到了非常特殊的情况。当时大家都在猜疑有人阴谋卖国,并且很自然会怀疑客蒙同党与此有所牵连。也许客蒙担心自己的某些支持者会出于不满而为之心动,也可能他只是想证明自己与朋友的清白,表露自己的赤子情怀。总之,客蒙居然全副武装地出现在塔纳格拉,准备与来自他那个大区的士兵并肩战斗。大战在即,居然出现了卖国的传言,雅典的五百人议事会(boulé)表现得非常紧张,他们指控客蒙居心不良,图谋叛国,于是将他赶走。② 客蒙不仅没有生气,反倒劝自己的友人在战斗中要奋勇杀敌,以实际行动来扫除笼罩在他们头上的嫌疑。他们英勇的表现一定让自己的同胞相信了他们的爱国之心。战后不久,客蒙就被召回雅典,结束了流放。这道赦令是由伯利克里亲自提出的。③ 客蒙很快就设法与斯巴达人达成了一份为期4个月的停火协定。之后,他可能又回到了柯松半岛(Chersonnese,位于色雷斯地区)。他希望等到国内政策发生真正变化之后再返回雅典。④

---

① Thuc. 1. 108. 1—2;Diod. 11. 82;戈姆,《修昔底德历史评注》,第 1 卷,第 315—316 页。
② Plut. *Cim*. 17. 3—4. 普鲁塔克在他给伯利克里所写的传记中说,客蒙是被"伯利克里的朋友"赶走的(Plut. *Per*. 10. 1),这与我们的说法并不矛盾。两种说法中牵涉到的是同一些人:如果一个人已经遭到流放,议员们有权阻止他参加战斗。至于说他们是伯利克里的朋友,这种可能性是很大的;因为在公元前 458 至前 457 年间出任议事会成员的绝大部分都是他这一边的。遗憾的是,普鲁塔克虽然对在塔纳格拉发生的大多数事情知道得很清楚,可他并不知道这些议事会成员是谁。为了掩饰这一点,他只说客蒙是被"伯利克里的朋友赶走的",而不说是被五百人议事会的人赶走。
③ Plut. *Cim*. 17. 4—6; *Per*. 2—3; Nepos *Cim*. 3. 3.
④ 狄奥多罗斯(Diod. 11. 80. 5)提到了 4 个月的停火协定。迢彭浦斯(Theopompus)(*FGrH*,frg. 88)提到了召回客蒙,以及客蒙被召回之后签订了和约。布索特《希腊历史》,第 3 卷,第 1 册,第 317—318 页)说客蒙离开之后,去了柯松半岛。普鲁塔克(Plut. *Cim*. 18. 1)似乎认为客蒙签订的是"五年和约",实际上,"五年和约"是在公元前 451/450 年才签订的。

[-91,92-]

现代学者对召回客蒙这件事的每一个细节都进行了仔细研究。客蒙在塔纳格拉的征战被学界称为"一系列荒谬错误的堆砌"。① 因为普鲁塔克错误地将这次签订的为期4个月的停火协定与公元前451/450年签订的"五年和约"混为一谈,所以大家不再采信普鲁塔克对此事的全部记载。4个月的停火协定被认为纯属虚构,并且有人指出,狄奥多罗斯根本没有将这份停火协定与客蒙联系起来。② 不过,这些反对的意见都经不起推敲。普鲁塔克经常会在时间上犯错,并且喜欢做一些艺术性的虚构,但普鲁塔克所叙述的事情基本应该是真实发生过的。③ 至于狄奥多罗斯没有提到客蒙的名字,这也没有什么好奇怪的,狄奥多罗斯——或是狄奥多罗斯撰史的主要信源埃弗鲁斯(Ephorus)——凭什么要去虚构一份4个月的停火协定呢?④

对于目前这番解读来说,更加严重的质疑是政治上的疑问:"为什么斯巴达人会愿意签订这样一份停火协定,将彼欧提亚拱手让与雅典,而他们自己却并无好处?……并且既然早在公元前457年客蒙就被召回,为什么直到公元前451年才有他在雅典出现的记录。最重要的是,为什么不派他去营救在埃及的雅典军队?"⑤要找到这些问题的答案就

---

① 贝洛赫,《希腊历史》,第二版,第2卷,第2册,第211页。
② 沃尔克,《剑桥古代史》,第5卷,第468页。
③ 戈姆(《修昔底德历史评注》,第1卷,第326页)说:"虽然贝洛赫指出了普鲁塔克此处记载中的一些问题,但这并不足以否定整件事情的真实性。这些细节不过藻饰而已。"
④ 有关客蒙被召回,学界普遍认为,确有其事。格罗特(《希腊历史》,第4卷,第416—417页),格罗茨与柯恩(《希腊历史》,第2卷,第151—152页),布索特(《希腊历史》,第3卷,第1册,第258页,注释1,以及316页,注释3),梅耶(《古代历史》,第4卷,第1册,第562页)以及戈姆(《修昔底德历史评注》,第1卷,第326—327页)虽然对于这件事的理解不同,但都认为,客蒙被召回确有其事。劳彼茨切克(A. E. Raubitschek,《历史学刊》,第3卷,1954—1955年,第379—380页及《美国考古学期刊》[AJA],第70卷,1966年,第37—42页)虽然也肯定了客蒙被召回确有其事,但他认为"五年和约"是在公元前458/457年间签订的,对于这一点,我是不赞同的。在现当代学者中,只有贝洛赫认为此事完全不存在。沃尔克对客蒙被召回是否确有其事也持怀疑态度,但是他说:"只有两种可能:或者客蒙是在塔纳格拉战役之后被召回的,或者他根本就没有被中途召回,只是在10年流放期满之后才回到了雅典。如果一定要折中,召回客蒙也只能是塔纳格拉战役之后的事情"(《剑桥古代史》,第5卷,第469页)。这里接受的正是前一种可能。
⑤ 沃尔克,《剑桥古代史》,第5卷,第468页。

必须对当时的政治形势进行分析，而我们所掌握的资料[-92,93-]并不足以帮助我们清楚了解当时的情况。所以，如果想了解这个复杂的时期，历史学家就必须深入现有文献的字里行间。

要想知道塔纳格拉战役前雅典人在想什么，并不困难。当时雅典的城墙尚未完工；有关卖国阴谋的传言甚嚣尘上。雅典的死敌忒拜东山再起，并且还与强大的伯罗奔尼撒军队联手。科林斯，以前曾经在这样的情境下出手解救过雅典的那个城邦，现在也和敌人站在了一起。如果不幸战败，雅典很可能会失去城邦、失去刚刚获得的权势。在这样一种情况之下，客蒙的突然出现自然会让人担心其中有诈，但是客蒙的表现与战争的结果改变了这些想法。客蒙及其同党展示了自己的忠诚与爱国之心。这次战斗是技术上的战败，但却是战略上的胜利。敌军入侵的危险已经消散——至少，目前不用担心敌军入侵——，而叛国阴谋则彻底不复存在。不过，雅典人还不能放松。斯巴达人是从陆地打回伯罗奔尼撒去的；那他们还有可能再杀回亚狄珈来。雅典人当时并不知道，斯巴达人已经准备放弃忒拜这个盟邦，所以在雅典人看来，当时的局势还很危急。雅典面临危险，必须停止派系斗争，而塔纳格拉战役正好提供了这样一个机会。

前面说过，伯利克里并不一定想与斯巴达开战，但他还是和其他人一起积极地投入了这场战斗。当然，伯利克里肯定不希望将战斗继续下去。如果客蒙现在愿意接受埃斐亚提斯与伯利克里所推行的改革，那他们之间就没有什么大的政策分歧，而客蒙似乎也愿意这样做。雅典人可以利用客蒙与斯巴达的特殊关系争取暂时的和平、甚或永久的解决方案；雅典人完全应当这样做。雅典人还可以利用这段战略机遇期修好城墙、巩固城防。所以，4个月的停火协定对雅典而言只有好处，没有坏处。

要理解斯巴达为什么愿意接受这样一份协议，就难一些。不过，如果我们站在斯巴达的角度来看塔纳格拉战役的结果，问题应该会简单很多。[-93,94-]虽然斯巴达人投入了大量兵力，但赢得并不轻松，并且从战略角度而言，这次胜利毫无意义。更重要的是，斯巴达人伤亡惨重。从斯巴达人的历史可以得知，他们非常珍惜士兵的生命。于是，斯巴达人很可能会重新评估与忒拜的协议。这份协议虽然承诺斯巴达人不用在伯罗奔尼撒以外的地区行动,结果却是在彼欧提亚打了一场代价极大的战役,受益的只有忒拜。在这种情况之下,议和一定是一个很有吸引力的想法。

正是在这个时候,斯巴达人得知客蒙被召回雅典。如果正如我们所说,当时鸽派已经开始得势,那么这个消息将对他们更为有利。客蒙重回雅典意味着雅典在希腊大陆的政策可能重趋保守,而雅典与斯巴达也可能恢复友好邦交。显然,将客蒙与他的军队从斯巴达赶走是一次代价不菲的错误决定,无论客蒙,或者斯巴达人,都为之付出了沉重代价。如果要想纠正这个错误,有谁比客蒙本人更合适?

因此,这份4个月的停火协定非但不应当令人对这段历史记载产生任何怀疑,相反,倒应当让人对这段记录的历史真实性更有信心。首先,该协议符合塔纳格拉战役之后双方试探性的心理。另外,我们还可以将这份协议与公元前418年斯巴达人与阿尔戈斯人签订的类似协议进行比较。当时,斯巴达人与盟邦准备在阿尔戈里德平原与阿尔戈斯人展开大战。就在两军即将交战之际,斯巴达的阿吉斯国王(Agis)与阿尔戈斯的一位将军、还有斯巴达在阿尔戈斯的一位在邦领事一起,签订了一份为期4个月的停火协定。阿尔戈斯人说他们愿意将争端诉诸仲裁,"准备签订协议,信守和约"。① 这显然是希望通过外交手段结束这场战争。虽然阿尔戈斯人要付出一些代价,但因为斯巴达似乎更有可能赢得这场战役,所以还是值得的。斯巴达人在塔纳格拉战役后接受这样一份和约也是出于同样考虑;鸽派主张让斯巴达外交政策重归传统方针,所以一定极力主张接受和约。[-94,95-]

雅典人在奥诺斐塔(Oenophyta)取得的胜利彻底粉碎了斯巴达人的期待。停火协定仅限于雅典与斯巴达,彼欧提亚并未参与签订停火协定。塔纳格拉战役结束后的第62日,迈容尼德带领一支雅典军队向彼欧提亚的奥诺斐塔进军,并打败了彼欧提亚军队。雅典人将塔纳格拉的城墙拆除,控制了除忒拜之外的整个彼欧提亚地区。之后,雅典人

---

① Thuc. 5.58—59. 亦可参见卡根,《古典语文学》(CP),第57卷,1962年,第207—218页。

迅速攻下了佛基斯与洛克里司。如果不是因为堡撒庐（Pharsalus）有城墙阻挡，他们还将占领帖撒利。① 彼欧提亚的城邦，甚至也许包括忒拜，都建立了民主政权。② 突然之间，雅典借此一举，便成为了希腊本土的霸主。

与此同时，雅典人的所有城墙修建完毕，斯巴达人的进攻对雅典再也无法构成威胁。这一切都发生在公元前458年夏末之后、457年的冬天结束之前。这真称得上是"奇迹之年"（annus mirabilis）。公元前457年春天，埃基纳投降，成为了提洛同盟中一个缴纳贡赋的成员国。③ "奇迹之年"再又锦上添花。这些胜利势必会浇灭雅典人对和平的热爱。要想谈判取得成功，雅典就得放弃部分胜利果实，但雅典人当时沉浸在胜利的喜悦之中，当然不愿意作出任何牺牲。于是，他们决定将战争继续下去，直到敌人来向他们求和。

有充分理由相信伯利克里并不赞成第二次攻打彼欧提亚，以及是次征战中发生的奥诺斐塔战役。我们手中的史料没有任何一处提到他与这次行动有关，但这种沉默值得注意，因为晚近的作者喜欢将所有针对斯巴达的行动都归诸伯利克里。后来，伯利克里确乎指挥了针对斯巴达的军事行动，而对于这些行动，[-95,96-] 我们有非常清楚的历史记载。④ 因此，如果相关历史记载没有提到伯利克里的名字，我们就有理由相信这是因为他没有参与其中；既然他没有参与，我们就有理由怀疑他并不赞成这次行动。

我们要记住，公元前458/457年的时候，伯利克里还没到40岁，他在雅典的领导地位还不够稳固。领导奥诺斐塔战役并取得胜利的迈容

---

① Thuc. 1. 108. 1—3；Diod. 11. 81—83。

② Thuc. 1. 113. 2；3. 62. 5；Arist. *Pol.* 1302 b 29；Pseudo-Xenophon, *Ath. Pol.* 3. 10—11。另外还有戈姆，《修昔底德历史评注》，第1卷，第317—318页；柯罗歇，《彼欧提亚的忒拜》，第68—69、49—50页。

③ Thuc. 1. 108. 3—4；Diod. 11. 78. 4。在这次战争之前，埃基纳是否属于提洛同盟，尚无定论。现当代学者通常推测认为，埃基纳当时不属于提洛同盟，而属于伯罗奔尼撒同盟。莱西（D. M. Leahy，《古典语文学》，第49卷，1954年，第232—243页）支持的也是这种传统观点。道格拉斯·麦克道威尔（Douglas MacDowell，《希腊研究期刊》，第80卷，1960年，第118—121页）则认为埃基纳在战争之前就已经加入了提洛同盟。

④ Thuc. 111. 2—3；Diod. 11. 85. 1—2；Plut. *Per.* 19. 2—4。

尼德就是一位曾经参加过波斯战争的前辈,有着很高的威望。显然,他赞成采取更积极的进攻政策,并且有这种想法的人不止他一个。雅典的鹰派在投票中战胜了伯利克里,但并没有推翻他所做的事情,毕竟4个月的停火协定使雅典可以在彼欧提亚为所欲为。这次进攻虽然违背了停火协定的精神,但从字面上而言,并无不妥。当鹰派的政策取得成功之后,伯利克里所推行的政策也就宣告结束。客蒙唯有向现实低头,接受这些他无法改变的事实。很可能就是在这个时候,客蒙认为雅典的政治气候与他所期望的不同,于是暂时抽身,静待合适时机。客蒙为恢复和平所做的努力并不会得到好战的雅典人的感激。只有当战局的变化令雅典人冷静下来,伯利克里才会回来。

第二年的夏天,雅典人的冒险为他们赢得了更多的胜利。托尔米德(Tolmides)率领一支雅典舰队绕过伯罗奔尼撒半岛。他将斯巴达人位于句提昂(Gytheum)的船坞付之一炬,并攻占了科林斯人位于科林斯湾北岸的殖民地喀耳基斯(Chalcis),后来还打败了西叙昂(Sicyon)的军队。① 胜绩接连不断,雅典政策也就越来越冒险。

公元前457年秋天,雅典军队在埃及把波斯人打得很惨,于是,波斯人不得不要求派兵增援。与以往一样,波斯大帝希望利用希腊人之间的不和来替自己解围。他派美伽巴佐斯(Megabazus)带着钱前往斯巴达,希望可以说服他们进攻亚狄珈,逼迫雅典人从埃及撤军。美伽巴佐斯很快发现钱好像没有什么用,于是带着剩下的[-96,97-]钱返回波斯。② 斯巴达人觉得雅典势头正旺,不愿意在这个时候冒险采取大的军事行动。于是,波斯人不得不依靠自己的力量。美伽拜佐斯率领大军从陆地前往埃及平定叛乱。埃及人与他们的盟军很快就被打败。希腊人据守的孟斐斯(Memphis)陷落,希腊人逃到尼罗河中的一个小岛扑罗娑毗堤(Prosopitis)。被围歼18个月之后,

---

① Thuc. 1. 108. 5;狄奥多罗斯(Diod. 11. 84)对于这次军事行动的描述有些混乱,其中添加了一些修昔底德没有提到的事情,并且将占领帕克都也说成是这一年的事情,而实际上夺取诺帕克都港比这要早一些;同时参见对埃斯基涅(Aechines)的一条古代注疏:schol. Aeschin. 2. 75。

② Thuc. 1. 109. 2—3;狄奥多罗斯(Diod. 11. 74. 2)认为斯巴达人拒绝了波斯人的资助。

扑罗娑毗堤终于在公元前454年失守,希腊部队全军覆没,埃及重新回到了波斯人的手中。①

这是雅典所遭遇的最严重的失败。根据修昔底德的记载,他们损失了几乎整支舰队,共250艘船,以及大约40000至50000名船员。即便我们可以认为这些数字有些夸张,不过,即便按照科泰夏司(Ctesias)的估计——他记载的数目在我们所拥有的史料中是最低的——,也有40艘船,这意味着船员大约有8000人。② 即便假设这支部队中大部分不是雅典人,雅典及其盟友所遭受的损失依然称得上十分巨大。同时,船只与人员的损失只是其中一个方面,埃及战败所造成的心理冲击具有更大的破坏性。雅典人对波斯的连续胜利到此结束,爱琴海地区开始变得动荡不安,雅典人在希腊大陆的行动也被迫停止。雅典企图控制帖撒利的第二次努力宣告失败,而那个夏天,伯利克里在科林斯湾领导的行动成了公元前447年之前雅典在整个希腊地区的最后一次军事行动。雅典帝国第一次出现危机,雅典人被迫结束在希腊大陆的扩张。③

---

① Thuc. 1. 109—110; Diod. 11. 75,77. 1—5; Ctesias 32—34.
② 有关这支埃及远征军的规模,参见戈姆,《修昔底德历史评注》,第1卷,第321—322页。
③ 虽然修昔底德先提到埃及远征军的惨败(Thuc. 1. 110. 5),之后才说起在帖撒利的行动以及伯利克里领导的远征(Thuc. 1. 11. 1—3),但是,我认为这些行动开始的时候,雅典人还不知道埃及远征已经失利,修昔底德之所以要这样写是为了先交代完有关埃及远征的整件事。在这些事件的时间排序上,我接受密格斯(Meiggs)的观点:《哈佛古典语文学研究》,第67卷,1963年,第3—4页及注释12。

# 第六章 爱琴海危机

埃及远征军所遭遇的惨败严重动摇了雅典在爱琴海地区的霸主地位。雅典对这件事的反应最终使他们由盟主逐渐变成了大权独握的霸主。对于提洛同盟是如何变成雅典帝国的,修昔底德并没有细说,但我们通过研究古代铭文,可以填补某些空白。在这些铭文史料的帮助下,我们可以将雅典帝国的形成过程一点点复原,使古代史家那些原文疏阔干瘪的记载变得有血有肉,更加生动。

公元前 5 世纪 50 年代初,雅典两线作战:一边是斯巴达及其盟邦,另一边是波斯。这让雅典财力人力所承受的压力前所未有,因此,盟邦所承受的负担也前所未有。这些盟邦也许对与波斯作战并没有什么意见,也愿意参加埃及远征,因为据说可以获得大量财富,但与希腊同胞打仗就不一样了:这项任务更加艰难,也捞不到什么好处,并且在感情上较难接受。于是某些盟邦,例如埃吕忒莱(Erythrae)与米利都,选择利用雅典人在埃及遭遇惨败的这个时机揭竿而起(或许也是在波斯的阴谋策动下)。① 埃吕忒莱[-98,99-]与米利都这两个城邦都位于靠近小亚细亚的海边。通过古代铭文资料,我们得以了解雅典人在镇压这

---

① 《雅典贡赋表》的作者们认为埃吕忒莱与米利都的叛乱均发生在雅典军队在埃及战败之前。按照他们的说法,这些盟邦拒绝远征埃及,雅典人强迫这些盟邦出兵,这些盟邦于是揭竿而起(见《雅典贡赋表》,第 3 卷,第 253 页)。我倾向于接受密格斯的说法(《哈佛古典语文学研究》,第 67 卷,1963 年,第 2 页),他认为正是因为雅典人在埃及吃了败仗才引发了这些叛乱。

些城邦之后,是如何处置他们的。

我们对埃吕忒莱叛乱的认识全部来自雅典颁布的一道法令。这道法令是在 19 世纪初的时候由佛奥弗(Fauvel)抄录下来的,原文已经失传。经过碑铭学家的不断努力,大致可以确定,这段文字应该是公元前 452 年所刻。① 埃吕忒莱叛乱遭到镇压之后,重新回到了提洛同盟,而这道法令规定的就是雅典如何管理与控制埃吕忒莱。这次叛乱可能是埃吕忒莱的僭主在波斯的支持下发动的,因为法令规定:新成立的贵族议事会中的每一位成员必须宣誓不接受那些逃亡波斯的流亡者,而且如果有人向这些僭主出卖城邦,则会被处以死刑。② 新成立的民主政权大概是按照雅典模式建立的,因此得到了雅典的支持,也受到雅典的监管。法令中提到了雅典派驻此地的驻邦督查(*episkopoi*, civil officials)与雅典驻军司令(*phrourarchos*, the commander of the Athenian garrison)。法令还要求埃吕忒莱人为泛雅典娜赛会提供祭 [-99,100-] 祀用的牲口。这些似乎显示出了一种赤裸裸的帝国企图。不过,有一点必须指出,法令还非常小心地顾及了同盟的利益及作用。埃吕忒莱

---

① 有关这道法令的时间及内容,参见《雅典贡赋表》,第 2 卷,第 54—57 页(D10)。密格斯与大多数的碑铭学家都接受这个日期(《哈佛古典语文学研究》,第 67 卷,1963 年,第 2 页)。马丁理(H. B. Matingly)对这道法令以及公元前 5 世纪第三个 25 年内雅典的很多碑铭的时间都提出了质疑。他的观点可以在下面这些文章中找到:《历史学刊》,第 10 卷,1961 年,第 148—188 页;《希腊研究期刊》,第 81 卷,1961 年,第 124—132 页;《古典学季刊(新编)》,第 11 卷,1961 年,第 154—163 页;《古典学季刊(新编)》,第 16 卷,1966 年,第 172—192 页;以及《古代社会与机制》(*Ancient Societies and Institutions*, *ASI*),第 193—224 页。他以碑铭及其他史料为依据,认为这些法令显示雅典正在加紧对盟邦控制,采取的措施非常严厉,所以不可能是在公元前 5 世纪的 50 年代发布的,而是在克里昂(Cleon)主政的 20 年代。梅里特(Meritt)与怀德-嘉利(Wade-Gery)在两篇文章中为传统的观点进行了辩护:《希腊研究期刊》,第 82 卷,1962 年,第 67—74 页与第 83 卷,1963 年,第 100—117 页;另外,密格斯也曾经写过文章支持这种观点(《哈佛古典语文学研究》,第 67 卷,1963 年,第 24—30 页)。马丁理承认,他的观点"似乎没有赢得什么支持者,我对此并没有什么好抱怨的,毕竟我的观点说服力还不够"。(《古典学季刊(新编)》,第 16 卷,1966 年,第 172 页)。虽然我也不支持他的观点,但至少他提醒了我们,对每一块碑铭的时间都必须仔细研究,不带成见。正如密格斯所言(《希腊研究期刊》,第 86 卷,1966 年,第 87 页):"马丁理使得我们在接受二手资料中的看法时加倍谨慎。"密格斯之所以能够写出一篇如此精彩的文章来为传统的那种看法辩护,这还应该归功于马丁理的提醒。

② 该铭文第 25—34 行。

的贵族议事会成员不仅宣誓效忠雅典,而且还要宣誓效忠同盟,遭到埃吕忒莱流放的人士不得进入同盟的任何盟邦。另外,埃吕忒莱人还保留了部分的司法自主权。①

几乎在同一时间,米利都也打出了反旗。在最初的两份贡赋表上并没有米利都的名字,但在第三份贡赋表中(公元前452/451年),米利都再次出现。这显示米利都曾经造反,之后遭到了镇压,被迫重新加入同盟。这次我们没有找到与埃吕忒莱法令一模一样的东西,但找到了一份文件,可以证明雅典对米利都政治的干涉,时间大约是公元前450/449年。通常称之为《米利都条例》(the Regulations for Miletus)。《米利都条例》与《埃吕忒莱法令》虽有相似却并不相同。②《米利都条例》并没有要求在米利都建立一个民主政权,但派驻了5位雅典官员,称为"执政官(archontes)",而非驻邦督查,他们负责与米利都的行政官员一起管理这个城邦。当地的司法独立权比埃吕忒莱的要小,至少有些案子需要交由雅典法庭审理。雅典人在当地驻军,并且米利都人除了缴纳贡赋,还被迫提供陆地及海上的军事支援。

我们可以对米利都迄至伯罗奔尼撒战争爆发那个10年的这段历史进行一个总结。③ 公元前5世纪50年代初,米利都由寡头集团统治,他们与雅典关系友好。后来有一位僭主在波斯的支持下成功夺权,宣布脱离同盟。[-100,101-]被流放的寡头集团依然对雅典忠心耿耿,于是在叛乱遭到镇压之后,他们得以重新掌权。新成立的政府得到雅典驻军与雅典官员的支持。公元前446/445年,米利都的寡头政权因为对雅典日益明显的帝国扩张感到不满,于是利用雅典忙于应付斯巴

---

① 第29行。亥拜《埃吕忒莱政令》,《克丽娥学刊》增刊,第36卷,1936年,第10—33页)强调的是这道法令体现了雅典与埃吕忒莱之间的友好关系。密格斯《希腊研究期刊》,第68卷,1943年,第23—24页)对法令作出了不同的解读。
② 有关这道法令(D11)的全文,参见《雅典贡赋表》,第2卷,第57—60页。有关这道法令的时间与解读,参见《雅典贡赋表》,第3卷,第255—258页;密格斯《希腊研究期刊》,第63卷,1943年,第25—27页;《哈佛古典语文学研究》,第67卷,1963年,第5页;《希腊研究期刊》,第86卷,1966年,第95页;以及巴隆(J. P. Barron)《希腊研究期刊》,第82卷,1962年,第1—6页。我认为巴隆对米利都在这个时期的历史讲述得非常清楚。
③ 巴隆《希腊研究期刊》,第82卷,1962年,第1—6页。他的观点来自义耳蒲(A. J. Earp)《凤凰学刊》,第8卷,1954年,第142—147页。

达人的入侵以及镇压优卑亚人叛乱的机会,将国内与他们作对的民主派领袖杀害,宣布与雅典断绝关系。他们的叛乱最终遭到镇压,寡头集团被流放,当地按照雅典模式建立了民主政权,定期缴纳贡赋。因为要安抚和帮助新成立的民主政权,贡赋被减半征收。①

为了应对埃及兵败之后出现的危机,雅典在公元前 454/453 年,将同盟的公共金库从提洛岛搬到了雅典。② 我们不知道雅典这样做是否真的是因为担心库房的安全,抑或只是以此为借口。不过,雅典人显然是在第一时间就从中营得了一己之利。从那一年开始,雅典人将盟国所缴纳贡赋的六十分之一作为初获(aparché,最先采摘的水果)献给城邦的雅典娜(Athena Polias);原先,她只是雅典的守护神,现在,她也成为了整个同盟的守护神。③ 这笔钱很快被用来在雅典卫城修建神庙,维持雅典舰队,为雅典公民创造就业机会,其余的慢慢攒起来作为储备金。

这个改变非常重大,十分激进,因此需要足够理由来解释才行。我们认为,正是在这个时候,雅典试图改变整个同盟的理念与根本性质。同盟的很多成员是雅典建立的殖民地,而且雅典人一直声称自己是爱奥尼亚的建立者,爱奥尼亚人对这一点也表示认可。④ 金库转移到雅典的那一年,适逢[-101,102-]四年一届的泛雅典娜赛会大节(Great Panathenaic Festival)。这种巧合似乎给人们一种感觉,认为"雅典要将同盟吸收进其殖民地体系,而四年一届的泛雅典娜节则成了大家共同的节日"。⑤ 显然,雅典人希望强调这些盟邦是他们的殖民地。在希腊人眼中,殖民地并不意味着低人一等,也不是什么丢脸的事情,而是象征着平等与自豪。殖民地与母邦之间的关系通常都是非常温馨的,并且大家会

---

① 上述部分只是对当时发生的事情进行一个还原,在细节上也许存在一些问题,尤其是对动机的解释。不过,这种观点似乎比其他解释方法更有说服力。
② Plut. Per. 12.1.
③ 有关将同盟的守护神由提洛的阿波罗(Delian Apollo)变为城邦的雅典娜,参见梅里特与怀德-嘉利,《希腊研究期刊》,第 82 卷,1962 年,第 69—71 页;巴隆,《希腊研究期刊》,第 84 卷,1964 年,第 35—48 页;以及劳彼茨切克,《美国考古学期刊》,第 70 卷,1966 年,第 37—41 页。
④ 巴隆,《希腊研究期刊》,第 82 卷,1962 年,第 6 页及注释 40,《希腊研究期刊》,第 84 卷,1964 年,第 46—47 页。
⑤ 梅里特与怀德-嘉利,《希腊研究期刊》,第 82 卷,1962 年,第 71 页。

举行共同的宗教仪式。① 金库转移后没过几年,雅典就要求盟邦向泛雅典娜节敬献一头牛,一套铠甲,"以此象征给母邦所提供的粮食与军事支持"。② 东西虽然不多,但可以参加大游行,走到雅典娜的面前,这是无比的光荣,因此,"我们认为这与其说是一种负担,不如说是一种荣幸,所以这应该不是雅典单方面作出的决定,而是同盟的决议"。③

无论同盟性质所发生的这些变化是否让盟邦感到满意,可以肯定的是,这未能结束雅典所面临的危险。公元前 451/450 年的一块铭文显示,雅典位于海勒斯滂的殖民地——塞基坞(Sigeum)——受到其他希腊人的威胁,这些希腊人得到了波斯的支持。④ 并且我们有足够理由相信,在公元前 454 至前 450 年间,同盟中有很多重要的岛邦拒绝缴纳贡赋。⑤ [-102,103-]

正是因为雅典在帝国的巩固与重组上遇到了这样那样的问题,所以据我们所知,公元前 454 至前 451 年间,雅典没有对伯罗奔尼撒采取任何军事行动。公元前 451 年,客蒙结束 10 年流放,回到雅典。据说,公元前 458 年,伯利克里曾经通过客蒙与斯巴达进行议和,无论这种说法是否正

---

① 劳彼茨切克(《美国考古学期刊》,第 70 卷,1966 年,第 37 页)指出,雅典的盟邦不仅参加酒神节庆(Dionysian Festival)、埃琉西斯节庆(Eleusinian Festival),还参加了泛雅典娜赛会大节。
② 巴隆,《希腊研究期刊》,第 84 卷,1964 年,第 47 页。
③ 梅里特与怀德-嘉利,《希腊研究期刊》,第 82 卷,1962 年,第 71 页。
④ $IG, I^2, 32$;密格斯,《哈佛古典语文学研究》,第 67 卷,1963 年,第 6 页。
⑤ 在这段时间并没有喀耳基司(Chalcis)、俄莱特里亚(Eretria)、希斯提亚(Hestiaea)、叙色诺(Cythnos)、锡弗诺(Siphnos)、司台垃(Styra)、铁诺斯(Tenos)、帕罗斯(Paros)与纳克索斯(Naxos)缴纳贡赋的记录,而在公元前 450 年的名单中,第一次出现了栖俄司(Ceos)、色瑞乎(Seriphos)与安德罗斯(Andros)。这些缴贡情况有所改变的城邦加起来,数目相当可观。密格斯说"在现存的 4 份名单中,有将近一半的名字保留下来,如果一个城邦在这 4 份名单中都没有出现过,那这个城邦很可能没有按时缴纳贡赋"(《哈佛古典语文学研究》,第 57 卷,1963 年,第 6 页)。虽然现存名单均不完整,但密格斯作出这种推理并无不妥。对于这些城邦为什么没有出现在名单上,有两种解释。韦司特(A. B. West,《美国历史学评论》[AHR],第 35 卷,第 267 页及以下)与《雅典贡赋表》(第 3 卷,第 267 页及以下)认为这些岛屿城邦在此期间虽然没有出钱,但提供了船只。倪赛耳豪夫(Nesselhauf)[-102,103-](《提洛-亚狄珈同盟历史研究》[Untersuchungen zur Geschichte der delisch-attischen Symmachie],第 11 页及以下)与密格斯(《哈佛古典语文学研究》,第 57 卷,1963 年,第 6—9 页)则认为这些城邦对雅典心怀不满,因此拒缴。我赞成后一种观点。

确,现在的形势确实将雅典往这个方向推动。雅典对那些叛邦的控制越来越严,这样一来,他们自己当然可以增进帝国安全,但是与此同时,这也会让其他城邦心生怨恨,躁动不安。雅典人是否因此将面临一连串的叛乱、进而威胁到在爱琴海的帝国存在?他们并不能保证这不会发生。与此同时,波斯仍然对雅典构成严重的威胁,并且有可能会派遣舰队进入爱琴海地区,而这支舰队足以与在埃及获胜的那支陆军大军相匹。出于种种考虑,伯利克里与雅典人一定非常愿意让客蒙回来与斯巴达签订和约。① 普鲁塔克说,爱庇睨刻(Elpinice)在伯利克里与客蒙之间进行斡旋,使两人达成和解,由前者负责城邦事务,后者则负责指挥与波斯的战斗。其实在这个时候,他们之间并不需要什么中间人,他们在所有的政策上已经没有了分歧;至于两人责任的划分,则是因为各自所擅长的方面不一样,并且伯利克里需要牢牢掌握自己权力所依赖的政治基础。

在同一年,伯利克里引入一条法律,对雅典公民的身份进行了限制,规定只有父母都是雅典公民的人才可以获得公民身份。② 因为当时履行公共职责可以获得报酬,这使公民身份变得非常值钱,所以该举措被认为是一项讨好民众的煽动家政策。③ 然而,事实正与此相反。扩大公民权才是民主派政治家的政策传统。克里斯提尼(Cleisthenes)曾经通过给予外邦居留民(metics)选举权来扩大公民范围。地米斯托克利(Themistocles)也曾经推出一些措施吸引外国人移民雅典。公元前4世纪时,亚里士多德曾经指出,要实现民主,必须有一个足够庞大并且不断增长的人口。煽动家则通常是倾向于让更多的下层[-103, 104-]阶级成为公民,因为"庞大的人口有利于维持民主"。④ 而保守派

---

① Thuc. 1. 112. 1; Diod. 11. 86. 1; Plut. *Cim.* 18. 1; *Per.* 10. 4.
② Arist. *Ath. Pol.* 26. 3; Plut. *Per.* 37.
③ 例如,沃尔克,《剑桥古代史》,第5卷,第86页。
④ 有关克里斯提尼以及人口增长情况,参见 Arist. *Pol.* 1275b; Arist. *Ath. Pol.* 21. 4。有关地米斯托克利,参见 Diod. 11. 43. 3。有关亚里士多德的相关理论,参见 Arist. *Pol.* 1319b, 1321a,以及詹姆斯·戴与莫蒂默·张伯思的《亚里士多德对雅典民主政体的历史记载》一书。戴与张伯思认为,克里斯提尼扩大公民范围一事纯属虚构,奥利弗(J. H. Oliver)《历史学刊》,第9卷,1960年,第503—507页)也对这件事的真实性提出了质疑。我对这些质疑作出了回应(《历史学刊》,第12卷,1963年,第41—46页);亦可参见刘易斯,《历史学刊》,第12卷,1963年,第37页,注释135。

与寡头集团则正好相反,他们总是希望限制公民人数,维护公民这个群体的纯洁性。伯利克里本人已经控制了政局,无需再通过扩大公民范围来加强自己的政治地位。通过立法对公民身份进行限制,他向客蒙的支持者以及所有的保守势力作出了和解的姿态,而作出这一和解姿态对于伯利克里来说,几乎不用付出任何代价。这是向雅典政治的中间状态所迈出的一步,同时也是对客蒙的回报,因为客蒙接受了埃斐亚提斯(Ephialtes)以及伯利克里所推行的改革。伊涅特(Hignett)认为,"他们都是爱雅典的,为了雅典的利益,他们放下了个人之间的恩怨。如果有关公民身份的法令是在这种背景之下提出的,那一定是对保守势力的妥协,或者是保守势力与激进派领导所达成的共识"。①

正是这种共识为公元前451年客蒙与斯巴达所签订的《五年和约》铺平了道路。雅典方面肯定需要这样一份和约,但为什么斯巴达不利用这个大好时机,把雅典拿走的东西抢回来,恢复自己的霸主地位?这是因为,客蒙回到雅典之后,斯巴达人(尤其是鸽派)开始期望雅典会恢复理智。另外,当时有麻烦的不仅仅是雅典。在塔纳格拉(Tanagra)、奥诺斐塔(Oenophyta)、伯罗奔尼撒半岛沿岸、墨迦里德(Megarid)以及科林斯海湾,雅典人已经向世人证明,他们英勇顽强,不屈不挠,很不容易对付。此外,阿尔戈斯这个威胁当时也还没有消除。如果战争继续下去,斯巴达的这位宿敌很快会设法收复苔黎亚堤(Thyreatis)这块失地。在阿尔戈斯与斯巴达的关系中,苔黎亚堤的位置就如同阿尔萨斯—洛林[-104,105-]在德法两国关系中的地位。斯巴达人觉得,如果维持现状可以消除来自阿尔戈斯的威胁,那这样的和约还是不错的。和约的条件之一肯定是雅典放弃她与阿尔戈斯的结盟。于是,阿尔戈斯人别无选择,只能与斯巴达签订了一份《三十年和约》,之后,阿尔戈斯人也非常忠实地遵守了这份和约。② 斯巴达人放弃了忒拜,作为交

---

① 伊涅特,《雅典政制史》,第347页。
② Thuc. 5.14.4; 22.2; 28.2. 戈姆(《修昔底德历史评注》,第1卷,第328页)指出,因为我们并不清楚在斯巴达与雅典的和约以及斯巴达与阿尔戈斯的和约之间存在怎样的关系,所以这里给出的时间顺序并非唯一可能的情况。他的顾虑是有道理的,但作为一位历史学家,如果找不到确切的答案,就只能相信推理。持同样观点的还有沃尔克 (转下页注)

换，雅典人抛弃了阿尔戈斯。

雅典重归客蒙的外交政策上来了：与斯巴达讲和，对波斯开战。很快就可以从伯利克里身上看出，在埃及的失败让他变得更加谨慎，更希望守住雅典已经建立的帝国，而不是去冒险扩张。暂时而言，他的想法与客蒙是一致的：只有奋力出击，重创波斯，否则是守不住帝国的。因此，他肯定支持派遣客蒙率领一支由 200 艘船组成的庞大舰队前往塞浦路斯。客蒙将其中的 60 艘派往埃及，帮助还在当地顽强抗击波斯人的起义者。剩下的船则用来围困位于塞浦路斯东南沿海的启狄坞（Citium）。客蒙在当地去世，有可能是因为受伤，也可能是因为患病。①

在近 30 年的时间里，客蒙在雅典政治中一直扮演着重要角色。他与地米斯托克利、阿里斯提德（Aristides）一起建立了雅典帝国。虽然他生性保守，并且从出生到教育，到社交圈，再到个人爱好，客蒙都是个彻头彻尾的贵族，但是他却可以改变自己去适应民主社会。他是一位有能力的政治家，也是他那一派的出色领袖，他始终将雅典利益放在派系利益之上。[-105,106-]在被伯利克里取代之前，他一直是这个城邦最重要的人物。客蒙被陶片放逐后，虽然人已不在雅典，他却像哈姆雷特（Hamlet）父亲的亡灵那样，依然鼓舞着自己的追随者，让他们继续努力。他在塔纳格拉及时现身，很可能阻止了一场出卖城邦利益的阴谋，使雅典不至于惨败。正是由于他的影响，雅典的贵族阶级与民主政权才得以和解，而不至于像希腊的某些城邦那样因为内战而陷入血腥的四分五裂。柏拉图认为在雅典民主政权中，再高尚的人也无法将政治的美德表现出来；只有抱有这种看法的人才会觉得客蒙与伯利克里以及地米斯托克利这样的民众煽动家并无两样。② 但是，客蒙绝非民

---

（接上页注）《剑桥古代史》，第 5 卷，第 86—87 页）；贝洛赫《希腊历史》，第二版，第 2 卷，第 2 册，第 209—210 页）；贾他诺·德·桑悌（Gaetano De Sanctis，《伯利克里》[*Pericle*]，米兰与梅西纳，1944 年，第 125—126 页）。德·桑悌说得非常明白："客蒙停火，雅典为此付出了相当沉重的代价。他们放弃了与阿尔戈斯人的同盟，而正是与阿尔戈斯人结盟，才使得他们有机会在适当的时机干涉伯罗奔尼撒半岛事务，但这已经是斯巴达人所能要求的底线了……"。

① Thuc. 1. 112. 1—4; Diod. 12. 3—4; Plut. *Cim.* 18—19. 1.
② Pl. *Gorgias* 515 d—e.

众煽动家。他是一位生活在现实之中的政治家,竭力希望约束极右与极左分子的过激行为。与柏拉图对话录中那位年轻的卡利克勒斯(Callicles)不同,对于"你有没有让自己的同胞过得更好"这样的问题,客蒙完全可以给出肯定的答复。他是一位杰出的战士,一位伟大的爱国者。雅典将会怀念他。

客蒙死后,雅典人放弃围歼启狄坞,但在那一年(公元前450年)夏末,他们在塞浦路斯岛上的撒拉密(Salamis),与由塞浦路斯人、腓尼基人以及西里西亚人(Cilicians)组成的联军展开了战斗,结果雅典人在陆地与海上大获全胜。取胜后的舰队与从埃及返回的船只汇合,之后一起回到了雅典,而塞浦路斯又落入了波斯手中。不过,这次行动的主要目的已经达到。雅典已经向世人证明,海上的控制权依然在他们手中,他们可以随时挫败波斯重返爱琴海地区的任何企图。

塞浦路斯大捷,客蒙又从雅典政治生活中退出,这使得伯利克里可以放开手脚去执行自己的政策。也正是在这个时候,伯利克里摆脱过去的影响,制定了此后一直坚持的对外政策路线。地米斯托克利的政策是对波斯积极进攻,这个政策现在已经完成其历史使命。地米斯托克利路线使雅典受益匪浅:最好的证据就是雅典帝国的建立。不过,在埃及所遭遇的失败清楚表明,如果盲目扩张,所有成功可能会毁于一旦。发生在埃吕忒莱与米利都的事情则证明,只要雅典被其他事情分神,其属邦就有可能起来造反。出于这些考虑,伯利克里也愿意与斯巴达和平共处。[-106,107-]不管他对于雅典在希腊大陆的扩张是什么看法——我们相信他对此并不是非常热心——这项政策也已经完成其使命。在帖撒利所遭遇的两次失败显示出,雅典向北的扩张已经达到了极限。要想对伯罗奔尼撒发起进攻将是一件非常困难与危险的事情,并且会使雅典卷入一场大战,而爱琴海地区的很多城邦则会趁机叛乱。公元前450年时的雅典,已经成为了俾斯麦(Bismarck)所说的"饱和权势/饱和强国"。饱和强国不再寻求版图的扩张,但会采取必要措施,确保现有的一切,保证自己的辉煌可以继续下去。因此,伯利克里的计划是与波斯、斯巴达和平共处,同时维护雅典的尊严,牢牢控制住整个帝国。

公元前449年春天,雅典与波斯大王签订和约。① 负责议约谈判的是希波尼库斯(Hipponicus)的儿子卡利阿斯(Callias)。根据狄奥多罗斯的记录,和约规定:"位于亚细亚地区的希腊人的所有城邦都将获得自治;任何波斯节度使不可以进到离雅典3[-107,108-]天海路的地方;波斯战舰不可以进入斐萨利(Phaselis)与墟亚奈礁石(Cyanean rocks)之间的水域;只要波斯国王与手下将领遵守这些约定,雅典人就不可以进攻国王统治下的任何地区。"②公元前4世纪的修辞学家对条约措辞的记载未必十分精确,甚至对某些条款的记录也未必真确,但他们所记载的大致内容肯定没有问题。波斯人不再寻求控制那些位于爱琴海以及海勒斯滂地区的希腊人城邦,而雅典则同意放弃对波斯帝国的进攻。波斯战争现在才真正结束。斯巴达在米迦列战役之后未能取得的胜利现在由雅典完成了。

和约是由卡利阿斯签订的,而他是客蒙的妹夫,这一点不容小觑。

---

① 该和约史称《卡利阿斯和约》。《卡利阿斯和约》是否真实存在过,是古希腊历史中争议最大的学术问题之一;与此同样争议颇大的还有伊棠木山(Mt. Ithome)被攻陷的时间以及《地米斯托克利法令》。在我看来,现有证据并不足以支持任何一方的观点。那些认为这份和约真实存在过的人所依据的史料存在问题,但是那些质疑这份和约是否真实存在过的人所掌握的证据也不充分:他们采信的是见证者的阐释及某些史家对此问题的沉默。在这种比较难以决断的情况下,我倾向于采信狄奥多罗斯史书中埃弗鲁斯的说法,而迢彭浦斯(Theopompus)根据碑铭研究提出的质疑,我选择不采信。基于这种采信选择,我认为正式和约是确实存在过的。有一点需要指出的是,无论是否相信这份和约的存在,他们的分歧更多是形式上的分歧——是否存在正式的和约文本,而非本质上的——战争是否结束。无论是支持派,还是质疑派,双方学者都承认,当时雅典与波斯的战争已经结束,伯利克里马上开始动用同盟的资金来完成自己的城邦建设计划。无论是否正式签订了和约,停战都是事实,雅典人也才得以挪用军事资金,转为民用。认为《卡利阿斯和约》存在正式文本的学者有:怀德-嘉利,《哈佛古典语文学研究》增刊,第1卷,1940年,第126页及以下;戈姆,《修昔底德历史评注》,第1卷,第331—335页;《雅典贡赋表》,第3卷,第275—300页;J. H. 奥利弗,《历史学刊》,第6卷,1957年,第254—255页;安德鲁斯(A. Andrewes),《历史学刊》,第10卷,1961年,第15—18页;密格斯,《哈佛古典语文学研究》,第67卷,1963年,第10—13页;卡拉夫特(K. Kraft),《赫尔墨斯学刊》,第92卷,1964年,第158—171页。质疑者包括:沃尔克,《剑桥古代史》,第5卷,第469—471页;拉斐尔·西里,《历史学刊》,第3卷,1954—1955年,第325—333页;H·B·马丁理,《历史学刊》,第15卷,1965年,第273—281页;戴维·斯托克顿(David Stockton),《历史学刊》,第8卷,1959年,第61—79页。在这些批判性研究中,戴维·斯托克顿的文章最为机智、有力、精彩。

② Diod. 12. 4. 5—6.

作为爱庇睨刻的丈夫,他证明了伯利克里与客蒙的友谊在后者死后得到了延续。他一定做了大量工作,消除了客蒙的追随者的疑虑,让他们支持新政策。对伯利克里而言,卡利阿斯是统一的最好象征,他安排卡利阿斯签订了好几份重要的协议。① 另外,客蒙的妻子伊琐狄刻(Isodice)来自阿克美翁岱家族(Alcmaeonid family),而伯利克里的母亲也来自同一个家族。伯利克里与妻子离婚之后,将她送给了希波尼库斯,而他是卡利阿斯的亲戚。公元前433年,客蒙的儿子拉栖代梦尼乌斯被委派负责指挥对柯西拉(Corcyra)的第一次军事行动,而这次任命可能就是伯利克里提出的。最后,还有一件事值得一提。伯利克里有一位深受他影响的朋友,叫米修库斯(Metiochus);而客蒙有一位同父异母的弟弟,名字正好也是米修库斯。需要牢记的是,"在雅典公共政治背后起作用的,正是各大家族之间的家族政治;而伯利克里尤其擅长于此"。②

在民主政治中,仅仅擅长协调贵族各派之间的关系[-108,109-]是不够的。公元前5世纪中叶时的雅典既不同于罗马共和国,也不像18世纪时的英格兰。对政策作出如此重大的改变,需要向普通民众作出解释,让他们愿意接受这种改变。古代那些不喜欢伯利克里的人说他是民众煽动家,而现代那些反对他的人则说他根本不是什么政治家,只是一位"了不起的议会政治家"。③ 不过,客观来说,伯利克里是一位非常杰出的民主政治家。他知道在民主社会中,仅仅能想出好的政策还不足够;还必须说服全体选民,让他们知道这些政策好在哪里。普鲁塔克说他是一位优秀的演说家,他证明了"柏拉图所说的:演讲就是要征

---

① 他签订了与垒集坞(Rhegium)、林地尼(Leontini)的和约,在公元前446/445年签订了与斯巴达的《三十年和约》。《雅典贡赋表》(第3卷,第276页)提到另外一位卡利阿,他是卡里亚德斯的儿子(Callias son of Calliades),是434年那则财政法令的动议者,后来死在波提狄亚(Potidaea),他们将他称为"管钱的卡利阿"(Callias the Financier)。至于这里提到的卡利阿斯,是阿洛沛坷德谟(Alopece)的希波尼库斯的儿子,爱庇睨刻的丈夫,他们将他称为"签约的卡利阿斯"(Callias the Treaty-Maker)。

② 引文出自拉斐尔·西里,《赫尔墨斯学刊》,第84卷,1956年,第247页,前面所列的人物关系在该书第239页。

③ 贝洛赫,《希腊历史》,第二版,第2卷,第1册,第154页。

服人们的灵魂"。遗憾的是,他在为自己的政策进行解释和辩护时所做的演讲,并未流传下来。

不过,在塞浦路斯获胜之后,雅典人为了感谢神灵庇佑,撰写祭辞,这祭辞倒是通过他人的转述保留了下来。雅典人将战斗中缴获战利的十分之一献给了神,并命令西蒙尼德(Simonides)撰写祭辞,用来纪念这次对波斯的伟大胜利,祭辞"高度赞扬了在塞浦路斯所进行的战斗,称之为这个世界有史以来最光荣的行动,这次行动也是整个波斯战争的纪念碑,而这一切都应归功于客蒙"。① 这次宣传活动的策划者肯定是伯利克里,他希望借此昭告世人,结束这场战争的并不是和约,而是因为雅典人取得的伟大胜利,他还利用这个机会将客蒙与自己所推行的新政策联系在一起。与此同时,如此大度地缅怀客蒙的功绩,肯定会让客蒙的追随者与伯利克里走得更近。

这是在国内建立统一战线的绝佳时机。当时,伯利克里在推行新的外交政策上遇到了极大的困难。一方面,他要为建立雅典帝国以及保留贡赋制度寻找理由,毕竟成立同盟与缴纳贡赋的初衷已经不复存在。与此相关的一个问题是,伯利克里有一些宏伟的计划,希望对自己的城邦进行艺术与文化建设,他想把同盟金库的资金拿出来给雅典用,为此他也需要一个合理的解释。伯利克里所面临的严峻问题,有一些正是来自帝国内部。[-109,110-]这也是铭文证据提供给我们的发现。在公元前454/453年的贡赋金额核算中,有208个城邦,贡赋收入超过498塔伦特(talents)。到公元前450/449年,城邦减至163个,缴纳的贡赋不到432塔伦特,收入比核定金额减少了13%。另外,有证据显示,有些城邦只缴纳了部分贡款,有些城邦则拖延不缴。② 这表明,有的城邦非常抵触雅典的控制,而有的城邦则对此犹疑不决。如果要避免帝国解体,雅典必须采取果断措施,并且一定要快。

伯利克里所面临的另外一个任务是建立一个清晰的对斯巴达政策。客蒙所签订的只是一个停火协议,该协议应当要为达成永久和约

---

① 梅耶(E. Meyer),《古代史研究》(*Forschungen zur alter Geschichte*),第2卷,第19页。
② 《雅典贡赋表》,第3卷,第28—36、52—59页。

争取时间。客蒙之死使得签订永久和约的任务变得更加迫切,因为一直以来,只有客蒙才是斯巴达所信任的人。伯利克里必须用实际行动,而不仅仅是言语来证明自己。这是一个很棘手的问题。在雅典与斯巴达之间存在着一个障碍,即便以客蒙的外交智慧与诚意也非常难以解决这个问题:雅典的陆上帝国,从墨伽拉直到帖撒利。斯巴达人肯定不会接受雅典与斯巴达之间的力量对比出现这样大的改变,也决不能容忍这样的改变延续下去。当时与客蒙签订《五年和约》的鸽派可能曾指望,在签订永久和约时,客蒙至少会把墨伽拉让出来,就像他当年放弃与阿尔戈斯的结盟一样。否则,鸽派不可能说服斯巴达人支持自己这一派的决定。另一方面,雅典人已经清楚看到墨伽拉在阻挡斯巴达进攻时的巨大价值,所以很难找到一位政治家有足够的决心与能力去说服雅典人,让出这个地方。伯利克里也许渴望与斯巴达讲和,却无法满足斯巴达人所开出的价码。

公元前449年春天,伯利克里勇敢地向他所面临的两大问题同时展开了进攻。他提出:

> 邀请所有的希腊人,无论他们住在哪里——欧罗巴或亚细亚,无论他们的城邦是大是小,请他们派出代表,齐聚雅典,召开大会,说一说都有哪些圣地遭到了蛮人的破坏,说一说他们在与野蛮人作战时曾经向众神许诺过[-110,111-]怎样的祭祀,还要讨论怎样让大家安心地在海上航行,相安无事。①

这份邀请信由20位年过50、成熟稳重的信使送出。其中5位前往亚细亚与爱琴海地区,5位前往色雷斯与海勒斯滂地区;5位前往彼欧提亚、佛基斯(Phocis)、阿卡纳尼亚(Acarnania)、安布罗西亚(Ambracia)以及伯罗奔尼撒半岛;5位前往帖撒利地区以及对岸的优卑亚岛。信中要求收到邀请的城邦派人前来,"为了希腊的和平与繁荣,共商大计"。② 我

---

① Plut. *Per.* 17.1.
② Plut. *Per.* 17.2—3.

们可以清楚地看出,被称作《大会法令》(Congress Decree)的这则法令,就是企图在一个新的基础之上让雅典成为希腊的领袖。宗教虔诚、泛希腊主义以及共同的利益将成为继续忠于这个组织并为之作出贡献的理由。以前是战争让希腊人走到了一起,现在则要为了和平与安定而加强这种团结。①

伯利克里对斯巴达的反应有何期待,学界看法不一。有学者认为,伯利克里的邀请纯粹是走过场,因为他知道斯巴达定会拒绝邀请,这样,他就可以顺理成章地宣布雅典成为希腊霸权。② 另外一种观点完全相反。一些学者认为,伯利克里在提出这项计划时是非常真诚的,希望可以在泛希腊地区建立全面持久的和平。根据这种观点,这次邀请证明伯利克里确实是在努力恢复希腊和平,因此他并不认为斯巴达一定会拒绝,也并不想用斯巴达的拒绝作为雅典帝国扩张的借口。"怀疑伯利克里的政治道德会 [-111,112-]……传递出错误的信息。"如果说伯利克里预料到自己的这项提议将会失败,"这只能说他是担心出现这样的结果"。③

如果我们要搞清楚《大会法令》的目的,就必须将这两种非常极端的观点排除在外。因为这两种观点过于简单,没有考虑到当时情况的复杂性。持怀疑态度的一方没有注意到伯利克里已表现出与斯巴达讲和的强烈愿望,他不仅召回了客蒙,而且接受了《五年和约》。同样,如果认为伯利克里这样做只是为了泛希腊地区的和平与稳定,并无半点私心杂念,那也是没有看到这次大会将给雅典带来的巨大好处。我们可以设想,当伯利克里提出他的建议时,至少认为斯巴达的鸽派会愿意

---

① 倪赛耳豪夫《提洛-亚狄珈同盟历史研究》,第 32 页)精确道出了伯利克里的意图:"先前,团结希腊人的是战争,现在,他以维护和平为新目标来进行宣传。"

② 贝洛赫《希腊历史》,第二版,第 2 卷,第 1 册,第 177 页)认为,伯利克里之所以要与波斯签订和约,是因为他相信雅典与斯巴达之间必有一战。密特讷(Miltner,《保-威古典学百科全书》,第 19 卷,1938 年,条目"伯利克里",第 763—764 页)认为,雅典向所有城邦发出的与会邀请是"具有头等外交意义的一项举措,实际上是通过一对一的谈判来实现对雅典之希腊霸权的承认,这是雅典人第一次提出这样明晰的霸权承认诉求……这番努力将因为斯巴达人的断然拒绝而流产,而对此,伯利克里早已有所预见"。

③ 我将狄讷特(Dienelt)的观点进行了重新表述:《伯利克里的和平方针》(Die Friedenspolitik des Perikles),第 21 页,直接引用的文字来自该页注释 28。

接受这种力量均势的改变。这一派总是希望避免战争,而且在伯利克里与客蒙及同党"实现和解"之后,斯巴达鸽派或许会更加信任伯利克里。同时,斯巴达鸽派也许能够说服其他斯巴达人接受这样的改变。如果事情真是这样,那伯利克里必将乐见这样一次外交上的胜利:他所推行的新政策,即"和平的帝国扩张",一下子就获得巨大的成功。

如果斯巴达人拒绝邀请——任何现实主义者都明白,斯巴达人这样做的可能性很大——雅典人非但没有任何损失,反倒会收获颇丰。雅典已经表现出她对泛希腊地区利益的关心,因此可以在道德上占据优势。① 这与二战之后美国所面临的形势极其相似。当时,欧洲已经分化为两个势力范围。出于类似的考虑,美国人推出了"马歇尔计划"(the Marshall Plan)。他们主要的政治目的是要加强对西欧的控制。这是他们自己的势力范围,但由于共产主义的步步紧逼,这个地区有可能会脱离美国阵营。不过美国人这样做也完全可能是出于对欧洲人民所遭受的苦难的同情,并且希望重建饱受战乱的欧洲大陆,恢复其和平与繁荣。事实证明,第二个目标的实现有助于她完成第一个目标,因此[-112,113-]也是对美国人有益的。美国提出这个计划时,其实也不能确定苏联与其卫星国就一定会拒绝。如果他们接受,那美国一定很高兴,因为这样一来冷战就结束了。苏联人的拒绝虽然是意料之中的事情,但其实并非必然。苏联拒绝马歇尔计划的结果是,美国人在道德上得到胜利,而苏联则落下了一个坏名。世界因此分化得更加严重,而美国则更有理由采取进一步的措施来加强自己在西方的领导地位。

与苏联人的反应一样,斯巴达人拒绝了雅典的邀请,大会因此夭折。② 不过,对雅典而言,斯巴达的拒绝是雅典在宣传方面的胜利,因为现在雅典人可以说他们的敌人罔顾希腊利益,不愿意履行自己神圣的誓言与职责。虽然这次大会未曾召开,

> 但它让全世界知道,雅典希望在希腊扮演宗教领袖,而大会的

---

① 亦可参见德·桑悌,《伯利克里》,第 131—132 页。
② Plut. *Per.* 17. 3.

夭折使雅典有借口动用那些为对付蛮族而收来的资金重建自己的神庙。①

现在，伯利克里可以腾出手来，恢复帝国的秩序，确保贡赋的定期缴纳。研究雅典帝国历史的权威学者都认为，雅典在签订《卡利阿斯和约》之后，即公元前449/448年，暂停了贡赋的征收。②

  毫无疑问，和约的签订引发了一种很自然的反应：所有的盟国都认为不需要继续缴纳贡赋了。盟邦的这种想法是可以理解的。有证据显示，他们的做法得到了雅典的同意。在从同盟向帝国过度的短暂间隙，雅典没有收取贡赋。③ [-113,114-]

与其他问题的史料情况相若，因为传世文献资料中并没有帝国管理细节，所以我们在这一结论上的证据只能是贡赋清单表。从公元前450/449年至公元前447/446年，在这4年中，仅有3份名单保存下来。第一份反映的是埃及兵败之后的混乱局面。④ 其中有的未全部缴清，有的则欠账不交。通过密格斯简要的描述，我们可以很好地了解当时的情况：

  在第二个核定期中，只有两份名单保存了下来，但所缴纳的数目不详。第一份位于石碑正面的底部，第二份位于石碑右侧。第二份与第一份名单非常类似，且有所补充，所以一定是接下来那一年的纳贡城邦名单。石碑背面的上部碑文没有保留下来。另一份

---

① 《雅典贡赋表》，第3卷，第280页。
② 《雅典贡赋表》，第1卷，第133、175页。这一点在《雅典贡赋表》，第3卷，第278—299页及第278页注释16中得到重申。密格斯《哈佛古典语文学研究》，第67卷，1963年，第14—15页)持同样观点，不过没有这么确定。
③ 《雅典贡赋表》，第3卷，第278—279页。
④ 密格斯《哈佛古典语文学研究》，第67卷，1963年，第14页)认为这证明《卡利阿斯和约》签订于公元前450年，而非公元前449年。我认为，这也可以用来证明同一类骚乱的其他例子：《卡利阿斯和约》签订前，埃吕忒莱与米利都发生叛乱。

清单是第十年,即公元前445/444年的,上面的数目还在。紧接其上的那份名单属于同一个核定期,所以几乎可以肯定是公元前446/445年的。从这些证据我们可以推断,要么,有一年的名单丢失了,要么,这份名单原本刻在石碑顶端的背面,但这将是份很短的名单,因为缺字的部分大概只够写70个城邦,而当时据估计,应纳贡城邦数目应该超过160个。按照推算,如果石碑顶部原来写有一份名单,那么这份名单应该是公元前447/446年的。虽然在那一年,墨伽拉与优卑亚都发生了叛乱,但一年之间纳贡城邦数目一下减少了这么多,仍然难以令人置信。同时,如果石碑顶端背面确曾刻有一份名单,那肯定会留下一些残片。我们应该同意《雅典贡赋表》的观点,认为石碑顶端的背面位置并没有任何东西,原本就是空着的,而没有征收"初获"的那一年正是公元前449/448年。①

这种观点本身并非完全不可挑战,也有碑铭学家对这种重建方式提出了质疑。② 但是,即便我们承认石碑上没有公元前449/448年的贡赋清单,也不能因此认为那一年没有征收贡赋。"之所以没有将'初获'记录下来,是因为那一年所有的贡赋都被花在了某一特别用途上。"③这是完全有可能的。另外一个可能的原因,就是来自国内的反对,也许美莱西亚斯之子修昔底德斯(Thucydides son of Melesias),或是其他持同样观点的人[-114,115-]阻止雅典人将贡赋按照一定配额

---

① 密格斯,《哈佛古典语文学研究》,第67卷,1963年,第15页。
② 参见附录D。
③ 密格斯,《哈佛古典语文学研究》,第67卷,1963年,第15页。对于公元前449至前448年间,究竟有没有收取贡赋,梅里特("雅典与提洛同盟"[Athens and the Delian League],《希腊政治[-114,115-]经验》[*The Greek Political Experience*],致敬威廉·凯利·普兰提斯论丛[Studies in Honor of William Kelly Prentice],普林斯顿,1941年,第53页)认为,这一点难以确定。梅里特当时是这样写的:"以目前所了解的情况看,不能够仅仅因为没有公元前449至前448年的名单就断定那年没有收取贡赋。在名单缺失这件事中存在很多不确定因素。也许雅典人只是收取了部分贡赋,也许雅典将收上来的贡赋全部献给了雅典娜。"这是他在1941年作出的判断,时至今日,我觉得那些不确定因素依然存在,所以他的观点依然成立。

献给雅典娜,因为他们认为用这些钱来装饰雅典并不妥当。根据这种观点,当时贡赋已经收了上来,只是没有计入清单,因为"我们手中的记录显示的只是献给雅典娜的那一部分额度,而不是贡款全部……"。① 无论这种解释是否成立,雅典肯定不会因为与波斯签订了和约就鼓励盟邦不再缴纳贡赋。否则,接着我们就必须解释雅典为什么又要重新征收贡赋,而这更难解释得通。伯利克里希望继续自己的帝国政策,希望让大家明白和约的签订并不会改变政策的本质。纳贡一事,借口或许有变,但征收程序不能发生改变。伯利克里肯定不会提出暂停缴纳贡赋,也不会默许这样的事情发生。②

在大会夭折之后不久,雅典人开始加强对帝国的控制。在斯特拉斯堡(Strasbourg)存有一份纸草纸资料。这份纸草文献似乎是对德墨司悌尼(Demosthenes)一篇演讲辞的评论,或者说,是这份评论的摘要。其中,该文献提到了伯利克里在公元前449年夏天提出的一道法令。虽然纸草纸本身有些残缺不全,但这道法令的内容还是得以基本重建:

> 负责的官员会在[纪念雅典娜的泛雅典娜节上],[-115,116-]将[从各个城邦收到的]公共资金——据阿里斯提德核算,总计5000塔伦特——搬运到卫城。之后,在建设期间,[再将另外3000塔伦特搬运到卫城];并且,为了维持[制海权],贵族议事会要负责维修旧的三列桨战舰,在修好之后交付使用,与此同时,[每年还要建造]10艘新船。③

如果斯特拉斯堡纸草的重建版本内容正确,我们就有证据证明,伯

---

① 戈姆,《古典学季刊》,第54卷,1940年,第67页。在第65—67页,我们可以读到戈姆对于该问题的整体观点。
② 有关这个问题,参见维克多·厄霖博格(Victor Ehrenberg),《索福克勒斯与伯利克里》(*Sophocles and Pericles*),牛津,1954年,第126页,注释1。对于他的观点,我能够同意的只有这句话:"无论碑铭学家怎样回答这个问题,雅典绝不可能在某一年发布官方法令,通知所有城邦无需缴纳贡赋。"
③ 参见附录E。

利克里计划将同盟资金用于雅典自身,而且有些用途还与军事无关。先拿出5000塔伦特开始工程建设,另外的3000塔伦特则分15年投入,每年投入200塔伦特。"雅典一定要重建自己的神庙。"①当然,这项建造计划并不会影响舰队的日常维护。这支舰队可以保证海上航行自由,维护和平,为贡赋的征收提供借口。贵族议事会(boulé)将负责确保旧的船只得到很好的维护,而且每年还有10艘新船下水。狄奥多罗斯说,地米斯托克利曾经成功说服雅典人每年建造20艘新船,并且直到公元前477年之后,他们还在这样做。如果我们相信狄奥多罗斯的说法,那么伯利克里的这道纸草纸法令显示,与波斯签订和约之后,雅典海军的开支得以大幅削减。②

雅典人一方面在为继续充当盟主寻找道德依据,与此同时,另一方面,他们也开始采取措施确保各盟邦服从命令。依据3则铭文资料,我们可以清楚看出雅典所推行的政策实质。③ 公元前449/448年,雅典人柯烈库动议提出法令,要求关闭[-116,117-]各盟邦的造币厂,将雅典的度量衡标准以及货币强加于他们。这道法令必须发布在所有城邦,如果当地人不张贴,那雅典人就会亲自发布。法令中公布的各项措施将由雅典官员在各个盟邦实施,如果当地正好没有雅典官员,那就改由当地执政官负责监督执行。当然,雅典人并不能确保这道法令被各盟邦彻底执行。④ 不过,这道法令措辞严厉,其中完全没有提到同盟,而且似乎大多数城邦都会有雅典官员。这些情况都足以证明,自从埃

---

① 《雅典贡赋表》,第3卷,第281页;怀德-嘉利,《哈佛古典语文学研究》增刊,第1卷,1940年,第150—151页。
② 有关地米斯托克利的造船计划,参见狄奥多罗斯:Diod. 11. 43. 3。
③ 有关《柯烈库货币法令》(Monetary Decree of Clearchus),参见《雅典贡赋表》D 14;有关克雷尼亚法令(Kleinias Decree),参见《雅典贡赋表》D 7;有关与柯罗丰(Colophon)订立的和约,参见《雅典贡赋表》D 15;根据《雅典贡赋表》,这些法令与和约的发布或订立时间分别是公元前449/448年、公元前447年,以及公元前446年。大多数学者曾经——有学者现在仍然持该观点,如马丁理——认为,前两道法令发布于公元前5世纪20年代,因为有证据证明雅典那时正在加紧对其他城邦的控制。我认为,为了应对雅典帝国在该世纪中叶所出现的危机,早在公元前5世纪40年代,雅典就已经开始加紧对盟邦的控制。我赞同密格斯的看法,反对马丁理的看法,认为碑铭学研究足以证明这些法令是在40年代发布的。
④ 罗宾森(E. S. G. Robinson),《西土学刊》增刊,第8卷,1949年,第324—340页。

吕忒莱叛乱遭到镇压后，帝国形势已经发生了很大的变化。

公元前447年，针对贡赋的征收，克雷尼亚提出了一道法令。他可能是阿尔喀比亚德（Alcibiades）的父亲。法令规定"各城邦的执政官（archon）"与雅典驻邦督查要负责确保每年的贡赋按时征收，并将其送往雅典。各个城邦必须将所缴纳的数目记录在一块石板上，然后封好，由信使将这些石板原封不动地交给雅典贵族议事会。很可能，以前贡赋短缺的责任被推在了信使身上。这则铭文接着对如何惩罚那些违反规定的行为作出了规定：

> 每个城邦必须将贡赋数目刻在石板上，交由信使送出。如果有任何雅典人，或者是来自盟邦的人在贡赋问题上出了差错，人们可以向议事会主席团（the prytany）告发他。议事会轮值主席团必须向贵族议事会报告此事，提出指控，否则每位轮值成员就要被罚款1万德拉克马（drachmas）。如果贵族议事会认为被告罪名成立，因为该议事会并没有权利决定如何处罚，所以议事会必须将案子立即移交雅典最高法庭（heliaea）。如果法庭裁定被告罪名成立，轮值成员就得负责决定被告应该受到何种惩罚或罚款。如果有人在敬献牛与铠甲时出现差错，对他的指控与处罚也要按照同样的程序处理。①

这段记录再次证明，雅典官员已经被安插在了帝国的各个地方。在这个案例中，这些雅典官员负责监督贡赋征收。对违反规定的行为的处罚程序非常严格，同时，被告还有权上诉。[-117,118-]只不过，从最初的指控，到上诉，再到判罚都是在雅典进行，而且无论在贵族议事会，还是法庭上，一切都处于雅典人的控制之中。从最后一条可以得知，在雅典节庆时敬献牛与铠甲的做法当时已经被普遍接受。这意味着所有缴纳贡赋的盟邦已经成为了雅典的殖民地。

---

① 第31—43行。在翻译这道法令时，为传达要旨，我并没有拘泥于原文那种简明的法庭语言风格。建议将译文与原文（《雅典贡赋表》，第2卷，第51页）进行对照阅读。

有一则公元前 447/446 年的铭文记录的是雅典与柯罗丰签订的一份协议。根据我们所掌握的贡赋清单,再加上这块则铭文,可以看出雅典与盟邦之间的关系正在发生变化。公元前 454/453 年的那份贡赋清单显示,柯罗丰缴纳的贡款金额是 3 塔伦特,但从公元前 450/449 年至公元前 447/446 年,清单上并没有这个城邦的记录。柯罗丰在此期间应该没有缴纳贡赋。从公元前 446 年开始,柯罗丰应缴贡赋金额被减为 1.5 塔伦特。① 铭文所记录的条约可以帮助我们正确理解这些事情。铭文的最后一段非常精彩,值得一读:

> 贵族议事会的秘书必须在石碑上刻下这道法令与誓言,并将石碑立在柯罗丰人的城内。在柯罗丰安家的外来移民必须将它与誓词刻在石碑上,并将石碑立在柯罗丰人的市集内。柯罗丰人必须宣誓:我要言行一致地善待雅典的人民[demos]及其盟友。绝不在言语上或行动上背叛雅典人,既不会主动这样做,也不会听从他人的唆使。我将热爱雅典人民,绝不辜负他们。我绝不会攻击柯罗丰的民主政权,既不会主动这样做,也不会听从他人的唆使。我不会逃到另外的城邦去,也不会跟其他城邦勾结。我以宙斯、阿波罗、德谟忒耳的名义发誓,我将谨守誓言,绝不欺骗、永无恶意。如有违反,我与我的后人必遭天打雷劈,永世不得翻身。如果我遵守了誓言,必将万事如意。②

看起来,柯罗丰人可能曾经拒绝缴纳贡赋,后来雅典人腾出手来镇压了他们,并在柯罗丰的领土上建立了一个殖民地,应该是属于雅典人或者属于忠于雅典的盟邦。雅典人在没收盟邦的土地后的习惯做法是减少这个城邦的现金贡赋。在柯罗丰,他们也是这样做的。无论以前统治柯罗丰的是何种性质的政权,现在的这个肯定是一个民主政权。需要指出的是,宣誓效忠的对象不是同盟,而是"雅典的人民及其盟

---

① 《雅典贡赋表》,第 3 卷,第 282 页。
② 《雅典贡赋表》,第 2 卷,第 69 页。

友"。誓词所用的语言[-118,119-]与希腊人所说的自治是格格不入的。

提洛同盟以前是一个由自治的爱琴海城邦组成的结盟,同盟中心与同盟金库都设在提洛岛。到公元前450年时,提洛同盟已经变成了一个由雅典殖民地组成的组织,虽然名义上她们仍然是自治的,但是雅典已经成为霸权,同盟中心与同盟金库搬到了雅典。因为脱盟、叛乱以及拒绝履行义务,拥有海军的城邦数量越来越少,而缴纳贡赋的城邦则越来越多。这些城邦缴纳的贡赋使雅典与盟邦之间的实力与影响力差距越来越大。

要想保持雅典对盟邦的控制,其中一个最有效的办法就是在盟邦的领土上建立军事殖民地。公元前450年,在纳克索斯岛、安德罗斯以及莱姆诺斯(Lemnos)都建立了军事殖民地。公元前447/446年,在因布罗斯岛(Imbros)、喀耳基司、俄莱特里亚以及色雷斯的柯松半岛(Chersonese)也建立了军事殖民地。① 军事殖民地与"殖民地"(apoikia)完全不同。军事殖民地是从其他人那里夺来土地后交由雅典人居住。这些定居者不会组成一个新的独立城邦,他们仍然是雅典公民,常常是与当地人一起生活。普鲁塔克清楚地指出了这种军事殖民地对雅典的好处:伯利克里派出这些移民,是为了"减少雅典城里懒惰的暴民,这些人不务正业,整天沉迷于公共事务。这样做还可以缓解贫困。他这样做也是为了在当地建立驻军,让盟邦因为害怕而不敢造反"。② 建立军事殖民地虽然导致了贡赋的减少,但这与其给帝国所带来的安全相比,算不了什么,这就像罗马帝国早期派出的殖民者一样。

虽然雅典还在继续征收贡赋,但有些城邦表现得非常不配合,尤其是海勒斯滂地区的城邦。于是公元前448/447年,伯利克里本人亲自领兵征讨色雷斯与海勒斯滂地区,要给当地城邦"一点颜色看看",同时

---

① 有关纳克索斯与安德罗斯,参见 Plut. *Per.* 11.5 以及 Paus. 1.27.5。有关因布罗斯岛与柯松半岛,参见《雅典贡赋表》,第3卷,第289—294页。有关喀耳基司与俄莱特里亚,参见 Diod. 11.88.3 以及 Paus. 1.27.5。

② Plut *Per.* 11.5。

也希望向远离雅典的帝国属邦显示,与波斯签订的和约并没有结束雅典的盟主地位,也没有结束这些城邦的义务。① 到公元前 447/446 年的时候,从纳贡清单已经可以清楚看出雅典加强控制所产生的效果。

---

① Plut. *Per.* 19.1;至于行动时间,参见《雅典贡赋表》,第 3 卷,第 299 页。

# 第七章 战争的结束

至少暂时而言,伯利克里的帝国政策进行得非常顺利。不过,与斯巴达的外交政策就没有这么成功了。公元前449年,斯巴达人拒绝了伯利克里的泛希腊大会邀请之后不久,就开始了所谓的"神圣战争"(the Sacred War)。他们从佛基斯人(Phocians)手中将阿波罗神庙抢了过来,交给了德尔斐人。① 根据公元前454/453年签订的一份协议,佛基斯人成为了雅典的盟友。于是,因为他们与雅典的结盟,以及雅典在奥诺斐塔(Oenophyta)的胜利,他们成功控制了位于德尔斐的阿波罗神庙。② 虽然从字面上而言,斯巴达人的行为并没有违反《五年和约》,但因为他们攻击的是雅典的盟邦,所以实际上已经违反了和约的精神。

这次行动证明,斯巴达的鹰派已经重新掌权。也许有人曾经希望,伯利克里能够彻底执行客蒙的政策路线,也许有人也曾经希望,伯利克里可以放弃他在希腊大陆所建帝国的哪怕部分领土,但《大会法令》彻底粉碎了这种希望。这道法令是一份宣言,清楚表明了雅典希望成为整个地区的宗教与政治霸主。雅典人在希腊中部所取得的成功已经让斯巴达人非常难堪,后来伯利克里又玩弄伎俩,[-120,121-]使他们不得不拒绝了参加泛希腊宗教大会的邀请,这使得他们的名声进一步受

---

① Thuc. 1. 112. 5; Plut. *Per.* 21; Philochorus, frg. 88. 对于这次圣战及后来雅典人的反击,我采用的是《雅典贡赋表》(*ATL*)(第3卷,第178页,注释64、65)中所给出的时间。同时参见戈姆,《修昔底德历史评注》,第1卷,第337页及第409页,注释2。

② *IG*, I², 26 = Tod, 39;戈姆,《修昔底德历史评注》,第1卷,第337页。

损。正是出于这种失望与愤怒之情,他们向佛基斯人发起了进攻,并恢复了德尔斐的祭司的独立。

当时,斯巴达已经从黑劳士叛乱的影响中恢复过来。与阿尔戈斯签订的和约保证了斯巴达东部侧翼的安全,雅典与波斯之间战争的结束使她不用再害怕被怀疑勾结波斯,①在鹰派的控制下,斯巴达再次率先发难。征战德尔斐很可能意味着与雅典重新开战,因为雅典曾经以一些更加不正式的理由进攻过塔纳格拉(Tanagra)。这次似乎又证明了修昔底德的说法:是雅典实力的壮大迫使斯巴达选择了战争。

事实上,雅典并没有马上回应斯巴达的挑衅。直到公元前447年夏天,雅典才派遣军队前往德尔斐,将神庙又交到佛基斯人手中。② 但是,当时局势已经发生了变化。公元前449年的时候,伯利克里仍然希望能够避免与斯巴达开战。我们知道,他当时面对着管理帝国的艰巨任务,如果处理不好,将会产生一些不可预见的问题。伯利克里肯定还念念不忘在埃及的教训,绝不希望雅典在两个地方同时开战,而且雅典当时的经济状况并不乐观。也许他希望自己所表现出来的克制可以让斯巴达人明白自己的和平愿望,从而接受现状。

当时,雅典人反斯巴达的情绪一定非常高涨,而伯利克里居然成功地将自己的这项政策维持了两年,由此可以看出他在控制雅典人情绪上的能力确实不容小觑。也许是帝国本身遇到的问题使雅典人明白了这种克制的必要性,但到了公元前447年的时候,帝国内部局势已经稳定下来,贡赋再次源源不断地涌入,于是一些好战的雅典人开始蠢蠢欲动。为了报复斯巴达人对雅典盟友佛基斯采取的行动,他们把德尔斐夺了过来,归还给佛基斯人,而他们自己也因此可以获得"卜神权"(*promanteia*),即在求神问卦时得到优待的权利。③ [-121,122-]

普鲁塔克认为这次行动是伯利克里本人指挥的,但我们对此表示怀疑。在普鲁塔克那个时代,大家都认为伯利克里非常仇恨斯巴达,因

---

① 德·桑悌,《伯利克里》,第135—136页。
② 见上页注释①。
③ Plut. *Per.* 21.

此倾向于将敌对斯巴达的一切举动归给伯利克里。在介绍雅典在圣战中所扮演的角色时，普鲁塔克的说法就是这类看法的典型代表：伯利克里"认为能将拉栖代梦人钳制住就是很大的成功，他在各个方面与他们为敌，这可以从他在圣战中的表现看出来"。这种说法不仅与伯利克里在这个时期的总体政策相矛盾，而且普鲁塔克自己也说，在那一年伯利克里拒绝出兵彼欧提亚。① 然而，我们也并不能肯定地说普鲁塔克信息有误。如果普鲁塔克说得没错，那我想当时伯利克里一定是迫不得已才亲自指挥了这次行动，或者是不想将这次行动交给一个鲁莽的将领指挥，这与尼基阿斯出面指挥西西里远征的原因一样。无论伯利克里对这次行动持何种态度，可以肯定的是，他肯定希望压制住那些因为这次行动而信心倍增的好战分子的躁动。

公元前446年春天，彼欧提亚地区寡头政权复辟。此前雅典人曾经将当地的寡头政权赶走，以亲雅典的民主政权取而代之。现在，这些寡头分子重新占领了奥尔科门内（Orchomenus）与夏龙尼亚（Chaeroneia）。在彼欧提亚的其他地方，例如洛克里司（Locris）与优卑亚，那些被流放的寡头势力也是蠢蠢欲动，希望将雅典的朋友赶下台，重新开始"自治"，即不再受雅典的控制。② 雅典有可能失去自己刚刚在希腊中部建立的帝国。托尔米德（Tolmides）是当时最大胆、最好战的雅典领袖之一，他主张马上进攻彼欧提亚，收复失地，恢复雅典在当地的势力。根据普鲁塔克的记载，伯利克里"在大会上竭力说服他，劝他克制，并说了一句经典名言：如果他不愿听伯利克里的话，那就等时间来告诉他，因为时间是最好的军师"。我们认为普鲁塔克的这段描述应该是非常准确的，因为他将这句名言清楚地与一次具体事件联系在一起。③ [-122,123-]

---

① Plut. *Per.* 18. 2—3.
② Thuc. 1. 113. 1—2；4. 92. 6；Diod. 12. 6.
③ 这一具体事件载于 Plut. *Per.* 18. 2—3. 很多学者对普鲁塔克的说法提出了质疑。例如，布索特《希腊历史》，第3卷，第1册，第421页，注释2）。布索特认为，这个故事是[-122,123-]普鲁塔克虚构的，目的是为了用托尔米德的有勇无谋来衬托出伯利克里的远见卓识。他引用了敦柯（Duncker）的观点：拖延只会让彼欧提亚的情况进一步恶化。我认为这是发生在公开场合的具体事件，虚构的可能性不大。毫无疑问，拖延只会让彼欧提亚的局势更加糟糕，但我们之所以怀疑普鲁塔克的说法，仅仅是因为我们（转下页注）

在希腊本土发生叛乱之前,没有多少人支持伯利克里的和平政策路线,但在此之后,情况就不同了。一定有很多人开始认识到,在普遍不受当地人欢迎的情况下,要想占领这么大面积的土地是不可能的。① 可是,奥尔科门内现在居然与她的宿敌忒拜站到了一起,这让我们意识到将彼欧提亚最重要的阶层统一起来的是一种多么强烈的感情。这个阶层是一群拥有土地的公民,他们是重装步兵方阵的兵源,在彼欧提亚有着举足轻重的作用。雅典人头脑清醒,一定注意到了这一点。②

结果,伯利克里还是未能阻止雅典人征战彼欧提亚。托尔米德率领1000名雅典重装步兵,再加上来自盟邦的军队,前往彼欧提亚解放那些落入寡头集团手中的城邦。公元前462年,客蒙去斯巴达时率领了4000人,当年在塔纳格拉多达13000人。相比之下,这次的人数少了许多。托尔米德的自信与鲁莽使他低估了彼欧提亚那些寡头集团的能力。最初的行动还是很成功的。一开始,托尔米德占领了夏龙尼亚,将当地人卖为奴隶,并留下雅典军队在当地驻防。不过,在返回的路上,意想不到的事情发生了。来自奥尔科门内、洛克里司、优卑亚岛的寡头势力与其他的彼欧提亚人组成了一支军队,在刻龙尼亚对雅典人进行了伏击,取得了彻底的胜利。很多雅典人阵亡,其中包括他们的主将,托尔米德,另外还有很多成为了[-123,124-]俘虏。仅此一役,雅典在希腊大陆所建立的帝国就告终结。雅典人很快接受了现实;同意从整个彼欧提亚地区撤出,以此换回被俘的雅典人。失去了彼欧提亚,佛基斯与洛克里司也将不堪一击。③

事情并没有就此结束,从刻龙尼亚一役,厄运才刚刚开始。或许是这次战斗打破了雅典人不可战胜的神话;或许是到了报应的时候。总

---

(接上页注)认为伯利克里当时并不愿意放弃彼欧提亚;而我认为伯利克里并不是这样想的。

① 戈姆(《修昔底德历史评注》,第1卷,第339页)说:"普鲁塔克的意思是伯利克里(至少在当时)选择放弃彼欧提亚地区,并且即便是在打败仗之前,在雅典也有很多人觉得没有能力继续控制这个地区——他们觉得控制这个地区只会削弱雅典的实力,而非加强。普鲁塔克的这种观点确实有一定的道理。"

② 德·桑悌,《伯利克里》,第134页。他说这个阶层"显然是最强有力、最有组织、最为富裕的有产阶层,能够自行支付武装费用的那个阶层"。

③ Thuc. 1. 113; Diod. 12. 6; Plut. *Per.* 2—3.

之,雅典在彼欧提亚吃了败仗之后,其他地方马上开始造反。公元前446年夏天,优卑亚岛也发生了叛乱。在伯利克里看来,这次叛乱与彼欧提亚地区的叛乱完全不同。优卑亚岛是一个非常富裕、有着重要意义的岛屿,岛上有几个城邦所缴纳的贡赋数额相当可观,并且优卑亚岛刚好位于通向海勒斯滂地区的路线上。一旦落入敌人的控制,那将给雅典帝国带来很大的麻烦。出于这些考虑,伯利克里立即领兵横渡羑里普斯海峡(Euripus),希望镇压这次叛乱。不过,他刚刚上岸就收到了令人震惊的消息,不得不打道回府:墨伽拉也打出了反旗。在科林斯、西叙昂以及埃皮道鲁斯(Epidaurus)的帮助下,墨伽拉几乎全歼了雅典在当地的驻军,残余部队则逃到了尼赛亚(Nisaea)。墨伽拉是阻碍来自伯罗奔尼撒的进攻的最好屏障。没有了这个障碍,伯罗奔尼撒的军队随时可以向亚狄珈平原进军了。《五年和约》刚刚到期,似乎斯巴达人已经计划好在和约到期的时候展开一次统一行动。①

　　伯利克里别无选择,只能保卫亚狄珈。他率领军队回国,准备迎接来犯的伯罗奔尼撒大军。当时,这支军队正在埃琉西斯(Eleusis)与瑟利西亚平原(the Thriasian plain)大肆破坏。大战似乎迫在眉睫。不过,正在此时,由斯巴达国王普雷斯托阿纳克斯(Pleistoanax)与他的参谋克廉追达(Cleandridas)率领的伯罗奔尼撒军队却突然掉头回国了。古人对这桩怪事,给出了一个非常简单的理由:伯利克里贿赂了普雷斯托阿纳克斯与克廉追达,让他们放弃行动。② 现代[-124,125-]学者发

---

① Thuc. 1. 114. 1—2; Diod. 12. 5; Plut. Per. 22. 1—2.
② 普鲁塔克(Plut. Per. 22—23)说,斯巴达人在撤军之后对他们两位的表现非常不满。普雷斯托阿纳克斯被处以重罚,他无力支付,于是被迫离开斯巴达。至于克廉追达,根据普鲁塔克的说法,他主动流亡,被缺席判处死刑。普鲁塔克还在其记载中提到,伯利克里在那一年的账单上,为此注明所花费的这笔款项"为了一项必需"(εἰς τὸ δέον)。普鲁塔克还转述了迢弗拉司忒(Theophrastus)的说法:此后,伯利克里每年都给斯巴达 10[-124,125-]塔伦特,希望安抚斯巴达官员,争取更多时间进行备战。值得注意的是,其实埃弗鲁斯(Ephorus, frg. 193)只说斯巴达人怀疑(ὑπολαβόντες)他们的官员收受了贿赂。迢弗拉司忒说的这个故事肯定是虚构的,因为在他那个时候,普遍认为伯利克里是斯巴达最大的敌人,他编这样的故事只是为了迎合这样一种舆论。有的学者认为行贿之说真有其事,例如,沃尔克,《剑桥古代史》,第5卷,第90页,以及梅耶,《古代历史》,第4卷,第586页。还有学者则认为,该故事是虚构的,根本不用理会,例如,贝洛赫,《希腊历史》,第二版,第2卷,第1册,第183—185页;布索特,《希腊历史》,第3卷,第1册,第429页。所有人都认为仅凭这件事并不足以解释当时发生的事情,参见德·桑悌,《伯利克里》,第139页。

现这个解释即便成立,也不够具备解释力。显然,为了让斯巴达人撤军,伯利克里肯定向普雷斯托阿纳克斯和克廉追达开出了非常优厚的和谈条件,让人无法拒绝。这些条件与《三十年和约》中的条件即便有所不同,也一定非常相似。必须放弃希腊本土地区,而墨伽拉现在有伯罗奔尼撒军队撑腰,掌权的又是反雅典的寡头政权,要想夺回来肯定得付出不小代价,而且胜算不高。帝国现在险象环生,雅典不能再去冒这样的风险。对于雅典而言,接受新的现实只有好处,没有坏处。

  对于斯巴达人来说,停战也有道理。即便能打赢,在塔纳格拉的经验告诉他们,与雅典重装步兵交战,代价必定不小。另外,正如德·桑悌所言,"如果伯利克里真地花钱收买了普雷斯托阿纳克斯与克廉追达,让他们从亚狄珈撤军,那这笔钱花得毫无意义"。① 因为即便斯巴达人取胜,他们充其量也只能是多杀几个雅典士兵,在亚狄珈的土地上劫掠豗突一番。从公元前431年开始的那场伯罗奔尼撒战争可以得知,这样做并不能摧毁雅典帝国,也不能让雅典臣服。如果伯利克里愿意放弃雅典在希腊大陆的野心,那就没有必要再去打一场代价极高的仗。任何一个理性的斯巴达人都会觉得这已经足够了。当然,并非所有的斯巴达人都是理性的。那些好战分子非常仇恨雅典,对雅典在公元前478年夺走了斯巴达的霸主地位耿耿于怀。对这些人而言,必须彻底打败雅典人,他们才会善罢甘休;做不到这一点,那就是叛国。从他们[-125,126-]成功地指控普雷斯托阿纳克斯与克廉追达并将他们入罪可以看出,对雅典的仇恨在斯巴达政治中扮演了举足轻重的角色。不过,在短暂的思考之后,斯巴达人又恢复了理智。②

  斯巴达人的撤退使伯利克里获得了他想要的时间。他率领50艘三列桨战舰、5000重装步兵重返优卑亚岛,很快平息了当地的叛乱。优卑亚岛问题的解决结束了雅典人在埃及战败之后的一系列平乱工

---

① 德·桑悌,《伯利克里》,第139页。
② 可以将这段故事与国王阿吉斯(Agis)在公元前418年的经历进行比较。他当时成功阻止了一场一触即发的战争,签订了停战协定,结果斯巴达人对他处以一万德拉克马的罚款,将他的房子烧毁,还专门通过一条法令,规定如果他要带领斯巴达军队出国,必须先征得一个专门任命的十人参谋团(*xumbouloi*)的同意(Thuc. 5.63)。

作,与此同时,同盟也完成了重组,真正变成了雅典帝国。托尔米德已经在优卑亚建立起军事殖民地,时间或许就是在彼欧提亚叛乱的时候。这或许有助于制止具有寡头派倾向的优卑亚人去帮助他们的彼欧提亚邻邦。① 伯利克里在结束叛乱之后采取了非常果断的措施。希斯提亚人(Hestiaean)被控暴行累累,全部被驱逐出境,他们的土地被分给了雅典移民。② 优卑亚岛上其他的城邦则与雅典签订了协议,但条件比较苛刻。例如,在喀耳基司,当地最富饶的土地利兰丁平原(the Lelantine plain)被从当地贵族阶级"饲马人"(Hippobotae)手中收回。部分被献给了雅典娜,租给他人耕种;其余的则被交给雅典的军事殖民地移民。在俄莱特里亚(Eretria)似乎也建立了一个类似的军事殖民地。③ 在一块保留下来的碑文上,我们发现了雅典人与喀耳基司订立的协议;而另外一块碑文的残片显示,雅典人与俄莱特里亚(Eretria)也签订了类似的协议。④ [-126,127-]与喀耳基司人签订的协议并不是非常严厉。雅典人管理他们在当地的官员,而喀耳基司则保留了对自己的行政官的控制权,"这是自治的真正标志"。⑤ 但在某些方面,这份协议还是非常严厉的。喀耳基司人的行政官的职能受到了限制,他们无权审理叛国罪,并且如果一个案子需要判处流放、死刑、或者剥夺公民权时,必须移交给雅典法庭。雅典人保证遵守条约,不对喀耳基司及其公民采取单方面行为,但喀耳基司人必须根据核定数额缴纳贡赋。雅典驻军暂时留在当地,喀耳基司必须交出人质由雅典人看管。最后,每位喀

---

① Diod. 11. 88. 3;Paus. 1. 27. 5;《雅典贡赋表》,第 3 卷,第 294 页。
② Thuc. 1. 114. 3; Plut. *Per.* 23. 2.
③ Aelian *V. H.* 6. 1; Plut. *Per.* 23. 这里的说法来自《雅典贡赋表》,第 3 卷,第 288—297 页。至于不同观点,可以参见倪赛耳豪夫(Nesselhauf),《提洛-亚狄珈同盟历史研究》(*Untersuchungen zur Geschichte der delisch-attischen Symmachie*),第 135—138 页以及戈姆,《修昔底德历史评注》,第 1 卷,第 344—346 页。他们认为当地在叛乱平息后,雅典人并没有在此建立军事殖民地,这些土地被租给了雅典人以及当地的优卑亚人。
④ 《雅典贡赋表》D 16 与 D 17,《雅典贡赋表》,第 2 卷,第 69—72 页。另外,亦可参见托德(Tod),《希腊铭文选辑》(*Greek Historical Inscriptions*),第 1 卷,第 82—86 页;戈姆,《修昔底德历史评注》,第 1 卷,第 342—345 页;以及《雅典贡赋表》,第 2 卷,第 69、70 页的参考文献。
⑤ 戈姆,《修昔底德历史评注》,第 1 卷,第 342 页。上面的铭文是这样写的:τὰς δὲ εὐθύνας Χαλκιδεῦσι κατὰ σφῶν αὐτῶν εἶναι ἐν Χαλκίδι καθάπερ Ἀθήνησιν Ἀθηναίοις。

耳基司人还必须宣誓。誓言内容与强加于柯罗丰（Colophon）的那份誓词非常相似：

> 我不会以任何形式背叛雅典人民，无论是言语上，还是行动上。我也不会跟着人家造反；如果有人胆敢造反，我会向雅典人告发他；我会根据雅典人核定的数目缴纳贡赋，我会竭尽全力成为雅典人最好的盟邦，如果有人胆敢伤害雅典人民，我一定会帮助雅典人民，保护他们，我会听从雅典人民的指挥。

雅典处置喀耳基司与俄莱特里亚的方式，令我们对第一次伯罗奔尼撒战争之后雅典帝国所面临的局势有了完整的了解。10年之后，当伯罗奔尼撒大战爆发之时，情况并没有发生多大的变化。一个由自治城邦自愿成立的同盟已经变成了一个庞大的帝国，其中的盟主可以强迫其殖民城邦提供军事援助，缴纳贡赋，表达宗教虔诚。驻军、建立军事殖民地、外邦官员、强加于属邦的政体，再加上我们在雅典帝国法令中所见到的语言，这一切显然都与自治无关。最开始，该组织的目的是为了反抗波斯，但是现在，该组织强调的则是泛希腊地区的统一与和平、宗教虔诚，以及海上安全。

我们并不能质疑说，这种结盟关系让大多数的成员毫无获益，但在很多情况下，维系这种同盟关系的不是利益，[-127,128-]而是武力。到公元前445年，只有列斯堡、开俄斯，以及萨摩司还保持自治，并拥有较为强大的海军力量。对雅典帝国安全的下一次最大考验，就会来自这其中的某个城邦。我们会发现，雅典成功地面对了这次挑战，并没有改变自己的帝国政策。我们还会发现，在两次大战的间隙，其国内局势非常稳定，比自己在伯罗奔尼撒的头号对手好很多，因此那些心怀不满的盟邦无法找到机会。与斯巴达不同的是，在两次大战之间，雅典作为同盟霸主，可以自由选择与执行适合自己的政策，并且雅典人很清楚，只要拥有强大的舰队、充实的金库，自身的领导地位就不可动摇。

公元前446年夏末或秋初，斯巴达人与雅典人签订了《三十年和约》，并在当年冬天宣誓生效。我们没有整份和约的副本或转述，但从零零散散的引用中可以拼凑出它的内容。雅典人同意放弃在伯罗奔尼撒半岛的所有据点。因为其中没有提到诺帕克都港(Naupactos),所以雅典可以保留这个战略要地。这些就是有关领土问题的所有条款。这意味着雅典同意放弃自己在希腊大陆上建立的帝国,实际上她当时已经丢掉了这部分领土。不过,因为当时斯巴达与雅典都是代表自己的盟邦宣誓的,而且和约中的其他条款承认希腊现在已经被分成两个集团,所以这些可以看作是对雅典帝国的正式承认。两个同盟中的成员都不准改换阵营。至于中立城邦,他们可以凭借自愿,加入任意一方。和约对阿尔戈斯作出了特别的安排。根据公元前451年的《三十年和约》,阿尔戈斯应该属于斯巴达这一方,但这份新和约却并不包括阿尔戈斯。这清楚表明,只要阿尔戈斯愿意,她就可以与雅典签订协议。当然,在公元前421年之前,协议是不能针对斯巴达的,因为斯巴达与阿尔戈斯的和约在那以后才会失效。最后有一条款规定,所有的争议都要通过仲裁解决。①

在历史上出现过各式各样的和约。第一种和约是当战争中的一方将另一方彻底打败之后[-128,129-]签订的。这与其说是协议,还不如说是一个公告,因为它只是向阵亡将士的家属宣布遗体的处置办法。罗马与迦太基在最后一场战争之后所签订的协议即属此类。在第二种和约中,一方明显占上风,另一方虽然输得很惨,但还没有被彻底打败,于是胜利的一方将一些非常苛刻的条款强加于失败的一方。在第二次布匿战争之后,罗马强加给迦太基的和约,以及德国在1870年强加给法国的和约都属于此类。当然,还有的人认为1919年强加在德国头上的《凡尔赛和约》也应归入此类。这样的条约经常会埋下另一次战争的种子。因为这种和约虽然羞辱了战败的一方,却并没有摧毁这一方复仇的能力。在第三种情况中,双方都意识到了战争的危险与代价,都明白和平的好处,于是希望签订和约结束战争。这种和约的目的不是为

---

① 有关和约签订时间,参见《雅典贡赋表》,第3卷,第301—302页;关于和约内容,参见 Thuc. 1. 35. 2; 40; 44. 1; 45. 3; 67. 2; 67. 4; 78. 4; 140. 2; 144. 2; 145;以及7. 18; Diod. 12. 7; Paus. 5. 23. 3。

了摧毁与羞辱对方,而是为了维护稳定与安全,防止战争重新爆发。《威斯特伐利亚和约》(Peace of Westphalia),以及维也纳会议为了结束拿破仑战争而达成的协议都属于此类。此类和约的成功有两个要素:必须准确反映出当时的军事、政治以及意识形态方面的现实;和约签订方必须有足够的诚意,愿意将和约坚持下去,而不仅仅是希望利用这个机会进行备战。

  如果将公元前 446/445 年签订的这份协议视为真正的和约,那么,该和约显然属于最后一类。双方都没有办法打败对方,从而将自己的意愿强加于对方。问题在于,这是否只是一份临时的停火协议。对这个问题的回答通常是肯定的。人们习惯于认为第一次伯罗奔尼撒战争仅仅是个序曲,而后的伯罗奔尼撒大战是不可避免的。① 不过,这种观点完全是事后之见。因为某件事情已经发生,就说这是不可避免的。如果我们不带偏见地审视《三十年和约》,就会发现,其中至少 [-129, 130-] 包含了让和平得以维持的第一要素:正视现实。和约承认了斯巴达在希腊大陆的地位以及雅典对自己帝国的控制,从而较好地消除了波斯战争之后导致希腊世界动荡不安的主要原因。公元前 479 至前 477 年所发生的事情使希腊出现了领导权之争。在公元前 462 年客蒙被赶出斯巴达之前,斯巴达领导下的统一得以艰难维持。公元前 461 至前 446 年的战争也许可以实现统一:或者是由斯巴达领导,或者是由雅典领导;也许会迫使双方接受两足鼎立的新现实。既然大家都无法凭借自己的力量打败对方,那么一份承认两足鼎立的和约完全符合现实,因此有希望让局势稳定下来。

  当然,与所有的协议一样,这份和约也包含了一些潜在的不稳定因素。双方互不信任的心态并没有改变。很多雅典人仍然希望能够统领天下,成为当仁不让的霸主,然后四处扩张。很多斯巴达人与伯罗奔尼撒人仍然对雅典人的这些野心感到担忧,甚至有人认为只要雅典强大,就会对其他希腊城邦的安全与独立构成威胁,也会影响到斯巴达的声

---

① 例如,布索特《希腊历史》,第 3 卷,第 1 册,第 438 页)曾说:"漫长的敌对不过是序幕,敌对双方检验权势,不断练习,获得经验,直至最后决战"。

誉与地位。雅典人担心的则是，心怀不满的斯巴达人只是在等待一个摧毁雅典帝国的最佳时机。雅典仍然控制着科林斯湾上的诺帕克都港，这肯定让科林斯很不开心。在雅典帝国中有些城邦与斯巴达保持着友好关系，例如埃基纳（Aegina），有的则与科林斯交好，例如波提狄亚（Potidaea），这些都是潜在的问题。另外，条约规定，中立城邦有权自由选择加入任意一方，这也有可能引发冲突。虽然所有这些都有可能引发问题，但只要双方真正愿意遵守和约，避免过激的政策，战火就不一定会重燃。在接下来的 10 年中，受到考验的正是双方的这种意愿。

#  第三编　和平年代

# 第八章 雅典政治:伯利克里的胜利

当一个世界被分裂为互不信任的集团时,对和平最大的威胁是每个国家内部的政治动荡。我们已经看见,雅典与斯巴达的内部政治斗争如何导致了第一次伯罗奔尼撒战争的爆发。如果要避免战争再次爆发,那么双方都必须保持克制,并且要让对方放心,而坚持这样的政策无论在什么制度之下都是很困难的。然而,幸运的是,在和约签订之后没几年,雅典政局开始稳定下来,这使得雅典在处理外交事务时表现出一种稳定与克制。

当年之所以会在刻龙尼亚打败仗,就是因为执行的是一种冒险政策,如果我们没有搞错的话,这项政策与伯利克里无关。这项政策来自于以托尔米德(Tolmides)为首、更有野心的那一派,而伯利克里未能控制住这些人。后来,因为托尔米德的去世,并且他的政策产生了灾难性的后果,这一股政治上的反对势力受到沉重的打击。借用一个后来才出现的词汇,我们可以将这一派称为"左派"。这些左派暂时不会再给伯利克里制造什么麻烦了。民众依然非常支持他的国内政策。不过,他最依赖的还是那些曾经支持过客蒙、后来又跟随客蒙与伯利克里结盟的温和派。客蒙渐渐远离他们的记忆,伯利克里已经逐渐成为民主派中主张克制的代表,因此这些人对伯利克里愈加拥护。[-133,134-]卡利阿斯(Callias)得以受到他的信任,成为客蒙与伯利克里结盟的象征,成为《三十年和约》的签订者之一,这一切绝非巧合。①

---

① Diod. 12.7.

然而,随着左派反对势力的消失,在右派中却诞生了新的反对力量。为首的是美莱西亚斯之子修昔底德斯(Thucydides son of Melesias)。① 他可能是客蒙的妹夫。正是因为他与客蒙的这一层关系,使得某些学者认为他继承了客蒙的衣钵,成为贵族势力"出类拔萃之辈"(kaloi kagathoi)的领袖。在此,记录下关键信息的仍然是普鲁塔克。② 不过,并非所有的人都相信普鲁塔克。对于这些反对伯利克里的人,伊涅特(Hignett)有着不同的看法:

> 普鲁塔克将他们称为"贵族派",但他对雅典政治的看法因为自己所处的时代而有所扭曲,并且他总是没能意识到公元前5世纪时,在雅典并不是只有两派,而是三派。反对派的新领袖是美莱西亚斯之子修昔底德斯。他被称为客蒙的"姻亲"($κηδεστής$),有可能是客蒙的妹夫。他的追随者也许主要就是客蒙当年的支持者,即组成重装步兵的那一阶层。③

普鲁塔克确实可能没有理解公元前5世纪时的政治,但伊涅特自己的理解也不够准确。资料显示,当时在雅典似乎存在两个主要的政治派别。其中一派是在埃斐亚提斯(Ephialtes)与伯利克里反对战神山议会的斗争中形成的。这一斗争始于463年。在形成之初,这一派应该说是激进的,但随着时间的流逝,他们所推行的政策的成功,再加上长时间的掌权,他们不再激进。用一个当代词汇来形容,或许我们可以称他们为"自由派"。当然,并不是所有的人都会随着年龄增长而成熟;而且同一政治团体的成员也不可能保持观点绝对一致。埃斐亚提斯的追随者中有些只是支持他与斯巴达的对抗,并不反对战神山议会。在第一次伯罗奔尼撒战争中,有这种想法的人可能会越来越多。托尔米德似乎就是其中之一。托尔米德死后,这部分人群龙无首。除此之外,

---

① 怀德-嘉利(Wade-Gery),《希腊历史文集》(Essays in Greek History),牛津,1958年,第246—247页。
② Plut. Per. 11. 1.
③ 伊涅特,《雅典政制史》,第256页。

埃斐亚提斯这一派中还有一些激进分子,他们对伯利克里所推行的与斯巴达和平共处的政策非常不满。[-134,135-]另外一个主要的政治派别是在波斯战争后联手反对地米斯托克利的过程中产生的。这一派建立了战神山议会政体,后来又在客蒙的领导下反对埃斐亚提斯所推行的改革。我们可以称之为"保守派"。

客蒙适应了新的形势,与伯利克里联手,共建雅典帝国,寻求斯巴达的理解,而他的大多数追随者也跟了过来。不过,总有那么一些顽固分子,拒绝接受新的民主政权。在塔纳格拉战役之前,他们曾经阴谋里通外国,但被客蒙挫败了。客蒙死后,这些人终于可以团结起来反对伯利克里。在这个过程中,两派中的温和派因为共同的利益而渐行渐近。因此,当时表面看起来像是三派:激进派、温和派、寡头派,但实际上主要就是两派:自由派与保守派,只不过每一派中都有部分激进分子。当左派中的好战势力因为公元前446年的惨败而失去民心之后,整个政治形势因为他们的出局而发生了相应变化。伯利克里所领导的温和派的政策虽然没变,却因此显得有些偏左,而在这一派别右边留出的空间则被寡头势力所填补。10年前的卖国嫌疑曾经让他们名誉扫地,但现在时过境迁,他们重新开始活跃起来。

修昔底德斯所领导的这一派包括了那些曾经拒绝接受伯利克里的民主政权的寡头分子。凭借自己的政治才能,修昔底德斯成功地将这样一个背负卖国嫌疑的政治团体,改造成为一个受人尊敬的、爱国的反对派。这个派别差一点就推翻了伯利克里以及他所推行的政策路线。修昔底德斯最大的创新是他对政治组织的改革。此前,我们一直用"派别"这个词来形容雅典的政治团体,这其实并不准确。当时的政治组织并没有什么政治纲领。即便在克里斯提尼(Cleisthenes)改革之后,传统政治所依赖的家族政治依然没有改变。埃斐亚提斯推行的改革确实使政治生活在意识形态以及阶级之间产生了明显的区分,但随着伯利克里转趋温和,与客蒙合作,意识形态及阶级之间的界限又开始变得模糊不清。伯利克里的政治立场与客蒙[-135,136-]刚上台之时的立场并无多大差别;伯利克里与客蒙一样,所依赖的都是个人魅力,给附庸恩惠,与势力强大的贵族家庭联手。最大的区别在于,伯利克里是从公共财政中拿钱出来施惠,而不是从个人腰包掏钱,因此受惠附庸更多。他们两个人都没有建立所谓的政党,也没有制订相应的章程。

政党和章程这些事物,都将是修昔底德斯的创造。雅典的党派政治还比较落后,当时那些政治团体即便是在召开公民大会时也不坐在一起。修昔底德斯改变了这种现象,"他不允许那些被称为出类拔萃之辈的人像以前那样散坐在其他人中,因为人少,这样体现不出他们的价值。他将他们挑选出来,组成一个团体,使他们力量大增"。① 这个组织不仅非常有效,并且通过这一组织形式,我们可以发现,在政治上支持伯利克里的,乃是多个派别的组合。伯利克里的自由派与客蒙的保守派之间的结合实为形势所迫,他们之间仍然有着很多的分歧,但伯利克里选择不挑明这一点。现在这个新的政治组织,因为要统一行动,所以一切必须说得清清楚楚。普鲁塔克对这种新局面进行的描述是很有说服力的:

> 从一开始,平静的表面之下就有暗流涌动,就像铁块中的瑕疵一样,这就是平民与贵族政策之间的分歧,但反对派的对抗与野心给国家造成了极大的分裂,其中一部分被称为"民众"[$δῆμος$],另一部分则被称作"少数派"[$ὀλίγοι$]。②

然而,仅靠组织机构上的改革并不能够击败伯利克里所领导的强大联盟。"少数派"($oligoi$)还需要一个政治纲领来将那些温和派从伯利克里身边吸引走。修昔底德斯希望将埃斐亚提斯的民主革命推翻重来。这个想法非常大胆。不过,从我们所掌握的零星证据来看,他确实是这样想的。③

---

① Plut. *Per.* 11. 2—3.
② Plut. *Per.* 11. 3—4.
③ 有关史料参见翡恩(Fiehn),《保-威古典学百科全书》,第 6 卷,上册,1937 年,条目"修昔底德斯(2)",第 625—627 页。[-136,137-]翡恩还对到他那个时代为止近现代德国学者在这个问题上的研究进行了总结。在有关修昔底德斯的研究中,怀德-嘉利的文章是最重要的,同时也是最有趣的。虽然对于这篇文章所得出的结论,很多我都无法赞同,但这篇文章增进了我们对修昔底德斯这个人,以及他所处的政治环境的了解;可参见劳彼茨切克(A. E. Raubitschek),《凤凰学刊》,第 14 卷,1960 年,第 81—95 页。

我们知道,修昔底德斯有着[-136,137-]纯正的贵族血统。在柏拉图《美诺篇》(Meno)中,苏格拉底赞扬他给自己的孩子提供了很好的通识教育,并将他们培养成雅典最优秀的摔跤手。不过,苏格拉底又以他为例,证明即便是最优秀的人也没有办法将自己的美德传给自己的孩子。他在雅典与盟邦有很多的朋友;"他来自一个大家族,在雅典与希腊其他地区都有着很大的影响力"。① 摔跤当然是最具有贵族特征的活动,柏拉图本人就是一位著名的摔跤手。摔跤场给雅典的年轻贵族以及他们的教练、观众、朋友提供了一个很好的聚会场所。如果柏拉图所记载的谈话真的具有代表性,那么我们可以从中看出,这些人对民主并无好感。根据怀德-嘉利的说法,修昔底德斯的父亲美莱西亚斯是当时最优秀的摔跤手,品达曾经写过一篇凯歌(epinicion)赞美他,这位最具贵族气质的诗人还将"雅典人所能得到的最高评价"送给了他。"任何对品达或者公元前 5 世纪初期的希腊社会有着足够了解的人,都会承认这位集诗人、教练以及运动健将于一身的人,也是来自同一个阶级——在整个希腊有着广泛影响的贵族阶级",②对此我们毫无异议,而美莱西亚斯的儿子修昔底德斯,当然也属于这个阶级。

　　亚里士多德对美莱西亚斯的儿子评价甚高。他曾说,从远古以来,雅典最出色的 3 位政治家是尼基阿斯、修昔底德斯以及塞剌墨涅斯(Theramenes)。亚里士多德说,对于尼基阿斯与修昔底德斯,大家都认为"他们不仅仅是'出类拔萃之辈',而且是政治家,治国如齐家[patrikos]"。③ 对于将塞剌墨涅斯纳入三甲之中,亚里士多德给出了自己的解释,据此可以看出在他的心目中,怎样才算是优秀的政治家。虽然我们[-137,138-]不知道塞剌墨涅斯动机如何,但塞剌墨涅斯确实曾经卷入了公元前 411 年的四百人政权政变(the Four Hundred),并

---

① Pl. Meno 94 c—d.
② 有关美莱西亚斯,参见怀德·嘉利,《希腊历史文集》,第 243—247 页。
③ Arist. Ath. Pol. 28. 5:πάντες σχεδὸν ὁμολογοῦσιν ἄνδρας γεγονέναι οὐ μόνον καλοὺς κἀγαθοὺς ἀλλὰ καὶ πολιτικοὺς καὶ τῇ πόλει πάσῃ πατρικῶς χρωμένους. 关于我对"patrikos"这个词的翻译,参见桑兹(J. E. Sandys),《亚里士多德的雅典政制》(Aristotle's Constitution of Athens),伦敦,1893 年,第 114—115 页。

且正是因为他的政策,雅典人才会因为饥馑而不得不在公元前404年无条件地向斯巴达投降,他还曾经加入"三十僭主政权"(the Thirty Tyrants),之后成了他们的狂热的牺牲品。普鲁塔克认为修昔底德斯领导的是一个贵族集团,他们推行的是贵族政策,被称作"少数派",与"民众"相对立,这并非由温和的民主派所组成的一个集团。似乎找不到任何证据可以反驳他的这种观点。

我们还可以通过另外一份文献了解修昔底德斯这一派的思想与目的。这是一部小册子,题为《雅典政制》(Athenaion Politeia),被归为色诺芬作品,但我们认为,这绝不可能是色诺芬的作品。究竟是谁人所写,众说纷纭。通常将这位匿名作者称为"老寡头"(Old Oligarch)。有的学者认为是美莱西亚斯之子修昔底德斯本人所写。这种说法也是无从考证,所以最好的办法是承认我们并不知道作者是谁。① 当然,同时应该指出的是,学者们都喜欢将这位老寡头的观点与修昔底德斯的观点联系在一起。如果我们将他的观点与修昔底德斯所提出的政纲进行比较,应该也会赞同这种做法。

我们不清楚这小册子的准确用意以及创作时的环境,但它肯定不是在说反话或是在开玩笑。这是一部很严肃的作品,是一位支持寡头政治的人写给其他同样支持寡头政治的人看的。只不过作者是在借一位支持寡头政治的人之口,告诉其他支持寡头政治的人,从民主的角度来看,雅典的民主政权是一个非常合理的机构。他是这样开始的:

> 对于雅典人的政体,我并不会赞扬他们作出这样的选择,因为受益更多的是暴民(πονηροί),而非士族(χρηστοί),所以我绝不会赞扬这种制度,但既然他们已经选择了这样的制度,我想说的是,他们很好地坚持了这项制度。[-138,139-]并且在其他希腊人认为他们做错了的方面,他们也做得很出色。

---

① 有关其作者、时间以及解读,参见戈姆,《哈佛古典语文学研究》增刊,第1卷,1940年,第211—245页,以及哈特维希·弗李希(Hartvig Frisch),《雅典政制》(The Constitution of the Athenians),哥本哈根,1942年。书后所列文献资料非常详尽。我所引用的内容全部来自弗李希整理的文本及给出的译文。

为什么雅典要"偏向那些粗鄙之人、贫穷之属以及平民百姓,而不是那些富人"?因为使雅典变得强大的是海军,而船员都是来自下层社会的人。从这个角度我们完全可以理解,对于那些安全、给薪的职位,他们采用抽签的办法进行选派,而对于那些危险的职位,例如将军、骑兵指挥等,则把它们交给"最有资格之人"($δυνατοτάτους$)。某些人会奇怪为什么雅典人将政府中大部分的权力交给了普通民众,而非贵族,这些人会认为:

> 在每一个国家,贵族都是与民主相对立的。他们是最优秀的人,远离放纵与邪恶,谨守道德;而在民众之中,我们看到的则是无知、混乱、邪恶;贫穷使他们道德堕落,缺少教育,有些人还会因为缺钱而变得非常愚昧。

在老寡头看来,如果选择重视才能与品德,民主政权很快就会解体。事实上,民众宁愿生活在一个拥有自由与主权的制度里,也不愿意成为理想社会制度中的下等人。他对那些同样拥护寡头政治的听众说:"他们并不在意制度的好坏。在你们认为并不完美的这个制度里,人民可以掌权,可以享受自由。"

他清楚地表明,他与朋党会建立一个完美的制度。我们所说的"理想或完美的制度"在希腊文中是"优诺弥亚"(*eunomia*),悌尔泰俄斯(Tyrtaeus)曾经用这个词来形容斯巴达的传统政治制度,品达则用这个词来描述科林斯的寡头政体。"优诺弥亚"几乎总是与寡头政权或者贵族制度联系在一起。根据老寡头的看法,这样的制度必须确保法律是由最高尚、最优秀的人制定。士族($οἱ χρηστοί$)负责惩罚暴民($τοὺς πονηρούς$);只有那些受人尊敬的士族($οἱ χρηστοί$)才有资格讨论国家大事,疯子($μαινομένους\ ἀνθρώπους$)不可以在议会中任职,也不可以在公民大会上发言。在这样的制度下,民众当然只能是沦为奴隶($τάχιστ'\ ἂν\ ὁ\ δῆμος\ εἰς\ δουλείαν\ καταπέσοι$)。[-139,140-]

老寡头家也看不惯雅典自由惬意的生活,因为外邦居留民(metics)与奴隶不仅可以在街上自由自在地行走,见面也不会给你让道,穿得并不比其他雅典人差,谁打了他们还得受到惩罚。雅典的平民破坏了贵族在体育与音乐教育上的优秀传统,取而代之的是戏剧节、体育竞赛、海上远征,而穷人之所以可以参与到这些活动中来,是因为富人们被迫承担了所有开支。

最为人所诟病的还是雅典对待盟邦的态度。当盟邦的人与雅典人发生冲突时,他们必须来雅典接受裁决。这样一来,雅典人的胜算当然要大多了。与此同时,这种情况提高了那些担任陪审员的雅典人的收入,带动了雅典的旅游业,增加了比雷埃夫斯港(the Piraeus)的税收。"盟邦的人现在必须讨好亚狄珈人。在法庭上,他必须伸出自己的手,向进来的每一个人求情。结果,越来越多来自盟邦的人成为了雅典人的奴隶。"与在自己的城邦一样,雅典人支持盟邦中那些最下等的人,因为各个地方的贵族都反对雅典人,只有这些品行不佳的暴民才会支持雅典人。

也许这位老寡头最想告诉自己听众的是下面这段信息:

> 对于选择民主制度的普通百姓,我本人愿意原谅他们。每个人都关心自己的利益,这无可厚非,但如果他不属于普通百姓,却依然选择生活在民主制度之下,而非寡头制度,这就是不道德的。因为他们非常清楚,在实行民主的城邦中,一位坏人可以轻松地隐藏,而在寡头统治下的城邦,坏人将无所遁形。

从这段话可以看出作者的意图,也可以了解雅典那些支持寡头政权的人的想法。后来,在罗马,贵族出身的塔西佗曾经用他那位杰出的岳父大人的经历,向其他贵族证明:好人即便是在坏皇帝的统治下也可以生存。不过,到了塔西佗的时代,很多由贵族策划的阴谋都失败了,君主统治已经不可避免。在修昔底德斯时代的雅典,民主政权还很年轻,没有经受过任何严峻挑战。客蒙的经历显示出,雅典的贵族要想掌权,不一定得搞颠覆。[-140,141-]高明的政治管理手段,再加上富有个人魅力的领导才能,可以使名义上的民主政权变成一个实际上的贵族统治。当然,没有贵族会把这种想法公诸于市,所以一定能够找到一些事件,一方面令民众接受,另一方面利用这些事件,令伯利克里声誉受损,令修昔底德斯的党派获得支持。

美莱西亚斯之子修昔底德斯非常清楚民主政治的本质,并且他肯定已经从刚刚发生的事情中吸取了教训。要想在民主制度中打败一位政治人物,最好就是让他名誉扫地,将这个人的名字与那些大家厌恶、猜疑、害怕的品质联系在一起。在雅典,对一位民主派政治人物所能做的最有杀伤力的指控就是,说他企图成为僭主。希庇阿斯(Hippias)的卖国行为抹黑了人们对庇西斯特拉图王朝(Peisistratid dynasty)的记忆。他曾经将波斯军队带到马拉松来征服自己的国家。在雅典戏剧中,随处可见对僭主的批评,他们被视为民主最大的敌人。

而僭主这种指控,对伯利克里威胁最大。据说,他年轻的时候,因为长得像庇西斯特拉图,不愿意在公共场合抛头露面。"老一辈的人,发现他声音雄浑,能言善辩,觉得他们简直太像了。"①伯利克里家境富有,出身高贵,却热衷于为百姓谋福利,这都让人联想起公元前6世纪时那位善于煽动民众的僭主。伯利克里并不像客蒙那样受到老百姓的爱戴。他没有骄人的军功,并且性格傲慢,不够随和,也不是很好说话。他不喜欢交际,尽量避免出席公众场合,很少发表公开演讲,总是将自己的政策交给同僚去执行。② 伯利克里喜欢与那些博学之士交往,有着与众不同的宗教观点,还经常与外国男女来往。喜剧诗人将他这种人称为宙斯或者奥林匹亚神,意思是指他有着很高的威望,但同时又非常的傲慢。要想让某些人相信这样的人将会变成一位僭主,[-141,142-]这是一件非常容易的事情。当美莱西亚斯之子修昔底德斯站出来反对他时,显然是想"削弱他的权力,使之不会变成真正的君权"。③

对伯利克里进行这样的人身攻击是很有用的,但并不足够。凭借自己的聪明,修昔底德斯找到了一个在政治上非常有效的方案,不仅可

---

① Plut. Per. 7.1.
② Plut. Per. 7.4—6.
③ Plut. Per. 11.1: ὥστε μὴ κομιδῇ μοναρχίαν εἶναι.

以配合对伯利克里的僭主指控,而且还有望实现寡头派的愿望:指控伯利克里动用帝国的资金来完成建设工程。普鲁塔克曾经记录了公民大会上人们对于此事的抱怨:

> 因为将希腊的公共资金从提洛搬到了雅典,雅典人民因此蒙羞。本来可以说这样做是因为担心野蛮人的进攻,是为了这些钱的安全,这是一条再好不过的借口。现在,伯利克里却使这个借口不再成立。我们花费巨资买来昂贵的石头,然后制作雕像,修建寺庙来装扮自己的城市,就像一个放荡的女人,整个希腊对于我们的傲慢[hybris]与专横一定义愤填膺,因为这些钱都是用战争的名义从他们那里敲诈而来的。①

这次攻击的高明之处在于其隐晦,而且能引起很多人的共鸣。值得注意的是,修昔底德斯攻击的对象并非帝国本身,也不是整个贡赋制度,因为这样做会得罪大多数雅典人。相反,修昔底德斯指责的是将本该用来与波斯打仗的钱,用在了伯利克里的国内建筑工程上。这是针对伯利克里联合阵营中客蒙那一派的高招。他希望提醒大家,伯利克里的这种做法即便没有背弃客蒙最初的政策,至少也是一种歪曲。这是在向忠于客蒙的人暗示,如果没有了波斯战争这个借口,客蒙是不会批准继续征收贡赋的。[-142,143-]修昔底德斯还利用传统的宗教与旧式的道德观,将伯利克里的行为与僭主联系在一起,从道德层面对伯利克里进行了攻击。当然,修昔底德斯并没有说,民主制度是不道德的,因为那样说会让人们听起来觉得刺耳。

美莱西亚斯之子修昔底德斯选择对伯利克里滥用帝国资金展开攻击,这不仅仅是一种宣传伎俩。修昔底德斯非常清楚,伯利克里的胜利依靠的是平民的支持,而这是因为他将公众的钱花在了穷人身上。从现代社会中可以得知,这种福利制度的成本总是日益攀升的。公元前

---

① Plut. *Per.* 12.2;梅耶(《古代史研究》,第 2 卷,第 86 页)认为普鲁塔克对于整场辩论的记录是可信的:"Plut. *Per.* 12 所记载的是双方提出的真实观点。"

5世纪50年代的时候，也许正常的收入就可以维持伯利克里的政策，但随着人们期望值的升高，并且人口可能也在增加，于是到了40年代，仅靠这些收入已经不够了。也许正是出于这种考虑，伯利克里在公元前451/450年提出法案，对公民身份加以限制。不管怎样，当修昔底德斯开始挑战伯利克里时，整个福利制度依赖的是各邦上缴的贡赋。如果支持寡头势力的人可以成功阻止伯利克里将来自帝国的资金用在雅典国内的项目上，那他们马上就可以帮到盟邦的那些贵族朋党，因为正是这些人承担了贡赋中的大部分，并且这样还可以截断伯利克里权力的源泉。一旦成功，贵族派就有希望打败伯利克里，就像客蒙当年打败地米斯托克利那样，然后将整个国家恢复到战神山议会执政时的状态。①

毫无疑问，这项计划是非常有效的。修昔底德斯能言善辩，为了回应他的攻击，伯利克里[-143,144-]不得不站出来公开为自己的政策辩护。结果，两位优秀的演说家之间展开了一场精彩的辩论。遗憾的是，辩论的内容只有普鲁塔克记录了下来，而且他也只是引用了其中的一些片段。从普鲁塔克所记录的一则掌故中，我们可以体会到他们这次交锋的激烈程度。斯巴达国王阿奇达慕斯（Archidamus）曾经问美莱西亚斯之子修昔底德斯，他与伯利克里，究竟谁更擅长摔跤，他是这样回答的："当我把伯利克里摔翻在地后，他却说自己没输，并且让亲眼目睹整个过程的人都相信了他的话。"②当然，修昔底德斯无论在摔跤或是辩论上都是一把好手。他虽然不像客蒙那样能征善战，却擅长政治

---

① 有关修昔底德斯这一派的意图及他们所采取的行动，参见墨耶，《历史学刊》，第16卷，1967年，第141—154页。我们这里采用的基本上都是普鲁塔克对这些政治事件的解读，但墨耶并没有这样做。修昔底德斯这一派完全有可能是反对雅典帝国扩张的，但墨耶并不这样认为，他认为没有人真正反对建立雅典帝国，人们争论的焦点只是方式，而非目的。虽然寡头份子有可能是希望推翻埃斐亚提斯建立的民主政权，但在他看来，这些寡头份子只是想扳倒伯利克里，停止他的城市建设项目，因为正是这些工程让他深得民心。墨耶认为，伯利克里下台之后，这些人会继续帝国扩张政策。在我看来，所有的证据指向的是另外一个方向。墨耶对雅典政治生态的理解过于简单，他认为雅典只有两个泾渭分明的派别，这严重影响了他的对问题的分析，事实上，雅典的政治局势比他所理解的要复杂得多。

② Plut. Per. 8.4.

斗争(ἀγοραῖος δὲ καὶ πολιτικὸς μᾶλλον),"通过与伯利克里在讲坛上角力,他很快就使政治局势进入一种拉锯状态"。①

不过,修昔底德斯低估了其对手的政治才能。对于其中最主要的指控,伯利克里并没有低头认罪,而是进行了积极的辩护。伯利克里说,只要雅典人能够让盟邦免受蛮人的攻击,收上来的钱就应该由他们自由支配,不需要向任何人解释:

> 他们不提供马匹,不提供船只,不提供步兵,只是给钱。那么,只要收钱的人完成了自己的任务,这笔钱就应该由他支配,而不是那些给钱的人。我们的城邦现在已经为战争做好了充分准备,完全可以将这些钱用在其他工程上。这些工程完工之后,将会给我们的城邦带来永恒的荣耀,而在施工期间,也可以促生很多行业,产生各种各样的需要,唤醒每一种技艺,让大家都忙碌起来,每个人都可以获得一份收入,我们的城邦也会因此变得美丽繁荣。②

多么精彩的反驳。第一部分回应的是道德上的指控,针对的主要是温和派中客蒙的追随者,而这些客蒙同党原本是对这一指控最深感疑惧的。伯利克里认为,将帝国资金用来为雅典服务与僭主毫无可比之处。就像一个签订了合同的人一样,他有权自由支配自己的薪水或利润。既然雅典还在给盟邦提供保护,[-144,145-]那么拒绝缴纳贡赋的盟邦才真正道德有亏。第二部分更为巧妙,这部分辩驳针对的是那些从帝国得利最多的下层阶级。他用最直白的话提醒他们,这些贡赋对他们意味着什么。伯利克里藉此戳穿了修昔底德斯的用意所在:禁止将盟邦的钱花在雅典身上,终结伯利克里所推行的福利社会。在这个危机时刻,伯利克里提醒那些构成自己政治基础核心的民众,受到威胁乃是他们的利益,他希望这些人投票,保护他们自己的利益。

事情的发展证明,伯利克里的期望是合理的。虽然伯利克里被指

---

① Plut. *Per.* 11.2.
② Plut. *Per.* 12.4.

控在处理工程款时有贪污行为,最终却能神奇翻盘,扭转局势,反陷对方于不利。在公民大会上,伯利克里问道:是不是大家觉得他花得太多了?回答是:太多了。伯利克里说:"那好,干脆由我自己来承担这些工程的费用,不用你们负担。不过,等这些工程完工之后,只能刻上我的名字。"结果正如伯利克里所期望的那样:大多数人都支持他,准许他继续动用公共资金,多少都行。① 是次辩论委实精彩。其实大家都清楚,谁也没有能力独自承担这些工程的费用,但这种姿态是非常重要的。因为伯利克里的某些支持者可能没有识破反对派的真实意图,所以伯利克里希望让这些人明白:这些建筑都属于你们,而非某个腰缠万贯的贵族;这些建筑象征着你们的荣耀,见证了民主政权的伟大。难道你们愿意回到当年那种贵族拥有一切,而你们却一无所有的时代去吗? 也许听众中会有人记得此前不久发生的一件事。当时,米太亚德(Miltiades)凯旋归来,他只不过仅仅要求得到一顶橄榄枝编成的冠冕作为奖赏。来自德西利亚(Decelea)的梭帕涅斯(Sophanes)站了起来,毫不客气地说:"米太亚德,既然你不是凭借一己之力打败了那些野蛮人,你有什么资格要求[-145,146-]得到单独的奖赏。"②伯利克里成功煽动起来的正是这种传统的民主精神。

通过这种办法,伯利克里成功地扼制住了反对势力的迅速增长。虽然威胁并没有消除,但他还是得到了多数人的拥护,并且雅典的制度设计给了他一个让雅典政治恢复稳定的手段:陶片放逐。克里斯提尼当年想出这个办法是为了保护尚在襁褓之中的民主政权,使之不被颠覆。现在,民主政权的领袖依然可以用它来清除那些对自己构成威胁的反对派领袖。不过,这也是一把双刃剑,提出进行陶片投票的人必须确定自己可以获得大多数人的支持,他才可以安全地使用这一武器。陶片放逐制度对克里斯提尼用处最大,但他倒是从没有机会使用这一武器,因为他的敌人早就被他的这个武器给吓破了胆,不敢再轻举妄动。公元前5世纪80年代,地米斯托克利曾经成功地利用这个武器,

---

① Plut. *Per*. 14. 1—2.
② Plut. *Cim*. 8. 1.

将自己的对手一一铲除。公元前474年,由客蒙领导的联合力量又用这一手段对付了地米斯托克利。公元前461年,民主力量的崛起让客蒙成为了这一制度的又一个牺牲品。我们必须清楚,除非某个政客确信,将要遭到流放的是对手,而非自己,否则他不会使用这个武器。公元前417年,海珀布鲁斯(Hyperbolus)遭到流放就是一次意外。本来尼基阿斯与阿尔喀比亚德才是最明显的目标,结果都没有遭到流放,反倒是他这样一位相对无足轻重的人物成了牺牲品,这完全出乎大家的意料。其实正是因为这两位主要人物感到投票结果一定会非常接近,心中忐忑,于是决定联手,将矛头转向海珀布鲁斯。此次事件暴露了这种制度的缺陷,因此这也成了我们所知道的最后一次陶片放逐。①

正是出于这些考虑,普鲁塔克才肯定地说,一定是伯利克里提出进行陶片放逐投票,最终使修昔底德斯在公元前443年春天遭到了流放,从雅典政坛消失了10年之久。② 雅典政治党团[-146,147-]一般都是围绕一位领袖而形成的,一旦这位领袖不在了,整个集团都会受到严重影响。美莱西亚斯之子修昔底德斯是这个党派的灵魂人物,他凭借着自己的口才、个性以及组织能力,率领他们这一派走出政治的荒原,一路壮大,最后竟功败垂成。在他遭到流放之后,这一派也随即瓦解。③

---

① 有关陶片放逐的起源、目的以及发展,参见卡根,《西土学刊》,第30卷,1961年,第393—401页。在研究陶片放逐方面,最权威的著作是杰罗姆·卡柯彼诺(Jérôme Carcopino)的《雅典陶片放逐制》(L'Ostracisme athénien,第二版,巴黎,1935年),不过,随着大量陶片的发掘,新的研究成果不断涌现,这本书的内容已经稍显过时。

② 令人惊讶的是连格罗特(《希腊历史》,第4卷,第506页)与布索特(《希腊历史》,第3卷,第1册,第495页,注释3)这样审慎精明的历史学家居然也认为提出进行陶片放逐投票的是修昔底德斯。赞成这种观点的论证都不够有说服力,也许唯一有些说服力的是[-146,147-]格罗特的如下解释:"也许这次投票是由修昔底德斯这一派发起的,目的是要将伯利克里赶走,毕竟伯利克里的权力要比修昔底德斯大,更容易引起大家的嫉恨。"这种观点缺少对陶片放逐运作机制的了解。其实这个制度的关键并非民众嫉恨,而是政治实力。如果修昔底德斯真地认为一个人权力越大,遭到投票流放的可能性越大,那他也太过天真,这根本不符合他的身份。并且,普鲁塔克的原话非常清楚,毫无歧义:τέλος δὲ πρὸς τὸν Θουκυδίδην εἰς ἀγῶνα περὶ τοῦ ὀστράκου καταστὰς καὶ διακινδυνεύσας ἐκεῖνον μὲν ἐξέβαλε(Plut. Per. 14.2)。埃德科(F. E. Adcock,《剑桥古代史》,第5卷,第166—167页),德·桑悌(《伯利克里》,第157页),以及厄霖博格(《索福克勒斯与伯利克里》,第137页)等认为是伯利克里发起了这次陶片放逐的投票。

③ Plut. Per. 14.2.

通常认为,在成功流放修昔底德斯之后,伯利克里便从民众煽动家变成了贵族,从穷人的卫士变成私有财产的保护者,从党派领袖变成了政治家。① 其实如果我们真正了解他,就会发现伯利克里无论是在性格上、或是政策上都没有发生任何重大变化。无论在修昔底德斯遭到流放之前或之后,伯利克里都既是一位民众煽动家——即民主制度中的能干政客——也是一名贵族。因此,就像刚开始从政那样,伯利克里依然在为穷人代言,但也保护雅典公民的财产——其实他从来没有想过要在这上面与雅典人过不去。伯利克里之所以成功,就是因为他一直以来既是党派领袖,也是政治家;现在,他依然扮演着这两个角色。也许在年轻时,伯利克里的外交政策更好战,并且曾经相信雅典可以通过战争来扩大帝国的版图、影响力以及财富,但早在与修昔底德斯展开最后对决之前,伯利克里就已经放弃了这些政策与想法。召回客蒙,签订《五年和约》、[-147,148-]《卡利阿斯和约》以及《三十年和约》,所有这一切都是很好的证明。陶片放逐修昔底德斯之前,伯利克里就已经决定执行保守的外交政策,也就是放弃对外的扩张,加强对帝国的控制,将雅典建设成为一个民主的福利社会。修昔底德斯被流放只不过证明了民众对这些政策的支持。

成功清除美莱西亚斯的儿子确实改善了伯利克里的政治处境,并且使他不再那么依赖自己的支持者。不过,在民主制度下,政治上的胜利,无论有多么彻底,都不可能一劳永逸。聪明的政治家会在胜利之后的第二天就开始为未来的问题做准备。虽然普鲁塔克认为这次政治斗争的结束使雅典不再分裂,使雅典"重归平静",但实际上,雅典依然回荡着阵阵涟漪。修昔底德斯指责伯利克里的政策违背道德,有损帝国声誉,这一定会对原来追随客蒙的那些人产生影响。另外,修昔底德斯认为雅典欺凌其他希腊人,有违泛希腊主义的精神,这肯定也得到了很多人的认同。要想将这些人重新拉回自己的温和派,伯利克里必须消

---

① 普鲁塔克(Plut. *Per.* 9.1—2 以及 15.1—2)提到了他的第一种转变,贝洛赫(《伯利克里以降的亚狄珈政策》,第 19—21 页)提到了他的第二种转变,伊涅特(《雅典政制史》,第 253—257 页)提到了他的第三种转变。拉斐尔·西里(《赫尔墨斯学刊》,第 85 卷,1956 年,第 234—247 页)则论辩称,一个人根本不可能出现这么大的转变。

除他们的疑虑。与此同时,右翼的瓦解使左翼的势力得到了加强。为了替自己的帝国政策辩护,伯利克里利用了人们的自私心理:他强调帝国是雅典的经济来源。暂时而言,他还牢牢控制着那些好战的帝国分子,但终有一天他们会要求伯利克里报答他们的救命之恩。另外,那些盟邦也可能成为一个问题。修昔底德斯散布在帝国各个地方的朋友一定期望他取得胜利,结束贡赋,或者至少可以减少贡赋。然而,修昔底德斯却失败了。失望之余,这些盟邦贵族很可能会铤而走险,揭竿而起。不久之前,盟邦贵族派就曾经这样做过。

伯利克里立即着手解决最后这个问题。通过研究贡赋清单我们发现,虽然平息了优卑亚人的叛乱,并且在之后还采取了其他措施,帝国的麻烦却没有就此结束。公元前447/446年,纳贡城邦清单列表上有171个城邦。之后那年只有156个,接下来又变成了158个。修昔底德斯遭到流放那一年,清单上列有163个城邦,到公元前443/442年,增加至165个。公元前442/441年出现显著增加,[-148,149-]达到173个。公元前441/440年减至164个,到公元前440/439年又增至172个。① 从公元前446/445年的156个,发展到公元前443/442年的165个,反映的是在优卑亚人叛乱之后,雅典人对帝国控制加强;虽非一日千里,但仍稳步收紧。从公元前443/442年的165个变成公元前442/441年的173个,增幅非常大,并且此后这个数字似乎一直维持在较高位置。至于公元前441/440年的回落,应该是因为当年发生在萨摩司的叛乱。② 公元前443/442年,帝国的组织结构似乎发生了重大变化,而从其他方面获得的证据也证实了这种判断。正常说来,在公元前442/441年,应该重新核定贡赋数额,但事实上,这次重核被提前了一年。其实不仅核定被提前了,整个帝国还首次被正式划分为5个地区:爱奥尼亚、海勒斯滂、色雷斯、卡里亚(Caria),及海上诸岛。这种分区其实早已存在,只不过这次是将其明确化并刻在了石头上。某些城邦上缴的贡赋也出现了很大的改变。有的减少了很多,有的在波动一

---

① 参见尼霖博格,《索福克勒斯与伯利克里》,第130页表格。
② 同上。

阵之后又恢复到了以前的数额(也许这就是正常数额),还有的则在以前的高位与低位之间取了一个中间值。不过,与公元前446/445年的调整相比,这些变化都不算很大。公元前446/445年的那次调整通常是因为军事殖民地的建立而导致的。这次的调整幅度较小,是一个全面调整计划的一部分。

公元前443/442年的与众不同还体现在另一个方面:在那一年首次为提洛同盟财政委员会(*Hellenotamiae*)选派了"联席秘书"(*xyn-grammateus*)。他的名字叫撒提录斯(Satyrus),并且在第二年他又获选出任同一职位。这是唯一一次有秘书得以连任。还有一点值得注意的是,在同一年,来自克罗努斯德谟(Colonus)的著名悲剧诗人索福克勒斯当选为提洛同盟财政委员会的主席。[①] 从这些事实中,有几个问题浮现了出来:[-149,150-]这次帝国区划调整是出于什么目的,属于什么性质,结果又如何?为什么要提前一年进行贡赋的重新核定?为什么要增加一位联席秘书,并且史无前例地在第二年让他连任?还有,委派著名的索福克勒斯出任提洛同盟财政委员会的主席,这会不会别有用意?

要想回答这些问题,必须正确理解修昔底德斯遭到流放之后的政治形势。当时,伯利克里的首要任务是加强帝国对现有地区的控制,同时争取恢复对那些叛乱地区的控制。仔细研究贡赋清单,可以发现在海勒斯滂、色雷斯以及卡里亚地区,尤其是那些较为偏远的内陆地区,很多城邦脱离了帝国的控制。[②] 当务之急是要尽快采取措施,收复失地,并阻止其他城邦跟风而动。伯利克里之所以将重核贡赋提前了一年,并且对整个体系进行了彻底的调整,肯定就是出于这

---

① 有关证据,参见厄霖博格,《索福克勒斯与伯利克里》,第六章,第117—140页。在这里,我基本上沿用了他的观点。相关的贡赋名单,参见《雅典贡赋表》,第2卷,第13—22页;在《雅典贡赋表》,第3卷,第67—68页和306—307页,作者有一些非常精彩的评论。[-149-,150-]梅里特(Meritt,《美国考古学期刊》,第29卷,1925年,第247—273页)认为贡赋的重新核定应该是在公元前443至前442年;亦可参见倪赛耳豪夫(Nesselhauf),《提洛-亚狄珈同盟历史研究》[*Untersuchungen zur Geschichte der delisch-attischen Symmachie*],第36页及以下。

② 参见厄霖博格所列表格:《索福克勒斯与伯利克里》,第130页。

些考虑。①

当然，仅靠加强对帝国的控制是不够的，还需要重新赢得那些被美莱西亚斯之子修昔底德斯的发言所打动的温和派的支持。因此，我们发现无论是贡赋的重核，还是体系的调整，变化幅度都很小，并且尽可能做到公正。我们没有听说建立了新的军事殖民地，也没有对谁进行严厉的惩罚，只是对贡赋进行了调整，而且很多情况下，这种调整还是向下的。似乎伯利克里在重温自己的竞选演讲，驳斥有关僭主的指控。他当时说，雅典并不希望控制[-150,151-]自己的盟邦，也不想剥削他们，只是希望确保盟邦与雅典遵守所订立的协议。如果盟邦做到了这一点，雅典就会公正处理财政上的问题，尊重盟邦的权利。这次调整给提洛同盟财政委员会增加了很多额外的工作，因此有必要增加一位联席秘书。结果，一年的时间并不足够完成工作，于是联席秘书撒提录斯得以连任。调整取得了明显效果，尤其是在那些比较棘手的地区。公元前444/443年以及公元前440/439年间，海勒斯滂地区缴纳贡赋的城邦由25个升至32个，在色雷斯地区，这一数字由38个变为43个，而在卡里亚地区，则由35个增加至46个。虽然卡里亚地区的情况没能维持下去，但其他地方的情况却逐渐稳定下来。

还有一个就是关于索福克勒斯的问题。为什么会选他出任主席一职呢？首先，我们必须明白，索福克勒斯来自一个富有的、受人尊敬的家庭。公元前468年，作为悲剧诗人的他在戏剧比赛中首次胜出；最迟不晚于这年，索福克勒斯成为了家喻户晓的重要公众人物，深受民众欢迎。据说，那一年戏剧比赛的评委，就是客蒙及其手下将军。② 无论是

---

① 《雅典贡赋表》，第3卷，第306页提出，贡赋的重新核定应该是在泛雅典娜赛会大节（the Great Panathenaea）进行的，但在公元前442年，伯利克里希望利用这个节日向世人"展示雅典已经成为了文明世界的中心"，于是他将重核的时间提到公元前443年的夏天，"以免影响节日的气氛"。这种解释非常牵强。厄霖博格没有采信这种观点，他给出了一种更有说服力的解释："伯利克里终于让那些替盟邦说话的寡头份子闭上了嘴，接下来自然要着手消除一些导致盟邦不满的原因，借此保证那些不愿缴纳贡赋的城邦乖乖听话，毕竟这个时候让步已经不再是软弱的象征"（厄霖博格，《索福克勒斯与伯利克里》，第129—130页）。

② Plut. *Cim.* 8.8.

否如此,我们都知道,索福克勒斯应该是一名典型的客蒙党人。他当选主席时已经年约50,却居然愿意在这样的关键时刻出任提洛同盟财政委员会的主席,这显示出,与其他曾经支持客蒙的人一样,他现在已经转为支持伯利克里。另外,索福克勒斯在公元前441/440年间获选出任将军,这也是一个很好的证据。也许有人会认为,索福克勒斯在修昔底德斯遭到流放之前就入选了提洛同盟财政委员会,所以不一定属于伯利克里这一派。甚至还有人会辩称,既然索福克勒斯这么受人欢迎,那即便伯利克里反对,他依然有可能当选为将军。不过,从现有证据来看,这种事情发生的概率极低。值得注意的是,在伯利克里执政时代,曾经同时出任这两个职位的只有两个人,而且另外那位在提洛同盟财政委员会的任职情况还并不十分确定。① 当时的伯利克里正处于权力的巅峰,如果说他无法阻止一位政治上的对手出任将军,这是难以令人信服的。

我们还可以找到更好的证据,[-151,152-]用以证明索福克勒斯与伯利克里之间的友好关系。厄霖博格根据发现的碑文及数据史料,提出了精彩而有说服力的解释。厄霖博格指出,贡赋清单中的第12号,即公元前443/442年那一份,初次将财政委员会主席的名字列出。与之前所有的清单一样,抬头部分给出了清单序号与秘书名字,字体与间隔都比较大,而在清单下方刻有联席秘书与主席的名字,字体只是稍大于列表正文部分,但又比抬头部分小。紧随其后的第13号清单的抬头部分,也是用同样大小的字体所刻。"这一事实予人的印象是,这三行字好像是后来塞进去的。应该是在整个石碑的背面,即第9至13号清单已经全部刻完了之后才加上去的。"第13号清单的抬头部分包括了所有官员的名字:两位秘书,一位提洛同盟财政委员。而在之后所有清单中,都列出了财政委员会主席的名字,并且其抬头部分都是用间隔很宽的粗大字体。② 另外,学界的普遍看法是,提洛同盟财政委员会与雅典的将军,都是在雅典历法中的第七个月选出的。决定是否进行陶片

---

① 厄霖博格,《索福克勒斯与伯利克里》,第133页。
② 厄霖博格,《索福克勒斯与伯利克里》,第132—133页。

放逐投票的时间是第六个月,而正式的放逐是在第八个月进行。这样一来,索福克勒斯任职期间正是伯利克里与修昔底德斯斗争得最激烈的时候。无论他是否准确预见到了这场斗争的结局,我们发现他并没有因为这场斗争而遭殃。我们所掌握的史料证据显示,索福克勒斯当选提洛同盟财政委员会主席,乃是这场政治斗争结束之后的事情。

据此可以很容易地推断,索福克勒斯的当选应该是伯利克里在清除对手之后决定的。击败修昔底德斯之后,伯利克里在雅典的影响力已经无人能敌。一定就是在这个时候,他开始思考提前对贡赋进行核定,并利用这个机会对帝国进行调整。除了要确保这次调整的公正与公平,作为一位经验丰富的民主政治家,他知道还必须采取措施,让所有的人觉得调整是公正的。他不仅要取得激进的帝国分子的支持,还要争取那些颇有名望的保守派势力的支持。在这个时候,[-152,153-]由索福克勒斯出任提洛同盟财政委员会主席实为上佳之选。不管是机缘巧合,还是人力所为,总之,他顺利当选了。并且,不早不晚,就在此时,主席的名字开始出现在清单上非常显要的位置,而这位主席正是索福克勒斯,这就绝对不是巧合了。就这样,伯利克里借此一举,完成了对帝国的调整,同时表现出他对支持者中一些不安定因素的尊重与照顾。也许这些人还没有完全被他说服,但这次突发奇想所作出的任命终究会派上用场的。不久之后,在西方所发生的事情将会给伯利克里提供另外一个机会,来说服这些人。

## 第九章 雅典与西部地区:图里的建立

虽然雅典的整个帝国都位于其北面与东面,但这并不意味着雅典对西部地区不感兴趣。据说,地米斯托克利(Themistocles)就曾经计划向西进行扩张。① 其实这是完全有可能的。当时,雅典人捷报频传,他们因此更具有血色洋溢的自信,所以完全可能曾经对西西里以及意大利南部地区那些希腊人城邦的麦田、港口以及稀有金属垂涎三尺。公元前 458/457 年,雅典人还没有在埃及遭遇惨败,依然沉浸在胜利之中,尚未清醒。雅典人与西西里西部的塞结司塔(Egesta)签订了一份协议。② [-154,155-]大约在同一时间,他们还与意大利西南端的垒集

---

① 参见本书第四章,第58页(原书页码)。
② 这个日期是根据一块十分残缺的碑铭($IG\ I^2, 20$)上面的执政官的名字得出的。从前,该碑铭上所刻的名字被释读为"Ariston"(阿里斯同),因此推论该碑铭时间为公元前454/453年。现在,大多数碑铭学家认为,碑铭上所刻的名字应当被释读为"Habron"(哈布隆),因此该碑铭时间应该被推断为公元前458/457年。对于这种看法,普利切特(W. K. Pritchett)有所保留,参见《古典语文学》,第47卷,1952年,第263页以及《美国考古学期刊》,第14卷,1955年,第58—59页。他认为从这块石碑上根本无法辨认出执政官的名字。"石头表面的风化非常严重,已经毁坏了这位执政官的名字,这是任何碑铭学家和历史学家都必须面对的事实"(《美国考古学期刊》,第14卷,1955年,第59页)。我之所以接受了多数派的观点,是因为从历史角度而言,这个时间较为合理。当然,我也清楚,这充其量只是一种合理的猜测,不能以这个时间为依据去得出任何重要的结论。
有关该问题的更多资料,参见赫尔曼·本岑(Hermann Bengtson),《希腊罗马世界的国际条约:从公元前700年到公元前338年》(*Die Staatsverträge der griechisch-römischen Welt von 700 bis 338 v. Chr.*),第2卷,慕尼黑与柏林,1962年,第139条,第41—42页;同时,亦可参见《希腊铭文补遗》(*Supplementum Epigraphicum Graecum*, SEG),第10卷第7条铭文,第12卷第6条,第14卷第1条,第21卷第10条,第22卷第3条。

坞(Rhegium)以及西西里岛上的林地尼(Leontini)建立了类似的同盟关系。林地尼位于叙拉古的西北面。① 如果我们所推断的结盟时间无误的话,那么从中可以看出,在这个时期,雅典人的野心有多大。不过,即便如此,我们还是不清楚伯利克里是否支持这项政策。前面说到,在50年代,他偶尔还会控制不住那些较为好战的雅典人。一直以来都有人认为,与这些城邦结盟实际上是那些激进分子的决定。② 虽然这种说法无法得到证实,但也并没有证据证明它是错的。

无论如何,这些都只是有关雅典在西部地区活动的孤立事件。并没有可靠的证据显示,雅典当时对意大利以及西西里地区表现出了持续的政治兴趣。也没有任何证据可以将伯利克里与野心勃勃的西部政策联系在一起。

雅典真正开始对西部感兴趣的第一个证据,是牵头在意大利南部建立殖民地。在公元前6世纪末与公元前5世纪中,墟坝离(Sybaris)两次被自己的邻居邦柯络通(Croton)摧毁。[-155,156-]根据狄奥多罗斯的记载,该城在公元前453/452年进行了重建,之后过了5年再次

---

① 这次结盟的时间也存在很大的问题,因为相关证据来自两块刻有盟约的石碑(IG, I², 51, 52 = Tod, 57—58)。这两块石碑上原有的抬头已经被抹去,然后在上面又刻上了新的抬头。这是续签旧和约时的习惯做法。因为上面刻有名年执政官的名字,所以续签的时间非常清楚,可以确定是在公元前433/432年,问题在于怎样确定旧和约的订立时间。有的人说是公元前460年(霭坎[S. Accame],《古典语文学与古典学教学评论(新编)》[*Riv. di Fil. N. S.*],第30卷,1952年,第127页及以下);有的人说是公元前439年(文柯[H. Wentker],《西西里与雅典》[*Sizilien und Athen*],海德堡,1956年,第70—71页,第89页及以下)。本岑不仅为我们提供了非常完整的参考文献(《希腊罗马世界的国际条约:从公元前700年到公元前338年》,第2卷,第82页),并且用简单准确的语言概括了历史学家所面临的困境:"何时签订,我们不知道。"同时参考《希腊铭文补遗》第10卷第48条,第12卷第20条,第21卷第35条。在此,我不妨冒险推断,这些和约应该是在50年代初签订的。因为在通过陶片放逐将客蒙流放之后,整个雅典弥漫着一种盲目的乐观情绪,所以这种举措正好符合雅典人当时的心态,他们这种心态直到在埃及打了败仗之后才发生改变。当然,需要再次指出的是,有关这些和约的日期仅供参考,不能作为重要依据。

② 德罗伊森(H. Droysen),《雅典与西方:西西里远征之前》(*Athen und der Westen vor d. sizil. Expedition*),1882年,第17页及以下。这本书我没有找到,所以这里的内容是来自厄霖博格的引用(《美国古典语文学期刊》,第69卷,1948年,第159页,注释27)。厄霖博格说:"没有必要再反驳"这种观点。在我看来,这种观点是无法反驳的,当然也没有办法证实。

被毁。第二次被毁后不久,幸存下来的墟坝离人就开始四处求援,希望重建自己的城邦。① 经过一番努力之后,墟坝黎流亡者在新址上建立了一座被称作图里(Thurii)的城邦。对于该城的建立,没有当时的史料流传下来,所以我们只能依赖狄奥多罗斯以及后来一些古代作家的零星描述,而后来的这些记录与狄奥多罗斯的说法往往是大相径庭,结果这造成了一种非常混乱的局面,不仅事情发生的时间顺序不清楚,而且对事件的解释方法也各不相同。虽然面临着重重困难,但因为这座城邦的建立,对于研究两次伯罗奔尼撒战争期间希腊城邦之间的关系有着非常重要的意义,因此我们还是必须努力去理解在图里所发生的一切及其意义。

狄奥多罗斯认为,所有与这座城市的建立相关的事件都发生在公元前446/445年。② 不过,另外一种说法也得到了很多人的支持,他们将这个时间定在了公元前444/443年。③ 大多数的学者接受后一种观点。事实上,这两个日期都与图里的建立有关。④ 墟坝离的幸存者应该是在公元前446/445年派出使者前往斯巴达与雅典,请求他们帮助自己夺回城池,并邀请斯巴达人与雅典人加入到这个殖民地来。如果斯巴达与雅典正在交战,他们就不会提出这样的请求,所以这个请求应该是在《三十年和约》签订之后提出的,因为在和约签订之后,向希腊的两个具有盟主地位的城邦求援是很自然的事情。斯巴达人秉承一贯作风拒绝了他们的请求,但雅典人却同意参与。⑤ 对于雅典人与这个城邦在这个阶段的关系,我们只知道这么多。虽然狄奥多罗斯对图里的建立还进行了详细的描述,[-156,157-]但很显然,他说的那些事情大

---

① 狄奥多罗斯的原文是这样写的:πέντε ἔτεσιν ὕστερον τοῦ δευτέρου συνοικισμοῦ。狄奥多罗斯史书拓伊布纳(Teubner)版的编辑沃格尔(F. Vogel),将这段话置于括号中,并注明"删去"。在娄卜版中,奥德弗瑟(C. H. Oldfather)干脆将这段话放到了脚注中,但是我认为,要删除这段话,我们并无足够根据。
② Diod. 12.7;10,3.
③ Plut. *Mor.* 835c;亦可参见厄霖博格,《美国古典语文学期刊》,第69卷,1948年,第150页及注释6。
④ 有关这些事件的时间,参见布索特,《希腊历史》,第3卷,第1册,第523页,注释3,以及厄霖博格,《美国古典语文学期刊》,第69卷,1948年。
⑤ Diod. 12.10.3—4.

多数是后来才发生的，属于雅典第二阶段的参与，没有一件可以确定是发生在公元前446/445年。① 我们唯一知道的是，当墟坝离人请求雅典人派遣移民帮助他们重建城市时，雅典同意了他们的请求。

雅典这样做并不等于建立了雅典的殖民地或军事殖民地。公元前446/445年的时候，掌权的肯定是伯利克里，但我们并不清楚他为什么会同意这次移民行动。此前一年，雅典已经在因布罗斯岛（Imbros）、柯松半岛（the Chersonese）、喀耳基司（Chalcis）以及俄莱特里亚（Eretria）建立了军事殖民地。公元前446/445年，他们向柯罗丰（Colophon）、埃吕忒莱（Erythrae）、希斯提亚（Hestiaea）进行了殖民。喀耳基司与俄莱特里亚的叛乱被平息之后，雅典人在当地重新建立了军事殖民地。② 这些移民行动一方面是为了让整个帝国更加稳定，另一方面也是为了消化雅典过剩的人口。为穷人提供生活保障，雅典财政压力巨大，并且当时整个帝国的贡赋收入也正受到威胁。如果雅典只是将自己过剩的人口派往一个城邦，而这个城邦既非雅典人的殖民地，也非雅典的附庸，那么，我们不能因此认定，雅典这番举动与帝国扩张或贸易野心有联系。③

不过，雅典人的参与并没有结束墟坝离人的苦难。过了没多久，他们就"被雅典人与其他的希腊人消灭了，这些人本来是迁来与他们一起生活的，但这些人非常瞧不起他们，后来还杀害他们，并将这个城市搬到了另外一个地方，改称图里"。④ 狄奥多罗斯提供了另外一些细节。那些墟坝离人声称自己在政治、经济以及社会地位上享有特权。这让其他定居者大为恼火，于是动了杀机，并最终将墟坝离人赶了出去。⑤

---

① 厄霖博格认为，雅典人是在公元前446/445年邀请伯罗奔尼撒人一起来建立这个殖民地，但他自己也承认这个时间并不确定（《美国古典语文学期刊》，第69卷，1948年，第153页以及注释18）。
② 《雅典贡赋表》，第3卷，第299—300页。
③ 参见附录F。
④ Strabo 第263页，6.1.13。
⑤ Diod. 12.11.1—2. 狄奥多罗斯认为这些事情是在图里建城之后发生的，可是他把整件事情的时间都搞乱了。斯特拉波只提到了墟坝离和墟坝离人，其提供的记载清楚明了，可信度更高。

[-157,158-]这些事情发生公元前445年春天,《三十年和约》签订之后。从矛盾的积蓄,直到最后冲突的爆发,我们认为至少得一年时间,因此到公元前444年春天或夏天,或稍晚时间,当地发生的事情应该已经传到了雅典。于是,在公元前444/443年的某个时间,雅典人组织了一次殖民远征,由兰蓬(Lampon)与色诺克里图(Xenocritus)率领,希望在墟坝离附近建立一个新的城邦。他们派出使者前往伯罗奔尼撒以及希腊其他地区的城邦,很多城邦接受了邀请。这将是一个泛希腊的殖民地,而非只属于雅典。选址是遵照德尔斐神谕的指示进行的。所有移民,无论来自何处,平均分配了土地。当地建立了民主政权,而图里人则被分成10个大区(tribes),3个大区群。其中的伯罗奔尼撒人的大区群由阿卡狄亚人(Arcadians)、亚该亚人(Achaeans),以及埃利斯人(Eleians)各自的3个大区组成。伯罗奔尼撒之外的多利安人组成了另一个大区群,其中包括彼欧提亚,近邻同盟(Amphictyonis),以及多利斯3个大区。最后还有4个大区,分别来自爱奥尼亚、雅典、优卑亚岛,以及爱琴海诸岛邦。负责制订法令及城邦制度的是喀戎答司(Charondas)与普罗塔哥拉(Protagoras),而在当地的殖民者中比较著名的有来自米利都的希波丹姆斯(Hippodamus),他是一位出色的城市规划师,另外还有历史学之父,希罗多德。①

这些史实被学界普遍接受,但如何解读这些史实,学界出现诸多分歧。因为理解图里的建立对于理解雅典政策有着重要意义,所以我们必须先对一些重要的说法进行认真研究,然后才能提出自己的看法。对于雅典为何要将图里建成一个泛希腊的城邦,通常认为这是为了安抚科林斯,因为科林斯是对雅典的西部野心最为疑惧的城邦。②怀德-嘉利认为,这至少是其中的一个目的,但他同时也提出疑问:雅

---

① 此部分内容是根据下面这些资料综合而得:Diod. 12. 10—11,厄霖博格《美国古典语文学期刊》,第69卷,1948年,柯罗歇(P. Cloché),"伯利克里与雅典对外政策:公元前446/445年和约至伯罗奔尼撒大战前夕"(Périclès et la Politique Extérieure d'Athènes entre la Paix de 446—445 et les Préludes de la Guerre du Péloponèse),《古典时代》(AC),第14卷,1945年,第95—103页。
② 例如,欧耐迩(O'Neill),《古代科林斯》(Ancient Corinth),巴尔的摩,1930年,第196页,以及埃德科,《剑桥古代史》,第5卷,第169页。

典人为什么要作出这种姿态。在怀德-嘉利看来,伯利克里从未放弃过积极的帝国扩张[-158,159-]政策。"伯利克里认为斯巴达与雅典的共生只是一种暂时状态:雅典的退让只是为了跳得更高。"① 从公元前446/445年签订和约直到公元前431年,雅典"坚持不懈地努力向西发展……直接针对的就是科林斯,而间接针对的则是斯巴达:必须将科林斯逼出斯巴达同盟,如果有必要,就将其灭掉"。将图里建成一座泛希腊的城邦并非进,而是退,因此这不可能得到伯利克里的支持,但是却可以肯定,确实是伯利克里提出了向图里移民的计划,并让自己的朋友兰蓬、色诺克里图成为了该城的创立者,不过他希望这是以帝国的名义进行的。

因此,怀德-嘉利认为,伯利克里在公元前444/443年没有当选将军,于是远征的任务落在了美莱西亚斯之子修昔底德斯(Thucydides son of Melesias)的肩上,而他是伯利克里的头号对手。作为在希腊有着广泛影响的贵族阶层的一员,"他才是真正有着泛希腊精神的人:……伯利克里通过《大会法令》抢走了修昔底德斯的风头。对伯利克里而言,泛希腊主义并不重要,雅典的利益高于一切,但修昔底德斯认为,泛希腊主义意味着所有希腊城邦的平等,意味着放弃雅典对其他城邦的控制",② 所以邀请伯罗奔尼撒人一起分享这块殖民地,将其变成一个泛希腊主义城邦的人正是修昔底德斯。不幸的是,修昔底德斯在公元前443年春天遭到陶片放逐,结果,雅典的图里政策变得不连贯。伯利克里重新掌权之后,雅典放弃了和平的泛希腊主义,重新开始帝国扩张。于是,雅典加强了对帝国的控制,并先后与垒集坞、林地尼签订协议(怀德-嘉利认为这些事情也发生在这一年),之后还派遣佛缪(Phormio)与阿卡纳尼亚(Acarnania)签订了盟约,最终在公元前433年与柯西拉(Corcyra)签订和约,导致了伯罗奔尼撒战争的爆发。

然而,怀德-嘉利的这番分析不啻是在指控,自从《三十年和约》签订之后,伯利克里与雅典不仅一直致力于向北、向东扩张,同时也一直

---

① 怀德-嘉利,《希腊历史文集》(Essays in Greek History),第253页。
② 怀德-嘉利,《希腊历史文集》,第256页。

致力于向西进行积极扩张。如果这种说法成立,那么,我们就没有任何理由认为,伯罗奔尼撒战争原本可以避免,因为,雅典的不断扩张势必对斯巴达与科林斯的利益造成伤害,而这两个城邦绝对不可能[-159,160-]坐视不理;但问题是,怀德-嘉利的这番分析并不能经受住考验。①

为什么会有人认为泛希腊殖民地这个想法是修昔底德斯提出的呢?这种观点根据的是佚名作者的《修昔底德传》(*Life of Thucydides*)中的两段话(第六和第七段)。这本书中的修昔底德据说指的是那位著名的历史学家,而非美莱西亚斯的儿子。其中记录的是一个非常费解的故事:修昔底德在被流放之前曾经前往墟坝离。这份资料被认为是极不可信的,而这个故事更是荒诞不经。② 怀德-嘉利的另一个根据是,他认为伯利克里在公元前444/443年失势了,因此兴建泛希腊殖民地的计划不可能由他提出。这种观点依据的是普鲁塔克《伯利克里传》(*Life of Pericles*)中的一段(Plut. *Cim.* 16.3):"在成功打败修昔底德斯并将其流放之后,伯利克里每年都被选为将军,因此在接下来的15年中,他得以将大权一直握在手中,没有间断。"③怀德-嘉利认为这句话的意思是说,从修昔底德斯遭到流放的公元前443/442

---

① 据我所知,这种观点并没有什么人支持,尽管那些认为雅典在不停向外扩张的人多少会对这番分析有所共鸣。无疑,这多少是因为怀德-嘉利的渊博智慧,用这样一个大胆、机智的概念将格外碎片化、格外分散的各路史料证据汇集于其中。然而,在怀德-嘉利之后研究图里的学者,并不接受他的这个观点。德·桑悌(《伯利克里》,第169—170页);戈姆(《修昔底德历史评注》,第1卷,第386—387页),柯罗歇(《古典时代》,第14卷,1945年,第100页,注释1);厄霖博格(《美国考古学期刊》,第69卷,1948年,第159—163页),文柯(《西西里与雅典》,第86—87页)都对他的观点进行了非常直接的反驳。《雅典贡赋表》的作者们(其中包括怀德-嘉利自己)在1950年得出的结论是:怀德-嘉利以前的观点"需要进行一定的修改"(《雅典贡赋表》,第3卷,第305页,注释20);他们不再认为雅典对科林斯"不断地施加压力",但他们依然认为"在图里的计划受到了反对伯利克里的势力的影响",在我看来,他们是唯一持这种观点的人。不过,对于他们最后得出的结论,我倒是双手赞成:"我们认为,在公元前446至前433年间,雅典一直小心翼翼,不希望招惹科林斯……"

② 戈姆,《修昔底德历史评注》,第1卷,第386—387页;厄霖博格,《美国考古学期刊》,第69卷,1948年,第160—161页。

③ μετὰ δὲ τὴν Θουκυδίδου κατάλυσιν καὶ τὸν ὀστρακισμὸν οὐκ ἐλάττω τῶν πεντεκαίδεκα ἐτῶν διηνεκῆ καὶ μίαν οὖσαν ἐν ταῖς ἐνιαυσίοις στρατηγίαις ἀρχὴν καὶ δυναστείαν κτησάμενος.

年开始,伯利克里一直担任将军一职,[-160,161-]直到公元前429/428年去世。首先,正如怀德-嘉利所说,伯利克里在公元前430/429年被解除了职务,但公元前429/428年时又是在任内去世,因此所谓的"一直"(διηνεκῆ)与"没有间断"(μίαν οὖσαν)并不成立。如果完全按照字面意思来理解那段话,我们应该将他最初当选的日期确定为公元前445/444年。① 然而,实际上,我们完全不能肯定这些数字的真实性,因为普鲁塔克给出的只是一种笼统的说法。在同一段话中,普鲁塔克还说:"在40年的时间里,伯利克里在埃斐亚提斯(Ephialtes)、列奥克拉底(Leocrates)、迈容尼德(Myronides)、客蒙、托尔米德(Tolmides)以及修昔底德斯等人之中一直是最优秀的……"如果我们把他的这种说法当真,那我们就得相信伯利克里在公元前469年的时候就已经登上了权力的顶峰,但他当时才25岁。这太荒谬了,没有人会把他的这种说法当真,既然如此,对于同一段话中所说的15年,我们为什么又非得信以为真呢?

　　学者们还指出了这种观点的另外一处漏洞:怀德-嘉利认为伯利克里不当将军就证明他失势了。② 其实,在公元前5世纪时的雅典,连续出任将军是一种例外,而非常态。"如果伯利克里在公元前460至前443年间,出任将军(strategos)达到6次或7次,这就很了不起了……如果他在公元前445至前444年,以及公元前444至前443年间没有当选,这很正常,我们不应该凭此去揣测雅典政策出现了什么变化或者是遇到了困难。"③认为伯利克里在公元前444/443年大权旁落,也是对雅典陶片放逐制度的严重误读。提出在那一年进行流放投票的是伯利克里,而非他的对手。一位政客如果没有绝对信心获得大多数人的支持,他是不敢这样做的。无论他在公元前444/443年有没有当选为将军,伯利克里都牢牢控制着当时的政治局势,所以向图里进行殖民,并将图里建成后来那个样子,应该都是他一手策划的。

---

① 这正是贝洛赫的观点:《希腊历史》,第二版,第2卷,第1册,第185页及注释3。
② 戈姆,《修昔底德历史评注》,第1卷,第386—387页;厄霖博格,《美国考古学期刊》,第69卷,1948年,第162—163页。
③ 戈姆,《修昔底德历史评注》,第1卷,第386—387页。

厄霖博格虽然并不认为将图里建成一座泛希腊的城邦是修昔底德斯的主张，但他似乎相信所谓的"坚持不懈地努力向西发展"的说法。在他看来，《大会法令》支持雅典通过宗教进行政治上的扩张，而图里的建立正是《大会法令》所提倡的帝国和平扩张政策[-161,162-]的延续。"目的更简单，也更现实，不过其中的精神是一样的。伯利克里建立了一个泛希腊的殖民地，一个由雅典人的所领导的殖民地，目的是为了使其成为雅典在西部地区的桥头堡。"①厄霖博格的观点得到了很多学者的支持，值得我们认真对待。首先，我们必须推翻一些毫无根据的假设。并没有任何可靠的证据显示，在公元前445至前435年之间，除了向图里殖民，雅典还在西部的其他地方有所行动。② 如果我们认为在第一次伯罗奔尼撒战争与伯罗奔尼撒大战的间隙，雅典计划将自己的影响扩大到西部地区，那就得找到相关的证据。

厄霖博格试图从图里找到这样的证据。他最重要的一个观点是：这个殖民地根本就不是泛希腊的，所谓的泛希腊主义只是一件用来掩盖真相的外衣，实际上，建立图里的正是伯利克里的朋友，城里占多数的是雅典人和他们的盟邦，"而掌权的很有可能也是雅典"。当地采用的是民主制度，掌权的都是伯利克里的朋友。所有政策都是伯利克里支持的政策，"也就是推行民主，支持帝国扩张"。③ 在图里的10个大区中，雅典是唯一一个单独组成大区的城邦。另外，再加上优卑邑（Eubois）、旎萧堤（Nesiotis）与宜阿司（Ias）这3个大区，雅典与她的盟邦控制了10个大区中的4个。所有的多利安人，包括科林斯人、斯巴达人，都被放在了同一个大区，这样一来，多利安人的数量与影响力都受到了限制。厄霖博格以此为证据，试图证明雅典人想要操控殖民地的一切，但事实上，这是对大区名称的一种过度解读，将大区名称的意义理解得过于简单了。如果图里的制度与雅典的一样，那么这些大区就应该类似于克里斯提尼（Cleisthenes）时代的那些，所以图里的大区

---

① 厄霖博格，《美国考古学期刊》，第69卷，1948年，第163页。
② 参见本章，第154—156页（原书页码），以及附录G。
③ 厄霖博格，《美国考古学期刊》，第69卷，1948年，第160页。

也应该是大致平等的,这是因为在雅典,来自不同大区的部队,在规模上并不会有太大区别。雅典人不可能事先决定图里的大区应该如何划[-162,163-]分、如何命名,因为他们根本无法预知谁会加入这个殖民地。

我们必须记住,这几个希腊城邦并没有成建制地派人参加这个殖民地的建设。这些殖民者都是被雅典人的邀请所吸引、自愿过来的,属于个人行为。在他们抵达意大利之前,没有人确切地知道究竟总共会来多少人,每个地区又会来多少。至于来的人中很少有斯巴达人和科林斯人,这是意料之中的事。斯巴达人口本来就少,几百年都没有向外进行过殖民。科林斯是一个非常富裕、十分繁华的城市,生活丰富多彩。据我们所知,她当时并没有人口过剩的问题。另一方面,阿卡狄亚、埃利斯、亚该亚、爱琴海诸岛、优卑亚岛,再加上爱奥尼亚与彼欧提亚的很多地方,较为落后,人口超出当地负荷。当时,雅典人口的数量也正在迅速增长。因此,将不同的人安排在某个大区,也许并不是雅典人为了保住自己话语权的阴谋,只是反映了新的公民群体的构成。

另外,如果因为其中3个大区的人来自雅典帝国,就认为雅典人可以控制一切,这也太过天真。在整个帝国同样存在着对雅典的不满情绪,所以这些优卑亚人、爱奥尼亚人,以及爱琴海诸岛上的人,很可能对雅典人企图凌驾于其他人之上非常敏感和反感。这当然只是一种猜测,但通过大区构成来否认图里的泛希腊殖民地性质也只是一种猜测。无可否认的事实是,雅典人只占总人口的十分之一,并且被限制在同一个大区。想要证明图里的泛希腊性质只是个幌子,现有的证据是不够的。

有关图里泛希腊性质的争论只是一个小问题,我们更关心的根本问题是:雅典是否曾经将图里作为自己向西部扩张的桥头堡?或者说,是否曾经有过这样的打算?要想很好地回答这个问题,就得对殖民地历史进行一番仔细研究。这个城邦建立之后不久,就卷入了一场与斯巴达的旧殖民地塔剌思(Taras)的战争。根据狄奥多罗斯的记载,这场战事发生在公元前444/443年,但我们发现在这件事上,他的说法并不可信。也许他的意思是想说,这场战争发生在这个城邦建立之后两年——而他认为这个城邦建立于公元前 446/445 年。[-163,164-] 因此，我们猜测，这个时间应该是公元前 442/441 年。其实，这个时间有可能是 40 年代的任何时候。

这场战争在陆地与海上持续了一段时间，双方你来我往，并没有分出胜负。狄奥多罗斯的记录十分疏阔不详。① 相对而言，斯特拉波的描述更全面、更清楚、更可信。他依据的是来自叙拉古的安条克（Antiochus）的版本。安条克生活在公元前 5 世纪，写过一套历史书，其中有一卷是专讲意大利南部的。我们有理由相信斯特拉波所说的下面这一段话：

> 安条克说，塔剌思人与图里人为了争夺塞垒（Siris）打得不可开交，指挥塔剌思人的将军正是遭到流放的斯巴达人克廉追达（Cleandridas）。后来他们同意建立一个共有的殖民地，不过这个殖民地却被判给了塔剌思人……②

我们不难将两位史家的说法进行一个综合。首先，在狄奥多罗斯看来，因为交战双方都没能消灭对方，所以他认为这场战争没有分出胜负。其次，两位史家描述的是同一件事，只是双方所交代的细节不同。最后，在奥林匹亚，我们发现了一块用拉戈尼亚字母（Laconic）撰写的碑文，其中说道："塔剌思人将他们从图里人那里得到的战利品的十分之一献给了奥林匹亚的宙斯。"③可以确定的是：图里建成之后不久，就与附近的斯巴达殖民地打了一仗，并且输了。

与此同时，雅典人的表现却令人奇怪：雅典人没有采取任何行动。对此，那些认为图里是雅典进行帝国扩张的桥头堡的人很难作出解释。既然雅典如此煞费苦心，跑这么远建立了一个殖民地，伯利克里为什么

---

① Diod. 12. 23. 2.
② Strabo 6. 1. 15,第 264 页。
③ 递滕贝格（W. Dittenberger），《希腊铭文辑佚》（Sylloge Inscriptionum Graecarum，SIG），第 61 条：Σκῦλα ἀπὸ Θουρίον Ταραντῖνοι ἀνέθεκαν Διὶ Ὀλυμπίοι δεκάταν。递滕贝格认为，这件事情发生在公元前大约 440 年，"在图里建立后不久"。

却没有采取任何行动来帮助图里？这可能吗？自从图里在塞垒打了败仗之后，雅典在意大利南部的影响就开始日渐减弱，后来再也没有恢复。伯利克里居然能够容许这样的事情发生，什么也不做？什么也没说？这样的表现与所谓的帝国扩张或者"坚持不懈地努力向西发展"实在不相符合。图里这个新殖民地在建立后所做的第一件事就是与墟坝离的宿敌柯络通订立和约。① 难道从这件事，[-164,165-] 从伯利克里拒绝干涉图里与塔剌思之间的战争，还看不出他支持的是和平的泛希腊主义以及不干预政策吗？

从另外一件事可以更清楚、更直接地看出雅典对图里的态度。公元前 434/433 年，图里爆发了派系冲突。② 这次冲突爆发的时间对于理解当时的局势有着一定的帮助。当时，科林斯与柯西拉已经闹翻，而雅典尚未与柯西拉结成同盟。可以说，在当时看来，雅典与斯巴达之间的冲突不仅是可能的，并且在某种程度上甚至是不可避免的。正是在这样一种背景下，对于图里是哪个城邦的殖民地、哪些是其"建城者"(οἰκιστής)等问题，图里人内部出现了分歧。毫无疑问，这个问题的出现是国际局势日趋紧张的结果，几乎所有的希腊人以及某些野蛮人都不得不在即将到来的斗争中选择自己的立场。雅典人声称这个殖民地是雅典的，因为"来自雅典的公民最多"。③ 伯罗奔尼撒人则作出了反驳，说他们中有"很多人/不少人"(οὐκ ὀλίγους)参与了图里的建立，所以这应该是一个伯罗奔尼撒人的殖民地。

遗憾的是，来自叙拉古的安条克并没有提供任何线索，使得我们可以了解这次冲突的本质，但我们至少可以这样总结安条克的看法：这场冲突之所以重要，是因为其结果可能会决定这个城邦在接下来那场战争中的态度。因为在建城的殖民者中，来自雅典的人最多，超过其他任何单个城邦，所以雅典人说图里是雅典的；而在当地的伯罗奔尼撒人要

---

① Diod. 12. 11. 3.
② 这个时间是由狄奥多罗斯(Diod. 12. 35)提出来的，迄今为止尚未受到任何质疑。无论是持保守观点的布索特(《希腊历史》，第 3 卷，第 1 册，第 537 页)，还是激进的贝洛赫(《希腊历史》，第二版，第 2 卷，第 1 册，第 202 页)，他们都接受了狄奥多罗斯的记载。
③ Diod. 12. 35. 2：ἀποφαινόμενοι πλείστους οἰκήτορας ἐξ Ἀθηνῶν ἐληλυθέναι.

多过雅典人——事实上也多过来自任何其他地区的人——所以伯罗奔尼撒人认为这是伯罗奔尼撒的殖民地。最后的结果是,图里派人前往德尔斐问神,"谁才是这个城市的创立者?"神回答说,他本人才是这个城市的创立者。问题就这样解决了。阿波罗成了图里的创立者,而当地也恢复了和平。"这个殖民地的泛希腊性质得到确定,[-166,167-]而图里也已经准备好与雅典解除联系。"①

这次,雅典依然没有采取任何行动。这次沉默更令人费解,毕竟当时战争爆发的可能性已经非常大,而一旦战争爆发,这样一块位于西部的殖民地将会非常有用。如果该地成为自己的敌人,那就会很危险。德尔斐的阿波罗是偏帮斯巴达的,如果他成为图里的创立者,这就意味着,一旦战事爆发,这个城邦很有可能会选择站在伯罗奔尼撒人这一边。即便如此,伯利克里还是没有干涉。在公元前434/433年的时候,伯利克里似乎依然希望可以避免战争,因此并不愿意在西部采取任何行动,以免激怒科林斯或斯巴达。几乎可以肯定,图里确实是一个泛希腊的殖民地,而不是雅典人的。并且,毫无疑问,这个城邦的建立从一开始就得到了伯利克里的支持,而他一直坚持让这个城邦保持独立,直到伯罗奔尼撒战争爆发。

如果事情果真如此,那我们就得解释清楚,伯利克里采取这项政策的理由、时间以及实施方式。虽然我们所掌握的资料并没有告诉我们伯利克里的想法,但通过对他所处的政治环境进行分析,我们可以再现当时的事件。公元前444/443年的某个时候,雅典人收到消息,墟坝离爆发了内战。居住在当地的雅典人与来自盟邦的其他人将墟坝离人赶了出去。这些人的情况非常危急。城邦的日常运作以及防卫都需要一定数量的公民。他们需要得到增援,否则就得撤回国去。在当时的情况下,要说服雅典人前往图里肯定不容易。意大利南部远离雅典,普通的雅典人对那个地方知之甚少。即便是在公元前446/445年,前往当地的雅典人也不多,因为雅典人仅仅占据了当地人口的十分之一左右。

---

① 布索特,《希腊历史》,第3卷,第1册,第537页。布索特接着说道,这是"雅典殖民政策的失败"。因为他认为,雅典建立图里,就是希望将其作为帝国扩张的桥头堡。

到公元前444/443年的时候,这个地方吸引力肯定更小,因为第一批殖民者碰到麻烦,[-166,167-]后面观望的人就会更加犹豫。与此同时,前往各个殖民地或军事殖民地的雅典人已经很多了,这个城邦可以提供的移民已经所剩无几。即便伯利克里希望增援图里,他也很难找到足够数量的雅典人来完成这一任务。

由于形势所迫,伯利克里不得不扩大这个新殖民地的人口构成,在亚狄珈地区之外寻找愿意前往当地的人。不过,即便如此,他也并不需要向整个希腊地区——包括伯罗奔尼撒半岛——发出自己的邀请,不需要将这个城邦变成一个泛希腊的殖民地。公元前437/436年,他在色雷斯的九路(Ennea Hodoi)建立了一个殖民地:安菲玻里(Amphipolis)。当时,因为雅典人不够,伯利克里也是不得不找外邦人来凑数。这些额外的人都是从安菲玻里周边的地区找来的,但并没有搞出泛希腊主义之类的噱头。并且,虽然雅典人只占了当地人口的一小部分,安菲玻里依然被公认为雅典的殖民地。① 这两个殖民地之所以受到如此不同的对待,有几个原因。如果我们对伯利克里政策的理解没错的话,地理因素是其中一个考虑。安菲玻里位于雅典的势力范围之内,附近都是雅典的盟友、属邦以及殖民地。安菲玻里人没有必要表现得非常低调与克制。图里是雅典人在意大利境内唯一的一处定居地,远离雅典,对雅典并不重要,而科林斯人,甚至包括斯巴达人对这个地区都非常敏感。伯利克里希望尽量不去招惹伯罗奔尼撒半岛的那些军事强国,如果在这个地方表现出明显的野心,就有可能破坏伯利克里所推行的政策。

不过,仅从外交关系入手并不能完全解释图里这块殖民地的性质。公元前444/443年,美莱西亚斯之子修昔底德斯对伯利克里构成了极大的政治威胁,他用来攻击伯利克里的最有力武器就是反对帝国扩张,高举泛希腊旗帜,而后者正是少数派(oligoi)的公开主张。可以设想,伯利克里当时肯定和我们一样清楚地意识到了这一点。当墟坝离的雅

---

① Thuc. 4. 106. 1;4. 103. 3—4;Diod. 12. 32. 3;schol. Aeschines 2. 34;《雅典贡赋表》,第3卷,第308—309页。

典人向雅典求援时,他决定利用这个机会,将对手一军。于是,在公元前 444 年的某个时间,[-167,168-]在决定是否举行陶片放逐投票之前,伯利克里对外宣布了他对这个新殖民地的打算,并向整个希腊世界发出了自己的邀请,其中包括伯罗奔尼撒半岛。这样一来,他的对手就无力可借,无法再对他进行攻击。伯利克里向大家展示了自己的克制以及他的泛希腊情结,并且让大家明白他并没有扩张的野心。也许正是这一招使得政治局势突变,让伯利克里有信心进行陶片放逐投票,最终除掉了修昔底德斯。

伯利克里在选择图里的创立者时,也表现得非常聪明,充分考虑到了当时的政治现实。图里的建城元勋是兰蓬。人们有时称他为"占卜家"($μάντις$),有时又称他为"解卦者"($ἐξηγητής$ 或 $χρησμόλογος$)。① 普鲁塔克曾经讲过兰蓬与伯利克里的一则掌故:有人送了一头独角兽给伯利克里。阿纳克萨戈拉(Anaxagoras)将它的脑袋剖开,对这件事给出了一个理性、科学的解释。兰蓬则不同,他认为这是来自上天的一个暗示,意味着伯利克里与修昔底德斯之间的派系斗争最终将以伯利克里的胜利告终,整个国家也会得到统一。② 从这个故事我们可以推论,兰蓬拥护伯利克里,并支持他的政策。另外,也可以看出,伯利克里虽然受过良好教育,冷静,理性,但他明白传统宗教对普罗大众的意义。厄霖博格清楚地指出了兰蓬对图里这个殖民地的重要性:

> 显然,像兰蓬之类的预言家的参与对整个事业有着重要的意义。我们所掌握的资料中有很多事例显示希腊人(当然也包括雅

---

① 关于兰蓬的宗教才能,参见以下文献:Athenaeus 344e(雅典纳乌斯);Hesychius, s. v. $ἀγερσικύβηλις$(栖叙丘司辞书,"托钵祭司"词条);Eupolis, frg. 297 (Kock)(游波利司,残编第 297 条,科克);Photius, *Lexicon*, s. v. $Θουριομάντεις$(佛提乌,《辞书》,"图里占卜家"词条);Suidas (or The Suda) s. v. $Θουριομάντεις$(《苏达辞书》,"图里占卜家"词条);Schol. Aristoph. , *Peace* 1084 and *Birds* 521(对阿里斯托芬《和平》第 1084 行及《鸟》第 521 行的抄本注解)。根据栖叙丘司辞书残本记载,科拉提努斯(Cratinus)曾说兰蓬是个"行乞祭司"($ἀγύρτης$)。詹姆斯·H. 奥利弗(James H. Oliver)在《神圣法与先祖法的雅典解卦人》(*The Athenian Expounders of the Sacred and Ancestral Law*,巴尔的摩,1950 年,第 124—125 页)中收录了所有这些与兰蓬有关的资料。

② Plut. *Per*. 6. 2.

典人),对神示、预言以及神迹深信不疑……。[-168,169-]一位政治领袖,无论他自己是否相信这一切,他都得利用这些为自己服务,伯利克里也不例外。①

兰蓬的效忠不仅让伯利克里有了宗教上的支持,也给图里的建立披上了政治和社会的光环。后来,在《尼基阿斯和约》的签订者名单中,兰蓬位列其首。此外,在埃琉西斯(Eleusis)祭仪中,他还独自动议,要献上橄榄"初获"。"显然,兰蓬出生于希腊的某个世袭贵族家族。这些家族控制了当时的政坛,并且一直控制着雅典的宗教,直到公元5世纪。"②在公元前444/443年的这场政治危机中,能有这样一位深孚众望的人士出来支持自己在图里的行动,这对伯利克里一定是很有帮助的。兰蓬与索福克勒斯(Sophocles)都是活生生的例子,证明并非所有的"出类拔萃之辈"都属于"少数派"。

也许在建立图里时,确实考虑到了某些国内因素,但最重要的是,图里城邦后来的发展并没有偏离最初的外交设想。当图里与雅典渐行渐远时,伯利克里肯定很失望;但如果说"图里的建立证明了他思想上的伟大、政策上的失败",③这就大错特错了。伯利克里的政策在国内取得了巨大的成功,他登上了政治的巅峰。如果我们认为他希望将这个殖民地作为向西部扩张的桥头堡,那么可以认为这是外交政策上的失败,但其实这种观点是毫无根据的。反之,如果我们认为他这样做是为了安慰、麻痹雅典当时的敌人,那么接下来几年所发生的事情证明,伯利克里这个计划非常成功。

---

① 厄霖博格,《美国古典语文学期刊》,第69卷,1948年,第164—165页。
② 有关兰蓬参与和约的签订,参见 Thuc. 5. 19. 2,以及 5. 24. 1。雅典的一块官方碑铭记录了他在埃琉西斯祭仪中发挥的作用,参见 $IG\ I^2, 76 = Tod\ I, 74$,第60行。引文部分来自奥利弗(《神圣法与先祖法的雅典解卦人》,第12页)。厄霖博格(《美国古典语文学期刊》,第69卷,1948年,第164—165页)似乎只注意到了兰蓬与伯利克里的关系,却低估了(或者是根本没有意识到)兰蓬的社会及政治影响力。
③ 厄霖博格,《美国古典语文学期刊》,第69卷,1948年,第170页。

# 第十章　萨摩司叛乱

公元前440年夏末,萨摩司与米利都之间因为争夺浦林(Priene)的控制权爆发了一场战争。① 这给雅典人出了一个难题。萨摩司本来是一个完全自治的城邦,不用向雅典缴纳贡赋;萨摩司是三个拥有海军的城邦之一,海军非常强大;统治该城邦的是寡头政权。米利都在公元前5世纪50年代曾经起义,遭到镇压之后便开始向雅典纳贡,并且失去了自己的海军。没过几年,在公元前446/445年,米利都再次起义,结果雅典在当地建立了一个民主政权。② 某些学者认为,后来发生的事件的根源在于萨摩司是寡头城邦,而米利都则为民主城邦。实际上,政治体制的差别并不是最根本的原因。③ 自从30多年前攻陷纳克索斯(Naxos)开始,如果雅典解除某个城邦的防卫,那么雅典就要承担起相应的义务,确保这个城邦不会受到邻邦的欺负。如果没有特别的原因(好恶或者利益冲突),雅典人不能对自己同盟中两个成员国的战争视而不见,尤其是当其中一方较强,而另一方较弱时。

当米利都人向雅典控诉,说他们被萨摩司欺负时,雅典不得不有所

---

① Thuc. 1. 115. 2; Diod. 12. 27. 1; Plut. *Per.* 24. 1. 有关冲突爆发时间,参见戈姆,《修昔底德历史评注》,第1卷,第390页。
② 见本书第六章,第100—101页(原书页码)。
③ 例如,格罗茨与柯恩,《希腊历史》,第2卷,第207页;布索特,《希腊历史》,第3卷,第1册,第542—543页以及第543页,注释1。

行动。[-170,171-]与米利都人站在一起的还有一些来自萨摩司的公民,他们希望可以推翻寡头政权。① 于是,雅典派人前往萨摩司,要求他们停止战争,将争端诉诸仲裁。萨摩司人拒绝了他们的要求,或者是因为知道自己不占理,或者是因为知道雅典反正也会站在米利都一边,又或者就是不愿意让雅典干涉萨摩司的事务。狄奥多罗斯认为,萨摩司人攻打米利都是因为他们"觉得雅典人偏帮米利都人",不过他的这句话到底所指为何并不清楚。即便他的说法是正确的,我们也不知道雅典人偏帮米利都人是基于事实,还是出于偏见,或是出于对自身利益的考虑。我们所能找到的资料没有说明在浦林的这场纠纷中谁对谁错。不过无论真相如何,萨摩司拒绝仲裁的挑衅行为使得雅典别无选择。如果雅典不能保护同盟中弱小的成员,这对其领袖地位将是一种嘲讽。

伯利克里迅速而果断地作出了反应。他率领40艘船前往萨摩司,推翻了当地的寡头政权,代之以民主政权。离开的时候他带走了50个男孩与50个男人作为人质,并将他们放在莱姆诺斯(Lemnos)岛上。他要求萨摩司赔偿80塔伦特,并在当地进行驻防,之后就像来的时候那样迅速地撤离了。② 萨摩司保持了自治,保留了城墙、舰队和土地,也不用缴纳贡赋。不过,在处理这件事上所表现出来的果断足以说明,雅典希望维持自己的霸权地位,即便是在面对同盟中拥有海军力量的强大城邦时也不能例外。

伯利克里如此轻松地将岛上的叛乱平复,也足以说明萨摩司人根本没有预料到雅典人会有如此反应。也许伯利克里在他与美莱

---

① Thuc. 1. 115. 2;Plut. *Per.* 24. 1 以及 25. 1。修昔底德并没有提到雅典人的停战与仲裁要求。他在记录"五十年时期"发生的事情时,有很多诸如此类的省略,所以不足为奇。不过,他也没有说过任何与此相冲突的话,因此没有理由怀疑这种说法的真实性,参见柯罗歇(Cloché),《古典时代》,第14卷,1945年,第105页,注释7,以及布索特,《希腊历史》,第3卷,第1册,第542—543页。

② Thuc. 1. 115. 3—4; Diod. 12. 1—2; Plut. *Per.* 25. 1—3. 普鲁塔克说,那些人质、寡头派以及撒尔狄司(Sardis)的波斯节度使庇苏司涅(Pissuthnes),都曾经试图贿赂伯利克里,可是没有成功。布索特认为这些故事显示了伯利克里的正直,因此这些叙述不可能出自萨摩司的杜力司(Duris),因为这个杜力司非常仇恨雅典,并且行文不可靠,人尽皆知。与其他叛乱城邦所受到的惩罚相比,这次的处罚算不上严厉。

西亚斯之子修昔底德斯的斗争之后所采取的理性温和的政策，[-171,172-]使萨摩司人觉得他对帝国的态度已经软化。也许他们是想测试他的决心。无论如何，他们绝没有想到报复来得如此迅速。不过，他们所遭遇的失败非但没有让他们屈服，反而将他们激怒。在此之前，萨摩司人与米利都人之间的纷争，以及之后对雅典人的挑衅都还是小规模的、较克制的。现在开始，这变为一场有着宏伟目标的大规模革命。当萨摩司人再次造反时，他们是在"挑战海上霸权"。① 在这次起义结束前，他们"差一点将海上控制权从雅典的手中夺走"。②

雅典舰队撤离之后，一些萨摩司人在与上层社会的领袖密谋之后立即跑到了大陆上，向吕底亚节度使庇苏司涅求援。庇苏司涅准许他们在当地招募了 700 名雇佣军，并答应帮他们从莱姆诺斯岛将萨摩司人质救出。救出这些人质是至关重要的。只有解除萨摩司寡头集团的领袖们对自己亲人的担忧，他们才会加入这场公开的起义。③ 这支雇佣军在萨摩司岛上的内应的帮助下，乘夜过海，顺利上岛，民主政府与雅典驻军措手不及。有些民主人士被抓了起来，有些则被驱逐出境。为了表示自己的义无反顾，获胜之后的萨摩司寡头集团将雅典派驻当地的官员与军队抓起来交给了庇苏司涅。在这之后，萨摩司人还多此一举地正式向雅典宣战。④ 这对雅典构成了极大的威胁，因为几乎与此同时，拜占庭也打出了反旗。在卡里亚（Caria）、色雷斯，以及卡尔息狄斯（Chalcidice）也出现了叛乱。⑤ 同一时间，列斯堡岛上的主要城邦密提林也在密谋造反，只要斯巴达答应给予支持，密提林马上就会开始

---

① Plut. *Per.* 25. 5: ἀντιλαμβάνεσθαι τῆς θαλάττης.
② Thuc. 8. 76. 4: παρ' ἐλάχιστον δὴ ἦλθε τὸ Ἀθηναίων κράτος τῆς θαλάσσης, ὅτε ἐπολέμησεν, ἀφελέσθαι. 普鲁塔克(Plut. *Per.* 28. 6)也曾引用。
③ 有关这个时期萨摩司的政治派系，参见罗纳德·P. 勒贡(Ronald P. Legon)，《民众与内乱：古典时代的希腊党争》(*Demos and Stasis: Studies in the Factional Politics of Classical Greece*)，未出版博士论文，康奈尔大学 1966 年，第 127—148 页。
④ Thuc. 1. 115. 4—5; Diod. 12. 27. 3; Plut. *Per.* 25. 2.
⑤ 布索特，《希腊历史》，第 3 卷，第 1 册，第 544 页及注释 5；梅耶，《古代历史》，第 4 卷，第 1 册，第 713 页。

行动。① [-172,173-]

我们必须明白,在当时看来,这些事情对雅典所构成的威胁是很严重的。萨摩司本身已经是一个很强大的对手,而拜占庭的叛乱极有可能在整个雅典帝国掀起一场大规模革命。庇苏司涅的表现似乎显示,波斯人正准备利用这个机会,正式或非正式地撕毁与雅典订立的和约,夺回他们在小亚细亚与爱琴海的失地。并且,萨摩司人向斯巴达以及伯罗奔尼撒半岛城邦示好,希望他们可以帮助自己对抗雅典。如果斯巴达接受了它的请求,而另外两种可能也变为现实,那雅典将面临一股很强大的敌对势力。公元前 404 年,将雅典打败并摧毁其帝国的正是这样一股敌对力量——斯巴达与波斯的联合。事实上,一切都取决于伯罗奔尼撒城邦的态度。因为如果得不到斯巴达的支持,波斯大王是不会宣战的,而雅典的大多数属邦也不会去冒这个险。斯巴达的态度在很大程度上又受科林斯影响。不仅因为她们之间有着特殊的关系,而且因为打仗所需的海军大部分都得由科林斯提供。这是对伯利克里从公元前 446/445 年以来的政策的一次考验。伯利克里在西方所采取的政策,如果在斯巴达与科林斯看来是富有侵略性、充满野心、令人不安的,那么我们有理由相信,斯巴达与科林斯会抓住这次"天赐良机……乘着雅典海军忙得不可开交,腾不出手来的时候,对雅典发起突然袭击"。②

通过公元前 433 年科林斯特使在雅典公民大会上的 [-173,174-]

---

① 虽然只有修昔底德(Thuc. 1. 115.5)确切地提到了拜占庭叛乱,[-172,173-]但在一块记录公元前 441/440 年以及 440/439 年萨摩司战争期间雅典开支情况的碑铭上,我们找到了拜占庭的名字。参见《希腊铭文补遗》(SEG)第 10 卷第 221 条。公元前 428 年,密提林人在斯巴达发表演讲时,提到他们曾经要求斯巴达在他们起义时提供帮助。不过,我们无法确定他们是在什么时间向斯巴达提出这个请求的,因为修昔底德只记载道:
βουλομένους μὲν καὶ πάλαι, ὅτε ἔτι ἐν τῇ εἰρήνῃ ἐπέμψαμεν ὡς ὑμᾶς περὶ ἀποστάσεως
(Thuc. 3.13.1,"真的,很久以前我们就想这样做了,当年还在和平的时候,我们派了使节到你们这里来商谈这个问题",校对者注:谢德风译本,第 190 页)。爱德华·梅耶是少数几个注意到这件事情的学者之一,他认为这件事应该是发生在"接下来的某一年"(《古代历史》,第 4 卷,第 1 册,第 714 页,注释 2),但没有给出理由。格罗特《希腊历史》,第 5 卷,第 1 页,注释 1)认为,这一事件发生在柯西拉(Corcyra)事件之前。只有布索特《希腊历史》,第 3 卷,第 1 册,第 545 页及注释 3)认为密提林人的叛乱应该是发生在这一年。

② 梅耶,《古代历史》,第 4 卷,第 1 册,第 713 页。

发言,我们可以清楚知道伯罗奔尼撒城邦当时的考虑:伯罗奔尼撒人前往雅典,是为了说服雅典人不要接受柯西拉的结盟要求,因为那样可能会引起与科林斯之间的战争。毫无疑问,科林斯人当时肯定希望抬高自己,美化自己当年的所作所为,但我们有理由相信,科林斯人所言不虚。科林斯特使在雅典公民大会发言时,修昔底德正好也在雅典,他肯定听到了这次发言。如果修昔底德记录过的演说辞中,有一些确乎是忠实录载的话,那么这篇演说辞应该是相当准确的。科林斯人不会向雅典人说谎,因为那样做会影响他们的可信度,破坏他们的大事。因此,在这个问题上,我们可以采信修昔底德的记载,一如我们在有关公元前5世纪历史问题上的一贯所为。当时,在萨摩司起义之后,斯巴达人召集伯罗奔尼撒同盟开会,商讨萨摩司求援一事。伯罗奔尼撒城邦内部出现了两种不同看法。科林斯人的答复是非常明确的。科林斯人告诉雅典人:"当时,伯罗奔尼撒半岛的其他城邦在是否应该帮助萨摩司人的问题上出现了分歧,而我们则明确表示各方可以自由惩处自己这方的盟邦,投了对你们有利的一票。"①

科林斯人态度如此,故而萨摩司人命运未能逆转。伯罗奔尼撒半岛城邦没有伸出援手,波斯人也退了回去,燎原之火未能在雅典帝国出现。现在,雅典人可以随意处置这些叛乱者了,当然,事实证明,具体执行起来并非易事。科林斯人在这件事上的态度,以及隐藏其后的原因,可以解答一个我们最关心的问题:雅典与伯罗奔尼撒城邦之间究竟有没有可能出现持久的和平? 这个问题的答案很大程度上取决于相关各方是否愿意接受公元前446/445年所订立的和约。这份和约认可了雅典帝国的存在,将希腊世界分为两股势力。科林斯人相信雅典人是真心接受了和约,不会通过伤害科林斯来扩大自己的势力;他们和我们一样,认为雅典在西方所采取的行动并不过分,可以接受。如果不是这样,就无法解释他们在辩论时的表现;而他们的发言同时显示,科林斯人也认为将希腊世界一分为二[-174,175-]是一种持续可行的做法。在这样一个关键时刻,科林斯人所采取的行动表明,他们是言行一致

---

① Thuc. 1.40.5—6;41.1—3.

的,而斯巴达人的默许则表明他们是持赞同意见的。公元前440年,由于双方都理解规则,并且愿意去遵守这些规则,一场大规模战争的爆发得以避免。各方这次所表现出的克制甚至使得未来发生这样一场战争的可能性更为渺茫。

虽然我们不用过多纠缠于爱琴海上那场战事的细节,但其中有几件事还是要交代一下。第一,在接到萨摩司叛乱的消息之后,率队出征的还是伯利克里本人,与第一次一样。这次他率领的是一支由60艘船组成的舰队。显然他认为这是一件非常重要的事,不愿意托付给任何其他人去完成。另外,比较有趣的一点是,公元前441/440年,悲剧诗人索福克勒斯被选为将军,并且得以与伯利克里一同前往镇压萨摩司人。据说,他之所以被雅典人选中是因为之前一年上演的《安提戈涅》(Antigone)深得他们喜爱,这种说法也许有一定的道理,但无论如何可以肯定的是,选择索福克勒斯绝不是因为他的军事才华。与他同时代的诗人忆昂(Ion)曾说,索福克勒斯在处理国家大事上并无过人之处,只不过"与雅典上流社会的其他人一样"。① 索福克勒斯当选的时候,没有人预料到会有战事发生。而当战事爆发后,伯利克里便聪明地对索福克勒斯进行了充分的利用。索福克勒斯的富有、出身及名望,使他跻身于希腊贵族之列。在雅典没有谁比他更受帝国上层阶级的欢迎,更能说服这些人。这对雅典是非常有用的,毕竟当时最有可能策划动乱与阴谋的正是这些人。于是,当伯利克里在等待来自雅典的援军一起进攻萨摩司岛时,他委派索福克勒斯前往开俄斯(Chios)与列斯堡。在开俄斯,他的开俄斯友人荷墨息劳(Hermesilaus)——雅典在开俄斯的在邦领事(*proxenus*)——为他举行了一场盛大的宴会。当时忆昂也在场,他对这位雅典诗人兼将军在一次典型的出类拔萃之辈(*kaloi kagathoi*)聚会中的情况进行了详细的记录。索福克勒斯当时的表现一定非常成功,[-175,176-]因为列斯堡与开俄斯不仅没有叛乱,最终还提供舰队,帮助雅典人围歼萨摩司。②

---

① Athenaeus 603d.
② Thuc. 1.116—117; Athenaeus 603f—604b.

萨摩司人虽然表现神勇,并一度将雅典舰队赶离萨摩司海域 14 天之久,但最终他们还是在海上打了败仗。不过,此后,萨摩司人依然顽强反抗,使得雅典人不得不进行围歼战,付出了沉重的代价。公元前 439 年的春天或夏天,在坚持 9 个月之后,萨摩司人被迫投降。投降的条件虽然很苛刻,但比预想的要好多了。萨摩司人必须拆除城墙,解散舰队,接受民主政权,支付 1300 塔伦特的战争赔偿,分 26 年付清。① 然而,另一方面,萨摩司人不需要缴纳贡赋,不用接受驻军,雅典人也没有在当地建立军事殖民地。② 也许伯利克里认为建立一个友好的民主政权,再加上雅典海军所表现出来的警觉与战斗力,已经足以确保萨摩司此后不敢再生叛乱之心。也许伯利克里还希望向雅典的温和派展示,自己的帝国政策是非常克制的,而非贪得无厌。因此,伯利克里解决萨摩司问题的办法是相对温和的。

萨摩司投降之后不久,拜占庭也放下了武器。他们得以恢复以前在帝国的地位,[-176,177-]条件不变。公元前 442 与前 441 年,叛乱之前,拜占庭人每年要上缴 15 塔伦特与 4300 德拉克马贡赋。公元前 432 年,他们缴纳的也只不过是 18 塔伦特与 1800 德拉克马。对于这样一个富有的城邦而言,增加的这点根本不算什么。拜占庭并没有作

---

① Thuc. 1. 117. 3. 有关贡赋数额以及支付方式,参见《雅典贡赋表》,第 3 卷,第 334—335 页。可以将其与戈姆(《修昔底德历史评注》,第 1 卷,第 355—356 页)的观点进行比较。他们依据的是雅典的一处碑铭,上面记录了与这次叛乱相关的开支(IG I², 293 = Tod, 50)。有关萨摩司的法令,参见 IG I², 50。修昔底德并没有提到在萨摩司建立的民主政权,我们所依据的是狄奥多罗斯(Diod. 12. 27. 4)的记录,大多数学者都接受这种说法。贝洛赫(《希腊历史》,第二版,第 2 卷,第 1 册,第 197 页)是其中一位反对者。勒贡(《民众与内乱:古典时代的希腊党争》,第 139—148 页)根据萨摩司后来发生的事情对这个问题进行了探讨。勒贡得出的结论是,公元前 439 年建立的政权,至少名义上是民主政权,对雅典唯命是从。
② 乌里奇·喀施戴特认为,贡赋名单上之所以没有萨摩司是因为雅典没收了其土地,在那里建立了军事殖民地。倪赛耳豪夫(Nesselhauf)《提洛-亚狄珈同盟历史研究》[Untersuchungen],第 138—139 页)对此表示赞同;但我认为,这种说法站不住脚。戈姆《修昔底德历史评注》,第 1 卷,第 355 页)对其进行了反驳。布索特《希腊历史》,第 3 卷,第 1 册,第 553 页)与密特讷(《保-威古典学百科全书》,第 19 卷,1938 年,条目"伯利克里",第 772 页)相信,正是这份和约将阿莫格斯岛(Amorgus)从萨摩司手中夺走,但戈姆(《修昔底德历史评注》,第 1 卷,第 356 页)指出,萨摩司直到公元前 434/433 年才开始缴纳贡赋,因此也许在此之前,萨摩司都是独立的。

出很顽强的抵抗,所以在解决萨摩司问题上所表现出来的克制正好也可以用在拜占庭身上。① 这次动乱原本完全可以演变成为一场大规模战争,威胁到整个雅典帝国的统一,但是现在,这场动乱就这样结束了。伯利克里的个人声望也因此达到了一个巅峰。他的军事行动取得了彻底的成功。伯罗奔尼撒半岛的城邦给予他的外交支持——科林斯人所明示的,以及斯巴达人所暗示的——都证明了伯利克里对他们所采取的政策是完全正确的。他在处置叛乱者时所表现出来的克制,他对于索福克勒斯与兰蓬这些社会名流的任用,一定很好地平息了温和派的不满,而这种不满正是美莱西亚斯之子修昔底德斯煽动起来的。

为了纪念在萨摩司阵亡的将士,雅典专门举行了一次葬礼,伯利克里亲致悼词。他的演说非常成功,令人难忘。当他从讲坛上走下来时,年迈的爱庇睨刻(Elpinice)对他怒声责骂:"伯利克里,都是你做的这些好事,让我们损失了那么多优秀的市民,只不过他们攻打的是与我们有着亲属关系的盟邦,而不是像我哥哥客蒙(Cimon)那样去攻打腓尼基人与波斯人。"她的指责完全站不住脚。客蒙曾经镇压过纳克索斯、叙罗斯(Scyros)与塔索斯(Thasos)的希腊人,而伯利克里则在制服萨摩司的同时瓦解了来自波斯的危险。不过,伯利克里倒是没有跟她计较,只是和颜悦色地回复了她。在雅典并没有多少人会同意她的说法。公元前439年的时候,伯利克里已经没有了对手,因为当时还没有谁能取代美莱西亚斯之子修昔底德斯的位置,并且他使得雅典出现了前所未有的共识。

同时,萨摩司事件也进一步巩固了雅典帝国。成功镇压萨摩司叛乱,既显示了雅典镇压叛乱的能力,同时也让大家明白,依靠斯巴达或波斯就必须承担巨大风险。因此,萨摩司之战确实加强了雅典的实力,只不过这种加强指的是安全方面,而非势力范围。这次战争进一步确定了伯罗奔尼[-177,178-]撒人业已接受的现状。已经接受《三十年和约》所确立现状的各方并没有因为这次战争而感到不安,科林斯与斯巴达的表现证明了这一点。有充分的理由相信,在萨摩司叛乱之后,和平的局面将会持续下去。

---

① 参见附录 H。

# 第十一章 雅典帝国的巩固

萨摩司与拜占庭的叛乱显示,雅典帝国在公元前443/442年进行的调整并不是很成功。在这些地方叛乱的同时,色雷斯也出现了麻烦,而在卡里亚也有城邦叛乱。公元前440/439年,这是一个叛乱与镇压之年。在这段时间里,卡里亚地区(Caria)有好几个城镇从贡赋清单上消失了。卡里亚素来就是一个很难控制的地区,因为该地远离雅典,并且很多城邦都位于内陆,实际上位于波斯帝国内部。卡里亚的这些城邦上缴的贡赋很少,所以没有必要花费太大的成本去强迫这些城邦。另外,卡里亚没有多大的战略意义,如果对其采取军事行动,需要深入内陆,说不定还会与波斯人产生没有必要的冲突。因此,伯利克里放弃武力威胁,而是采取了壮士断臂的做法。在公元前438年的核定中,有几乎40个位于卡里亚的城邦从贡赋清单上永远消失了,卡里亚被并入爱奥尼亚,合为了一个纳贡地区。①

不过,在海勒斯滂地区出现的问题更加严重,需要采取不同的办法处理。公元前5世纪的时候,雅典的粮食无法做到自给自足,需要依靠进口。在供应地中海地区的四大粮仓中,黑海沿岸地区,尤其是乌克兰对雅典最为重要,而要从雅典前往当地,[-179,180-]必须经过海勒斯滂海峡以及博斯普鲁斯海峡。当时的埃及依然处于波斯人的控制之中,无

---

① 《雅典贡赋表》,第3卷,第114—117,308页;梅里特(B. D. Meritt),《美国考古学期刊》,第29卷,1925年,第292页及以下;埃德科,《剑桥古代史》,第5卷,第172页。

法为雅典人所用；北非则属于迦太基人的地盘。西西里与意大利南部地区可以与雅典进行贸易来往，但路途遥远，并且要受到伯罗奔尼撒人的干扰。因此，经过海勒斯滂海峡前往黑海的航线可谓雅典的生命线。这条航线可以为雅典提供方便、同时也是最安全可靠的粮食来源，并且还可以为雅典人提供干鱼，这是雅典人最主要的菜肴。① 人们往往认为这个地区之所以对雅典如此重要，纯粹是因为其在经济上的重要性，但实际上，该地战略意义更重要。雅典之所以安全，在于可以不依赖本地的食物供应。长墙将雅典变成了一个岛屿，通过海路获得自己所有的必需品。如果敌人成功阻止雅典从黑海获得自己的食物供给，就可以打败雅典，所以雅典必须不惜一切代价，保证黑海航线的安全。

公元前439年，伯利克里采用软硬兼施的办法平定了拜占庭的叛乱，但他认为，要确保整个地区的安全，还需要进一步采取措施。当地民众一定已经听说，有一位波斯节度使（satrap）帮助了那些希望脱离雅典帝国的人，还接受了他们所俘虏的雅典人，而波斯大王与雅典都没有惩罚他。他们甚至可能相信，波斯准备帮助任何有意谋反的人，或者可能认为，雅典已经不行了，在亚狄珈之外的地方，完全可以不用理会雅典。于是，大概在公元前437年，伯利克里对黑海地区发起了一次著名的远征。

> 他率领装备精良的庞大舰队，前往黑海地区。他完成了希腊城邦要求他做的事情，并且很友善地对待他们。与此同时，他向周边的蛮族，以及他们的国王与君主展示了雅典的强大，并且让他们看到雅典人有胆量，也有能力随心所欲地航行到自己想去的任何地方，整个大海都是他们的天下。② [-180,181-]

---

① 有关黑海地区在粮食供应方面的重要性，参见米歇（H. Michell），《古希腊经济》（*The Economics of Ancient Greece*），剑桥，1957年，第20、228页；维克多·厄霖博格（Victor Ehrenberg），《阿里斯托芬笔下的民众》（*The People of Aristophanes*），牛津，1951年，第326页；法兰奇（A. French），《雅典的经济发展》（*The Growth of the Athenian Economy*），伦敦，1964年，第108—113页。有关鱼在雅典人饮食中的重要性，参见厄霖博格，《阿里斯托芬笔下的民众》，第130—132页；米歇，《古希腊经济》，第286—289页；法兰奇，《雅典的经济发展》，第127页。

② Plut. *Per.* 20.1.

伯利克里用这种办法表明了自己的态度,让这些远方的人民知道,与雅典做朋友才是明智之举。他并不满足于显示实力,他还帮助西傩浦(Sinope)的人民赶走了僭主,并派遣 600 名希腊人移居当地,取代那些曾经支持僭主统治的西傩浦人。在西傩浦附近的阿谧苏(Amisus),他还建立了一个殖民地。与此同时,伯利克里似乎与斯巴达库(Spartocus)建立了友好关系。这个名叫斯巴达库的人,是博斯普鲁斯海峡的客每离人(the Cimmerian Bosporus)的王国的君主。这个王国位于亚速海(the Sea of Azov)的入口处。因为与斯巴达库关系修好,伯利克里就在博斯普鲁斯海峡客每离人地盘附近的宁斐坞(Nymphaeum)也建立了一个雅典殖民地。同时,雅典在马尔马拉海(the Sea of Marmora)最东端的殖民地崖司塔枯(Astacus)很有可能也是这次远征过程中建立的。当伯利克里回到雅典之后,他非常自信拜占庭以东的东北地区已经非常安全。①

拜占庭的西面是色雷斯与马其顿王国,其南面有很多雅典帝国的属邦。在萨摩司与拜占庭造反期间,这些地方也很不太平。有些城邦没有缴纳贡赋,并且从雅典的一份阵亡将士名单上可以看出,在色雷斯的柯松半岛(Chersonese),以及色雷斯地区的其他地方都发生过战斗。② 不过,雅典帝国的安全不能仅仅依靠镇压那些造反的城邦,因为色雷斯与马其顿都是非常强大与危险的邻居。当然,马其顿当时还没有强大到可以征服整个希腊,像腓力二世(Philip II)的时候那样。修昔底德说:"在亚德里亚海(Adriatic)与黑海之间的所有王国中,色雷斯人是最富有、最成功的,但要论军事实力以及军队规模,他们就远比不上斯基泰人(Scythians)了。"③在色雷斯人当中,由息拓耳奇(Sitalces)统治的敖追夏人(Odrysian)是非常重要的一个部族,很难对付。在息拓耳奇的父亲特雷斯(Teres)执政的时候,敖追夏人曾经与斯基泰人结盟。到伯罗奔尼撒战争爆发时,息拓耳奇的继位者塞乌提斯(Seuthes)

---

① 参见附录 I。
② 有关这块石碑的内容与时间,参见 *IG* I², 943; *SEG*, X. 413; Tod, 48。另外,亦可参见布拉丁(D. W. Bradeen),《西土学刊》,第 36 卷,1967 年,第 321—328 页,特别是第 325 页。
③ Thuc. 2. 97. 5.

[-181,182-]趁着雅典无暇分身,开始向雅典帝国的成员征收贡赋;他统治的范围东起博斯普鲁斯,西至司跸梦河(the Strymon),南起爱琴海,北至多瑙河(the Danube)。①

在希腊人眼里,马其顿是一个落后的国家,但人口众多,并且马其顿人骁勇善战,骑术尤其了得。公元前5世纪上半叶,亚历山大一世已经将自己王国的疆域一直扩大到了司跸梦河的西岸。② 公元前465年,雅典人曾经试图在司跸梦河上建立一个殖民地,希望可以开发附近的木材,这对于雅典的舰队而言是非常重要的。另外,在司跸梦河附近还有稀有金属矿产。不过,雅典人最终没有成功。③ 公元前463年,客蒙被控接受了亚历山大的贿赂,从而不去征服他的某些领土;我们认为这部分领土应该就包括司跸梦河附近的银矿。④ 到了沛耳狄喀(Perdiccas)继承亚历山大的时候,马其顿人肯定已经开始开采这部分矿产,所以他们的财力逐渐雄厚起来。色雷斯与马其顿的沿海地区,尤其是色雷斯与马其顿之间的卡尔息狄斯半岛(the Chalcidic peninsula),一直是非常重要的贡赋来源。造船所需的木材也来自这一地区。此外,该地还具有重要战略意义,一旦被敌人控制,敌人就可以进入海勒斯滂海峡以及博斯普鲁斯海峡,切断雅典的生命线。出于这些考虑,伯利克里必须马上采取措施,确保雅典对这一地区的控制。

色雷斯与马其顿基本上都是大陆权势,雅典舰队不易接近。要想向该地区展示实力,并且巩固雅典对这些地区的控制,不能仅凭舰队巡视一圈,必须采取一些长期的措施。平定萨摩司与拜占庭的叛乱之后不久,伯利克里制定了一项政策,希望可以让雅典牢牢地控制住当地。大约在公元前438年,他在卡尔息狄斯的西面,热城湾(the Thermaic Gulf)附近的布雷亚(Brea)建立了一个雅典殖民地。一年之后,他又在卡尔息狄斯的东面,司跸梦河上一个叫作九路(Ennea Hodoi)的地方建立了一个殖民地,雅典人将其改称为安菲玻里(Amphipolis)。虽然找不到相关

---

① Thuc. 2. 97.
② Thuc. 2. 99;《雅典贡赋表》,第3卷,第313页及第309页注释47。
③ Thuc. 1. 100.
④ Plut. *Cim.* 14. 13;《雅典贡赋表》,第3卷,第313页及注释60。

的文字证据,但我们认为建立这两个殖民地应该是为了[-182,183-]保卫卡尔息狄斯半岛上的那些重要地区及其东西两侧的沿海地区。如果真是这样,那么这些殖民地与罗马的殖民地有着同样的功能:通过在当地建立所城(garrison-colony),可以在附近盟邦发生叛乱时迅速进行镇压,如果有敌人入侵也可以迅速组织还击,对盟邦或外敌起到阻吓作用。

有关布雷亚的殖民地的证据并不是十分理想。我们所有的资料都来自一处碑文,[①]而对于这块殖民地的选址与建立时间,现当代学者有不同看法;对于上文给出的位置与日期,有人从不同的角度进行了论证。[②]《布雷亚法令》是有关雅典人如何建立与管理殖民地的最好证据,值得在此全文录下:

> 建城者(oikist)的助手应该制定有关献祭的规定,这样可以为殖民地获得祝福。选取10位土地分配官,每个部落一位。他们负责对土地进行分配。德谟科利德(Democlides)全权负责殖民地的建立。已经预留出来的圣地要维持原状,但不需要再献出其他土地。殖民地要献出一头牛与一幅铠甲给泛雅典娜赛会大节(the Great Panathenaea),还要敬献一个阴茎像(phallus)给酒神节庆(the Dionysia)。如果有人侵犯殖民者的土地,所有城邦必须遵照条约规定,尽快提供帮助。条约签订日期:……任议事会第一秘书时;和约使用地区:色雷斯附近。
>
> 必须将这道法令刻在大理石柱上,立于卫城;所需费用应该由殖民者承担。如果有谁提出的动议与石柱上的法令相冲突,或者在公开场合发表与其相冲突的言论,或者企图唆使他人废除法令中的任何条款,他与儿子都将被剥夺民事权利,他的财产将会被充公,什一献给女神,除非殖民者亲自提出相关动议。
>
> 那些后来才报名参加移民的军人,必须在抵达雅典之后30天内到布雷亚安家落户。殖民队伍将在30天内出发,埃斯基涅斯

---

[①] IG I², 45; Tod, 44; 梅里特,《西土学刊》,第14卷,1945年,第86页及以下。
[②] 参见附录J。

(Aeschines)将随队前往,并支付所有费用。[-183,184-]

梵托克利斯(Phantocles)提议:布雷亚的有关事务,按照德谟科利德动议执行;同时,厄勒刻修岱大区(the Erechtheid)的轮值主席团(prytaneis)应该在议事会第一次召开的时候将梵托克利斯介绍给大家。前往布雷亚的移民全部来自日佣级公民(Thetes)与双牛级公民(Zeugitae)。①

从布雷亚可以发现雅典殖民地的很多典型特征,另外还包括一些与图里(Thurii)类似的安排。与雅典所有的殖民地一样,布雷亚必须在雅典的节日敬献适当的祭品。公布有关法令,未经殖民者同意而改变条款应该受到惩罚,这些措施可能也是具有代表性的。②"建城首领"(ἀποικισταί)很像那些参与建立图里的先知或其他宗教人士,目的是为了迎合传统宗教。不过,除了这些共同之处,更重要的还是其与其他殖民地的区别。正是这些不同之处显示了布雷亚的特殊地位。雅典显然希望将它变成"色雷斯附近的一个堡垒"。③ 布雷亚位于与蛮族交界地区,是个前哨,非常危险,因此法令中规定,当布雷亚受到攻击时,雅典盟邦要给予支援,"似乎雅典人与色雷斯附近的盟邦达成协议,在当地建立一个殖民地,并且要求这些盟邦在必要时给予支援"。④ 这是一条非常特别的规定,我们并没有在其他地方见过类似的规定。

因为大家都知道所面临的危险,为了吸引人们前往,雅典不得不开出了非常有吸引力的移民条件。一方面,因为给出的条件对殖民者非常有利,所以要求殖民者承担法令的发布费用。另一方面,雅典人愿意支付殖民地的部分启动资金,甚至包括这些移民的路费。为了招募那

---

① 法令的英译来自格雷厄姆(Graham),《古希腊的殖民地与母邦》(*Colony and Mother City in Ancient Greece*),曼彻斯特,1964年,第228—229页。译文从碑铭的第三行开始,因为前面部分已经残缺不全。碑文的某些地方缺损,后人依据推测重建复原,在英译文中用斜体显示(校对者注:中译用下划波浪线标明)。我对这道法令的理解很多是基于格雷厄姆的研究,对此深表感谢。
② 格雷厄姆,《古希腊的殖民地与母邦》,第60—63页。
③ 格雷厄姆,《古希腊的殖民地与母邦》,第34页。
④ 格雷厄姆,《古希腊的殖民地与母邦》,第34—35页。

些正在服役的士兵充当补充移民(ἔποικοι)而特别订立的条款,[-184, 185-]也是很有意思的。这些部队当时也许还在色雷斯,或者是在色雷斯的柯松半岛(Chersonese),进行一些收尾工作。萨摩司与拜占庭叛乱之后,蛮族随时可能入侵,而雅典在色雷斯附近的盟邦也许因此变得格外紧张,夸大了这种危险,于是雅典觉得必须尽快在当地建立一个新的殖民地,因此法令中要求殖民者必须在30天内动身。不过,那些正在色雷斯服役的雅典士兵才是布雷亚最需要的,他们不仅熟悉当地情况,还有着军事经验,于是在法令中作出了特别的安排,准许他们稍后再加入殖民地,前提是他们必须在回到雅典之后30天内出发。最后一点,同时也是非常重要的一点:雅典帝国在布雷亚建立的殖民地,建城者既不是阿波罗,也不是某位先知,而是公元前439/438年的雅典将军德谟科利德,他很可能参与了那一年在拜占庭以及色雷斯的行动。①

与图里的情况也截然不同的另一点是,雅典紧紧地控制着布雷亚。对于谁是其创立者,并无争议,因为这位雅典人德谟科利德提前得到了正式的任命,而且名字也被刻在了石柱上,立在雅典卫城。所以图里在公元前434/433年遇到的麻烦在这里不会出现。德谟科利德虽然拥有"居地主权"(αὐτοκράτορα),但这只是一种形式上的授权,因为法令本身已经对殖民地的性质以及其他具体事务作出了规定。雅典会保证其安全。对于土地分配、宗教事务、出发时间,法令都作出了规定。另外,法令还列明了对自身进行修正的唯一办法,对晚到移民的安排。法令的最后一条对参与者的身份进行了限制,[-185,186-]规定只有雅典社会最底层的两个阶级可以参加,这显示出伯利克里现在也开始将殖民作为一种社会与政治手段,而非仅仅从战略角度进行考虑。伯里(Bury)曾指出殖民是贵族的守护手段,但事实上,殖民对于伯利克里

---

① 有关德谟科利德作为此次行动的将军,相关证据来自一块碑铭的残片($IG\ I^2, 50$);亦可参见怀德-嘉利(Wade-Gery),《古典语文学》,第26卷,1931年,第309—313页。怀德-嘉利认为这个时间应该是公元前440/439年,但梅里特《雅典财政文献》[*Athenian Financial Documents*],安娜堡,1932年,第48—53页)认为,应该是接下来那一年。密格斯(R. Meiggs)与安德鲁斯(A. Andrewes)对梅里特的观点表示认可。参见熙尔(G. F. Hill),《希腊史料:从第二次希波战争结束到伯罗奔尼撒大战爆发之前》(*Sources for Greek History Between the Persian and Peloponnesian Wars*),牛津,1951年,注释62。

所实行的民主来说也是一个安全阀。

布雷亚这个殖民地似乎并不成功,因为在文献资料中,有关记录非常少。在伯罗奔尼撒战争期间,整个卡尔息狄斯半岛都有战事发生,但我们却从没有见到她的名字。也许她在公元前429年波提狄亚(Potidaea)重建时被并入了当地。无论如何,因为波提狄亚成为了雅典在该地区的主要根据地,布雷亚便失去了其战略意义,所以在战争开始之后没多久应该就不存在了。①

公元前437/436年,在布雷亚之后不久,雅典人又建立了一个殖民地:安菲玻里。这个殖民地所处的位置非常理想,希腊人此前曾经两次试图在当地建立殖民地。公元前497年,来自米利都的阿里司塔革剌(Aristagoras)企图在这里建立殖民地,结果被当地的宜峒人(Edonian)赶走了。公元前465年,雅典人也采取了一次大规模行动,结果在爪贝司枯(Drabescus)被色雷斯人打败。② 当地的木材可以用于造船,而且附近还有银矿,另外可以在司跩梦河旁修建收费站,收取过河费,所以这个地方对雅典人非常有吸引力。③ 不过,雅典人最看重的还是安菲玻里的战略意义。公元前424年,这个城邦失守,被伯拉西达(Brasidas)占领,雅典人当时反应强烈,仿佛大难临头。正是出于同样的担忧,雅典人才会于13年前在这个地方建立自己的殖民地。在安菲玻里失守之前,"司跩梦河限制了斯巴达人对雅典盟邦的影响……只要他们没有控制[-186,187-]河上的大桥……他们就无法继续前进。现在[因为整个城市和桥都已经落入斯巴达人之手],一切变得非常容易,雅典人担心那些盟邦会起来造反"。④

---

① 有关布雷亚的文献资料非常少,主要来自托德(Tod)(《希腊铭文选辑》[*A Selection of Greek Inscripstions*],第89页)。某些学者认为布雷亚位于卡尔息狄斯的东面,后来成为了安菲玻里的一部分。我认为他们的观点是错误的。因为布雷亚实际上位于卡尔息狄斯的西面,并且根据我所认可的成立日期来看也是这样。伍德海德(Woodhaed)(《古典学季刊(新编)》,第2卷,1952年,第62页)认为,布雷亚被并入雅典的殖民地波提狄亚,我觉得这种可能性很大。
② Thuc. 4. 102. 2—3.
③ Thuc. 4. 108. 1;格雷厄姆,《古希腊的殖民地与母邦》,第200—201页。
④ Thuc. 4. 108. 1.

公元前437年的时候,雅典人也许还没有想到斯巴达人有一天会派兵进入色雷斯,但他们肯定担心盟邦造反,担心色雷斯人与马其顿人的入侵,于是决定在安菲玻里建立殖民地,希望安菲玻里能成为一个坚不可摧的要塞,既可以防止当地出现叛乱,同时扼守住通往海勒斯滂地区的陆路交通命脉。这个殖民地的创立者也是一位将军,尼西亚斯之子哈格浓(Hagnon son of Nicias)。哈格浓在镇压萨摩司叛乱的战争中表现出色。① 据说,当伯利克里围困萨摩司时,率领40艘战舰进行支援的将军中就有他、佛缪(Phormio)和修昔底德斯(Thucydides)。② 在为新的殖民地选址时,哈格浓眼光独到,选了一个非常利于防守的位置。这个城邦位于河流的转弯处,因此城的两侧都是河。他在面向陆地的一面修建了长长的城墙,连接靠近河流的两个点,因此整个城市像个三角形。只要有足够的守军,再加上三列桨战舰(triremes),敌人就无法攻陷,也没有办法对其进行围困。

作为雅典在色雷斯的桥头堡,要想充分发挥其作用,新殖民地必须具备一定的规模。不过,这次面临一个同样的问题。这个要塞路程遥远,周围都是蛮族,没有多少雅典人愿意到这里来安家立业。雅典人用两个办法来解决这个问题:首先像在布雷亚那样,他们开出了一些诱人的条件;另外与图里一样,他们将这个新殖民地建成了一个混合殖民地。据我们所知,安菲玻里从未缴纳过贡赋。③ 如果我们能[-187,

---

① Thuc 4. 102. 3.
② Thuc. 1. 117. 2.
③ 弗兰茨·汉浦(Franz Hampl,《克丽娥学刊》,第32卷,1939年,第1—60页)认为,是雅典人将这块土地从色雷斯人手中夺走,据为己有,在此建造了安菲玻里。"接着,安菲玻里公民开垦了雅典人的土地,就这样建造了一座没有领土的城邦。"(《克丽娥学刊》,第32卷,1939年,第5页)。据此推论,安菲玻里人肯定为这块土地向雅典人支付了租金,因此安菲玻里虽然是雅典的一个收入来源,却并未出现在贡赋名单上。持同样观点的还有弗里茨·格施尼策(Fritz Gschnitzer,《古希腊的附庸地》[Abhänigige Orte in Griechischen Altertum],慕尼黑,1958年,第91—92页)与韦斯特莱克(H. D. Westlake,《赫尔墨斯学刊》,第90卷,1962年,第280页)。在安菲玻里这个问题上,格雷厄姆(《古希腊的殖民地与母邦》,第201—206页)将汉浦的观点批得体无完肤。格雷厄姆说:"我们并不知道为什么[-187,188-]安菲玻里与其他在波斯战争后建立的雅典殖民地没有缴纳贡赋,但我们推测贡赋是由那些正式的盟邦缴纳的,并不适用于雅典自己的殖民地"(《古希腊的殖民地与母邦》,第201页)。我认为安菲玻里(也许还包括像布雷亚之类的殖民地)之所以不用缴纳贡赋,是因为这些城邦允许母邦驻军,另外也是为了吸引更多的雅典人前往当地定居。

188-]找到安菲玻里的建城法令，那我们很可能会发现，移居当地的人会享受与布雷亚的移民类似的优厚条件。也许这些定居者可以分到大面积的土地，或者至少足够大。据我们所知，安菲玻里的大多数定居者来自邻近的阿吉庐（Argilus）。公元前438/437年之前（含该年），阿吉庐所缴纳的贡赋是1塔伦特，到公元前433/432年的时候，这个数字变成了1/6塔伦特，而在这之间，有那么几年其贡赋甚至被完全免除。阿吉庐人后来之所以对安菲玻里心怀不满，或许就是因为他们觉得减免贡赋也不能补偿他们的土地损失。①

无论条件如何优厚，安菲玻里依然无法吸引足够多的雅典人前往殖民、确保安全。修昔底德在谈到安菲玻里在公元前424年时的居民时，他用的词是"各色人等"（πλέον ξύμμεικτον），其中并没有什么雅典人，主要是来自阿吉庐与其他地方的人。② 不过，与图里不同的是，安菲玻里显然就是一个雅典的殖民地，而雅典人哈格浓也肯定是她的创立者。作为该城的建城者，他的纪念碑一直竖立在安菲玻里。后来有叛乱者将该城出卖给了斯巴达人，并把雅典人赶走，哈格浓的纪念碑也被推倒。③ 定居当地的人或者是雅典人，或者来自周边地区。当时并没有向整个希腊地区发出邀请，因此她肯定不是一个泛希腊的殖民地。雅典帝国的许多重要城邦位于色雷斯的沿海地区，所以这一地区显然属于雅典的势力范围。伯利克里将爱琴海与沿岸地区都视为"内海"（mare clausum），不欢迎外人进入。

安菲玻里独特的地理位置与作用使其后来的命运[-188, 189-]与图里完全不同。伯利克里在图里建立之后不久就让其脱离了雅典；但是安菲玻里呢，无论是伯利克里，还是他的继任者，都设法将其牢牢控制在雅典手中。伯罗奔尼撒战争期间，有两位将军曾经保卫过安菲玻里：其中一位为了保卫色雷斯而将指挥部设在了安菲玻里，另一位为了守卫安菲玻里所在的河流，率领舰队驻扎在下游的爱昂（Eion）。④ 毫无疑问，雅典人非常重视安菲玻里。史家修昔底德曾经因为没有及时

---

① 《雅典贡赋表》，第3卷，第308—309页。
② Thuc. 4. 103. 3—4；106. 1.
③ Thuc. 5. 11. 1；格雷厄姆，《古希腊的殖民地与母邦》，第37—38，199页。
④ Thuc. 4. 102—108；格雷厄姆，《古希腊的殖民地与母邦》，第199—200页。

率领舰队将这座城市从伯拉西达的手中救下,而遭到问罪,最终被流放。在一次企图夺回该城的战役中,克里昂(Cleon)不幸战死。《尼基阿斯和约》中最关键的一条,就是要求斯巴达将该城归还给雅典;而和约之所以失败,其中一个原因就是因为斯巴达无法做到这一点。

在布雷亚与安菲玻里建立殖民地,与镇压萨摩司、拜占庭的叛乱一样,进一步巩固了雅典帝国,增强了雅典的实力。不过,这种增强依然只是在安全方面,而非扩大其势力范围;公元前445年所确立的局面并没有发生变化,只是得到了进一步确认。安全感因此得到了加强,和平的局面有可能持续下去。如果说雅典从来没有像公元前433年时"那样强大",这是错误的。①

在兵败埃及、墨伽拉重新加入斯巴达同盟、希腊本土的寡头集团叛乱之前,雅典有着源源不断的粮食供应,数不尽的财富,并且牢牢控制着希腊本土,没人可以侵犯。到公元前445年,这一切都已不复存在。与公元前5世纪50年代初的鼎盛时期相比,伯罗奔尼撒战争爆发前夕的雅典已经差了很多。②从雅典在签订《三十年和约》后的表现可以看出,雅典已经不再野心勃勃。雅典在爱琴海以及东北地区的行动,只是希望在不违反和约的前提下保证雅典的生存。雅典需要一条通向黑海的安全通道,以确保自己的粮食供给;雅典需要能和平相处,又言听计从的盟邦,以确保自己的经济地位。为了实现这两点,雅典需要在色雷斯建立具有战略意义的殖民地。雅典的所作所为并没有威胁到伯罗奔尼撒半岛的任何城邦。在图里建立泛希腊的殖民地,之后又拒绝干涉这个殖民地的发展,雅典这样做虽然令人失望,却是在向伯罗奔尼撒人(尤其是科林斯人)显示自己的克制,而科林斯人在萨摩司危机中的表现也证明他们明白了这一点。与公元前446年斯巴达军队试图入侵亚狄珈时的情况相比,雅典在公元前433年时的实力已经大大增强。在经历了一段艰难与动荡的时期之后,雅典已经相对安全,但

---

① 格罗茨与柯恩,《希腊历史》,第2卷,第213页。
② 梅耶,《古代史研究》,第2卷,第313—314页。"事实上,从另一方面来看,雅典是在460年代达到其权势巅峰的"(第314页)。

依然没有恢复到25年前的最佳状态。

伯利克里一直被称为帝国主义者。如果这意味着伯利克里支持加强雅典对盟国的控制、并且支持雅典为了自己的利益而利用这些盟邦，那么，说他是这样的帝国主义者并非言过其实。但是，某些学者因此认为，伯利克里一直希望统治整个希腊，甚至更多地区。我们必须牢记一点，并非所有帝国以及帝国统治者都是贪得无厌的。他们中有很多人发现，继续扩张只会危及现有的一切。奥古斯都（Augustus）认为，罗马帝国就属于这种情况，而他的大多数继任者也同意他的观点，因此总是避免继续扩张。俾斯麦（Bismarck）在征服了足够多的地方之后，似乎也感到满足了，他甚至不愿意用一位博美拉尼亚（Pomeranian）投弹手的性命来换取新的领土。他后来的政策就是要维持现状，同时尽可能避免战争。公元前1914年时的英国也是一个强大的帝国，似乎也不热衷于继续扩张。英国与帝国的两个主要对手——俄罗斯、法国——都签订了和约，英国将安全看得比帝国扩张更重要。

也许有人会认为，雅典的民主政权以及其国内局势的稳定都依赖于帝国收入，所以她不可能长时间保持这种状态，必须扩张。当时肯定也有人是这样想的，在雅典有，在其他地方也有，但从伯利克里在公元前445至前433年的国内与外交政策可以看出，他并不是这样想的。一方面，他在公元前451/450年针对公民身份进行新的立法，提高了外邦人成为公民的条件，从而严格控制了公民数量的增长。通过建立军事殖民地（cleruchy）与殖民地，[-190,191-]他成功地转移了雅典的过剩人口与贫困人口。我们知道，到公元前5世纪30年代，雅典的人口已经少到无法为重要的殖民地提供足够的移民。另一方面，伯利克里采取了有效措施确保来自帝国的资金将会不断涌入。民主雅典的经济与社会现实要求他采取审慎的政策，确保帝国收入的安全，而不是贸然行事，危害到这部分收入。①

---

① 古伦第，《修昔底德及他那个时代的史学》，第1卷，第169—211页。在我看来，对伯利克里的政策，尤其是在公元前446/445年发生的变化，古伦第的理解基本上是正确的，只是他给出的理由错了。他认为经济决定一切，因此这种改变主要是出于贸易方面的考虑。我认为经济固然重要，但也必须服从政治，因此贸易因素对政策制定的影响非常小。

有人认为,伯利克里的政策反映的是一个伟大的梦想:整个希腊地区统一在雅典的领导之下,所有的城邦都实行民主,紧密地团结在一起,因此他在东部表现得好战,在西部则表现得非常和平,但目的都是希望可以保持雅典的统治地位。① 我们已经分析过伯利克里的早期经历,很难说伯利克里会有如此宏伟的计划,而从他在公元前446/445年之后的所作所为看,这纯属无稽之谈。在埃及所遭遇的失败动摇了帝国的基础,他不得不进行一次大规模的调整。后来又因为企图在希腊大陆进行帝国扩张,导致了雅典在刻龙尼亚的失败,并使墨伽拉转投敌人阵营,而优卑亚岛也发生了叛乱,最终亚狄珈遭到入侵。雅典资源的过度分散以及雅典人野心的失控,再次危及到帝国的安全,并且这次受到威胁的还包括雅典自身的安全。之后,雅典花费了很长的时间,付出了无数宝贵的生命,再加上一次颇具规模的军事行动,才恢复了执行冒险政策之前的那种安全与稳定。正是这些痛苦的教训给伯利克里上了终生难忘的一课,这影响了他之后制订的所有计划与政策。大战爆发前夕,在回应斯巴达人的最后通牒时,他向雅典人解释了自己的战略思想。伯利克里告诉雅典人,自己对于胜利充满信心,"只要你们能够在战争期间停止帝国扩张,不自找麻烦,就不会有问题。我担心的不是敌人的阴谋诡计,而是我们自己犯下的错误"。② 伯利克里在和平年代的政策也是大致相同:维持和巩固现有的雅典帝国,不要因为盲目扩张而使其陷入危险之中。

---

① 这种观点有很多支持者。柯罗歇(Cloché)《古典时代》[AC],第14卷,1945年,第93—128页)是其中一位:"从意大利南部到黑海,'和平的'帝国主义与'武装的'帝国主义一样,都是为了宣传雅典之伟大,巩固雅典之统治"(第128页)。厄霖博格(《美国古典语文学期刊》[AJP],第69卷,1948年,第149—170页)是另一位支持者。厄霖博格认为,图里的建立"是典型的伯利克里的政策,他坚持向外扩张,希望建立一个强大的帝国"(第170页)。德·桑悌《伯利克里》,第192—193页)认为,伯利克里虽然有着这些远大理想,遗憾的是他无法克服"城邦自私之限制……"。
② Thuc. 1. 144. 1.

## 第十二章　战争爆发前夕的雅典政治局势

从伯利克里在战争爆发前几个月,以及战争期间向雅典人发表演讲时所表现出来的坦诚甚至直率可以看出,他在他们心目中有着特殊的地位。他在政治、军事,以及美学方面所取得的成就,再加上他丰富的经验、廉洁正直的形象,赢得了人们的尊敬与崇拜。当然,最重要的还是因为雅典的政治形势给了他一个稳固的权力基础。

当柯西拉(Corcyra)的危机爆发时,伯利克里已经没有了对手。右翼反对势力群龙无首,已达十年之久。他们当年推行的政策现在对任何团体都不再有吸引力。伯利克里在外交上推行的克制与和平政策大获成功,再加上他一直任命来自雅典名门望族的人作为自己的副手以及军师,这些都让温和派成为他坚定的支持者。与此同时,伯利克里在国内所推行的经济与社会政策保证了民众对他的支持。当然,他们偶尔也会对某项具体政策,或者伯利克里身边的那些"智囊团"感到不满。另外,他傲慢,不易接近,爱好哲学,这些也许会让他们觉得有些难以接受,但雅典人民绝不会离开伯利克里这面大旗。他们之所以如此忠于伯利克里,[-193,194-]甚至有可能不仅仅是因为他们可以从他以及他所推行的政策中获得实实在在的好处。伯利克里政治生涯漫长且光荣,举止优雅,出身名门,言辞不卑不亢,一心为公,不徇私舞弊,这一切给他戴上了一个光环,产生了政治魔法。至少从现代的民主社会可以得知,民众并非总是只关心自己的物质利益。只要拥有足够优秀的政治品德,这些杰出人士即便没有什么煽动性的提议,也能吸引住他们。

我们相信,伯利克里时代的民主政治有着同样的特点。

不过,千万不要以为在公元前443年成功地将美莱西亚斯之子修昔底德斯(Thucydides son of Melesias)流放之后,伯利克里在政治上就再无麻烦。萨摩司平乱之后不久,伯利克里就遭到了一系列的攻击,虽然不是直接针对他的,却也不容小觑。这些攻击来自一个新的敌人,有着潜在的威胁。对于这些攻击的时间与来源存有很大争议。在评价它们对雅典政治的影响之前,我们必须对这些争议本身进行研究。① 根据我们的资料,有人声称伯利克里发起伯罗奔尼撒战争就是为了逃避这些攻击。普鲁塔克说,在所有指控中最严重,证据最充分的就是对菲迪亚斯(Phidias)的贪污指控。菲迪亚斯是伯利克里的好友,他是一位雕塑家,受命负责用黄金与象牙雕塑卫城的雅典娜神像。普鲁塔克认为,之所以有这种指控,是因为有人妒忌菲迪亚斯的成就。另外,还有一些人认为,这起案件牵涉到了伯利克里,有人希望希望借此检验一下陪审团的反应。提出指控的是一位叫美浓(Menon)的人,他曾经与菲迪亚斯共事。虽然菲迪亚斯最终证明了自己的清白,但后来他因为将自己与伯利克里的形象放入帕特农神庙(the Parthenon)的雕像之中而被定罪。为了嘉奖告密者美浓,特意通过了一条法令,免除了他的税赋,并为其提供人身保护。② [-194,195-]

在同一时间,阿斯帕西娅(Aspasia)因为亵渎神灵受到审判,而迭沛提(Diopeithes)则提出一条法案,规定相信无神论与"宣扬天堂"都是危害公共安全的罪行。据普鲁塔克说,这项提议的目的是"通过阿纳克萨戈拉(Anaxagoras),将怀疑的目标指向伯利克里"。民众乐见这些事件的进展;于是,德拉孔提德(Dracontides)趁民众热情未退,提出,伯利克里应该向贵族议事会说明情况,并且这起案子应当由陪审员使

---

① 在本段的第二句中,我已经表明了自己的观点,我依据的主要是:爱德华·梅耶《古代史研究》,第2卷,第299—301页,第327—333页),埃德科《剑桥古代史》,第5卷,第477—480页),斐力στ·雅各比(Felix Jacoby,《希腊史撰残编》[FGrH],第3编,B卷(补),第484—496页,以及他给第328号作者斐洛克茹司(Philochorus,328)的第121条残编所作注释),以及佛罗斯特(F. J. Frost)的两篇论文《希腊研究期刊》,第84卷,1964年,第69—72页,及《历史学刊》,第13卷,1964年,第385—399页)。

② Plut. Per. 31.

用来自祭坛上的圣票进行投票表决。哈格浓(Hagnon)对他的提案提出了修正,要求将调查过程中出现的诉讼都遵照普通程序交由1500人组成的陪审团处理。普鲁塔克说,伯利克里在阿斯帕西娅的审判现场失声痛哭,从而救了她,但出于安全的考虑,他还是不得不将阿纳克萨戈拉送走。最后因为担心自己在即将到来的审判中的安全,为了挽救自己,他通过了《墨伽拉法令》(the Megarian Decree),发动了战争。普鲁塔克希望可以用这些来解释战争的爆发;但他自己也说,事情的真相并不清楚。①

埃弗鲁斯(Ephorus)的说法与此大同小异,但是他的记载多了一个小插曲。根据埃弗鲁斯的说法,伯利克里被控挪用帝国资金来实现自己的目的。因为需要对这些指控作出辩解,他忧心忡忡,不知如何是好。他的外甥阿尔喀比亚德(Alcibiades)建议他,不要想着怎样为自己辩解,而是要想办法不用去辩解。接下来菲迪亚斯,阿斯帕西娅以及阿纳克萨戈拉先后遭到指控。为了自救,伯利克里提出了《墨伽拉法令》,发动了战争。② 普鲁塔克认为,狄奥多罗斯的记载可信度最高,有着最多证据支持,而且从其几百年的流传可以看出,这种对战争起因的解释已经为大多数人所接受。③ 显然,这种说法之所以能如此流行,是因为喜剧诗人采用了这种说法,尤其是阿里斯托芬。阿里斯托芬在公元前421年,即战争开始10年之后所写的《和平》(Peace)一剧中,对于战争的爆发作出了喜剧性的解[-195,196-]释。后人接受了阿里斯托芬的解释,并信以为真。剧中的歌队问:

赫尔墨斯,最仁慈的神,请告诉我们,为什么这么久以来不见

---

① Plut. *Per.* 32.
② Diod. 12. 38—39.
③ 即便到了公元前4世纪,我们还可以找到这种观点。参见亚里斯妥德慕(Aristodemus),《希腊史撰残编》作者104号,残编第一条(*FGrH* 104, frg.1)以及《苏达辞书》(Suda),条目"菲迪亚斯"。有关古代历史学家对伯罗奔尼撒战争责任问题的研究,参见卜浩尔(H. Brauer),《伯罗奔尼撒战争史撰传统中的战争责任问题》(*Die Kriegsschuldfrage in der geschichtlichen Überlieferung des Peloponnesischen Krieges*),博士学位论文,埃姆司代腾(Emsdetten),1933年。

和平的踪影。

赫尔墨斯回答：

你们这些聪明的农夫，如果想知道个中原委，请听我细细道来。我们的麻烦从菲迪亚斯获罪开始；伯利克里担心自己会因为你们的恶毒与冥顽而同遭受厄运，于是在受到伤害之前，他提出了《墨伽拉法令》，抛出了这一点火星，使城邦陷入火海。①

早在公元前421年之前，就已经有人认为，是《墨伽拉法令》引发了战争，并且，伯利克里应该对此负责。不过，将菲迪亚斯受审、伯利克里遭到指控以及他故意利用《墨伽拉法令》引起战争来为自己脱身等联系在一起，则很可能是出自阿里斯托芬之手。当然，赫尔墨斯面前的这些农夫非常单纯，似乎从未听过这种说法。

揣该乌斯(Trygaeus)说：

凭阿波罗起誓，从来没有人跟我说过这回事儿。我也从未想过在菲迪亚斯与和平之间存在着任何联系。

合唱班也表现得非常惊讶：

我也是刚刚听说。我还奇怪她为什么这么漂亮，原来是因为与他有着关系。天啊，有这么多事情是我们不知道的呀。②

这一切只不过是在一个人们所熟悉的故事之上，加入一些荒诞的新元素进行的喜剧创作。从故事后来的发展，我们可以更清楚地看出其荒诞不经。因为接下来的剧情显示，斯巴达人居然是为了钱才参战

---

① Aristoph. *Peace* 601—609.
② Aristoph. *Peace* 615—618.

的。雅典的盟邦因为不想继续缴纳贡赋，于是出钱收买了斯巴达人(619—627行)。

在古代，人们将喜剧中的这种解释信以为真。而在现代，居然也有至少一位学者被这种说法迷惑了。① 史家修昔底德作为那个时代的人，知道的当然要多些。他写了很多东西，希望可以纠正人们对于战争爆发原因的错误认识。如果不是[-196,197-]因为有一位非常认真的评论家，在研究《和平》这部作品时，对阿里斯托芬的指控进行了调查，也许会有更多人把阿里斯托芬的玩笑当真。他在斐洛克茹司所著的《亚狄珈史》($Atthis$)中找到了一些重要的证据。斐洛克茹司生活在公元前3世纪，撰有雅典史志。斐洛克茹司说，雅典娜雕像献于提奥多罗斯(Theodorus)任执政官的那一年(公元前438/437年)。菲迪亚斯被控利用工作之便偷窃象牙。菲迪亚斯罪名成立，据说后来逃到了埃利斯(Elis)；在那里，菲迪亚斯又为奥林匹亚的宙斯制作了雕像。7年之后，在派所多鲁斯(Pythodorus)任执政官的那一年(公元前432/431年)，墨伽拉人向斯巴达人抱怨，说雅典人欺负他们，不让他们使用帝国的市场与港口。② 对于斐洛克茹司所提供的证据，学者们有过不同的解释。③ 但有一点是无可否认的，那就是在菲迪亚斯受到指控与墨伽拉提出控诉之间，存在一个时间间隔。既然我们知道后一件事发生在公元前432年，那么前面那件事就应该是发生在公元前438年。

至于有关阿斯帕西娅的指控，我们就没有这么清楚的资料了。有关她的审判，以及之后的无罪释放，这整个故事完全有可能是后人编造出来的。人们将一些谣言、猜测，以及玩笑，虚构为一场诉讼。如果确

---

① 贝洛赫，《伯利克里以降的亚狄珈政策》，第19—22页；《希腊历史》，第二版，第2卷，第1册，第294—298页。
② $FGrH$ 328, frg. 121. 虽然已经无法辨认执政官的名字，但正如雅各比(Jacoby)所言，"在这两个片段中，虽然执政官的名字已经模糊不清，但从第一个片段中可以知道这两位执政官的时间间隔；勒麤米耶(Lepaulmire)所作的修改（将 $Πυθώδορον$ 改为 $Θεοδώρου$，将 $Ζκυθοδώρου$ 改为 $Πυθοδώρου$）改动不大，较为可信"《希腊史撰残编》，第3编，B卷(补)，第486页）。
③ 齐纳斯特(D. Kienast)，《体育学刊》($Gymnasium$)，第60卷，1953年，第212页；岚铎(O. Lendle)，《赫尔墨斯学刊》，第83卷，1955年，第284—303页。佛罗斯特(《历史学刊》，第13卷，1964年，第395页)对他们的观点进行了简要反驳。

有其事，那我们有理由相信，诉讼应该是发生在公元前438年，而非其他时间。普鲁塔克喜欢根据内容对所发生的事情进行归类，所以他给出的时间顺序并不可靠。普鲁塔克说，对阿斯帕西娅的审判与对菲迪亚斯的审判"大约是同时发生"。① 我们相信，在萨摩司战争结束之后，阿斯帕西娅很不受欢迎。这场漫长而艰难的战争正是因为雅典为米利都出头才爆发的。因为阿斯帕西娅来自米利都，所以不久之后就传出了流言，说伯利克里发动萨摩司战争是为了取悦她。② 公元前438年，战争虽然已经结束，但人们对这一事件记忆犹新，选择在这样一个时候对伯利克里的情妇发起攻击，成功的机会应该是最大的。无论这些指控或审判是否真有其事，伯利克里的敌人们肯定曾经在菲迪亚斯受审的同一时间，对伯利克里的情妇发起过某种攻击。

有关阿纳克萨戈拉的问题要复杂得多。后人杜撰了各种各样的故事，用来揭示这位哲学家在一个忘恩负义的社会的遭遇，所以使事情真相变得扑朔迷离。我们无须理会那些故事，只需要研究《迭沛提法令》。虽然这条法令没有点阿纳克萨戈拉的名，却将他暴露在了人们的攻击之下。现在任何人只要想攻击他，都可以对他提出指控。在公开场合讨论传统信仰与宗教观点是一件非常危险的事，在这种情况下，伯利克里选择了一种不公开的方式："在这场危机中，获胜的是伽利略精神，而非苏格拉底精神，科学家被赶出了城。"③有人认为，对阿纳克萨戈拉的攻击发生在公元前5世纪50年代，但普鲁塔克说这件事与菲迪亚斯、阿斯帕西娅所受到的攻击"大约在同一时间"发生。怀德-嘉利认为，我们应该接受普鲁塔克所给出的时间，对此我表示赞同。④ 伯利克里的敌人指控菲迪亚斯不诚实、不虔诚，指控阿斯帕西娅不道德、不虔诚、对战争负有责任，至于阿纳克萨戈拉，他们认为他有不虔诚和无神论的嫌

---

① Plut. *Per.* 32. 1.
② Plut. *Per.* 24. 1；25. 1.
③ 佛罗斯特，《历史学刊》，第13卷，1964年，第396页。
④ 泰勒（A. E. Taylor，《古典学季刊》，第11卷，1917年，第81页及以下）认为，这些事情发生在公元前5世纪50年代。怀德-嘉利（《希腊历史文集》[*Essays in Greek History*]，第259—260页）提出了不同意见，他认为所有的审判发生在公元前433/432年，当时美莱西亚斯之子修昔底德斯已经回到雅典，所有的行动都是由他领导的。

疑。伯利克里肯定会受到牵连,也许还有人希望对伯利克里提出指控,控告他作为项目监督,参与了菲迪亚斯的贪污。① 我们无法知道这些攻击的细节,但从所掌握的证据来看,这些控诉确有其事,针对的就是伯利克里,并且发生的时间是公元前438/437年。

那么,反对伯利克里的究竟又是哪一股势力呢? 这是我们需要思考的最后一个问题。虽然,随着美莱西亚斯之子修昔底德斯结束流放重返雅典,他所领导的寡头势力又重新活跃起来,[-198,199-]但从时间判断,我们可以将这些人排除在外。② 另外,对伯利克里的这些攻击,从方式到性质都与寡头派不相似。当年,埃斐亚提斯(Ephialtes)曾经通过对个人的道德品质进行攻击,成功削弱了战神山议会的权力,使民主得以进一步发展。伯利克里本人曾经参与了对客蒙的审判,指控廉洁的客蒙收受贿赂。没有受过教育的平民百姓喜欢对艺术、科学,以及哲学上的进步观念进行批判,而贵族则愿意支持那些智者。出于以上考虑,我们怀疑,对伯利克里的朋友的攻击并非来自右翼,而是来自左翼。

前面提到,在第一次伯罗奔尼撒战争中,有些雅典人认为伯利克里及其政策不够大胆。公元前443年,通过陶片放逐,来自修昔底德斯的威胁被成功消除,大家不再需要继续为了民主以及帝国而团结一心,于是有这种想法的人也多了起来。伯利克里所采取的温和政策很可能反倒使他们起疑。这些人也许会质疑,为什么优卑亚人在叛乱之后土地被没收、雅典还在当地建立了军事殖民地,而萨摩司人却受到了不同的对待? 并且对拜占庭人的处罚也太轻了。至少应该将他们的贡赋大幅提高。对叛乱者宽容只会鼓励更多的叛乱。没有证据表明在公元前5世纪30年代时曾出现过这样的争论,但有趣的是,到了20年代,当伯利克里离世,克里昂掌权之后,雅典人却大幅提高了整个帝国的贡赋。另外,公元前428/427年,当密提林发生叛乱时,正是克里昂强烈要求

---

① 佛罗斯特,《希腊研究期刊》,第84卷,1964年,第72页。
② 支持这种观点的有怀德-嘉利(见上页注释④),以及齐纳斯特(《体育学刊》,第60卷,1953年,第210—229页)。

对其进行最严厉的惩罚，以儆效尤。

虽然早在战争之初，克里昂就已经开始煽动民众对伯利克里本人，及其战争政策进行攻击（他认为伯利克里过于谨慎），但在公元前438/437年的时候，克里昂本人也许尚未成为攻击伯利克里这一派的领袖。① 克里昂并不是雅典人见到的第一位煽动家。在阿里斯托芬的《骑士》（*Knights*）一剧中，德摩斯梯尼曾经提到一个神谕，讲述克里昂，"这位恶棍帕弗拉贡人（the Paphlagon，校对者注：剧中指克里昂）"，将如何身败名裂：[-199,200-]

> 神谕清楚地说，首先出来管理这个国家的是个卖麻絮的，……另外，在他之后会出现个卖羊的……这人会领导国家，直到出现个比他更加无赖的人；之后他就被灭掉了。顶替他的是一位皮革贩子，帕弗拉贡人，这位窃贼……②

一位古代注疏家认为，麻絮商指的是游科拉底（Eucrates）。柏拉图《美诺科塞努篇》（*Menexenus*）的一处古代注疏里提到一个羊贩子，吕西克勒斯（Lysicles）。吕西克勒斯是伯利克里那个时代的演说家和民众煽动家，他应该就是在公元前428/427年战死的那位将军。③ 公元前438/437年攻击伯利克里的，很可能就是他们，当然还要加上那位正在成长之中的皮革贩子，克里昂。这些人的职业表明，他们与雅典以前的政治家有着截然不同的背景。此前，雅典历史中的所有政治人物（也许唯有地米斯托克利［Themistocles］除外），无论他们的政治观点如何，全部来自上流社会，来自最优秀的家族；他们都是"出类拔萃之辈"（*kaloi kagathoi*）。

伯利克里，无疑正是其中的佼佼者，并且我们发现，他总是选择与自己类似的人来执行自己的政策。随着雅典帝国的发展，经济繁荣创

---

① Plut. *Per.* 33.6—7.
② Aristoph. *Knights*, 128—137. 此处，我将尼基阿斯的话省略了。
③ Pl. *Menexenus* 235；这段注疏现存于苏格拉底门徒伊斯基涅（Aeschines Socraticus）的作品中。修昔底德（Thuc. 3.19）记载了将军吕西克勒斯的死亡。

造了一个富有的商人阶层,他们肯定不属于所谓的出类拔萃之辈。雅典是一个民主社会,所以没有办法阻止这些"新贵"积极参与公共事务,充当陪审员,出任贵族议事会(boulé)议员,出任低级官员。不过,这些人中很少有人会被拔擢到城邦的最高职位。也许平民百姓愿意对出身高贵的人保持敬意,并像"老寡头"(the Old Oligarch)所言那样,将较为危险的职务,例如将军(strategos)与骑兵司令(hipparchos)等职位,交由"最能胜任之人"(dynatotatoi)。但是,这些正在冉冉升起的新贵拥有足够的财富,并且野心勃勃,他们渴望成为这个城邦的统治者。伯利克里当年攻击客蒙,在某种程度上是因为这位老战士阻碍了他在政坛的发展。我认为,游科拉底、吕西克勒斯以及克里昂攻击伯利克里,也是出于同样的原因。他们对伯利克里的帝国政策感到不满肯定是其中一个原因,但相比而言,更关键的是对社会现状的不满以及个人的野心。

无论他们这样做的背后动机是什么,无论他们给伯利克里带来了怎样的不安与尴尬,[-200,201-]这些攻击并没有实现他们的主要目的。即便我们相信那些近乎无稽的故事,从公元前438/437年发生的事情来看,伯利克里并没有受到什么伤害。菲迪亚斯被判无罪,接下来还接受了更光荣的工作——为奥林匹亚的宙斯制作雕像。对于一位刚刚被指控不敬神的人而言,这似乎很不合适。阿斯帕西娅也是毫发无损——也许真是因为伯利克里的眼泪她才逃过一劫,也许不是。至于阿纳克萨戈拉,他似乎根本就没去受审。①

那些质疑伯利克里有经济问题的指控,当然没能给他制造任何麻烦。德拉孔提德发起的调查肯定希望让伯利克里大出洋相;甚至有些人希望可以借此将伯利克里定罪。德拉孔提德所提出的法律程序不同寻常,这表明,伯利克里的敌人试图利用审判煽动起来的宗教情绪来对付他本人。根据埃弗鲁斯的说法,对伯利克里的正式控罪罪名是"偷窃圣物"。② 德拉孔提德提出的法令规定,对伯利克里的调查中发生的所有诉讼必须

---

① 《希腊史撰残编》,第3编,B卷(补),第2册,第167页,注释29。
② Diod. 12.39.2.

在雅典卫城进行审判,并且要从祭坛上取票。这样做大概是因为"使用来自雅典娜祭坛上的圣票,将会使得迷信的陪审员别无选择,判伯利克里有罪简直是职责所需"。① 然而,哈格浓修改了法令,采用了一种较为正常的程序,于是整个计划以失败告终。在雅典的任何地方,通过正当的手段,根本找不到 1500 个愿意给判伯利克里有罪的人。可以肯定,雅典人没法对他提起任何诉讼。接下来那一年,哈格浓便有幸成为了安菲玻里的创立者。这应该不是一种巧合。伯利克里依然牢牢控制着雅典的一切,哈格浓的当选就是最好的证明。伯利克里也一定很高兴有这样一个机会,来公开感谢那些支持自己、支持自己政策的人。

柯西拉危机爆发之前的几年,雅典的政治局势非常稳定,至少是自克里斯提尼(Cleisthenes)以来最稳定的一段时期。伯利克里已经成功挫败了来自右翼和左翼的进攻。在当时的政治环境下,领袖的个人能力对于某项政策或者某个党派的成败,[-201,202-]有着至关重要的意义。在伯利克里的反对者中,并没有出现任何有分量的政治家。民众不止一次地对他表现出信心与信任,并选择了他,抛弃了他的对手。更重要的是,伯利克里赢得了有着广泛影响力的上层阶级的支持。这些人中的绝大多数都支持他,并且与他共同管理这个国家。作为民主社会的一位政治家,他的权力一直很稳固,直到后来因为战争与瘟疫,以及人们被迫作出的牺牲使得局势发生了翻天覆地的变化。雅典的政策全由一个人作出,这个人就是伯利克里。即便真的是伯利克里将雅典拖进大战,我们可以肯定,他这样做绝不是因为担心自己的政治地位。

---

① 佛罗斯特,《希腊研究期刊》,第 84 卷,1964 年,第 72 页。

# 第四编　最后的危机

# 第十三章　埃皮丹努

某些事件虽然发生在偏远的地方，最终却导致了大规模战争的爆发，这在历史上并不少见。第二次布匿战争的爆发，就是因为西班牙的一个无名小镇，萨贡托（Saguntum），而1914年第一次世界大战的爆发，则是因为发生在波斯尼亚（Bosnia）萨拉热窝（Sarajevo）的一次暗杀事件。萨贡托位于迦太基与一块罗马保护地之间，而波斯尼亚所在的地区，一直是俄罗斯与奥地利争夺的对象。人们常说巴尔干半岛诸国（the Balkans）是个火药桶，因为早在第一次世界大战之前，那里就已经发生过好几次战争。我们可以将这两个地方称为火药桶，只要一丁点火星就可以将其引爆。

不过，引发伯罗奔尼撒战争的地方，埃皮丹努（Epidamnus），比萨贡托以及萨拉热窝更加偏远。埃皮丹努位于亚德里亚海（the Adriatic）的东海岸，柯西拉（Corcyra）以北100多英里。在古代，埃皮丹努也被称为岱刺丘坞（Dyrrachium）。埃皮丹努现在位于阿尔巴尼亚（Albania）境内的都拉佐（Durazzo）。① 埃皮丹努根本不在雅典的势力范围之内。即便我们认为雅典对意大利以及西西里一直怀有野心，这个城邦也不在通向这两个地方的必经之路上，而是在其北面很远的地方。埃皮丹努也不属于斯巴达的范围。没有人可以想象得到，在这里发生的事情，居然导致了雅典与斯巴达之间的战争。[-205,206-]

---

① 戈姆，《修昔底德历史评注》，第1卷，第158页。

埃皮丹努是在公元前 7 世纪末由柯西拉兴建的。因为柯西拉本身是科林斯的殖民地,所以她循例选取了一位科林斯人——珐留司(Phalius)——作为该城的建城者。从一开始,殖民地除了柯西拉人,还有科林斯人以及其他多利安人。不过,可以肯定的是,埃皮丹努是柯西拉的殖民地。① 这个城邦后来慢慢发展起来,变得越来越繁华。虽然周围都是野蛮人(涛岚夏人[Taulantians],属于邑吕利亚人的一支),并且远离希腊文化的中心,埃皮丹努人并没有与其他的希腊人割裂开来。早在公元前 6 世纪,当地就曾经有一位非常富有的居民,向西叙昂(Sicyon)僭主克烈斯提尼(Cleisthenes)的女儿阿佳芮司忒(Agariste)求婚。后来,因为人们纷纷从埃利斯(Elis)向邑吕利亚(Illyria)的沿海地区流亡,埃皮丹努的财富与人口迅速增长。② 公元前 516 年,该城曾有一位公民赢得了在奥林匹亚举办的战车竞赛,之后人们为他以及他的战车、战马制作了雕像。从这也可以看出埃皮丹努的富有。③

这个城邦最初是贵族统治。这些贵族在与周边蛮族的贸易中享有特权,因此他们与当地的邑吕利亚人建立了非常友好的关系。④ 埃皮丹努的贵族有可能是那些从柯西拉过来的第一批移民的后裔,但这并不一定意味着柯西拉与他们之间的关系要比与平民百姓的关系更密切。⑤ 随着时间的推移,人口的[-206,207-]增长,城市的繁荣,当地的

---

① Thuc. 1. 24. 1—2;建城日期来自优西比乌(Eusebius),《编年史》(Chronicles)。学界认为这个时间应该是最准确的,参见戈姆,《修昔底德历史评注》,第 1 卷,第 158 页,维尔,《科林斯志》,第 371 页)以及格雷厄姆,《古希腊的殖民地与母邦》,第 30—31 页。格雷厄姆在他的书中证明了埃皮丹努肯定是柯西拉人殖民地。
② Thuc. 1. 24. 3. 有关埃皮丹努早期的历史,我主要参考的是波芒特(R. L. Beaumont),《希腊研究期刊》,第 56 卷,1936 年,第 159 页及以下,特别是第 166—168 页。向阿贾芮司忒求婚的故事来自 Hdt. 6. 127。有关埃利斯人的流亡,来自 Strabo,第 357 页。
③ Paus. 6. 10. 5.
④ Thuc. 1. 24. 5;Plut. *Quaest. Graec.* 29. 297F;波芒特《希腊研究期刊》,第 56 卷,1936 年,第 167 页。
⑤ 文柯(Wentker),《西西里与雅典》,第 11 页)认为,最早来到殖民地定居的那些人,成为了这个城邦的贵族,在他们与母邦之间有着特别的关系,他的这种观点缺少足够的证据。文柯相信,正是因为这些贵族殖民者与母邦之间的特殊关系,赋予母邦在殖民地的主权地位(第 13 页)。[-206,207-]格雷厄姆《古希腊的殖民地与母邦》,第 151 页)则认为,从科林斯对埃皮丹努民主势力的支持可以得知,文柯的这种观点"有些牵强",对此我表示赞同。

经济、社会，以及政治开始发生变化。修昔底德说，埃皮丹努的社会矛盾非常尖锐，曾经发生过持续多年的内战。后来又与周围的野蛮民族发生战争，城市遭到破坏，从此一蹶不振。公元前435年之前一至两年，当地的民主派赶走了贵族，而这些贵族马上与蛮族联手，从海上与陆地向埃皮丹努发起进攻。面对如此巨大的压力，城里的民主派前往母邦柯西拉求援。派去的代表在赫拉神庙提出自己的请求，希望柯西拉人"不要眼睁睁地看着他们被打败，要在他们与被流放的人之间进行调停，结束这场与蛮族的战争"。①

埃皮丹努人向柯西拉人所要求的，正是一个殖民地可以期望从自己的母邦那里得到的帮助。公元前492年，革剌(Gela)的习柏克拉底(Hippocrates)打败了叙拉古人，于是柯西拉与科林斯一起向叙拉古伸出了援手。他们之所以插手是因为叙拉古与自己的殖民关系。② 这次的情况与上文所述极其相似。埃皮丹努的民主派并没有要求柯西拉卷入这场派系斗争，只是希望她出面结束这场战争，帮助他们对付那些蛮族。然而，柯西拉人却不为所动，拒绝了他们的请求。当埃皮丹努的民主派意识到无法从母邦得到帮助后，只好求助于神。他们派人前往德尔斐的阿波罗神庙，询问是否应该将城邦交给其建城者——科林斯人，并向他们寻求帮助。神给出了肯定的答复。于是埃皮丹努人前往科林斯，"指出城邦的建城者来自科林斯，并把自己得到的神谕告诉了科林斯人，希望科林斯不要坐视不理，而是伸出援手"。科林斯人接受了他们的请求。③ [-207,208-]

由此而产生的一个问题是，柯西拉人为什么会拒绝帮助自己受困的殖民地。因为修昔底德对此避而不谈，所以很难找到一个确切的答案。柯西拉在希腊西北部还有其他的殖民地，有的是她自己的，有的是与其他城邦共同建立的。柯西拉与科林斯共建的殖民地有安纳沱里坞(Anactorium)，阿波罗尼亚(Apollonia)，琉卡斯

---

① Thuc. 1. 24. 5—7.
② Hdt. 7. 154；格雷厄姆，《古希腊的殖民地与母邦》，第143—144页。
③ Thuc. 1. 25. 1—3.

（Leucas），并且我们相信，在公元前5世纪时，柯西拉曾经努力维持自己在这些殖民地的影响力。① 如果能够扩大在埃皮丹努的影响力，柯西拉人应该再高兴不过。因此，柯西拉人的拒绝实在令人费解。

对此，有一种解释是，柯西拉人之所以选择袖手旁观是因为他们站在了贵族一边，如果无人干涉，这些贵族就会赢。这种解释要成立，以下两个假设就必须至少有一个是成立的：第一，唯有埃皮丹努的贵族与柯西拉人有着血缘关系；第二，柯西拉是一个寡头城邦。第一个假设的根据是，在科林斯人同意帮助埃皮丹努的民主派之后，那些贵族前往柯西拉，指着先人的坟墓，声称与柯西拉人有血缘关系，于是得到了他们的帮助。② 这并不能说明任何问题。贵族们这样做，并不代表民主派就不能说同样的话，或者没有说过同样的话。事实上，根据狄奥多罗斯的说法，民主派在向科林斯人求助时，"提出的理由恰恰就是血浓于水"。③

对此，还有第二种解释，那就是统治柯西拉的是寡头派。虽然有很多学者接受这种看法，但他们依据的乃是发生在埃皮丹努的事情。这些学者认为，既然柯西拉愿意帮助贵族，那么柯西拉本身肯定也是由贵族执政。这根本经不起推敲。科林斯虽然是寡头派掌权，但却出手帮助埃皮丹努的民主派。同时，我们有充分的理由相信，柯西拉实际上是一个民主城邦。[-208,209-]公元前427年，柯西拉爆发内战时，岛上执政的就是民主派。④ 要在这么短的时间内，完成从贵族政权到民主政权的转变，必须经过一场激烈的斗争。修昔底德用了很长的篇幅详细介绍了公元前427年的那次内战，如果之前真的有这样一场斗争，他不可能忽略。既然没有任何资料提到过这样一场斗争，我们相信，公元前435年前的柯西拉政权也是民主的。因此，我们无法用对寡头集团或贵族阶层的同情，来解释柯西拉对埃皮丹

---

① 格雷厄姆，《古希腊的殖民地与母邦》，第128—153页。
② Thuc. 1. 26. 3；格雷厄姆，《古希腊的殖民地与母邦》，第149—150页。
③ Diod. 12. 30. 3：ἀξιοῦντες τοὺς Κερκυραίους συγγενεῖς ὄντας βοηθῆσαι.
④ Thuc. 1. 70.

努的态度。①

对此,还有第三种解释。持这种观点的学者认为,柯西拉人选择袖手旁观是出于对自身利益的考虑。也许柯西拉人希望双方打得筋疲力尽,最后埃皮丹努无力自保,只能接受柯西拉的保护。② 这似乎更接近事情真相。我们必须记住,埃皮丹努的内战当时已经持续了一段时间,而柯西拉人一直在旁边看热闹。如果出于血缘关系、政治同情、或者自身利益考虑,柯西拉人决定支持贵族一方,那么,柯西拉人应该在埃皮丹努贵族遭到流放之前就出手干涉。而如果柯西拉人出于同样的考虑选择站在民主派一边,他们也早就可以帮助民主派打败敌人。事实上,柯西拉一直保持与埃皮丹努的距离。柯西拉执行的正是"光荣孤立"外交政策;对北方的这块殖民地所发生的事情,柯西拉人似乎并不关心;所以需要解释的,并不是柯西拉为何袖手旁观,而是柯西拉为何最终卷入其中。

遭到柯西拉的拒绝之后,埃皮丹努出于绝望,只好向科林斯求援,这很自然。科林斯人迅速而果断地作出了反应。他们召集移民前去支援,并马上派出一支由科林斯人组成的军队前往当地,同行的还有来自安布罗西亚(Ambracia)与琉卡斯的盟军。最迅速,最简单,最常采用的办法是走海路,但这支远征军却选择了经陆路前往阿波罗尼亚,"他们担心[-209,210-]如果走海路,会遭到柯西拉人的阻扰"。③ 显然,科林斯人在出发时就已经想到柯西拉会反对,并且此行可能会引发与柯

---

① 统治柯西拉的究竟是寡头,还是贵族,参见布索特,《希腊历史》,第 3 卷,第 2 册,第 766、774—775 页;伯恩哈德·施密特(Bernhard Schmidt),《柯西拉研究》(*Korkyraeische Studien*),莱比锡,1890 年,第 67 页;梅耶,《古代历史》,第 4 卷,第 1 册,第 566 页;《古代历史》,第 4 卷,第 2 册,第 6 页;格罗茨与柯恩,《希腊历史》,第 2 卷,第 615 页。相信柯西拉属于民主城邦的人包括格罗特《希腊历史》,第 4 卷,第 537 页)与布尔什纳(Bürchner,《保-威古典学百科全书》,第 12 卷,第 1413 页)。勒贡(Legon,《民众与内乱:古典时代的希腊党争》[*Demos and Stasis: Studies in the Factional Politics of Classical Greece*],第 8—12 页)对这个问题进行了深入研究。他最后得出的结论是:在战前,统治柯西拉的或者是民主政权,或者是一个温和的寡头政权(可以轻易地变成民主政权),但绝对不会是一个同情埃皮丹努贵族的贵族政权。
② 波芒特,《希腊研究期刊》,第 56 卷,1936 年,第 167 页。
③ Thuc. 1. 26. 2—3: δέει τῶν Κερκυραίων μὴ κωλύωνται ὑπ' αὐτῶν κατὰ θάλασσαν περαιούμενοι.

西拉的战争。科林斯人为何愿意冒此危险?在我们这个时代,对于此类问题,往往会从经济上寻找原因,而经济原因作为解释并不一定就是错的。有学者认为,邑吕利亚是科林斯人的贸易中心,他们从当地购买材料制作香水,然后用精美的陶罐(aryballoi)装起来,出口到其他地方。另外,还有人认为,科林斯铸造了大量的钱币,而所用的银子就来自邑吕利亚的达抹司提坞(Damastium)。①

有关科林斯在邑吕利亚进行贸易的证据几乎全部来自考古发现,而且数量不多。无论如何,与科林斯在意大利以及西西里进行的贸易相比,贸易的规模并不算大。至于科林斯在邑吕利亚的银矿,能找到的证据也不多。主要依据的是斯特拉波的一段记录,其中提到达抹司提坞有银矿,但无人知晓达抹司提坞的准确位置。② 并且,科林斯的银子究竟是否来自邑吕利亚,这一点也并不清楚。有人认为科林斯制作银飞马(pegasi)的银就是从西班牙经由萨摩司或者优卑亚岛进口科林斯的。事实上,我们根本不知道这些银来自何方。③ [-210,211-]

当然,我们也不能肯定地说,科林斯的银不是来自邑吕利亚。认为

---

① 有关科林斯在邑吕利亚的经济利益,参见波芒特,《希腊研究期刊》,第 56 卷,1936 年,第 181—186 页。米歇(Michell,《古希腊经济》[the Econnomics of Ancient Greece],第 244—247 页)也接受了这种说法。
② 斯特拉波(Strabo, 326)认为,达抹司提坞位于埃皮丹努与阿波罗尼亚以北,"靠近"[πλησίον δέ που]邑吕利亚人居住的地方。虽然波芒特指出,斯特拉波曾说统治当地某个部落的人来自科林斯的巴夏岱家族(第 182 页),岱为(O. Davies,《欧洲的罗马矿场》[Roman Mines in Europe],牛津,1935 年,第 239 页)认为,这些银矿远离海岸,不可能被希腊人控制。根据劢(J. M. F. May,《达抹司提坞的铸币与邑吕利亚-派欧尼亚地区的少量铸币》[The Coinage of Damastion and the Lesser Coinages of the Illyro-Paeonian Region],伦敦,1939 年,第 viii 页及以下,第 2 页及以下)的说法,来自达抹司提坞的钱币在卡尔息狄斯西部也有流通,而达抹司提坞在公元前 4 世纪之前并不为人所知。因此,如果科林斯是从达抹司提坞获得银,那些银很可能是经由波提狄亚(Potidaea)得到的。当然,科林斯也可能是通过他们在邑吕利亚的殖民地获得这些银,但这种说法缺少证据。弥耳讷(J. G. Milne,《希腊研究期刊》,第 58 卷,1938 年,第 96 页)也同意劢的观点。
③ 加里(M. Cary,《格罗茨纪念文集》[Mélanges Glotz],第 1 卷,巴黎,1932 年,第 138 页)认为,银是从西班牙经由萨摩司过来的,弥耳讷(《希腊研究期刊》,第 58 卷,1938 年,第 96 页)则认为,银来自优卑亚。1943 年,苏瑟兰德(C. H. V. Sutherland)[-210,211-]研究了银来自邑吕利亚的说法,得出的结论是,这种说法纯属"无稽之谈"(《美国古典语文学期刊》[AJP],第 64 卷,1943 年,第 134 页,注释 20)。我们认为,在苏瑟兰德作出这一结论之后,并没有出现新的证据可以被用来推翻他当年的判断。

科林斯插手埃皮丹努事务是出于经济目的的学者,似乎在修昔底德的一段记录中找到了支持他们观点的证据。这是科林斯人在雅典的一段发言,当时柯西拉人要求与雅典人结盟,科林斯人提出反对。科林斯人说,因为地理位置的原因,柯西拉人变得非常自大,喜欢独立行事。他们习惯于在牵涉到自己的事件中充当法官,"因为他们很少到人家的港口去,而人家却不得不到他们那里去"。① 据此,波芒特提出以下观点:

> 为什么科林斯人"不得不"($ἀνάγκη$)经常坐船到柯西拉去?科林斯商人坐船去西西里,距离只有不到50英里。科林斯与亚德里亚海地区的贸易确实必须经过柯西拉附近,但根据现有资料分析,科林斯与这一地区的贸易主要是奢侈品,当然也有可能包括白银,这算不上非常重要。修昔底德史书第1卷第37节第3句已经表明,柯西拉肯定位于科林斯某些重要的贸易路线上。科林斯必须得向北航行。如果不是为了白银,那还有什么使得与亚德里亚海地区的贸易变得如此重要?②

从经济方面对科林斯当时的表现进行解释,根据的就是这段话,而波芒特正是这一派的主要代表,所以我们必须对这种观点进行仔细分析。由于波芒特本人认为与邑吕利亚的贸易并不重要,所以我们只需要关注白银问题。

波芒特的整个观点都是建立在一个假设之上,即科林斯人"不得不"经常在北行的过程中停靠柯西拉。然而,并无史实依据可以支持这种假设。首先,也许科林斯人确实不需要在前往意大利与西西里的途中停靠柯西拉。理论上而言,科林斯人完全可以通过外海直接抵达目的地,就像现在的渡轮那样,但这并非古希腊人[-211,212-]航海的办法。古希腊人害怕外海,尤其是危险的亚德里亚海。通常他们会沿着

---

① Thuc. 1. 37. 3: $διὰ\ τὸ\ ἥκιστα\ ἐπὶ\ τοὺς\ πέλας\ ἐκπλέοντας\ μάλιστα\ τοὺς\ ἄλλους\ ἀνάγκῃ\ καταίροντας\ δέχεσθαι.$

② 波芒特,《希腊研究期刊》,第56卷,1936年,第183页。

海岸航行，只有在迫不得已的情况下他们才会冒险离开海岸线。从科林斯出发后，人们通常会沿着科林斯湾的北岸航行——故此在沿岸地区，科林斯人早已建立了很多殖民地，这很自然——然后抵达科林斯的殖民地——琉卡斯岛。之后，人们将沿着埃披庐（Epirus）的海岸航行至柯西拉，从那里出发，前往意大利的距离是最短的；而前往西西里的船，则会沿着意大利海岸继续航行，然后在狭窄的梅西纳海峡（Straits of Messina）附近过海。后来，在伯罗奔尼撒战争期间，雅典人就采用了相同的西行路线。修昔底德指出，雅典人之所以接受柯西拉的结盟要求，其中一个原因是，"在他们看来，这个岛在沿海岸线前往意大利以及西西里的航线上占据了重要的地理位置"。①

因此，如果科林斯人需要经常前往柯西拉，很可能是因为他们需要在西行（而非北行）的路上进行停留，因为科林斯与西部肯定有着重要的经济往来。据说，当发生贸易纠纷时，科林斯商人会在柯西拉的法庭受到不公正对待。不过，这种事情即便偶尔让科林斯人感到恼火，也不值得为此大动干戈。如果柯西拉的情况真的非常糟糕，科林斯人完全可以沿海岸北行，选择在阿波罗尼亚进行停留，然后从那里前往意大利。停靠阿波罗尼亚并不用多走多远，而科林斯人在阿波罗尼亚却可以受到友待。可是，科林斯人并没有这样做。所以可以肯定，科林斯人是没有理由去停靠阿波罗尼亚。最后需要强调一点，引发这场危机的，并不是柯西拉对来访的商人不友好，而是因为科林斯找到了插手埃皮丹努事务的机会。科林斯人在雅典的发言中对于在柯西拉的遭遇只是一笔带过，之后再未提及。当时柯西拉人提出，因为拒绝仲裁的是科林斯，所以必须承担所有罪责，于是科林斯人便找了这样一条借口。②[-212,213-]

要想正确理解科林斯人在雅典的发言，必须了解当时的背景。科林斯人发言的地方是雅典公民大会。科林斯人的目的是要抹黑柯西

---

① Thuc. 1. 44. 3.
② 在撰写这部分内容之前，我还没有读过芬利（M. I. Finley）在第二届经济史国际学术研讨会上关于古希腊部分[-212,213-]的发言（《古代世界的贸易与政治》[*Trade and Politics in the Ancient World*]，巴黎，1965 年，第 11—35 页）。我很高兴我们的观点不谋而合。

拉人,同时凸显自己的正直。如果让大家知道科林斯人是在为自己的利益狡辩,那他们的努力将会付诸东流。因此,科林斯人只是抱怨柯西拉人违反了道德与宗教习惯,而根本不提物质利益。科林斯人说,柯西拉人利用自己的地理优势,利用别人对他们港口的依赖为自己谋利。如果真有受害者存在,其中很可能包括了雅典商人。因此科林斯人说这些话时,虽然没有点明,但针对的肯定就是这些雅典人,他们希望在这些雅典人中找到能够产生共鸣的人。虽然所有这一切都只是猜测,但有一点是很清楚的:这段记载并不能证明科林斯人在北方有着重要的利益。前面,波芒特已经提出过这样的疑问:"如果不是为了白银,那还有什么使得与亚德里亚地区的贸易变得如此重要?"因为没有足够的理由相信,在亚德里亚地区存在白银贸易,因此我们认为,与该地区的贸易并不重要;既然不重要,那就无需大动干戈。而科林斯在西面的利益虽然重要,但并没有受到柯西拉的威胁,更重要的是,这些事务与埃皮丹努毫无联系,所以不能用来解释科林斯人为什么会插手那里的事务。

如果我们抛开经济利益,将目光转向科林斯与柯西拉的历史关系,也许可以找到更好的解释。柯西拉是科林斯的殖民地,公元前8世纪末期由巴夏岱家族(the Bacchiads)建立。柯西拉可能与同时建立的叙拉古一样,是科林斯人用来与西方进行贸易的前哨,所以柯西拉与母邦关系密切。科林斯人与西方的重要贸易往来似乎是在这些殖民地建立之后(而非在此之前)[-213,214-]才开始的。① 无论最初的动机为何,柯西拉与叙拉古后来都成为了独立的城邦,不再受科林斯的控制,不过,两个殖民地的发展过程各不相同。叙拉古与母邦保持了良好的关系,但柯西拉与科林斯之间很早就开始交恶。根据希罗多德的说法,在殖民地建成后不久,他们之间就出现了分歧。② 修昔底德记载,早在公元前664年,科林斯与柯西拉就曾在海上开战,这可是希腊人之间的第一次。③ 我们

---

① 有关这些殖民地的建立时间以及当年建立这些殖民地的目的,参见格雷厄姆,《古希腊的殖民地与母邦》,第218—223页。
② Hdt. 3.49.1.
③ Thuc. 1.13.4.

并不知道这次战争的起因,但这次战争显然是两个独立主权城邦之间的战争,而非哪个城邦争夺独立权的一次独立战争。①

随着科林斯的溆浦塞黎得家族(the Cypselid)开始他们的僭主统治,母邦与殖民地之间的关系进一步恶化。巴夏岱家族被溆浦塞卢(Cypselus)赶出了科林斯,但柯西拉马上将他们接了过去。② 因为在巴夏岱家族统治期间,柯西拉与科林斯关系并不友好,所以我们无法解释他们为什么会这样做,不过,这决定了柯西拉与溆浦塞黎得家族统治下的科林斯的双边关系之基调。在溆浦塞卢即位后,科林斯开始在希腊西北部建立一个"殖民帝国"。这些殖民地并非其属邦,但与叙拉古,以及巴夏岱家族建立的柯西拉不同,这些新的殖民地在科林斯的严密控制之下。通过研究溆浦塞黎得王朝建立的殖民地的地理位置,我们发现,他们的选址并不是随意的,也不像以往那样是基于农业方面的考虑。摩吕科雷坞(Molycreium)与喀耳基司(Chalcis)位于科林斯湾的北岸,与帕特拉(Patras)隔海相望;娑里坞(Sollium)位于阿卡纳尼亚(Acarnania)的沿海,对面则是琉卡斯岛;安纳沱里坞位于安布罗西亚湾的南岸,而安布罗西亚则位于一条河上,距离安布罗西亚湾北岸只有几英里远。另外,还有阿波罗尼亚,埃皮丹努,以及柯西拉,这些地方都曾经被溆浦塞黎得家族控制。这样的布局有利于[-214,215-]保证向北以及向西的航行安全,还可以确保科林斯对整个地区的控制。③

科林斯与柯西拉之间的矛盾因为柯西拉自己在这个地区的利益而加剧。前面提到,在双方的矛盾尚未公开之前,柯西拉人曾经循例将一位科林斯人确立为埃皮丹努的建城者。实际上,埃皮丹努就是柯西拉的殖民地,与科林斯人的地盘离得很远。早在建立阿波罗尼亚这个殖民地时,科林斯与柯西拉就已经有过利益冲突。对于阿波

---

① 格雷厄姆,《古希腊的殖民地与母邦》,第146—147页。
② 大马士革的尼各劳斯(Nicolaus Damascenus):FGrH 90,frg.57,7。
③ 有关溆浦塞黎得家族以及他们的殖民政策,参见爱德华·维尔,《科林斯志》,第521—539页。另外,还有 E. 维尔,《新克丽娥学刊》(La Nouvelle Clio),第6卷,1954年,第413—460页,以及格雷厄姆,《古希腊的殖民地与母邦》,第118—153页。

罗尼亚究竟是两个城邦共同建立的,还是柯西拉自己的,古代的历史学家有过争议。① 虽然我们不清楚阿波罗尼亚的具体情况,但从发掘出的钱币看,阿波罗尼亚应该是柯西拉人建立的。在阿波罗尼亚找到的最早的钱币来自公元前5世纪中叶。与当时的埃皮丹努钱币一样,他们只不过将自己这个城邦的首写字母刻在了柯西拉的钱币上,而与此同时,在柯西拉的钱币上也刚刚出现了铭文,这应该不是一种巧合。我们赞同格雷厄姆的观点,他说:"似乎这3个城邦此前都是使用柯西拉的货币,只不过后来因为这些殖民地开始发行一模一样的货币,所以才需要在柯西拉的钱币上刻字。"②我们可以进一步推测,阿波罗尼亚与埃皮丹努之所以要将自己城邦的名字刻在柯西拉的钱币上,就是因为他们已经开始脱离柯西拉的控制,出现了某种程度上的独立。我们甚至可以推断,这种独立很可能得到了科林斯的支持,因为科林斯希望取代柯西拉在当地的影响。

从安纳沱里坞与琉卡斯这两个殖民地,我们可以找到类似的证据,[-215,216-]证明在阿波罗尼亚所发生的事情并不是特例。有两位古代史家认为琉卡斯是科林斯的殖民地,由湫浦塞卢的一个儿子建立,至于是哪个儿子,他们看法不一。③ 普鲁塔克说,是沛连德(Periander)。④ 所有这些人距离事件发生时间都非常遥远,从他们的分歧可以看出,到公元1世纪的时候,人们对琉卡斯的建城情况已经知之甚少。然而,在公元前5世纪,科林斯与柯西拉在琉卡斯问题上发生了冲突。这与公元前435年因为埃皮丹努而发生的冲突非常相似;对于谁才是这个殖民地的母邦,双方各执一词。地米斯托克利(Themistocles)应邀进行仲裁。地米斯托克利裁定,由科林斯支付20

---

① 斯特拉波(Strabo,316)与伪司基穆诺(Ps.-Scymnus)(439)认为,这里是一个共有殖民地,保塞尼亚斯(Paus. 5.22.4)则认为,该地属于柯西拉人。拜占庭的斯特方(Stephanus Byzantinus,《异族志》[*Ethnica*],条目"阿波罗尼亚"只提到了科林斯殖民者。修昔底德(Thuc. 1.26.2)称其为科林斯殖民地(Κορινθίων οὖσαν ἀποικίαν)。在公元前435年,这里确实已经成为了科林斯人的殖民地,但他并没有说这个殖民地是谁建立的。
② 格雷厄姆,《古希腊的殖民地与母邦》,第130页。
③ Strabo,452;Nic. Dam. *FGrH* 90, frg. 57, 7.
④ Plut. *Moralia* 552E.

塔伦特作为赔款,而琉卡斯则成为科林斯与柯西拉共同的殖民地。柯西拉对这个裁决感到非常满意,此后便将地米斯托克利奉为城邦的恩人。① 修昔底德也证实了这个传说。当然,秉承一贯风格,修昔底德并没有提供任何细节,他只是说,地米斯托克利被柯西拉人视为"恩人"(εύεργέτης)。②

如果根据普鲁塔克的描述去还原整个事件,我们会发现,这个事件与埃皮丹努事件有着惊人的相似。从柯西拉获得的赔款可以推断,之前发生过战争,而科林斯被判承担责任,作出赔偿。柯西拉人的开心反应则显示,裁决似乎满足了他们所有的愿望与要求,但这似乎不太可能,因为仲裁者很少会满足其中一方的所有要求。如果科林斯人的要求根本没有得到满足,科林斯人也是不可能接受裁决的。最有可能的情况是,琉卡斯就是由柯西拉建立的,只不过建城者也许是个科林斯人。随着时间推移,小岛慢慢开始独立,并向科林斯寻求帮助,而科林斯也很乐意伸出援手,条件是要这个城邦承认自己才是该城的建城者。柯西拉对此提出异议,于是就发生了战争。地米斯托克利的裁决让科林斯达到了一半的目的,确认其共同建城者的地位;而柯西拉人对这个裁决也感到满意,[-216,217-]毕竟科林斯没有像在阿波罗尼亚那样大获全胜,另外,柯西拉还得到了赔款。③

安纳沱里坞的遭遇似乎与此相似。修昔底德在提到公元前433年的安纳沱里坞时说,这个地方是科林斯人与柯西拉人共有的,④但在写

---

① Plut. *Them.* 24. 1.
② Thuc. 1. 136. 1.
③ 格雷厄姆(《古希腊的殖民地与母邦》,第 129—130 页)认为,琉卡斯最初有可能是科林斯与柯西拉共同建立的殖民地。不过,因为这两个城邦是宿敌,所以这种可能性微乎其微。格雷厄姆之所以这样认为,是因为琉卡斯最初采用的是科林斯货币,这让人觉得是科林斯人建立了城邦。对于这一点,我无法解释,但普鲁塔克的故事更有说服力。通常而言,采用其他城邦的货币意味着这两个城邦之间有着某种紧密的政治关系。因为对希腊西部地区早期的历史知之甚少,所以不知道琉卡斯是不是例外。在这件事上,无论真相如何,我们至少在以下这一点上是有共识的:"早在公元前 5 世纪初,科林斯就企图单独控制琉卡斯,等到埃皮丹努冲突爆发的时候,他们已经得逞。"
④ Thuc. 1. 55. 1: κοινὸν Κερκυραίων καὶ ἐκείνων.

到公元前425年雅典人占领该城时,修昔底德又说安纳沱里坞是"科林斯人的城邦"。① 后来有史家认为,这个城市是由溆浦塞卢的一个儿子建立的,至于具体是哪个儿子,说法不一。② 在安纳沱里坞发掘到的钱币与之前在阿波罗尼亚、埃皮丹努找到的都不一样。那两个地方都是先使用柯西拉货币,后来才在这些货币刻上自己城邦的名称。安纳沱里坞的情况则与琉卡斯一样,都是在科林斯的货币上加上自己城邦的首写字母。这表明,该城最初是科林斯人的殖民地,③虽然柯西拉人似乎从一开始就已经住在当地了。

无论如何,我们可以肯定的一点是:伯罗奔尼撒战争爆发时,在安纳沱里坞的柯西拉人已经有了一定规模。前面提到,修昔底德认为这个城邦属于科林斯与柯西拉共有。这可以从她在战争开始之后的表现得到证明。公元前433年,在墟波塔战役中,附近的安布罗西亚与琉卡斯提供了37艘战舰,安纳沱里坞才提供了一艘。甚至即便我们[-217,218-]认为,安纳沱里坞的海上力量要比其他城邦弱,但这个差距还是太大了。修昔底德曾经将伯罗奔尼撒战争爆发时为双方提供船只的城邦一一列出,在这份名单中我们见到了琉卡斯、安布罗西亚,却找不到安纳沱里坞的名字。公元前435年,科林斯人占领了这座城市。修昔底德给出的解释是:这个城邦是科林斯与柯西拉所共有的。直到公元前425年,安纳沱里坞的反科林斯力量依然非常强大,这些人叛国,成功地帮助雅典人以及安布罗西亚人夺取了该城。这些叛徒很可能就是那些留下来的柯西拉人。④ 安纳沱里坞的情况与我们前面讨论过的其他城市大同小异:科林斯人与柯西拉人在争夺对这个城邦的控制权,而且看起来,是科林斯人占了上风。

通过对科林斯与柯西拉有争议的城邦进行逐一研究,我们得出结

---

① Thuc. 4. 49. 1: *Κορινθίων πόλιν*.
② 斯特拉波(452)认为,该城建城者是戈尔戈斯(Gorgos),大马士革的尼各劳斯(*FGrH* 90 frg. 57,7)认为,建立者是派拉德(Pylades)。
③ Hdt. 3. 48—53;格雷厄姆,《古希腊的殖民地与母邦》,第129页。
④ 格雷厄姆,《古希腊的殖民地与母邦》,第132—133页。修昔底德对相关内容的记录:有关墟波塔,Thuc. 1. 46. 1;有关提供船只的城邦,Thuc. 2. 9. 2—3;有关科林斯人占领该城,Thuc. 1. 55. 1;有关城邦被出卖给雅典人和安布罗西亚人,Thuc. 4. 49. 1。

论如下:在巴夏岱家族执政时,科林斯已经在叙拉古与柯西拉等地建立了殖民地。他们后来发展成为独立的城邦,而柯西拉还成为了科林斯的敌人。她们究竟为何反目,我们已经无从得知:也许是因为在西北地区的利益冲突,也许是因为一些无关紧要的问题。溆浦塞黎得家族上台之后,科林斯在主要的海路上建立了一系列的殖民地,确立了自己在这一地区的影响。其中的某些殖民地也许与柯西拉已经建立的殖民地出现了利益冲突,而在那些共同的殖民地中,科林斯也开始占据优势。溆浦塞黎得王朝的垮台正好给了柯西拉一个机会,乘机加强对周边地区的控制。这种角力进一步加深了两个城邦之间的敌意。到公元前5世纪,科林斯恢复了优势。伯罗奔尼撒战争爆发前夕,科林斯已经控制了所有存在争议的殖民地,唯有埃皮丹努除外。

综上所述,我们似乎已经找到了一个合乎情理——即便并非[-218,219-]完美——的理由,来解释科林斯为什么愿意冒着战争的危险,去帮助有着不同制度与理念的别的城邦的一个政治派别,而且,这个城邦离其自身是如此遥远,也没有什么重要的经济价值。答案似乎就是对权力,对政治影响,对控制范围的争夺。这种答案非常符合修昔底德的风格,所以当我们发现修昔底德给出的是不同的解释时,感到非常诧异。他认为科林斯人之所以接受埃皮丹努民主派的要求,

> 部分是因为他们认为,这个殖民地既属于柯西拉,也属于科林斯。另外,柯西拉虽然是科林斯的殖民地,柯西拉人却并没有将科林斯人放在眼里,因此科林斯人对柯西拉人感到不满。在庆祝共同的节日时,柯西拉人并没有遵照习惯,给予科林斯人特别的待遇,也不像其他殖民地那样,安排科林斯人主持祭祀。柯西拉人瞧不起科林斯人。

柯西拉人是非常自负的,对自己的财富,以及强大的海上力量感到非常骄傲,他们还认为自己的祖先是荷马史诗中著名的费埃克斯人(Phaeacians)。[①] 所有这些,都让柯西拉人感觉有些飘飘然,科林斯人

---

[①] Thuc. 1. 25. 3—4.

无法忍受。这种动机听起来似乎荒诞不经，所以人们希望可以找到一些更好的解释。波芒特曾经问道："难道科林斯人就这么讨厌柯西拉人？居然会因为修昔底德所说的理由而去攻打柯西拉……？我们必须找到一些更具体的东西才行。"①正是出于这样一种原因，波芒特接受了流行的说法，认为科林斯人是因为邑吕利亚的银矿才这样做的，但我们前面已经排除了这种可能。

我们认为，可以用帝国扩张来解释科林斯的行动：要想扩大自己的影响就必须打败柯西拉。不过，这种动机也没有多少理性可言。生活在我们这个世纪的人都很清楚，对权力和帝国的追求往往都披着理性的外衣，宣称是为了取得某种优势，但实际上就是为了满足一种非理性的冲动，并且都不会有任何实质性的结果。约瑟夫·熊彼特（Joseph Schumpeter）曾说，"'毫无目的'地进行暴力扩张，没有节制，没有实际目的——出于对战争与征服的嗜好，无理性，非理性，纯粹出于本能——这种冲动在人类历史中发挥了重要[-219,220-]作用"，他还认为，帝国主义是一种文化返祖现象。② 对于熊彼特的观点，我们也许并不完全赞同，但无可否认的是，1870年之后对世界上不发达地区的争夺确实没有多少理性可言。意大利为了控制埃塞俄比亚、利比亚，或者厄立特里亚（Eritrea），牺牲那么多的人力和物力，但是意大利自身又获得了多少经济利益、战略利益、或者其他任何实际利益作为回报呢？

意大利向外扩张的真正动机，是因为很迟才取得统一。与欧洲诸邻国相比，意大利落后了一大截，因此感到不平衡。这种心理并不需要经济数据来证明，我们可以在墨索里尼（Mussolini）向意大利的退伍老兵发表的一次演讲中找到答案。在那次演说中，墨索里尼提醒退伍老兵们，不要忘记古罗马时期的辉煌，"没有任何东西可以阻止我们相信，历史将会重演"。③ 同样，对于日本帝国主义，我们可以在日本人的头

---

① 波芒特，《希腊研究期刊》，第56卷，1936年，第183页。
② 约瑟夫·熊彼特，《帝国主义与社会阶级》（Imperialism and Social Classes），海因茨·诺登（Heinz Norden）译，纽约，1955年，第64页。
③ 引文出自威廉·L. 兰格（William L. Langer），《外交》（Foreign Affairs），第14卷，1935—1936年，第102—119页。我对帝国主义的看法深受他这篇文章的影响。

脑中找到真正的动机,而不用去翻他们的账本。作为一个自我感觉良好的民族,当他们发现自己与西方相比是多么落后时,心里非常难受,于是渴望证明自己并不比西方差,甚至可以更优秀。一位日本国务家揭示了日本政策背后的这种心理:

> 明治维新(the Meiji Restoration)结束了锁国闭关政策,整个民族积蓄已久的能量开始释放,伴随着新的观念、新的激情,整个国家迅速发展起来。了解这样的历史背景,感受到整个民族迸发出来的活力,你就会明白不可能将我们局限在这个小小的岛上。我们注定要发展,注定要向海外扩张。①

与古希腊相比,现在这个世界更看重经济,但即便在现代,帝国扩张也并非总是为了获取具体的利益。我们用现代社会的这些事例进行类比,就是希望可以说明这一点。科林斯之所以愿意为了埃皮丹努大动干戈,正是出于类似的非理性动机。斯巴达在公元前6世纪已经成为了伯罗奔尼撒半岛的[-220,221-]霸主。两次希波战争之后,雅典也发展起来,开始与斯巴达分庭抗礼。科林斯在贸易、手工业以及艺术上有着辉煌的历史,并且还曾经拥有强大的海上力量。公元前6世纪中叶,当那两个城邦逐渐成长为超级强国时,科林斯却日渐衰落。科林斯已经学会了怎样与斯巴达相处,对于雅典,科林斯也找到了所谓"搁置争议的权宜之计"(modus vivendi)。与此同时,为了弥补自己在其他地区影响力的减弱,科林斯决定在希腊的西北部建立自己的势力范围。在科林斯衰落的同时,柯西拉开始慢慢崛起,于是科林斯的这种企图使她与柯西拉之间发生了冲突。公元前5世纪,希腊饱受战火蹂躏,柯西拉却得以独善其身,置身度外,并因此而获益匪浅。到伯罗奔尼撒战争爆发时,柯西拉拥有的战船已经增加到120艘,成为希腊第二庞大的海军力量。我们的研究表明,柯西拉甚至曾经试图挑战科林斯对西北地区的控制。除了这些,柯西拉人还在共同的宗教节日中怠慢科林斯人。

---

① 威廉·L.兰格,《外交》,第14卷,1935—1936年,第102—119页。

修昔底德曾说,这种公开的侮辱点燃了科林斯人内心深处的仇恨,于是接受了埃皮丹努的请求。对此,我们深表赞同。

科林斯人很清楚,插手埃皮丹努的事情可能会引发与柯西拉的战争。当时并没有什么事情迫使他们去这样做:他们的利益没有受到威胁,他们的权力或名誉也没有受到损害。当他们发现有机会让局势变得对自己有利时,便主动采取了行动。科林斯人并不想避免与柯西拉的战争,而是认为这是一个很好的机会,可以教训这些不知天高地厚的后起之秀,甚至彻底打败他们。当然,我们现在已经知道了,结果与科林斯人所预期的截然不同。当政策是建立在冲动而非理性之上,结果往往如此。

# 第十四章　柯西拉

科林斯人派遣军队从陆地，经由阿波罗尼亚（Apollonia），前往埃皮丹努（Epidamnus）。科林斯人这样做，是因为担心柯西拉（Corcyra）会从中作梗，而这种担心是有道理的。柯西拉人本来不想插手，准备任由埃皮丹努人自相残杀，但他们绝不会允许科林斯人占领这个属于柯西拉的殖民地。当听说科林斯的军队与新的移民已经抵达埃皮丹努，而埃皮丹努人也已经将殖民地交给了科林斯，他们被激怒了。不过，从他们的反应可以看出，他们当时还没有意识到科林斯人这次行动的严重性。

前面提到，被驱逐出城的贵族们曾经请求柯西拉帮助他们复辟，但是直到科林斯人插手之后，柯西拉人才答应了他们的要求。柯西拉人派出一支庞大的舰队前往埃皮丹努，并提出了条件：埃皮丹努人必须将科林斯驻军与移民赶走，接回遭到流放的贵族。① 这是一个最后通牒，没有讨论或谈判的余地。柯西拉人所用的语言非常傲慢，开出的条件也令人无法接受。科林斯如果接受了这样的条件，将会颜面尽失，而埃皮丹努的民主派要是接受了，也必将面临巨大的危险。

因为手上的证据有限，并且柯西拉人行事乖张，所以我们很难猜出他们的想法。不过，就这次事件而言，柯西拉人显然高估了自己的实力，且低估了[-222,223-]科林斯的决心与能力。公元前435年，柯西

---

① Thuc. 1. 26. 3.

拉拥有120艘战舰,而科林斯的海军力量几乎可以忽略不计。这种力量的悬殊使柯西拉人过于自信。从最后通牒中那种轻蔑的语气可以看出,柯西拉人根本没有想到科林斯人会应战,并且在柯西拉人看来,即便一定要战,自己也能轻松获胜。

埃皮丹努拒绝了柯西拉的要求。于是,柯西拉人乘坐40艘战船,会同邑吕利亚人(Illyrians),再加上被流放的埃皮丹努贵族,将埃皮丹努团团围住。埃皮丹努坐落在一个海岬上,通过一条地峡与大陆相连。在围城之前,柯西拉人承诺,任何外邦人或者埃皮丹努人,只要愿意离开,他们可以保证其人身安全,但没有人接受他们的提议。①

对此,科林斯人反应十分强烈。这表明柯西拉错误估计了科林斯人的想法与能力。从科林斯人最开始的行动已经可以看出,科林斯人的目标已经发生了变化。他们不仅仅是在帮助埃皮丹努的民主派对抗敌人,或者要证明科林斯是这个旧殖民地的母邦。科林斯人希望建立一个只属于科林斯人的全新殖民地。任何人只要愿意参与,都可以在新的殖民地获得平等的土地份额。这意味着重新分配土地,或者至少是将那些遭到流放的人士的土地没收,重新进行分配,也许还会从蛮族那里占领一些土地。② 为了吸引尽可能多的移民,科林斯人增加了一条规定:任何人如果希望前往殖民地却又无法立即成行,只需缴纳50德拉克马,就可以预定一个位置。对于这样的条件,人们的反应非常热烈,踊跃报名。

科林斯人在军事上也做好了充分准备,并且野心勃勃。他们自己出动了30艘战船,3000名重装步兵。如果遇到柯西拉人的进攻,这样的力量已经足够保护自己,但为了保护随行的移民,科林斯人向周围的友邦寻求支援,希望她们可以提供船只进行护送。墨伽拉派出了8艘船,塞法伦尼亚(Cephallenia)派出了4艘,埃皮道鲁斯(Epidaurus)派出了5艘,赫尔迈翁(Hermione)派出了1艘,托洛溱(Troezen)派出了2艘,琉卡斯(Leucas)派出了10艘,安[-223,224-]布罗西亚(Ambra-

---

① Thuc. 1.26.4—5.
② Thuc. 1.27.1;戈姆,《修昔底德历史评注》,第1卷,第161—162页。

cia)派出了8艘。至于武拜与弗立坞(Phlius),因为这些城邦本身是内陆城邦,所以只是出钱支援,埃利斯除了出钱,还提供了船只,但不提供人员。① 从这些城邦对科林斯的回应,可以看出其势力范围有多大。除了琉卡斯与安布罗西亚,其他的城邦既不是科林斯的殖民地,也没有义务为其提供战争援助。虽然在这些城邦中,很多都是伯罗奔尼撒同盟的成员,但这并不是向这些城邦求援的理由,这些城邦也并不是因此而提供援助。根据伯罗奔尼撒同盟的程序,科林斯在求援之前需要召开一次同盟会议。前面说过,这个同盟实际上就是斯巴达同盟,只有斯巴达才可以调动同盟的军事力量。因此,当时并没有召开这样的会议。更有趣的是,科林斯没有向斯巴达求援。虽然我们知道,科林斯不可能要斯巴达出钱或者船,但至少可以要求斯巴达提供陆军,或者象征性地派出一支小分队,或者哪怕派个将军也行。连托洛瀑与赫尔迈翁这两个小地方都作出了微薄的贡献。当然,让他们提供援助肯定是出于心理因素,而非因为军事目的。如果在埃皮丹努能有斯巴达军队出现,那对柯西拉人肯定会有一种威慑作用。不过,据我们所知,科林斯人并没有向斯巴达求援。我们怀疑这是因为斯巴达人并不赞成科林斯人的这次行动。

即便没有斯巴达人参加,科林斯人获得的支持也已经足以让柯西拉人有所顾忌。至此,柯西拉人才开始明白,最初的舰队并不能反映科林斯的真正实力。科林斯的财富以及科林斯在伯罗奔尼撒半岛的政治影响,都足以将孤立无援的柯西拉压垮。柯西拉人吓得不轻,只好放下身段,前往科林斯进行谈判。最初,柯西拉人依然要求科林斯人将驻军与移民撤出埃皮丹努,因为这些人无权留在当地。如果科林斯人拒绝,柯西拉准备将这件事交由任何一个双方都接受的伯罗奔尼撒半岛城邦进行仲裁。如果这样不行,他们愿意将这件事交由德尔斐的神庙进行裁决。当然,如果科林斯人固执己见,拒绝调解,柯西拉人威胁说要到其他地方去寻找新朋友。柯西拉人说,他们不想这样做,但如果有必要,他们也别无选择。② 柯西拉人的话外之音,并不难

---

① Thuc. 1. 27. 1—2.
② Thuc. 1. 27. 1—4.

猜;他们所说的新朋友,就是雅典。

我们毋需质疑柯西拉人和平解决争端的诚意。柯西拉人已经意识到,自己对局势判断失误,并且当时大军压境,他们非常害怕。当然,柯西拉人坚信自己的要求是合法的,所以才会提出由第三方进行仲裁;不过,柯西拉人也意识到,仲裁的结果只能是某种妥协,而他们愿意接受这样一个结果。另一方面,柯西拉人虽然害怕,却依然不愿意放弃自己在埃皮丹努问题上的立场。如果得不到想要的结果,柯西拉将选择战斗,而且,柯西拉人会在必要的时候向强大的雅典寻求帮助。

一件发生在希腊世界偏僻角落中的小事,最终演变成为非常危险的局面,威胁到了整个世界的和平。我们有足够的证据显示,斯巴达当局意识到了这种危险。修昔底德说,当柯西拉人前往科林斯议和时,有来自西叙昂(Sicyon)与斯巴达的"使节"(πρέσβεις)陪同。① 据说,这些斯巴达人并非官方代表,而是一些以私人身份为柯西拉提供帮助的公民。② 不过,正如戈姆所言,"以私人身份出现的公民,古希腊语应该是 ἰδιῶται τινες,而非πρέσβεις"。修昔底德行文一贯谨慎,不会将外交谈判中的以私人身份出现的公民与官方派出的使节混为一谈。③ 这表明,在斯巴达,鸽派依然大权在握,他们非常重视科林斯与柯西拉之间的这场冲突。斯巴达人知道雅典有可能会被卷进来,这样一来,斯巴达很可能也会受到牵连。斯巴达使节参与,只是为了帮助柯西拉和平解决冲突,并不一定是支持柯西拉对埃皮丹努的主张。这些人虽然不能强迫科林斯人进行谈判,但至少可以表明斯巴达的态度。

因为有来自西叙昂与斯巴达的使节出面,科林斯人无法简单地拒绝柯西拉人的提议,但从科林斯人的反应可以看出,他们并不想和平解

---

① Thuc. 1. 28. 1.
② 佛卜思(W. H. Forbes),《修昔底德史书第 1 卷》(*Thucydides Book I*),牛津,1895 年,同上。
③ 例如,根据修昔底德(Thuc. 1. 115. 2—3)的记载,米利都派出官方代表前往雅典,控诉萨摩司的所作所为,一同前往的还有"以私人身份出现的人"(ἄνδρες ἰδιῶται),他们希望推翻萨摩司政权;而在 Thuc. 2. 67. 1 中,修昔底德将来自科林斯、斯巴达、铁该亚(Tegea)的"使节"(πρέσβεις)与一位以私人身份出现的阿尔戈斯(Argos)人波利斯(Pollis)区分开来,修昔底德说波利斯是作为"以私人身份出现之人"(ἰδίᾳ)前往的。

决冲突。他们提出,如果柯西拉人将所有船只与蛮族撤离埃皮丹努,他们将会考虑柯西拉的提议($βουλεύεσθαι$),但只要围城的军队不撤,就不能进行谈判。科林斯开出的条件根本无法接受,没有半点诚意。他们要求柯西拉将军队撤走,但对于科林斯增援埃皮丹努的驻军与移民,却只字未提。如果柯西拉答应她的要求,科林斯就可以乘机加强自己对埃皮丹努的控制,加固城防。用这样的条件,换取这样的战略优势,科林斯却并没有答应接受仲裁,只是表示会考虑。

只要柯西拉人还有理智,他们就不可能接受这样的条件。因此,柯西拉人拒绝了科林斯的要求。与科林斯人不同的是,为了显示对和平的诚意,针对科林斯人的提议,柯西拉人也提出了一个方案。只要科林斯人从埃皮丹努撤军,他们也同意撤军;如果科林斯人不接受这一方案,他们愿意让双方军队维持现状,暂时停火,之后再进行谈判。① 现在,科林斯只要作出一个非常简单的选择就可以避免战争,然后再通过具体条款为科林斯保全脸面,并且还可以选择仲裁方。然而,科林斯对柯西拉的提议视而不见,相反,他们召集船只和盟军,迅速向柯西拉宣战。②

由 75 艘战船与 2000 重装步兵组成的科林斯军队,先向北航行,抵达位于安布罗西亚湾的亚克兴(Actium)。在那里,这支军队遇到了柯西拉派来的信使,这位信使要求军队停止前进,但科林斯再次拒绝,双方随即展开了一场海战。80 艘柯西拉战船大获全胜,他们击沉了 15 艘科林斯船只。在同一天,埃皮丹努选择了投降,[-226,227-]来自其他地方的移民全部被卖为奴隶,对于科林斯人,则先行监押,等双方达成协议再进行处置。③ 显然,柯西拉人并不想进一步激怒科林斯人,即便到了这个时候,他们还希望保留谈判的可能。那些参加海战的柯西拉人也表现出同样的意愿。在树立起纪念胜利的标志之后,他们杀死了所有的俘虏,但对于科林斯人,他们只是用绳索将其捆了起来。不

---

① Thuc. 1.28.1—5.
② Thuc. 1.29.1.
③ Thuc. 1.29.1—5.

过,这种谨慎纯属白费心机,柯西拉人的好意并没有得到回报。吃了败仗的科林斯人根本没有心情谈判,一心想着复仇。

既然和平已经无望,柯西拉人唯有乘胜出击。他们控制了西部海域,并且开始惩罚那些曾经帮助过科林斯人的城邦。他们摧毁了琉卡斯,将埃利斯人位于圩林(Cyllene)的海军基地烧毁,并且不断骚扰周边的科林斯殖民地。公元前435年夏末,科林斯人不得不出手保护他们的盟邦,于是,他们派了一支军队前往亚克兴,目的是保护琉卡斯,以及科林斯在那个地区的其他盟友,让他们不再受到攻击。柯西拉人也派遣了一支军队前往柳辛亩涅(Leucimne),他们在那里建起了纪念胜利的标志,而对面就是科林斯人的营地。整个夏天,两支军队就这样隔海相望,没有采取任何行动。到了冬天,双方各自班师回国。①

在柳辛亩涅打了败仗之后,科林斯人非但没有泄气,斗志反而更加坚定。在这次战役之后的两年时间里,科林斯人一直在做着复仇的准备。科林斯意识到,要打败柯西拉,必须建立一支庞大的舰队,于是,科林斯人开始建造船只。除此之外,科林斯还需要一些有着海战经验的人来划船。于是,科林斯便花钱从伯罗奔尼撒半岛以及希腊的其他地方,甚至雅典帝国,雇来很多的水手。② 科林斯的这些准备工作把柯西拉人吓坏了。柯西拉人意识到,科林斯有这么多的盟邦支持,再加上雇来的水手,仅凭自己的力量是抵挡不住的。[-227,228-]他们现在别无选择,只能向雅典求助。科林斯人收到消息之后,也派出使节前往雅典,劝说雅典人不要接受柯西拉人的请求。

对于我们而言,很难想象出公元前433年夏天在雅典所发生的事情。如果类似的情况发生在现代社会,首先会安排一些私底下的见面,有时候甚至是秘密的会面,先由其中一方代表提出他们的请求,然后会再安排一个机会,让他们的对手进行陈述。政府先决定采取何种行动,最后交由议会进行表决。议会会在外国代表离开之后才展开辩论。雅典人的程序则截然不同。所有的辩论都在庇尼刻斯(the Pnyx)进行,

---

① Thuc. 1.30.1—4.
② Thuc. 1.31.1;1.35.3.

雅典的公民大会也在那里举行。从庇尼刻斯山可以望见他们的集市，以及卫城之上的神庙。大家在大会上轮流发言，当发言结束之后，由听众决定采取何种措施。外国代表大概会在发言结束之后离场，但有份投票决定雅典政策的公民可以亲耳听到他们所说的一切。修昔底德记录了双方的发言；他当时肯定在场，我们相信他的记录应该是准确的。①

柯西拉的使节面临着一项艰巨的任务。[-228,229-]事后之见对于历史学家来说，有时并非好事；因为我们现在已经知道，雅典最终接受了柯西拉的结盟请求，提供了援助，所以很容易认为雅典作出这样的决定是必然的，但实际上，雅典人有充分的理由拒绝柯西拉人的请求。柯西拉远离雅典，与雅典没有利害关系，尤其自从公元前445年以来，雅典已经不再那么野心勃勃了。科林斯来的使节让雅典人意识到，如果答应帮助柯西拉，必将与科林斯交恶，甚至会引发战争，所以雅典有理由拒绝与柯西拉结盟，因此柯西拉人必须设法说服他们，让他们明白结盟利大于弊。柯西拉人说，在这场冲突中他们才是有理的一方。殖民地是他们的，科林斯人是侵略者。并且科林斯曾经拒绝仲裁，明显理亏。② 为了证明雅典与柯西拉结盟的合法性，他们指出，《三十年和约》清楚规定，像柯西拉这样的中立城邦可以选择与任何一方结盟，而不用受到惩罚。③

用来论证正确性与合法性的理据——无论是合理，抑或不合

---

① 在此，我们对修昔底德史书中的演说辞的性质和真实性不作一般性的讨论。对于修昔底德在雅典时召开的公民大会，我们倾向于认为他的记录是准确的。对于自己的记录，修昔底德曾经说过一段著名的话，引起了广泛的争议。他说自己在记录这些演讲时"用了一种在我看来，最符合发言者当时身份的语言"（ὡς δ' ἂν ἐδόκουν ἐμοὶ ἕκαστοι περὶ τῶν αἰεὶ παρόντων τὰ δέοντα μάλιστ' εἰπεῖν）。他的这句话意思很明确，所以引起了很大的争议，但很多人忽略了接下来的那句话，这句话意思同样明确："当然，我会尽量贴近原意"（ἐχομένῳ ὅτι ἐγγύτατα τῆς ξυμπάσης γνώμης τῶν ἀληθῶς λεχθέντων）(Thuc. 1.22.1—2)。除非我们认为修昔底德是个骗子，否则就应该承认他一定会尽量忠实地转述演讲内容，而如果他不是傻子或者记忆力太差，那他在记录自己亲耳聆听的演讲时，他的描述应该是相当准确的。
② Thuc. 1.34.1—3.
③ Thuc. 1.35.1.

理——都可以影响公众舆论，进而在某种程度上影响外交政策。即便在现代社会，那些制定政策的机构已经远离民众，情况依然如此。当年在雅典，所有的人坐在一个可以看得见神庙的地方讨论公共政策，所以合理性与合法性对他们有着非常重要的意义。不过，与现代社会的人一样，雅典人更关心自身的安全与利益。柯西拉人发言的主要目的就是将结盟对雅典的实际好处说清楚。他们说，雅典帮助好人必将得到好的口碑，而且他们会对雅典的帮助感激不尽。接下来，柯西拉人一针见血地指出了这种感激的实质。"我们拥有一支仅次于你们的海军力量"，结盟将使雅典如虎添翼。"从来还没有[-229,230-]哪个城邦能够通过结盟得到这么多好处，不仅有荣誉，还可以提升自己的军事实力。"①

为了增强自己的说服力，柯西拉人声称，这次结盟不仅有着长远意义，而且有着现实意义。因为雅典与伯罗奔尼撒人之间的战争即将爆发：

> 如果有谁认为战争不会发生，那就大错特错了。他没有注意到，出于对你们的担心，斯巴达人正急于发动一场战争。科林斯人是你们的敌人，他们对斯巴达人有着很大的影响力；他们现在攻击我们，心中却计划着在未来的某一天对你们发起进攻。他们不希望我们因为共同的仇恨而站在一起，他们希望在我们团结起来之前削弱我们，壮大自己。②

因为战争已经不可避免，所以雅典人无论如何都不能让强大的柯西拉海军落入科林斯手中，他们必须争取将其收入麾下。柯西拉的使节还指出，在通往西西里与意大利的航线上，柯西拉的地理位置非常重要。只要控制了柯西拉，就可以阻止敌人增援伯罗奔尼撒半岛，也可以安全地将战船派往当地。有些雅典人也许看到了与柯西拉结盟的好

---

① Thuc. 1. 33. 1—2.
② Thuc. 1. 33. 3.

处，却担心这样做会违反和约。这种想法对雅典是非常不利的。如果雅典因为和约而拒绝结盟，将自己的安全建立在对和约的信任之上，这是非常危险的。反之，如果利用这个机会增强自己的实力和信心，这将让对方感到害怕。雅典人应该明白，在这样一场至关重要的战争中，他们要决定的是雅典的命运，而不仅仅是柯西拉的命运。如果拒绝结盟，任由柯西拉落入科林斯手中，这将是非常危险的。最后，柯西拉人对他们的观点进行了总结：

> 在希腊有3支海军值得一提：你们的、我们的、再加上科林斯人的；如果科林斯人控制了我们，你们很快就得[-230,231-]与柯西拉以及伯罗奔尼撒的舰队作战；而如果你们接受我们的请求，那我们的舰队将与你们一起抵御他们。①

接下来，轮到科林斯人出场了。因为在埃皮丹努这件事上自觉理亏，因此，科林斯人对此避而不谈；相反，科林斯人选择对柯西拉人的品格进行攻击。他们说柯西拉人傲慢无礼，以前之所以不与周边城邦来往，并不是因为谨慎，而是为了掩盖他们的无耻。科林斯人指责柯西拉人道德败坏，因为柯西拉作为一个殖民地却对自己的母邦蛮横无理。他们说，所有的殖民地都对他们表现得彬彬有礼；唯有柯西拉怠慢他们。对于柯西拉人的仲裁要求，科林斯人进行了批驳。他们认为柯西拉人是在装样子。如果柯西拉人是真心的，他们会在包围埃皮丹努之前就要求仲裁。现在遇到了麻烦，他们才寻求结盟，这是想将雅典拖入他们的麻烦之中，而在此之前，他们并没有为雅典做过任何事情，值得雅典在这样危机的时刻出手相助。②

科林斯人说的这些话没有说服力，也没有可信度。于是，科林斯的发言人转入了另外一个较有把握的话题。柯西拉人坚称，雅典与他们结盟并不会违反公元前445年的和约。技术上而言，确实如此，但科林

---

① Thuc. 1. 34—36；引文出自 Thuc. 1. 36. 3。
② Thuc. 1. 37—39。

斯人指出,如果雅典接受结盟要求,就违背了《三十年和约》的精神。

虽然和约中有一条说,没有参加原有和约的任何城邦可以自由参加任何方面,但是这一条款不能指参加同盟的目的在于伤害其他的国家;它不能指一个城邦在暴动中寻求安全;在这种情况之下,如果不冷静地考虑的话,允许它加入同盟的结果,会不是和平,而是战争。①

科林斯人的理由非常牵强,意思含糊不清,希腊文文本比英译更加难懂。[-231,232-]科林斯人的意思似乎是,雅典不应该与柯西拉结盟,因为这样一来,柯西拉人就不能再为科林斯效劳,而科林斯有权接受柯西拉的效忠。我们觉得,没有谁会认为,柯西拉人负有这样的义务,而科林斯人居然希望让雅典人接受这样的理由,这实在令人不解。科林斯人的第二条理由听起来似乎要合理些。他们声称,和约允许中立国参加任意一方的规定并不包括柯西拉现在的这种情况。如果与某个中立国结盟会导致战争,那么任何一个城邦都不应该接受这样的结盟。在这一点上,科林斯人似乎是对的。在公元前446/445年的时候,人们肯定没有想到会出现这么复杂的情况:其中一个签约国要与某个中立城邦结盟,而这个中立城邦却正与另一个签约国交战。从和约的字面意思看,雅典是可以接受柯西拉的,但从常理而言,这样做几乎等于是向科林斯宣战,因此可以视为违反了《三十年和约》。

科林斯人已经清楚表明自己对雅典与柯西拉结盟的态度。雅典人在成为柯西拉的盟邦的同时就会成为科林斯的敌人。"如果你们选择与他们站在一起,那我们在惩罚他们时就必须算上你们。"②雅典人如果与科林斯的敌人结成同盟,科林斯人一定会很伤心,因为他们在过去曾经给予雅典很多的帮助。在两次希波战争之前,科林斯曾

---

① Thuc. 1.40.2;谢德风译本,第32—33页。
② Thuc. 1.40.3—4。

经支援雅典20艘战舰,用来对付埃基纳(Aegina)。在不久之前的萨摩司战争中,他们曾经带头反对伯罗奔尼撒城邦采取针对雅典的行动。"那正是你们最需要帮助的时候,所以你们应该友好地对待当年帮助过你们的人。"①对于他们在雅典人镇压萨摩司起义的战争中所采取的行动,科林斯人认为这值得雅典人感恩不尽。雅典如果忘恩负义,不仅卑鄙,而且很危险。科林斯人当时选择克制的理由是,他们认为双方可以自由处置自己的盟邦,希望自己的做法可以开创一个先例。如果雅典选择与柯西拉结盟,就会[-232,233-]破坏这个先例,给雅典人自己带来麻烦。因为在以后,如果出现危机,雅典人的盟邦可能也会跑到科林斯一方去。②

科林斯人希望让雅典人明白,他们应该拒绝柯西拉人结盟的要求。这样做不仅对得起科林斯人,而且对他们自己也有着现实的好处。不过,接下来,他还得反驳柯西拉人的另外一个观点:因为战争已经不可避免,所以雅典人必须把柯西拉的舰队拉到自己这边来。对此,科林斯的回答非常简单:战争并非不可避免,一切都取决于雅典在结盟问题上的态度。"柯西拉人吓唬你们,说战争迫在眉睫,以此强迫你们作出错误的决定,但实际上战争并不一定会发生。"科林斯人提醒雅典人,不要将战争由可能推向必然。相反,科林斯人认为,雅典人应该竭力消除大家因为墨伽拉问题而对雅典产生的怀疑,"因为,给予及时的帮助能够消除旧日的嫌隙,其效果远远超过帮助本身"。③ 柯西拉拥有强大的海上力量,与她结盟虽然是个诱人的想法,但也非常危险。最好的办法就是拒绝结盟。雅典应该报答科林斯过去提供的帮助,遵守科林斯建立起来的先例:即双方可以自由处置自己的盟邦。"这样做不仅正确,而且最符合你们自身的利益。"④

---

① Thuc. 1. 141.
② Thuc. 1. 40. 6.
③ Thuc. 1. 42. 2—4. 禁止墨伽拉使用雅典帝国港口的《墨伽拉法令》当时尚未提出,因此这里的不满应该是另有所指。雅典与墨伽拉长期以来就互不信任,类似的摩擦肯定很多,也许早在公元前6世纪,雅典与墨伽拉之间就已经生出罅隙。(校对者注,引文使用谢德风译本,第34页。)
④ Thuc. 1. 43.

通过科林斯人的发言及其话外之音,我们对于两次伯罗奔尼撒战争之间希腊世界的外交形势有了进一步的了解。科林斯人的发言,有力地反驳了那些认为雅典在公元前445至前435年间积极进行帝国扩张的人。如果科林斯人也持同样看法,他们一定会在发言中提及。他们一定会抱怨雅典人在西面的图里的蚕食推进。如果像某些人所说的那样,佛缪(Phormio)[-233,234-]在阿卡纳尼亚(Acarnania)的行动发生在公元前437年,那科林斯人也一定会在发言中说起这件事。① 我们读到的这份发言非常坦率,一点也不委婉。其中没有阿谀奉承,也没有悲声乞怜。提起自己以前给予的帮助,只是要求"投桃报李"(quid pro quo)。对于雅典有关墨伽拉的政策,科林斯人毫不犹豫地提出抱怨,并要求雅典人作出改进。如果雅典人还做了其他让科林斯人恼火的事情,科林斯的使节一定不会漏过。因为发言中并未抱怨雅典帝国的四处扩张,所以我们可以得出结论:根本就没有这种情况。

根据科林斯人发言的语气与内容,我们明白了他们为什么会不顾斯巴达反对,冒着雅典与柯西拉结盟的威胁,仍然选择与柯西拉开战。答案在于科林斯人在萨摩司事件中所采取的行动,以及他们对自己行为的理解。可以设想,科林斯对《三十年和约》的签订并不满意,对雅典心存疑虑。毕竟,雅典人依然控制着科林斯湾的诺帕克都港(Naupactus),而至于雅典人是否会向西扩张进入科林斯人的势力范围,依然是个未知数。雅典人将图里建成了一个泛希腊的殖民地,之后又拒绝干涉图里的事务,这一定让科林斯人相信了他们的善意。于是,作为回报,在萨摩司叛乱时,科林斯建议伯罗奔尼撒城邦保持中立。用现在的术语说就是:他们收到了雅典发出的外交信号,然后作出了回应。他们认为从此以后双方可以自由处置自己的盟邦,外人不得干涉。说得更清楚一点就是:雅典人不得进入科林斯的势力范围,而科林斯也不会进入雅典的势力范围。

科林斯人的理解并没有错,雅典人正如他们所认为的,确实已经接受了这种"搁置争议的权宜之计"(modus vivendi)。我们发现,两次伯罗奔尼撒战争之间雅典人所有的行动都是遵照这一约定进行的。正是

---

① 见附录G,第384—385页(原书页码)。

这种共识让科林斯人有信心继续与柯西拉的战争。后来,因为担心雅典的卷入,斯巴达人[-234,235-]便以调解方的身份插手该事,科林斯人当时肯定安慰他们,让他们放心,因为自己与雅典已经达成了君子协定,所以雅典是不会插手的。无需斯巴达参与,科林斯与及其盟邦就足以教训柯西拉。科林斯人与斯巴达人当年没有插手萨摩司的事,因此雅典这次也不会出手。和平的局面将得到进一步巩固。

科林斯人的想法并非全是妄想。伯利克里对于西扩不感兴趣,并且希望可以避免战争;伯利克里也确实接受了科林斯所确立的规则。遗憾的是,在柯西拉这件事情上,科林斯人的判断是错误的。首先,柯西拉既非科林斯的盟邦,也不是科林斯的属邦。柯西拉是一个中立国。因为与柯西拉之间的殖民关系,科林斯也许将她视为自己的属邦,但没有谁会承认这一点,更不用说柯西拉人自己。因此,柯西拉与萨摩司完全是两回事。当然,如果不是因为柯西拉的海军,这种区别也许不会有什么意义。即便希望维持和平、不想卷入远方的纠纷,雅典也无法容忍希腊世界的第二海军大国落入另外一个海上强国手中。这不仅仅是势力范围的问题,也不是两大集团可否干涉对方事务的问题,这一变更将严重改变双方的力量均势。雅典的安全是建立在其海上霸权之上的。雅典的粮食依赖进口,雅典的繁荣依赖贸易,雅典的帝国收入依赖的是一支强大的海军。雅典的防御也是建立在绝对的海上优势之上。如果科林斯与柯西拉的海军合二为一,这将产生一支足以与雅典抗衡的舰队,这样的结果是不可以接受的。

奇怪的是,科林斯人居然没有意识到自己的如意算盘打错了,而斯巴达人与西叙昂人显然都已经意识到了这一点。根据修昔底德的说法,科林斯人似乎指望雅典人不要帮助柯西拉人,甚至还会与科林斯一起对付柯西拉。① 无论如何,有一点非常清楚,那就是科林斯人并不希望[-235,236-]与雅典开战,也没有预料到会与雅典开战。我们又该如何解释科林斯人的这种判断失误呢?他们又不是头脑简单,未经世事。从科林斯的历史可以看出,他们在外交上非常老练,擅长外交谈判,并

---

① Thuc. 1.40.4.

且对其他国家的政治与政策了如指掌。而这一次,科林斯人居然犯下这样的错误,以为雅典人会拒绝与柯西拉结盟。虽然无法知道科林斯人究竟为何这样想,但我们认为,这也许是人性中的某些弱点造成的,但修昔底德倒是没有强调这一点。国家领袖在制订政策时,往往认为自己已经遇见到了所有的后果。其实谨慎的做法应该是先确认各方已经达成共识,并且要将所有可能的后果预计在内。

事实上,国家行事很少如此谨慎。1914 年,萨拉热窝暗杀事件发生之后,德国催促奥地利进攻塞尔维亚,并且要奥地利马上开始进攻。德国认为俄罗斯不会参战,因此这场战争只会是区域性的。德国驻伦敦的大使发了一封又一封电报,声称英国将会参战,而德国居然还是认为英国不会插手。当时有足够理由相信,这番行动将会引发一场危险的全面战争。尽管塞尔维亚事件是个不错的机会,但根本不值得为塞尔维亚冒这么大的危险。德国人不想打一场全面战争,却顽固地继续自己的政策。因此,当他们的对手作出与预期不符的反应时,德国人惊慌失措了。① [-236,237-]

我们猜想,科林斯人与这时的德国人行事类同。科林斯人一心想要教训柯西拉,并且希望雅典不要干涉。科林斯人应该知道自己的希望有可能是靠不住的,并且斯巴达人与西叙昂人肯定已经将危险告诉了他们。在愤怒与乐观情绪的影响下,科林斯人失去了理智,一意孤行,最终迫使雅典人作出了一个他们不想看到的决定。

对于雅典人的发言,我们手中只有修昔底德的版本,并不十分理想。他说雅典人开了两次公民大会才作出最后决定。在第一次大会之后,他

---

① 1914 年 7 月 30 日,德皇威廉二世(Kaiser Wilhelm II)得知俄罗斯参战之后,情绪非常激动,从他当时说的话,可以很好了解德国领导人当时的想法和内心感受(马克思·蒙特加拉[Max Montgelas]与华尔特·胥金[Walter Shücking]编,《世界大战的爆发:卡尔·考茨基德国档案汇编》[*Outbreak of the World War*:*German Documents Collected by Carl Kautsky*],1924 年,第 401 号档案,第 348—350 页,卡内基国际和平基金会[Carnegie Endowment for International Peace]译)。对于 1914 年的七月危机,我的理解是基于路易·亚伯蒂尼(Luigi Albertini)《1914 年战争的起源》(*The Origins of the War of 1914*)的第 2 卷,由励赛(I. M. Massey)编译(牛津,1953 年),另外,还有忒乐(J. P. Taylor)《对控制欧洲的争夺》(*The Struggle for the Mastery of Europe*,牛津,1954 年)的相关章节(第 520—531 页)。

们倾向于接受科林斯的观点,但在第二天,雅典人改变了主意。最后,雅典人没有与柯西拉人结成攻守同盟(ξυμμαχία),只答应结成防御性同盟(ἐπιμαχία)。① 从这段简短的描述可以看出,当时肯定发生过一场激烈的辩论,并且存在着很大的意见分歧。会上至少出现了两种截然不同的意见。修昔底德很喜欢通过针锋相对的演讲来说明问题,而这次就是一个很好的机会,可以用这种矛盾修辞法形象地描述雅典的情况。修昔底德曾经记录过斯巴达公民大会中出现的一次类似情况:国王阿奇达慕斯(Archidamus)与司森涅莱达(Sthenelaidas)就是否参战进行的辩论。修昔底德肯定出席了公元前433年的这次辩论,但他并没有告诉我们发言的内容;也没有告诉我们双方发言的都有谁。我们甚至不知道伯利克里的立场。在修昔底德所有的沉默之中,这次是最突兀的。要想知道修昔底德为何如此,我们就要研究一番。不过,我们现在所关心的不是这些。我们认为,修昔底德之所以选择将雅典的派系冲突略去不写,完全有可能是因为他觉得这些都是无关紧要的。在他看来,战争迟早要发生;雅典的崛起必然会导致战争的发生。支持与柯西拉结盟的肯定是伯利克里。当时,人们都认为伯利克里应该对战争的爆发负责,而这正是修昔底德想要反驳的观点。修昔底德选择尽量客观地看待雅典[-237,238-]人的决定,把这写成是全体雅典人讨论的结果,是对当时形势作出的必然反应。② 现代历史学家也许不接受这样的解释,而是希望可以弄清楚雅典人怎么会作出这样的决定,并且辩论双方的领导都是谁。

普鲁塔克清楚地告诉我们,"说服大家帮助"柯西拉人的,正是伯利克里。③ 我们没有理据去怀疑普鲁塔克说法的真实性,因为这与伯利克里在公元前433年之后、去世之前的政策是完全相符的。修昔底德

---

① Thuc. 1.44.
② 柯恩福(F. M. Cornford)(《修昔底德在历史与神话之间》[*Thucydides Mythistoricus*],伦敦,1907年,第43页)认为,修昔底德在写到辩论是否与柯西拉结盟时之所以没有提到伯利克里,"是因为这个政策是雅典人自己的想法,而伯利克里只是被迫接受。修昔底德要表达的感觉正是实情;这项政策并非出自名义上的民众领袖"。但是,柯恩福似乎没有注意到普鲁塔克的明确记载:说服雅典人与柯西拉结盟的正是伯利克里(Plut. *Per.* 29.1)。
③ Plut. *Per.* 29.1: ἔπεισε τὸν δῆμον ἀποστεῖλαι βοήθειαν.

的记录证明,伯利克里虽然反对侵略,却完全支持这项最终引发战争的决定。结成防御性同盟,有限度地帮助柯西拉,这也符合伯利克里的风格。可以肯定,伯利克里所代表的就是最终被接受的观点。那么几乎险胜的反对者又是谁呢？这两次公民大会召开的时间是公元前433年夏天。在那一年的春天,美莱西亚斯之子修昔底德斯刚刚结束流放。修昔底德斯一定参加了雅典的这场辩论。他领导的那一派本来已经四分五裂,士气低落；但随着修昔底德斯的归来,这些人又开始活跃起来。因此,修昔底德斯很可能就是带头反对伯利克里政策的人。这与修昔底德斯反对雅典帝国扩张的观点正好一致。这次,修昔底德斯之所能够获得足够的支持,可以站出来挑战伯利克里,是因为大家意识到,与柯西拉的结盟最终可能会导致与斯巴达的战争。伯利克里所倚重的温和派,这次肯定也被对方所陈述的理由打动。这场冲突基本上没有涉及到雅典的经济利益,因此对雅典没有构成直接威胁。为什么雅典要冒着战争的危险去保护柯西拉的利益？

我们不清楚伯利克里用什么理由[-238,239-]说服了大多数人,但他一定将自己的演讲与政治才能发挥到了极致。根据修昔底德的说法,其中最重要的一个原因就是,雅典人相信,与伯罗奔尼撒人的战争已经不可避免,因此,雅典人希望,到时可以控制柯西拉的舰队。修昔底德还给出了另外一个理由,而一些现当代学者认为,这才是最根本的原因:"他们认为,在沿海岸线航行前往意大利和西西里时,[柯西拉]岛的位置非常重要。"① 有学者认为,这意味着雅典接受柯西拉的结盟是出于商业利益的考虑。他们假想出一个由商人与金融家组成的"比雷埃夫斯党"(the Piraeus Party),这些人在贸易与帝国扩张上有着很大的野心,早在公元前433年,他们就梦想将西西里与意大利纳入雅典帝国。② 另外,还有学者认为,雅典是担心一旦柯西拉落入科林斯手中,就会失去他们在意大利和西西里的重要粮食来源。③ 这些学者认为,

---

① Thuc. 1.44.3.
② 柯恩福,《修昔底德在历史与神话之间》,第1—51页。
③ 古伦第,《修昔底德及他那个时代的史学》,第1卷,第328—329页。

修昔底德没有发现导致战争的真正原因是经济利益,或者是有意隐瞒了这一点。

这些观点漏洞百出,也没有什么支持者,不值一驳。① 我们只需强调一点,那就是:作出决定的绝非所谓的比雷埃夫斯党,而是伯利克里,他既不是这群人的成员,也不受制于这群人。无论他出于何种理由作出这种决定,可以肯定地说,绝不是因为与西方的贸易。至于古伦第的观点,雅典帮助柯西拉是为了不让科林斯人切断她的粮食供给,这种观点缺乏说服力。他说雅典不仅不愿意丢掉自己在西西里的贸易,而且,

> 一旦雅典与黑海地区的联系被切断,西西里就会变得非常重要;她与黑海之间的交通必须经过海勒斯滂海峡以及博斯普鲁斯海峡的狭窄水域,很[-239,240-]不安全。公元前446年之前,对于是从黑海地区还是从西西里输入粮食,在雅典政坛是存有争议的。只要通往西西里的道路是通畅的,那么雅典就可以坦然面对海勒斯滂海峡与博斯普鲁斯海峡上存在的风险。②

雅典是否曾经考虑过用西西里替代黑海地区作为自己主要的粮食来源?很多人提出了质疑。即便抛开地缘政治不谈,哪怕仅从地理位置而言,粮食进口要依赖西西里也是不行的。正如前面提到的,很难找到任何证据证明雅典有向西扩张的企图。即便真有这样的想法,也绝非伯利克里在公元前445年之后的政策,而这正是我们现在讨论的焦点。伯利克里无法允许海勒斯滂海峡与博斯普鲁斯海峡出现任何问题,因此在公元前440至前435年间,伯利克里采取了一切可能的措施,确保东北粮食航路的安全。公元前433年的时候,雅典的粮食来源已经非常充足,并且很安全,不需要因为这个问题而卷入西方的冲突。

另外,柯西拉落入敌人之手是否就会危害到雅典与西方之间的贸易往来呢?如果有必要,雅典商船完全可以直接从科林斯湾驶往西西

---

① 另外,亦可参见狄金思(G. Dickins),《古典学季刊》,第5卷,1911年,第238—248页。
② 古伦第,《修昔底德及他那个时代的史学》,第1卷,第328—329页。

里，但似乎并不存在这样的必要。如果科林斯人控制了柯西拉，他们会阻止雅典商人使用柯西拉的港口吗？从没有过这样的先例，也没有理由出现这样的事情。柯西拉人与科林斯人的敌对状态持续了那么多年，却从来没有禁止科林斯人使用他们的港口，否则，我们一定会听到科林斯人的抱怨。只有在发生战争的情况下，雅典人才需要担心这样的经济干预，而如果真是发生在战争期间，这样的阻扰更多是从战略角度考虑，而非商业角度。事实上，前面所引用的那一小段修昔底德的话并不能证明雅典作出这样的决定是出于经济考虑。我们认为，这种做法乃是出于一种战略考虑。一旦战争爆发，双方都会向西方的希腊人城邦寻求军事与经济援助，后来的事实也证明了这一点。在西西里与意大利南部有很多富裕强大的希腊人城邦。如果一个城邦控制了向西的航线，那就占据了有利位置，控制西向航线的城邦既可以获得这些城邦的援助，也可以阻止敌人向这些城邦求援。如果战争不可避免，雅典之所以必须支持柯西拉，有两个重要的战略原因：第一，[-240,241-]柯西拉拥有强大的海上力量，一定不能让其落入科林斯手中；第二，柯西拉的地理位置非常重要，可以通过其与西面的希腊人进行联系。不过，优越的地理位置只是其中一个考虑因素。

在修昔底德看来，雅典人同意帮助柯西拉主要是因为，雅典人相信，与伯罗奔尼撒人的战争已经不可避免，于是希望在战争开始前占据战略优势。当然，我们还是要弄明白，雅典人是否真是这样想的。前面提到，柯西拉发生的事情确实与雅典有着重大关系：柯西拉的忠诚威胁到雅典的海上霸权。雅典是绝对不会允许柯西拉的海军落入科林斯人手中的。任何人都不会这样做。如果伯利克里允许力量均势发生这样不利于自己的变化，那他就不是政治家，而是圣人了。如果任由这一切发生，将是一种不负责任、愚蠢至极的做法。无论在公元前433年时，科林斯政府是多么友好、多么爱好和平，都没有人可以担保科林斯在五年之后、甚至一年之后的态度；到那个时候，平衡已经被打破，一切都将无可挽回。

当然，我们可以思考一下，难道除了接受结盟，雅典人就别无选择了吗？也许他们可以建议召开国际大会，在19世纪与20世纪初，欧洲列强经常采用这个办法,在会上或许可以达成某种妥协。也许,科林斯会愿意保证柯西拉的自治与中立,并允许柯西拉继续拥有自己的海军,以换取对柯西拉的谴责和对埃皮丹努的控制权。当然,考虑到科林斯人当时已是怒火中烧,并且他们期望雅典对于自己在萨摩司战争中的克制会投桃报李,保持中立,我们完全有理由质疑这种解决办法实现的可能性。无论如何,在公元前5世纪时的希腊,这样一种会议是根本不可能出现的。既没有这样的先例,也还没有出现专业的外交使团。考虑到当时的情况,除了与柯西拉结成某种同盟,雅典人确实别无选择。

如果雅典人不与柯西拉结盟,与伯罗奔尼撒人的战争也许就不会发生,但公平地说,雅典人签订盟约也是出于战略及安全的考虑。盟约签订之后,与科林斯的战争可能性大大增加。[-241,242-]正是因为相信战争不可避免,雅典人才决定与柯西拉结盟,而结盟本身又进一步将这些城邦推向战争。① 然而,即便在作出最后决定的时候,雅典人依然希望既可以到达自己的目的,又不会因为柯西拉而引发战争。

当柯西拉与科林斯交战时,如果与柯西拉订立一个全面的攻守同盟,雅典就会违反和约,因此雅典仅仅与她订立了一个防御性同盟。② 我们知道有的雅典人希望采取更积极主动的政策,③所以雅典人的决定似乎是鹰派与鸽派之间的妥协。鹰派希望订立攻守同盟,而鸽派则根本不希望与柯西拉结盟。梅耶认为,伯利克里知道战争已经不可避免,所以希望订立一个全面同盟。雅典的民众以为自己还可以自由选择,因此在他们的压力之下,伯利克里不得不作出让步,走中间路线,选择了防御性同盟,"这样既不用放弃任何东西,表面上也没有违反和约"。④ 对此,我们表示怀疑。事实上,有部分雅典

---

① 所以说,这是一个自我实现的预言。有关这次结盟与战争爆发之间的关系,参见汉斯-彼得·施塔尔(Hans-Peter Stahl),《修昔底德:历史进程中个人之地位》(*Thukydides, Die Stellung des Menschen im geschichtlichen Prozess*),慕尼黑,1966年,第40页。施塔尔说:"在决策中确信战争已经不可避免,一如对因果链的未来发展所产生的认识,将引导将来的事件向着这个方向继续发展。"
② Thuc. 1. 44. 1.
③ Plut. *Per.* 29. 3.
④ 梅耶,《古代史研究》,第2卷,第325页。

人严厉批评了伯利克里,认为他对柯西拉人的帮助并非全心全意,而梅耶没有注意到这一点。① 这表明,雅典人选择的"中间路线"完全是伯利克里自己的政策,而不是出自目光短浅的民众。决定的执行也是在伯利克里的领导下进行的,非常谨慎,完全从防御角度出发。所有证据表明,这个谨慎的防御性同盟正是伯利克里本人的决定。之所以这个决定很难被雅典人接受,也许是因为它既未能取悦修昔底德斯这一派,也没有完全满足克里昂及其同党的要求。② [-242,243-]

从雅典与柯西拉结盟的方式,我们明显可以看出,伯利克里仍然希望避免战争的发生。大约在公元前433/432年的7月,伯利克里派出了10艘船前往柯西拉。负责指挥这支舰队的是客蒙之子拉栖代梦尼乌斯(Lacedaemonius,son of Cimon),斯特罗姆庇西德之子丢悌慕(Diotimus,son of Strombichus),以及司庇克勒之子普罗夏(Proteas,son of Spicles)。③ 因为这次任务非常微妙,而执行这项任务需要丰富的经验、良好的判断、冷静的头脑,所以将军的选择非常重要。④ 不过,选择拉栖代梦尼乌斯则是别有用心,这很符合伯利克里的风格。拉栖代梦尼乌斯是一位经验丰富的战士,⑤更关键的是,他是客蒙的儿子。通过让拉栖代梦尼乌斯参与这次具有争议的行动,伯利克里聪明地给了保守派致命的一击。如果美莱西亚斯之子修昔底德斯要重组反对力量,他必须获得客蒙以前那些追随者的支持。修昔底德斯主张与伯罗奔尼撒人和平共处,而这显然符合客蒙的做法,所以这些人可能会支持他,但现在客蒙的儿子拉栖代梦尼乌斯却带头执行伯利克里的政策。这显

---

① Plut. *Per.* 29.3.
② 德·桑悌(《伯利克里》,第230—231页)对伯利克里的政策有着类似的理解。
③ Thuc. 1.45.1;这个时间来自一则法令(*IG* I², 295 = Tod,55),该法令记录了这次行动的开支,应该非常准确,参见梅里特(Meritt),《雅典财政文献》(*Athenian Financial Documents*),第68—71页。
④ 丢悌慕与普罗夏显然是符合条件的。大约在墟波塔(Sybota)战役之后(参见下文,原书第253、385页),丢悌慕被派去帮助那不勒斯人。他还曾经率领使团,前往苏撒(Susa)(Strabo 1.3.1,第47页),阿里斯托芬在《阿卡奈人》(*Acharnaians*)(第61行及以下)中嘲笑的也许正是他的这次出访。普罗夏也是一个非常重要的人物,他在接下来那一年再次当选将军(Thuc. 2.32.2,及 *IG* I²,296,1.31)。
⑤ 他曾经在公元前446年担任过骑兵司令(hipparch): *IG* I²,400。

然是在告诉大家：客蒙与伯利克里的政策已经合二为一。在萨拉米斯（Salamis）战役开始之前的危急时刻，客蒙曾经冲上卫城支持地米斯托克利（Themistocles）的政策；现在，客蒙的儿子也站出来，带头执行能给雅典带来安全的伯利克里的政策。这种做法势必对美莱西亚斯之子修昔底德斯的政治前途产生不利影响。

对于伯利克里任命拉栖代梦尼乌斯，反对派想方设法[-243,244-]抹黑他动机。反对派说，伯利克里只给了拉栖代梦尼乌斯10艘船，目的就是为了让他出丑。他对拉栖代梦尼乌斯，对客蒙所有的孩子都心存妒忌，所以只给了他这么几条船，然后"强迫他"出征。伯利克里知道客蒙家族与斯巴达关系很好，所以"如果他不能取得辉煌的战绩，就可以指责他'私通斯巴达'（Laconism）"。① 这一派当时已经是黔驴技穷，恼羞成怒，因此他们提出的这些指控根本不值得相信。不过，反对派认为，任命拉栖代梦尼乌斯是出于政治目的，这倒完全正确。

伯利克里选择客蒙的儿子、亲善斯巴达的拉栖代梦尼乌斯率部前往柯西拉，除了让自己的对手难堪，也许还有其他考虑。根据命令，除非科林斯人驶向柯西拉，并准备在柯西拉的领土上登陆，否则这些将军不得与科林斯人交火。"之所以下达这样的命令是因为不想违反和约。"②这样的命令执行起来非常困难。在海上混战中，你怎么可能将对手的意图弄得一清二楚？也许科林斯人会佯装接近柯西拉，却根本无意登陆。不到最后时刻，你根本没办法知道敌人的真正意图，但如果科林斯人真的计划登陆，那时再想阻止，恐怕就已经来不及了。在这样微妙的局势下，雅典将军很可能会选择对科林斯舰队发起攻击；而这会引发与科林斯的战争，也许不久还会将斯巴达也卷进来。如果真是这样，那作出这个关键决定的人最好是个与斯巴达亲善的人。

从这些将军收到的命令也可以看出，这次行动并非敷衍了事，只是非常谨慎而已。派遣10艘雅典船只与其说是军事行动，还不如说是一次外交行为。只派遣这样一小股军队，雅典的意思并非是宣战，而只是

---

① Plut. *Per.* 29. 2—3.
② Thuc. 1. 45. 3.

加大自己在这场外交赌局中的筹码。雅典人的意思是，如果科林斯人愿意放弃征服柯西拉，不再垂涎柯西拉舰队，那还可以避免大规模战争的发生。雅典派遣军队前往当地，是为了表示，雅典决不允许国际权势格局出现变化，但雅典将这支军队控制在很小的规模，[-244,245-]则是希望表明，自己并不打算利用这个机会去消灭或削弱科林斯的实力。并且，伯利克里当时似乎希望雅典的船只在整个战斗中可以袖手旁观，不用卷入冲突。毕竟，没有人事先知道科林斯将赢得与柯西拉的海战。双方舰队的实力相当，科林斯完全可能像在柳辛宙涅那样输掉这场战役。另外，也可能会出现一种让雅典人更满意的结果。那就是双方舰队都遭到重创，科林斯无法占领柯西拉，战争进入僵持状态，在希腊排名第二与第三的海军力量将因此受挫。修昔底德认为，雅典人在与柯西拉订立防御性同盟时，心里就是这样想的。雅典希望"尽可能消耗双方的实力，削弱他们的海军力量，因为以后说不定会有必要与其开战"。①

因此，伯利克里的战略可以分为三个层面。第一层主要是外交上的：通过用这种相对克制的方式显示武力，不仅可以在技术上避免违反《三十年和约》，甚至还有可能避免战争。第二层是一种非常乐观的战略：雅典人希望不用自己动手就可以消灭两股强大的海上力量。最后一层战略较为现实：如果有必要，雅典人将出手阻止科林斯夺取柯西拉及柯西拉的舰队，即便因此与科林斯开战也在所不惜。

雅典人的小舰队抵达柯西拉之后，科林斯人派出了一支由150艘战船组成的舰队。其中有90艘来自科林斯，其他的来自埃利斯、墨伽拉、琉卡斯、安布罗西亚以及安纳沱里坞（Anactorium）。② 每个城邦的船只由自己城邦的将军指挥，因此每支队伍中不可能会有以个人身份参加的志愿者。这些将军是各城邦的官方代表，根据与科林斯所订立的盟约行事，他们的行动代表各自的政府。[-245,246-]除了墨伽拉与埃利斯，其他的盟邦都是科林斯的殖民地。自从墨伽拉的寡头政权在第一次伯罗奔尼撒战争期间成功复辟后，她就与科林斯建立了密切的

---

① Thuc. 1.44.2.
② Thuc. 1.46.1.

合作关系，所以这次也参与进来。至于埃利斯，也许是为了报复当年柯西拉人在柳辛亩涅战役之后对他们的港口所造成的破坏。

不过，有趣的是，埃皮道鲁斯、赫尔迈翁、托洛渗以及塞法伦尼亚并没有像以前那样参加科林斯的行动，而忒拜与弗立坞也没有出钱。公元前433年的情况与两年前截然不同。现在的这次行动很可能会引发与雅典的战争。并且，有充分理由相信，鸽派依然控制着斯巴达，他们非常不赞成科林斯人的冒险行为。很可能正如戈姆所言，斯巴达人向某些较听话的盟邦施加了一些压力，要他们呆在家里，不要出兵。①

科林斯人与盟邦在琉卡斯会师，之后向北航行，在柯西拉对岸的开梅里坞（Cheimerium）扎营。柯西拉人听闻消息之后，也在墟波塔的一个岛上扎营。之后发生的战斗就是以墟波塔的名字命名的。柯西拉的海军包括110艘自己城邦的船，10艘来自雅典的船。柯西拉还在柳辛亩涅的海岬位置安排了轻装步兵，以及来自扎金索斯（Zacynthus）的1000名重装步兵。科林斯人则利用自己在大陆上的影响力召集了一支由蛮族组成的军队。② 科林斯人在出战时将自己的船安排在左翼，正好与雅典人相对，因为雅典人位于柯西拉阵型的右翼。雅典将军本来就面临很艰难的抉择，现在的对阵形势让他们更加为难。他们没有采用[-246,247-]雅典人最擅长的优雅战术，也没有猛冲猛撞，而是采用了传统的笨办法。所有的舰船，甲板上站满了重装步兵与弓箭手，紧紧地排在一起。结果海战变成了重装步兵之间的对抗；技术让位于力量。"到处都是呐喊声，场面非常混乱。"③

当雅典人发现柯西拉人处境不妙时，便冲上来帮忙，不过，他们还

---

① 戈姆，《修昔底德历史评注》，第1卷，第178页。
② Thuc. 1. 47. 1—3. 我们很难解释，为什么扎金索斯人会出现。施密特（B. Schmidt，《扎金索斯岛》[*Die Insel Zakynthos*]，转引自克拉森-史度普[Classen-Steup]，《修昔底德史书第1卷》[*Thucydides Book I*]，第148页）认为，这两个岛邦过去关系一直非常友好，但即便她们之间存在这样的关系，也肯定不是一种军事结盟（Thuc. 1. 31. 2）。克拉森认为她们是刚刚结盟，正如雅典与柯西拉的结盟一样。戈姆（《修昔底德历史评注》，第1卷，第183页）将扎金索斯人的行动与他们跟雅典的友好关系联系起来（Thuc. 2. 7. 3, 2. 9. 4）。我认为，他们的观点也许是正确的。
③ Thuc. 1. 49. 4.

是严格遵守了命令,尽量避免卷入战斗。柯西拉人在左翼打得很顺手,但最后没有控制住自己,忘记了穷寇莫追的教训。柯西拉人派出20艘船离开战场,追逐溃败的敌船,袭击科林斯营地。趁着柯西拉兵力减弱,科林斯人对柯西拉防线的右翼展开了进攻。这迫使位于关键位置的雅典人作出一个关键性的决定。修昔底德生动地描述了他们作出这个决定的过程:

> 当雅典人看见柯西拉人受到猛烈攻击,便开始全力帮助他们。最初他们保持着克制,并没有对敌船展开真正的进攻,但当他们发现败局将现,科林斯人也开始穷追不舍时,大家终于投入战斗,不再理会命令中那些微妙的差别。局势发展到这个时候,科林斯人与雅典人不得不兵戎相见。①

因为投入战斗的船只太多,所覆盖的区域也非常大,因此场面非常混乱。海面上随处可见无法动弹的船只,幸存者有时会将自己这方的落水者误杀,因为他们并不清楚谁在哪里打了胜仗,沉没的又是哪一方的船只。最后,在成功将柯西拉人赶上岸后,科林斯人清理了战场,将死者捞起,然后在陆地上重新集合。接着,他们再次出击,希望结束战斗。

柯西拉人现在有了雅典人的增援,也开始重新集合自己的军队,准备抗击入侵之敌,保护小岛。接下来发生的事情极具戏剧性,如果记载者是希罗多德或者普鲁塔克,[-247,248-]那我们肯定要怀疑其真实性了;但是,记录接下来事态发展的是最审慎、最认真、风格最朴实的史家修昔底德,所以我们没有什么理据可以质疑他所记载的故事的真实性。柯西拉人当时已经是名副其实的背水一战,无路可退,等待他们的将是毁灭性的打击。科林斯人发出了进攻的信号,之后却突然开始往海上撤退。柯西拉人与雅典人都是一头雾水,不知道发生了什么事。不过,答案很快揭晓。原来是在地平线上出现了20艘前来增援的雅典三列

---

① Thuc. 1. 49. 7.

桨战舰。

根据一块记录向带领援兵的将军拨款的碑铭,这支援军是在第一批10艘战船出发23天之后派出的。① 根据修昔底德的说法,之所以增派船只是因为雅典人担心最初派遣的10艘船太少了,无法给柯西拉人提供帮助,扭转他们的败局。② 不过,我们想知道,是什么原因使他们改变了最初的决策。普鲁塔克告诉了我们答案:伯利克里的政敌们对他进行了猛烈地抨击,说他"只派出10艘船,根本帮不了柯西拉人,却给敌人留下一个很好的口实"。正是因为这个原因,他才增派了20艘船。③ 这也证明,一旦有所承诺,雅典卷入其中的程度就越来越难以控制,无论在海上还是国内都是这样。

雅典援军起到了决定性的效果。科林斯人以为这20艘船是雅典的先头部队,后面还跟着一支庞大的雅典舰队,所以开始撤退。随着夜幕降临,双方暂时停止了战斗,返回各自营地。到第二天拂晓,整个局面发生了天翻地覆的变化。原本几乎遭遇灭顶之灾的柯西拉人,现在得到了30艘完好无损的雅典船只的支援。于是,柯西拉人主动扬帆出击,向科林斯人发起了挑战;而科林斯人呢,前一天下午他们还胜利在望,现在却只能摆出防御阵型,拒绝出击。科林斯人之所以希望避免交战,一方面是因为害怕眼前的这些雅典人,另一方面[-248,249-],他们也无法确定是否还有更多的雅典军队正在赶来增援的路上。科林斯人担心雅典人会将昨天发生的军事冲突作为启战借口(casus belli),趁机将科林斯的这支舰队全部消灭。④ 即便事已至此,双方还是希望,可以避免一场无可挽回的冲突。

科林斯人派出一些人向雅典人求和。不过,这些科林斯人手中并没有拿信使杖,相当于现在的休战旗。如果科林斯人拿着那样一根杖,就等于承认科林斯与雅典之前是处于战争状态,而这正是双方希望否

---

① IG I², 295 = Tod,55;亦可参见约翰逊(J. Johnson),《美国考古学期刊》,第33卷,1929年,第398—400页,以及梅里特,《雅典财政文献》,第68—71页。
② Thuc. 1. 50. 5.
③ Plut. Per. 29. 3.
④ Thuc. 1. 52.

认的。科林斯人指责雅典人违反了和约，阻止科林斯人惩罚自己的敌人，导致双方发生了战争，所以错在雅典人。科林斯人说："如果你们想阻止我们前往柯西拉，或者是其他任何地方，你们就违反了和约，那么请把我们抓起来，把我们当作你们的敌人处置。"柯西拉人听到他们这样说，马上嚷着表示同意，并且要雅典人把这些人给杀了，不过，结果却让他们失望了。雅典人的回答与他们所收到的命令是一致的，他们表现得非常克制：

> 哦，伯罗奔尼撒人，我们并不想掀起战争，我们也没有违反和约，我们只是来帮助我们的盟邦柯西拉的。如果你们想去其他地方，我们绝不阻拦；但如果你们想攻打柯西拉或其任何领土，我们一定会竭尽全力加以阻止。①

科林斯人之所以选择谈判，很可能是因为他们担心雅典人摧毁自己的舰队，并且科林斯人认为，与雅典的战争已经不可避免。虽然前一天所发生的事情，让雅典将军所接受的命令成为一纸空文，但这些命令依然有效。并且，新来的将军会告诉这些雅典将军，不会再有其他增援，而且这批援军的到来也并不代表政策发生了变化。如果伯利克里知道科林斯人与雅典人已经打了起来，如果他听到科林斯使节正式宣布他们认为雅典保护柯西拉的行为已经违反了和约，是一种战争行为，那么他就一定会明白，战争 [-249,250-] 已经不可避免。可是，伯利克里远在雅典。于是，雅典的将军们只能让科林斯人扬帆而去。

战后，双方都竖起了战胜纪念碑，声称自己在墟波塔战役中获胜。这也证明，因为雅典的干预，从战术而言，双方都没有取得自己想要的结果，但从战略角度看，胜利显然属于柯西拉。因为科林斯原本打算摧毁柯西拉的舰队，占领整个岛，但他们没有做到。不过，科林斯人并没有放弃自己的计划，他们在班师之后，立即着手准备下一轮的战事。科林斯人通过策反，成功夺取了安纳沱里坞，然后将很多科林斯人派往当

---

① Thuc. 1. 53. 4.

地。至于在战斗中被俘的柯西拉人,其中 800 人被科林斯人卖为奴隶。另外,250 名有头有脸的柯西拉人则被他们扣为人质,并予以优待。科林斯人希望,这些俘虏将来可以回到柯西拉,进行策反。从这些可以看出,科林斯人根本没有打算放弃与柯西拉的战争,而这也意味着他们与雅典之间必有一战。正如修昔底德所言,墟波塔战役成为"科林斯人向雅典人宣战的第一个借口,因为他们认为雅典人在与科林斯签有和约的情况下,仍然选择在海战中帮助柯西拉人"。①

---

① Thuc. 1.55.2.

# 第十五章　墨伽拉

随着墟波塔战役的发生,以及科林斯人占领安纳沱里坞(Anactorium),冲突发生的可能性大大增加,雅典人不得不开始为战争做准备。伯利克里的政策,是让雅典做好与科林斯开战的准备,同时避免惊动斯巴达,争取在技术上不违反和约。

一旦发生战争,雅典最需要的也许就是钱。于是,伯利克里开始采取措施,确保雅典库房充实。我们找到一块石碑,上面刻有两道法令,这两道法令是在同一天由卡里亚德斯之子卡利阿(Callias son of Calliades)提出的,并且获得了雅典公民大会通过。两道法令对雅典的公共财政进行了调整。第一道法令规定,因为已经向卫城上的雅典娜缴纳了 3000 塔伦特,现在必须把欠其他诸神的款项补上。这笔资金将由一个新成立的财政委员会进行管理。这个委员会与雅典娜的库房管理委员会一样,并且这笔钱也将放在卫城。所有的结余将用来修建船坞以及城墙。第二道法令规定,胜利女神(Nike)的某些金像以及通往卫城的通道——也就是山门(the Propylaea)——必须完工,但在此之后,凡是超过 1 万德拉克马的支出,必须预先获得公民大会的投票特批。①雅典人正在忙着用板条封住舱口,为即将来临的暴风雨做好准备。显然,这只是一种谨慎的预防措施,而非恐慌的表现,[-251,252-]因为正

---

① 参见《雅典贡赋表》,第 2 卷,第 46—47 页(D1 & D2)。我们还可以在此处找到关于这个问题的相关文献。

在进行的那些大型公共建设还将继续完成,只是要求对新上马的大型项目进行特别投票,防止财政储备流失。与此同时,储备资金由一个统一的机构收取,并存放在城里最安全的地方,"在那里他们不会受到入侵的伯罗奔尼撒人的威胁,而在城邦需要时又随时可取"。①

这些法令是在公元前 434/433 年通过的,至少是在雅典与科林斯发生冲突前几个月,甚至可能是在雅典接受柯西拉(Corcyra)的结盟要求之前。有关法令通过的时间,②很可能早在公元前 433 年夏天之前,伯利克里就"已经预见到,与伯罗奔尼撒半岛的城邦必有一战"。③ 其实,伯利克里未必清楚看见了战争的必然性,因为作为一位谨慎的政治家,即便只是希望维持和平局面,他也会采取这些预防措施。

不过,在墟波塔战役之后,雅典还采取了一些重要的措施。其中一项措施就是派遣佛缪(Phormio)出征阿卡纳尼亚(Acarnania)。安斐罗库的阿尔戈(Amphilochian Argos)是希腊人在蛮族地区的一个早期定居点,位于安布罗西亚湾(the Ambracian Gulf)的东海岸。安斐罗库的阿尔戈人曾经处境艰难,便邀请附近安布罗西亚的邻居加入他们,共同成为这个城邦的"共居公民"(ξύνοικοι)。④ 在公元前 433 年的某个时候——抑或是此前不久,来自科林斯的殖民者——安布罗西亚人,利用科林斯在该地区的强大军事力量,将原来住在那里的安斐罗库的阿尔戈人赶走,霸占了这个城邦。⑤ 这些安斐罗库的阿尔戈人先向旁边的阿卡纳尼亚人寻求保护,接着再同阿卡纳尼亚人一起,[-252,253-]向雅典求援,就像柯西拉人那样。于是,雅典人派出了佛缪,还有 30 艘

---

① 伯里(J. B. Bury),《希腊历史》(A History of Greece),第三版,由罗素·密格斯(Russell Meiggs)修订,伦敦,1952 年,第 396 页。
② 参见《雅典贡赋表》,第 3 卷,第 326 页及以下;怀德-嘉利(Wade-Gery)与梅里特(Meritt),《西土学刊》,第 26 卷,1957 年,第 163 页及以下,尤其是第 184—187 页。感谢梅里特教授专门向我解释,为何法令通过的时间应该是公元前 434/433 年。
③ 引文出自普鲁塔克(Plut. Per. 8)。梅耶(《古代史研究》,第 2 卷,第 324 页)认为这些话是在公元前 435 或前 434 年的某个时间说的:"和平调解失败后不久,科林斯人武装自己之际"。
④ Thuc. 2. 68. 2—5.
⑤ 有关这次事件的时间,以及由此引发的佛缪指挥的军事行动,参见附录 G,原书第 384—385 页。

船。在雅典人看来，这次行动可谓大获全胜。雅典人与盟军通过强攻，迅速攻陷阿尔戈，并将城里的安布罗西亚人全部变成奴隶。阿卡纳尼亚人以及原来住在安斐罗库的阿尔戈人回到城里居住。阿卡纳尼亚人成为了雅典的忠实盟友，雅典也因此在科林斯人的势力范围内建立了一个根据地。① 所有这一切大概发生在公元前432年的春天。一旦发生战争，雅典将处于一个非常有利的位置。②

大约在同一时间，丢悌慕(Diotimus)率领一支舰队，前往那不勒斯(Naples)进行支援。③ 我们不知道他的战绩如何；结果应该是不太理想。不过，也许雅典只是希望在即将到来的战争中，可以在意大利南部地区发展盟邦，或者至少提醒意大利人不要忘记雅典的实力与影响，毕竟这是雅典在15年之后第一次重返当地。

公元前433/432年，在雅典船只启程前往柯西拉之后，雅典人还采取过类似的行动。④ 当时垒集坞与林地尼派出使者，[-253,254-]希望恢复他们以前与雅典订立的盟约，雅典接受了他们的请求。⑤ 这些西西里人可能是听说了墟波塔战役。西西里人知道，雅典人将会放弃以

---

① Thuc. 2.68.6—9.
② 我接受的是怀德-嘉利《希腊历史文集》[Essays]，第253—254页，及第253页，注释5)给出的时间。我相信这个时间不可能是在公元前445与前443年之间。如果这些事情是在《三十年和约》签订之后发生，那么科林斯人在雅典演讲时就一定会提到。当然，此事也可能发生在50年代，但是相对而言，这里给出的时间更合理。怀德-嘉利的理由非常充分："我相信佛缪率军出征是在公元前432年，而科林斯人在墟波塔战役之后，马上采取行动，同时占领了安斐罗库的阿尔戈(Thuc. 2.68.6)与安纳沱里坞(Thuc. 1.55, 1)，目的是希望控制安布罗西亚湾"(第253页，注释5)。反对这个时间点的学者，他们的主要依据是修昔底德的沉默。对此，怀德-嘉利的回应是："修昔底德对墟波塔战役之后西部地区发生的这些事情，记录并不完整；佛缪在被派往波提狄亚(Potidaea)之前，完全有时间参加这次行动。"
③ 参见附录G，原书第384—385页。
④ 递滕贝格(Dittenberger，《希腊铭文辑佚》[SIG]，第四版，1960年，第70条，第89页)指出，派往柯西拉的军队是在公元前433/432年的第一个议事会主席团(prytany)于任期内派出的，当时轮值议事会主席团的大区是哀岸堤(Aiantis)，而与垒集坞(Rhegium)、林地尼(Leontini)的协议是在阿咯满堤(Acamantis)为轮值大区时才续签的，"因此，我们知道，雅典舰队已经被派到柯西拉之后，林地尼和[-253,254-]垒集坞的使节才抵达雅典"。当然，这些使节抵达雅典的时间，有可能早至公元前433年9月，也可能晚至公元前432年7月，但无论如何，这些使节肯定是在墟波塔战役之后来的。
⑤ $IG\ I^2$, 51, 52 = Tod 57, 58. 至于原协议的签订时间，参见本书第155页(原书页码)，第九章，第158页，注释①。

前在西方的不干预政策，因此，这些西西里人希望，现在可以利用雅典来对付他们在当地的敌人。雅典人觉得，已经没有必要担心惹恼科林斯，并且希望可以在即将爆发的战争中在西西里有自己的朋友，于是接受了他们的请求。①

雅典在墟波塔战役之后的几个月里，采取了两项更加重要的措施。第一，雅典对波提狄亚提出的特别要求，对此，我们将在下一章中介绍。第二，在对波提狄亚提出这些要求的同时，雅典人还通过了一项法令，禁止墨伽拉人使用雅典帝国的港口以及雅典的集市。② 尽管修昔底德并不认为这是引发战争的主要原因，甚至根本就没有把它包括在战争的"起因"(aitiai)之中，但大多数古代作家还是将《墨伽拉法令》视为战争的主要原因。现代学者的观点虽然有些不同，但普遍认为在引发战争的事件中，墨伽拉法令的作用是不容小觑的。因此，必须尽量解决围绕这道法令的很多问题：我们不清楚这道法令的具体内容，不知道是否只有一道法令，也不知道该法令是何时通过的；我们不知道该法令的目的，更不知道修昔底德为何如此不重视这道法令。

根据修昔底德的说法，法令只有一道，内容是禁止墨伽拉人使用帝国的港口以及雅典的集市。不过，一些现当代学者认为，修昔底德虽然只记载了一道法令，但这道法令却是[-254,255-]分两步（或者至少是逐步）实施的。③ 这些学者依据的是两份非常难以理解的资料。第一个是阿里斯托芬的《阿卡奈人》(Acharnians)。狄忾珀里(Dicaepolis)

---

① 《雅典贡赋表》，第3卷，第320页及注释84。
② 提到墨伽拉法令的史料有：修昔底德史书(Thuc. 1. 67. 4；1. 139. 1—2)；阿里斯托芬，《阿卡奈人》第515行及以下(Aristoph. Acharnaians.)，以及对第527行和第532行的古代注疏；阿里斯托芬《和平》第603行及以下(Aristoph. Peace)，以及对第246、605、609行的古代注疏；安多基德斯"论与斯巴达议和"(Andocides 3. 8)；狄奥多罗斯《历史辑丛》(Diod. 12. 39. 4)；普鲁塔克《伯利克里传》第29节及以下(Plut. Per.)；亚里斯妥德慕(Aristodemus 16) 暨《希腊史撰残编》，第2卷，A册，第104条(= FGrH, IIA, No. 104)。
③ 布索特《希腊历史》，第3卷，第2册，第810—811页认为，早在公元前433年夏天与柯西拉签订协议之前，雅典已经禁止墨伽拉的货物进入亚狄珈地区，而这里所说的法令是在公元前433至前432年冬天才通过的（第814页）。莱珀(F. A. Lepper，《希腊研究期刊》，第82卷，1962年，第25—55页，特别是第51—55页)的观点与此大致相同。他认为，雅典一直在对墨伽拉实行"冷战"，而修昔底德所提到的这部法令是后来才采取的一项措施。

被迫为斯巴达向雅典宣战进行辩解。与愤怒的阿卡奈人一样,他也恨斯巴达人。狄忾珀里的葡萄藤也是被斯巴达人砍掉的:

> 可是,在场的既然都是朋友,我们不妨说一句知心话:我们这样受罪,为什么全怪斯巴达人[拉戈尼亚人,Laconians]?我们有些人,我并不是说城邦——请你们千万记住,我并不是说城邦——而是说一些坏小子、假铜钱、没有公民权的流氓、冒牌货、半外国人,他们经常告发人私卖了墨伽拉小外套,如果他们在哪里看见有葫芦,或是野兔,或是小猪,或是蒜头,或是大盐,就说这些都是墨伽拉走私货,拿去充公拍卖了。①

接下来,他讲了一个故事:几个喝醉酒的雅典人偷走了一位墨伽拉妇女,于是墨伽拉人便从阿斯帕西娅(Aspasia)的妓院中偷了3个妓女进行报复。伯利克里勃然大怒,

> 他拟出了一道命令——读起来就像一首酒令歌——"我们的领土内、我们的市场里、海上、陆上,一个墨伽拉人都不准停留!"这下墨伽拉人渐渐挨饿了,他们便央求斯巴达人转圜设法取消这一道禁令,无非是那些娼妓惹出来的禁令。多少次斯巴达人要求我们,可是我们一次也不理。从此就干戈处处,大动刀兵了。②

阿里斯托芬似乎是在描述雅典分阶段对墨伽拉采取的经济措施:第一个阶段是禁止从墨伽拉进口,在第二阶段,实施的则是更全面的制裁,修昔底德曾经对此作过描述,而阿里斯托芬在作品中也通过诙谐的语言进行了再现。如果仅从字面意思来理解阿里斯托芬给出的证据,那未免过于轻率。阿里斯托芬说,最初的刁难只是个人行为,与城邦毫无关系,如果我们信以为真,一定会感到疑惑。如果我们认为他是在说

---

① Aristoph. *Acharnians* 516—522. 校对者注:中译采用罗念生译本,第39页。
② Aristoph. *Acharnians* 532—539. 校对者注:中译采用罗念生译本,第41页。

反话,这将打开一个潘多拉[-255,256-]盒子,里面全是一些无法理解的讽刺,甚至还有一些戏剧性的虚构。我们并不能根据阿里斯托芬所提供的证据推断此前存在一条更温和的法令。

另外一项文本依据是公元前433年科林斯人在雅典的发言。我们前面曾经提到过,科林斯人当时提出的一个观点是,战争并非不可避免。科林斯人认为,雅典人不应该帮助柯西拉,不该与科林斯为敌,因为这样会使战争由可能变为必然。"相反,谨慎的做法是消除以前因为墨伽拉人而产生的怀疑。"①某些学者认为,科林斯在这里指的就是早前通过的《墨伽拉法令》,②不过,这种说法并无根据。修昔底德史书在此所用的"*proteron*"(πρότερον,此前)一词清楚表明,"无论怀疑是因何而产生,事情都已经成为了过去"。③ 科林斯人所指的是,在第一次伯罗奔尼撒战争期间,雅典向墨伽拉提供的援助使科林斯人怀疑雅典的野心,而这正是科林斯对雅典怀有"刻骨仇恨"的主要原因。④ 科林斯人的意思是,雅典不应该与科林斯的另外一个敌人柯西拉联手,因为这样只会加深科林斯人的怀疑;科林斯人认为,雅典人要做的是消除上次因为帮助墨伽拉而给科林斯人留下的坏印象。因此,这句话并不是说在法令颁布之前,雅典人就已经对墨伽拉采取了行动。无论阿里斯托芬,还是修昔底德,都没有提供足够的证据让我们相信,在禁止墨伽拉与雅典及其帝国进行贸易的法令通过之前,雅典人曾经对墨伽拉采取过任何经济措施。⑤ [-256,257-]

对于这道法令通过的具体日期,现当代学者的意见存在分歧。几

---

① Thuc. 1. 42. 2;…*τῆς δὲ ὑπαρχούσης πρότερον διὰ Μεγαρέας ὑποψίας σῶφρον ὠφελεῖν μᾶλλον*.
② 例如,克拉森,《修昔底德史书第1卷》,第140页;布索特,《希腊历史》,第3卷,第2册,第811—812页。
③ 布伦特,《美国古典语文学期刊》(*AJP*),第72卷,1951年,第271页,注释9。莱珀(《希腊研究期刊》,第82卷,1962年,第54页)对这段话有不同的理解:"布伦特认为,*ὑπαρχούσης πρότερον*的意思是'曾经存在(但现在已经结束)';而实际上,该词组的意思也可能是'早先(在柯西拉事件发生之前)就已经存在,现在依然存在'……"不过,即便是莱珀本人也并不认为这种解释就一定比布伦特的解释更好,他只是希望指出另一种可能性。在我看来,布伦特的解释才是唯一合理的解释。
④ Thuc. 1. 103. 4.
⑤ 有关类似的观点,参见埃德科,《剑桥古代史》,第5卷,第476—479页。

乎所有学者都认为,这个时间应该是在公元前433年底的墟波塔战役之后、公元前432年夏天斯巴达同盟开会听取对雅典的投诉之前。①公元前432年夏天,墨伽拉人在斯巴达的公民大会上表达了自己的不满,所以前432年夏天之于《墨伽拉法令》而言,是毫无疑问的"最晚发生时间"(terminus ante quem)。同时,绝大多数学者都同意,墟波塔战役作为"最早发生时间",是令人满意的。当然,并非所有的人都赞成这种说法。史度普(Steup)与舒瓦茨(Schwartz)错误理解了前面提到的科林斯人的发言,据此,他们错误地认为,这道法令早在公元前433年之前就已经生效了。② 布伦特虽然正确理解了这段发言,但并未采信传统观点。布伦特认为,"法令不是在公元前433/432年通过的,而是更早之前的事情,该法令之所以并没有被修昔底德列入战争的起因($αἰτίαι$)中,是因为其早在战争开始之前就已经存在了,斯巴达及其盟邦在很长时间内都默认了该法令的存在,因此,墨伽拉法令不能算作是引发战争的原因"。③

布伦特之所以不接受大家所认可的时间,主要理据是修昔底德的沉默。布伦特认为,如果雅典人选择在公元前433至前432年这样敏感的时期推出这样的法令,修昔底德不会对之视而不见。然而,我们知道,修昔底德经常会作出一些莫名其妙的省略,如果根据他的这种省略

---

① 倪森(《历史学期刊(新编)》,第27卷,1889年,第409页)认为,法令通过时间应该是公元前432年的8月或9月,即在斯巴达召开的大会之前一两个月。布索特(《希腊历史》,第3卷,第2册,第814页及注释4)认为,这个时间是在公元前433至前432年的冬天。在《希腊历史》第3卷,第2册,第811页,注释1中,布索特对所有关于该时间点的学术观点进行了非常全面的总结。伯里(《希腊历史》,第394页)选择的时间是公元前432年的秋天;贝洛赫(《希腊历史》,第二版,第2卷,第1册,第293页,注释1)认为,此事发生在斯巴达的大会召开之前不久。梅耶(《古代史研究》,第2卷,第307页)将这个时间定在公元前432年的春天,即波提底亚被围之后。埃德科(《剑桥古代史》,第5卷,第477页)认为,这个时间是在公元前432年的夏天,即雅典人出发前往波提狄亚之后不久。格罗茨与柯恩(《希腊历史》,第618—619页)及本岑(Bengtson,《希腊历史》[GG],第219页)均持同样观点。哈蒙德(Hammond,《希腊历史》[History of Greece],第320页)认为,墨伽拉法令是在波提狄亚事件之前通过的。

② 克拉森,《修昔底德史书第1卷》,第140页;爱德华·舒瓦茨(Eduard Schwartz),《修昔底德的历史著作》(Das Geschichtswerk des Thukydides),1929年版,希尔德斯海姆(Hildesheim),1960年重印,第123页,注释2。

③ 布伦特,《美国古典语文学期刊》,第72卷,1951年,第271页。

去进行推理,将是一件非常危险的事情。不过,我们必须承认,修昔底德的这次沉默令人非常惊讶,需要找到合理的解释。可能的解释有很多,[-257,258-]我们在后面会提到其中的一个。为了证明自己的观点,布伦特将这件事情与埃基纳(Aegina)提出的投诉进行了一个比较。

公元前432年的夏天,在斯巴达同盟的会议上,埃基纳人抱怨"他们并没有取得和约所规定的自治权利"。① 因此,斯巴达人除了要求雅典解除对波提底亚的围困,废除《墨伽拉法令》,他们还要求雅典恢复埃基纳的自治。② 布伦特认为,早在公元前457年,埃基纳就失去了自治,而公元前446/445年的和约也没有重新赋予其自治权,直到公元前432年,情况还是如此。"斯巴达虽然一直默认雅典可以控制埃基纳,但还是在公元前432年要求雅典重新赋予埃基纳自治权。"依此类比,斯巴达有可能在默认《墨伽拉法令》很长一段时间之后,突然决定在公元前432年就此发出最后通牒。③

这样的类比本身并没有太大的问题,但我们认为,这类比在这里并不适用。我们没有理由认为,埃基纳在公元前457年就已经失去了自治权。虽然埃基纳确实失去了自己的城墙、战舰,并且需要缴纳贡赋,但这并不一定意味着失去自治权。正如布伦特自己所言,"自治"这个词并不准确,我们不知道在某一个特定时代,对于某个特定的城邦,自治究竟意味着什么。关键是,《三十年和约》似乎并没有改变埃基纳的地位,虽然早在10年前,埃基纳的城墙就已被拆除,舰队也被解散,并且还被迫缴纳贡赋,但是埃基纳却依然被视为一个自治的城邦。《雅典贡赋表》的作者们认为,《三十年和约》既规定埃基纳拥有自治权,同时又必须缴纳贡赋。布伦特在自己文章颇具争议的附录部分,对这种说法提出了批判。布伦特认为,和约只说埃基纳是个自治城邦,并将其列为雅典的盟邦,却并没有提贡赋的事。因此,双方对事情作出了不同的理解,雅典人声称有权征收贡赋,而埃基纳人虽然表示抗议,却还是缴

---

① Thuc. 1. 67. 2.
② Thuc. 1. 140. 3.
③ 布伦特,《美国古典语文学期刊》,第72卷,1951年,第272页。

纳了贡赋。在公元前432年之前,斯巴达人对于这种情况一直视而不见。这种解释非常牵强。《雅典贡赋表》中的观点似乎更有道理一些。《雅典贡赋表》的作者认为,早在公元前454/453年,埃基纳就已经开始缴纳贡赋,并且一直没有中断,也没有提出任何异议。如果在公元前432年,埃基纳人声称,雅典人在干涉他们的自治,那雅典人干涉埃基纳自治很可能是晚近发生的。我们认为,埃基纳人指的应该是雅典在墟波塔战役之后,为了备战而采取的某项措施。

　　遗憾的是,修昔底德并没有告诉我们埃基纳人抱怨的内容、起因、依据,或者具体时间。虽然《雅典贡赋表》的看法也不一定正确,但至少听起来可信。"很可能是雅典在城里进行了驻防;因为一旦发生战争,对埃基纳的控制将有着战略意义。"①这样的措施至少与雅典在波提狄亚的行动(可以肯定它们是发生在同一年),以及她在墟波塔战役之后采取的其他安全措施是一致的。如果可以将埃基纳人的投诉与墨伽拉人的投诉联系起来,埃基纳人所说的这件事似乎正好印证了学界对《墨伽拉法令》时间推定的一贯意见。

　　古代那些可信度较高的资料都没有明确交代法令颁布的日期。所有人,甚至包括修昔底德在内,都只是在写到战争爆发才提起这道法令。如果这道法令已经存在了一段时间,那么古代肯定会有人写到,而

---

① 《雅典贡赋表》的作者认为,埃基纳以前要缴纳30塔伦特,后来改成14塔伦特,但在公元前432年春天,埃基纳只缴纳了9塔伦特,这可能是雅典人对其采取行动的原因。布伦特认为,贡赋名单残缺不全,所以很难确定埃基纳在公元前440/439年之后仍然要缴纳30塔伦特,而且缴纳的数额少并不一定意味埃基纳拖欠贡赋不缴。对此,我表示赞同。马丁理(H. B. Mattingly,《历史学刊》[*Historia*],第16卷,1967年,第105页)试图将雅典人在这个时期对埃基纳所采取的行动与一条铭文($IG\ I^2$, 18)联系起来。这块碑铭记录的似乎正是雅典针对埃基纳的相关法令,但是残缺不全,并且无法确定时间。碑铭学家一般认为这则铭文的时间应该是在公元前457至前445年间。马丁理对这则铭文的时间有着不同看法。马丁理认为,这块碑铭的时间应该是在公元前5世纪30年代末期,很可能是公元前432年,也就是《墨伽拉法令》颁布之后不久:"我认为,雅典人向埃基纳来的特使进行了解释,让他们放心,说这次制裁不是针对埃基纳,只是为了对付墨伽拉。雅典愿意遵守《三十年和约》,根据和约的规定来处理两个城邦($\sigma\upsilon\mu\beta o\lambda\alpha i$)之间的问题,但这得看埃基纳在涉及雅典利益的问题上的态度和表现。如果对埃基纳的表现有丝毫的不满,雅典会毫不犹豫地派出舰队攻打这个岛"(第4—5页)。马丁理的观点很有创意,可惜缺乏证据。我认为雅典人所采取的任何行动,目的绝不仅仅是为了钱,而是出于战略方面的考虑。

我们也就有可能会读到其中某个记录。对于学界对法令时间的一贯推定,有一种解释很有说服力。当墨伽拉人向斯巴达抱怨雅典人的制裁时,他们还"对很多其他事情进行了投诉"(ἕτερα οὐκ ὀλίγα διάφορα),但只认为《墨伽拉法令》"违反了和约"(παρὰ τὰς σπονδάς)。埃德科说:"如果墨伽拉人认为这道法令违反了《三十年和约》,那么他们一定会在法令公布时马上提出抗议,因此我们推测,这道法令应该是在墨伽拉人提出投诉之前刚刚通过的。"①埃德科的这种说法很有道理。在过去100年中,绝大多数学者将《墨伽拉法令》的发布时间定在墟波塔战役至公元前432年夏天之间。当然,一种观点正确与否不在于支持者的多少,而在于其本身的分量。不过,无论从支持者的数量,还是观点本身的分量而言,学界的一贯观点都占了上风。

因此,针对墨伽拉的贸易制裁应该是在公元前 433/432 年开始的。不过,普鲁塔克还提到了另外一道关于墨伽拉的法令,这需要引起我们的注意。首先,普鲁塔克提到了我们前面讨论过的措施。接着,普鲁塔克描写了斯巴达人为了让伯利克里撤销法令所付出的努力。虽然伯利克里拒绝了他们的要求,但根据普鲁塔克的说法,伯利克里还是尽力为法令进行了辩解。伯利克里提出派遣使者前往墨伽拉与斯巴达去进行解释,告诉他们实施制裁是因为墨伽拉人践踏了圣地。安瑟莫克里图(Anthemocritus)被选为使者,负责对雅典的政策进行"合乎情理的"辩解。不过,他还没完成任务,就被杀害了,这似乎是墨伽拉人所为。和风细雨到此为止。此后,喀里努斯(Charinus)提出了另外一道与墨伽拉人有关的法令,其中规定:雅典将与墨伽拉为敌,绝不谈判,永不议和;任何墨伽拉人,只要踏上雅[-260,261-]典领土,一律处死;将军们在每年的誓词中,要承诺每年进攻墨伽拉两次;要将安瑟莫克里图埋在双门大门(Dipylon Gate)附近。②

这个故事听起来令人难以置信,这说法似乎是想解释雅典人为什么会在阿奇达慕斯战争爆发之初每年两次入侵墨伽拉。不过,普鲁塔

---

① 《剑桥古代史》,第 5 卷,第 477 页。
② Plut. Per. 30.

克似乎确实是在什么地方读到过相关的法令,他的来源可能是刻腊特吕(Craterus)的记录。① 我们知道,如果普鲁塔克告诉我们某件事,而修昔底德并没有提及,我们不可以简单地选择否认普鲁塔克。当然,在宣战之前,雅典人肯定不会下令入侵墨伽拉,更别说一年两次了。因此,某些学者承认这道法令的真实性,并认为,这应该是攻打普拉提阿(Plataea)之后的事,因为正是对普拉提阿的进攻揭开了战争的序幕。②当然,也有可能是普鲁塔克或是他的信源被误导了,或者自己搞错了。③ 另外还有一种可能是,伯利克里确曾派人进行解释,派出的使者也遭到了杀害,之后喀里努斯提出了一道严厉的法令,其中包括前面提到的种种措施;但是法令最终未获通过。我们的研究表明,在战争爆发前除了伯利克里提出的贸易制裁之外,并不存在其他任何针对墨伽拉的法令,而在战争爆发之后应该也没有这样的法令。

我们现在可以专心思考,伯利克里为什么要在公元前433年秋天至公元前432年夏天之间,提出这样一道法令,禁止墨伽拉人使用雅典的集市以及雅典帝国所有的港口。修昔底德对《墨伽拉法令》的轻描淡写受到了某些人的质疑,其中最先站出来的是那些经济决定论者。柯恩福(Cornford)认为,雅典这样做是出于经济目的。[-261,262-]柯恩福认为,这是雅典经济帝国主义政策的一部分,正是这一政策最终导致了雅典在西西里的军事行动。显然,伯利克里是反对这项政策的,因此柯恩福认为,伯利克里受到了克里昂之流领导的比雷埃夫斯党(Piraeus party)的压力,即所谓"左翼的雷击",他只能接受。④ 这种说法有很多的漏洞。其

---

① 康纳(W. R. Connor),《美国古典语文学期刊》,第83卷,1962年,第226页。
② 例如,布索特,《希腊历史》,第3卷,第2册,第814页,注释4;贝洛赫《希腊历史》,第二版,第2卷,第1册,第293页,注释1)也认为,《喀里努斯法令》是在这个时候颁布的。但是,贝洛赫反对将这则法令与谋杀安瑟莫克里图的行动联系在一起。
③ 霍尔乍浦斐(L. Holzapfel,《希腊史撰分析》[*Untersuchungen über die Darstellung der griechischen Geschichte*],莱比锡,1879年,第176—186页)认为,所谓的《喀里努斯法令》根本不存在,这一说法来源于阿里斯托芬的作品,人们希望用这样一道法令来解释半年一次的入侵。康纳(同上)认为,普鲁塔克将公元前4世纪的事情与我们这里讨论的事情混淆了。他的观点比霍尔乍浦斐的更有道理。不过,正如康纳本人所言,证据还不够充分。
④ 柯恩福,《修昔底德在历史与神话之间》,第25—38页。

中最明显的是,持有这种观点的学者认为,伯利克里是在帝国狂热分子的压力下作出了让步,而他本人并非真心支持《墨伽拉法令》所代表的政策。如果一个人连这种说法都相信,那这世界上就没有他不相信的事情了。这个观点虽然提出来60年了,基本上没有赢得任何人的支持。

贝洛赫虽然接受了古代的大多数证据,却不同意修昔底德的观点。贝洛赫认为,伯利克里是希望借此引发战争,从而解决他在国内所面临的政治问题。① 没有人同意他的这种说法,但很多人认为,伯利克里提出这道法令时,他已经相信,全面战争的爆发将无可避免。因此,伯利克里采取这样的行动,或者是为了引发战争,或者是为了在战争爆发时让雅典占据战略优势。② 后一种观点认为,伯利克里希望通过经济压力,迫使墨伽拉退出伯罗奔尼撒同盟,接受雅典的控制。一旦战争爆发,这可以让雅典免遭入侵。如果这就是法令的目的,那它就彻底失败了。并且正如布伦特所言,这道法令根本没有任何成功的机会。在和平年代,雅典要想在整个帝国执行这道政令是非常困难的。即便在战争期间,雅典人已经完全封锁了墨伽拉,并且每年两次入侵其领土,但墨伽拉依然没有妥协。尽管在阿奇达慕斯战争中损失惨重,墨伽拉还是拒绝接受公元前421年签订的《尼基阿斯和约》(the Peace of Nicias)。③ 雅典人的政策似乎非但没有迫使墨伽拉人向自己屈服,反而激发了他们的斗志。我们认为,伯利克里应该早已预[-262,263-]料到,仅凭经济封锁是无法迫使墨伽拉人退出伯罗奔尼撒同盟的。

也有人认为,墨伽拉法令的作用主要是心理上的。伯利克里"抛出了手套,向敌人提出了挑战;他希望让敌人明白,雅典根本不怕他们……"。④

---

① 贝洛赫,《希腊历史》,第二版,第2卷,第1册,第292页;《伯利克里以降的亚狄珈政策》,第21—22页。

② 持这种观点的有:布索特《希腊历史》,第3卷,第2册,第814页);梅耶《古代史研究》,第2卷,第307页及《古代历史》[GdA],第4卷,第2册,第15—17页);伯里《希腊历史》,第394页);埃德科《剑桥古代史》,第5卷,第186—187页);格罗茨与柯恩《希腊历史》,第2卷,第618—619页);德·桑悌《伯利克里》,第232—233页及《希腊历史》[Storia dei Greci, SdG],第2卷,第265页;《雅典贡赋表》,第3卷,第320页)。

③ 布伦特,《美国古典语文学期刊》,第72卷,1951年,第276—277页。

④ 梅耶,《古代史研究》,第2卷,第307页。

还有一种观点似乎更有说服力,这种观点认为,这道法令的目的就是要让战争成为必然,引发战争。① 这些学者认为,这道法令实际上就是最早的战争行为:"这道法令并非像大家所说的那样是战争的起因;其本身就是战争行为,是对雅典敌人勇气和意志的第一次打击。"②最后还有一种观点,很有创意。这些学者将这种解释与前面所说的战略企图结合起来。这种观点认为,对于自己政策可能造成的两个后果,伯利克里都已经做好了准备。如果墨伽拉妥协,"那么驻扎在佩岬(Pegae)的雅典舰队就可以控制科林斯湾以及西行路线,这样的和平对他们而言就是胜利;如果墨伽拉拒绝妥协,斯巴达将不得不放弃观望态度,这就意味着战争",而这时的战争形势对雅典是非常有利的;雅典不用自己宣战,他们比敌人有着更充分的准备,伯利克里虽已年迈,却依然可以继续领导他们。从这个角度考虑,这道法令确实是一种挑衅行为。③

这些观点并非毫无根据,并且有很多支持者,但存在一个严重的漏洞。如果伯利克里真的希望通过这种办法让墨伽拉站到雅典这边来,那他选择的却是最蹩脚、最没用的方法。并且,用这种手段来引发全面战争并不合适。这道法令显然只是影响斯巴达决定的众多因素之一。同时,我们必须牢记,即便在法令生效之后,战争依然可以避免。阿奇达慕斯完全有可能说服斯巴达人不要选择战争。并且,法令的两个所谓目的其实是密切相关的。如果伯利[-263,264-]克里期望通过这则法令引发与斯巴达的战争,那他必须确保墨伽拉站在雅典这边,这样才能保证亚狄珈的安全。如果计划挑起战争,而又不采取有效措施来保证局势对自己有利,那就太愚蠢了。我们相信伯利克里不会犯这样的错误。如果伯利克里已经意识到与斯巴达的战争将无法避免,那他一定会对墨伽拉发动突然袭击。如果奇袭成功,局面会非常有利。即便敌人有所防范,雅典人还可以将墨伽拉团团围住,占领戈岚尼崖(Geranea)的山口。这样,伯罗奔尼撒人将无

---

① 德·桑悌,《希腊历史》,第2卷,第265页。
② 埃德科,《剑桥古代史》,第5卷,第186页。
③ 格罗茨与柯恩,《希腊历史》,第2卷,第618—619页。

法迅速进入亚狄珈。当然,这样做肯定是违反和约的,但如果伯利克里认为战争已经不可避免,那雅典即便因为这样的技术错误而受到道德谴责也是值得的,因为这样可以换来战略上的优势。无论对形势的估计是否正确,进攻墨伽拉至少是伯利克里的其中一个选择。在提到《墨伽拉法令》时,人们往往认为这就是最极端的办法,但我们发现并非如此。政策选项的两个真正极端应该是:要么什么也不做,要么对墨伽拉发起进攻。

如果将伯利克里在墨伽拉与柯西拉事件中的处理方法进行一个比较,可以获得一些启发。在柯西拉事件中,他有三个选择:不采取任何措施,接受因此造成的损失;与柯西拉结成攻守同盟,这样肯定会引发与科林斯的战争;选择中间道路,仅与柯西拉结成防御性同盟,希望科林斯可以理智思考,不要采取任何影响力量均势的行动,维持和平局面。伯利克里选择了温和政策,这符合他一贯的作风,因为他当时觉得与科林斯的战争还是可以避免的。随着墟波塔战役的发生,以及科林斯人此后所采取的行动,战争爆发的可能性大大增加,但斯巴达还不一定会参加。毕竟斯巴达的重要利益当时还没有受到伤害。斯巴达人已经表示了自己对科林斯政策的不满;他们一直袖手旁观,似乎还要求其他盟邦不要介入。求和派似乎已经牢牢控制住了局势,自从公元前446/445年以来,伯利克里与阿奇达慕斯已经找到了一种"搁置争议的权宜之计"(modus vivendi),令人满意:自己活,也让别人活。公元前433/432年冬天的时候,伯利克里有充分理由相信,如果科林斯一意孤行,[-264,265-]执意要挑起与雅典的冲突,这只会是一场局部战争,斯巴达是不会参与的。我们相信,伯利克里之所以会对墨伽拉采取这样的措施,是因为希望避免与斯巴达发生战争,他当时认为这还是可以避免的。

既然伯利克里希望避免与斯巴达发生战争,那他为什么还要对墨伽拉采取行动呢?雅典人给出的正式理由有如下几条:墨伽拉人冒犯了圣地,非法侵吞边界地区未用界碑标记的土地,给逃亡的奴隶提供庇护。[①]

---

① Thuc. 1. 39. 2.

学者们通常认为，这些只不过是借口。事实也确实如此。① 自从在上次战争中重新加入伯罗奔尼撒同盟之后，墨伽拉与雅典的关系就出现了问题。同时，在公元前440年，当萨摩司与拜占庭暴动时，带头建议伯罗奔尼撒城邦出手相助的很可能就是墨伽拉人。不过，即便墨伽拉人有着种种不是，为什么雅典人要选择在这个时候采取行动，而不是更早一些，或者再晚一些呢？我们可以从柯西拉事件中找到问题的答案。前面提到，墨伽拉曾经跟随科林斯参加了柳辛宙涅战役（Battle of Leucimne）。虽然针对的不是雅典，但在公元前433年的时候，柯西拉还是雅典的盟邦。虽然斯巴达人拒绝让伯罗奔尼撒城邦卷入其中，而且其他城邦也没有再次出手帮助科林斯，但墨伽拉还是出现在了墟波塔的战场上。

墨伽拉人的选择让雅典面临一个难题。墨伽拉采取这种敌对行为，肯定引起了很多雅典人的不满。更重要的是，这意味着他们支持科林斯的政策，而非斯巴达。科林斯人希望再次将伯罗奔尼撒城邦拖入他们与雅典的冲突之中，一如他们在上一次战争中所做的那样。[-265,266-]斯巴达人则向盟邦施压，让他们不要插手。雅典人也许在想，如果不对墨伽拉人的行为进行惩罚，下次再发生冲突的时候其他城邦也许会加入科林斯的阵营。这将是件非常糟糕的事情，而且到那个时候，斯巴达再想置身事外就更难了。当时，在雅典，肯定有人主张不要采取任何行动，也肯定有人要求立即进攻墨伽拉。伯利克里再次选择了中间路线。这不是因为他天生喜欢中庸，而是基于他对时局的判断。如果科林斯一意孤行，与科林斯必有一战，但与斯巴达的战争还是可以避免的。因此，接下来所采取的措施应该对墨伽拉人造成伤害，并且让他们以及其他潜在的敌人明白，与雅典为敌必须付出怎样的代价。与此同时，在技术上绝对不可以违反和约，也不会迫使斯巴达参战。

---

① 据我所知，只有一位学者相信这些指控是真有其事（卡尔·沃克[Karl Völkl]，《莱茵博物馆》[Rheinische Museum]，第94卷，1951年，第330—336页）。沃克认为，墨伽拉人在科林斯人的怂恿下，确实犯下了这些的罪行。科林斯人希望用这种办法刺激雅典人，挑起事端。沃克的这种观点缺少说服力，但他至少承认颁布法令只是一种非常温和的手段，而非过激反应。这些问题无足轻重，即便真的存在，也不需要作出如此激烈的反应。

《墨伽拉法令》似乎正是这样一个完美的折衷方案。

有人说这道法令本身已经违反了和约。① 这正是墨伽拉人的观点。他们当时向斯巴达人抱怨,认为法令违反了公元前446/445年签订的和约。我们认为这种说法是有问题的。伯利克里曾经在一次对雅典人的讲话中,驳斥了墨伽拉人的指控。他说,和约中并未禁止采取《墨伽拉法令》之类的措施。② 伯利克里当时说的肯定不会是假话。现场有很多他的政敌,如果伯利克里在这样的事情上撒谎,他们马上就会揭穿他。③ 而且,和约也不可能保证所有签约国的自由贸易。我们手中有一些公元前5世纪时的条约,其中都没有这样的条款。最重要的是,雅典人通过的这道贸易法令只是在其自己与盟邦的领土上生效。后来,当斯巴达人要求雅典人废除法令时,伯利克里曾经出言相讥。他说,斯巴达人一直禁止外国人在其国内居住,如果斯巴达人愿意废除他们的这道法令,他就同意撤销《墨伽拉法令》。伯利克里的意思是,这两则法令都属于城邦内部事务,外邦人不得干涉。伯利克里的这种类比虽然有失偏颇,但可以肯定,公元前446/445年的和约不会禁止各个国家控制自己的贸易。正如沃克所言,这份和约既不是《凡尔赛和约》,也不是《圣日耳曼条约》。④

所以,从技术上而言,《墨伽拉法令》并没有违反和约。将安瑟莫克里图派往墨伽拉与斯巴达,是为了对雅典的行动作出合理的解释,这也是伯利克里为了说服斯巴达的另一次努力。伯利克里认为这项措施是必须的,不能撤销,但他也希望让大家明白,这并不代表雅典在实行新的扩张政策。使者的遇害(据说是死于墨伽拉人之手)加强了雅典激进派的影响力,他们希望通过《喀里努斯法令》,立即对墨伽拉发起进攻。

---

① 倪森,《历史学期刊(新编)》,第27卷,1889年,第413页;梅耶,《古代史研究》,第2卷,第303页;贝洛赫,《希腊历史》,第二版,第2卷,第1册,第293页。

② Thuc. 1. 144. 2.

③ 正如埃德科所说:"面对墨伽拉人的愤怒,伯利克里声称这道法令并没有违反《三十年和约》,我们完全可以接受他所给出的解释"(《剑桥古代史》,第5卷,第186页)。另外,亦可参见沃克,《莱茵博物馆》,第94卷,1951年,第332—333页,以及倪赛耳豪夫(H. Nesselhauf),《赫尔墨斯学刊》(Hermes),第69卷,1934年,第289页。

④ 沃克,《莱茵博物馆》,第94卷,1951年,第333页。

我们认为,伯利克里反对这个过激的提议,使其未能通过,但批准给安瑟莫克里图举行英雄式的葬礼。他对科林斯及其盟邦的态度非常坚决,对斯巴达则保持着克制,并希望取得和解。

伯利克里之所以相信自己可以维持与斯巴达的友好关系,是凭借他丰富的经验,以及他对斯巴达政治局势的了解,再加上他与斯巴达政要的个人关系。斯巴达大地震之后,黑劳士乘机造反,曾经有一位名叫伯里克莱达斯(Pericleidas)的斯巴达人率领使团,前往雅典寻求帮助。① 这位伯里克莱达斯很可能就是在公元前421年代表斯巴达签订《尼基阿斯和约》的那位雅典纳乌(Athenaeus)的父亲。② 可千万不要忽视这些名字的意义。客蒙给他的儿子[-267,268-]取名为拉栖代梦尼乌斯就有着特殊的含义。③ 伯里克莱达斯与他儿子的名字以及他们所承担的任务,都显示出他们与雅典之间的友谊。显然,一旦遇到紧急情况,斯巴达人只需要派遣这样的人向雅典人求助即可,他们就相当于现代外交意义上的"受欢迎人士"(*persona grata*)。同样,负责签订尼基阿斯和约的斯巴达人显然也是赞成与雅典和平相处的,所以可以猜测伯里克莱达斯的家人给他取这样一个名字正是因为他们与伯利克里的家庭有着某种特殊的关系。

无论如何,可以肯定的是,伯利克里与国王阿奇达慕斯关系非常密切。他们之间"互为宾友"(*xenia*),这是荷马史诗中所描写的关系,建立在彼此间的盛情款待之上。④ 他们之前的友谊非常深厚,并且广为人知,战争的爆发让伯利克里非常为难。当阿奇达慕斯率领斯巴达人入侵亚狄珈的时候,伯利克里很担心自己的这位朋友会在破坏其他雅典人的土地时却对自己的土地手下留情,"或者是出于对伯利克里的好感,或者是接到斯巴达人的命令要对他区别对待"。⑤ 因此,伯利克里

---

① Plut. *Cim.* 16.8; Aristoph. *Lysistrata* 1137 ff.
② Thuc. 4.119.
③ 厄霖博格(V. Ehrenberg),《保-威古典学百科全书》,第19卷,条目"伯里克莱达斯",第747—748页。
④ Thuc. 2.13.1—2; Plut. *Per.* 33.2.
⑤ Thuc. 2.13.1.

不得不作出公开声明。他承认自己与阿奇达慕斯是好朋友,但否认这种友谊会危害国家利益。之后,他将自己的私人财产全部充公,希望"不要因此对他产生任何的怀疑"。①

　　因为与斯巴达政要有着如此密切的关系,伯利克里一定非常清楚斯巴达人的想法。自从埃皮丹努危机第一次威胁到希腊的稳定以来,他在鸽派中的朋友一直很好地控制住了斯巴达及其盟邦,因此他相信战争是可以避免的。他选择仅仅对墨伽拉采取经济制裁,这样既不会让自己在斯巴达的朋友为难,还可以避免使雅典显得过于好战。虽然他消息灵通,行事谨慎,但事情的发展证明,伯利克里还是失算了。虽然严格说来,伯利克里并没有错,《墨伽拉法令》也没有违反和约中的任何条款,但[-268,269-]事实上,这道法令几乎等于是向斯巴达同盟的一个成员宣战。伯利克里希望那些掌权的斯巴达朋友能够对这道法令作出不同的解读。如果伯利克里的朋友依然控制着局势,那他的算盘就不会落空,但《墨伽拉法令》的颁布改变了一切。对于那些一直反对雅典帝国,反对与雅典和平共处的斯巴达人而言,《墨伽拉法令》的颁布给了他们一个有力的武器。与雅典在公元前446/445年之后采取的其他行动不同,《墨伽拉法令》可以被说成是对伯罗奔尼撒城邦的侵略。虽然雅典并没有入侵墨伽拉地区,仅仅是对一次挑衅作出了非常克制的反应,但说这些没有什么用。摆在大家面前的事实是,为了将雅典与科林斯之间的这次战争控制在局部地区,加大手中的外交筹码,伯利克里采取了一系列行动,这让很多斯巴达人感到害怕,而斯巴达的政治局势也因此发生了剧烈的变化。

　　伯利克里在雅典掌权10年,地位已经非常稳固,一切都在他的掌握之中,也许因此而思想麻痹,忘记了国内政治的波诡云谲;也许他过高估计了自己那些朋友的政治力量;也许,就像大多数政治家那样,选择相信一些自己希望相信的东西。并且,他之所以要拿墨伽拉开刀,完全有可能是受到了雅典鹰派的政治压力。当然,他拒绝了这些人更极端的要求,而是选择了一个符合自己想法的政策。如果我们对他的

---

① Thuc. 2. 13. 2.

目的作出的判断是正确的,那他的决定就是一个错误。《墨伽拉法令》将斯巴达鹰派推上了台,这样一来爆发全面战争的可能性就更大了。从这个角度看,它确实是导致战争爆发的重要原因,而修昔底德也确实低估了其重要性。

修昔底德无视《墨伽拉法令》的重要性,这令很多研究修昔底德以及战争起因的人感到困惑。这些学者提出了各种各样的解释:有人认为法令的颁布乃是出于经济目的,而修昔底德对于经济在历史中的作用不甚了解;也有人认为,《墨伽拉法令》引发了这场不幸的战争,而伯利克里需要对这则法令负责,因此修昔底德故意隐瞒它的重要性,目的是保护自己最崇拜的这位政治家;有人认为,修昔底德之所以没有把法令放在重要位置,这是因为他在写作过程中,对于战争起因的看法发生了变化,虽然他希望可以增加一些内容将自己最后的观点讲清楚,[-269,270-]却未能完成;还有观点认为,修昔底德只记录官方政策,而《墨伽拉法令》是比雷埃夫斯党强加于伯利克里的,所以修昔底德没有记录;也有人认为,这是因为修昔底德只记录那些生效的政策,而《墨伽拉法令》并没有得到执行。我们前面还提到一种观点,认为修昔底德之所以不将《墨伽拉法令》视为引起战争的重要原因,是因为早在最后危机爆发之前它就已经生效了。① 这些观点大多已经被驳得体无完肤,有些则根本不值一驳。它们都没有多少支持者。也许在这个问题上,人们永远无法达成共识,因为这个问题涉及到"修昔底德问题"的根源。这牵涉到他创作的时间和方式,他所使用的手段,他的写作目的,他的哲学观念。对这些问题进行深入研究并非我们现在的目的,也超出了

---

① 在柯恩福的著作中,虽然没有明说,但他试图用经济方面的原因来解释修昔底德在这件事上的处理手法。贝洛赫、爱德华·梅耶(《古代史研究》,第2卷,第307页)认为,修昔底德是为了保护伯利克里才这样做的。舒瓦茨(《修昔底德的历史著作》,第92—101、117—128页)认为,修昔底德中途改变了自己的想法,却没有来得及完成修订。戈姆(《修昔底德历史评注》,第1卷,第465—467页)不同意舒瓦茨的观点,他认为修昔底德并不是改变了自己的想法,而是书还没有写完就死了。柯恩福(《修昔底德在历史与神话之间》,第25—38页)认为,《墨伽拉法令》并非官方政策。伯里在《古希腊史家》(*The Ancient Greek Historians*,简装版,纽约,1958年,第91—101页)中提出用是否得到执行来划分《墨伽拉法令》与其他政策之间的区别。布伦特(《美国古典语文学期刊》,第72卷,1951年)则认为,这道法令早在最后的危机出现之前很久就已经开始生效了。

我们现有的能力。有关柯西拉问题,在雅典曾经进行过一场辩论,修昔底德记录了这次辩论。如果我们将他对那次辩论的处理手法与对这次事件的处理手法进行比较,或许可以发现一些蛛丝马迹。

我们知道,在描述那次事件时,修昔底德刻意隐瞒了一些我们非常渴望获得的信息。我们可以肯定他知道答案,却选择了隐瞒。他只说科林斯人、柯西拉人、雅典人,却从未提及某一个人或政治派别。我们知道当时雅典人对于采取何种行动存在严重分歧,并且差一点就作出了不同的决定。所有的读者都知道事实真相,并且清楚伯利克里的立场。修昔底德肯定是有意隐瞒。他对《墨伽拉法令》的处理方式与此类似。我们希望知道法令是由谁提出的,有谁反对[-270,271-],赞成与反对的双方都提出了哪些依据,还有法令通过的准确时间与目的。所有的答案修昔底德都有,但他却选择了沉默。这次他肯定又是有意为之。大家都知道法令是伯利克里提出的;修昔底德自己也清楚地告诉我们,伯利克里强烈支持这道法令。人们普遍认为,因为伯利克里提出了法令,并且拒绝撤销它,因此要对战争的爆发负责。这种观点历史悠久。公元前425年,阿里斯托芬在小酒神节(Lenaean Dionysia)上推出的《阿卡奈人》中,就已经表达了这种观点。到公元前391年,安多基德斯已经可以不假思索地说:雅典人在公元前431年是"因为墨伽拉人"而发生战争。①

我们认为,正是因为这种说法的广泛流行,修昔底德才选择用这样的手法来处理《墨伽拉法令》。梅耶曾经很精辟地指出,修昔底德对于战争原因的描述正是对流行观点的"无形反驳"。② 修昔底德坚信,从雅典成为帝国开始,战争已经不可避免。他坚信有一些不受个人控制的力量在起作用。无论各个国家的国内政治局势如何,无论哪位领导人支持何种政策,战争终将爆发。虽然他认为这是一条普遍真理,但在雅典这件事上尤其需要强调这一点,因为大家都认为,战争之所以爆发,是因为伯利克里一个人顽固坚持某项政策,拒绝撤销《墨伽拉法

---

① 安多基德斯,《演说集》,第3篇"论与斯巴达议和",第8节(And. 3.8)。
② 梅耶,《古代史研究》,第2卷,第307页。

令》,而且这种观点已经根深蒂固。在修昔底德看来,这种观点是完全错误的。虽然这道法令确实是战前采取的行动,但这场战争注定是要发生的,只是当时尚未开始。因此,在描写那次辩论时,他故意不提个人的名字,不介绍当时的国内政治斗争:他将这些隐去是因为他深信这些都是无关紧要的。他知道自己的读者不仅会注意到这些省略,而且会对此感到好奇,甚至震惊。他之所以对法令轻描淡写,也是为了表明它的不重要,这是一种非常巧妙的处理手法。他的读者那么聪明,一定会明白他的用意。

当然,我们可以不同意修昔底德的观点,尤其如果我们并不相信这场战争的必然性的话。我们[-271,272-]认为,这是伯利克里为了帮助雅典备战而采取的行动。《卡利阿法令》,加上与垒集坞、林地尼签订的条约,让佛缪率兵前往阿卡纳尼亚,派遣丢悌慕前往那不勒斯,以及向波提底亚发出最后通牒(稍后我们会介绍),所有这一切,换作任何一位雅典政治家,如果要为与科林斯的战争做好准备,同时又不想惊动斯巴达或她的伯罗奔尼撒盟邦,都会采取这些措施。《墨伽拉法令》执行的是同样的政策,只不过是一着错棋,因为人们会认为雅典是在没有受到挑衅的前提下对伯罗奔尼撒同盟中的一个城邦发起了攻击,进而威胁到了斯巴达在伯罗奔尼撒的领导地位。

## 第十六章 波提狄亚

墟波塔战役之后,雅典开始为与科林斯作战进行准备,最明显的证据就是雅典对波提狄亚(Potidaea)发出的最后通牒。波提狄亚位于连接帕勒涅半岛(Pallene)与卡尔息狄斯(Chalcidice)的地峡之上,与色雷斯和马其顿交界。波提狄亚人的身份非常特殊:一方面,他们向雅典缴纳贡赋,是雅典的盟邦;另一方面,他们又是科林斯忠实的殖民者,每年的执政官(magistrate)都是由母邦派来的。公元前433/432年冬天,大概1月份,雅典下令,要求他们将靠近帕勒涅半岛一侧的城墙拆除,同时要提供人质,将来自科林斯的执政官赶走,并且以后也不能再接受来自科林斯的执政官。① 如果波提狄亚人听从雅典的命令,他们与科林斯的关系就会疏远,以后只能任由雅典摆布。最终,波提狄亚没有接受雅典的要求,而是选择了造反,让雅典付出了沉重的代价,消耗了雅典大量的人力物力及时间。雅典出兵镇压这次起义也是迫使斯巴达参战的主要原因。我们希望知道雅典人为什么要这样做,而这次行动与他们一贯以来的外交政策又有何关系。

要想找到满意的答案,就需要 [-273,274-] 对雅典与波提狄亚在危

---

① Thuc. 1.56;有关此次事件的日期,参见布索特,《希腊历史》,第3卷,第2册,第793、799页,注释1;有关从埃皮丹努(Epidamnus)事件开始,直到斯巴达人入侵亚狄珈地区之间发生的事情的时间顺序,参见戈姆,《修昔底德历史评注》,第1卷,第196—198、222—224、421—425页。基本上,我采用的是戈姆给出的时间顺序(第424—425页)。亚历山大(J. A. Alexander,《波提狄亚:历史与遗存》[*Potidaea*],第66页,注释16)反对戈姆的时间顺序,他在注释里面详尽列出了相关的文献资料。

机爆发之前的关系有所了解。遗憾的是,我们唯一可以找到的文字资料全部来自修昔底德,而他所说的与我们想知道的相去甚远。除此之外,我们还找到了一些碑铭,其中包括贡赋列表,但是这些证据残缺不全,只是一些片段,很难理解。不过,这些碑铭倒是提供了有关战争爆发的重要信息,而修昔底德没有掌握这些信息,或者是他隐瞒了这些信息。

波提狄亚是沛连德(Periander)的后代在公元前7世纪末建立的一个科林斯殖民地。① 在普拉提阿战役中,波提狄亚人加入了希腊军队。因为波提狄亚在萨拉米斯战役之后脱离了波斯的控制,因此我们认为,普拉提阿不久就加入了提洛同盟,并且支持雅典成为同盟的领袖。② 最初他们可能只负责提供船只,因为直到公元前445/444年,波提狄亚人才出现在纳贡名单中。③ 我们相信,波提狄亚在造反之前,一直很好地履行了自己对雅典以及科林斯的义务,并无冲突。即便在第一次伯罗奔尼撒战争期间,当盟主与母邦公开冲突时,也没有任何证据显示波提狄亚卷入其中。④

至于波提狄亚在两次伯罗奔尼撒战争之间的情况,我们只能依赖那些残缺不全的贡赋清单进行判断。公元前445/444年,波提狄亚缴纳了6塔伦特,并且之前那一年,波提狄亚可能也是缴纳了同样数目,因为那年是一个核算周期的开始。公元前444/443年,公元前443/442年,公元前440/439年,以及公元前435/434年,在这几年中,波提狄亚缴纳的贡赋金额是一样的,所以可以推断,在记录缺失的那几年中,波提狄亚也按时缴纳了同样数目的贡赋。公元前434/433年的清单上刻有波提狄亚的名字,但具体的数目已经不见了。在接下来的那

---

① 参见《希腊史撰残编》(FGrH),第2卷,A册,第358条,大马士革的尼各劳斯残编第59条(Nic. Dam.);亚历山大,《波提狄亚:历史与遗存》,第16页及注释21。
② Hdt. 8.126—129;9.28;《雅典贡赋表》,第3卷,第223页。
③ 《雅典贡赋表》,第3卷,第58、238及249页以下;亚历山大,《波提狄亚:历史与遗存》,第41—42页。《雅典贡赋表》的作者将波提狄亚加到公元前446/445年的名单里,因为他们认为这是一个核定期的开始。他们也许是对的,但是在同一个核定期内贡赋金额产生变化的情况也并不少见。
④ 《雅典贡赋表》的作者们(《雅典贡赋表》,第3卷,第321页,注释88)认为,埃斯库罗斯(Aeschylus)于公元前458年上演的作品《复仇女神》(Eumenides)的第292—296行与第762—774行所指的有可能就是这次战争。这种想法想象力过于丰富。

一年,[-274.275-]波提狄亚缴纳了 15 塔伦特。之后发生了起义,波提狄亚便从贡赋清单上消失了。①

在对这些证据进行解释之前,我们必须将波提狄亚的遭遇与邻邦的遭遇作个比较。位于帕勒涅半岛上的阿斐堤(Aphytis)在公元前 5 世纪 40 年代时才缴纳 1 塔伦特,但到公元前 435/434 年,增加到 3 塔伦特。当然,也许早在公元前 438/437 年,就已经是这个数目了。蒙岱(Mende)在公元前 440/439 年只要缴纳 5 塔伦特,到公元前 438/437 年时,增加至 8 塔伦特,之后就一直维持这个数目,直到该城邦暴动叛乱。司基昂(Scione)一直缴纳 6 塔伦特,但在公元前 435/434 年,也提高到 15 塔伦特。② 可以肯定的是,其他城邦的贡赋并没有发生变化。此前,帕勒涅半岛上的城邦缴纳的贡赋也确曾出现过波动。阿斐堤的贡赋在减为 1 塔伦特之前曾经缴纳过 3 塔伦特。蒙岱在公元前 451 年的时候是 8 塔伦特,公元前 446 年与前 445 年是 15 塔伦特,在公元前 443 年的时候是 5 塔伦特,公元前 442 年是 9 塔伦特,公元前 439 年为 5 塔伦特,到公元前 437 年进行核定之后,就维持在 8 塔伦特。司基昂所缴纳的贡赋之所以会突然增加,有可能是石匠的笔误,但这种可能性不大。③ 除了这唯一的例外,帕勒涅半岛的 4 个城邦的贡赋在公元前 5 世纪 30 年代的增加显示出某种规律性。

在同一时间,帕勒涅半岛北面的波堤喀地区(Bottice)城邦的贡赋缴纳情况也出现了类似的规律,由此可以看出这种规律的重要性。公元前 434/433 年,位于当地的斯巴陀庐(Spartolus)的贡赋从 2 塔伦特增加至 3 塔伦特,而且附近其他波堤喀小镇也开始被要求交钱。结果是,波堤喀的贡赋翻了一番。④ 仅凭手中这些不完整的证据,很难作出

---

① 《雅典贡赋表》,第 3 卷,第 64—65 页,第 321 页及注释 89。
② 戈姆,《修昔底德历史评注》,第 1 卷,第 211 页。
③ 《雅典贡赋表》(第 3 卷)的作者们(第 64—65 页)持这种观点。戈姆(《修昔底德历史评注》,第 3 卷,第 608 页)认为,这种观点很有"吸引力"。我觉得这种情况存在的可能性不大。在一份如此重要的公开文件中,如果真有这样的错误,怎么可能没人发现,又怎么可能一直没有得到更正。我认为必须依照原来的文字去解释,不需要进行任何更正。也许在处理碑铭时也应该像处理抄本那样,遵循"异文从难"原则(*lectio difficilior*)。
④ 《雅典贡赋表》,第 3 卷,第 319 页。

可靠的判断。不过,这至少表明,在公元前5世纪30年代,尤其在后5年中,雅典人在帕勒涅半岛以及波堤喀地区增加了贡赋。《雅典贡赋表》的作者们进一步推断,[-275,276-]当时雅典在马其顿附近的其他地区也增加了贡赋。虽然这方面的证据更少,但他们的观点很可能是正确的。①

人们很容易会将这些与在西方发生的事件联系在一起,认为这证明伯利克里是个很有远见的人,似乎他已经预见到了即将发生的战争,正在做着经济上的准备,但千万不要有这种想法。这些行动早在公元前438年就开始了,而当时埃皮丹努事件尚未发生。之后不久,当伯罗奔尼撒城邦开会讨论如何应对萨摩司事件时,科林斯人还表现出非常克制的态度。贡赋的增加全部发生在墟波塔战役之前。② 东北地区发生的事情与埃皮丹努或者柯西拉(Corcyra)毫无关系,也不是在为全面战争的爆发做准备。要解释这些事件,必须将目光转向邻近地区,转向雅典与马其顿的历史关系。

前面提到,雅典对马其顿不断壮大的实力感到担忧。③ 在波提狄亚叛乱之前,雅典人曾经与刚刚即位的沛耳狄喀二世(Perdiccas II)结盟,而他大概是在公元前5世纪中叶即位的。④ 萨摩司与拜占庭先后叛乱,之后在东北地区又出现了问题,于是雅典人决定采取更强硬的措施来削弱色雷斯诸部落与马其顿王国的实力。雅典人在安菲玻里与布

---

① 《雅典贡赋表》,第3卷,第318—319页。
② 前提是我们同意《雅典贡赋表》的作者们与戈姆的观点,将波提狄亚贡赋改变的时间定在公元前434/433年。
③ 见本书第十一章,第182页(原书页码)。
④ Thuc. 1. 57. 2: ξύμμαχος πρότερον καὶ φίλος ὤν(先前是盟友),据此可知,早在公元前433年之前,沛耳狄喀就已经成为雅典的盟友。《希腊铭文集成》($IG\ I^2\ 71$)中的一条铭文,保留了雅典与沛耳狄喀签订的一份协议的部分文本,该铭文的编辑将这则铭文的时间推断为公元前423/422年。该铭文在《希腊铭文补遗》(SEG X 86)中再次发表的时候,编辑依然将时间推断为423/422年。但是,《雅典贡赋表》(第3卷,第313页及注释61)的作者认为,该铭文的时间应该是在安菲玻里建立的时候,并且我们所见到的这份文件就是最初签订的协议,而非后来"拼凑而成"。不过,他们并没有解释为什么将这份协议的签订时间推断公元前436年。我认为雅典人应该是在沛耳狄喀登基之后不久与他结盟的,目的是为了稳住他。至于在布雷亚(Brea)与安菲玻里建立殖民地,则应该是雅典与沛耳狄喀结盟很久之后才发生的事情。

雷亚建立殖民地。到公元前436年，这两个殖民地都成为了雅典在马其顿边界上的要塞。[-276,277-]沛耳狄喀也许觉得雅典这样做并不符合一个朋友及盟邦的身份。于是，他开始反思自己与雅典的结盟，并采取了一些行动，使自己失去了雅典人的信任。我们不知道他究竟做了什么，总之，在公元前433年前的某个时候，雅典人再次改变了他们对马其顿的策略。他们撕毁了与沛耳狄喀订立的协议，改为与沛耳狄喀的弟弟腓力普（Philip），以及他的侄子德尔达（Derdas）达成协议。① 雅典人似乎放弃了原来对马其顿所采取的压制政策，尝试对她进行分裂与征服。

要支持腓力普、德尔达去与沛耳狄喀进行斗争，就需要钱。因为这是为了保护雅典在马其顿附近的盟邦，因此有理由要求当地比较富裕的城邦缴纳更多的保护费。我们可以推断，这就是帕勒涅半岛与波堤喀地区城邦贡赋金额增加的原因。七年战争（Seven Years' War）之后，英国在美洲的殖民地也曾经采取过类似的措施。英国参加这场战争很大程度上就是为了保护自己的殖民者，不让他们受到来自法国人以及印第安人的威胁。在完成这一任务之后，英国觉得自己有权要求当地殖民者缴纳更高的保护费，但那些殖民者并不这么看，他们认为新征收的费用缺乏正当理由，是一种非常霸道的行为。我们认为，对于雅典人提出的要求，其盟邦的感受一定与英国殖民地的感受类似。然而，尽管这些盟邦心里窝火，但是并没有采取任何行动。英国离美洲很远，但雅典却离这些盟邦很近，他们的城邦完全暴露在雅典强大的舰队的威胁之下。并且，雅典在附近的安菲玻里与布雷亚都有驻军。这些盟邦可能会心怀不满，但如果没有强有力的外援，这些城邦是不会采取任何行动的。

---

① 修昔底德（Thuc. 1.57.2—3）说，沛耳狄喀与雅典交恶是在雅典与腓力普及德尔达的协议签订之后，而原因正是这份协议。ἐπολεμώθη δὲ ὅτι Φιλίππῳ τῷ ἑαυτοῦ ἀδελφῷ καὶ Δέρδα κοινῇ πρὸς αὐτὸν ἐναντιουμένοις οἱ Ἀθηναῖοι ξυμμαχίαν ἐποιήσαντο：
"柏第卡斯（沛耳狄喀）仇恨雅典，因为雅典和他的兄弟腓力（腓力普）以及得达斯（德尔达）订立同盟，他们联合起来反对柏第卡斯（沛耳狄喀）"（校对者注，译文引用自谢德风，第42页）。我认为，他对雅典的敌意是在安菲玻里建立之后不久产生的，而雅典与腓力普及德尔达之间的协议早在公元前435年就签订了。

同样地,沛耳狄喀就算再愤怒,也没有办法单独行动。雅典实力如此强大,又没有其他事情分心,而[-277,278-]他自己的弟弟与侄子还在一旁虎视眈眈。因此,他一直恪守和约,等待着机会的到来。墟波塔战役发生之后,雅典与科林斯似乎将会发生冲突,于是沛耳狄喀决定利用这次机会。早在雅典人向波提狄亚发出最后通牒之前,沛耳狄喀就已经采取过一些偷偷摸摸的行动。现在,他终于有勇气采取公开的行动了。① 沛耳狄喀派出使者前往斯巴达,试图说服斯巴达对雅典宣战。他还与科林斯商量,试图煽动波提狄亚造反,希望借此将科林斯拉到自己一方。他接触了居住在卡尔息狄斯的色雷斯人,以及居住在热城湾(Thermaic Gulf)北岸的波堤崖人,邀请他们参加与雅典的战争。他成功地引发了一波声势浩大的起义浪潮,而帮助他做到这一点的无疑正是雅典人向波提狄亚发出的最后通牒。

伯利克里领导之下的雅典人为什么会采取这样的行动呢?修昔底德说,在墟波塔战役之后,科林斯人公开表露了自己对雅典的敌意,并且正在准备采取报复行动。② 公元前433年夏天,在雅典发表演讲时,科林斯人威胁要在雅典的盟邦中制造混乱,挑起事端。③ 正是因为担心科林斯人与沛耳狄喀会说服波提狄亚造反,雅典人才提出了如此苛刻的要求。要想理解对波提狄亚发出的最后通牒,就必须同时考虑雅典在墟波塔战役与公元前432年夏天的斯巴达大会之间所采取的其他措施,尤其是《墨伽拉法令》。这则法令大概是在发出最后通牒之后不久通过的。雅典采取这两项措施,是在意识到有可能与科林斯爆发战争之后。雅典采取这两项措施,是希望可以阻止科林斯扩大冲突区域,不让科林斯获得盟邦支持。如果沟通得好,这两件事情应该都不会惊动斯巴达。与《墨伽拉法令》一样,给波提狄亚的最后通牒并非雅典可以采取的最激进措施。如果雅典希望一劳永逸地解决波提狄亚问题,就会在发出最后通牒的同时派遣一支舰队[-278,279-]前往当地;或者

---

① Thuc. 1.56.2.
② Thuc. 1.56.2; 1.57.1.
③ Thuc. 1.40.6.

至少可以从安菲玻里派出军队将波提狄亚的城墙推倒。事实上，虽然雅典人早在初冬的时候就提出了自己的要求，却等到春天才采取行动。并且，他们只是给带队前往马其顿的指挥官临时增加了任务，而当时这支部队已经在前往马其顿的路上了。接下来发生的事情显示，雅典人没有预料会出现任何麻烦，所以当他们发现波提狄亚已经发生叛乱时，根本无法应付当时的局面。

与《墨伽拉法令》一样，给波提狄亚的最后通牒在某种程度上也是对科林斯的一种挑衅。《墨伽拉法令》是对那些想与科林斯结盟的城邦的警告，而最后通牒则是对雅典帝国中企图制造麻烦的其他盟邦的警告。最后通牒与《墨伽拉法令》还有一个共同点：这也是一次严重的判断失误。雅典本来希望这是一场与科林斯的局部战争，最终却演变成了雅典与斯巴达同盟的全面战争。

当波提狄亚人在公元前 433/432 年的冬天收到雅典人的要求之后，他们开始通过外交手段保护自己的自治权利。他们派出使者前往雅典，试图说服雅典人收回成命。谈判持续了很久，也许进行了整个冬天，但并没有为波提狄亚争取到任何有利的结果。相反，这让雅典人意识到自己的要求可能会得不到满足，于是在春天的时候，他们给带队前往马其顿的指挥官下达命令，要求他们顺道对波提狄亚采取行动。①

然而，波提狄亚人的决心比雅典人预料的更坚定，他们已经预见到了雅典人的拒绝，并开始采取对策。在派遣特使前往雅典的同时，他们还派人前往伯罗奔尼撒。在同族的科林斯人的陪同下，他们前往斯巴达，希望可以在需要的时候得到斯巴达人的帮助。他们与 5 位监察官（ephors）进行了会面，得到了肯定的答复。② 斯巴达的监察官们向他们承诺，[-279,280-]一旦雅典人攻打波提狄亚，斯巴达马上进攻亚狄

---

① Thuc. 1.57.1.
② 修昔底德(Thuc. 1.58.1)说，接见他们的是 τὰ τέλη，决策部门。布索特与所柏答（《希腊治国方略》，第 2 卷，第 687 页及注释 4)指出，τὰ τέλη 并不总是用来指称监察院。该词有时候指监察官与公民大会，有时候指监察官与贵族议事会。在这件事情上，参与会谈的很可能是监察官与贵族议事会，但对波提狄亚作出承诺的[-279,280-]只能是监察官。该承诺最终未能兑现，这足可证明公民大会并没有参与这些会谈。

珈。这批监察官是在公元前433年春天上任的,这意味着早在雅典与柯西拉结盟以及墟波塔战役之前,他们就已经当选。① 所以,我们没有理由认为,这些监察官是基于其反雅典立场才当选的。然而,这次战役的结果,以及雅典此后采取的行动,改变了他们的态度。在阅历足够而又对雅典没有特别恶意的斯巴达人眼里,雅典采取的每一个措施,单独看来,似乎都是可以理解、没有敌意的。不过,在一些对雅典并无好感的斯巴达人看来,雅典人在墟波塔战役之后所采取的措施,尤其是《墨伽拉法令》以及给波提狄亚的最后通牒,只能证明这是一个危险的城邦,她专横跋扈,侵略成性。

从这些监察官答应进攻亚狄珈可以看出,早在公元前433/432年冬天,斯巴达就存在着一股不容小觑的鹰派势力。不过,斯巴达人没有兑现自己的诺言,这也证明在公元前432年春天的时候,鹰派依然还只是少数。即便到了公元前432年夏天,在斯巴达人投票决定参战前夕,当时雅典的制裁已经对伯罗奔尼撒盟邦造成了严重影响,并且雅典人还攻打了一个斯巴达监察官承诺要保卫的城邦,结果还有很多斯巴达人选择支持和平,反对对雅典采取行动,但雅典人的所作所为却让这部分人逐渐减少。

雅典人讨伐沛耳狄喀的舰队大概是在公元前432年的4月中旬驶离港口。这支军队由30艘船与1000重装步兵组成,带队的是吕珂墨得之子阿奇斯特拉图斯(Archestratus son of Lycomedes)以及另外4位将军。② 这位阿奇斯特拉图斯可能就是当年与伯利克里和埃斐亚提斯(Ephialtes)联手攻击战神山议会的那位阿奇斯特拉图斯。如果确实如此,那在公元前446/445年,提议对约束雅典与喀耳基司关系的法令进行修改的也应该是他。③ [-280,281-]任命一位经验丰富,值得信赖

---

① 有关这些监察官的上任时间,参见布索特与所柏答,《希腊治国方略》,第2卷,第686页及注释5。
② Thuc. 1. 57. 6.
③ 关于与战神山议会作对,参见亚里士多德《雅典政制》(Arist. *Ath. Pol.* 35. 2);关于《喀耳基司法令》,参见《希腊铭文集成》或《希腊铭文选辑》:*IG* I² 37 = Tod 42。布索特(《希腊历史》,第3卷,第2册,第795页,注释1)认为,[-280,281-]这两位阿奇斯特拉图斯"完全可能"就是同一个人。戈姆(《修昔底德历史评注》,第1卷,第208页)认为,这个名字很常见,所以无法认定这是同一个人。

的人来解决东北地区出现的难题,这完全符合伯利克里在这个时期的风格。伯利克里让阿奇斯特拉图斯在执行马其顿任务的同时,顺道"让波提狄亚人提供人质,把他们的城墙拆掉,同时要看住周边城邦,不让她们造反",但伯利克里似乎低估了阿奇斯特拉图斯将会遭遇的麻烦。①

波提狄亚人也在抓紧时间备战。他们知道雅典军队即将杀到,而斯巴达人已经承诺出手相助,于是他们宣布与雅典断绝关系。与此同时,他们与卡尔息狄斯以及波堤喀的城邦结成同盟,而这些城邦也加入了他们的起义。这正是沛耳狄喀盼望的机会。他马上开始行动,说服住在海边的卡尔息狄斯人放弃自己的城市,并将城市摧毁,因为他们完全暴露在雅典舰队的攻击之下。沛耳狄喀让海边的卡尔息狄斯人迁往内陆的奥林索斯(Olynthus),使得奥林索斯自身成为一个强大的城邦。作为回报,沛耳狄喀会在他们与雅典开战时,将自己的一些土地分给他们。②

雅典舰队抵达色雷斯海岸时,发现波提狄亚已经叛变。将军们很快意识到,他们现有的兵力无法同时完成两项使命。于是,将军们决定暂时放过波提狄亚,他们与腓力普以及德尔达联手,对沛耳狄喀发动了进攻。当时,德尔达的军队已经从西面进入马其顿。③ 从雅典军队的人数可以看出,伯利克里之前并没有预料到波提狄亚会对他的要求作出如此反应。如果早就料到是这样的结果,他当时就会将后来增援的部队一起派出。如果早派出足够兵力,波提狄亚也许早就投降了,雅典可以少死很多人,少花很多钱,也不会浪费两年的时间。

与当年的《墨伽拉法令》一样,伯利克里以为[-281,282-]向波提狄亚发出的最后通牒不会引起任何麻烦。他期望波提狄亚人马上按照雅典的要求去做,就像当年任由雅典将他们的贡赋提高150%。波提狄亚确实曾经派出特使提出抗议,但在公元前432年3月之前,他们都表

---

① Thuc. 1.57.6.
② Thuc. 1.58.2.
③ Thuc. 1.59.2;戈姆,《修昔底德历史评注》,第1卷,第212页。

现得非常听话,因为那个月他们还缴纳了15塔伦特。如果早就决定要造反,那应该是在交钱之前就采取行动。伯利克里向阿奇斯特拉图斯发出新的指令,要求他们顺便执行对波提狄亚的最后通牒时,并没有派兵增援他们,因为他根本不知道斯巴达的监察官已经向波提狄亚人作出了非正式的承诺。他肯定知道,要让波提狄亚人乖乖听话,必须得给他们一点颜色瞧瞧,但他并没有想到要真的动武。结果阿奇斯特拉图斯遭遇了顽强的抵抗,而且卡尔息狄斯地区发生了大规模的叛乱,沛耳狄喀还插手其中,伯利克里别无选择,只有增派军队,而这与他最初的设想是完全不同的。伯利克里本以为波提狄亚人会恢复理智,意识到他们的目的是不可能实现的;伯利克里没有正确估计背水一战的人在绝望时所能爆发出来的勇气。

当科林斯人听说波提狄亚已经起义,并且雅典已经派出军队前往当地,他们决定出手相助。不过,即便此时,他们还是不愿意违反《三十年和约》,没有采取正式行动。科林斯人组织了一支民间的"志愿军",由科林斯将军阿狄满图之子亚里斯忒乌(Aristeus son of Adimantus)率领。亚里斯忒乌是波提狄亚人的老朋友,并且深受科林斯人尊敬。正是因为有他带队,才会有这么多科林斯志愿者参加,另外科林斯还出钱雇佣了一些伯罗奔尼撒人。总共是1600名重装步兵,400名轻骑兵。① 科林斯人如此小心地避免违反和约,这说明他们非常清楚斯巴达当时的国内舆论以及政治形势。他们明白,斯巴达的鹰派需要找到借口去说服那些不愿参战的斯巴达人支持他们。因此千万不能让人认为是科林斯而非雅典违反了和约。[-282,283-]亚里斯忒乌率领志愿军出征也是为了向外界说明:科林斯并没有正式参战。波提狄亚起义之后的第40天,大概在5月底,亚里斯忒乌率领的军队抵达色雷斯。②

---

① Thuc. 1. 60.
② Thuc. 1. 60. 3;戈姆,《修昔底德历史评注》,第 1 卷,第 425 页。修昔底德并没有清楚写明这支军队是怎样到达色雷斯的。戈姆(《修昔底德历史评注》,第 1 卷,第 213 页)认为,他们走的是陆路,而亚历山大(《波提狄亚:历史与遗存》,第 67 页及注释 22)认为,他们走的是海路。无论是陆路,还是海路,行军都很不容易。

雅典人听说在波提狄亚、卡尔息狄斯及相邻地区都发生了叛乱,而且亚里斯忒乌已经率军出征,他们很快意识到了问题的严重性。于是,雅典人派出2000名重装步兵,还有40艘战舰,由卡里亚德斯之子卡利阿(Callias son of Calliades)率领。他是伯利克里的另外一位心腹。抵达之后,他们发现阿奇斯特拉图斯的军队已经占领了热城(Therme),正在围困皮德纳(Pydna),于是马上参战。不过,卡利阿所接到的命令与阿奇斯特拉图斯的肯定是不一样的。伯利克里现在已经知道,雅典靠近色雷斯地区的盟邦有可能发生大规模叛乱,这个威胁比沛耳狄喀更可怕。卡利阿肯定被告知,他的首要任务是拿下波提狄亚。因此,雅典人迅速与沛耳狄喀达成协议,重新结盟。① 这是双方为了自身利益而采取的权宜之计。雅典人放弃对马其顿重镇的围困,不再追究沛耳狄喀的罪责,至少暂时如此。沛耳狄喀肯定对此感到非常满意,而雅典人也很高兴可以结束与马其顿的战斗,将所有兵力用来对付波提狄亚。双方都认为这种结盟只是暂时性的,必要的时候可以随时终止。

于是,雅典的3000重装步兵,加上来自盟邦的援兵,以及600名马其顿骑兵,立即从皮德纳启程,赶往波提狄亚,而70艘战船则沿海岸航行。在波提狄亚,亚里斯忒乌被选为步兵指挥官,而沛耳狄喀已经撕毁协议,结束了与雅典的结盟,他被选为骑兵统帅。[-283,284-]这次战役大约发生在6月中旬,②我们无需关注其细节,只需要知道,虽然亚里斯忒乌率领的科林斯志愿军打败了自己这一侧的敌军,但在另外一侧,雅典人却取得了胜利,迫使敌人退回到波提狄亚的城墙之后。③ 雅典人占领了城外的阵地,并在那里树立了一个纪念胜利的标志。波提狄亚损失了将近300人,而雅典人的损失只有他们的一半,其中包括他们的将军卡利阿。④

---

① Thuc. 1. 61. 1—3.
② 戈姆,《修昔底德历史评注》,第1卷,第425页。
③ Thuc. 1. 62.
④ Thuc. 1. 63. 大英博物馆现存有一块墓碑,铭文参见《希腊铭文集成》或《希腊铭文选辑》(IG I² 945 = Tod 59)。这块墓碑属于一位雅典人。他也许就是在这次战役中阵亡的,但也可能是在后来的围歼战中阵亡的。参见戈姆,《修昔底德历史评注》,第1卷,第220页。

在公元前5世纪，没有人可以攻下一座有围墙保护的城池，所以雅典人只能选择围城。不过，他们很快发现，仅凭当时的兵力，根本无法完成封锁。直到后来佛缪（Phormio）率领1600名重装步兵前来增援，才最终形成了合围。① 亚里斯忒乌表现得非常英勇，他率领科林斯志愿军，冲破了雅典人的防线，进入城里与波提狄亚人会合。他意识到，如果没有来自外部，尤其是如果没有来自伯罗奔尼撒的支援，这个城是守不住的。亚里斯忒乌发现，只要一小股部队就可以守住波提狄亚，于是便溜出城，希望开展一些更有意义的工作。亚里斯忒乌一边在卡尔息狄斯给雅典人制造了很多的麻烦，一边还与伯罗奔尼撒城邦进行了谈判，希望他们能够出手相助。②

这些事情再次证明，伯利克里对于波提狄亚所发生的一切缺乏准备。每个阶段所发生的事情都是他没有预料到的，而每当有新的情况发生，伯利克里就不得不增加雅典兵力的投入。从事件的进程可以看出，伯利克里事先并没有计划在卡尔息狄斯进行一次大规模的军事行动，只是对突发事件作出必要的反应。最初，伯利克里希望通过发出最后通牒控制住波提狄亚的局势，从而避免当地其他盟邦出现类似问题，而这种想法是错误的。伯利克里让前往马其顿的军队顺道展示一下武力，以为这就足以让波提狄亚就范，看来也是错了。接着，伯利克里派卡利阿前去增援，没想到需要围城，人手不足，只好再派佛缪率军增援。到公元前432年夏天，在波提狄亚参与围城的部队除了4600名雅典重装步兵，还有大量来自盟邦的军队。如果伯利克里知道很快要与斯巴达开战，或者说，他希望引发与斯巴达的战争，那他在波提狄亚采取的行动是不可理喻的。战争爆发之后，伯利克里所采用的战略就是打持久战。他希望进行严格意义上的防御战，不要冒险出击，因为这样会消耗财力，并且尽量不让自己的军队卷入战斗；而围困波提狄亚动用了大量的军队，陷在那里两年多的时间，耗费了2000塔伦特。③

---

① Thuc. 1.64.
② Thuc. 1.65.
③ Thuc. 2.70.1—3.

因此，向波提狄亚发出最后通牒并不是为了惊动斯巴达人；然而，事态发展到公元前432年的夏天，已变得非常不同。虽然科林斯人与雅典人再次发生冲突，但因为科林斯没有正式参与，所以完全可以选择置之不理。另一方面，这些小城邦只是希望获得自由与自治，雅典却出动陆地与海上力量，对她们大打出手。如果将《墨伽拉法令》与雅典向波提狄亚发出的最后通牒联系在一起，也许可以让人们对雅典在柯西拉事件中的表现产生不同看法。当时的冲突与雅典人无关，他们完全可以置身事外，可他们却不请自来，还粗暴干涉。那些仇视雅典的人完全可以将这些事情放在一起，将雅典描绘成一个刚愎自用、侵略成性的城邦，对所有希腊人的自由都是一种威胁，其中也包括斯巴达。在波提狄亚事件中，雅典付出的最大代价也许不是军事与经济上的，而是心理上的。也许正是因为这件事，斯巴达的鹰派才获得了足够多的支持，进而左右了斯巴达的政策。

# 第十七章 斯巴达

　　雅典人对波提狄亚(Potidaea)的包围进一步激怒了科林斯人,他们现在更急于将斯巴达拖入这场战争之中。被围歼的城中有科林斯公民,而这座城邦随时可能失守,科林斯忠实的殖民地也有可能遭到雅典的报复。科林斯急忙向伯罗奔尼撒盟邦求助,希望他们出面去找斯巴达。在派出代表的城邦中也包括了埃基纳(Aegina)。因为害怕雅典,所以埃基纳人只敢偷偷行动。他们迅速加入科林斯人,一起劝说其他与会的城邦,说雅典已经违反和约。① 需要强调的是,即便到了这个时候,能够迫使斯巴达人采取行动的,仍然只有科林斯人。斯巴达是唯一一个可以召集所有盟邦开会的城邦,却并没有这样做。于是,科林斯人决定出面邀请那些愤愤不平的盟邦前往斯巴达,向斯巴达施加压力。

　　这个办法果然奏效。公元前432年7月,监察官邀请所有的盟邦,以及其他对雅典感到不满的人,参加斯巴达公民大会。② 有一点非常

---

① Thuc. 1.67.1—3.
② 我们这里依据的是保存状况最佳之抄本 A、B、E、F、M 抄本上的文本(Thuc. 1.67.3): *οἱ δὲ Λακεδαιμόνιοι προσπαρακαλέσαντες τῶν ξυμμάχων καὶ εἴ τίς τι ἄλλο ἔφη ἠδικῆσθαι ὑπὸ Ἀθηναίων, ξύλλογον σφῶν αὐτῶν ποιήσαντες τὸν εἰωθότα λέγειν ἐκέλευον.* 籁司柯(Reiske)推测,应该将 *ἄλλο* 改为 *ἄλλος*,克拉森(Classen)和史度普(Steup)的文本采信这种观点,还有其他学者也采信了这种观点。在C抄本和G抄本上,这段文字在 *ξυμμάχων* 后面有一个 *τε*。琼斯(Jones)认为应该采信C、G两个抄本的读法。胡德(Hude)接受C、G两个抄本的读法,认为 *ξυμμάχων* 后面存在一个 *τε*,同时也接受籁司柯的推测,认为应该把 *ἄλλο* 改为 *ἄλλος*。戈姆(《修昔底德历史评注》,第1卷,第226页)的注释似乎并没有那么有用,因为看起来,戈姆的意思是,从 A、B、E、F、M　（转下页注）

重要：这并非[-286,287-]伯罗奔尼撒同盟的会议，只是斯巴达人的一次大会，其中邀请了外邦人提供证据与其他信息。斯巴达的公民显然并不想参战，于是这些监察官希望通过此次会议，改变他们的想法。因此，任何投诉都将有助于实现这一目的，无论投诉是否来自盟邦。埃基纳就不是盟邦，但埃基纳的投诉可以帮助这些监察官以及鹰派达到自己的目的。① 同样，无论雅典是否违反了《三十年和约》，这些投诉都可以煽起斯巴达人心中的怒火。

在所有的发言者中，墨伽拉人的不满最大，这主要是因为《墨伽拉法令》。科林斯人很狡猾，他们让其他人先发言，把斯巴达人的情绪煽动起来，然后自己再出场。因为听众是斯巴达人，所以科林斯人的主要目的就是说服斯巴达的鸽派以及那些在战争与和平之间摇摆不定的斯巴达人，让他们选择与雅典绝交。② 鹰派当然早已接受了这个观点。科林斯人现在需要做的是，对斯巴达的和平共处政策进行批判，并且指出如果不马上终止这项从公元前445年开始的政策，还会给斯巴达带来更大的危害。另一方面，他们还需要吓唬斯巴达，因为似乎只有恐惧才能让斯巴达行动起来。但是斯巴达人并不信任科林斯人，对他们存有戒心，所以科林斯人面临着不小的困难，但他们还是希望通过自己的发言实现这两个目的。[-287,288-]

科林斯人略带无礼地抱怨，虽然他们不断提醒斯巴达人小心雅典的阴险，斯巴达人却不予理会，因为斯巴达人认为科林斯人这样做是别

---

（接上页注）抄本中的文本读不出邀请了两个[-286,287-]城邦集团——也就是斯巴达盟邦及其他城邦——来参会，但很明显，其他人的读法，无论是哪种读法，都可以表达这个意思。除了自己的盟邦之外，斯巴达人确实还邀请了其他城邦。我们认为他们邀请了所有对雅典不满的城邦，而不仅仅是那些认为雅典违反了和约的城邦。

① 戈姆《修昔底德历史评注》，第1卷，第225—226页）与麦克道威尔（D. MacDowell，《希腊研究期刊》，第80卷，1960年，第118—121页）认为，埃基纳并非斯巴达同盟的成员。可以将他们的观点与莱西（D. M. Leahy，《古典语文学》，第49卷，1954年，第232—243页）的观点进行比较。

② 对于这则演说辞的记载，我们没办法像采信修昔底德所记载的雅典演说辞一样采信之，因为在雅典发表的那些演说辞，他是亲耳听到过的。当然，他完全可以从听取了全部演说的在场雅典使节那里得知当时的情况（Thuc. 1. 72. 1；戈姆《修昔底德历史评注》，第1卷，第233页）。因此，我们有足够理由相信，修昔底德所记录的科林斯人的演讲与事实非常接近。

有用心。在这一点上，斯巴达人的看法是对的。前面说过，雅典人的行动并没有直接伤害到斯巴达的利益。①《墨伽拉法令》及波提狄亚事件都是科林斯自己与雅典冲突的结果。斯巴达人非常清楚，一直以来，科林斯人就喜欢利用斯巴达同盟为科林斯的利益服务。要想成功说服斯巴达人，科林斯人必须先消除他们的这种成见。

科林斯人说，斯巴达人之所以没有采取任何行动，是因为怀疑科林斯的动机，但这种怀疑是没有道理的，并且很危险。之所以说它没有道理，是因为雅典人的无礼与野心现在已经表露无遗。雅典人已经占领了一些城邦——这大概是指埃基纳。他们一直在为战争做准备，马上就要占领更多的城邦，其中包括斯巴达的盟邦——这指的应该是墨伽拉。斯巴达人对科林斯人的猜疑，以及因此而造成的延误让伯罗奔尼撒人付出了沉重的代价。柯西拉（Corcyra）本可以提供一支庞大的舰队，现在已经落入雅典人手中；波提狄亚本可以成为他们在色雷斯的重要根据地，现在也已经陷入重围。②

科林斯人将这些都怪在了斯巴达头上，但他们显然只是将矛头指向制定政策的鸽派。他们对这项政策的历史进行了简短的回顾。斯巴达人容许雅典在波斯战争之后加固城墙，然后又让他们修建了长墙，使得整个城邦固若金汤。尽管斯巴达有过光荣的历史，是希腊的解放者，但因为这项消极政策，她也应该为整个希腊的沦陷承担责任，因为她虽然有能力阻止这一切的发生，却选择了不作为。现在，雅典的实力已经增强了一倍（这肯定是指其获得了柯西拉的舰队），而斯巴达依然没有采取任何行动。当年就是因为斯巴达的消极，波斯人才会打到伯罗奔尼撒半岛，[-288, 289-]而波斯人最终之所以被打败，完全是因为自身出现了失误。科林斯人又指出，伯罗奔尼撒人上次战胜雅典也是因为雅典人自身犯了错误。这个错误肯定是指雅典在埃及的行动，也许还包括雅典在彼欧提亚的行动。总之，科林斯人认为，希腊人能够享受自由并不能归功于斯巴达的谨慎政策。③

---

① Thuc. 1. 69. 1—2.
② Thuc. 1. 68. 3—4.
③ Thuc. 1. 69.

科林斯人接下来强调的是，传统的斯巴达政策无法阻止雅典的扩张。首先，与波斯人相比，雅典人离他们更近。此外，他们阴险奸诈，总是慢慢逼近自己的邻居。这一点似乎是随便提起的，但实际上煞费心机。雅典人当时还没有任何明显违反和约的举动，也没有采取过任何针对斯巴达的行动，而科林斯人希望让大家相信，雅典人最危险的地方正是他们这种捉摸不定的性格。实际上，科林斯人说得最多的并不是雅典人曾经做过什么，也不是从道德、法律，或者战略上对雅典人过去的行动进行分析，而是选择对雅典人的性格展开攻击。

他们用了一个最直接的方法来揭示雅典人的性格：将雅典人与斯巴达人进行比较。这种对比肯定让斯巴达人非常反感，但科林斯人的发言确实很精彩，值得全文援引在此：

> 你们从未想过，将要与你们为敌的是怎样的人，他们与你们有多么不同。他们喜欢革新，可以迅速制定计划，并将计划付诸行动，而你们却热衷于维持现状，不喜欢创新，即便做事也常常是有始无终。他们胆识过人，敢于冒险，即便身处险境也不绝望，而你们却从不敢挑战自己的极限，不相信自己的判断，认为任何危险都会带来灭顶之灾。[-289, 290-]他们当机立断，而你们优柔寡断；他们总是在外面闯荡，你们却只是守在家里，因为他们相信只有走出去才有机会，而你们却担心一旦出去就会失去现有的这一切。在打败敌人后，他们会乘胜追击，即便吃了败仗，他们也尽可能讨价还价。他们将自己的血肉之躯奉献给自己的城邦，似乎他们并不属于自己，与此同时，他们却保留着独立思考的能力，希望能为城邦贡献自己的智慧。在想出计划之后，如果不能将计划执行到底，取得最大成功，他们会觉得自己吃了亏；一旦得偿所愿，他们又觉得这与未来的成就相比，实在是微不足道。如果行动不幸失败，他们会想出一个新的计划来弥补损失。在他们看来，梦想与现实的距离并不遥远，因为他们一旦想出一个计划，便可以在转眼之间将计划付诸实施。他们终生都在努力，都在面对危险；他们不像其他人那样享受自己拥有的一切，因为他们总是在追寻新的东西。

对他们而言,唯一的节日就是履行自己的职责,他们相信生于忧患死于安乐。因此,可以说,他们天性就不喜欢和平,也不会让其他人享受和平的生活。①

某些学者对这段发言进行了一种非常宽泛的理解,认为科林斯人只是将寡头政治的消极无为与民主政治的创新进取进行对比,②但实际上,这段话有着很强的针对性。这段话传递出的信息是:雅典是一个很不安分的革命城邦,必须在其实力变得过于强大之前出手制止。因为雅典有着这样的本性,所以传统的斯巴达政策已经过时,甚至会带来危险。科林斯人说,谨慎观望的政策并非值得称赞的稳重。相反,面对着生来就不安分守己、总是得寸进尺、咄咄逼人的雅典人,这是无能,是自杀,这只能证明斯巴达没有能力领导这场争取自由的斗争。

显然,科林斯人对斯巴达人以及雅典人的描述都过于夸张。如果斯巴达人真像科林斯人所说的那样懒惰、缺乏想像力,他们根本不可能成为伯罗奔尼撒半岛的霸主,[-290,291-]不可能成功领导希腊人抵抗波斯侵略,也不会在第一次伯罗奔尼撒战争中取胜。我们理解当时科林斯人情绪激动,事情又很紧急,但这样的发言肯定不会赢得斯巴达人的同情。不过,这并不是在对所有斯巴达人进行画像;它针对的只是鸽派的领袖,以及他们所推行的政策。我们知道,并非所有的斯巴达人都支持斯巴达在泡萨尼阿斯(Pausanias)被革职之后所采取的绥靖政策。科林斯人希望通过自己的发言指出,那些持不同意见的激进分子是对的,而那些掌握大局的绥靖分子是错误的。这段富有煽动性的话是精心准备的,目的是要煽动大家对鸽派的批判,改为支持另外一派。

科林斯人对雅典人所作所为的描述与事实严重不符。自从公元前5世纪中叶以来,雅典就没有占领过什么领土。在公元前445年之后,雅典对斯巴达及其盟邦一直表现得非常克制。雅典人只是镇压了自己

---

① Thuc. 1. 70.
② 约翰·J. 芬力,《修昔底德》,第122—123页。

帝国内部发生的叛乱，波斯战争之后的10多年中，斯巴达为了巩固自己对伯罗奔尼撒地区的控制，也曾采取过类似的行动。雅典人在最近一年的表现有那么一点点符合科林斯的描述，而这些显然也是因为科林斯与柯西拉的冲突引起的，这完全是科林斯人自己的问题，也难怪斯巴达人会对科林斯人的动机产生怀疑。科林斯人必须将人们的注意力从最近发生的这些事情转移开，因为大家会认为这些只是偶发事件，只要多一些谨慎、耐心、克制，就可以避免。必须把它们说成是雅典人的一贯政策，而这项政策是雅典人的制度与性格的必然产物。要让人们觉得，即便现在的危机得到解决，但依照雅典人的本性，也无法与人和平共处。科林斯人希望利用人们的成见、猜疑以及恐慌来模糊刚刚过去的那段历史，迫使斯巴达参战。

在结束自己的发言之前，他们不再泛泛而谈，开始提出具体的要求，并以公开的威胁作为结语。斯巴达人必须尽快[-291,292-]进攻亚狄珈，履行他们对波提狄亚人的承诺。否则，科林斯人（也许还有其他人）会终止与斯巴达的结盟，到别的地方去寻找盟邦。① 毫无疑问，某些斯巴达人对这种威胁感到非常紧张。据我们所知，有一位现代学者也相信这种威胁是认真的。梅耶认为，科林斯要到其他地方寻找盟邦（大概是指阿尔戈斯），这种威胁等于是往斯巴达的"胸口插上一刀"。他将当时的情况与《尼基阿斯和约》签订后的情况进行比较。在那一次，因为斯巴达漠视科林斯人的利益，科林斯便另外组织了一个同盟，几乎威胁到斯巴达对伯罗奔尼撒的控制。② 实际上，这两次的情况完全没有可比性。公元前421年，阿尔戈斯与斯巴达的协议刚刚到期，正急于利用斯巴达所面临的问题，收复那些一直存有争议的失地，而且当时斯巴达已经被10年的战争拖得精疲力竭，元气大伤，威望也跌落到低谷。斯巴达其他重要的盟邦，例如墨伽拉、忒拜、埃利斯以及曼提尼亚（Mantinea），都对斯巴达这个盟主感到非常不满。然而，即便有这样好的机会，科林斯也没有加入这个她有份参与建立的组织。科林斯只

---

① Thuc. 1. 71. 4—7.
② 梅耶，《古代史研究》，第2卷，第315—316页。

是用这一点来威胁斯巴达,企图迫使斯巴达回到一场科林斯需要而斯巴达并不需要的战争中。①

公元前432夏天,情况完全不同。阿尔戈斯与斯巴达签有和约,更重要的是,斯巴达的军队实力强大,声名远扬,在这样的军队面前,阿尔戈斯不堪一击;而在其他地方,也没有谁威胁要脱离斯巴达的领导。除了科林斯,只有埃基纳与墨伽拉对斯巴达的政策感到不满。埃基纳实力较弱,并且处于雅典的控制之下,而墨伽拉这个城邦如果没有斯巴达的支持,完全可以忽略不计。事实上,科林斯威胁说要脱离,这完全是一句空话。如果不能迫使斯巴达人参战,科林斯人将陷入绝境。他们要不就得自己与雅典作战,要不就得接受现状。前者无异于自杀,而后一种选择又会令他们感到憋屈。实际上,这个选择并不会对科林斯的重要利益造成伤害。伤害主要是心理上的;科林斯[-292,293-]将不得不接受现实,沦为二流城邦,不能再与斯巴达、雅典平起平坐。科林斯拒绝接受这样的结果,而正是出于这种心理,科林斯人发动了这场灾难性的战争。

即便斯巴达的鸽派不能像我们这样看穿科林斯人的威胁,他们肯定产生过怀疑。不过,鸽派的领袖还没来得及对科林斯的攻击作出回应,为自己的政策进行辩护,又有人站出来进行了发言。这次发言的是一位雅典人。他是作为某个使团的成员来到斯巴达的,根据修昔底德的说法,"这个使团是为了别的事情来到斯巴达,只不过当时正好在场"。这些使者参加了斯巴达公民大会,在听完其他人的发言之后,决定站出来发言。有人认为这个使团并不存在,整个发言都是修昔底德凭空捏造的,"目的是要证明雅典帝国很早就已经为自己的行为进行过辩解"。②

---

① 详情请见我的一篇论文,《美国古典语文学期刊》(AJP),第81卷,1960年,第291—310页。
② 此话出自佛卜思(Forbes)之口,戈姆《修昔底德历史评注》,第1卷,第233页引用了它。萝蜜莉女史(Mme de Romilly,《修昔底德与雅典帝国主义》[*Thucydides and Athenian Imperialism*],第243页)认为"很难相信雅典人真地发了言"。她觉得雅典人的发言与当时讨论的话题根本没有关系,"只是对帝国扩张进行了一些抽象的解释:既没有回应那些针对雅典的批评,也没有将雅典人应有的想法表达出来;这番话完全不理会在场的那些人,似乎只是想说给那些将要阅读修昔底德著作的人听"。我完全不同意她的观点。接下来,我们会证明,雅典人的这次发言绝非虚构。如果我们能够正确理解雅典人的政策,就会明白这个演讲很好地实现了其目的。舒瓦茨(E. Schwartz,《修昔底德的历史著作》[*Das Geschichtswerk des Thukydides*],第105页)也对雅典人这次发言的真实性提出了质疑。

针对这种观点,很多人提出了有力的反驳。① 当修昔底德告诉我们,当时在斯巴达有一支雅典使团,这支使团出席了公民大会,使团的发言人还发表了演说,修昔底德只是在陈述事实。如果要质疑这些事实,就等于是质疑伯利克里的葬礼演说,质疑曼提尼亚战役,质疑弥罗斯(Melos)被毁。我们确实有责任质疑修昔底德的解释,但如果要推翻他所陈述的基本事实,我们将无法继续研究他所记录的历史。原则上,我们应该接受修昔底德所给出的事实,除非有更可靠的证据证明他是错了。我们也许可以质疑修昔底德在某些细节上的准确性,[-293, 294-]但我们似乎别无选择,只能选择相信雅典人在斯巴达演说这个事实,即便具体细节与修昔底德的记载有一定出入。②

其实,雅典人出现在斯巴达并站出来发言,这都是很自然的事情,完全可以理解。伯利克里肯定听说了科林斯在斯巴达搞的阴谋诡计,听说了斯巴达向那些觉得自己受到雅典不公正对待的人发出邀请的事。即便其他人没有告诉他这些事,他在斯巴达的那些朋友,因为想要破坏科林斯人与斯巴达鹰派的计划,也一定会将消息传给他。至于他在收到消息之后为什么没有派出官方发言人,这也是有原因的。他认为雅典所采取的行动并非针对斯巴达,因此,无需为这些行动向斯巴达人进行辩解。对此,无论雅典的发言者,还是修昔底德本人都说得非常明白。③ 另一方面,如果可以掌握斯巴达公民大会中所发生的一切,一定非常有用。此外,在大会上可能会出现机会,需要有人出面阐述雅典的态度与政策,阻止斯巴达人一时冲动,作出鲁莽的决定。我们觉得,这些雅典使者与派往墟波塔的将军一样,都是非常有经验的,派他们去就是希望可以利用他们的智慧来决定是否采取行动,什么时候行动,当然,对于一旦有机会发言,该说些什么,他们一定得到了非常明确的指示。

我们并不知道这支使团出访的官方理由是什么,但可以肯定,他们

---

① 戈姆,《修昔底德历史评注》,第 1 卷,第 252—253 页。
② 布索特(《希腊历史》,第 3 卷,第 2 册,第 833 页)提出了类似的观点。埃德科(《修昔底德及其史书》,第 31—32 页)详细解释了为什么我们应该相信雅典人的发言。
③ Thuc. 1. 73. 1; Thuc. 1. 72. 1.

在召开公民大会之前就来到了斯巴达,当机会出现之后,他们便站了出来。他们的发言内容让现代学者感到非常困惑。科林斯人的发言不仅仅是在攻击雅典人,其实还有着更微妙、更复杂的含义,但雅典人似乎并没有对科林斯人的攻击作出直接的回应,而此后出场的阿奇达慕斯(Archidamus)也没有理会雅典人的发言。修昔底德既没有告诉我们这些雅典使者的名字,也没有说发言的人是谁。然而,最令人费解的还是他们发言的目的。在很多人看来,他们的发言充满挑衅,[-294,295-]似乎是为了挑起战争,但修昔底德的理解却正好相反。① 如果我们认为修昔底德的描述基本属实,然后将这段发言放在当时的政治环境下进行审视,很多问题就迎刃而解了。

从一开始,雅典人就希望讲清楚自己的目的。他们不是来跟斯巴达的盟邦辩论的,也不是来回答那几个城邦对雅典的具体指控。雅典人并不认为斯巴达是他们的裁判,所以不会这样做。他们这次来有三个目的:首先是劝说斯巴达人不要听信盟邦的一面之词,在这么重要的事情上仓促决定;第二,告诉大家雅典是凭借正当的手段建立起自己的帝国;第三,告诉大家雅典获得今天的实力并没有采取任何卑鄙的手段。② 他们首先花了较长的时间讲述雅典在波斯战争中为保卫希腊所作出的巨大贡献,而斯巴达人也是受益者之一。这种做法并不巧妙,很难缓和斯巴达人的情绪,而雅典的发言人也明确表示这不是他发言的目的。他说:"我们重提这些,不是为了求情,而是希望告诉大家如果作出错误的决定,你们将面对一个怎样的城邦。"③

无论如何,在讲述雅典如何建立起自己的帝国之前,确实有必要先追溯雅典在波斯战争中的所作所为。这当然不是为了回应斯巴达的盟邦在柯西拉、墨伽拉、埃基纳以及波提狄亚等问题上的抱怨。不过,科

---

① Thuc. 1. 72. 1. 有关这次演讲的问题,参见戈姆,《修昔底德历史评注》,第 1 卷,第 252—254 页。萝蜜莉女史《〈修昔底德与雅典帝国主义〉》,第 33—34,242—272 页)也提出了一些有趣的见解,遗憾的是,她认为这个发言完全是修昔底德的杜撰,目的只是为了让大家了解雅典人对帝国扩张的态度。
② Thuc. 1. 73. 1.
③ Thuc. 1. 73. 3.

林斯人在发言中影射雅典帝国是建立在武力与阴谋诡计之上的,这个帝国傲慢,施行僭政,具有进攻性。[-295,296-]因此,从更深一层理解,雅典人的发言确实回应了科林斯人的指控。在演说中,发言人清楚地告诉大家雅典人是凭借正当手段建立了自己的帝国。他说,雅典人的帝国不是用武力获得的,而是因为在与波斯人的希腊战争中,斯巴达拒绝出任盟主,于是所有的盟邦自愿接受了希腊的领导。他们之所以要扩大自己的帝国,最初是出于担心,后来是为了自己的荣誉,当然,也是为了自身的利益。他坦言在帝国的建立与管理过程中,雅典人与很多盟邦结了仇。其中有些公然造反,并因此沦为属邦,而这时斯巴达对雅典不再友好,因此雅典不敢放松控制,担心这些属邦会退出帝国,转而加入斯巴达同盟。

雅典的发言人竟会如此坦率,这令人难以置信。他对雅典帝国崛起的描述其实就是对修昔底德著作第 1 卷第 89 至 118 章的精彩归纳。我们认为,修昔底德当时并不在现场,他将自己的一些想法加了进去,并使用了自己的语言。不过,原来的发言应该也是非常直接、毫不客气的,因为这符合发言者的目的。他所面对的是一群怀有敌意的听众,如果企图粉饰雅典的所作所为,立即就会被人察觉,遭人唾弃。另一方面,雅典人并不想把自己描写得很高尚,他们只想告诉大家自己所采取的行动是正当的、必要的。雅典的发言人认为另外一方的盟主应该很容易理解这种必要性。他指出,斯巴达强迫伯罗奔尼撒地区的盟邦采用现有的政治制度也是从自身的利益出发。如果他们在对波斯的战争中继续担任盟主,肯定会采取类似的措施,也会同样因此变得不受欢迎,也会面临同样的选择:是做一个强硬的统治者,还是拱手让出自己的交椅。所有这一切都是很容易理解的:[-296,297-]强者统治弱者,这是人类社会素来的规则。①

最后一句话很容易让人想起雅典人在弥罗斯对话中所表达的观点,不过这两次情况很不一样。在弥罗斯对话中,雅典人是在为自己对一个比自己弱小的城邦犯下的暴行进行开脱,但在斯巴达的公民大会

---

① Thuc. 1. 75. 1; 76. 2.

上,雅典的发言人面对的是一个有可能向雅典发动战争的强大城邦。他说最后那句话的意思是,考虑到两个超级大国的实力,就不要再奢谈什么自由或者自治了。现实很简单:所有其他城邦必须接受这些盟主的领导,公开接受也好,默认也好。雅典发言人说,雅典愿意领导这些盟邦是因为"我们认为自己配得上,并且你们也曾经是这样认为的,只不过现在为了自己的利益,你们开始用所谓的正义作为理由"。① 他还说,事实上,任何人只要担任盟主,无论他多么公正,多么温和,迟早会得罪大家,不再受到欢迎。

雅典人说,正是因为他们的克制,并且平等对待自己的盟邦,大家才不愿再接受他们的领导。"似乎那些受到不公正对待的人比那些受到暴力对待的人怨气更大,因为前者认为自己与对方是平等的,而后者则是输给了强者。"② 与雅典领导下的情况相比,这些盟邦在波斯的统治下表现得更加温顺。现在,雅典人向大家挑明了这一点。即使斯巴达人打败雅典帝国,他们也不会恢复雅典属邦的独立。相反,斯巴达会继承盟主地位,而这个结果并不会让斯巴达人开心,斯巴达人也不适合这个角色。现在,因为雅典不受欢迎,斯巴达得到了大家的拥护,但这种拥护只是暂时的。另外,管理海外帝国并不符合斯巴达的传统与制度。泡萨尼阿斯当年出的洋相已经证明了这一点。"你们在国内的那些做法与其他希腊人是不一样的,[-297,298-]你们中的任何人一旦到了其他城邦,就既不能照搬国内的做法,也无法做到入乡随俗。"③

由此可见,雅典人对帝国建立过程及其性质的这段陈述,并不是修昔底德硬塞进来的,也不是要为雅典人的行为进行开脱。这是一段非常聪明的发言,目的就是为了让斯巴达人在宣战之前三思而行,因为这场战争不仅危险,而且很可能给斯巴达人带来预想不到的后果。这段发言不仅仅是希望对外交政策产生即时影响,同时还希望间接影响斯巴达的国内政治局势。斯巴达之所以保守,其中一个主要原因就是某

---

① Thuc. 1.76.2.
② Thuc. 1.76.4.
③ Thuc. 1.77.6.

些领袖认为,参与伯罗奔尼撒之外的行动,会威胁到斯巴达制度的稳定,而斯巴达人的生活方式也会遭到破坏。刻辽门内(Cleomenes)、泡萨尼阿斯、列奥提其达(Leotychidas)的冒险行为给斯巴达带来的是危险、腐化,以及耻辱。斯巴达的鹰派及其支持者认为战争不会持续很久,甚至只需要一场大的战役就可以解决问题。解放希腊之后,斯巴达的荣誉与威望也将得到恢复,斯巴达可以功成身退,返回伯罗奔尼撒地区。还有些人肯定希望取代雅典成为一个庞大帝国的领袖,获得巨大财富。不过,这些人只是少数,占多数的还是保守派。

在结尾部分,这位雅典人强调了斯巴达人将要作出的决定的重要性。他提醒斯巴达人在作出这样一个重大决定时一定不要急。他尤其强调了战争的不确定性,在一场持久战中,一切皆有可能。最后,他希望斯巴达人谨守誓言,不要违反和约,应该按照约定,选择对所有的争议进行仲裁。如果斯巴达人拒绝将争议交给"见证我们誓言的众神,[-298,299-]我们一定要向那些发动这场战争的人复仇"。①

从这段总结以及分析可以看出,雅典人并不希望通过自己的发言挑起战争。修昔底德认为:雅典人希望说服斯巴达人不要草率决定。"此外,还想让对方知道自己城邦的实力,提醒年长的人不要忘记历史,同时给年轻人补补课。他希望斯巴达人在听完发言之后,选择和平,而不是战争。"②修昔底德不仅仅是在陈述事实,同时也加入了自己的理解。他完全有机会当面询问雅典使者发言的目的,并且他也肯定曾经问过他们。如果他乱讲,那就不是理解错误,而是根本就在故意欺骗。我们没有理由怀疑他会这样做。虽然雅典人在发言的最后提出了仲裁,但总的说来,雅典人的立场非常强硬,甚至可以说是寸步不让。不过,并不能因此认定雅典人是在出言挑衅。在这样的冲突面前,有两个基本解决办法。一种是和颜悦色,讲道理,缩小分歧,尽可能让步,对那些引起摩擦的行动进行辩解。20世纪30年代,西方各国对希特勒采取的就是这样一种策略,反对者轻蔑地称之为"绥靖政策"。有时候,这

---

① Thuc. 1. 68. 5.
② Thuc. 1. 72. 1.

种方法也是可行的,可以带来和平;有时却未必。另外一种基本策略不是去安抚对方,而是摆出一种强硬的态度,希望让对方明白,一旦开战,损失会更大。要想粉碎敌人轻松取胜的妄想,让敌人明白自己的决心以及战争的代价,就一定要表现得非常坚决。第二次世界大战之后,在对苏联的关系上,美国采取的就是这种政策。这种做法非常危险,有时甚至会适得其反,引发战争。不过,迄今为止,这种事情尚未发生;和平的局面已经维持了 20 多年,敌对双方的紧张局势[-299,300-]也有所缓和。

我们不能因为伯利克里的强硬态度就否定他对和平的渴望。我们相信直到公元前 432 年的 7 月,他仍然对和平抱有希望,还曾派遣使者前往斯巴达,希望可以阻止斯巴达人选择战争。通过雅典人的发言,我们清楚了他所坚持的条件,直到最后他也没有动摇。他不会向斯巴达辩解雅典的行为,因为这些行动与斯巴达无关,并且斯巴达没有资格来评判雅典的行为。雅典也不会向威胁低头,如果迫不得已,就只能选择战斗。然而,在另一方面,雅典愿意将所有的争议交由中立方进行仲裁。

如果这次发言起到了预期效果,斯巴达人就会冷静下来,从而接受鸽派的保守立场。可是那些监察官、盟邦,以及雅典最近的所作所为,对斯巴达人的影响实在是太大了。在雅典人结束发言之后,斯巴达人要求所有的外邦人退场,开始内部讨论。显然,大多数人认为错在雅典人,斯巴达应该马上参战。正在这个时候,阿奇达慕斯站起来发表了自己的观点。这位受人尊敬的国王,伯利克里的好朋友,鸽派的领袖,"一位以智慧和谨慎著称的人",[①]出来进行最后的努力,希望可以力挽狂澜,将自己的城邦从战争的边缘拉回,因为他知道这将是一场可怕的战争。

虽然阿奇达慕斯的发言主要是针对科林斯人的指控并对他一直支持的和平保守政策进行辩解,但他并非像某些学者所说的那样完全没有理会雅典人的发言。事实上,他发言的第一部分正是对雅典人发言

---

① Thuc. 1.79.2.

的补充与解释：雅典与众不同，实力雄厚，将会是一个危险的敌人；战争将会持续很长时间，结果不可预料；斯巴达人不应该草率作出这样一个重大的决定。雅典与伯罗奔尼撒半岛或附近地区的希腊城邦不同。雅典人有船，有经验丰富的水手，有马匹，有武器，有钱，有众多人口，还有很多纳贡盟邦。在所有这些方面，[-300,301-]斯巴达都处于劣势。① 面对这样的敌人，斯巴达人能打一场什么样的仗呢？

那些支持参战的普通斯巴达人显然是以历史为范本来看待即将开始的这次战争的，人们似乎总喜欢这样做。他们认为，雅典人绝不会容忍斯巴达人摧毁自己的庄稼，会像以往那样冲出来保卫自己的田地。或者雅典人会像公元前446年那样，还没开战就已经投降，或者斯巴达人只需要一次大的战役就可以将他们打败。斯巴达人是绝对不会愿意参加一场旷日持久、代价昂贵的战争的。阿奇达慕斯发言中的一个主要目的就是强调雅典人的这个意思。他承认斯巴达在军事上占有优势，可以轻而易举地攻入亚狄珈，将那里变成一片荒地，"但他们还有很多其他的领土，并且可以从海上获取自己所需要的东西"。②

如果斯巴达计划策反雅典的盟邦，他们就需要一支海军去支持这些起义者，可他们去哪里找这样的海军呢？除非斯巴达人取得制海权，或者可以切断雅典的经济来源，否则他们无法赢得这场战争。如果斯巴达人希望"通过破坏他们的田地来迅速结束战争"，这纯属妄想。③根本不要幻想雅典人会傻傻地"将自己拴在他们的田地上"，或者幻想一旦战争爆发，雅典人会因为恐慌而溃不成军。阿奇达慕斯向斯巴达人预言，"我担心的是，我们将会把这场战争带给我们的子孙"。④

面对科林斯人的攻击，这位年迈的国王必须为自己的政策进行辩护。他的辩解听起来更像是对自己所推崇的生活方式的解释。与此同时，他也对科林斯人的很多观点进行了有力的反驳。他说，科林斯人指责我们反应迟缓，过于谨慎，其实这并没有什么丢脸的。这种谨慎曾经

---

① Thuc. 1. 80.
② Thuc. 1. 81. 2.
③ Thuc. 1. 81. 6.
④ Thuc. 1. 81. 6.

让斯巴达获益匪浅;因为谨慎,"我们的城邦才能一直这么自由,[-301,302-]并且有这么好的口碑"。① 科林斯人为了说明自己的观点,曾将斯巴达人与雅典人的性格进行比较。阿奇达慕斯也将斯巴达人与科林斯人进行了一个比较。虽然由始至终他都没有点科林斯人的名,但他的所指非常清楚。他认为,科林斯人所说的拖延($\tau\grave{o}\ \beta\rho\alpha\delta\acute{v}$)其实应该称为审慎的节制($\sigma\omega\varphi\rho\sigma\sigma\acute{v}\nu\eta\ \acute{\varepsilon}\mu\varphi\rho\omega\nu$)。正是因为我们具有这种品质,所以才会胜不骄、败不馁。也正是因为它,我们才不会因为他人的诌媚、或是挑拨,而作出鲁莽的决定。我们之所以战无不胜,并将城邦治理得这么好,是因为我们做事井井有条($\delta\iota\grave{a}\ \tau\grave{o}\ \varepsilon\check{v}\kappa\sigma\mu\sigma\nu$)。正是科林斯人所抨击的这些品质使我们成为勇敢的战士、遵纪守法的公民。

接着,阿奇达慕斯将矛头指向科林斯人。"我们不像某些人那样擅长打嘴仗,却总是无法兑现自己的承诺。"②这应该是影射科林斯人在海上与陆地上被雅典人逆转,先是在柯西拉,后来又在波提狄亚。当时科林斯也是用一些信心十足的话煽动自己的盟邦,但两次都没能取胜。"我们邻居的想法与我们十分相似,我们不会为那些谁也说不定的事情去劳神。"③斯巴达人不会将自己的敌人设想成傻瓜,他们靠的不是敌人犯错,而是自己的精心准备。对于科林斯人根据雅典人的所谓特殊性格进行的推理,阿奇达慕斯用一句话进行了驳斥。"不要以为人与人之间的差别有多大,只要是在最严格的学校训练出来的都不会差。"④他的意思是,雅典人与我们一样,不要将他们描绘成超人,让我们因为毫无根据的、非理性的恐惧而选择战争。

虽然阿奇达慕斯反对仓促应战,但也不支持让雅典为所欲为的消极政策。[-302,303-]首先,这从来就不是斯巴达鸽派的主张。另外,斯巴达公民大会的气氛也使这种政策在政治上无法得到支持。相反,阿奇达慕斯提出的是一个非常现实且具有可操作性的方案。他建议斯巴达人先派遣使者前往雅典,向雅典人提出正式的抗议。与此同时,斯

---

① Thuc. 1. 84. 1.
② Thuc. 1. 84. 3.
③ Thuc. 1. 84. 3.
④ Thuc. 1. 84. 4.

巴达人积极备战,一旦谈判失败,便可从容应对。除了加强国内资源的储备,他们还要向希腊人以及周围的蛮族寻求帮助,获得更多的船只与经费。如果雅典人在听取斯巴达人的抗议之后作出让步,就没有必要诉诸武力。如果对雅典人的答复感到不满意,那还有充分的时间备战。斯巴达人完全可以在两三年内做好准备。在准备的过程中,如果斯巴达国内形势保持稳定,也许到了最后,就没有必要动武了。斯巴达人不要总想着去破坏亚狄珈的土地。"他们的土地对我们而言就是一个筹码,开垦得越好,就越有分量。"①如果斯巴达人先不去破坏他们的田地,当雅典人想谈判的时候,他们就会意识到自己有一些非常重要、实实在在的东西在对方手中。如果一开始就将这些土地破坏,那样只会激怒雅典人,让他们感到绝望,而斯巴达则失去了一个非常有用的筹码。

　　阿奇达慕斯反复劝说斯巴达人,不要被那些自私的盟邦拖入一场与斯巴达没有利害关系的战争。"某些城邦或个人提出的投诉还是可以解决的,但如果因为个别人或者个别城邦的利益,使整个同盟卷入一场无法预见结果的战争,这是非常可怕的。"②他说,我们千万不要轻易被盟邦说动,毕竟他们是不会承担战争的主要责任的,可我们就得好好准备了。还是让我们坚持自己传统的生活方式,这种生活方式一直很适合我们。我们之所以如此小心谨慎,不是因为软弱,而是因为我们的强大。在发言的结尾,阿奇达慕斯提出了一个非常具体的建议:派遣特使前往雅典讨论有关波提狄亚的事情,以及来自盟邦的其他投诉;这是必须采取的措施,[-303,304-]因为雅典人已经提出了仲裁要求,而我们的法律也不允许(οὐ νόμιμον)对申请仲裁的人马上采取行动。在谈判的同时,我们可以积极备战。"只有这样做,才是对你们最有利的决定,也是最能让敌人感到害怕的决定。"③

　　阿奇达慕斯的提议与雅典使者在斯巴达公民大会上所表达的观点

---

① Thuc. 1. 82. 4.
② Thuc. 1. 82. 6.
③ Thuc. 1. 85. 2.

完全一致。如果采纳这些建议,他们就不会仓促决定参战。这将给谈判提供一个机会,对所有的争议进行仲裁。这种结果对伯利克里是非常有利的。不过,对于科林斯人,以及那些怨气冲天的盟邦而言,这是不可以接受的。如果要拯救波提狄亚,必须马上采取行动;时间每过一天,她离投降就更近一步。更为关键的是,即便对每件事情进行公正仲裁,也不能帮助科林斯人。他们现在需要的不是伸冤,而是对雅典进行报复,借此恢复自己的威信;他们希望能够随心所欲地教训柯西拉;甚至可以说,到了这个时候,他们最大的愿望也许就是摧毁雅典帝国。斯巴达的鹰派也有类似的想法。他们担心的并非科林斯、墨伽拉、埃基纳,或者波提狄亚,而是雅典人不可一世的态度,以及雅典令人不安的实力。在这一点上,没有谈判或妥协的余地:雅典必须让步。

当监察官司森涅莱达(Sthenelaidas)站起来发言,对阿奇达慕斯进行回应时,他一定相信大多数斯巴达人并没有被老国王说服,因为他在发言中,并没有对阿奇达慕斯的观点进行什么反驳。他的发言简短直接,正如戈姆所言,"非常符合他的性格":①

> 我听不懂雅典人的长篇大论。虽然他们把自己夸上了天,却并没有否认他们做了对不起我们的盟邦以及伯罗奔尼撒的事情。如果说他们在反抗波斯人的战争中表现多么出色,现在却这样对待我们,他们应该遭受双倍的惩罚,因为他们是从好变成了坏,而我们却一直没有变。如果我们够明智,那么在他们欺负我们的盟邦时,就不应该袖手旁观,也不应该迟迟不替他们报仇,[-304,305-]因为我们的盟邦正在受苦。别人也许有很多的钱,很多的船只、马匹,但我们有很好的盟邦,我们决不能将他们出卖给雅典人。我们也不应该接受法庭的裁决或他人的仲裁,我们受到的并不是言语上的伤害。相反,我们必须迅速全力反击。当我们受到不公正对待的时候,不要再要求我们三思而行;应该好好想想的是那些做坏事的人。斯巴达人,请用对得起斯巴达的方式投出您的一票,

---

① 戈姆,《修昔底德历史评注》,第1卷,第251页。

向他们宣战吧！不要让雅典人变得越来越强大，不要背叛你们的盟邦，让我们在众神的庇护下，向那些为非作歹之人发起进攻。①

结束自己的发言之后，身为监察官的司森涅莱达提出对议题进行投票表决。在斯巴达，一般是通过声音大小进行表决，但这次司森涅莱达声称自己听不清楚哪边的声音更大，要求进行分组表决。他是这样说的："认为雅典人违反了和约，做了错事的请走到那边去［他用手指了一下］，如果不这样想的请站到另一边去。"显然，司森涅莱达对于投票结果非常自信；他希望让大家清楚看见多数派的优势有多大，这样可以防止斯巴达人的想法以后出现反复。② 分组表决的结果显示绝大多数人（πολλῷ πλείους）赞同司森涅莱达的观点，认为雅典人已经违反了和约。③ 需要指出的是，这并不意味着宣战，而斯巴达也是在很久之后才采取了敌对行动。不过，斯巴达人的决定表明，即便还有可能避免全面战争的爆发，这种可能性已经是微乎其微。

斯巴达人为什么会作出这样的决定？在修昔底德看来，这是必然的。"斯巴达人之所以认为雅典人已经违反和约，并且作出参战的决定，并不是被盟邦的发言所打动，而是因为看见希腊的大部分地区已经落到了雅典人的手中，[-305, 306-]如果再不出手，恐怕雅典将会变得更加强大。"④这只是重复了他对"战争最真实的起因"⑤的判断。这次他花了很长的篇幅对雅典帝国的崛起进行回顾，以此证明伯罗奔尼撒战争爆发的原因应该在埃皮丹努（Epidamnus）事件之前去寻找。最后，他明确指出，战争只是一系列事件的最后一步，而整个过程早在波

---

① Thuc. 1. 87.
② 戈姆（《修昔底德历史评注》，第 1 卷，第 252 页）也持这种观点。克拉森（《修昔底德史书第 1 卷》，第 240 页）与布索特（《希腊历史》，第 3 卷，第 2 册，第 838 页）认为，是因为在第一轮投票结束之后，监察官无法决定哪一方票数领先。不过，根据监察官发言时的语气、最终投票结果，以及修昔底德对整件事情的描述，我认为他们的解释并不成立。
③ Thuc. 1. 87. 3—4, 6.
④ Thuc. 1. 88：φοβούμενοι τοὺς Ἀθηναίους μὴ ἐπὶ μεῖζον δυνηθῶσιν, ὁρῶντες αὐτοῖς τὰ πολλὰ τῆς Ἑλλάδος ὑποχείρια ἤδη ὄντα.
⑤ Thuc. 1. 23. 6.

斯战争结束之后就已经开始了。

　　希腊人之间以及希腊人与野蛮人之间的这些事情全部发生在从薛西斯撤退之后、这次战争爆发之前的 50 年间。在这段时间里，雅典人建立并巩固了自己的帝国，势力也越来越强大。斯巴达人虽然看在眼里，却几乎没有采取任何措施去阻止这一切的发生，大多数时候，他们选择了沉默。在此之前，他们对待战争也是一种非常消极的态度，除非迫不得已，否则他们是不愿意选择战争的，而在这段时间，他们还被国内的战事所牵掣。直到后来，雅典人的势力过于强大，开始控制斯巴达的盟邦，他们才打破了沉默。接下来的事态发展到忍无可忍的地步，于是斯巴达人才决定发动这场战争，摧毁雅典人的势力。①

　　不过，在我们看来，斯巴达的选择并非唯一的结果。修昔底德也承认，当雅典人在斯巴达公民大会进行发言时，他们依然认为战争是可以避免的。阿奇达慕斯也不认为战争已是既成事实（*fait accompli*），因此才尽力去扭转局面。如果我们回顾一下埃皮丹努危机发生之后的斯巴达政策，并不能找到证据证明斯巴达人在公元前 432 年 7 月就已经急于求战。从一开始，他们就努力争取和平解决科林斯与柯西拉之间的争端。在之后的斗争中，他们至少保持了中立，并且也许还曾经利用自己的影响力，阻止其他的盟邦卷入其中。② 雅典人[-306,307-]在成功保卫柯西拉之后实力大增，这也许让他们感到不安，并且那些在墟波塔战役之后当选的监察官（其中包括司森涅莱达）多数属于鹰派，或者在后来加入了鹰派。③ 公元前 433/432 年冬天的《墨伽拉法令》，再加

---

① Thuc. 1. 118.
② 见本书第十四章，第 225—226 页（原书页码），以及第 246 页（原书页码）。
③ 布索特《希腊历史》，第 3 卷，第 2 册，第 835—836 页）认为，监察官中鹰派居多。不过，我们必须记住，他们虽然是在秋天（即墟波塔战役之后）上任，可他们是在那年的春天当选的，当时，雅典还没有与柯西拉结盟。斯巴达人在此之前一直坚持和平政策，如果没有特别的理由，在当选的监察官中，鹰派不可能占多数。最大的可能是，那年夏天发生的事情将他们中的某些人变成了鹰派。

上最后通牒,已经足以让鹰派在监察官中成为多数,并向波提狄亚人作出进攻亚狄珈的承诺。不过,有一点不要忘记,即便在当时,大多数斯巴达人还是支持和平的,因此这些监察官并没有兑现对波提狄亚的承诺。甚至在波提狄亚被围之后,还是科林斯人出面召集那些愤怒的盟邦前往斯巴达进行投诉。到了这个时候,监察官们才有信心召开斯巴达公民大会,正式聆听那些对雅典的指控。

这就难免会给人一种印象:如果不是因为科林斯,斯巴达人也许不会采取任何行动。① 在斯巴达人的历史中,支持和平的总是绝大多数。即便在这次危机中,鹰派也无法长时间控制局势。这次大会结束之后一年多的时间里,他们一直没能让斯巴达采取任何行动,而一年多之后,第一个采取战争行动的还是一个盟邦。虽然他们这次打败了阿奇达慕斯,但他在政治与军事上依然有着很大的影响力,即便在公元前432年7月公民大会的投票中输了,他在很长一段时间仍然深深地影响着斯巴达的政策。战争爆发前夕,鸽派仍然有着很大的影响力,即便在阿奇达慕斯战争期间,他们还可以迫使国人数次进行议和。修昔底德强调,[-307,308-]正是出于对雅典人的担心与猜疑使斯巴达人作出了战争的决定,这种说法并没有问题,但在墟波塔战役之前,仅仅因为这种担心,尚不足以影响到鸽派的地位,即便是在墟波塔战役之后,这种担心也未能促使斯巴达采取行动。改变局面的是科林斯人的努力,再加上雅典不久之前的所作所为。

科林斯人从三个方面促成了斯巴达人政策的改变。第一,他们组织和煽动斯巴达那些愤怒的朋友与盟邦,发起了一场有效的宣传攻势,使那些好战的监察官有机会在最有利的形势下提出他们的议案。第二,他们使出了非常有效的一招:威胁退出斯巴达同盟,而这有可能会导致整个同盟的解体。也许我们认为这不过是虚张声势,但大多数斯巴达人并不这样看。第三点就是科林斯人给雅典人的画像,这是最有效的一个手段。将雅典帝国早期的历史与雅典最近因为柯西拉事件所采取的行动联系在一起,成功地将雅典人描绘成一个永不安分、野心勃

---

① 布索特(《希腊历史》,第3卷,第2册,第840—841页)得出了类似的结论。

勃、危及四邻的民族，所以必须早日采取措施阻止他们，否则就为时已晚。在这样的民族面前，理智、谨慎、拖延、谈判，都会被他们视为软弱。唯一要做的就是在他们的实力变得过于强大之前出手阻止，否则整个希腊都会落入他们手中。

只要稍微冷静地思考一下就会发现，他们的描述与历史并不相符。自从公元前445年以来，雅典的政策一直都没有表现出任何侵略性；科林斯人比斯巴达更清楚这一点：他们在讨论如何应对萨摩司事件时，就已经承认了这一点。鸽派也许会说，雅典最近的行动并非他们一贯的政策，只是对某个具体情况作出的反应，而这一切都是因为科林斯不听从斯巴达的建议，一意孤行而导致的。很可能过一段时间，雅典人就会恢复以前的政策，专注于保护自己的帝国，不干涉希腊大陆以及西部地区的事务，在平等互敬的前提下努力与伯罗奔尼撒人和平共处。事实上，[-308,309-]阿奇达慕斯提出在谈判的同时慢慢为战争做好准备，可能正是出于这样一种考虑。

遗憾的是，理智输给了情感，而这主要是因为那些盟邦，尤其是科林斯人的发言太精彩了。不过，必须承认，如果没有伯利克里的帮助（虽然不是故意的），科林斯人是不可能取得成功的。他在墟波塔战役之后的政策本来是想让雅典做好与科林斯的战斗准备，同时尽量避免与斯巴达发生冲突，只不过事与愿违，没有取得预想的效果。他在墟波塔战役之前所采取的经济手段非常合理，并没有引起非议。① 派遣佛缪(Phormio)前往阿卡纳尼亚(Acarnania)，派遣丢悌慕(Diotimus)前往意大利，与垒集坞(Rhegium)和林地尼(Leontini)续签和约，这些都很容易解释，可以说是在准备与科林斯的战争。除非斯巴达已经下定决心要出手保护科林斯人，否则他们完全不会被这些事情惊动。然而，《墨伽拉法令》完全是另外一回事。这次雅典人没有直接对科林斯采取行动，而是选择针对斯巴达的盟邦墨伽拉，而这个盟邦扼守着通往伯罗

---

① 史密斯(S. B. Smith，《哈佛古典语文学研究》，第51卷，1940年，第283—288页)认为，是雅典日益强大的经济实力迫使斯巴达人选择了战争。这种观点很有新意，但据我所知，应者寥寥。

奔尼撒半岛的通道,有着重要的战略意义。阿奇达慕斯与他的朋友们也许知道伯利克里并不是在挑衅,并且雅典也无意占领墨伽拉。他们也许知道贸易封锁并非最极端的措施,而是一种折衷的选择,雅典只是想吓走某些可能会多管闲事的盟邦,一旦与科林斯发生战争,可以将冲突的范围控制住,但对于普通斯巴达人而言,这却是傲慢无礼、具有挑衅性的行动,毫无必要。

我们不知道雅典在埃基纳做了什么,或者究竟是什么引发了雅典人的行动。不过,斯巴达人显然并不明白这样做的必要性。雅典随随便便向波提狄亚发出的最后通牒,只能是让人们更加相信斯巴达的鹰派所描绘的雅典人的形象。就我们所知,当时没有人招惹雅典人。雅典人认为波提狄亚很容易受到科林斯人的影响,因此有可能会给他们带来麻烦,这并没有错,但在雅典人发出最后通牒时,波提狄亚并没有做错什么,雅典人没有理由提出如此苛刻的要求。在斯巴达人看来,波提狄亚发生的事情显示的[-309,310-]是专横的雅典人对一个无辜的旁观者的侵犯。当然,仅凭这些印象还不足以让斯巴达人采取任何行动,直到后来科林斯人通过自己的发言将所有这些事情联系在一起。

在这样一种背景之下,雅典人却选择了错误的语气与内容。如果斯巴达人相信雅典人没有野心,雅典人当然可以选择一种坚定的语气,同时展示一下自己的实力,这是一种很高明的外交手段。当阿奇达慕斯与鸽派控制斯巴达的时候,雅典人可以这样做,但当对方认为雅典已经过于强大,并且野心勃勃,咄咄逼人,这种方法就不再管用,甚至还非常危险。伯利克里的强硬态度似乎让那些本来犹豫不决的斯巴达人,以及那些原本支持和平的斯巴达人都转变了态度,改为支持战争。

伯利克里以为斯巴达人会理解他对于科林斯人的挑衅所采取的克制政策,并且此前15年的历史使他有足够理由对此深信不疑,但他没有想到的是,自己的政策会引发斯巴达国内局势的变化,使那些不能或不愿意理解他的人掌握了大权。也许是因为他在雅典执政的时间太久了,所以没有注意到斯巴达的政治局势与雅典的政治局势之间的差别。当伯利克里发言时,他自信自己可以代表雅典与整个帝国,但当阿奇达慕斯发言时,他甚至都不确定自己是否控制了斯巴达,更不用说伯罗奔尼撒同盟了。公元前432年夏天的斯巴达政局非常不稳定,伯利克里似乎错误估计了局势,犯下了致命的错误。

斯巴达公民大会只是认定雅典违反了和约,并非投票决定开战。并且,这个决定只是对斯巴达人有约束力,因为他们的盟邦还没有正式讨论过这个问题。因此,科林斯人虽然获胜了,却没有得到他们所希望的迅速行动。监察官要求盟邦召开大会,就此进行讨论,如果确定雅典已经破坏了和约,那接下来就应该对是否开战进行表决。① 与此同时,他们派人前往德尔斐神庙询问神的意见。在写到神的答复时,修昔底德一反常态,[-310,311-]表现得非常不确定。"据说,神的答复是:如果他们全力以赴,将会取得胜利。并且,无论是否向他求助,他都会伸出援手。"②修昔底德并不知道神谕的具体内容。有人怀疑他之所以这样不确定是因为他得到的是鹰派的版本,这种猜测也许是正确的。③ 不过,鹰派的说法即便在细节上有不实之处,但基本内容应该是不会有问题的。雅典在刻龙尼亚战败之后,放弃了希腊中部地区,失去了在德尔斐的影响力。并且,因为支持佛基斯人(Phocians),雅典已经得罪了那里的祭司。④ 监察官们当然清楚这一点,所以在提出问题时,他们知道肯定会得到一个对他们有利的答案。这是他们为了让斯巴达人选择战争而想出的另外一个办法。

公元前432年的8月,斯巴达的盟邦召开了大会。⑤ 需要指出的是,虽然斯巴达已经明确表态,并且科林斯与墨伽拉也公开支持斯巴达人的决定,但这个决定并没有得到所有盟邦的支持。有些盟邦似乎并没有参加大会。⑥ 他们之所以没有前来,可能是对斯巴达人的决定持保留态度。在大会召开前,科林斯悄悄派人前往每个城邦,要求这些盟

---

① Thuc. 1. 87. 4—5.
② Thuc. 1. 118. 3.
③ 戈姆,《修昔底德历史评注》,第1卷,第413页。
④ Thuc. 1. 112. 5;戈姆,《修昔底德历史评注》,第1卷,第413页。
⑤ 戈姆(《修昔底德历史评注》,第1卷,第425页)认为,这次大会是在8月初召开的。布索特(《希腊历史》,第3卷,第2册,第841—842页)认为,这个时间要稍微靠后些,大约在8月底或者9月初。
⑥ 修昔底德(Thuc. 1. 125. 1)说最终参与投票的是 ὅσοι παρῆσαν(在场的所有人),这意味着某些盟邦并没有出席这次大会。戈姆,《修昔底德历史评注》,第1卷,第414页。

邦投票支持战争。他们"非常担心还没有采取行动，波提狄亚就已经失守了"。① 从修昔底德的描述中②我们无法判断，科林斯人的拉票活动究竟是趁着开会之前在斯巴达进行的，还是在这些代表抵达斯巴达之前，就跑到每个城邦去进行游说的。从科林斯人破釜沉舟的态度推断，后一种可能性更大。[-311,312-]大会开始之后，曾经在 7 月的斯巴达公民大会上发过言的几个盟邦重复了上次的指控。科林斯人这次又是最后一个发言，并且最卖力。

很明显，科林斯人首要的任务就是说服那些不愿意与雅典开战的盟邦，让他们投票支持战争。这些盟邦一定包括了阿卡狄亚（Arcadia）的大多数城邦：铁该亚、曼提尼亚、弗立坞（Phlius）、刻离坨（Clitor）等等。③ 这些城邦应该想过，这样一场战争与她们能有多少关系。作为内陆城邦，她们与雅典或者整个帝国都没有什么冲突。大多数已经发生的冲突都离她们很远，而她们对《墨伽拉法令》之类的贸易制裁没有多大兴趣。科林斯人最开始的发言就是针对这些城邦的。他说，这些内陆城邦应该意识到，如果不帮助那些沿海地区的城邦，她们将无法利用这些地方充当转口港，来处理自己的过剩物质，并获得进口商品。她们必须小心听取辩论，因为这与她们息息相关，如果漠视这些沿海城邦的要求，"危险终将降临到她们身上，这些人讨论的不仅是他们自己的命运，同样也是我们的命运"。④

不过，需要说服的不仅是这些内陆城邦。西叙昂（Sicyon）现在的政策对战争也不感兴趣。早在公元前 435 年，西叙昂人就曾经试图避免战争的发生。另外，像埃皮道鲁斯（Epidaurus）、赫尔迈翁（Hermione）、托洛溱（Troezen）、塞法伦尼亚（Cephallenia），这些城邦虽然都参加了柳辛宙涅战役（Leucimne），却没有出现在墟波塔战役

---

① Thuc. 1. 119.
② Thuc. 1. 119; καὶ οἱ Κορίνθιοι δεηθέντες μὲν καὶ κατὰ πόλεις πρότερον ἑκάστων ἰδίᾳ ὥστε ψηφίσασθαι τὸν πόλεμον, δεδιότες περὶ τῇ Ποτειδαίᾳ μὴ προδιαφθαρῇ…
③ 见戈姆，《修昔底德历史评注》，第 1 卷，第 415 页。
④ Thuc. 1. 120. 2.

中,①还需要进一步说服。作为沿海城邦的公民,这些人清楚雅典海军及其帝国的实力,知道这些会对他们造成多大的危害。也许正是因为了解这种实力,他们才不愿意因为一些与自己没有直接关系的问题而与雅典开战。他们认为科林斯人的政策是缺乏理性的,科林斯人不是在为某一件事讨回公道,而是希望发动一场圣战,推翻雅典帝国。科林斯人要说服他们,让他们相信战争的目标是合理的、克制的、有限度的。"我们之所以要挑起这次战争,是因为我们受到了伤害,有着足够的理由感到不满。[-312,313-] 赶走雅典人之后,我们会尽快结束这场战争。"②

科林斯人最重要的任务是说服这些盟邦,让她们相信自己能够赢得这场与雅典的战争。虽然阿奇达慕斯的发言没能说服斯巴达人,但他对与雅典人开战所面临的困难进行了务实、坦率的讨论,因此在接下来的一个月中,他的这些发言应该还是造成了一定的影响,并且我们认为,鸽派一定将国王的观点告诉了这些盟邦。对于自己的乐观,科林斯人给出了以下理由:伯罗奔尼撒人在人数上占优,在军事经验上也占优势;他们依赖的是盟邦,而不是那些靠不住的雇佣军;要粉碎雅典的海上优势,他们不仅可以凭借自己的财力,还可以从德尔斐与奥林匹亚借钱。因为雅典的海上力量是最难对付的,所以科林斯人不得不多费一些口舌。他们说,雅典海军并非由雅典人组成,而是花钱雇佣的外邦人,所以很容易出钱收买。只要一次胜利就足以摧毁雅典海军。即便一时无法打败雅典,伯罗奔尼撒人也有足够的时间学会海战,因为他们天生就比雅典人勇敢。战争所需要的钱将全部来自伯罗奔尼撒盟邦自愿缴纳的献金。③

虽然阿奇达慕斯认为雅典人是难以战胜的,科林斯人却提出了一些可以用来对付他们的战术。雅典之所以强大是因为她可以从盟邦获得钱与水手,而伯罗奔尼撒人可以支持雅典的盟邦造反,让雅典人失去

---

① 见本书第十四章,第 223—224 页(原书页码),以及第 245—246 页(原书页码)。
② Thuc. 1. 121. 1.
③ Thuc. 1. 121. 2—5.

这一切。如果雅典人选择在陆地上开战,伯罗奔尼撒人除了劫掠亚狄珈,还可以在亚狄珈建立一个永久性的要塞,保持对当地的威胁。[-313,314-]除了这些办法,一定还会出现一些末期之机。①

科林斯人对于即将开始的战争的应对措施,尤其是在亚狄珈建立永久性的要塞,经常被人们用来证明这个发言乃是修昔底德所杜撰,并且是在很迟的时候编出来的,因为德西利亚(Decelea)这个要塞是在公元前413年才建立的。② 不过,我们没有理由相信这种观点。一方面,科林斯人的大多数预言都是错误的:仅凭一场战役并没能结束战争,而只接受了一些简单训练的伯罗奔尼撒海军也根本不是雅典人的对手,战争并没有在短时间内结束;另一方面,有足够的理由相信这段发言是建立在历史经验之上,而非对未来的一种预言。人们对于发生在萨摩司、拜占庭以及其他地方的起义,记忆犹新,所以自然会认为,一旦雅典因为伯罗奔尼撒战争而分心,那一定还会发生类似的起义。至于在敌方领土上建立永久性要塞,这也不需要什么先知先觉的能力。有证据显示,早在公元前413年之前,甚至是伯罗奔尼撒战争开始之前,很多人就已经有了这样的想法。③ 这段发言的目的就是要鼓励盟邦投票选择战争,在历史经验的基础上作出一些乐观的预言,这是很常用的一种手段。

科林斯人还说,战争是唯一选择,没有其他的解决办法。雅典非常强大,可以将所有城邦逐一打败;只有团结起来才会有机会打败她。否则大家只能沦为她的奴隶。屈服于雅典人即是暴政的开始。④ 这种结局完全可以避免。阿波罗神已经答应帮助我们,斯巴达同盟之外的其他希腊城邦也会因为害怕或出于自身利益考虑而加入到这场斗争中来。另外,阿波罗的支持证明这是一场正义的战争,这样做并不会违反和约,而是在保卫和约。⑤ [-314,315-]

---

① Thuc. 1. 122. 1.
② 古伦第,《修昔底德及他那个时代的史学》,第1卷,第320—321页;另外,亦可参阅戈姆,《修昔底德历史评注》,第1卷,第418—419页。
③ 戈姆,《修昔底德历史评注》,第1卷,第418页。
④ Thuc. 1. 122.
⑤ Thuc. 1. 123.

这显然是一次非常巧妙的诡辩,不过科林斯人肯定不需要去向诡辩家学习这一套,因为他们本身就已经够狡猾了。为了达到自己的目的,他们在这段长篇大论中提出了很多观点。现代的读者对此不会感到陌生,因为那些支持战争的人总喜欢用无数类似的理由来为自己辩护。他们说,这是开战的最佳时机;这场战争不仅关系到我们自身的利益,更关乎大家共同的利益;我们必须赶快去营救波提狄亚人,他们也是多利安人,正被爱奥尼亚人团团围困(每次都会用民族问题来作文章);既然专门跑来开会讨论采取什么行动,那我们必须有所行动,否则就是软弱的象征,这可是致命的;无论如何,战争已经不可避免,而战争会带来更持久的和平,"战争之后的和平局面将会更加稳固"。① 在结束发言之前,科林斯人不失时机地对战争的崇高目的进行了一个总结。"这个城邦已经成为希腊的独裁者,她对所有的人都是一种威胁,她已经控制了我们中的某些城邦,并且正在计划控制其他城邦,让我们拿起武器打败她,给我们自己一个安全的未来,同时解放那些已经被她奴役的城邦。"②

科林斯人结束发言之后,"在场的所有盟邦"开始投票。这意味着并不是所有的盟邦都出席了这次会议。到场的城邦多数($τὸ\ πλῆθος$)支持战争。修昔底德并没有说有多少城邦投了赞成票,但因为这次他并没有像描写上次斯巴达的投票那样,说是压倒多数,③所以我们可以推断有一定数量的城邦并没有投赞成票。也许与斯巴达内部的分歧一样,同盟中也存在着分歧。并非所有的人都相信战争不可避免;并非所有的人都相信这是一场正义的战争;并非所有的人都相信可以轻松取胜;并非所有的人都相信这次战争是必需的。可以肯定的是,同盟已经投票选择战争,并且下令立即开始备战,事情到此似乎可以告一段落,但正如修昔底德指出的那样,斯巴达人过了将近一年,才对亚狄珈发起进攻,正式开始战争。④

---

① Thuc. 1. 124. 2.
② Thuc. 1. 124. 3.
③ Thuc. 1. 87. 3: $πολλῷ\ πλείους$.
④ Thuc. 1. 125. 2.

这次拖延是值得注意的。修昔底德的解释并不[-315,316-]令人满意,事实上,他给出的并不能算是一种解释。他说,斯巴达人在这一年中"忙着准备他们所需要的东西"(καθισταμένοις ὧν ἔδει)。① 布索特指出,如果要像司森涅莱达与鹰派设想的那样,进攻亚狄珈,只需要几个星期的时间准备。② 因此,我们必须为斯巴达人的拖延找出一个解释。这一定是因为,虽然投票选择了战争,但并非所有盟邦与斯巴达人都接受科林斯与斯巴达鹰派的观点。人们对司森涅莱达与科林斯人热情洋溢的发言进行了冷静思考之后,发现阿奇达慕斯的观点还是有些道理的。毫无疑问,斯巴达人与他们的盟邦已经被说服,相信雅典是一个威胁,必须除掉她,但现在他们似乎认为,这需要慢慢来,要做更多的准备工作,甚至希望可以不通过战争而达到目的。很可能正是在这段时间,他们开始派遣特使前往波斯、意大利以及西西里,希望在即将爆发的战争中得到他们的帮助。③ 与此同时,他们派出了好几拨使者前往雅典,至少表面上看是希望避免与雅典的这场战争。

---

① Thuc. 1, 125, 2.
② 布索特,《希腊历史》,第 3 卷,第 2 册,第 844 页,同时参加见附录 K。
③ Diod. 12, 41, 1.

# 第十八章 雅 典

　　从公元前432年8月开始,直到公元前431年3月忒拜人进攻普拉提阿(Plataea),斯巴达人至少派出了三批使者前往雅典,据说是为了提出一些避免战争的办法。他们的动机难免令人生疑,毕竟这个城邦及其同盟都已经决定对雅典开战。修昔底德的解释并不能减少我们的怀疑,他说:斯巴达人派出这些使者是因为"一旦雅典人不接受他们的提议,他们就有了最好的战争借口"。① 如果雅典人接受他们的要求,斯巴达人又会采取何种行动呢,修昔底德并没有说。他这样做的含义非常明显:他认为雅典人根本不会接受这些条件。很多现代学者认为,斯巴达人的谈判是缺乏诚意的,只不过是为了在战争开始后占据一个道德高地。② 不过,并非所有的人都同意这种看法,所以我们需要对这些谈判进行仔细研究。③

　　斯巴达人派出的第一批使者要求雅典人"将女神诅咒的人赶走"。④ 这与[-317,318-]200多年前的库伦(Cylon)政变有关。当时参

---

① Thuc. 1.126.1.
② 例如,格罗特,《希腊历史》,第5卷,第21页;埃德科,《剑桥古代史》,第5卷,第188—189页;格罗茨与柯恩,《希腊历史》,第2卷,第622页。
③ 认为斯巴达人派出的特使是诚心求和的学者有:贝洛赫,《希腊历史》,第二版,第2卷,第1册,第296—297页);梅耶,《古代历史》[*GdA*],第4卷,第2册,第19—20页);布索特(《希腊历史》,第3卷,第2册,第845—848页),以及德·桑悌,《希腊历史》[*SdG*],第2卷,第265—266页)。
④ Thuc. 1.126.2—3.

与谋反的人在失败之后,曾经在复仇女神的祭坛寻求庇护,而伯利克里母亲那一边的阿克美翁岱家族(Alcmaeonid family)冒犯圣地,将那些在里面避难的人全部杀害,整个家族与后人都因此受到了诅咒。在公元前6世纪末,斯巴达国王刻辽门内(Cleomenes)曾经利用"对阿克美翁岱家族的诅咒"来实现自己的政治目的。斯巴达的鹰派显然希望再次对它加以利用。①

第一批使者大概是在公元前432年8月的同盟大会之后不久派出,当时战争气氛非常浓厚,鹰派还控制着大局。修昔底德对这批使者的动机表示怀疑,我们觉得他是对的。斯巴达人表面上是要为神的荣誉复仇,事实上,他们的目标是伯利克里,因为他们清楚,伯利克里将是他们成功道路上最大的障碍。他们相信,如果伯利克里遭到流放,让雅典妥协会相对容易,但他们心里明白,流放伯利克里的目的是无法实现的。他们只是希望借此败坏他的名誉,让他为雅典的问题背黑锅。"他是自己城邦的领袖,拥有最大的权力,却在各个方面与斯巴达作对,不许雅典人作出让步,而是迫使他们走向战争。"②

修昔底德认为斯巴达人提出这样的要求,是希望影响雅典的国内政治局势,对此我们可以接受,但他并没有交代清楚,斯巴达人究竟希望达到怎样的目的。他们相信,如果伯利克里遭到流放,雅典妥协的可能性会更大,但他们又并不希望伯利克里真的被流放。显然,他们希望伯利克里继续留在雅典掌权,却得不到大家的信任,权力被削弱。无论如何,伯利克里肯定会继续反对妥协,战争也将不可避免。因此,斯巴达的鹰派提出这样的要求,似乎并不是想阻止战争的发生,只是希望破坏雅典在政治上的团结。

虽然修昔底德没有像我们所希望的那样,点明斯巴达人的动机,但他确实将一些非常重要的事实告诉了我们。第一批使者派出的时候,伯利克里已经完全赞成对斯巴达采取强硬政策,可以[-318,319-]说是"在迫使雅典人走向战争"。前面提到,早在7月份的时候他就反对作出让步,除

---

① Thuc. 1. 126. 3—12;Hdt. 5. 70—72;Plut. *Solon* 12.
② Thuc. 1. 126. 3.

非根据和约的规定进行仲裁。在那个时候,他仍然相信软硬兼施可以避免冲突的发生,所以一方面他表现得非常强硬,另一方面又愿意就具体的争议接受仲裁。不过,此后,斯巴达人与他们的盟邦都投票选择了战争。对于这两次严肃而正式的投票,伯利克里一定非常重视,并且他肯定明白,如果斯巴达方面提出继续谈判,却又不愿意作出任何让步,也不愿意对冲突进行仲裁,那斯巴达只是在打一场心理战。到公元前432年秋天的时候,伯利克里的态度已经变得非常强硬,他拒绝作出任何让步。

据修昔底德的记述,通过斯巴达派出的第一批使者,我们发现:当时,雅典政坛有一股不小的反对势力,斯巴达人希望对此加以利用。很多学者认为那些针对伯利克里及其朋友的攻击就发生在这一时期,不过我们认为那些攻击发生在6年前。① 伯利克里得以安然度过当时的攻击并不意味他在政治上的麻烦已经终结。美莱西亚斯之子修昔底德斯已经回到了雅典,并且有可能重新开始领导当年的那些追随者。克里昂依然活跃在政坛,不断积累自己的从政经验。他虽然与伯利克里还不是一个级别,但作为伯利克里的反对者,他正在逐渐扩大自己在民众中的影响力。公元前433年,在讨论是否与柯西拉结盟时,反对派曾经显示出很大的能量,并且差一点就改变了局势。当年对菲迪亚斯(Phidias)、阿纳克萨戈拉(Anaxagoras)、阿斯帕西娅(Aspasia)的指控中都有亵渎神灵的罪名,而这次斯巴达人又把当年违反宗教习惯的陈年往事翻出来,这绝非巧合。可以肯定的是,美莱西亚斯之子修昔底德斯的那些贵族朋友,以及克里昂的平民支持者,都在大肆渲染伯利克里对神的不敬。与此同时,双方肯定还从其他方面对伯利克里发起了人身攻击。他们一定会说他傲慢清高,[-319,320-]也许还会重提他与庇西斯特拉图这位僭主之间的相似。②

我们从修昔底德那儿得知的第三点是:这些攻击都未能得逞。伯利克里依然是"自己城邦的领袖,大权在握"。普鲁塔克对此表示赞同。他说斯巴达人提出的要求,产生了与他们的预期正好相反的效果。"伯

---

① 参见本书第十二章,第193—202页(原书页码)。
② Plut. *Per.* 7.1,31.1.

利克里非但没有受到怀疑与中伤,作为敌人最仇恨、最害怕的人,人民反而更加信任他、尊敬他。"① 所有的证据表明,直到战争前夕,伯利克里的地位依然不可动摇。这是特别需要强调的一点。这并不是说他没有政治上的压力,可以完全按照自己的想法行事。事实上,他总是需要认真考虑自己的外交政策对国内形势的影响。尽管如此,雅典执行的仍然是伯利克里的政策,而他制订这些政策主要是基于自己的判断,而非被国内政治势力所左右。

伯利克里在政治宣传方面早已不是新手,对于斯巴达人提出的第一个要求,他回敬了一个类似的请求。既然斯巴达人坚持要解除阿克美翁岱家族带来的诅咒,雅典人也要求斯巴达人驱逐因苔捺庐(Taenarus)的波塞冬神庙事件而遭神诅咒的人,并且还要他们将黄铜宫(Brazen House)的雅典娜的诅咒一并解除。斯巴达人曾经将一些在苔捺庐的波塞冬神庙中寻求庇护的黑劳士处死,人们普遍认为正是因为斯巴达人亵渎神灵,所以才遭受了大地震的惩罚。② 这与对阿克美翁岱家族的诅咒似乎非常相似,所以用来对付斯巴达人再合适不过。黄铜宫雅典娜的诅咒指的是另外一次亵渎神地的事件。国王泡萨尼阿斯曾经因为普拉提阿战役的胜利而声名远扬,后来因为先后与波斯人、黑劳士勾结,被关在雅典娜的神庙中活活饿死。这显然是一种渎神行为,[-320,321-] 而且德尔斐的祭司也是这样认定的,他们坚持要花很多钱、通过繁杂的仪式才能赎罪。③

以又一次渎神作为借口,也许有些牵强,似乎没有必要,但作为一种宣传攻势,它还是很有价值的。伯利克里将人们的注意力引向这些与泡萨尼阿斯有关的丑闻,是希望提醒希腊城邦,如果没有雅典的制约,斯巴达这个霸主就会变得如此面目可憎。根据斯巴达在波斯战争之后那几年的表现,斯巴达同盟中那些与雅典没有直接冲突的城邦,以及雅典帝国中那些有意谋反的盟邦,再加上阿尔戈斯这样的中立城邦,

---

① Plut. *Per.* 33. 1.
② Thuc. 1. 128. 1.
③ Thuc. 1. 128. 1—1. 135. 1.

也许会明白即将开始的这场战争并不是为了争取自由、反抗暴政。与此同时,重提泡萨尼阿斯还可能对斯巴达国内的政治局势产生影响。泡萨尼阿斯与列奥提其达(Leotychidas)当年执行的冒险政策,给斯巴达带来的是众叛亲离,名誉扫地,还被扣上了出卖其他城邦的罪名,并且引发了伯罗奔尼撒地区此起彼伏的叛乱。在阿奇达慕斯之前,就曾经有人站出来反对这种冒险政策。他们结束了在伯罗奔尼撒地区之外的军事行动,恢复了斯巴达的强大,重新赢得了大家的尊重。司森涅莱达(Sthenelaidas)推行的政策需要在伯罗奔尼撒地区之外采取行动,并且很可能还要在很远的地方打一场持久战。伯利克里一定意识到,他的答复可能会对斯巴达的鸽派有所帮助,同时对敌人造成一定伤害。很显然,在第一轮外交交锋中,他取得了胜利。

  第一个要求遭到回绝之后,斯巴达人继续派出使者前往雅典提出新的要求,并且暗示只要雅典接受他们这次的要求,就可以避免战争的爆发。① 他们要求雅典人撤出波提狄亚(Potidaea),恢复埃基纳(Aegina)的自治。"他们还公开声明:只要雅典人撤销《墨伽拉法令》,就不会有战争发生。"②我们这次依然需要弄清楚斯巴达人的真正目的。如果认为这一次次的造访[-321,322-](我们可以将这几次造访统称为第二批使者)全部都是在作秀,那是难以令人信服的。即便我们承认前面两点要求非常过分,不够严肃,但最后一次所提要求是不同的(而斯巴达人最强调的正是这一条要求)。③ 稍后我们将会看到,在雅典进行的辩论全部集中在《墨伽拉法令》上,这表明该法令还是有机会被取消的。如果撤销这道法令,在较长时间内,斯巴达的鹰派将很难发动这场战争。④ 有证

---

① Thuc. 1. 139. 1. 修昔底德说,斯巴达人提出要求时,"一再(遣使)去找雅典人"(ὕστερον δὲ φοιτῶντες παρ'Ἀθηναίους);而φοιτῶντες一词意味着这行动反复进行,不止一次,参见克拉森(Classen)的注释(《修昔底德史书第1卷》,第358页)。我们无法确定这几批特使之间的时间间隔。

② Thuc. 1. 139. 1: καὶ μάλιστά γε πάντων καὶ ἐνδηλότατα προύλεγον τὸ περὶ Μεγαρέων ψήφισμα καθελοῦσι μὴ ἂν γίγνεσθαι πόλεμον.

③ 格罗茨与柯恩,《希腊历史》,第2卷,第623页。

④ 爱德华·梅耶(《古代历史》,第4卷,第2册,第20—21页)相信战争已经不可避免,但即便是他,也认为雅典还是有可能取消这道法令,毕竟这道法令不仅没有给雅典带来任何物质上的好处,而且不得人心。

据显示,斯巴达人在提出这些要求时,至少希望最后一条要求能被接受,从而避免战争的发生。

显然,在第一批使者所提的要求遭到拒绝之后,斯巴达极不稳定的政治局势发生了变化。雅典人在外交上表现出的冷静与自信一定对斯巴达人及其盟邦的心理产生了影响。阿奇达慕斯具有远见的警示肯定获得了更多人的支持,与此同时,很多人开始认识到阿奇达慕斯的对手们的狂热与冲动。第二批使者传递出清晰的妥协信息,这证明阿奇达慕斯已经恢复了他的影响力。普鲁塔克说阿奇达慕斯试图和平解决来自盟邦的投诉,平息他们对雅典的怒气。① 他的这些努力应该是在派出第一批使者与第三批使者之间,因为这两批使者所提出的要求都非常过分,不可能是为了和平。从第二批使者所提的要求可以看出,阿奇达慕斯与他的对手都没能完全控制大局。如果阿奇达慕斯能够做主,他会选择通过仲裁来解决争端;或者至少他会将每一件事情分开来处理。如果是鹰派控制局势,那在第一批使者提出的要求遭到拒绝之后,他们就不会继续谈判,至少不会提出这样简单而又具有吸引力的要求:取消《墨伽拉法令》就可以换取和平。因此,当时的情况很可能是,一方面阿奇达慕斯具有足够的影响力,坚持继续谈判,而鹰派则要求[-322,323-]雅典人在所有问题上作出让步,阿奇达慕斯让他们作出妥协,将撤销《墨伽拉法令》作为换取和平的唯一必要条件(sine qua non)。②

值得注意的是,这个要求出卖了科林斯人的利益,所以有人认为这个要求也是缺乏诚意的。根据修昔底德的说法,当时斯巴达人表示,只要将这道法令废除,就可以避免战争。对此,埃德科表达了自己的观点,"这绝对不可能是真的,要想让科林斯满意,仅仅要求撤销《墨伽拉法令》是不够的。"③认为斯巴达人不会为了自身利益而牺牲科林斯人的利益,这种观点并没有多少根据。因为这正是阿奇达慕斯的打算,前面我们分析过他的发言,从中可以看出这一点。他明确表示,与雅典的

---

① Plut. Per. 29.5.
② 这种解释与布索特在《希腊历史》,第3卷,第2册中的分析非常接近。
③ 《剑桥古代史》,第5卷,第189页。

几次冲突都没有牵涉到斯巴达的利益。他暗示科林斯人只是在利用斯巴达人与其他盟邦来达到自己的目的(对此,当时科林斯人作出了反驳)。公元前421年,当斯巴达的鸽派签订《尼基阿斯和约》时,他们就曾经这样做过。那份和约仅仅维护了斯巴达的利益,不仅抛弃了科林斯,还有忒拜、伊利斯,以及墨伽拉。这些城邦对此感到非常不满,于是拒绝签字。①

似乎阿奇达慕斯与他的支持者已经准备向科林斯摊牌,不再理会科林斯人的感受,与雅典达成和解。墨伽拉是斯巴达同盟的成员,正在遭受经济制裁。在斯巴达人看来,《墨伽拉法令》虽然在字面上没有违反《三十年和约》,但至少违背了和约的精神,因为和约规定双方不得干预发生在对方领土上的事情。雅典人不会容忍科林斯人在波提狄亚煽起叛乱,斯巴达人也不能容忍雅典人干涉墨伽拉的事务。因此,撤销《墨伽拉法令》成为和平解决这次冲突的必要条件。其他冲突并没有触及斯巴达利益,可以不予理会。如果科林斯人感到不满,以退出同盟相威胁,阿奇达慕斯也已经做好让他们去闹的准备。[-323,324-]是时候告诉科林斯人,谁才是斯巴达同盟的老大了。

如果雅典人接受斯巴达的折衷方案,就可以避免战争的爆发,但他们并没有这样做。伯利克里立场非常坚定,寸步不让。不过,斯巴达派出的第二批使者作出的妥协是非常真诚的,这让他很为难,而这是第一批使者拙劣的煽动方式未能达到的效果。斯巴达人提出这样的方案会让人以为雅典是因为《墨伽拉法令》而选择战争,但实际上这道法令只是一种外交策略,根本不值得用武力去维护。当时雅典的鸽派一定极力主张接受提议,而即便是伯利克里那些忠实的追随者,也会开始思考这个问题。因此,伯利克里不能再简单地拒绝斯巴达的要求,他必须用一种非常特殊的方式来为自己的政策辩解。根据修昔底德的记载,雅典人指责墨伽拉人侵占圣地,制造边界纠纷,为逃跑的奴隶提供庇护。②普鲁塔克说,他们将这些指控写入一道法令之中,然后派使者将

---

① Thuc. 5.17.2.
② Thuc. 1.139.2.

法令送往墨伽拉以及斯巴达,为雅典人的行为进行了辩解。"这道法令是伯利克里提出来的,对自己的政策作出了合情合理的解释。"①

普鲁塔克曾经记录了一件事情,从中可以看出伯利克里当时有多么为难。当斯巴达来的使者提出解决方案之后,伯利克里试图为自己的拒绝寻找借口,便说根据某条法令规定,他不能够将刻有《墨伽拉法令》的那块石碑取下来。对此,斯巴达人说:"那就别取,把它翻过来就可以了,又没有法律禁止这样做。"②不管这个故事的真实性如何——即便不是真的,编得也很漂亮——,但这故事至少证明,伯利克里很难找到借口为自己的行为进行辩解。虽然面临种种困难,但伯利克里依然控制着雅典,并且可以坚定地推行自己的政策。

此后,斯巴达人派出了第三批使者,也是最后一批。这些使者没有重复之前的要求,只是提出了[-324,325-]具有斯巴达风格的声明:"斯巴达人渴望和平,而只要你们让希腊人自治,我们就可以拥有和平。"③这句话的语气非常直接,没有提到任何具体问题,所提的要求也过于笼统,因此这份最后通牒显然不是为了继续谈判,而是要结束谈判;这些话不是说给雅典人听的,而是说给他们的盟邦以及所有的希腊人听的。④ 显然,在伯利克里拒绝斯巴达第二批使者提出的要求之后,斯巴达国内政治力量的微妙局面再次发生变化。雅典的强硬立场让斯巴达的国内舆论也变得强硬起来。现在可以相信,已经没有妥协的可能,战争将不可避免。阿奇达慕斯的影响力受到严重打击,鹰派的势力比以前任何时候都要强大。

鹰派当时一定觉得他们的地位已经非常稳固,所以在提出最后通牒的使者中,居然还有一位是来自鸽派的。修昔底德这次一反常态,将斯巴达使者的名字全部列了出来:蓁斐亚斯(Ramphias)、梅勒西浦

---

① Plut. Per. 30.3.
② Plut. Per. 30.1.
③ Thuc. 1.139.3.
④ 布索特,《希腊历史》,第3卷,第2册,第848页。居然有学者认为,斯巴达人最后一次提出的这个要求并非最后通牒,例如埃德科(《剑桥古代史》,第5卷,第189页)与倪赛耳豪夫(Nesselhauf)(《赫尔墨斯学刊》,第59卷,1934年,第293页)。戈姆(《修昔底德历史评注》,第1卷,第451页)对埃德科的观点进行了简洁有力的反驳。

(Melesippus)、阿基山德(Agesander)。梅勒西浦与阿奇达慕斯关系非常密切。当斯巴达人准备向亚狄珈发起进攻时，阿奇达慕斯还是派遣梅勒西浦参加了最后这个无功而返的使团，希望可以在最后时刻阻止战争的发生。① 斐斐亚斯可能也是倾向于和平的。② 无疑，鹰派选择这些人作为使者是希望向外界展示斯巴达内部已经统一了意见。我们无法得知他们为何接受了这项任务：是因为爱国而不惜违背自己的意愿，还是因为雅典的顽固让他们改变了立场。前者的可能性似乎更大些。

　　已经没有什么好谈的了。雅典人现在必须决定：是作出让步，还是选择战争。为了讨论这个至关重要的问题——战争还是和平，雅典召开了一次公民大会。虽然这样的大会肯定是要召集的，[-325,326-]但伯利克里的政敌似乎选择以一种他不喜欢的方式进行辩论。伯利克里已经下定决心不作出任何让步，所以希望将辩论局限在是否接受斯巴达人的最后通牒这个议题上。结果他的对手们却将这次大会变成了"对每一件事进行充分讨论，然后作出答复"。③ 因此，他们得以再次提出《墨伽拉法令》这个问题，而伯利克里并不希望讨论这道法令。双方都有很多人站起来进行发言。有些人认为"战争是必要的"，④我们猜想其中包括克里昂；有的人则说"法令不应该成为和平的障碍，应该予以撤销"，⑤其中应该就有美莱西亚斯之子修昔底德斯。不过，史家修昔底德并没有记录他们的发言内容。他唯一记录下来的是伯利克里为自己的政策所作的长篇辩护。至于有人认为伯利克里没有完全掌控雅典的政治局势，我们觉得他们应该听听修昔底德对伯利克里当时地位的评价：他"当时是雅典人的领袖，无论说话做事都是最有影响力的"。⑥

---

① Thuc. 2.12.
② Thuc. 5.13.2；布索特，《希腊历史》，第3卷，第2册，第849页及注释1。
③ Thuc. 1.139.3：ἐδόκει ἅπαξ περὶ ἁπάντων βουλευσαμένους ἀποκρίνασθαι.
④ Thuc. 1.139.4：ὡς χρὴ πολεμεῖν.
⑤ Thuc. 1.139.4：ὡς μὴ ἐμπόδιον εἶναι τὸ ψήφισμα εἰρήνης, ἀλλὰ καθελεῖν.
⑥ Thuc. 1.139.4：ἀνὴρ κατ' ἐκεῖνον τὸν χρόνον πρῶτος Ἀθηναίων, λέγειν τε καὶ πράσσειν δυνατώτατος.

与公元前433年柯西拉人以及科林斯人在雅典公民大会上发言时一样,这次修昔底德一定也是亲耳聆听了伯利克里的发言。这是在关键时刻就重要问题发表的一次令人难忘的演讲,所以我们认为它一定给修昔底德以及其他雅典人留下了深刻印象。除非我们不相信修昔底德会如实地转述他所听到的发言,否则就应该认可他的记录。

　　伯利克里向雅典人所做的发言分为两个部分。第一部分是为引发战争的政策进行辩护,第二部分则是对战争结果的预测,以及战争发生之后所应该采取的战略。在整个发言中,他花了较少的时间来为自己的政策进行辩护,[-326,327-]更多的时候是在描述自己对战争的展望,以及所应该采取的对策。他说话的语气非常强硬,毫无掩饰,并不适合用来说服一群摇摆不定的听众。一开场,他就定下了自己发言的基调:"亲爱的雅典同胞啊,我的态度依然不变,我还是认为我们不应该向斯巴达人妥协。"① 接下来,他并没有进行恳求,而是提出了一个忠告。他非常清楚,在战争期间,随着局势的变化,人们很容易改变自己的想法。因此,他要那些支持他的观点、投票支持战争的人在今后局势艰难的时候也要坚持自己的选择,否则,即便战争取得了胜利,也没有他们的功劳。这让我们想起,伯利克里曾经发表过一个同样傲慢的演说。当对手批评他耗费巨资大兴土木时,他的回答是:如果工程完工时将所有的荣誉都给他,而不是雅典人,那他愿意自己出这笔钱。② 这两次,他都对辩论结果感到非常自信,而每次他都对了。

　　接下来,他开始为自己的政策进行辩护。他说:"在此之前,斯巴达人就已经开始阴谋针对我们,现在则是更加明显。"③ 斯巴达的监察官曾经许诺替波提狄亚出头,进攻亚狄珈,这证明了他的第一个说法;现在,这一件事已经是广为人知。斯巴达人发出的最后通牒证明了他的第二个观点,如果接受斯巴达人的请求,这将导致雅典帝国的毁灭。对于斯巴达人的请求,倪赛耳豪夫曾经提出不同的看法。他认为,如果雅

---

① Thuc. 1. 140. 1.
② Plut. *Per.* 14. 1.
③ Thuc. 1. 140. 2.

典同盟中的成员上缴贡赋,却能享有自治权,这就还是一个同盟,而如果雅典人干涉成员的自治权,同盟就变成了一个"帝国"(arché)。这两者是不同的。前者符合希腊的法令与习惯,后者则违反了希腊人的不成文规定。① 斯巴达人可以接受前者,却无法接受后者。这种区分其实没有什么意义。倪赛耳豪夫注意到的这种细微差别根本不存在。对于希腊人而言,自治权是一个非常模糊的概念,其实[-327,328-]对我们而言也是如此。严格说来,自治就不可能允许有贡赋的存在;但换一种宽松的理解,雅典人所做的任何事情都与其都并不冲突。双方所采取的行动都是基于各自的实力与政治现实,而非对法令条文的理解偏差。可以肯定,在伯利克里与雅典人看来,斯巴达的最后通牒是要求他们放弃整个帝国,而我们认为他们的理解是正确的。

在伯利克里的辩解中,最关键的一点似乎是针对法律条文的,但实际上它牵涉到的是一个非常基本的概念。斯巴达人一直拒绝通过仲裁来解决争端。和约中明确规定,在选择对争议进行仲裁时,双方应该维持现状,而斯巴达人却"从没有主动要求对争议进行仲裁,在我们提出仲裁之后又拒不接受"。② 相反,"他们希望通过战争来解决问题,而不是选择对话,现在他们来到这里,不再提要求,而是直接对我们发号施令"。③ 他们命令雅典人停止围困波提狄亚,恢复埃基纳的自治,撤销《墨伽拉法令》;最后还派出使团,公然要求雅典人将自治权还给所有的希腊人。"对于他们的这些要求,必须一口回绝,只有这样才会让他们明白,他们必须平等地对待你们。"④

这些话给我们提供了最好的线索,让我们明白伯利克里为什么会这么坚持自己的政策。他并非完全不愿意让步。如果斯巴达人接受仲裁要求,他一定会服从仲裁。波提狄亚与埃基纳属于雅典帝国的内部事务,而《墨伽拉法令》也是针对自己帝国及贸易的政策,他无法接受斯

---

① 倪赛耳豪夫,《赫尔墨斯学刊》,第 59 卷,1934 年,第 291—292 页。
② Thuc. 1. 140. 2.
③ Thuc. 1. 140. 2.
④ Thuc. 1. 140. 5: ἀπισχυρισάμενοι δὲ σαφὲς ἂν καταστήσαιτε αὐτοῖς ἀπὸ τοῦ ἴσου ὑμῖν μᾶλλον προσφέρεσθαι.

巴达对这些事情的干涉。如果屈服于武力,接受这种干涉,这将让希腊世界回到波斯战争之后的局面；雅典对爱琴海地区的控制完全得看斯巴达的脸色,并且会受到斯巴达国内政治局势的影响。公元前446/445年,伯利克里同意签署的和约[-328,329-]确认了雅典人与斯巴达人在各自范围之内的盟主地位。和约的根本原则是双方互不干涉,其中对于与中立国的关系,以及对冲突的仲裁都作出了详细的规定。如果雅典人在战争的威胁之下作出妥协,那就等于是自认低人一等,以后斯巴达人可以随时要挟他们。

伯利克里非常清楚这一点,在拒绝撤销《墨伽拉法令》的发言中说得也非常明白：

> 他们现在坚持要我们撤销这道法令、作为不向我们动武的其中一个条件,如果我们拒绝这样做,你们以后千万不要后悔,不要误以为自己是为了一件小事而选择了战争。因为这件所谓的'小事'其实是对你们的决心的检验。如果这次你们选择向他们妥协,那你们很快就得作出更大的让步,因为使你们作出第一次让步的乃是恐惧。①

斯巴达的鸽派当然非常清楚伯利克里的态度,并且也觉得有些道理。伯利克里所依据的和约正是他们签订的。从那以后双方都尽量依照和约行事,而且一直都没有出现过任何问题。如果他们仍然大权在握,一定会接受仲裁,平安度过这场危机,但现在掌权的是鹰派,他们对仲裁不感兴趣。伯利克里对雅典执行绥靖政策的后果进行了预测,根据我们对斯巴达鹰派的了解,他的预测是完全正确的。司森涅莱达之类的人对墨伽拉、波提狄亚、或者埃基纳的具体问题毫无兴趣。他们非常嫉妒雅典的强大,对此感到深深的担忧,希望可以将其摧毁。他们这一派曾经在公元前6世纪的时候支持过刻辽门内的冒险政策,波斯战争之后又支持过泡萨尼阿斯与列奥提其达。公元前5世纪60年代,他们曾经承诺为塔索斯人(Thasians)出头,进攻亚狄珈,公元前461年他

---

① Thuc. 1. 140. 5.

们曾经将客蒙的援军拒之门外。在第一次伯罗奔尼撒战争中就活跃着他们的身影,他们参与了对国王普雷斯托阿纳克斯(Pleistoanax)、以及有份参与签订和约的国王参谋克廉追达(Cleandridas)的攻击。[-329,330-]萨摩司宣布脱离雅典之后,他们强迫伯罗奔尼撒同盟召开会议讨论对萨摩司的支援。他们还向波提狄亚人作出承诺,可以为他们进攻亚狄珈。公元前432年,他们终于大权在握,而这时正好有机会发动一场全面战争,摧毁雅典帝国,恢复斯巴达的霸主地位。出于这些原因,他们根本不愿意考虑仲裁。在最后通牒中,他们没有提到《墨伽拉法令》,这绝不是一时疏忽。

虽然斯巴达的最后通牒没有提到《墨伽拉法令》,但在雅典的公民大会,这却成为了辩论的焦点,而伯利克里也将其作为一个主要问题。这一直让历史学家感到非常棘手。倪赛耳豪夫曾经给出了自己的解释。伯利克里认为《墨伽拉法令》只是一个小问题,雅典人如果在这件小事上作出妥协,那么很快就得在大事情上作出让步。不过,他当时为什么没有指出,斯巴达人坚持要雅典人将自治权还给所有的希腊人,这已经是非常过分的要求了?① 斯巴达人提出的最后要求已经使讨论变得毫无意义,那为什么《墨伽拉法令》还会成为辩论的焦点呢?② 布索特认为,这一定是因为前来递交最后通牒的使者中的鸽派让雅典人相信,只要雅典人愿意撤销《墨伽拉法令》,依然可以让斯巴达人感到满意。③

《墨伽拉法令》是伯利克里政策中的薄弱环节。正是因为《墨伽拉法令》,雅典才被指违反了《三十年和约》;《墨伽拉法令》没有给雅典带来任何好处,反倒因为终止了与墨伽拉的贸易,从而失去了来自墨伽拉的税收,遭受了经济上的损失。更重要的是,斯巴达人还曾经将其作为

---

① 倪赛耳豪夫,《赫尔墨斯学刊》,第59卷,1934年,第286页。
② 帕斯夸里(G. Pasquali,《意大利古典语文学研究》)[*Studi Italiani di filologia classica*],第5卷,1927年,第299页及以下)觉得这个问题非常棘手,因此他认为有关最后一批使团的来访是修昔底德从斯巴达人那里听说之后才加进去的。倪赛耳豪夫认为,这种观点非常荒谬(《赫尔墨斯学刊》,第59卷,1934年,第287页)。
③ 布索特,《希腊历史》,第3卷,第2册,第849页。

和平的必要条件。虽然斯巴达现在开出的条件已经完全不同,但鸽派依然会说,只要能够表现出理性的一面,无论多迟,终究还是[-330,331-]会扭转斯巴达人的想法的。因此,那些主张和平妥协、希望息事宁人的雅典人在攻击伯利克里的政策时,自然将注意力集中在了《墨伽拉法令》上。他们并不认为雅典应该满足斯巴达此前提出的所有要求,或者在波提狄亚、埃基纳等问题上作出让步。也没有人会接受斯巴达最后所提出的要求,因为他们认为那是在要求自己放弃整个帝国。不过,很多人愿意相信,只要在墨伽拉问题上作出让步就可以避免战争,他们认为根本不值得为了墨伽拉而惹出这么多麻烦。正是因为这些原因,反对派只谈《墨伽拉法令》,而伯利克里也别无选择,只能在辩护时将焦点集中在这个问题上。

对伯利克里而言,已经没有妥协或谈判的余地了。斯巴达人将问题摆在了他的面前。或者通过战争来保护雅典帝国,让雅典拥有与斯巴达平等的地位,不再受到来自斯巴达的干涉与控制,或者是一味地退让,最终的结果是帝国解体,雅典人沦为斯巴达的臣民。伯利克里用一段有力的陈述结束了第一部分的发言:

> 现在就要拿定主意,是在没有受到伤害之前就赶紧屈服,还是选择战争,下定决心不再退缩,不再因为害怕失去现有的一切而生活在恐惧之中。如果允许一个与你们平等的邻居通过武力,而不是合法的程序,将他的要求强加于你,无论他的要求是什么,只要你接受了,最终你都将沦为他的奴隶。①

伯利克里不仅需要说服雅典人,让他们选择战争,而且还要让他们相信,胜利将属于自己。于是他对雅典的战争前景进行了展望。这可以算作对科林斯人在同盟大会上的发言的反驳。某些人怀疑这段发言并非出自伯利克里,而是修昔底德杜撰,但这种观点并没有什么依据。科林斯人当时的发言应该很快就传到了雅典。当地的鸽派也会利用科

---

① Thuc. 1. 141. 1.

林斯人的观点来打消鹰派的积极性。[-331,332-]因此,伯利克里自然会对科林斯人的观点进行反驳,并且这种反驳也是非常必要的。

他一开始就对伯罗奔尼撒人的弱点进行了分析。他们绝大多数都是农民,没有什么积蓄。他们对土地的依赖以及他们的贫穷都决定了他们无法长时间作战,并且他们在持久战与海外作战方面都没有经验。眼下的这场战争他们是打不了的,因为他们不能长时间远离自己的农作物;而且由于缺乏外部支持,他们手中的资源必将很快耗尽。临时开征战争税根本无法与长年积累下来的战争储备相比。虽然伯罗奔尼撒人骁勇善战,有着出色的军事技术,这也无法弥补他们在经济上的拮据。也许他们并不害怕牺牲,但一定清楚自己财力有限,所以绝不希望打一场持久战。

如果仅凭一场战役,伯罗奔尼撒人肯定不会输给其他希腊人,但雅典人的策略将是拒绝打这样的大战。妨碍伯罗奔尼撒人打持久战的不仅是经济上的拮据;他们的组织机构也很不给力。他们没有定期召开的政治大会,所以无法迅速作出决定并付诸实施。每个城邦都只有一票,大家关心的只是自己城邦的利益。"有些希望对某个敌人采取最严厉的报复行动,而有些则希望能将对自己城邦的影响降到最低。"①即便当他们聚到一起制订计划时,考虑的也不是共同的利益,只是自己的目标。不过,他们最大的困难还是缺钱,因为他们收钱的速度太慢了,而"战争中的机会却是稍纵即逝"。②

如果敌人想在雅典的领土上建立要塞,这是非常困难的。即便他们建立了一个这样的东西,雅典人可以以牙还牙,在他们的领土上修建要塞,并且可以出动雅典海军对他们进行骚扰。雅典人在陆地作战方面的经验远远超过伯罗奔尼撒人在海战方面的经验,而这绝不会在战争过程中发生变化。科林斯人说伯罗奔尼撒人[-332,333-]可以迅速成为水手,这是非常荒谬的。雅典人在波斯战争之后就开始训练,到现在水平都还不是太理想;敌人怎么可能在这么短的时间达到一个很高

---

① Thuc. 1. 141. 7.
② Thuc. 1. 142. 1.

水平？他们都还是些旱鸭子，而雅典人也不会给他们训练的机会，只要他们出海，无论去哪里，雅典海军都将严阵以待，准备好好教训他们。因此，他们肯定不敢轻举妄动，但这样一来，他们的技艺会变得更加生疏，最后将害怕出战。海战不是休闲消遣，需要长期的训练，需要大量的投入。① 至于用奥林匹亚以及德尔斐提供的钱来雇佣水手，那也只能是空想。②

伯利克里说，在即将进行的这场战争中，雅典人处于非常有利的位置。贫困与分裂让敌人备受困扰，而雅典人并没有这些问题。雅典最大的优势是她的制海权。这意味着即便自己的土地遭到破坏，雅典人也不用怕，他们还可以依靠帝国提供的粮食与经济来源，而伯罗奔尼撒却无法承受同样的报复行动。如果雅典是个岛国，她就能固若金汤，所以雅典人必须放弃自己的土地，回到城墙后面，将整座城变成一座岛。这就是雅典应该采用的策略。绝对不要因为愤怒或是失去耐心而被敌人引到开阔地带进行战斗。我们在数量上不及敌人，并且即便我们赢得了这场战斗，也没有多大用处。伯罗奔尼撒人可以重新召集人马杀回来。如果雅典人输了，那一切都完了。那些盟邦会乘机造反，雅典将失去她的粮食来源。对雅典而言，最大的危险是民众的冲动。眼睁睁看着自己的田地被毁，房屋被烧，他们一定会忍不住冲出去拼命。伯利克里说："我真希望自己可以说服你们跑到城外去亲手把这些东西全部毁掉，这样就可以让斯巴达人明白，你们不会对他们作出任何让步。"③这种冲动还会带来另外一种危险：雅典人可能会试图扩大战争范围，希望通过战争来扩大[-333,334-]帝国的版图。这将带来灾难性的后果。伯利克里警告雅典人，"不要自找麻烦，我不怕敌人的阴谋诡计，我最担心的是我们自己的失误"。④

最后，针对斯巴达人的最后通牒，以及他们就《墨伽拉法令》所提出的要求，伯利克里也给出了自己的答复。他说：斯巴达人的法律禁止外

---

① Thuc. 1. 142. 2—9.
② Thuc. 1. 143. 1—2.
③ Thuc. 1. 143. 5.
④ Thuc. 1. 144. 1.

邦人在斯巴达境内居住,如果斯巴达人愿意将雅典人以及雅典盟邦的人都排除在外邦人之外,那雅典人也可以撤回这道法令。伯利克里希望指出的是,两个城邦的法令都不违反和约规定。对于那些在签订《三十年和约》时就已经独立的盟邦,雅典人可以给予她们自治权,条件是斯巴达人也将自治权还给她的盟邦,并且必须按照每个城邦自己对自治的理解,而不是根据斯巴达人的理解。最后,伯利克里重复了自己的要求,希望可以根据和约规定,通过仲裁来解决纠纷。"我们不会挑起战争,但如果有谁胆敢先动手,我们一定会保护自己。这些才是我们这个城邦应该作出的合理答复。"①

在发言的最后,伯利克里呼吁自己的同胞对城邦,对以前所取得的成就感到自豪,并且希望他们可以下定决心再铸辉煌。不过,他主要的观点还是:战争已经不可避免,并且"我们越是坦然接受这一事实,我们的敌人越是不敢动手"。②

从伯利克里发言的后半部分,我们知道了他的应对措施,以及他的战争目的。伯利克里希望打一场有节制的防御战;雅典人需要放弃城外的土地,依靠自己的帝国与海军,他们需要保住自己的制海权,拒绝与敌人在陆地上展开决斗;利用海军进行登陆,然后在伯罗奔尼撒建立要塞,破坏敌人的田地,报复敌人对亚狄珈的进攻;激怒敌人,拖垮敌人;雅典人绝对不能弃守为攻,利用这个机会扩张他们的帝国;[-334,335-]这将是一场消耗战,并且肯定会持续很长一段时间;随着时间推移,敌人将会变得绝望,并且会因为发动这样一场没有回报的战争而感受到经济上的压力;斯巴达同盟松散的组织结构必将让他们陷入争吵之中;局势很快就会明朗起来,伯罗奔尼撒人将无法赢得这场战争,最终只能选择议和;斯巴达鹰派将会名誉扫地,只能将权力交给那些从公元前446/445年以来一直遵守和约的人们;雅典将重新进入一个和平的时代,而这次的和平局面会比以前更加稳固。

有些人认为这次发言代表的是修昔底德而非伯利克里的想法。他

---

① Thuc. 1. 144. 2.
② Thuc. 1. 144. 3.

们认为在发言中,伯利克里准确预见了后来才发生的事件,因此肯定是后来才写的。其中提到了在伯罗奔尼撒建立要塞,而我们知道,公元前425年,雅典人确实在派娄斯(Pylos)建立了一个要塞;另外还提到了斯巴达同盟的分裂,就我们所知,这个同盟在公元前421年出现了严重的分裂,很多城邦脱离了同盟。发言中警告雅典人不要试图在战争中扩大帝国的版图,而这让我们想到了西西里行动。事实上,这段发言与其中所提出的战略,很多都是建立在历史经验之上,是往回看,而不是向前看。斯巴达同盟组织结构上的缺陷已经多次暴露出来。公元前6世纪末,科林斯人曾经阻止刻辽门内入侵亚狄珈,雅典人因此而受益。伯罗奔尼撒人在海上的无能也多次得到证明。在解放爱琴海与赫勒斯滂地区的战争中,斯巴达短暂的领导是一次彻头彻尾的失败;在第一次伯罗奔尼撒战争的主要海战中,雅典人悉数胜出;不久之前,在柯西拉附近进行的战役中,从科林斯人的表现可以看出,他们的海军以及所用的战术都已经过时,实在是不堪一击。并且,第一次伯罗奔尼撒战争已经证明,伯罗奔尼撒人只能速战速决,无法进行持久战,打不了多久就急于议和。

伯利克里的战略思想直接来自雅典人在第一次伯罗奔尼撒战争中的经验。雅典人[-335,336-]曾经犯下三次错误,每次都付出了沉重的代价。在与斯巴达的战争中,他们曾经远征埃及,此后的惨败让雅典人损兵折将,信心也随之动摇,整个帝国出现了一系列的动乱。征服希腊中部地区的努力也是以失败收场。当时为了保护所占领的地区,不得不进行大规模的陆地战役,在最后那场战役中,雅典人一败涂地,被迫放弃刚刚占领的土地。此后帝国爆发危机,雅典人只能议和。因为雅典人一心想要保护自己的田地,敌人便可以用这些东西进行要挟,迫使雅典人接受他们的条件。伯利克里提出的战略正是希望可以在接下来的战争中避免犯下同样的错误。

战略与战术是不同的,战略不仅仅局限于军事。战略总是建立在政治现实之上,并且会对政治产生影响。如果胜算不大,政治领袖不太可能发动战争,或者让自己的国家参加战争。他们总是希望凭借自己的战略计划让自己的外交努力产生好的结果。有时,他们制定的战略又会让他们坚持自己所做的政治与外交决定。德国在1914年唯一的战略计划,即施里芬计划(Schlieffen Plan),需要德国在与法国和俄罗斯的战争中抢占先机,这导致了第一次世界大战的爆发。因为根据这一战略思想,德国必须对可能发生的战争作出迅速反应,但事实上,他们反应太过迅速了。为了在战争中迅速将法国拿下,德国人选择占领比利时,这样一来,英国就不得不对德国宣战。与此同时,德国将军从军事与战略上考虑,认为1914年是开战的最好时机,再等下去可能就没有这么好的机会了。德国原本并没有计划于公元前1914年8月在欧洲发动一场大规模战争,但德国人从战略与军事角度出发,认为当时发动战争获胜机会很大,于是这促使了战争的发生。① [-336,337-]

斯巴达鹰派的战略思想肯定会使他们倾向于选择促使战争发生的政策。如果他们像阿奇达慕斯那样,认为这场战争将会持续很长时间,并且困难重重,代价高昂,胜负难料,那他们可能会采取不同的态度。现在,他们的计划非常简单,因为坚信可以迅速赢得战争,所以他们毫不犹豫地将自己的同胞与盟邦往战争的道路上驱赶。那对伯利克里的战略思想又该如何理解呢?我们认为他的想法似乎很务实,有远见,并且不好战。不过,这种战略也受到了猛烈的抨击。其中最严厉的批评来自德国古典学界。② 德国古典学家普遍喜欢指责伯利克里太过胆小,坚持打防御战,而这拖垮了雅典在物质上的优势,消磨了人民的斗志。他应该占领通往墨伽拉的关隘,保护亚狄珈免遭涂炭。他应该在亚狄珈建立要塞,阻碍斯巴达人入侵的步伐。他应该利用海上力量主动出击,诸如占领叙铁拉岛(Cythera)、派娄斯,以及在派娄斯进行驻防。这些事情都不应该拖到伯利克里死后才进行。事实上,大多数学者都认为他的战略是可行的,

---

① 我在这里采用的是忒乐(A. J. P. Taylor,《对控制欧洲的争夺:1848—1914年》[*The Struggle for the Mastery of Europe 1848—1914*],牛津,1954年,第520—531页)的观点。

② J·冯·蒲夫戈-哈敦(J. von Pflugk-Hartung)(《伯利克里作为将军》[*Perikles als Feldherr*],斯图加特,1884年)以及贝洛赫(《伯利克里以降的亚狄珈政策》,第22—24页及《希腊历史》,第二版,第2卷,第1册,第300页及注释1)的批评最为严厉。

如果伯利克里不死,确保自己的战略得到顺利执行,那结果一定是很好的。①

当然,我们现在所关心的是,伯利克里选择的战略是否对战争的爆发产生了影响。我们先假设他的选择确实产生了影响;这让伯利克里相信,对斯巴达作出让步是没有用的,并且根据他的战[-337,338-]略计划,这种让步将会带来灾难性的后果。德尔布吕克眼光独到,他认为伯利克里的战略实际上是一个政治计划。雅典人知道,伯利克里作为将军曾经打过9次胜仗,但他之所以能够被称为"历史上最伟大的将军之一",②主要还是因为他制订与执行战争计划的方法。他的伟大不仅体现在这些计划本身,而且在于他执行计划时所表现出来的果断,在于他舍得放弃整个亚狄珈地区。他的伟大还体现在他敢于将这样一个方案交由一个民主的议会去讨论,然后凭借自己的个人魅力使其得到通过,并确保这个计划得到执行。"能将这个决定付诸实施就是一种大将风范,可以媲美任何胜利。"③

伯利克里清楚,只有他才可以让雅典人接受这个奠定胜局的战略,并且只有他能让他们不动摇。如果没有他,那些激进派就会控制大局,坚持主动出击,而他认为这样做是绝对错误的。即便他们一开始接受了他的战略,他也找不到一个可以信任的人,去防止雅典人犯错。一方面,他们肯定会被围得心烦意乱,经不起挑衅,最终贸然出战。另一方面,如果他们能成功坚守,可能会像以前那样派兵远征,希望借机扩大雅典帝国的影响。伯利克里是唯一一位能够很好执行这个战略思想的人;这是他个人的伟大之处,但也正是他这个计划中的薄弱之处。因为

---

① 最热衷于为伯利克里的战略思想进行辩护的是汉斯·德尔布吕克(Hans Delbrück)(《伯利克里的战略》[*Die Strategie des Perikles*],柏林,1890年;《战争艺术史(第1卷):古代》[*Geschichte der Kriegskunst I Das Altertum*],柏林,1920年,1964年重印,第123—133页);爱德华·梅耶《古代历史》,第4卷,第2册,第22—25页),德·桑悌《伯利克里》,第254—255页),以及埃德科《剑桥古代史》,第5卷,第190页)。亨德松(B. W. Henderson)《雅典与斯巴达之间的大战》[*The Great War between Athens and Sparta*],伦敦,1927年,第47—68页)从纯军事角度对伯利克里的战略思想进行了分析。他认为这个战略没有大的问题,遗憾的是没有得到有力的执行。
② 德尔布吕克,《战争艺术史》,第1卷,第125页。
③ 德尔布吕克,《战争艺术史》,第1卷,第126页。

知道眼前这场战争将会非常困难,所以伯利克里希望可以尽量避免。不过,在公元前432年斯巴达投票选择战争之后,他相信战争已经不可避免。而他现在制定的这个战略计划需要战争尽快发生。他已近70高龄,虽然他的政治地位非常牢固,但无法肯定自己还能活多久。为了维持一个无法确定的和平局面而拖延战争的爆发,这样的代价将是非常昂贵的,对雅典而言甚至是致命的。正是基于这些考虑,在最后一个阶段的谈判中,伯利克里拒绝对斯巴达人采取安抚政策。

我们认为,在最后的这几个月中,他之所以采取了拒绝合作的态度,还有其他的战略考虑。所有战争都得依赖支持者的士气。[-338,339-]在一场持久战中,对处于防守的一方尤其如此。一方面需要坚定信心,防止出现失败主义情绪,另一方面要保持克制,避免冲动。要想取得两者的平衡是非常困难的。凭借自己的政治权力与个人威信,伯利克里可以让大家保持克制,但他面临的主要问题是如何坚定大家的信心。斯巴达人派出的第一批与第三批使者(尤其是第三批)所使用的咄咄逼人、傲慢无礼的语气给了他所需要的武器。在雅典人看来,这些话证明斯巴达人已经拿定主意要扮演侵略者的角色,要摧毁雅典人的一切。斯巴达人拒绝仲裁,在法律与道德上都应该受到谴责,对此连他们自己也没有否认。① 在斯巴达人发出最后通牒之后,雅典人对他们产生了极大的仇恨,这种仇恨足以维持一场战争。

第二批使团语气缓和,让伯利克里非常为难。那些支持与斯巴达和平共处的雅典人会因此底气十足,另外还有些人认为在战争开始之前,最好能先尝试进行和解。斯巴达的最后通牒语气严厉,这反倒减轻了伯利克里的压力;他无需再发表长篇大论来为自己的政策进行辩解。只要想起斯巴达人傲慢无礼的语气,雅典人心中就会充满斗志。也许换一个时候,斯巴达人的态度变了,反倒帮不上忙了。他们可能会在一些关键问题上拒绝让步,同时却在其他问题上作出明显妥协。谈判也许会持续好几年,而随着时间的推移,雅典人的斗志会逐渐消退,伯利克里也会越来越老。与此同时,伯利克里千辛万

---

① Thuc. 7. 18. 3.

苦建立起来的优势（资金与船只）却会逐渐消失。伯利克里一定非常清楚，如果雅典必须打这场战争，越早打，胜利的机会就越大，而在他看来，这场战争现在已经不可避免。正是伯利克里的战略思想让雅典拒绝了妥协，选择了战争。

如果伯利克里真的像修昔底德所说的那样有远见，[-339,340-]也许就不会这么急于开始这场战争。当然，伯利克里不可能预见到那场袭击雅典的大瘟疫，这场瘟疫让她损失了大量的人口，消磨了她的斗志。因为那场瘟疫，雅典人产生了强烈的不满情绪，并因此剥夺了伯利克里的将军职务，对其处以罚款，① 后来还违背他的意愿派出特使与斯巴达进行议和。② 如果没有这场瘟疫，这一切可能都不会发生，但有一点是明摆着的：不断地将大量的人口塞到一个很小的城里，这肯定会产生非常严重的后果。因此，即便没有瘟疫，随着时间的推移，这种不满情绪肯定也会慢慢滋生。

斯巴达确实没有打过一场伯利克里所设想的战争，这一点伯利克里说得没错。不过，有一点也许他自己意识到了却没有说出来，那就是雅典人同样并不擅长这样一场战争。他们从来没有被围困过，从来没有眼睁睁地看着自己的田地被人反复地破坏。因此，战争拖得越久，他们就越有可能投降，或者选择放弃这种单纯的防御战略。

伯利克里似乎也没有想到这场战争会持续这么长时间。他设想斯巴达人与他们的盟邦在一两次徒劳无益的进攻之后就会偃旗息鼓。只要雅典人拒绝出战，斯巴达人就输了。雅典人可以封锁伯罗奔尼撒地区，然后派出海军进行骚扰，对敌人的经济与耐心造成压力。鹰派会失去人民的信任，不再掌权。斯巴达人、科林斯人、墨伽拉人会吸取教训，从此以后再也不敢招惹雅典人，雅典可以永享太平。不过，他没有预料到敌人会与他们一样坚强，也没有想到一时的受挫往往并不会让人放弃，反而会激发他们的好胜之心。其实很少有哪位政治家能够在大战之前预料到这些。伯利克里没有预料到斯巴达人会因为雅典人拒不出

---

① Thuc. 2. 65；Plut. *Per.* 35；Diod. 12. 45.
② Thuc. 2. 59.

战而恼羞成怒。他也没有想到,当雅典人不顾他的反对向斯巴达提出议和的时候,斯巴达人居然会一口回绝。即便他没死,也别无选择,只能是加大战争投入,让雅典的军事[-340,341-]行动升级。如果他早就预见到这一切,在面对科林斯人的挑衅时,他一定会表现得更为谨慎,而在面对斯巴达时,态度也不会如此强硬。

总而言之,伯利克里的发言是非常成功的。雅典人支持他的决定,并且用他的原话回复了斯巴达派来的使者。根据修昔底德的说法,他们的回答大意如此:"雅典人不会屈从于强权,但愿意在平等的基础上,根据和约规定,通过仲裁来解决争端。"① 斯巴达人将他们的答复带回国内,此后便再也没有派出使团。

从最后一批斯巴达使者回国直到公元前431年春天战争爆发,中间隔了很长时间,对此,修昔底德没有给出任何解释。需要指出的是,即便在雅典作出答复之后,双方并没有进入战争状态:双方的交往依然继续,没有中断。② 我们认为,双方应该是几个月之后才进入战争状态的。值得注意的是,让双方开始战争状态的并非斯巴达人。3月初的时候,忒拜人"预见到战争即将发生,于是想在战争正式开始之前占领普拉提阿,这个城邦一直跟他们过不去,一旦战争开始,肯定会给他们制造麻烦"。③ 戈姆曾经问过一个有趣的问题:"他们这样做会不会是想阻止斯巴达派出新的使团?"④这种想法似乎很有道理。每过一天,斯巴达的鸽派就有可能重新成为监察官中的多数派,将与雅典的谈判继续下去。忒拜人一定很好奇,伯利克里为什么没有根据他的战略思想,采取那些最明显的措施。他们预料到他会去占领墨伽拉,或者至少将她围住,并且控制住戈岚尼崖(Geranea)山脉,保护自己的南部边界,同时派兵驻守普拉提阿,守住北部的边界。他们无法相信他居然没有采取任何措施保卫亚狄珈。他们肯定以为雅典人会像在上一次战争中那样,试图占领希腊中部地区。因此,他们希望[-341,

---

① Thuc. 1. 145. 1.
② Thuc. 1. 146.
③ Thuc. 2. 2. 3.
④ 戈姆,《修昔底德历史评注》,第1卷,第450页。

342-]可以在战争开始之前就控制住普拉提阿,因为她扼守着从雅典通往忒拜的要道。

他们的行为明显违反了和约,是第一个战争行为。① 到这个时候,双方才开始为战争进行最后的准备,派遣使者前往波斯及其他蛮族人的城邦寻求援助,或者向自己的盟邦求援。直到5月份的时候,斯巴达人才在科林斯地峡召集盟军,向亚狄珈发起进攻。不过,出发之后,负责指挥伯罗奔尼撒军队的阿奇达慕斯还进行了最后的努力,希望可以避免战争的真正爆发。他派遣梅勒西浦前往雅典,希望雅典人见到斯巴达派出军队之后,会在最后时刻作出让步。我们认为,阿奇达慕斯这么做肯定是因为他想起在上一次战争中,斯巴达人只不过稍微破坏了一下瑟利西亚(Thriasian)平原,雅典人马上就恢复了理智。然而,当时整个帝国很多地方都在造反,雅典的国库也空虚了,所以伯利克里急于求和。这次情况不同,整个帝国局势非常稳定,库房也很充实,雅典的城墙已经建好,可以给她提供足够的安全保障,而且伯利克里也已下定决心,绝不妥协。

结果雅典人根本没让梅勒西浦进城,更不用说在公民大会发表演说。这是因为伯利克里本人发布了一道命令,只要敌人不撤军就不准接待来自斯巴达的使者。修昔底德用他简练的语言准确地描写了雅典人当时的心态:

> 他们啥也没让他说就将他赶走了,并且要求他当天必须离开他们的边界。如果斯巴达人想要再派使者过来,就必须先将军队撤回到他们自己的边界内。他们还派人陪着梅勒西浦,这样他就没办法接触任何人。当他到达边界准备离开时,留下了一句话:"今天将是希腊人灾难的开始。"②

当他回去将雅典人拒绝让步的消息告诉阿奇达慕斯之后,阿奇达

---

① Thuc. 2.7.1.
② Thuc. 2.12.1—4.

慕斯再也无法拖延下去。他下令要求军队出发,进入雅典境内。斯巴达人揭开了战争的序幕,而正如阿奇达慕斯预言的那样,他们将把这场战争留给自己的子孙。[-342,343-]

# 第五编 结 论

# 第十九章　战争的起因

修昔底德是第一个对战争的深层原因与表面原因进行区分的人。在其伯罗奔尼撒战争史撰中,他对战争的表面原因进行了分析。表面原因可以追溯到双方进入战争状态之前大约 5 年,而深层原因则是雅典帝国的崛起,这发生在战争开始之前差不多 50 年。他认为深层原因比表面原因更加重要。修昔底德认为雅典帝国的崛起,以及帝国的不断扩张,让斯巴达人感到非常不安,而这最终导致了战争的爆发。他的这种观点得到了广泛的接受。① 我们的研究表明,他的判断是错误的。我们发现,公元前 445 至前 435 年间,[-345,346-]雅典的实力并没有增强,而且雅典帝国也没有不停地扩张,事实上,我们有充分证据显示她对现状感到非常满意,而在危机变得过于严重之前,斯巴达人也没有对雅典人表现出过分的担忧。有充分理由认为,这两个大国以及他们

---

① 杰奎琳·德·萝蜜莉(Jacqueline de Romilly)在她翻译的修昔底德史书布岱(Budé)法译本第 1 卷的导言部分(巴黎,1958 年,第 xliii—xvl 页),对修昔底德的观点进行了简明扼要的分析。布索特《希腊历史》,第 3 卷,第 1 册,第 438 页;《希腊历史》,第 3 卷,第 2 册,第 758、761 页)、爱德华·梅耶《古代史研究》,第 2 卷,第 296—326 页,但他的观点有些模棱两可)、贝洛赫《希腊历史》,第二版,第 2 卷,第 1 册,第 297 页及《伯利克里以降的亚狄珈政策》,第 22 页)、格罗茨与柯恩《希腊历史》,第 2 卷,第 604—607 页)、德·桑悌《希腊历史》,第 2 卷,第 257—258 页)都在某种程度上对修昔底德的观点表示了赞同,只有爱德华·梅耶的态度相对比较含糊。对于大家普遍接受的观点,赫尔曼·本岑(Hermann Bengtson,《希腊历史》[GG],第 217 页)说:"史家深思熟虑,从雅典与斯巴达共治的历史事实、也从希腊这两个强权城邦的各自不同的内政原则,第一次将更深层次的起因与表面起因分开来。绝大多数的现代学者选择采信修昔底德……"

的盟邦本来可以一直和平相处下去。因此,我们认为,引起战争的并非这些深层原因,而是那些在战争前夕发生的危机事件。

当然,如果没有某些先决条件的存在,战争是不会爆发的。如果雅典此前没有进行扩张,如果在斯巴达不存在针对雅典的敌对情绪,科林斯绝对不可能挑起双方的冲突。在大多数的外交关系中都存在着猜疑与对立;但在具体历史环境下,是不是仅仅因为这种猜疑与对立就会导致战争的发生呢?这还需要时间的证明。例如,很难说第一次世界大战是不可避免的,但至少可以相对肯定地说,欧洲局势的某些重大变化是由奥匈帝国的解体所引发的,而奥匈帝国的解体不仅可以说是必然的,实际上,当时已经开始了。欧洲力量均势的改变必然导致局势的动荡。再加上大国之间互相猜疑、互不信任,战争爆发的机率是非常高的。不过,希腊在两次伯罗奔尼撒战争之间的情况与此完全不同。当时并不存在任何不可消除的不稳定因素;相反,公元前446/445年签订的协议得到了双方严格的遵守,局势比以前任何时候都稳定。也许可以说第一次伯罗奔尼撒战争的爆发是因为雅典的崛起以及斯巴达对此的担忧,但不能说是同样的原因导致了第二次伯罗奔尼撒战争的爆发。

有一些学者不仅对修昔底德所说的战争原因表示怀疑,他们也并不认为是战争爆发前夕的那些事件引发了战争。他们发现战争的起因并不是那些政治家在公元前435年至前431年所作出的决定与所采取的行动,而是另外一些力量,其中包括某些非人力可控的因素,而这些人只不过是它们的工具罢了。有些学者则认为,战争的起因就是雅典毫不掩饰的野心,正是这种野心让她故意发动这场战争,希望可以征服更多的地方。在他们看来,这是所有雅典人共同制订的政策,而伯利克里只是[-346,347-]政策的执行者。① 这种说法与我们所掌握的证据是矛盾的,没有任何根据。

另外一些人则用一些比较模糊的概念来解释战争的必然性。例

---

① 例如,倪森,《历史学期刊(新编)》,第27卷,1889年;柯恩福,《修昔底德在历史与神话之间》,第1—51页。

如，多利安人与爱奥尼亚人之间的矛盾，以及民主派与寡头派之间的矛盾。① 虽然双方都有多利安人与爱奥尼亚人，都有民主派与寡头派，但可以说雅典这边主要是爱奥尼亚人，属于民主派，而斯巴达那边主要是多利安人，属于寡头派。不过，没有任何证据证明是这些分歧导致了战争的爆发。虽然科林斯属于多利安人，并且是寡头政权，但在公元前506年，科林斯却站出来反对斯巴达，支持属于爱奥尼亚人的民主雅典。后来，她又在公元前5世纪90年代站出来反对埃基纳（Aegina）。在斯巴达与美塞尼亚的战争中，由爱奥尼亚人组成的民主雅典曾经帮助过斯巴达，而斯巴达则是属于多利安人的寡头城邦。一旦出于其他考虑作出了决定，种族与制度方面的异同会对城邦之间的关系产生或坏或好的影响，但这些异同绝非左右政策的关键因素。

前面提到，有人认为经济原因才是冲突爆发的真正原因。根据柯恩福的说法，一群来自比雷埃夫斯港（Peiraeus）的商人希望控制由墨伽拉、阿卡纳尼亚（Acarnania）、柯西拉（Corcyra）向西航行的路线，从而获取巨大的经济利益，于是迫使伯利克里将雅典拖入了战争，这种说法纯属想象。首先，在战争开始时，雅典人并没有任何占领墨伽拉的意思。另外，雅典对柯西拉感兴趣不是出于经济原因，而是出于战略考虑。最后一点，虽然有些支持帝国扩张的雅典人希望可以从帝国的扩张中获取经济利益，但这些商人并非全部来自比雷埃夫斯港。最重要的是，他们并不是雅典政策的制订者。制订政策的是伯利克里。伯利克里以前就曾经挫败过他们，而在最后这场危机中依然没有受到他们的影响。② [-347,348-]

古伦第（Grundy）也从经济方面分析了战争的起因，但他的观点同样是无法接受的。他认为伯罗奔尼撒城邦依赖粮食的进口，一旦雅典控制了柯西拉，就会威胁到他们从意大利与西西里进口粮食，这种说法并没有根据。对此最有力的反驳就是，在漫长的战争期间，虽然伯罗奔尼撒人大多数时候被雅典舰队严密封锁，但他们居然挨过了漫长的战

---

① 诸如之类的解释参见格罗茨与柯恩，《希腊历史》，第2卷，第604—607页。
② 见本书第十四章，第238—242页（原书页码）。

争，并没有饿死。我们所掌握的资料中没有任何人提到在伯罗奔尼撒发生了大规模的饥荒，如果真的发生了这样的饥荒，他们一定会提到的。阿里斯托芬在他的作品中曾经描写了一些来自墨伽拉的饥民。不过，即便就是墨伽拉这样贫穷的城邦，在面对来自雅典的侵略以及国内革命时，也没有投降。古伦第还认为，雅典插手柯西拉事件就是为了从西方进口粮食，我们已经对其进行过反驳。① 他还说，为了解决国内的失业问题，雅典人必须继续扩张，这种说法根本没有说服力。我们相信在危机发生的时候，雅典已经解决了人口过剩问题，甚至正在为没有足够的人员派往殖民地而感到头疼。②

这些从经济角度作出的解释并没有得到多少人支持，但另外一种说法却依然有很多支持者。这种观点认为，战争爆发的原因是科林斯与雅典对西部贸易的争夺，这即便不是战争爆发的唯一原因，至少也是一个重要原因。③ 我们知道，科林斯之所以干涉埃皮道鲁斯的事务，之所以会与柯西拉发生冲突，并不是出于经济考虑。她与雅典的冲突是柯西拉事件引起的；没有人可以否认这一点。科林斯人最初并不想挑起战争，只是希望雅典人可以让他们羞辱柯西拉人。雅典与科林斯之间的冲突不是因为经济利益，而是为了荣誉与权力。在那些以前由科林斯控制的西部地区，[-348,349-]雅典的贸易活动确实出现了大幅度的增长，但这些增长主要发生在公元前6世纪，而这并没有影响科林斯对雅典的友好。修昔底德清楚地告诉了我们科林斯人是在什么时候、出于何种原因开始变得不友好的。那是在公元前459年，当雅典人出手帮助墨伽拉对付科林斯之后。科林斯人因此而对雅典所产生的仇恨与经济没有任何关系。并且，如果要用经济利益来解释科林斯人对雅典的仇恨，那么在萨摩司脱离雅典的斗争中，科林斯为什么要阻止斯巴达帮助萨摩司人呢？退一

---

① 见本书第十四章，第239—240页（原书页码）。
② 有关古伦第在这个问题上的观点，参见《修昔底德及他那个时代的史学》，第1卷，第315—332页。
③ 即便像赫尔曼·本岑（Hermann Bengtson）这样优秀的学者，也认为贸易在这个问题上有着举足轻重的意义。对于这次战争爆发的原因，他是这样说的："雅典与科林斯这两个贸易强邦的冲突点燃大战之火"《希腊历史》[GG]，第218页）。

步说,即便科林斯与雅典之间存在着贸易竞争,这种竞争也并没有在公元前440至前432年间加剧,而上一次还极力主张和平的科林斯这次却变得非常好战了。我们不得不得出这样的结论:经济上的冲突并不会导致伯罗奔尼撒战争的必然爆发,而经济上的考虑也不是引发战争的关键因素。修昔底德将注意力放在政治与权力上是完全正确的。

修昔底德认为这场战争是希腊世界被分成两个阵营的必然结果。我们现在可以找到他的这种观点的升级版本。① 在这个新版本中,修昔底德的观点被套上了现代社会科学的外衣。他们将困扰希腊世界并引发战争的局面称为"两极化"。人们从物理科学那里借来这类词往往是为了让一个陈旧、模糊,或者错误的观点变得新奇、清晰、更有说服力。在这里,两极化被用来描述这样一种形势:"国际政治的权力完全控制在两个大国手中,战争或和平完全由他们决定。"②用这个词来描写修昔底德对战争爆发前夕的希腊世界的看法,似乎非常合适,但这并不意味着人们清楚地意识到,"这种权力格局一直限制着[-349,350-]城邦的行动自由。"③事实上,大多数接受修昔底德观点的学者都意识到了这一点,并且对此非常重视。当然,他们确实没有意识到自己说的实际上是两极性。

这种观点认为:波斯战争之后,雅典帝国逐渐形成,而斯巴达拒绝"限制"雅典的扩张,结果导致了一个两极世界的形成。随着时间的推移,"两极模式逐渐固定下来"。柯西拉危机爆发时,"已经没有办法走出这个两极困境"。领袖们面临着巨大的政治压力,于是战争成为必然。当然,这种必然性不是绝对的,很多时候还是有选择的,"但在一个两极背景下,对事情的判断是不同的"。在这样的背景之下,双方都害怕对方会一枝独大,然后利用手中的霸权让另外一方臣服。在雅典发展的过程中,斯巴达曾经有机会限制它的壮大,"可是一旦两极局面已经形成,就无法通过谈判将和平局面一直维持下去"。④

---

① 彼得・J.弗历思(Peter J. Fliess),《修昔底德与两极体系的政治》(*Thucydides and the Politics of Bipolarity*),巴吞鲁日(Baton Rouge),1966年。
② 彼得・J.弗历思,《修昔底德与两极体系的政治》,第14页。
③ 彼得・J.弗历思,《修昔底德与两极体系的政治》,第14页。
④ 彼得・J.弗历思,《修昔底德与两极体系的政治》,第66—72页。

事实上,这种说法是经不起推敲的,因为这种说法建立在对学术文献的歪曲理解之上,完全忽视了铭文史料提供的证据,也没有将国内政治的影响考虑在内,仅仅是对最后的危机进行了肤浅的分析。修昔底德等人的观点是建立在一个假设之上的。他们认为,战争爆发的原因主要在于雅典与斯巴达,而且没有办法避免这两个列强之间的最后摊牌。然而,实际上,在波斯战争与伯罗奔尼撒战争之间的这段时间,希腊并非两极世界。公元前435年时,雅典已经成功控制住了自己的盟邦,剥夺了她们在外交上的独立。但斯巴达却并没有这样做。忒拜与科林斯都还是自由的,尤其是科林斯。要想战胜雅典,他们必须得把斯巴达拖进来。另一方面,斯巴达并不能阻止他们[-350,351-]执行自己的政策,这是非常关键的一点。这种独立的外交行为可能有利于和平,但也可能会引发战争,总之,结果无法预测。对于战争的必然性,这是最有力的反驳。

如果将引发这场战争的事件一一罗列出来,可以清楚地发现,所有认为战争不可避免的理论都是缺乏说服力的。虽然随着时间的推移,选择越来越少,但在每一个阶段,选择都不是唯一的。通过分析战争之间的这段历史可以发现,那种认为雅典与斯巴达无法达成持久和平的观点非常牵强,并无任何证据支持。埃皮道鲁斯(Epidaurus)的内部冲突与外面的世界并无关系,完全可以不对国际局势产生任何影响。科林斯决定出手干涉也不是必然的选择。从科林斯的经济、安全、甚至面子考虑,都不一定需要控制埃皮道鲁斯。科林斯人认为,埃皮道鲁斯发生的事情给他们提供了一个报复宿敌柯西拉的绝佳机会。科林斯人完全可以拒绝埃皮道鲁斯人的请求;如果他们选择拒绝,就不会出现危机,也不会有战争发生。他们事先肯定非常清楚自己的干预行动很可能意味着与柯西拉之间的战争,但他们并没有因此而退缩,因为他们自信在伯罗奔尼撒盟邦的帮助下,一定可以打败柯西拉。

有些盟邦因为担心柯西拉会得到雅典的帮助,从而导致大规模战争的爆发,因此劝说科林斯不要插手,但科林斯人对他们的建议不予理会。他们这样做不是因为想与雅典开战,而是因为他们认为雅典是不会出手的。他们之所以会有这种想法是因为伯罗奔尼撒人与雅典人之间的关系非常缓和。然而，他们的理解是错误的，虽然大家默许对方在各自的势力范围之内可以自由行动，但柯西拉及其海军情况特殊。斯巴达与西叙昂（Sicyon）至少是清楚这种危险的，科林斯人应该也明白这一点。他们之所以继续自己的危险政策，是因为他们错误估计了雅典人的反应。一方面，他们对柯西拉人的仇恨——而非他们因为贸易争端而与雅典人产生的什么宿仇——让他们失去了理智，[-351,352-]另一方面，他们心中打着如意算盘，希望雅典作出他们所期望的反应。如果当时理智占了上风，科林斯人一定会接受柯西拉人的仲裁要求，而他们在埃皮道鲁斯的处境也会比刚开始好很多。这场危机会在雅典或斯巴达卷入之前结束，战争也将得到避免。

当雅典在公元前433年卷入这场冲突时，所面临的选择要少很多。柯西拉与科林斯之间的战争已经开始。如果雅典继续袖手旁观，科林斯人可能会获胜，柯西拉的舰队就会被并入斯巴达同盟，进而威胁到雅典在海上的优势，而这种优势正是雅典安全的基础。得知科林斯绝对不会让步之后，雅典人别无选择，只能面对。不过，有一点很明显，雅典人并不是因为商业利益、帝国扩张，或者诸如此类的原因而主动与科林斯发生冲突；他们是被迫的。最初，他们以为柯西拉可以凭借自己的实力取胜，所以曾经试图限制自己的卷入程度。

墟波塔战役让他们的想法落空了，于是他们只能尽量控制冲突范围，不将斯巴达卷进来。在准备与科林斯的冲突时，他们小心翼翼，避免让科林斯人有借口向斯巴达人求助。《墨伽拉法令》与向波提狄亚（Potidaea）发出的最后通牒，这两个措施都是伯利克里的判断失误。在波提狄亚这件事上，因为担心科林斯人的阴谋会引发帝国动乱，于是他作出了过激的反应，让人们误以为雅典是个野心勃勃的独裁者。至于《墨伽拉法令》，他的反应也大大超出了实际需要。他希望可以对墨伽拉在墟波塔战役中帮助科林斯人的行为作出惩罚，同时警告其他城邦，让他们不要插手这件事，避免事态扩大。这也许是多此一举，因为斯巴达似乎已经劝阻了大多数的盟邦；但这道法令却让斯巴达的国内政治局势发生了巨大变化。这看起来是在对斯巴达的盟邦进行无端攻击，这让人们更加相信雅典是一个专横跋扈的侵略者。伯利克里对斯巴达的政治局势作出了错误的判断,[-352,353-]无意之中给了好战派一个借口,他们利用这个机会让斯巴达与盟邦选择了战争。如果他没有出现判断上的失误,如果雅典人没有被墨伽拉人激怒,他可能会选择一种较为缓和的语气,而不会采取刺激性的行动,这样一来,雅典的朋友与那些拥护和平的人可以继续控制斯巴达的政策。如果真是这样,斯巴达的监察官中好战派就不会占到多数,也就不会承诺给波提狄亚提供帮助,不会与科林斯人携手挑起战争。如果雅典人表现得更为克制,即便在墟波塔战役之后,仍然有可能避免全面战争的爆发。

当然,不可否认,当时的某些因素或条件也促使了战争的爆发。否则一个位于文明世界边缘的偏僻小镇,本身无足轻重,在这里发生的一场普普通通的内战绝不可能引发这场大规模的战争。首先,雅典与斯巴达之间互不信任,互相猜疑。另外,早在危机爆发之前很久,科林斯与柯西拉之间就有了深仇大恨,这一点非常关键。另外还有一点就是斯巴达同盟组织结构上的缺陷,排在第二位的城邦出于自身利益考虑,居然可以将盟主拖入一场危险的战争之中。与此相关的是斯巴达制度上的缺陷,制度上,外交政策的制订与执行相分离,这使政策可以在短时间内发生无法估计的变动。所以,这种制度很难控制情绪的突然爆发,也无法在面临危机时执行一种清醒、谨慎的政策。在伯利克里死后,雅典的制度也出现了类似的问题。不过,伯利克里在世时,雅典并没有出现这种情况。

另外,当时的外交手段还不够成熟,无法在出现危机的时候有效维护和平。对《三十年和约》的理解各不相同,这一点问题不大,因为所有的外交协议都存在这样的问题,但在解决争议方面,和约却只提出了一种非常简单的手段。和约要求通过仲裁解决所有争议,但对于那些没有达到仲裁级别的小问题,却并没有规定如何进行磋商。到需要进行仲裁时,冲突双方已经充满敌意,不再愿意采取这种措施。[-353,354-]并且当问题发展到仲裁级别,则往往已经成为公众讨论的话题,引起了很大反响,这时已经很难控制住民众的情绪。

所有这些都可以看作是导致战争发生的深层原因。它们会培育战争环境,但这些因素本身并不会导致战争的必然发生。战争的发生还需要一系列复杂的事件来推动。如果这一系列事件中缺少了其中一环,战争可能就不会发生了。

在谈到战争爆发前夕的国际局势时,人们习惯于将其比喻为火药桶或者火柴盒。通常认为,冲突双方利益与感情的对立就相当于那些易燃易爆物质,而最后的危机只是一颗迟早要落下的火星,这场大火或者大爆炸是不可避免的。① 如果我们用同样的比喻来形容第二次伯罗奔尼撒战争的爆发,那就应该这样理解:雅典帝国的崛起以及斯巴达对此所感到的不安与担忧就是那些易燃易爆物质,并最终导致了第一次伯罗奔尼撒战争的爆发。《三十年和约》浇灭了这场大火。因为雅典与斯巴达的克制,那些没烧完的东西在公元前 445 至前 435 年这 10 年中继续冷却。要引发战争,不仅需要埃皮道鲁斯事件这一颗火星正好落在没湿透的那一点易燃品上,还需要科林斯人、墨伽拉人、波提狄亚人、埃基纳人,以及斯巴达的好战派不断地猛烈煽动。并且,如果不是雅典人在关键时刻又往里添加了一些燃料,就连这点火星也会灭掉。

没有人策划了伯罗奔尼撒战争,也没有哪个城邦需要这样一场战争,但 3 个主要城邦都应该对战争的爆发负责。科林斯人不想与雅典发生战争,却又希望可以任意处置柯西拉。他们之所以愿意冒险,有很多原因:其一,他们以为雅典不会参战,其二,他们认为即便战争爆发,也可以像以往那样得到斯巴达的帮助。在所有人中,他们的责任最大,因为他们面临的选择最多,[-354,355-]对于自己行为的后果也得到了足够的警告,可他们还是一意孤行,不听劝阻。

斯巴达人也有责任。他们任由好战派煽风点火,毫无根据地吓唬大家,说雅典人图谋不轨,当科林斯人用退出同盟来威胁他们时,他们居然接受了这种讹诈。如果他们当时听取了阿奇达慕斯的建议,便完全可以避免战争,其实力和名誉都不会遭受任何的损失,他们却对他的话充耳不闻。他们拒绝按照和约规定接受仲裁,一心想着要摧毁雅典帝国,解放希腊,恢复斯巴达的垄断地位。他们应该对战争的爆发感到

---

① 例如,梅耶(《古代史研究》,第 2 卷,第 312 页),他就是用火花来比喻最后危机与伯罗奔尼撒战争的爆发之间的关系。

内疚。

雅典人并非完全没有责任。出于自身安全考虑,他们确实应该接受柯西拉的结盟请求,为与科林斯的冲突做好准备,但他们不应该如此傲慢无礼地对待波提狄亚与墨伽拉。这让他们的对手非常不安,为科林斯人制造了口实。那些攻击伯利克里的人认定《墨伽拉法令》是战争的起因,而伯利克里则是挑起战争的人,在某种意义上,他们是正确的。如果他没有发布这道法令,科林斯人也许就没有办法让斯巴达人相信他们所说的雅典的坏话,也就不能迫使斯巴达人参战。如果他愿意答应第二批斯巴达使者的要求,废除这道法令,求和派有可能重新掌握大权,从而避免战争的发生。然而,当时,伯利克里满脑袋想的就是自己的战争策略,因此他必须表现得非常坚定,于是拒绝了斯巴达人提出的要求。斯巴达国内的政治形势使他们无法选择仲裁;而伯利克里又拒不让步,所以别无选择。

所有这些政治家都出现了同样的问题:"打错了如意算盘。"①他们听任战争发生,甚至还往里面添油加醋,这是因为他们都觉得自己可以从中渔利,而不用付出太大的代价。每个人都根据以往的战争制订了自己的战略,并且希望下一场战争会根据自己的计划发展。似乎没有谁想过[-355,356-]一旦判断失误会有怎样的后果,也没人准备好应急方案。所有的人都认为这场战争不会持续太长时间;没有人想到连阿奇达慕斯战争都持续了 10 年之久;更不会有人想到这场冲突持续了整整 27 年的时间。他们都没有预见到这样一场战争可能产生的严重后果。他们没有预见到这场战争会对经济造成毁灭性的破坏,会引发阶级之间的斗争,引发种种暴行,导致道德的沦丧、社会的动荡,最终使得希腊无法抵御外来的侵略。如果他们能预见到这一切,就不会因为一些小小的矛盾而发动这样一场战争。如果他们能做到这一点,我们就可以说,他们要比此后 1000 年中面临类似选择的大多数政治家要优秀

---

① 劳伦斯·拉佛(Laurence Lafore)在《漫长的熔融:对第一次世界大战起因的一种解释》(*The Long Fuse: An Interpretation of the Origins of World War I*,纽约,1965 年)中用这句话来解释第一次世界大战的爆发。我认为用在这里也非常合适。

得多。导致伯罗奔尼撒战争的并非人力之外的因素,愤怒、恐惧、妒忌、盲目乐观、固执己见、缺乏远见、判断失误,这些都是与人相关的因素。战争的发生是因为有人在困难的环境下作出了错误的决定,而无论是这些环境,还是这些决定,原本都是可以改变的。

# 第二十章　修昔底德与战争的必然性

通过研究,我们得出了与修昔底德以及大多数现代学者不同的结论。我们得出这样的结论不是因为自视过高,也不是要标新立异。只要简单回顾一下这个问题的历史,就不会对我们有这样的误解。长期以来,即便是那些接受他的观点的人也并不满意他关于战争起因的解释。

爱德华·梅耶曾经对这个问题进行过深入的分析,[①]最后接受了修昔底德的观点,但是因为他对所发生的事情有着不同的理解,所以他会对修昔底德的某些说法提出异议。例如,在《墨伽拉法令》这个问题上,梅耶赞同修昔底德的观点,认为法令本身并不是战争的起因,但他又说修昔底德对法令以及战争起因的理解并不正确。在他看来,"修昔底德没有交代提出《墨伽拉法令》的理由,或者说,他根本就没有给出任何理由"。[②] 他承认,对于雅典人插手柯西拉冲突,科林斯人也许会选择接受,但雅典人插手波提狄亚(Potidaea)冲突[-357,358-]则使战争变得不可避免。[③] 他对于"五十年时期"(*Pentecontaetia*)所发生的事件的理解与我们前面的观点非常相似。他否认雅典的势力在公元前446至前433年间出现了增长,对于修昔底德试图用那些发生在"五十年时期"的事件来解释斯巴达的战争动机,他并不接受。"相反,根据他的描述,发动战争的

---

[①] 爱德华·梅耶,《古代史研究》,第2卷,第296—326页。
[②] 爱德华·梅耶,《古代史研究》,第2卷,第302—303页。
[③] 爱德华·梅耶,《古代史研究》,第2卷,第305—306页。

应该是科林斯人,而且他们当时是费了很大的劲才让斯巴达作出了参战的决定。"①他还认为,战争发生的最真实的起因并非雅典与斯巴达之间的对抗,而是在于雅典与科林斯之间"存在着根本的利益冲突"。②

梅耶认为,伯罗奔尼撒同盟与雅典帝国之间要像公元前446/445年以来那样相安无事,这是可能的,"唯一的条件是:双方的力量均势不被打破"。③ 发生在柯西拉的事情破坏了这种平衡,引发了战争。修昔底德与伯利克里当时认为战争已经不可避免,这是非常正确的。为了保卫自己的帝国,雅典必须帮助柯西拉,而伯利克里知道伯罗奔尼撒同盟的那些城邦一定会借此挑拨斯巴达,让她参加战争。因此,正如修昔底德所言,伯利克里没有作出任何让步,而是让雅典选择了战争。"平心而论,只有他正确认识到了雅典的实力以及当时的形势,因此唯有他的态度是现实的,不愧为一位伟大的政治家。用其他办法非但不能避免战争,而且还会给雅典带来更为严重的后果。"在结尾部分,梅耶这样写道:

> 在绕了一大圈之后,我们现在又回到了修昔底德的观点上。我们不说是斯巴达人对雅典的崛起感到妒忌与担忧,改为说是伯罗奔尼撒人与为首的斯巴达人将雅典的强大视为一种严重的威胁,因此只要有机会,必欲除之而后快。这样一来,他的理解与[-358,359-]表述就完全没有问题。最重要的是:柯西拉事件并非战争的导火索,这只是一个时间节点:从那以后,战争便不可避免。④

梅耶的文章到现在依然非常有价值,不过其结论却令人愕然:他最后的说法与他对证据的分析是矛盾的。为了接受修昔底德的解释,他最后不得不改变自己的说法。他用证据证明在公元前446/445至前433年间,雅典并没有向外扩张,而且发生在"五十年时期"的事件并没有使战争成为必然,战争的真正原因在于雅典与科林斯之间的关系,但

---

① 爱德华·梅耶,《古代史研究》,第2卷,第314页。
② 爱德华·梅耶,《古代史研究》,第2卷,第315页。
③ 爱德华·梅耶,《古代史研究》,第2卷,第323页。
④ 爱德华·梅耶,《古代史研究》,第2卷,第326页。

他得出的结论却是:雅典的崛起迫使伯罗奔尼撒人要找借口对她发起攻击。其实最明显的结论应该是:与柯西拉结盟之后,雅典的实力才明显增强。梅耶却并不这样认为。如果是柯西拉事件、或者是波提狄亚事件使战争成为必然的选择,那也就是说,在这之前战争还是可以避免的。这样一来,在柯西拉与其他地方发生的冲突就不仅仅是借口,而是战争爆发的真正原因,也就是说修昔底德搞错了,但梅耶并没有顺着自己的推理得出符合逻辑的结论。他接受了修昔底德的观点,没有(或者说不愿意)发现在修昔底德所给出的事实与所得出的结论之间存在的矛盾。相反,他将自己的渊博知识与聪明才智全部用来解释这种矛盾。

为了解释修昔底德的战争起因论,有很多人作出了自己的努力,而梅耶所采用的这种历史诠释方法只是其中之一。爱德华·舒瓦茨(Eduard Schwartz)提出过一种非常偏激的解决办法。① 他注意到,根据修昔底德对战争爆发前夕的历史事件的描述,会得出与修昔底德完全不同的结论。事实显示,科林斯人才是战争的始作俑者,但修昔底德却认为,战争最真实的起因是斯巴达对雅典的担心。舒瓦茨得出的结论是:修昔底德曾经写了两个版本,在最初的版本中,他认为战争是由科林斯挑起的,而在战争结束之后,他写出了第二个版本,在这个版本中,他认为雅典的崛起与斯巴达的担忧必然导致战争。在后一个版本中,他还为伯利克里进行了辩解,[-359,360-]认为战争并非因他而起,他也没有必要为雅典的灾难负责。其实在舒瓦茨之前已经有人进行过同样的尝试,希望将修昔底德写的东西分为早期与晚期两部分,希望在不违反历史事实的基础上,为修昔底德的观点找到合理的解释。

此后便有很多学者提出不同的猜测,试图区分修昔底德的著作中哪些是先写的、哪些是后写的。于是不同的猜测导致了不同的结论,大家众说纷纭,对于哪些是先写成的,哪些是后写的,始终无法达成共识。这种观点非常主观。② 例如,一位学者仅凭某一处有关埃基纳人(Ae-

---

① 爱德华·舒瓦茨,《修昔底德的历史著作》(*Das Geschichtswerk des Thukydides*)。
② 参见萝蜜莉女史,《修昔底德与雅典帝国主义》,第7页,以及韦斯特莱克(H. D. Westlake),《古典学季刊(新编)》,第5卷,1955年,第53页,注释8。

ginetans)的记录(Thuc. 7.57—58)就确定了整个第6卷与第7卷的成书日期,另外一位学者却只确定了第7卷中的第57和58节的成书日期,而第三位学者认为只能根据这则记录去确定那句话的日期。迄今为止,对于哪些章节是较早写成的,依然没有达成共识。这项工作对于理解修昔底德并没有什么帮助。当然,我们现在不是在讨论修昔底德的创作,只是希望借此指出,人们之所以会有这种说法,正是因为对第1卷以及修昔底德的战争起因论感到不满意。

为了解决这个问题,倪森(Nissen)提出了另外一种大胆的观点,他认为修昔底德故意隐瞒了雅典帝国扩张的证据,目的是为了替伯利克里进行开脱。① 其实如果不是因为大家觉得修昔底德的解释比较牵强,就根本用不着这种借口。柯恩福(Cornford)也提出了一种很新奇的理论,他认为"是雅典港口的商人阴谋发动了这次战争,这是一个秘密,连修昔底德也没有发现,所以他的故事中缺少了最关键的一环"。②他说得很清楚,正是因为对修昔底德所说的战争起因感到不满意,所以才开始了自己的调查:[-360,361-]

显然,他认为自己对战争爆发前夕的冲突以及谈判过程的描述会经得起后人的质疑。他将自己查明的所有相关真相都告诉了我们,但我们并不满意。在读完第1卷之后,我们觉得修昔底德并没有将我们想知道的全部告诉我们,他肯定有所隐瞒,所以不断有人试图去发掘故事背后的真相。有一个问题他认为没人会关心,但实际上依然困扰着我们。③

柯恩福认为,修昔底德对战争爆发的原因兴趣不大,而他的这种观点居然得到了很多人的支持。④ 莫米利亚诺素来眼光独到,他也指出

---

① 倪森,《历史学期刊(新编)》,第27卷,1889年。梅耶《古代史研究》,第2卷,第296—326页,及书中其他各处)对这种观点进行了反驳。
② 这段充满反讽但准确的话出自芬利(M. I. Finley),《纽约书评》(The New York Review of Books),第8卷,第5期,1967年3月23日,第26页。
③ 柯恩福,《修昔底德在历史与神话之间》,第3页。
④ 例如,阿诺德·莫米利亚诺(Arnaldo Momigliano),《史撰学研究》(Studies in Historiography),伦敦,1961年,第112—126页,以及芬利,《历史写作中的普遍化》(Generalization in the Writing of History),路易·戈德查克(Louis Gottschalk)主编,芝加哥,1961年,第27页。

了修昔底德著作中的不足之处。修昔底德对表面原因与深层原因进行区分的做法得到了现代历史学家的称赞：

> 就是因为这一点，使修昔底德成为古代历史学家中最有科学精神的一位——任何一所大学都会愿意让他成为自己学校的编外讲师。不过，在这一点上肯定存在着一些误会。修昔底德确实没有解释清楚斯巴达与雅典冲突的深层原因。有关伯罗奔尼撒战争之前那30年的外交与社会的历史也许就此湮灭，而这仅仅是因为修昔底德对它们不感兴趣。有很多事情因为修昔底德对它们不感兴趣，我们也就无从得知。
>
> 战争的深层原因与表面原因都是非常清楚的。如果这些事实没有被写出来，如果我们感觉自己被蒙在了鼓里，那么可以肯定我们是被误导了。对于 ἀληθεστάτη πρόφασις（最真实的起因），修昔底德说得非常含糊。在记录战争的实际进程方面，他要远胜过希罗多德，因为这些才是他关心的问题，但在发掘战争的深层原因方面，他就没有希罗多德那样令人信服了。①

因为对修昔底德的解释感到不满意，莫米利亚诺认为修昔底德与大多数希腊人一样，"相信战争与人的生死一样，[-361,362-]都是很自然的事情，是无法改变的。他们感兴趣的是所有战争的最真实的起因，而不是某次战争的原因。黄金时代确实没有战争，但黄金时代已经成为了过去。在其他时候，你所能作的只是推迟某一次战争的爆发，但战争本身却是无法避免的"。② 暂且不论莫米利亚诺对希腊人所作的概括性评价是否准确，③在这里我们只想指出，肯定不能将这种解释用在

---

① 阿诺德·莫米利亚诺，《史撰学研究》，第117—118页。
② 阿诺德·莫米利亚诺，《史撰学研究》，第120页。
③ 值得一提的是戈登·M. 柯克伍德（Gordon M. Kirkwood）对柯恩福的质疑："当柯恩福说'修昔底德那个时代的希腊语没有与英语中'因''果'相对应的词'时，他肯定完全忽略了 αἴτιον 在历史上的用法。"接下来，他继续为修昔底德辩护，认为修昔底德并非不懂什么是原因，并非只不知道找借口，他提到了修昔底德对特洛伊战争的分析，从中可以看出修昔底德非常清楚什么是客观原因(《美国古典语文学期刊》，第73卷，1952年，第58—59页）。

这位研究伯罗奔尼撒战争的史家身上。

对于修昔底德而言,战争的起因显然是非常关键的。无论他自己怎样看待战争,他还是非常希望让自己的读者正确理解这场战争的起因。雅典人普遍认为是伯利克里引发了这场战争,因为他拒绝撤销《墨伽拉法令》。梅耶说修昔底德"整个第 1 卷都在介绍战争的起因,他实际上是在对当时流行的观点进行反驳"。① 这种说法还是很有道理的。不过,因为修昔底德的解释中存在着一些缺陷,所以很多学者便提出了一些更令人费解的观点。

修昔底德的解释中存在的问题甚至让人们对他用来描述战争起因的词语提出了不同的看法。柯恩福认为修昔底德是一位缺乏科学精神的历史学家,对因果关系不甚明了,这种说法引起了其他人的反驳。某些学者对此的回应是:修昔底德不仅知道因果关系,而且他在这方面的认识还非常科学。他们认为修昔底德受到了希腊当时的科学,尤其是医学的影响。② 后来的研究表明,这种说法有些言过其实。修昔底德在谈到战争起因时,并没有使用科学方面的术语。当他提到προφάσεις(诸起因),尤其是ή ἀληθεστάτη πρόφασις(最真实的起因)时,他使用的是希腊人日常的用法。③ 修昔底德是这样描述他对战争起因的理解的:διότι δ᾽ἔλυσαν, τὰς αἰτίας προύγραψα πρῶτον καὶ τὰς διαφοράς, τοῦ μή τινα ζητῆσαί ποτε ἐξ ὅτου τοσοῦτος πόλεμος τοῖς Ἕλλησι κατέστη. τὴν μὲν γὰρ ἀληθεστάτην πρόφασιν, ἀφανεστάτην δὲ λόγῳ, τοὺς Ἀθηναίους ἡγοῦμαι μεγάλους γιγνομένους καὶ φόβον παρέχοντας τοῖς Λακεδαιμονίοις ἀναγκάσαι ἐς τὸ πολεμεῖν· αἱ δ᾽ἐς τὸ φανερὸν λεγόμεναι αἰτίαι αἵδ᾽ἦσαν ἑκατέρων, ἀφ᾽ὧν λύσαντες τὰς σπονδὰς ἐς τὸν πόλεμον κατέστησαν. ④普遍认为这段话体现的正是历史学家本人的观点。我们引用一段译文,从中可以清楚看出这

---

① 梅耶,《古代史研究》,第 2 卷,第 297 页。
② 舒瓦茨,《修昔底德的历史著作》,第 250 页;柯西兰(C. N. Cochrane),《修昔底德与历史科学》(*Thucydides and the Science of History*),牛津,1929 年,第 17 页。
③ 柯克伍德,《美国古典语文学期刊》,第 73 卷,1952 年,第 58—59 页,以及莱昂内尔·皮尔森(Lionel Pearson),《美国古典语文学会通讯》(*TAPA*),第 83 卷,1952 年,第 205—223 页。
④ Thuc. 1. 23. 5—6.

一点：

> 我先给出他们撕毁它[和约]的理由，以及他们发生冲突的原因，这样大家就会明白希腊人为什么会卷入这样一场大战之中。我认为，最真实的起因是雅典的逐渐强大，这让拉栖代梦人感到不安，迫使他们选择了战争。不过，对于为什么要撕毁和约、参加战争，双方公开提出的理由如下。①

柯克伍德与皮尔森都认为，修昔底德说出的其实是斯巴达人的动机，[-363,364-]而非战争的起因，他们给出的理由相似，但不尽相同。②拉斐尔·西里(Raphael Sealey)认为，这种观点是错误的，传统的理解才是正确的："在 Thuc. 1.23.6，修昔底德指出了战争的最真实的起因，这是他本人的观点。"③不过，事情并没有就此结束。虽然西里认为我们读到的就是修昔底德自己的观点，但对于修昔底德的观点究竟是什么，他有着不同的理解。他对其中最关键的一句话是这样翻译的："在我看来，虽然很少有人提及最真实的起因，但这最真实的起因就是雅典人越来越强大，这引起了拉栖代梦人的警惕，迫使他们选择了战争。"④稍微引申开来，这句话强调的不是雅典的崛起，也不是斯巴达人对此感到的不安；强调的是雅典人在战争中的主导作用。"因此，雅典的壮大与修昔底德对战争起因的看法是有关系的；但如果说他认为是雅典的

---

① 这段依据史密斯(C. F. Smith)所译的娄卜英译本译出。萝蜜莉女史的布岱法译本，以及安东尼奥·玛答勒纳(Antonio Maddalenad)的翻译(《修昔底德史书第 1 卷》[*Thucydidis Historiarum Liber Primus*]，第 3 册，佛罗伦萨，1961 年，第 98 页)，对这段话的理解基本相同。理查德·克劳利(Richard Crawley)对这段话的理解也是一样的，只不过他的译文更灵活，并且在我看来，倒比其他版本更接近修昔底德的原意，特引用如下："雅典的势力不断壮大，这引起了拉栖代梦人的警觉，使得战争无可避免。我认为这才是战争爆发的真正原因，只是以前没有人注意到这一点。当然，我们也需要了解双方所给出的理由，因为这直接导致了和约的解除、战争的爆发。"
② 柯克伍德，《美国古典语文学期刊》，第 73 卷，1952 年，第 47、51 页；皮尔森，《美国古典语文学会通讯》，第 83 卷，1952 年，第 219—221 页。
③ 拉斐尔·西里，《古典学季刊(新编)》，第 7 卷，1957 年，第 9 页。
④ 拉斐尔·西里，《古典学季刊(新编)》，第 7 卷，1957 年，第 9 页。

不断壮大以及斯巴达对此的担忧导致了战争,那就是没有读懂他的话外之音。"①西里之所以会得出这样的解释,很可能是因为他坚信雅典应该对战争负责。"公元前433至前432年间,雅典人憋足了劲想找人打架。"②我们的分析得出了不同的结论,而西里自己也意识到这种解释的问题所在。他发现"最真实的起因"这种说法有不足之处,"即便他[修昔底德]说对了,确实是雅典人迫使斯巴达人选择了战争,他却没有回答一个更深层的问题:战争对雅典人有什么好处?"③我们会认为,修昔底德之所以没有回答这个问题,是因为他并不认为是雅典人迫使斯巴达人选择了战争。西里对于 Thuc. 1.23.6 的翻译与解释并没有多少人赞同。④

西里认为这个问题的答案是:这是因为修昔底德没有充分意识到自己这种解释的后果。他还在修昔底德的著作中,发现了另外一组因果关系。这是他根据修昔底德对战前发生的一系列事件的描述[-364,365-]得出的,包括柯西拉冲突、《墨伽拉法令》、波提狄亚事件等等。根据这一理论,这次战争是由一系列不愉快事件所导致的。这有些类似于希罗多德的观点。据说,这才是最初的理论,而"最真实的起因"是后来才提出的,并且没有完成。这样一来,对于第1卷中所存在的问题,我们又得解释说这是因为史书没有完成,其中的观点形成于不同时期,但实际上最重要的一点是,整个问题的出现就是因为修昔底德所描述的事实与他所给出的解释之间存在着矛盾。

最后再举一个例子。埃德科在《剑桥古代史》中对伯罗奔尼撒战争的爆发进行了有趣的分析。⑤ 他拒绝接受所谓的必然性,并且对修昔底德的"最真实的起因"提出了质疑。他说:"那似乎只能用来解释为什么战争会在公元前413年再次爆发,又如此这般地结束,却无法解释公元前431年爆发的战争。"⑥不过,对于这个问题,他提出的解决办法依

---

① 拉斐尔·西里,《古典学季刊(新编)》,第7卷,1957年,第10页。
② 拉斐尔·西里,《古典学季刊(新编)》,第7卷,1957年,第10页。
③ 拉斐尔·西里,《古典学季刊(新编)》,第7卷,1957年,第11页。
④ 安德鲁斯(A. Andrewes),《古典学季刊(新编)》,第9卷,1959年,第225页,注释1。
⑤ 埃德科,《剑桥古代史》,第5卷,第165—192页。
⑥ 埃德科,《剑桥古代史》,第5卷,第190页。

然是将修昔底德的作品分为早期与后期两个版本。在最初的版本中，他将"事实的真相写了出来，真实地描写了希腊人当时的情况以及发生在希腊的战争"。① 而在后来的版本中，因为当时雅典已经战败，所以看问题的角度出现了扭曲。不过，萝蜜莉女史却认为无论历史真相如何，至少第1卷都是一个整体。其中也许有些东西是后来加进去的，但核心的观点(其中最重要的就是有关"最真实的起因"的推测)从一开始就存在于修昔底德的思想中，以及他的创作中。② 这是他的著作中唯一明显的因果关系，这是没有办法否认的。

埃德科自己认为战争并非必然选择，于是他将同样的观点强加于修昔底德身上。③ 在这一点上，他似乎得不到任何人的支持。④ 他肯定错了。在[-365, 366-]Thuc. 1.23.6 中，修昔底德清楚地将"最真实的起因"与公元前435年之后发生的那些事件区分开来。在Thuc. 1.88 中，他在描写完所有的冲突与纠纷之后，得出这样的结论：斯巴达人投票决定参战"不是因为被盟邦说服，而是因为当时希腊的大部分地区已经落入了雅典人的手中，他们担心雅典会变得更加强大"。接着，他对历史进行了回顾，希望用事实证明雅典是如何壮大起来，又是如何让斯巴达人感到不安。⑤ 修昔底德认为那些表面原因不过是一些偶发性的事件，而雅典在波斯战争之后的崛起才是"最真实的起因"，并且没有办法可以阻止雅典的壮大，也没有办法消除由此而引起的担心。因此，我们必须承认：修昔底德希望告诉我们，随着雅典帝国的形成，战争

---

① 埃德科，《剑桥古代史》，第5卷，第191页。
② 萝蜜莉女史，《修昔底德与雅典帝国主义》，第16—36页。
③ 埃德科，《剑桥古代史》，第5卷，第182页；埃德科，《修昔底德及其史书》，第7页。
④ 虽然很多学者对这个话题避而不谈，但据我所知，没有任何一位学者站出来反对这种观点。下面这些学者明确表示，修昔底德认为战争是不可避免的：[-365,366-]爱德华·梅耶，《古代史研究》，第2卷，第308—310页；伯里(J. B. Bury)，《古希腊史家》(*The Ancient Greek Historians*)，简装本再版，纽约，1958年，第94页；维尔纳·耶格尔(Werner Jaeger)，《教化：希腊文化理想》(*Paedeia: the Ideals of Greek Culture*)，第1卷，吉尔伯特·海厄(Gilbert Highet)译，牛津，1954年，第393页；布伦特(P. A. Brunt)，《美国古典语文学期刊》，第72卷，1951年，第270页；杰奎琳·德·萝蜜莉，《伯罗奔尼撒战争史》，第1卷，巴黎，1958年，第xliii页以及《修昔底德与雅典帝国主义》，第21页。
⑤ 沃克(P. K. Walker)，《古典学季刊(新编)》，第7卷，1957年，第27—38页。

就成了必然结果。

我们认为大家的理解是正确的,修昔底德确实相信战争是不可避免的,而雅典的逐步壮大,以及斯巴达对此感到的不安,才是战争的最真实的起因。然而,通过对修昔底德以及其他人所提供的事实进行分析,我们却不得不说,他的这两种观点都是错误的。埃德科在解释他与修昔底德的观点分歧时说:"对于战争爆发的历史原因,我们必须根据事实去作出最合理的判断。这不是凭权威就可以解决的问题,即便是修昔底德这样的权威,我们也不可以盲从。"对此,我们深表赞同。①

不过,还有两个问题没有解决。这两个问题与历史事件无关,而与这位历史学家的思想以及写作方法有关。要想很好地回答这两个问题,必须对修昔底德的历史编撰方法进行研究,在这里我们无法做到,但因为这两个问题非常重要,即便我们不能给出满意的答案,至少也要知道它们的存在。第一个问题是:如果修[-366,367-]昔底德有关战争起因以及战争必然性的观点都是错的,那为什么还有这么多人相信他的说法呢?第二个问题是:他为什么会得出这样的结论?第一个问题比较容易回答。修昔底德在描述战争起因时所采用的手段与他在全书中使用的手段是一样的,正是凭借这些手段,他的观点才会被这么多人接受:首先他喜欢用自己的语气作出判断(例如,在 1.23.6 中有关"最真实的起因"的那一段),另外就是根据需要对相关证据以及演讲内容进行挑选、编排。人们发现这些都是他最常使用的手段。

最近的研究还发现了一种手段:他会将人们的动机以及内心想法写出来,而实际上并没有给出相应的证据,有时候,他根本无从知晓。最明显的例子是修昔底德对克里昂的刻画。先不说他对克里昂所做的描写是否准确公正,②我们只想看看修昔底德是如何让我们相信克里昂是一位不称职的将军的。伍德海德在一段话中曾经清楚地揭示了修昔底德所使用的手段。这段话是有关安菲玻里战役的,在这场战役中,

---

① 埃德科,《希腊研究期刊》,第 71 卷,1951 年,第 4 页。
② 伍德海德(A. G. Woodhead)在《涅默叙涅期刊》([*Mnemosyne*],第 13 卷,第 4 期,1960 年,第 289—317 页)上的论文已经足够平息争论。

克里昂被斯巴达的伯拉西达（Brasidas）打败。两位将军都战死疆场。根据修昔底德的说法，决定这次战役胜败的乃是伯拉西达的机智，他当时成功地利用了克里昂的愚蠢。在他的笔下，克里昂"先是表现无能，接着又优柔寡断，然后刚愎自用，最后则是胆小如鼠"。① 不过，在仔细研读这段文字之后，我们会有有趣的发现：

> 我们的这位历史学家在描写战役本身时含糊其辞，但他对这两位将军脑袋里面的想法却是非常清楚。也许在这次战役之后不久就有人将伯拉西达的计划详细地告诉了他，也许这个人就是克廉追达（Clearidas）。但克里昂呢？他已经死在了战场。那么修昔底德的情报又是从哪里来的呢？会不会是来自一些俘虏的口中，他们正好希望将战败的责任推卸给已经阵亡的[-367,368-]将军？会不会是来自一些心怀不满的重装步兵，他们在19年甚至更久之后回忆起这场战争？……我们还可以注意到修昔底德的措辞："克里昂被迫……他意识到他们已经被激怒了，但没有想到……"，之后"他没有预料到……他开始自信起来……他以为自己可以撤退……"，在发现安菲玻里已经遭到遗弃之后，'他又后悔自己没有带上围城的武器'。修昔底德居然连这些都知道，这确实令人叹为观止。②

对于某个人的动机与内心想法，我们是非常难以验证的，而这正是修昔底德用来说服读者，让读者相信战争的必然性的有效手段之一。公元前433年，当柯西拉人与科林斯人在雅典公民大会上发言之后，修昔底德告诉我们，雅典人投票选择与柯西拉结成防御性同盟，"因为在他们看来，与伯罗奔尼撒人必有一战"。③ 不过，当时几乎有一半的雅典人都认为这场战争还是可以避免的，因而选择了投票反对这次结盟，

---

① 伍德海德，《涅默叙涅期刊》，第13卷，第4期，1960年，第306页。
② 伍德海德，《涅默叙涅期刊》，第13卷，第4期，1960年，第308页。
③ Thuc. 1. 44. 2; ἐδόκει γὰρ ὁ πρὸς Πελοποννησίους πόλεμος καὶ ὡς ἔσεσθαι αὐτοῖς.

并且还差点占到了多数。描述完波斯战争之后雅典的崛起,修昔底德马上重申了自己对战争起因的看法:

> 在这段时间里,雅典人建立并巩固了自己的帝国,势力也越来越强大。斯巴达人虽然看在眼里,却几乎没有采取任何措施去阻止这一切的发生,大多数时候,他们选择了沉默。在此之前,他们对待战争也是一种非常消极的态度,除非迫不得已,否则他们是不愿意选择战争的。而在这段时间,他们还被国内的战事所牵掣。直到后来,雅典人的势力过于强大,开始控制斯巴达的盟邦,他们才打破了沉默。接下来的事态发展到无法忍受的地步,于是斯巴达人才决定发动这场战争,摧毁雅典人的势力。①

在这段话中,他对战争起因的解释完全是建立在对斯巴达人超过半个世纪的感情、动机、意愿的理解之上。他让大家觉得,斯巴达人之所以下定决心要[-368,369-]摧毁雅典的势力,是一种逐渐集聚的情绪的爆发,这是迟早的事情,不可能压抑得住。他们不是一时心血来潮,也不是因为某一件事或者某些事而勃然大怒,或者惊慌失措。修昔底德是如何深入到斯巴达人的内心世界,获得这些信息的呢,这也是我们好奇的地方。将这几段话与那两篇演讲放在一起,很容易让人感觉到一种必然性。柯西拉人在公元前433年时说战争已经不可避免。② 伯利克里在结束谈判之前的辩论中也是这样说的。③ 正如德·萝蜜莉女史所言,"剧中所有的演员从一开始就知道战争必将发生"。④ 除了相信,读者似乎别无选择。

第1卷的内容编排也加强了这样一种印象。该书先对古代的历史进行了介绍,希望让读者明白以前那些战争并不重要,而现在所讨论的这场战争才是最重要的,之后修昔底德说出了引发这场战争的最真实

---

① Thuc. 1. 118. 2.
② Thuc. 1. 33. 2.
③ Thuc. 1. 144. 3.
④ 萝蜜莉,《修昔底德与雅典帝国主义》,第21页。

的起因。接下来,他将那些大家普遍接受的战争原因罗列出来,但他在介绍战争的最真实的起因时已经明确表示,这些原因其实都不重要。对于大家都认为非常重要的《墨伽拉法令》,他也只是一笔带过。正如德·萝蜜莉女史认为的那样,他的这种轻描淡写是故意的。"他将《墨伽拉法令》与其他事件放在一起,在伯罗奔尼撒同盟投票之后才提起大家对法令的重视,并且是夹杂在很多的要求与借口之中。后来在伯利克里发言否认《墨伽拉法令》的重要性之前,他也对大家的观点提出了质疑。修昔底德用这样的办法让我们相信所谓的重要性纯属错觉。"①修昔底德还向我们描述了在雅典进行的有关与柯西拉结盟的辩论,告诉我们召开了两次公民大会才作出了最后的决定,可他却并没有告诉我们伯利克里在这次辩论中的立场。我们当然知道他是赞成结盟的,只不过不是从修昔底德那里得知的。[-369,370-]

  修昔底德告诉我们的是,雅典人在听取了柯西拉人与科林斯人的发言之后,进行了一场辩论。当时至少出现了两种观点,它们都很有说服力,双方的支持者势均力敌,因此才不得不召开了第二次公民大会。当时,伯利克里这一派中肯定有人站出来发言,支持与柯西拉结盟,这个人有可能是伯利克里本人,也有可能是其他人。虽然修昔底德详细记录了科林斯人与柯西拉人的发言,却选择对雅典人的发言只字不提。修昔底德非常喜欢使用对比修辞来说明问题,这可是一个绝佳的机会,他居然舍得放过?他为什么会漏掉雅典人的发言呢?他当时肯定在场,肯定记得自己听到的内容。在描写发生在斯巴达的类似辩论时,他将双方的发言内容都写了出来,并且还将发言人的名字告诉了我们,分别是阿奇达慕斯与司森涅莱达(Sthenelaidas)。在别的场合,他总是乐于通过争锋相对的发言来揭示雅典内部的政治分歧。他详细描写了有关密提林的辩论,并重点突出了克里昂与狄奥多图斯(Diodotus)的发言。在描写有关西西里远征的辩论时,他也记录了尼基阿斯与阿尔喀比亚德(Alcibiades)之间几场针锋相对的演说。这场有关与柯西拉结盟的辩论非常关键,这场辩论使雅典往战争方向迈出了第一步,可他却

---

① 萝蜜莉,《伯罗奔尼撒战争史》,第1卷,第 xlii 页。

没有告诉我们雅典人的发言内容。

另外,还有一次隐瞒也很明显。雅典人在最后一次辩论之后,拒绝了斯巴达人的最后通牒,也就等于是选择了战争。根据修昔底德的说法,当时辩论进行得非常激烈。很多人都站起来发言,或者是支持开战,或者是反对开战,其中很多发言都是围绕着《墨伽拉法令》,但修昔底德却只记录了伯利克里的发言。如果我们知道他的对手都提出了哪些观点,一定会有所帮助,并且这也是运用修昔底德最喜欢的对比法的好机会,而我们却只读到了伯利克里的发言。我们并不接受第1卷是残本的说法,也无法相信这些明显的隐瞒行为是无意的。在对证据与演讲进行选择和安排时他表现得非常谨慎。目的就是为了强调那些最重要的原因(ἡ ἀληθεστάτη πρόφασις),淡化那些无关紧要的因素。

如果修昔底德在写到雅典人辩论是否与柯西拉人结盟时,将双方的发言记录下来,他就得强调两种选择都是可能的,并且会告诉我们雅典人的第一反应是拒绝结盟,而且他们差点就作出了这样的选择,但这样一来,大家认为伯利克里对战争的爆发负有重要责任就有一定道理了。公元前432年,伯利克里拒绝撤销《墨伽拉法令》时,如果修昔底德将那些反对伯利克里的发言记录下来,支持取消法令的人会找到更多依据。如果他真这样做了,在说服雅典人拒绝让步的过程,伯利克里所起的作用会得到进一步突出。我们对这段历史的印象就不会再像现在这样,而在修昔底德看来,那将会是一种错误的印象。

在介绍完那些大家普遍接受的战争起因之后,修昔底德重申了战争的"最真实的起因",接着马上开始描写雅典的逐步壮大,用来支持自己的观点。在描述"五十年时期"这一段历史时,他的隐瞒是非常严重的,可谓不胜枚举。① 无法解释他为什么要隐瞒这些内容,也无法继续相信他附上这样一个东西是为了准确、客观地记录这段历史。对于修昔底德在选择这个时期的事件时所依据的标准,还没有人能给出一个令人满意的解释。P. K. 沃克的观点应该是比较接近真

---

① 戈姆《修昔底德历史评注》,第1卷,第365—369页认为,这样的省略有十六处;事实上可能还不止于此。

相的:"第89至118节描述的是雅典的壮大,这段内容同时说出了战争的 ἡ ἀληθεστάτη πρόφασις(最真实的起因);之所以要描写雅典的崛起,就是为了解释斯巴达的不安,以及斯巴达的某一项具体决定。相对于第1卷的主要内容而言,第89至118节——如第23节所说——是一段离题话,目的是要解释战争爆发的正式起因(πρόφασις),这部分只是一个补充说明。"①在这段回顾性的离题话之后,修昔底德又一次提到了"最真实的起因"。对于斯巴达与雅典之间长达数月的谈判,他只是一笔带过,非常吝啬自己的笔墨,最后还用伯利克里的长篇演说作为结尾,在发言中,伯利克里直截了当地说,斯巴达人早已阴谋反对雅典,战争是不可避免的。通过研究第1卷的选材与布局,[-371,372-]我们发现那种认为第1卷不完整的推测显然是站不住脚的。相反,我们认为,第1卷是在修辞方面无可指摘,构思与创作都很用心,很好地传递出了自己的观点,而又不让人觉得突兀。这也是第1卷为什么能成功说服大多数读者的原因所在。

  我们最后要讨论的问题是:修昔底德为什么会选择这样一种解释?我们认为他之所以这样做,部分原因就是想引起争鸣。当时普遍认为是伯利克里与《墨伽拉法令》引发了这场战争。这种想法过于简单,并不正确。这道法令与伯利克里所起的作用肯定比修昔底德所说的要大很多,但他有权寻找一种更合理的解释,这无可厚非。不过,如果认为修昔底德提出这样的解释仅仅是为了替伯利克里开脱,那就大错特错了。修昔底德非常崇拜伯利克里,认为伯利克里是那个时代最伟大的政治家。② 这场战争给雅典带来那么多的苦难,最后还一败涂地,所以战争结束之后,伯利克里的名誉一定受到了严重的影响。修昔底德当然希望为他恢复名誉,因此在撰写历史的时候,他一定会考虑到这一点。读过修昔底德的著作之后,大家会相信伯利克里是一位睿智的政治家,有着远见卓识,他清楚地意识到战争必然爆发,于是制订出了一个赢取这场战争的良策,可惜天有不测风云,突然爆发的瘟疫以及他的

---

① 沃克,《古典学季刊(新编)》,第7卷,1957年,第31页。
② 萝蜜莉,《伯罗奔尼撒战争史》(布岱法译本),第2卷,第 xvi—xxix 页。

离世,再加上继位者的愚蠢,拒绝继续执行他的计划,才使得他的如意算盘最终落空。他们不会觉得伯利克里是为了一件小事而将自己的国家拖入了一场毫无必要的战争之中。虽然与阿里斯托芬、埃弗鲁斯相比,修昔底德的说法肯定更接近事实,但双方都有些言过其实。修昔底德为伯利克里所作的辩解使对方完全没有了市场,他若九泉有知,对这样一个结果一定会感到非常欣慰。

可惜的是,仅用这种为伯利克里辩护的愿望,还不足以解释修昔底德的战争起因论。那些人力之外的因素所影响的不仅仅是战争的爆发,这些因素在整个历史中都扮演着重要的角色。这部著作在一开始就清楚交代了自己的目的。这部史书是写给那些"希望了解[-372,373-]历史,读懂未来"的人看的。他的著作不仅仅是写给当时的人读的,而且应该"垂诸永久"。① 他认为在政治方面,人的本性是不变的,②所以希望发现人类政治行为的某些规律。德·萝蜜莉女史对修昔底德著作中的帝国进行了研究,发现确实可以从历史中总结出这种基本规律。不过,他也承认,某些杰出人物有着过人的智慧,可以影响历史的进程。③ 毫无疑问,他的书就是写给这些人读的,希望将人类政治行为的规律告诉给他们,使他们能够在未来作出正确的判断。修昔底德想找出人类社会中那些不受人力控制的因素,并对它们进行分析。未来的某位地米斯托克利(Themistocles)或伯利克里就可以利用他总结出来的这些规律或原则来指引自己的政治行为。④

如果我们记住他的这个目的,就可以更好地理解修昔底德为什么会选择对战争的爆发作出这样的解释。修昔底德站在了一个哲学的高度。一方面,作为一位称职的史家,他觉得自己应该将具体的事件交代

---

① Thuc. 1.22.4.
② 莫米利亚诺(《史撰学研究》,第 127—142、211—220 页)认为,修昔底德关注的只是政治历史,因此他所说的人性只适用于这个有限的范围。我们认为,修昔底德的论断在这个范围内并无不妥。
③ 萝蜜莉,《修昔底德与雅典帝国主义》,第 311—343 页。
④ 有关修昔底德的创作意图,参见我在《大对话:一部希腊政治思想史》(*The Great Dialogue, A History of Greek Political Thought*,纽约,1965 年,第 96—112 页)中的相关内容。

清楚，提供尽可能准确的信息，另一方面，他也希望将自己发现的真相告诉大家。他执着于历史的真相，而且对表面原因和深层原因进行了细微的区分，还拒绝用神的干预来解释人类社会的事件，这让某些学者认为他与现代历史学家非常相似。事实上，在很多方面，他并没有希罗多德那么现代。现代历史研究要求公正地呈现证据，[-373, 374-] 正反双方的证据都要摆出来。一旦发现了与自己的观点相冲突的证据，也不得隐瞒。在这些方面，希罗多德要远胜过修昔底德。事实上，修昔底德基本上违反了所有这些要求。希罗多德热爱历史真相；他关注的是如何写出一段有趣但真实的记录。他也希望发现一些普遍规律，但这不是主要目的。修昔底德则完全不同。在他看来，事实与故事都不是目的，他们只是历史学家揭示普遍规律的手段。

这并不是说修昔底德希望欺骗世人，正好相反，他用这样的方式选择自己的材料是为了澄清事实，加深读者印象，为了不让自己的读者受到欺骗。我们要记住一点：当时的读者比我们更了解导致伯罗奔尼撒战争爆发的那些事件。当修昔底德用一种非常不屑的态度处理《墨伽拉法令》时，这些读者非常清楚另外一方所掌握的证据。而修昔底德也知道这一点。他采取这种独特的处理方式，不是为了欺骗大家，而是希望提出另外一种解释。还有一点不要忘记，我们用来质疑修昔底德的证据，绝大多数都是由修昔底德本人所提供的。修昔底德希望将自己发现的真相告诉我们，但我们可以不接受他的观点。如果我们要很好地利用他所撰写的这部历史巨著，就必须学会区分哪些是他提供的证据，哪些又是他个人的理解。只有这样，修昔底德史书才会"垂诸永久"，造福后人。

#  附　　录

## A. 提洛同盟的成员国对于接受雅典领导的态度（第 39 页［原书页码，下同］）

公元前 4 世纪时，不仅伊索克拉底（《论和平》《泛希腊集会辞》《泛雅典娜赛会演说辞》：De Pace 30, Paneg. 72, Panath. 67）持这种观点（一般认为他比较偏向雅典），斯巴达人也是这样认为的：根据色诺芬（《希腊志》：Xen. Hell. 6.5.34）的记载，他们承认，盟邦推举雅典出来领导海军，得到了斯巴达人的批准。某些学者认为，亚里士多德曾说是雅典人夺取了盟主地位而"斯巴达人不情愿"（ἀκόντων τῶν Λακεδαιμονίων）(《雅典政制》：Arist. Ath. Pol. 23.2)，这就意味着亚里士多德并不认为这得到了斯巴达的认可。为了疏解其中矛盾，学者们试图对这段文字进行校订。戈姆（《修昔底德历史评注》，第 1 卷，第 272 页）反对改变文本，他认为这句话的意思可以解释为，"斯巴达不愿意继续充当领袖"，他也许是对的。显然，斯巴达的官方立场至少是默许的。如果亚里士多德的文本没有问题，并且照字面意思理解的话，他也许是将刚刚被打败的好战派的观点当成了斯巴达人的真实态度。

梅耶（《历史学刊》，第 12 卷，1963 年，第 405 页及以下）认为，雅典至少早在公元前 481 年就已经开始计划夺取领导权，而提洛同盟的建立就是这个计划的结果。他根据的是希罗多德的一句话："[雅典人]便借口帕乌撒尼亚斯[泡萨尼阿斯]的横傲而撤销了拉凯戴孟人[拉栖代梦人]的领导权"(王以铸译本,第 563 页,πρόφασιν τὴν Παυσανίεω ὕβριν προϊσχόμενοι [οἱ Ἀθηναῖοι] ἀπείλοντο τὴν ἡγεμονίην τοὺς Λακεδαιμονίους, Hdt. 8.3.10)。他的观点缺乏说服力,不过应该承认,到公元前 478 年的时候,雅典已经非常愿意担任同盟的领袖了。希罗多德强调的是他们的愿望,修昔底德则希望突出这是盟邦的提议。双方也许都是正确的。西里说:"毫无疑问,这些观点的分歧[-377,378-]反映出当时的争议。"接着他又说:"如果希望通过公元前 5 世纪的资料来重构公元前 5 世纪的历史,这就像一个外国人去一个国家访问,听当地的人谈论政治;他所听到的内容中最多只有十分之一是真的。"在我看来,最后一句话似乎太过悲观。修昔底德与希罗多德不是两位在谈论政治的普通百姓;他们学识渊博,为了寻找事实真相不辞辛苦。我们不应该轻易抛弃他们的观点。

## B. 狄奥多罗斯对公元前 475 年斯巴达公民大会的描写的历史真实性(第 51 页)

很多现代学者根本不提此事,原因应该与布索特一样(《希腊历史》,第 3 卷,第 1 册,第 71 页,注释 1)。布索特认为这段描述是不真实的,没有历史依据,"整场讨论明显只是埃弗鲁斯想象的产物"。格罗特(《希腊历史》,第四版,伦敦,1872,第 4 卷,第 348 页,注释 1)承认这次大会的存在,认为其中一位非常有影响力的斯巴达人,荷妥玛力达司(Hetoemaridas),所起的作用"应该是真的",但与布索特一样,他认为所谓的演讲是埃弗鲁斯虚构的。在这方面,我愿意抱有某种程度的天真,所以我相信有这样一个大会,相信荷妥玛力达司所起的关键作用,也相信他发言的主要内容,甚至相信埃弗鲁斯的转述。埃弗鲁斯肯定知道很多希罗多德与修昔底德没有说出来的事情。这段时期的历史并非这两位历史学家的兴趣所在,所以他们没有必要刻意隐瞒。对于古代某位作家的说法,除非有其他资料对这种说法提出质疑,或者这种说法本身存在明显的漏洞,或者有自相矛盾之处,否则,我们就不应该拒斥种说法。因此,没有理由去质疑这次大会的存在。我们对荷妥玛力达司一无所知,所以也无法知道埃弗鲁斯或他的资料来源为什么会虚构这样一位人物,并且让他扮演如此重要的角色。因此,我们没有必要去怀疑他的存在,或者怀疑他在这次辩论中所起到的重要作用。

安德鲁斯(《古代社会与机制》,第 4—5 页)认为这次大会确有其事,[-378,379-]也没有质疑荷妥玛力达司所发挥的作用。至于那些演讲,与古代历史学家记录的所有演讲一样,也许会与发言者所说的内容有所出入。不过,我认为埃弗鲁斯这次应该是准确地记录了辩论的基本内容,甚至还将其中某些精辟的语句也记了下来。好战派中的年轻人不愿意放弃海上控制权,于是提到了一个古老的神谕,说神曾经警告他们不要做一个"跛脚"的盟主($μὴ\ χωλὴν\ ἔχωσι\ τὴν\ ἡγεμονίαν$)。他们说,斯巴达成为领袖靠的是两点,如果放弃其中的一个,就会变成一个瘸子。斯巴达人的妙语难得一见,我相信这妙语一定会在斯巴达人中流传开来,并且经常被人引用。此后过了 10 多年,雅典那时最亲斯巴达的人是客蒙,他将自己其中一个儿子起名为拉栖代梦尼乌斯(Lacedaemonius),非常欣赏斯巴达的生活方式,与斯巴达有着密切的关系。有一次,客蒙被问到为什么要派遣雅典军队去帮助斯巴达,他虽然平时不善言辞,但那次的回答却也是妙语,他劝告雅典人"不要让希腊成为瘸子,也不要让他们的城邦沦为失去共轭伙伴的独牛"($μήτε\ τὴν\ Ἑλλάδα\ χωλὴν\ μήτε\ τὴν\ πόλιν\ ἑτερόζυγα\ περιϊδεῖν\ γεγενημένην$)(Plut. Cim. 16. 10)。他似乎将从斯巴达朋友那里听到的一个比喻很好地用在了不同的语境之中。玛丽·摩茜·孚夸(Mary Morse Fuqua)在《修昔底德史书人物刻画研究》(*A Study of Character Portrayal in the History of Thucydides*,1965 年康奈尔大学博士论文,第 10—18 页,未正式出版)一书中对埃弗鲁斯与狄奥多罗斯提供的资料的价值进行过很好的研究。

## C. 公元前 470—前 453 年期间历史事件的时间顺序(第 70 页)

对于这段时期的年表存有很大争议。主要的问题包括:斯巴达的大地震发生在什么时间？美塞尼亚人的起义是什么时候开始，又是什么时候被镇压的？雅典人在埃及的行动是什么时候开始，又是什么时候结束的？在城邦外发生的这些事件与在城邦内内发生的那些事件有着怎样的时间关系？例如，对战神山议会的攻击，对客蒙的投票流放。[-379, 380-]我将戈姆（《修昔底德历史评注》，第1卷，第389—413页，《雅典贡赋表》，第3卷，第158—180页）与伊涅特（Hignett）（第337—341页）所说的时间顺序进行整合，最后得出了我的答案。我相信地震发生在公元前464年，而黑劳士的叛乱也在同一年开始，直到公元前461/460年才结束（参见原书第79页）。遐夫（W. Scharf，《历史学刊》，第3卷，1954/1955年，第153—162页）与哈蒙德（N. G. L. Hammond，《历史学刊》，第4卷，1955年，第371—381页）都认为美塞尼亚人的叛乱发生在公元前469/468年。李斯（Reece，《希腊研究期刊》，第82卷，1962年，第111—120页）认为这场叛乱的结束时间是公元前455年。我认为埃及的起义发生在公元前461至前460年的冬天，而雅典人是在公元前460年春天卷入的，至于那场灾难性的失败则发生在公元前454年夏天。巴恩斯（J. Barns，《历史学刊》，第2卷，1953—1954年，第163—176页）与遐夫（《历史学刊》，第3卷，1954—1955年，第308—325页）认为在埃及的军事行动发生在公元前462/461年至公元前456年之间。华莱士（W. Wallace，《美国古典语文学会通讯》，第67卷，1936年，第252—260页）则将这个时间定在了公元前459至前453年间。至于国内事件的时间，我认为埃斐亚提斯（Ephialtes）对战神山议会的攻击开始于公元前463年，之后一直持续到民主派最终取胜。在此期间，他与伯利克里一直在推销他们的民主政策，批判战神山议会过大的权力。公元前462年，斯巴达人向雅典人寻求帮助，客蒙说服雅典人由他亲率4000重装步兵前去支援。在他离开期间，民主派对战神山议会进行了改革。公元前461年，他遭到了投票流放。此后那年，雅典人才卷入了在埃及的冲突。

## D. 重建雅典贡赋表（第114页）

《雅典贡赋表》第1卷在1939年出版之后不久，就开始有人对书中的观点提出了质疑。戈姆(《古典评论》,第54卷,1940年,第65—67页)在一处注释中提出了自己的不同观点,而道尔(S. Dow)也曾这样做过(《美国考古学期刊》,第45卷,1941年,第642页)。道尔(《古典语文学》,第37卷,1942年,第371—384页;以及《古典语文学》,第38卷,1943年,第20—27页)力排众议,强烈建议将公元前447/446年认定为缺失的那一年;而这一观点是早在《雅典贡赋表》第1卷[-380,381-]出版之前,由西尔维奥·霭坎(Silvio Accame,《古典语文学与古典学教学评论》[Riv. Di fil.],第16卷,1938年,第412—413页)所提出来的。梅里特(B. D. Merritt)果断地推翻了这一观点(《古典语文学》,第38卷,1943年,第223—239页)。1941年,梅里特(《希腊政治经验:献给威廉·凯里·普兰提斯的纪念研究》[The Greek Political Experience, Studies in Honor of William Kelly Prentice],普林斯顿,1941年,第53页)立场曾经软化,他认为这一年列表缺失并不必然意味着这一年没有征收贡赋;而在1943年的文章中,梅里特依然坚称缺失的那一年是公元前449/448年,但不再认为那一年有征收贡赋。到1944年,他依然还有一些疑问(熙尔[B. H. Hill]与梅里特,《西土学刊》,第13卷,1944年,第9页),但等到1950年《雅典贡赋表》第3卷出版的时候,《雅典贡赋表》的作者们又一致认为,公元前449/448年之所以没有贡赋记录,是因为那一年没有征收或没有收到。1954年,刘易斯(D. M. Lewis)在弗罗斯特(W. G. Forrest)的帮助下(《雅典不列颠学校辑刊》[BSA],第49卷,1954年,第25—29页),对第一石柱(Lapis Primus)进行了研究,这个上面记录了公元前454/453年之后15年中的情况,他们对《雅典贡赋表》的作者所说的第九份清单提出了质疑。麦格雷戈(Malcolm F. McGregor)对此作出了回应(《凤凰学刊》,第16卷,1962年,第267—275页),他承认仅凭那些存有疑问的字母得出这样的结论是有问题的,但他依然相信这种理解是正确的。他坚称有一份清单不见了,主要是因为还没有找到这份清单的任何片段。

最近,普利切特(W. K. Pritchett)对《雅典贡赋表》中的说法提出了反对意见(《历史学刊》,第13卷,1964年,第129—134页),他根据对碑文的技术分析,认为"有足够空间可以容纳15份完整的清单"。梅里特(《西土学刊》,第 35 卷,1966 年,第 134—140 页)与麦格雷戈(《希腊罗马拜占庭研究》[*Greek,Roman and Byzantine Studies,GRBS*],第 8 卷,1967 年,第 102—112 页)对他的观点进行了有力的反驳。即便普利切特的观点是正确的,还需要证据来证明空下来的地方就是那份"缺失的"清单。普利切特请了"一位地质学教授与一位结晶学专家,手拿放大镜,对这块石头进行了仔细的研究"。他自己花了 3 天时间,用一层薄薄的乳胶,希望将碑刻上的文字尽可能清楚地拓下来。很多学家都曾经研究过这块石头以及上面的文字,但始终无法达成共识。平民不敢贸然涉足碑铭学战场。[-381,382-]

## E. 纸草法令(第 116 页)

这道法令的复原、翻译以及时间的确定是由怀德-嘉利与梅里特完成的(《西土学刊》,第 26 卷,1957 年,第 163—197 页)。参见《雅典贡赋表》,第 2 卷,第 61 页,《雅典贡赋表》,第 3 卷,第 89、281 页。在《西土学刊》,第 26 卷,第 164 页,梅里特对希腊文的法令进行了复原,内容如下:

> Περικλέους γνώμη[ν] εἰς
> [τὰ Παναθήναια ἀνενεγκεῖν τῆι Ἀθηνᾶι] τὰ ἐν δημοσί[ωι] ἀποκείμενα τάλαν[τα
> ἅπερ συνηγμένα παρὰ τῶν πόλεων ἦν πε]ντακισχείλια κατὰ τὴν Ἀριστεί[δου
> τάξιν καὶ ἄλλα τρισχείλια ἀναφέρ]ειν εἰς τὴν πόλιν μετ' ἐκεῖνο γινο[μένων τῶν
> ἔργων θαλάσσης δ' ὅπως ἄν κρατ[ῶσι, τὴν βουλὴν τῶν παλαιῶν τριή[ρων
> ἐπιμελεῖσθαι ὥστε ὑγιεῖς παραδι]δόναι, καινὰς δ' ἐπιναυπηγεῖν ἑκάσ[του ἐνιαυτοῦ
> πρὸς ταῖς ὑπαρχούσαις δ]έκα.

需要提醒的是,对很多关键内容的重建是存有疑问的。戈姆没有读过这段经过修复的法令,他只读过《雅典贡赋表》第 2 卷第 61 页上的旧版本,并对其中某些内容提出了质疑(《历史学刊》,第 3 卷,1954—1955 年,第 337 页)。不过,最新的这个版本可信度似乎很高。对于重建伯利克里颁布的这道法令的内容,怀德-嘉利与梅里特曾经这样评价自己的工作:"也许我们并没有恢复他总结法令时所用的原话,但这一部分的结构现在肯定已经很清楚了,并且无论原文如何,我们相信自己对于保存下来的纸草法令的理解是准确的"(第188页)。我认为他们的这种说法非常中肯。

## F. 图里城(Thurii)的建立(第157页)

布索特曾经对这个地方在贸易方面的重要性进行过讨论(布索特,《希腊历史》,第3卷,第1册,第527页及注释4)。厄霖博格(《美国古典语文学期刊》,第69卷,1948年,第152页及注释15)认为,[-382,383-]"从一开始就已经非常清楚,雅典将领导这块新的殖民地"。他的这种说法是根据钱币研究得出的。在墟坝离(Sybaris)最古老的钱币上,正面是一头回望的公牛,背面铸有同样的图案。后来背面的图案变成了一个双耳细颈罐。接下来的钱币一面是公牛,另一面则是海神波塞冬。另外,还有一枚钱币,根据海德(Head,《钱币史》[Historia Numorum],伦敦,1911年,第84—85页)的判断,也是墟坝离同一时期的钱币。一面是一只鸟,另一面则是波塞冬。在钱币学家所说的下一个时期中,钱币的一面是一头回望的公牛,另一面则是雅典娜。在最后一种属于墟坝离人的钱币上,一面是雅典娜,另一面虽然还是墟坝离人传统的公牛图案,但姿势改变了。它不再扭头向着自己身体的一侧,而是低头向前。"这头牛不再回头望肯定有着它的象征意义。"厄霖博格指出,在新建立的图里城,它的钱币保留了雅典娜以及向前看的公牛。在"第三墟坝离"的钱币上,出现的正是雅典娜的头像。厄霖博格认为这是证明雅典的领导地位的最好证据。在我看来,这并不能说明什么。利用钱币图案的变化来解释政治事件必须非常谨慎。我们知道,墟坝离人在图里这个地方过得并不好。他们很快就被赶了出去,建立了第四个墟坝离,但图里的钱币上依然保留了墟坝离人传统的公牛图案。按照厄霖博格的推理,图里人应该会将这个图案去掉,因为它来自墟坝离人,不会受人欢迎。对此,厄霖博格给出了自己的解释:"钱币上的公牛确实保持了墟坝离人的传统,也许这正是因为那些被赶走的墟坝离人已经建立了一个新的墟坝离(即'第四墟坝离')。图里人希望淡化这件事情,于是便保留了这种非常流行的,有公牛图案的钱币"(第 153 页)。在我看来,他的解释毫无意义。

钱币上的雅典娜也不能说明什么问题。在科林斯人的钱币上同样有雅典娜的头像。难道他们的初次出现也是因为受到了雅典的影响?雅典娜受到很多城市的崇拜,只是崇拜的角度不同。海德(第 87 页)认为钱币上的是制敌雅典娜(Athena Skyletria)。她是意大利南部很多城镇崇拜的海神。[-383,384-]至于公牛姿势的变化,可以有无数种解释。图里的钱币保留了同样的图案,这并不能说明什么。如果我们作出与厄霖博格完全相反的假设,认为这些图案与雅典无关,是墟坝离人在某个时候出于不同的考虑而采用的,那我们就可以说,将这些图案(尤其是公牛)保留下来,是因为新成立的泛希腊殖民地希望取悦以前的居民,让他们继续效忠新的殖民地。这种解释很随意,并没有什么根据,但其他那些观点也好不到哪里去。用钱币作为证据的致命缺陷是,我们无法确认它们的时间,只能凭历史事件进行猜测,这就意味着不能单独用它们来证明任何事情。

## G. 两次战争之间雅典的西进动向(第 162 页)

怀德-嘉利曾经提到一个例子,但我们并没有讨论到,这就是佛缪(Phormio)与阿卡纳尼亚(Acarnania)签订的盟约(Thuc. 2. 68. 8)。修昔底德在介绍公元前 430 年夏天发生的事情时提到了它,但他只是说佛缪在过去某个时候签订了盟约,并没有指出具体是什么时间。布索特(《希腊历史》,第 3 卷,第 2 册,第 736 页,注释 6)认为这应该是在萨摩司战争之后的事情,否则科林斯是不会在公元前 440 年的时候对雅典那么友好,并且应该是在科林斯人与柯西拉发生冲突之前,否则修昔底德在讲述这次冲突时一定会提到这件事。因此布索特认为这次结盟应该是在公元前 437 年左右。埃德科(《剑桥古代史》,第 5 卷,第 474—475 页),格罗茨与柯恩(《希腊历史》,第 2 卷,第 614 页),以及柯罗歇(《古典时代》,第 14 卷,1945 年,第 116 页)也持同样观点。实际上，这些时间坐标是很难确定的。如果假设佛缪的出征发生在第一次伯罗奔尼撒战争期间，那第一个时间坐标就不成立。到公元前440年，雅典的政策已经发生了变化，而科林斯非常清楚这一点。因此，这个日期完全可能是在公元前5世纪的50年代。[-384,385-]这正是戈姆（《修昔底德历史评注》，第2卷，第416页）的观点，他认为这次军事行动"也许发生在50年代初期，最早应该在公元前448年，雅典人在德尔斐采取行动之时"。贝洛赫的观点与此类似，他认为雅典-阿卡纳尼亚盟约的签订，"可能早在《三十年和约》签订之前"（《希腊历史》，第2卷，第1册，第299页，注释2）。怀德-嘉利（《希腊历史文集》[*Essays in Greek History*]，第253—254页）认为这次远征应该发生在公元前433年之后，其实根据他有关雅典西扩的理论，这个日期应该更早才对。他认为"与阿卡纳尼亚签订盟约是墟波塔战役之后的事情"，更准确地说，是在公元前432年春天（第253—254页）。波芒特（R. L. Beaumont，《希腊研究期刊》，第72卷，1952年，第62页及以下）在一篇他死后才发表的文章中支持怀德-嘉利的观点，其中提出了一些在我看来非常关键的论据，他将这次远征的时间定在公元前433年之后。另外，亦可参见《雅典贡赋表》，第3卷，第320页及注释84。

另外一个用来证明雅典在西部地区行动的依据是对吕科弗冘（Lycophron）的诗歌《亚历珊德拉》第732行（*Alexandra* 732）的一条古代注疏。这条注疏留存在第迈欧（Timaeus）作品中（《希腊史撰残编》，第3卷，第2册，556，98）。将这条经注与策策斯（Tzetzes）对该诗第733行的注释及斯特拉波的记载（Strabo 5.4.247）进行综合，可以得知，在某个时候，雅典将军丢悌慕（Diotimus）曾经率领一支舰队增援那不勒斯人，并且据说雅典人还往那不勒斯派出了殖民者。这种说法由贝洛赫提出（《希腊历史》，第二版，第2卷，第1册，第202页，同时参见《希腊史撰残编》，第3卷，第2册，评注，581）。不过，关键是要确定这次事件究竟是在什么时候以及什么情况之下发生的。倪森（《历史学期刊（新编）》，第27卷，1889年，第400页及以下）认为它发生在公元前433/432年，即丢悌慕当选将军的那一年。之后大家普遍接受了这种观点。于戴希（W. Judeich，《保-威古典学百科全书》，第5卷，1905年，条目"丢悌慕(一)",第 1147 页)、劳彼茨切克(A. E. Raubitschek,《美国古典语文学会通讯》,第 75 卷,1944 年,第 10 页,注释 4)和本岑(《希腊历史》,第 205 页,注释 1)都接受了这一时间。布索特(《希腊历史》,第 3 卷,第 1 册,第 538 页,注释 5)认为,它发生在公元前 5 世纪 30 年代,战争爆发之前。梅耶《古代史研究》,第 2 卷,第 321—322 页)对倪森过于大胆的一些说法提出了质疑,对丢悌慕出征那不勒斯的时间提出了不同看法。他认为这件事可能是在丢悌慕早前出任将军之前发生的。不过,我们并没有找到相关的记录,梅耶也没有提供任何证据。梅耶还说,这次行动有可能是对萨贝利人(Sabellians)[-385,386-]入侵坎帕尼亚区(Campania)作出的回应,当时卡普阿(Capua)与圩迈(Cymae)也受到了攻击。据狄奥多罗斯记载,对卡普阿的进攻发生在公元前 438 年;而据李维(Livy)记载,这次进攻则发生在公元前 423 年。德·桑悌《古典语文学与古典学教学评论(新编)》,第 13 卷,1935 年,第 71 页及以下,以及《伯利克里》,第 118 页)认为丢悌慕远征以及雅典与那不勒斯的结盟都发生在公元前 5 世纪 50 年代,并且与垒集坞,林地尼的结盟有着密切关系。我认为,唯一可以确定的是雅典曾经派兵帮助那不勒斯,仅此而已。我倾向于支持多数派,将这次行动的时间定在公元前 433/432 年,而当时的将军可能是丢悌慕。最重要的是,这次行动绝对不会是在两次战争的间隙发生的。

## H. 雅典人对拜占庭的处置(第 177 页)

修昔底德(Thuc. 1. 117. 3)是我们研究拜占庭投降的唯一资料来源。戈姆(《修昔底德历史评注》,第 1 卷,第 357 页)指出,雅典人在拜占庭所付出的代价只有在萨摩司的十分之一。密特讷(Miltner)(《保-威古典学百科全书》条目"伯利克里",第 773 页)认为最后达成的协议让拜占庭失去了碧司碧窟(Bysbicus)与开里波利斯(Callipolis)——这两个小城镇位于普罗滂涕海(Propontis)的亚细亚一侧。对密特讷的这种说法,戈姆提出了反驳。这两个地方与阿莫格斯岛(Amorgus)一样,直到公元前 434/433 年才出现在纳贡名单上。爱德华·维尔(《斯特拉斯堡文学通讯》[*Bulletin de la Faculté des Lettres de Strassbourg*],1946—1947年,第145—146页)仔细研究了这段简短的记录,提出了一个非常有新意的解释。修昔底德原文是 ξυνέβησαν δὲ καὶ Βυζάντιοι ὥσπερ καὶ πρότερον ὑπήκοοι εἶναι。在娄卜英译本中,史密斯(C. Forster Smith)对这句话的翻译是"拜占庭人同样妥协,同意成为属邦,像从前一样"(the Byzantines too came to terms, agreeing to be subjects as before),在布岱法译本中,萝蜜莉女史将其译为"拜占庭商议,她也一样:她重新成为属邦,像从前一样"(Byzance traita, elle aussi: elle redevint sujette comme auparavant)。这些都是比较典型的译法。维尔认为ξυνέβησαν一词意味着拜占庭人接受了让他们重新归顺帝国的条件。在这一点上,他肯定是正确的。因为,如果修昔底德的意思是拜占庭恢复了以前的地位,他会用无人称用法的第三人称单数ξυνέβη,而非使用第三人称复数ξυνέβησαν所以维尔认为这句话的意思是:"拜占庭仅仅在重获其同盟地位的条件下才妥协"(Byzance ne se rend qu'à condition de retrouver sa place dans la [-386,387-] conféderation)。在他看来,这意味着拜占庭还可以在重返帝国这件事上讨价还价,而雅典人之所以在处置他们时手下留情,完全是因为横跨博斯普鲁斯海峡,有着重要的地理位置。"事实上,伯利克里无需太大风险就能够惩戒萨摩司,但为了确保拜占庭的忠诚,他处理拜占庭时须怀有仁慈。"维尔的理解似乎歪曲了希腊原文的意思,并且也是对当时政治现状的误读。确实有确定条件与接受条件的意思,但整句话都没有告诉我们是谁定下的条件,是谁接受了这些条件。这些条件由雅典决定的可能性似乎更大。雅典的军队占有绝对优势,并且刚刚平定了一场规模更大的叛乱。如果和约是由拜占庭制订的,那她应该会要求减少贡赋,而不是增加,虽然增加的幅度不大,但也不是一个小数目。我会将这句话译为,"拜占庭同意臣服,条件与以前一样",而且根据我的理解,这些条件应该是雅典提出的,而非拜占庭。事实上,雅典在处理萨摩司时就表现出了很大的克制,并没有提出非常苛刻的条件。维尔强调了伯利克里在处理拜占庭问题时所表现出的克制,但伯利克里这样做不是出于害怕,而是一种策略。

## I. 伯利克里远征黑海地区的日期（第 181 页）

对伯利克里远征黑海地区的日期存有一些争议。大多数学者认为这发生在平息萨摩司叛乱之后不久，我也支持这种观点（《雅典贡赋表》，第 3 卷，第 114 页，注释 2）。这种观点的主要文本依据是阿里斯托芬的《阿卡奈人》（Acharnians）第 601 行。在这部喜剧中，拉玛库斯（Lamachus）被与一群"小伙子"（νεανίαι）相提并论，而根据普鲁塔克的记载，伯利克里派遣 13 艘战舰前往西傩浦（Sinope）时，担任统帅的正是这位拉玛库斯。据此，通常认为他在公元前 425 年，即阿里斯托芬完成这部作品时，应该不会超过 50 岁。依此推理，公元前 440 年之前，他应该还非常小，不可能指挥任何战斗。《雅典贡赋表》的作者认为（《雅典贡赋表》，第 3 卷，第 114—117 页），很难指望[-387,388-]从阿里斯托芬那里得到事情的真相，因为他总是喜欢采用喜剧的夸张手段。他们竭尽全力希望可以证明拉玛库斯应该比阿里斯托芬说的要老。不过，我还是接受了大多数人的观点。根据我们所掌握的一些历史事件，推断这次军事行动应该是发生在公元前 5 世纪 30 年代。《雅典贡赋表》的作者们将这次行动的时间定在公元前 450 年左右。他们之所以这样做，是希望将它放在《卡利阿斯和约》签订之前，因为他们认为这次行动违反了和约，所以不可能发生在公元前 449 年之后。如果否认《卡利阿斯和约》的存在，就可以很容易地将这次行动的时间定在公元前 5 世纪 30 年代，但我认为，即便承认和约的存在，也可以将这次行动的时间定在那一时期。根据史料记载（参见詹姆斯·H. 奥利弗[James H. Oliver]，《历史学刊》，第 6 卷，1957 年，第 254—255 页，以及拉斐尔·西里，《历史学刊》，第 3 卷，1954—1955 年，第 325—333 页），《卡利阿斯和约》规定，波斯人不得在切里渡逆群岛（Chelidonian Islands）——即斐萨利（Phaselis）——与墟亚奈礁石（Cyanean rocks）之间航行。某些学者认为墟亚奈礁石与这些岛屿相距不过 25 英里，所以这个禁行区并不是很大。怀德-嘉利（《献给威廉·司格特·弗格森的雅研究》[Athenian Studies Presented to William Scott Ferguson],《哈佛古典语文学研究》增刊,第 1 卷,1940 年,第 121—156 页,尤其是第 135 页)将其称为"非军事区",而西里(同前,第 330 页)则对怀德-嘉利的说法提出了反对意见。奥利弗(Oliver)认为墟亚奈礁石就是博斯普鲁斯海峡中靠近色雷斯一侧的蓝礁(Blue Rocks),我对此表示赞同。因此,如果伯利克里是在公元前 5 世纪 30 年代进入黑海地区,那他肯定违反了和约的规定(假设确有这样一份和约的话)。因为奥利弗相信《卡利阿斯和约》的存在,所以他同意《雅典贡赋表》的观点,将黑海远征的时间定在公元前 450 年。不过,这种观点唯一的理由是,伯利克里不愿意违反和约,对此,我并不赞同。在萨摩司事件中,无论从字面还是从精神上理解,庞苏司涅(Pissuthnes)都已经违反了和约;而据我们所知,苏撒的波斯大王却并没有对他作出任何惩罚,也没有表示不赞成。如果对他这种违反和约的行为听之任之,不作出反应,这将是非常危险的。因为这会让波斯人以为,自从客蒙死后,雅典已经成了纸老虎,他们会得寸进尺。另一方面,也必须让那些远离雅典的盟邦知道,[-388,389-]雅典愿意制止波斯的挑衅行为,并且也有这样的能力。在这样的背景之下,公元前 437 年左右对黑海地区采取行动是很有意义的,既可以报复波斯,又可以提醒她,不要再像上次在萨摩司那样鲁莽行事。在此之后,波斯一直没有再违反和约,直到伯罗奔尼撒战争爆发。有关西傩浦的证据来自普鲁塔克(Plut. Per. 20);有关宁斐坞(Nymphaeum),参见《雅典贡赋表》,第 1 卷,第 527—528 页。与位于博斯普鲁斯海峡的客每离人(Cimmerian Bosporus)国王斯巴达库(Spartocus)的关系,参见布索特(《希腊历史》,第 3 卷,第 1 册,第 586—587 页,以及第 587 页注释 1、2)。有关阿谧苏(Amisus),参见布索特(《希腊历史》,第 3 卷,第 1 册,第 586 页,以及注释 3)。有关崖司塔枯(Astacus),参见布索特(《希腊历史》,第 3 卷,第 1 册,第 586 页,注释 4)。狄奥多罗斯认为崖司塔枯建成于公元前 435/434 年,但我认为他可能搞错了,实际上,崖司塔枯的建立应该是伯利克里这次远征的一部分。阿谧苏是由一位叫作阿瑟诺克利斯(Athenocles)的人建立的,后来她的名字被改为比雷埃夫(Piraeus)。

## J. 布雷亚城(Brea)的地理位置以及建立日期(第 183 页)

《雅典贡赋表》的作者认为(《雅典贡赋表》,第 3 卷,第 286 页及以下),布雷亚位于卡尔息狄斯的东面,在碧飒遐(Bisaltia)境内,靠近阿吉庐(Argilos),建立于公元前 446 年。我接受伍德海德(A. G. Woodhead)的观点(《古典学季刊(新编)》,第 2 卷,1952 年,第 57—62 页),亚历山大(J. A. Alexander)也认为他说得很有道理(《美国古典语文学期刊》,第 83 卷,1962 年,第 265—287 页与《波提狄亚:历史与遗存》[*Potidaea, Its History and Remains*],佐治亚州雅典市,1963 年,第 45,65,68,108,114 页)。伍德海德指出布雷亚的建立应该是公元前 446 年之后的事情。马丁理(H. B. Mattingly)对此表示赞同(《古典学季刊(新编)》,第 16 卷,1966 年,第 172—192 页)。他承认,根据普遍接受的碑文标准,这个时间应该是在公元前 438 年以前。但因为他拒绝接受这些碑文所提供的信息,于是将布雷亚的建立定在了公元前 426/425 年,并且认为布雷亚的建立是克里昂进行帝国扩张的结果。他不愿意接受伍德海德所提出的布雷亚的地址。伍德海德将修昔底德所说的Βέροιαν改为Βρέαν,查尔斯·埃德森(Charles Edson)对此提出了质疑(《古典语文学》,第 50 卷,1955 年,第 169—190 页),因此,他对伍德海德的选址也表示了怀疑。格雷厄姆(A. J. Graham)[-389,390-]认为(《古希腊的殖民地与母邦》[*Colony and Mother City in Ancient Greece*],曼彻斯特,1964 年,第 34 页,注释 3)布雷亚的建成时间应该是在公元前 445/444 年,或者 440/438 年,只能是这两个时间中的一个,但要想在这两个中间作出一个正确的选择是不可能的。我希望自己在前面从战略角度进行的分析会支持伍德海德的观点。

梅里特教授告诉我,伍德海德已经放弃了我所接受的这个观点。在一篇名为"力雅格罗的歌队赞助纪念"(The Choregic Dedication of Leagros)的文章中(《希腊罗马拜占庭研究》,第 8 卷,1967 年,第 45—52 页,尤其是第 49—50 页),梅里特重申了他在《雅典贡赋表》中的观点。普鲁塔克曾说伯利克里派遣"1000 人,与碧飒遐人共同建立了一个殖民地"(Plut. Per. 11.5)。在这篇文章中,他再次指出普鲁塔克这种说法的重要性。他确信普鲁塔克所说的就是布雷亚,并且这也正好可以解释阿吉庐为什么从公元前446年的纳贡名单上消失了。我反对将布雷亚等同于普鲁塔克所说的这个殖民地。第一个理由非常明显:普鲁塔克并没有说出它的名字。第二点理由:普鲁塔克是在列举由伯利克里建立的殖民地时提到了这个位于碧飒逻的殖民地,他的清单中甚至还包括了图里。没有理由相信这是一张准确的名单。并且如果我们相信普鲁塔克的说法,会遇到一个问题。他说伯利克里除了派遣移民前往柯松半岛(Chersonese)、纳克索斯岛(Naxos)、安德罗斯(Andros),另外还安排了 1000 人前往色雷斯与碧飒逻人共建殖民地(Βισάλταις συνοικήσοντας)。虽然他的措词也许并不严谨,但这个词似乎意味着建立的是一个联合殖民地,而布雷亚肯定不是这样的殖民地。谁也无法给出一个确切的答案,但这句话使我们有理由反对将布雷亚等同于普鲁塔克所说的碧飒逻殖民地。当然,我们并不否定两者为同一处地方的可能性。退一步讲,即便它们指的是同一个地方,即便认定布雷亚位于卡尔息狄斯的东面而非西面,也不会改变我对于伯利克里政策的看法。当然,我还是坚持认为她应该是位于卡尔息狄斯的西面。

这个殖民地的建成时间也是一个非常重要的问题,但同样无法找到确切的答案。从碑文中获得的资料并不能解决这个问题。《雅典贡赋表》中所提出的时间是有道理的。就现有的证据而言,读者只能自己去判断哪种说法更有说服力了。[-390,391-]

## K. 波提狄亚(Potidaea)战役发生的日期(第 316 页)

有些人认为波提狄亚战役发生在公元前 432 年 9 月,斯巴达公民大会则是在同一年的 11 月举行的。对于这些事件的发生时间存在很多不同的看法,一一介绍,并无必要。列出戈姆的观点已经足够。

所谓的"将近一年",至少应该是从 8 月 1 日到 5 月 20 日左右,也就是说,对亚狄珈的进攻应该是在 9 个半月至 10 个月(阴历月)之后。并且,如果将这次大会的时间定在 8 月,就可以解释为什么科林斯人要催他们快点行动,为什么会将伯罗奔尼撒人的拖延归因于准备不足,而不是因为冬天马上要来了。如果认为波提狄亚战役发生在 9 月中旬,而大会 11 月之后才召开,就很难解释得通。实际上,如果伯罗奔尼撒人这么迟才作出参战的决定,就不存在拖延(除了在第二年,军队离开地峡地区之后耽搁了几天);因为在那种情况下,进攻行动是在作出决定之后马上采取的……后来每年都是在这个季节采取行动。如果早在 8 月初就已经作出了决定,在 9 月与 10 月都有机会发起进攻,但伯罗奔尼撒人却尚未准备妥当。因此,科林斯人才恳求他们加快速度,所以才会抱怨他们在拖延时间。如果将这次大会的时间定在 11 月初,那么到 5 月 20 日(进攻时间)还不足 7 个月(阴历月);没有哪个正常人会把这说成是"将近一年"。(A. W. 戈姆,《古典评论》第 55 卷,1941 年,第 65—66 页)

戈姆将自己文章发表前的所有参考书目列在了第 59 页。在《修昔底德历史评注》,第 1 卷,第 420—424 页,他重申了自己的主要观点。

# 校对者跋语

为了使卡根教授的"伯罗奔尼撒战争史论"4卷本的中译本(《伯罗奔尼撒战争的爆发》《阿奇达慕斯战争》《尼基阿斯和约与西西里远征》《雅典帝国的覆亡》)以更为完整、统一的面貌出现,作为后3卷的译者,我冒昧对第1卷中译本进行了校订。第1卷译者对英文理解准确,译文流畅,在涉及古典学和国际政治学历史和概念方面偶有失误。因此,作为第一卷校对者,我对原译文的改动以统一和补充体例为主、以勘改错误为辅,大致包括以下四个方面。

第一,依照已经出版的第3、4卷体例,增加索引,增加原书页码。

第二,统一并翻译专名。首先,第1卷依照已经出版的第3、4卷,统一译名。其次,翻译了第1卷原译文中未翻译的专名,主要是脚注中的现当代古典学家姓名、著作名、出版信息等。

第三,补充翻译或重新翻译原译文中没有翻译或存在一定问题的德文、法文、拉丁文引述。

第四,修改了原译中的一些具体错误。

根据上述校订原则与已经出版的第3、4卷索引体例,本书提供如下附表:

附表1　专有词汇译名对照表(基于原书 General Index 整理而成)

附表2.1　古代文献引述格式举例

附表2.2　近现代古典学家所编古代文献辑丛引述格式举例

附表2.3　古代作家及铭文引用索引(即原书 Index of Ancient

Authors and Inscriptions）

附表 3.1　近现代古典学家姓名及著述名对照表

附表 3.2　古典学期刊刊名缩写与译名对照表

附表 3.3　近现代古典学家引用索引（即原书 Index of Modern Authors）

附表 3.4　参考文献（即原书 Bibliography）

表 2 系列提供古代文献索引及译名对照。其中，附表 2.1、2.2 为引述格式举例，并非本卷实际所引用。具体引用情况，请根据格式举例说明，检索附表 2.3。

表 3 系列提供现当代研究文献索引及译名对照。依从已经出版的第 3、4 卷例，附表 3.1 给出本卷引用到的所有古典学家姓名及专著著述名，论文著述所载期刊缩写及译名请参阅表 3.2，具体引用页码请检索表 3.3，全部著述原文信息请参阅表 3.4。

校订者在校订过程中直接使用了如下中译本。与第 3、4 卷一样，使用现有中译本的一个重要目的，是为了争取做到同引同译，即对于同样一段引文，无论在何处引用，都将给出完全相同的译文。本书所使用的中译本包括：

"谢德风译本"：[古希腊]修昔底德，《伯罗奔尼撒战争史》，谢德风译，商务印书馆 1985 年。

"王以铸译本"：[古希腊]希罗多德，《历史》，王以铸译，商务印书馆 2007 年。

"罗念生译本"：[古希腊]阿里斯托芬，《阿卡奈人 骑士》，罗念生译，上海人民出版社 2006 年。

其余处理原则与已经出版的第 3、4 卷相同，不再赘述。

校对者希望通过跋语对校对内容及 4 卷本作为一个系列的相关体例问题予以简要说明。对于该卷中因校对出现的问题，恳请博学多识的读者指出错误，帮助改进。

李隽旸<br>2019 年 2 月 17 日

# 附表 1 专有词汇译名对照表

| 拉丁转写 | 英译,别称 | 中 译 | 页码(原书页码) |
|---|---|---|---|
| the Academy | | 学园 | 78 |
| Acamantis | | 阿喀满堤大区 | 253 |
| Acarnania | | 阿卡纳尼亚 | 111,159,163,214,234,252,253,272,309,347,384,385 |
| Achaea; Achaeans | | 亚该亚;亚该亚人 | 11,158 |
| Acharnae; Acharna-ians; *Acharnaians* | | 阿卡奈德谟;阿卡奈人;《阿卡奈人》 | 255,270,387 |
| the Acropolis | | 卫城 | 60, 78, 101, 116, 183, 185, 194,201,228,243,251 |
| Actium | | 亚克兴 | 226,227 |
| the Adriatic Sea | | 亚德里亚海 | 181,205,211,212 |
| the Aegean | | 爱琴海,爱琴海地区 | 24, 31—33, 37, 39—41, 45, 47,49,50,57,58,60,97,98, 103,106—108,111,119,163, 175,182,188,189,232,328, 335 |
| Aegina; Aeginetans | | 埃基纳 | 23,32,35,36,62,77,84—86, 89, 95, 130, 258, 259, 286—288, 292, 295, 304, 309—, 321,328,329,331,347,354, 360 |
| Aeschines | | 埃斯基涅 | 96 |
| Aeschines | | 埃斯基涅斯(布里亚) | 183 |
| Aeschines Socraticus | | 苏格拉底门徒伊斯基涅 | 200 |
| Aeschylus | | 埃斯库罗斯 | 274 |
| Aetolia | | 埃托利亚 | |
| | North Africa | 北非 | 180 |
| Aiantis | | 哀岸堤大区 | 253 |
| aitiai | causes | 起因 | 254 |
| Alopece | | 阿洛沛坷德谟 | 108 |

(续表)

| 拉丁转写 | 英译,别称 | 中 译 | 页码(原书页码) |
|---|---|---|---|
| *Antigone* | | 《安提戈涅》 | 175 |
| Agariste | | 阿贾芮司忒 | 63,206 |
| Agariste | | 阿佳芮司忒 | 206 |
| Agesander | | 阿基山德 | 325 |
| Agesilaus | | 阿格西劳斯 | 16,19,28,52 |
| Agis, son of Archidamus | | 阿吉斯 | 94,126 |
| agora | the market-place | 公民市集 | 78 |
| | Albania | 阿尔巴尼亚 | 205 |
| Alcmaeon | | 阿克美翁 | 59 |
| Alcmaeonid | | 阿克美翁岱家族 | 59,65,68,108,318,320 |
| Alcibiades(Ⅱ) | | 阿尔喀比亚德(二世)阿尔喀比亚德的祖父 | 74 |
| Alcibiades, son of Cleinias(Ⅱ) | | 克雷尼亚(二世)之子阿尔喀比亚德 | 117,146,195,370 |
| the Aleuadae | | 阿留岱家族 | 50 |
| Alexander | | 亚历山大(马其顿大王) | 62,182 |
| *Alexandra* | | 《亚历珊德拉》 | 385 |
| Alyattes | | 阿吕亚铁 | 23 |
| Ambracia; Ambriotes | | 安布罗西亚;安布罗西亚人 | 11,12,209,214,217,218,223,224,245,252,253 |
| the Amracian Gulf | | 安布罗西亚湾 | 214,226,252,253 |
| Amisus | later Piraeus | 阿谧苏 | 181,389 |
| Amorgus | | 阿莫格斯岛 | 176,386 |
| Amphictyonic League; Amphictyony | Amphictyonis | 近邻同盟 | 50,59,158 |
| Amphilochian Argos | | 安斐罗库的阿尔戈 | 252,253 |
| Amphipolis; Amphipolitans | | 安菲玻里;安菲玻里人 | 47,167,182,186—189,201,276,277,279,367 |

(续表)

| 拉丁转写 | 英译,别称 | 中译 | 页码(原书页码) |
|---|---|---|---|
| **Anactorium** | Anactorion | 安纳沱里坞 | 208,214,215,217,218,245,250,251,253 |
| **Anatolia** | | 安纳托利亚 | 46 |
| **Anaxagoras** | | 阿纳克萨戈拉 | 78,168,195,198,201,319 |
| **Andocides** | | 安多基德斯 | 254,270 |
| **Andros; Andrians** | | 安德罗斯;安德罗斯人 | 58,102,119,390 |
| **Angelos** | | 安格洛斯 | 50 |
| | annus mirabilis | 奇迹之年 | 95 |
| **Antagoras of Chios** | | 开俄斯的安塔戈拉斯 | 39 |
| **Antiochus of Syracuse** | | 叙拉古的安条克 | 164,165 |
| *Antigone* | | 《安提戈涅》 | 175 |
| **Anthemocritus** | | 安瑟莫克里图 | 260,261,267 |
| | *aparché*, first fruit | 初获 | 101,114,115,169 |
| **Aphytis** | | 阿斐堤 | 275 |
| **apoikia** | colony | 殖民地 | 119 |
| **Apollo** | | 阿波罗 | 101,118,120,165,185,196,207,314 |
| **Apollonia** | | 阿波罗尼亚 | 208,209,212,214—217 |
| | Arbitration | 仲裁 | 225,226,229,231,235,304,319,328—330,334,339,353,355 |
| **Arcadia** | | 阿卡狄亚 | 10,11,19,21,54,158,163,312 |
| **Archidamus** | | 阿奇达慕斯 | 77,87,144,237,263,268,300—304,306—310,313,316,321—325,337 |
| **Archidamian War** | | 阿奇达慕斯战争 | 261,262,307,356 |
| **arché** | empire | 帝国 | 327 |
| **Archestratus son of Lycomedes** | | 吕珂墨得之子阿奇斯特拉图斯 | 280—283 |

(续表)

| 拉丁转写 | 英译,别称 | 中译 | 页码(原书页码) |
|---|---|---|---|
| archon; archontes | | 执政官 | 68,100,117,154,155,197,273 |
| Areopagus; Areopagite constitution | | 战神山议会;战神山议会政体 | 64,65,68,88,135,143 |
| Argilus | Argilos | 阿吉庐 | 188,389,390 |
| Argolid; the Argolid Peninsula | | 阿尔戈里德;阿尔戈里德半岛 | 12,53,83,84,94 |
| Argos, Argives | | 阿尔戈斯;阿尔戈斯人 | 11—13,21,22,24—25,30,50,53,54,74,84,88,90,94,104,105,110,121,128,225,292,321 |
| Aristagoras of Miletus | | 米利都的阿里司塔革剌 | 26,186 |
| Aristeus son of Adimantus | | 阿狄满图之子亚里斯忒乌 | 282—285 |
| Aristides | | 阿里斯提德 | 39,40,42,46,52,57,59,64,105,116 |
| Aristocracy | | 贵族制 | 12,139,175<br>在雅典:20,65,66,69,71,106,109,138<br>在柯西拉:209<br>在埃皮丹努:206—208<br>在斯巴达:27 |
| Aristodemus | | 亚里斯妥德慕 | 195,255 |
| Aristomedes | | 阿里斯托米德 | 50 |
| Ariston | | 阿里斯同 | 154 |
| Aristophanes | | 阿里斯托芬 | 195—197,372,388 |
| Aristotle | | 亚里士多德 | 27,41,69,103 |
| Artaxerxes I | | 阿尔塔薛西斯一世 | 81 |
| aryballoi | | 陶罐 | 210 |
| Asia Minor | Asia | 小亚细亚 | 99,111 |
| Aspasia | | 阿斯帕西娅 | 195,197,255,319 |

(续表)

| 拉丁转写 | 英译,别称 | 中 译 | 页码(原书页码) |
|---|---|---|---|
| Astacus | | 崖司塔枯 | 181,389 |
| Athenaeus, son of Pericleidas | | 伯里克莱达斯之子雅典纳乌 | 261 |
| Athenaeus | | 雅典纳乌斯 | 168 |
| Athenocles | | 亚缇诺克勒 | 389 |
| Athens | | 雅典 | 学园(Academy):78<br>卫城(Acropolis):60,101,116,185,228,243,251<br>战神山议会:59,64,68,71—74,134,199,280,379,380<br>公民权:103,104,143,190<br>军事殖民地(cleruchies):45,46,126,150,157,176,190<br>殖民地:34,40,45,47,61,101,102,118,119,157,158,167,181—191,348,385<br>公民大会(ecclesia):65,69—71,228,237,251,325,326,338,370<br>经济:39,40,179,180,182,191,262,347—349<br>帝国:2—4,9,19,20,31,42,43,51,80,85,98,103,105,109,113,115,124,126—128,130,148—152,154,163,170—191,194,200,233,239,254,269,293,295—297,304,306,308,312,327,328,330,331,333,335,336,339,345,350,352,354,355,358,366<br>长墙:87,93,95,180,288<br>海军:60,65,87,96,171,175,176,182,241,244,246—248,253,280,283,312,313,333,335,340,352 |

(续表)

| 拉丁转写 | 英译,别称 | 中译 | 页码(原书页码) |
|---|---|---|---|
| Athens | | 雅典 | 新的剧场排练厅(Odeon):78<br>帕特农神庙(Parthenon):78,194<br>庇尼刻斯(Pnyx):227,228<br>政治:57,58,64,65,67,68,70—72,77—79,83,96,103,104,106,108,109,112,132—152,167—169,193—202,238,239,242—244,262,266,267,270,318—320,324,326,331,338,339,340,347<br>卫城山门(Propylaea):78,251<br>战略:334—340,355<br>三十僭主:29<br>与柯罗丰条约:116<br>贡赋清单:45,114,118,119,148,149,151,152,176,179,187,259,274,275,386 |
| Attica | | 亚狄珈 | 60,61,80,86,88—90,93,96,124,125,180,190,255,264,268,273,280,292,301,303,307,314,316,325,327,329,330,335,337,338,341,342 |
| Athena | | 雅典娜 | 60,78,102,115,126,194,197,201,251,320,383 |
| Athena Skyletria | Athena, goddess who grasps slain enemy | 制敌雅典娜 | 383 |
| Athena Nike; the temple of Athena Nike | | 胜利女神;胜利女神神庙 | 251 |
| Athena Polias; the temple to Athena Polias | | 城邦雅典那;献给城邦雅典娜的神庙 | 101 |

(续表)

| 拉丁转写 | 英译，别称 | 中 译 | 页码（原书页码） |
|---|---|---|---|
| *Athenaion Politeia* by Aristotle | the Athenian Constitution | 亚里士多德《雅典政制》 | 64,280,377 |
| *Athenaion Politeia* by Old Oligarch（Pseudo-Xenophon） | | 老寡头（伪色诺芬）《雅典政制》 | 138 |
| *Atthis* | | 《亚狄珈史》 | 197 |
| Autonomy | | 自治 | 33,42,44,88,100,119,122,127,128,170,171,241,258,259,279,321,325,327,328,330,334 |
| the Sea of Azov | | 亚速海 | 181 |
| Augustus | | 奥古斯都 | 190 |
| | Austria；Austria-Hungary | 奥地利；奥匈帝国 | 205,236,346 |
| the Bacchiads | the Bacchiadae | 巴夏岱家族 | 210,214,218 |
| | the Balkans | 巴尔干半岛诸国 | 205 |
| *Bisaltia* | | 碧飒遝 | 389,390 |
| | Bismark | 俾斯麦 | 107,190 |
| | Blue Rocks | 蓝礁 | 388 |
| Boeotia, Boeotians；the Boeotian confederation | | 彼欧提亚，彼欧提亚人；彼欧提亚邦联 | 15, 16, 19, 22, 30, 87—92, 94—96, 111, 122—124, 126, 163,289 |
| | Bosnia | 波斯尼亚 | 205 |
| the Bosporus | | 博斯普鲁斯；博斯普鲁斯海峡 | 180,182,239,240,387 |
| Bottiaea；Bottiaeans | | 波堤崖；波堤崖人 | 278 |
| Bottice | | 波堤喀 | 275,277,281 |
| Brasidas | | 伯拉西达 | 186,189,367 |
| Brazen House | | 黄铜宫 | 320 |
| Brea；the Brea Decree | | 布雷亚；《布雷亚法令》 | 182—189,276,277,389,390 |

(续表)

| 拉丁转写 | 英译,别称 | 中 译 | 页码(原书页码) |
|---|---|---|---|
| **Bysbicus** | | 碧司碧窟 | 386 |
| **Byzantium; Byzantines** | | 拜占庭;拜占庭人 | 37,39,172,173,176,177,179—182,185,189,199,265,276,314,386,387 |
| **Callias son of Calliades** | Callias the Financier | 卡里亚德斯之子卡利阿 | 108,251,283—285 |
| **Callias son of Hipponicus** | Callias the Treaty-Maker | 希波尼库斯之子卡利阿斯 | 59,107,108,134,272,388 |
| **Peace of Callias** | | 《卡利阿斯和约》 | 107,113,114,388,389 |
| **Callicles** | | 卡利克勒斯 | 106 |
| **Callicrates** | | 卡里克利特 | 78 |
| **Callipolis** | | 开里波利斯 | 386 |
| **Campania** | | 坎帕尼亚区 | 386 |
| **Capua** | | 卡普阿 | 386 |
| **Caria** | | 卡里亚 | 41,150,151,172,179 |
| **Carthage; Carthaginian Magistrates, the Hundred and Four** | | 迦太基;迦太基一百〇四人院 | 129,179,205 |
| **Carystus** | | 卡里斯图 | 45,58 |
| **casus belli** | | 启战借口 | 78,249 |
| **Cecryphaleia** | | 面纱岛 | 84 |
| **Ceos** | | 栖俄司 | 102 |
| **Cephallenia** | | 塞法伦尼亚岛 | 223,246,312 |
| **Chaeroneia** | | 夏龙尼亚 | 122—123 |
| **Chalcidic League** | | 卡尔息狄斯同盟 | 21 |
| **Chalcidice** | | 卡尔息狄斯 | 172,182,183,186,210,273,278,281—284,389,390 |
| **Chalcis, on Corinthian gulf** | | 喀耳基斯,位于科林斯湾 | 96,114 |
| **Chalcis, on Euboea** | | 喀耳基司,位于优卑亚 | 89,102,119,126,127,157,280 |

(续表)

| 拉丁转写 | 英译,别称 | 中 译 | 页码(原书页码) |
|---|---|---|---|
| Charinus; the Charinus Decree | | 喀里努斯;《喀里努斯法令》 | 260,261,267 |
| Charondas | | 喀戎答司 | 158 |
| Cheimerium | | 开梅里坞 | 246 |
| Chelidonian Islands | | 切里渡逆群岛 | 388 |
| Thracian Chersonese | | 位于色雷斯地区的柯松半岛 | 35,40,91,157,181,185,390 |
| Chios | | 开俄斯 | 33,35,39,43,128,175,176 |
| chestoi | the Good | 士族 | 138,139 |
| | the Chronicles | 优西比乌《编年史》 | 206 |
| Cilicia | | 西里西亚 | 106 |
| Cimmeria; Cimmerians | | 客每离;客每离人 | 181,389 |
| Cimon | Kimon | 客蒙 | 24,29,44,46,51,52,59—69,71—74,77—79,81—83,87,91—94,96,103—105,108—110,112,120,123,130,133—135,140—144,146—148,151,155,161,177,182,199,244,267,329,379,380,388 |
| Citium | | 启狄坞 | 105,106 |
| Cleandridas | | 克廉追达 | 124,125,126,164,329,367 |
| Clearchus; Monetary Decree of Clearchus | | 柯烈库;柯烈库货币法令 | 116 |
| Cleinias (II); Cleinias Decree | Kleinias | 克雷尼亚(二世);克雷尼亚法令 | 116,117 |
| Cleisthenes; Cleisthenic democracy | | 克里斯提尼 | 20,59,63—65,70,72,89,103,104,135,146,162,201 |
| Cleisthenes of Sicyon | | 西叙昂僭主克烈斯提尼 | 206 |

(续表)

| 拉丁转写 | 英译,别称 | 中译 | 页码(原书页码) |
|---|---|---|---|
| **Cleobulus** | | 科辽布鲁 | 30 |
| **Cleombrotus** | | 柯辽木布罗图 | 28 |
| **Cleomenes, king of Sparta** | | 斯巴达国王刻辽门内 | 20,24,26,28,43,52,89,298,318,329,335 |
| **Cleon** | Kleon | 克里昂 | 99,189,199,200,242,262,319,326,367,368,370,389 |
| **Cleonae; Cleonaeans** | | 柯辽奈;柯辽奈人 | 53 |
| **Clitor** | Cletor(i: 1) | 刻离坨 | 19,312 |
| **Colonies** | | 殖民地 | 1,119,163—167,206—209,213—218,222—224,231,235,273,274 |
| **Colonus** | | 克罗努斯德谟 | 149 |
| **Colophon** | | 柯罗丰 | 118,127,157 |
| **Congress Decree** | | 《大会法令》 | 110—112,120,159,162 |
| **Corcyra; Corcyraeans** | Kerkyra | 柯西拉;柯西拉人 | 55,108,159,165,173,174,193,201,206—216,218,219,222—250,255,256,264,265,270,276,280,285,288,291,295,302,304,306—308,319,326,335,347,348,350—355,357—359,365,368—370,384 海军:221,223,226,228,229,235,239,241,244—248,288 |
| **Corinth; Corinthians** | Korinth | 科林斯;科林斯人 | 与阿尔戈斯:12,292 与雅典:36,84—86,93,124,130,158—160,165—167,173,174,177,178,190,256,264—267,270,272,278,279,308,331,332,340,341,346,348,349,354,355,357,359,368,370,383 与柯西拉:206—221,291,306,351—353,357,368,370,383 与柯西拉危机:222—250 |

(续表)

| 拉丁转写 | 英译,别称 | 中 译 | 页码(原书页码) |
|---|---|---|---|
| Corinth; Corinthians | Korinth | 科林斯;科林斯人 | 与埃皮丹努:206—221,351,358<br>与墨伽拉:80,81,88,124,256,264—267<br>海军:221,223,226,227,230,235,241,244—248<br>其寡头政体:139,347<br>与伯罗奔尼撒同盟:15,16,18—26,28,30,43,77,89,159,173,174,177,264—267,276,324,350<br>与波提狄亚:273—285,323,391<br>与萨摩司:173,174,177,178,190,276,307,383<br>与斯巴达:287—295,300—302,304,306—316,346,354,358<br>与图里:158—160,162,163,165—167,190 |
| Corinth, Gulf of | | 科林斯湾 | 79,80,86,96,97,104,130,212,234,240,263 |
| Corinth, Isthmus of | | 科林斯地峡 | 9,11,22,31,32,36,342 |
| Corinth, League of | | 科林斯同盟 | 9 |
| Corinthian War | | 科林斯战争 | 19 |
| Coronea; Battle of Coronea | | 刻龙尼亚;刻龙尼亚战役 | 123,124,133,191,311 |
| Craterus | | 刻腊特吕 | 261 |
| Cratinus | | 科拉提努斯 | 168 |
| Critias, son of Callaeschrus | | 喀徕司库吕之子克里提亚斯 | 30 |
| Croton | | 柯络通 | 155,164 |
| Ctesias | | 科泰夏司 | 97 |
| Cyanean rocks | | 墟亚奈礁石 | 388 |

（续表）

| 拉丁转写 | 英译,别称 | 中 译 | 页码(原书页码) |
|---|---|---|---|
| Cyllene | | 圩林 | 227 |
| Cylon | | 库伦 | 318 |
| Cymae | | 圩迈 | 386 |
| Cynuria | | 叙努里亚 | 22 |
| Cyprus; Cypriotes | | 塞浦路斯；塞浦路斯人 | 37,81,82,85,105,106,109 |
| the Cypselid; Cypselus | | 淑浦塞黎得家族；淑浦塞卢 | 214—218 |
| Cythera | | 叙铁拉 | 12,337 |
| Cythnos | | 叙色诺 | 102 |
| Damaratus, king of Sparta | | 戴玛拉托斯（斯巴达国王） | 28 |
| Damastium | | 达抹司提坞 | 210 |
| Damon | | 达蒙 | 78 |
| the Danube | | 多瑙河 | 182 |
| Decelea; Decelean War | | 德西利亚；德西利亚战争 | 314 |
| Delian League | | 提洛同盟 | 2,10,31,37,40—45,57,61,78,95,98—102,274 |
| Delos | | 提洛岛 | 44,119,142 |
| Delphi | | 德尔斐 | 10,120,121,158,165,166,207,224,310,311,313,321,333 |
| Demeter | | 德墨忒耳 | 118 |
| Democlides | | 德谟科利德 | 183—185 |
| Democracy | | 民主,民主制,民主政体,民主政权 | 在阿尔戈斯:53<br>在亚里士多德作品中:103,104<br>在雅典:20,22,28,29,56,59,60,64,67—70,72,73,79,83,87—90,106,109,135,137—141,143,146—148,190,191,194,199,347<br>在彼欧提亚:95,122<br>在布雷亚:186 |

(续表)

| 拉丁转写 | 英译,别称 | 中译 | 页码(原书页码) |
|---|---|---|---|
| Democracy | | 民主,民主制,民主政体,民主政权 | 在柯罗丰:118<br>在柯西拉:209<br>在埃利斯:54<br>在埃皮丹努:207<br>在埃吕忒莱:99<br>在伯罗奔尼撒半岛:21,54,56,73<br>在萨摩司:170—172,176<br>在斯巴达:27<br>在图里:158,162 |
| demos | the People | 民众;平民 | 60,118 |
| Demosthenes | | 德摩斯梯尼 | 119 |
| Demosthenes | | 德墨司悌尼 | 115 |
| Derdas | | 德尔达 | 277,281 |
| Dicaepolis | | 狄忾珀里 | 255 |
| dikastai kata demous | local judges | 地方裁判官 | 68 |
| Diodorus Siculus | | 西西里的狄奥多罗斯 | 107,386,389 |
| Diodotus | | 狄奥多图斯 | 370 |
| Dionysian Festival; the Dionysia | | 酒神节庆 | 102,183 |
| Diopeithes; the decree of Diopeithes | | 迭沛提;《迭沛提法令》 | 195,198 |
| Diotimus son of Strombichus | | 斯特罗姆庇西德之子丢悌慕 | 243,253,272,309,385,386 |
| Dipaea | | 底湃崖 | 55 |
| Dipylon Gate | two-gated gate | 双门大门 | 261 |
| | Disraeli | 迪斯累里 | 67 |
| dokimasia | | 新任官员入职审查程序 | 69 |
| Dolopia, Dolopians | | 多罗披亚,多罗披亚人 | 45 |
| Dorcis | | 铎耳基司 | 38,49 |
| Doris, Dorians | | 多利斯,多利安人 | 73,158,162,206,315,347 |
| Drabescus | | 爪贝司枯 | 186 |

(续表)

| 拉丁转写 | 英译,别称 | 中译 | 页码(原书页码) |
|---|---|---|---|
| drachma | | 德拉克马 | 117,125,177,223,251 |
| Dracontides | | 德拉孔提德 | 195,201 |
| Duris of Samos | | 萨摩司的杜力司 | 171 |
| dynatotatoi | the ablest men | 最能胜任之人 | 200 |
| Dyrrachium | | 岱剌丘坞（埃皮丹努古称） | 205 |
| ecclesia | the assembly | 公民大会 | 65 |
| Edoni; Edonians | | 宜峒;宜峒人 | 186 |
| Egypt | | 埃及 | 48,81—83,92,96—98,101,103,105,106,114,121,126,154,155,180,189,191,289,336,379,380 |
| Eion | | 爱昂 | 44,45,189 |
| Eleon | | 埃力昂 | 90 |
| Eleusis | | 埃琉西斯,埃琉西斯密仪 | 102,124,169 |
| Elis; Eleans | | 埃利斯;埃利斯人 | 15,22,54,158,197,206,224,227,245,246,292,323 |
| Elpinice | | 爱庇睨刻 | 59,67,103,108,177 |
| | Emsdetten | 埃姆司代腾 | 196 |
| Ennea Hodoi | Nine Ways | 九路 | 47,61,167,182 |
| | England | 英国/英格兰 | 109,190,236,277,336 |
| Ephialtes | | 埃斐亚提斯 | 59,64,67—69,71—72,78,79,83,93,104,134—136,143,161,199,280,380 |
| Ephorus | | 埃弗鲁斯 | 107,195,201,372,378,379 |
| Epidamnus | | 埃皮丹努 | 205—221,223—226,229,231,241,268,273,276,306,348,351,352,354,358 |
| Epidaurus; Epidaurians | | 埃皮道鲁斯 | 84—86,124,223,246,312 |
| epinicion | song of victory | 凯歌 | 137 |

(续表)

| 拉丁转写 | 英译,别称 | 中 译 | 页码(原书页码) |
|---|---|---|---|
| Epirus | | 埃披庐 | 212 |
| episkopoi; episkopos | civil officials; overseers | 驻邦督查 | 99,100,117 |
| epitheta | additional power | 格外权力 | 64,65,73 |
| the tribe Erechtheis; the Erechtheid | | 厄勒刻修岱大区 | 85,184 |
| Eretria, Eretrians | | 俄莱特里亚;俄莱特里亚人 | 102,119,126,127,157 |
| Eritrea | | 厄立特里亚 | 220 |
| Erythrae; the Erythraen Decree | | 埃吕忒莱;《埃吕忒莱法令》 | 98—100,106,114,117,157 |
| Ethiopia | | 埃塞俄比亚 | 220 |
| Euboea, Euboeans | | 优卑亚,优卑亚人 | 45,101,111,114,122—124,126,148,163,191,199,210 |
| Eubois | | 优卑邑 | 162 |
| Eucrates | | 游科拉底 | 200 |
| Eumenides | the Eumenides | 复仇女神 | 274,318 |
| eunomia | good governance | 善治;优诺弥亚 | 139 |
| Eupolis | | 游波利司 | 168 |
| Euripus | | 羑里普斯 | 124 |
| Europe | | 欧罗巴;欧洲 | 35,110,112,220,241,336,346 |
| Eurymedon | | 攸里梅东;攸里梅东战役 | 46 |
| Eusibius | | 优西比乌 | 206 |
| (Euxeinos Pontos); the Pontus; Pontic | the Black Sea; Euxine | 黑海;(攸客辛滂沱);黑海地区 | 179—181,189,191,239,240,387,388 |
| | fait accompli | 既成事实 | 4,306 |
| | First Peloponnesian War | 第一次伯罗奔尼撒战争 | 4, 20, 77, 78, 89, 124, 127, 129,132,134,199,246,256,274,291,329,335,346,354,384 |

(续表)

| 拉丁转写 | 英译,别称 | 中译 | 页码(原书页码) |
|---|---|---|---|
| | France | 法国 | 83,129,190,277,336 |
| | Galileo | 伽利略 | 198 |
| Gela | | 革剌 | 207 |
| Geranea | | 戈岚尼崖 | 264,341 |
| | St. German | 《圣日耳曼条约》 | 267 |
| | Germany | 德国 | 129,137,236—237,336—337 |
| Gorgos | | 戈尔戈斯 | 217 |
| the Gracchi | | 格拉古兄弟 | 64 |
| Alfred Gruenther | | 阿尔弗雷德·格伦瑟 | 41 |
| | Francesco Guicciardini | 弗朗切斯科·圭恰迪尼 | 扉页 |
| Gytheum | | 句提昂 | 96 |
| Habron | | 哈布隆 | 154 |
| Hagnon, son of Nicias | | 尼西阿斯之子哈格浓 | 187,195,201 |
| Halieis | | 哈烈崖 | 84,85 |
| | Hamlet | 哈姆雷特 | 106 |
| (harmatodromia) | chariot race | 战车竞赛 | 206 |
| heliaea | supreme court at Athens | 雅典最高法庭 | 117 |
| Hellenic League | | 希腊同盟 | 10,31,33,34,37,40—42,50,55 |
| Hellenion | | 赫勒尼翁 | 31 |
| Hellenotamias | | 提洛同盟财政官 | 42,150—153,168,251 |
| Hellespont | the Hellespont | 海勒斯滂;海勒斯滂地区;海勒斯滂海峡 | 33,34,39—41,57,102,108,111,119,124,150,151,180,182,187,239,240,335 |
| helot | helot | 黑劳士 | 10,24—28,30,33,55,67,71,79,85,86,121,267,320,380 |
| Hera | | 赫拉 | 207 |
| Heracles | | 赫拉克勒斯 | 86 |

(续表)

| 拉丁转写 | 英译,别称 | 中译 | 页码(原书页码) |
|---|---|---|---|
| Hermes | | 赫尔墨斯 | 196 |
| Hermesilaus | | 荷墨息劳 | 175 |
| Hermione | | 赫尔迈翁 | 223,224,246,312 |
| Herodotus | | 希罗多德 | 158,365,373,374,378 |
| Hesychius | | 栖叙丘司 | 168 |
| Hetoemaridas | | 荷妥玛力达司 | 51,62,378,379 |
| hipparchos | cavalry commander | 骑兵司令 | 200,243 |
| Hipparchus | | 西帕库司 | 64 |
| Hippias | | 希庇阿斯 | 20,24,141 |
| Hippobotae | the horse-feeders | 贵族"饲马人" | 126 |
| Hippocrates of Gela | | 革剌的习柏克拉底 | 207 |
| Hippodamus of Samos | | 萨摩司的希波丹姆斯 | 158 |
| Hipponicus | | 希波尼库斯 | 59,107,108 |
| Histiaea; Histiaeans | Hestiaea | 希斯提亚;希斯提亚人 | 102,126,157 |
| | Hitler | 希特勒 | 299 |
| hoplite | hoplites; hoplite status | 重装步兵;重装步兵军籍 | 30,71—73,77.85,86,123,125,126,134,223,226,246,247,280,282—285,368,380 |
| the Hortensian Law | lex Hortensia | 霍腾修斯法 | 64 |
| hybris | | 肆心 | 39 |
| Hyperbolus, son of Antiphanes | | 安缇芬尼斯之子海珀布鲁斯 | 146 |
| Hysiae | | 叙希崖 | 53,89 |
| Ias | | 宜阿司 | 162 |
| Ictinus | | 伊科梯诺 | 78 |
| Illyria | | 邑吕利亚 | 206,210,211,219,223 |
| Imbros | | 因布罗斯岛 | 119,157 |
| Inaros | | 伊纳洛斯 | 81 |
| | Inevitability | 必然性 | 3,4,78,81,111,129,230,233,249,256,262,264,265, |

(续表)

| 拉丁转写 | 英译,别称 | 中 译 | 页码(原书页码) |
|---|---|---|---|
| | Inevitability | 必然性 | 271,291,306,315,325,334,345—347,349,350,356,359,365—369,371 |
| **Ion** | | 忆昂 | 67,175 |
| **Ionia; Ionians** | | 爱奥尼亚;爱奥尼亚人 | 26,34,35,38—42,62,73,101,163,315,347 |
| **Isagoras** | | 以撒革剌 | 20 |
| **Isocrates** | | 伊索克拉底 | 377 |
| **Isodice** | | 伊琐狄刻 | 59,108 |
| **Italy; Italiote Greeks** | | 意大利;定居意大利的希腊人 | 58,154,155,163,164,166,180,191,205,210—212,230,239,253,309,316,348,383 |
| **Mt. Ithome** | | 伊棠木山 | 25,71,73,79,86,107 |
| **Justin** | | 查士丁 | 89 |
| | Kaiser Wilhelm II | 威廉二世皇帝 | 236 |
| **kaloi k'agathoi** | the good and the noble, plural. | 出类拔萃之辈 | 134,136,137,169,175,200 |
| **Kerykes** | | 刻吕科司家族 | 59 |
| | *Knights* | 《骑士》 | 199 |
| **Lacedaemon; Lacedaemonians** | | 拉栖代梦;拉栖代梦人 | 10,11,13,14,16,26,27,62,90,122,363,364,377 |
| **Lacedaemonius, son of Cimon** | | 客蒙之子拉栖代梦尼乌斯 | 60,108,243,244,268 |
| **Laciadae** | | 拉夏岱 | 66 |
| **Laconia; Laconic; Laconism** | | 拉戈尼亚;私通斯巴达 | 12,51,164,244,255 |
| **Lamachus son of Xenophanes** | | 色诺芬尼斯之子拉马库斯 | 387,388 |
| **Lampon** | | 兰蓬 | 158,159,168,169,177 |
| **Lapis Primus** | first stone | 第一石柱 | 381 |

(续表)

| 拉丁转写 | 英译,别称 | 中译 | 页码(原书页码) |
|---|---|---|---|
| Leagros | | 力雅格罗 | 390 |
| the Lelantine plain | | 利兰丁平原 | 126 |
| Lemnos | | 莱姆诺斯岛 | 119,171,172 |
| the Lenaea | the Lenaean Festival | 小酒神节 | 270 |
| Leobotes | | 列奥波替 | 59 |
| Leocrates son of Stroebus | | 司绰布司之子列奥克拉底 | 85,161 |
| Leontini; Leontines | | 林地尼;林地尼人 | 108,155,159,253,254,272,309,386 |
| Leotychidas, king of Sparta | | 斯巴达国王列奥提其达 | 35,37,50—52,54,298,321,329 |
| Lepreum; Lepreans | | 勒浦雷坞;勒浦雷坞人 | 21 |
| Lesbos | | 列斯堡岛 | 33,35,39,42,128,172,175,176 |
| Leucas | | 琉卡斯 | 208,209,212,214,216—218,223,224,227,245,246 |
| Leucimne | | 柳辛亩涅 | 227,245,246,265,312 |
| Libya | | 利比亚 | 81 |
| Livy | | 李维 | 386 |
| Locris, Locrians | Lokris, Lokrians | 洛克里司;洛克里司人 | 79,95,122—124 |
| | London | 伦敦 | 236 |
| Lybia | | 利比亚 | 81,220 |
| Lycophron | | 吕科弗冗 | 385 |
| Lycurgus | | 吕库古 | 51 |
| Lydia | | 吕底亚 | 23,172 |
| Lysander | | 莱山德 | 29,52 |
| Lysicles | | 吕西克勒斯 | 200 |
| Macedon | | 马其顿 | 47,181,182,187,273,276,277,279,281,283 |

(续表)

| 拉丁转写 | 英译,别称 | 中译 | 页码(原书页码) |
|---|---|---|---|
| Mantinea; Mantinike | | 曼提尼亚;曼提尼亚平原;曼提尼亚战役。 | 19,21,22,54,292,293,312 |
| Marathon | | 马拉松 | 1,31,40,141 |
| mare clausum | the locked sea | 内海 | 188 |
| the Sea of Marmora | | 马尔马拉海 | 181 |
| | the Marshall Plan | 马歇尔计划 | 112 |
| Mede | | 米底 | 33 |
| Megabazus | | 美伽巴佐斯 | 96 |
| Megabyzus | | 美伽拜佐斯 | 97 |
| Megacles | | 墨贾克勒 | 64 |
| Megara; Megarians | | 墨伽拉;墨伽拉人 | 12,19,21,22,25,36,77,80,81,85,86,88,90,104,110,114,124,125,189,191,197,223,233,234,245,246,251—272,287,292,295,304,309,311,323,324,329,331,337,340,341,347—349,352—355 |
| Megarian Decree | | 《墨伽拉法令》 | 195,196,251—272,278—281,285,287,288,307,309,312,321—324,326,328—331,334,352,355,357,362,365,369—372,374 |
| the Megarid | | 墨迦里德 | 25,80,85,86,90,104 |
| | Meiji Restoration | 明治维新 | 220 |
| Melesias | | 美莱西亚斯 | 137 |
| Melesippus | | 梅勒西浦 | 325,342 |
| Melos | | 弥罗斯 | 293,297 |
| Memphis | | 孟斐斯 | 97 |
| Mende | | 蒙岱 | 275 |
| Menexenus | | 《美诺科塞努篇》 | 200 |
| Meno | | 《美诺篇》 | 137 |
| Menon | | 美浓 | 194 |

(续表)

| 拉丁转写 | 英译,别称 | 中译 | 页码(原书页码) |
|---|---|---|---|
| Messina; Straits of Messina | | 梅西纳;梅西纳海峡 | 212 |
| Messenia | | 美塞尼亚 | 11,54,79,347,379,380 |
| metics | resident aliens | 外邦居留民 | 104,140 |
| Metiochus | | 米修库斯 | 108 |
| Mideia | | 弥岱崖 | 53 |
| Miletus | | 米利都 | 12,26,40,98—101,106,114,170—172,197,225 |
| Regulations for Miletus | | 《米利都条例》 | 100 |
| Miltiades | | 米太亚德 | 59,63,65,145 |
| Mnesicles | | 慕涅希刻勒 | 78 |
| | modus vivendi; means of living. | 搁置争议的权宜之计。 | 221,234,264 |
| Molycreium | | 摩吕科雷坞 | 214 |
| | Monarchy | | 27 |
| | Monetary Decree of Clearchus | | 116,117 |
| Mussolini | | 墨索里尼 | 220 |
| Mycale | | 米迦列 | 2,31,32,34,37,50,57,58,108 |
| Mycenae | | 迈锡尼 | 53 |
| Myronides | | 迈容尼德 | 82,85,95,96,161 |
| Mytilene; Mytilenian Debate | | 密提林;密提林辩论 | 42,43,172,173,199,370 |
| Naples; Neapolitans | | 那不勒斯 | 243,253,272,385,386 |
| | Napoleonic Wars | 拿破仑战争 | 129 |
| Naupactus | | 诺帕克都港 | 25,79,80,96,128,130,234 |
| Naxos | | 纳克索斯 | 12, 45—47, 102, 119, 170, 177,390 |
| | Neutrality | | 229,231,232,235,241,329 |

(续表)

| 拉丁转写 | 英译,别称 | 中 译 | 页码(原书页码) |
|---|---|---|---|
| Nesiotis | | 旎萧堤 | 162 |
| Nicias | Nikias | 尼基阿斯 | 22,30,53,122,137,146,169,189,200,262,267,268,292,323,370 |
| Peace of Nicias | | 《尼基阿斯和约》 | 22,30,53,148,169,189,262,267,268,292,323 |
| Nicolaus of Damascus | | 大马士革的尼各劳斯 | 214,217,274 |
| Nicomedes | | 尼各美狄 | 86—88 |
| the Nile | | 尼罗河 | 81,97 |
| Nisaea | | 尼赛亚 | 80,124 |
| Nymphaeum | | 宁斐坞 | 181,389 |
| Oenoe | Oinoe | 奥奈 | 89 |
| Oenophyta; Battle of Oenophyta | | 奥诺斐塔;奥诺斐塔战役 | 95,96,104,120 |
| Odrysians | | 敖追夏人 | 181 |
| oikist, οἰκιστής | city-founder | 建城者 | 183,185,188,206,207,215—217 |
| | The Old Oligarch | 老寡头 | 138,140,200 |
| Oligarchy | | 寡头制,寡头政体,寡头政权 | 在阿尔戈斯:53<br>在雅典:78,88,91,135,138,140,142,143,150,198<br>在彼欧提亚:122,123<br>在柯西拉:208,209<br>在科林斯:139,208,347<br>在埃利斯:54<br>在优卑亚:122,123,126<br>在洛克里司:122,123<br>在墨伽拉:125,246<br>在米利都:100,101<br>在伯罗奔尼撒半岛:11,13<br>在萨摩司:170—172<br>在斯巴达:12,13,347<br>在忒拜:22,89 |

(续表)

| 拉丁转写 | 英译,别称 | 中译 | 页码(原书页码) |
|---|---|---|---|
| oligoi | the Few | 少数派 | 136,167,169 |
| Olympia; an Olympian | | 奥林匹亚;奥林匹亚神 | 164,197,206,313,333 |
| Olynthus; Olythians | | 奥林索斯 | 281 |
| Orchomenus | | 奥尔科门努(位于阿卡狄亚) | 19,21 |
| Orchomenus | | 奥尔科门内(位于彼欧提亚) | 122,123 |
| Orestes | | 俄瑞斯忒斯 | 10 |
| Orneae; Orneates | | 峇奈崖;峇奈崖人 | 53 |
| ostracism | | 陶片放逐(法) | 53,39,61,64,65,68,69,74,78,82,92,103,105,146—148,150—152,155,159—161,168,379 |
| Ozolian Locrians | the Ozolae, a tribe of the Locrians (LSJ) | 洛克里司人当中的奥佐利亚人(西洛克里司) | 79 |
| Pallene | | 帕勒涅半岛 | 273,275,277 |
| Panactum | | 巴那克敦 | 22 |
| the Great Panathenaia | the Great Panathenaea | 泛雅典娜赛会大节 | 100,102,115,150,183 |
| Panathenaic festival | Panathenaic Games | 泛雅典娜赛会 | 100,102,115,150,183 |
| Panhellenism | | 泛希腊主义 | 111,112,120,121,127,148,158—163,165—168,188,190,234,384 |
| | Papyrus Decree | 《纸草法令》 | 115,116,382 |
| Pandora's Box | | 潘多拉的盒子 | 255 |
| Paphlagonia, Paphlagon | | 帕弗拉贡尼崖;帕弗拉贡人 | 199,200 |
| the Parnes | the Parnes mountain | 帕尔奈斯山 | 88 |

(续表)

| 拉丁转写 | 英译,别称 | 中译 | 页码(原书页码) |
|---|---|---|---|
| Paros | | 帕罗斯 | 58,102 |
| Patras | | 帕特拉 | 214 |
| Pausanias I, king of Sparta | | 斯巴达国王泡珊尼阿斯 | 33,37—39,49,52,53,55,291,298,320,321,329 |
| Pausanias II, king of Sparta | | 斯巴达国王泡萨尼阿斯 | 15,29 |
| Pausanias | | 保塞尼亚斯 | 31,90,216 |
| | Peace | 《和平》 | 168,195,197,254 |
| Pegae | | 佩岬 | 80,263 |
| pegasi | | 银飞马 | 210 |
| Peisistratus | | 庇西斯特拉图 | 141,320 |
| Pelopponese, Peloponnesus | | 伯罗奔尼撒半岛 | 10—12,22—25,30,35—39,41,49,51,53,54,56,62,73,77,79—81,85—88,90,91,93,96,103,104,107,111,128,158,167,168,221,224,227,272,279,282,284,288,291,292,298,300,309,321,333—335,340,342,348 |
| Peloponnesian League | | 伯罗奔尼撒同盟 | 2,8—30,32,34,41,43,47,49,55,95,174,189,224,257,262,263,265,269,286,287,292,310,321,324,329,335,352,353,358 |
| penestai; penestes | Thessalian serfs | 帖撒利农奴 | 27 |
| the Pentecontaetia | the Fifty-Years Period | 五十年时期 | 61,171,358,359,371 |
| Perdiccas, king of Macedon | | 马其顿国王沛耳狄喀(二世) | 276—278,281—283 |
| Periander | | 沛连德 | 216,274 |
| Pericleidas | | 伯里克莱达斯 | 267,268 |
| Pericles | Pericles | 伯利克里 | 43,59,63,65,67—72,78,79,81—84,91,93,95—97,103— |

(续表)

| 拉丁转写 | 英译,别称 | 中 译 | 页码(原书页码) |
|---|---|---|---|
| Pericles | Pericles | 伯利克里 | 113, 115, 116, 119—126, 133—135, 141, 143—148, 150—153, 155, 157—162, 164, 166—168, 171, 173, 175—177, 179, 181, 182, 186—196, 199—202, 235, 237—239, 242—245, 248, 251,252,255,260—272,276, 278, 280—285, 293, 294, 308—310, 318, 319, 321, 324—342,346,347,352,353, 355, 358—360, 362, 369—372,380,382,387,388,390 |
| perioikos, perioikoi, perioici | a non-Spartan Laconian; non-Spartan Laconians | 毗辽士 | 10 |
| Persia; Persians |  | 波斯;波斯人 | 1,2,4,10,23,26,30—35,37, 39,40,44—47,50,53,57,60, 62,66, 81, 83, 84, 96—100, 102,103,105—109,115,116, 119,121,127,141,171,174, 177,179,180,288,289,291, 296,297,304,316,320,335, 342,388,389 |
| Persian Wars |  | 希波战争 | 2,4,24,25,36,38,49,50,53, 56,57,64,66,74,89,96,108, 109,130, 135,187,221,232, 288,291,295,306,321,328, 329,333,350,366,368 |
|  | persona grata | 受欢迎人士 | 268 |
| Phaeacians |  | 费埃克斯人 | 219 |
| phalanx | rectangular military formation | 重装步兵方阵 | 36,54,123 |
| Phaleron |  | 法累隆 | 87 |
| Phalius |  | 珐留司 | 206 |
| Phantocles |  | 梵托克利斯 | 184 |

(续表)

| 拉丁转写 | 英译,别称 | 中译 | 页码(原书页码) |
|---|---|---|---|
| **Pharsalus** | | 堡澈庐 | 95 |
| **Phaselis** | | 斐萨利 | 108,388 |
| **Phidias** | | 菲迪亚斯 | 78,194—198,201,319 |
| **Philaids** | Philaidae | 斐籁岱家族 | 59,69,83 |
| **Philip** | | 沛耳狄喀的弟弟腓力普 | 277,281 |
| **Philip II** | | 腓力二世 | 181 |
| **Philochorus** | | 斐洛克茹司 | 194,197 |
| **Phlius; Phliasians** | | 弗立坞;弗立坞人 | 12,18,21,224,246,312 |
| **Phocis, Phocians** | | 佛基斯,佛基斯人 | 12,19,86,95,111,120,121,124,311 |
| **Phoenicia, Phoenicians** | | 腓尼基,腓尼基人 | 85,106,177 |
| **Phormio** | | 佛缪 | 159,187,233,252,253,272,285,309,384 |
| **Photius** | | 佛提乌 | 168 |
| **phrourarchos** | the commander of the Athenian garrison | 驻军司令 | 99 |
| **Phrynichus** | Phrynichus | 斐林尼库 | 40 |
| **Pindar** | | 品达 | 137,139 |
| **the Piraeus** | | 比雷埃夫斯,比雷埃夫斯港 | 58,59,84,87,347,389 |
| **Pissuthnes** | | 庇苏司涅 | 171—173,388 |
| **Plataea; Plataeans** | | 普拉提阿 | 2,31—33,49,57,88,89,261,317,320,341,342 |
| **Covenant of Plataea** | | 普拉提阿之盟 | 33 |
| **Plato** | | 柏拉图 | 27,69,109,137 |
| **Pleistoanax, king of Sparta** | | 斯巴达国王普雷斯托阿纳克斯 | 86,87,124,125,329 |
| | Pomeranians | 博美拉尼亚 | 190 |

(续表)

| 拉丁转写 | 英译,别称 | 中 译 | 页码(原书页码) |
|---|---|---|---|
| **Pollis** | | 波利斯 | 226 |
| **Polybius** | | 波利比乌斯 | 27 |
| **Polycrates** | | 波律克拉底 | 23,24 |
| **Poseidon; Poseidon Hippios** | | 波塞冬;骑马的波塞冬 | 320,383 |
| **Potidaea; Potidaeans** | | 波提狄亚;波提狄亚人 | 108,130,186,210,253,254,257—259,272,273,285,288,291,295,302—304,307,309,311,315,321,324,328—331,352—355,357,359,365,391 |
| **Priene** | | 浦林 | 170,171 |
| **promanteia** | foresight; the right of preferential treatment in consulting the oracle | 卜神权 | 121 |
| **the Propontis** | | 普罗滂涕海 | 386 |
| **Prosopitis** | | 扑罗娑毗堤 | 97 |
| **Protagoras** | | 普罗塔哥拉 | 158 |
| **Proteas son of Spicles** | | 司庇克勒之子普罗夏 | 243 |
| **proxenoi; proxenos/proxenus** | | 在邦领事 | 60,62,74,94 |
| **prytany, prytanies** | | 议事会主席团;任期;成员 | 117,253 |
| **the Second Punic War** | | 第二次布匿战争 | 129,205 |
| **Pydna** | | 皮德纳 | 283 |
| **Pylades** | | 派拉德 | 217 |
| **Pylos** | | 派娄斯 | 335,337 |
| **Pyrrhus; a Pyrrhic victory** | | 庇耳卢式胜利 | 90 |
| **Pythodorus of Anaphlystus** | | 安纳斐里斯图德谟的派所多鲁斯 | 197 |

(续表)

| 拉丁转写 | 英译,别称 | 中译 | 页码(原书页码) |
|---|---|---|---|
| | quid pro quo | 投桃报李 | 234,241 |
| Ramphias | | 嫘斐亚斯 | 325 |
| Rhegium | | 垒集坞 | 108,155,159,253,254,272,309 |
| Rhodes | | 罗德岛 | 58 |
| Rome | | 罗马 | 1,9,64,109,119,129,140,183,190,205,220 |
| | the Holy Roman Empire | 神圣罗马帝国 | 9 |
| | Franklin D. Roosevelt | 富兰克林·D.罗斯福 | 70 |
| | Russia | 俄罗斯/苏联 | 42,58,113,190,205,236,299,336 |
| Sabellians | | 萨贝利人 | 385 |
| | Sacred War | 神圣战争 | 120,122 |
| Saguntum | | 萨贡托 | 205 |
| Salamis (on Saronic Gulf) | | 萨拉米斯(位于撒罗尼海湾) | 32,35,40,60,64,88,243,274 |
| Salamis (on Cyprus) | | 撒拉密(位于塞浦路斯) | 106 |
| Samos | | 萨摩司 | 23,33,35,39,42,43,128,149,170—177,179,181,182,185,187,189,190,194,197,199,210,225,232,234,235,241,265,276,308,330,349,384,386,387,389 |
| satrap | | 节度使 | 107,172,180 |
| Satyrus | | 撒提录斯 | 151 |
| | Sarajevo | 萨拉热窝 | 205,236 |
| Sardis | | 撒尔狄司 | 171 |
| Saronic Gulf | | 撒罗尼海湾 | 80,84 |
| | Schlieffen Plan | 施里芬计划 | 336 |

(续表)

| 拉丁转写 | 英译,别称 | 中 译 | 页码(原书页码) |
|---|---|---|---|
| Scione; Scioneans | | 司基昂;司基昂人 | 275 |
| Ps. -Scymnus | | 伪司基穆诺 | 215 |
| Scyros | | 叙罗斯 | 45,177 |
| Scythia; Scythians | | 斯基泰;斯基泰人 | 181 |
| Segesta | Egesta | 塞结司塔;埃结司塔 | 154,155 |
| | Serbia | 塞尔维亚 | 236 |
| Seriphos | | 瑟瑞孚 | 42,102 |
| Sestus; Sestos | | 塞斯图斯 | 35,37 |
| Seuthes | | 塞乌提斯 | 181 |
| Sicily, Sicilians; Sikeliot; Secilian Expedition | | 西西里,西西里人;西西里远征 | 58,154,155,180,205,210—212,230,239,240,254,262,316,335,348,370 |
| Sicyon; Sicyonians | | 西叙昂 | 12, 96, 124, 225, 226, 235, 237,312,351 |
| Sigeum | | 塞基坞 | 102 |
| Simonides | | 西蒙尼德 | 109 |
| | sine qua non | 必要条件 | 323,330 |
| Sinope; Sinopians | | 西傩浦;西傩浦人 | 181,387,389 |
| Siphnos | | 锡弗诺 | 102 |
| Siris | | 塞垒 | 164 |
| Sitalces | | 息拓耳奇 | 181 |
| Socrates | | 苏格拉底 | 137,198,200 |
| Sollium | | 娑里坞 | 214 |
| Sophanes of Decelea | | 德西利亚的梭帕涅斯 | 145 |
| Sophocles | | 索福克勒斯 | 150—153,168,169,175,177 |
| | Spain | 西班牙 | 210 |
| Sparta | | 斯巴达 | 公民大会:17, 27—29, 51, 280,286,293,294,303,305, |

(续表)

| 拉丁转写 | 英译,别称 | 中译 | 页码(原书页码) |
|---|---|---|---|
| Sparta | | 斯巴达 | 307,310,312<br>政体:27,28<br>监察官(ephors):27—30,62,279,280,286,287,300,307,308,310,311,327,341,353<br>对雅典的恐惧:62,72,77<br>贵族议事会:27,29,51,52,77,279<br>大地震:24,28,61,71,267,320,379,380<br>黑劳士(helots):10,24—27,30,33,55,67,71,79,85,86,121,267,320,380<br>国王:27—30<br>政治:37,38,55,62,73,77,78,86,87,94,104,112,120,125,225,246,264,267—269,280,287,288,291,293,298,300,303,304,307—311,313,316,318,321—323,325,329,330,335,337,340,341,353,355<br>驻盟军副将(xenagoi, Spartan officials who supervise allied contingents):54 |
| Spartacus | Spartocus (A) | 斯巴达库 | 181,389 |
| Spartolus | | 斯巴陀庐 | 275 |
| Stephanus Byzantinus | | 拜占庭的斯特方 | 215 |
| Stesimbrotus | | 司忒辛布罗图 | 61,67 |
| Sthenelaidas | | 司森涅莱达 | 237,304,305,307,316,321,329,370 |
| Strabo | | 斯特拉波 | 157,164,210,215,217,385 |
| | Strasbourg | 斯特拉斯堡 | 115,116 |
| River Strymon | | 司跄梦河 | 182,186 |
| Styra | | 司台垃 | 102 |
| Suidas | the Suda | 《苏达辞书》 | 168,195 |

(续表)

| 拉丁转写 | 英译,别称 | 中 译 | 页码(原书页码) |
|---|---|---|---|
| Susa | | 苏撒 | 243,388 |
| Sybaris; Sybarites | | 墟坝离;墟坝离人 | 155—158,160,164,166,167,383,384 |
| Sybota | | 墟波塔 | 217,218,243,246,250—254,257,259,260,264,265,273,276,278,280,294,307—309,312,352,353 |
| symmachia | alliance | (完全/攻守)同盟 | 9 |
| synoikos | withdwellers | 共居公民 | 252 |
| Syracuse; Syracusians | | 叙拉古 | 155,207,213,214,218 |
| Tacitus | | 塔西佗 | 63,140 |
| Cape Taenarum; Taenarus | | 苔捻庐海岬 | 320 |
| talent | talent | 塔伦特 | 110,116,118,125,171,176,177,187,188,216,251,259,274,275,282,285 |
| Tanagra | Tanagra, Battle of Tanagra | 塔纳格拉,塔纳格拉战役 | 90—95,104,106,121,123,125,135 |
| Taras; Taratines | | 塔剌思;塔剌思人 | 163—165 |
| Taulantia; Taulantians | | 涛岚夏人 | 206 |
| Tegea; Tegeans | | 铁该亚;铁该亚人 | 10,11,13,18,19,21,22,24,50,54,55,225,312 |
| Tenos | | 铁诺斯 | 102 |
| Teres | | 特雷斯 | 181 |
| terminus ante quem | the limit before which a document/event must have been written/happened | 最晚发生时间 | 257 |
| Thasos | | 塔索斯岛 | 12,43,47,61,62,77,177,329 |

(续表)

| 拉丁转写 | 英译,别称 | 中译 | 页码(原书页码) |
| --- | --- | --- | --- |
| Thebes, Thebans | | 忒拜;忒拜人 | 16,18—22,36,50,88—90,93—95,105,123,224,246,292,317,323,341,342,350 |
| Themistocles | | 地米斯托克利 | 36,37,40,51—61,63—66,68,71,72,83,87,103—107,116,135,143,146,154,200,216,243,373 |
| Theodorus | | 提奥多罗斯 | 197 |
| Theophrastus | | 迢弗拉司忒 | 124,125 |
| Theopompus of Chios | | 开俄斯的迢彭浦斯 | 107 |
| theorika | the Festival Fund; the theoric fund | 观剧基金 | 68 |
| Theramenes, son of Hagnon | | 塞刺墨涅斯 | 137,138 |
| the Thermaic Gulf; Therme | | 热城湾;热城 | 182,378 |
| Thespiae; Thespians | | 忒司彼崖 | 32 |
| Thessaly; Thessalians | | 帖撒利;帖撒利人 | 12,27,50,62,74,90,95,107,110,111 |
| Thirty Years' Peace | | 《三十年和约》 | 2,3,108,125,128,129,134,148,156,159,178,189,229,231,232,234,244,245,251,253,258—260,266,282,286,287,298,305,314,319,324,328—330,334,342,353,354 |
| thetes | | 日佣级公民 | 184 |
| Thrace; Thraceward region | | 色雷斯;色雷斯地区 | 41,47,61,111,119,150,151,167,172,179,181—190,273,276,281,283,288,390 |
| the Thriasian plain | | 瑟利西亚平原 | 124,342 |
| Thucydides, son of Melesias | | 美莱西亚斯之子修昔底德斯,修昔底德斯,雅典 | 68,115,134—138,141—145,148,150—152,159—161, |

(续表)

| 拉丁转写 | 英译,别称 | 中译 | 页码(原书页码) |
|---|---|---|---|
| **Thucydides, son of Melesias** | | 政治家 | 167,168,171,177,194,198,199,238,242,243,319,326 |
| **Thucydides, son of Olorus** | | 奥洛罗斯之子修昔底德,修昔底德,史家 | 在安菲玻里:189<br>论雅典帝国:46<br>论归因:361—364<br>论战争诸因:2—5,77,121,254,271,305,306,345,349,350<br>史书写作问题:360,365<br>论雅典的柯西拉辩论:237,239,270,271<br>论科林斯援助埃皮丹努:219<br>论必然性:2—4,237,238,241<br>论《墨伽拉法令》:257,269<br>论伯罗奔尼撒同盟:17<br>撰史目的:3,372—374<br>演说辞:70,174,228,287,293,295,296,299,314,326,331,335,370,371 |
| *Life of Thucydides* | | 《修昔底德传》 | 160 |
| **Thurii, Thurians** | | 图里;图里人 | 156—169,184,185,187,189,233,234,383,384,390 |
| **Thyreatis; Thyrea** | | 苔黎亚堤 | 12,22,88,104 |
| **Tiryns** | | 梯林斯 | 53 |
| **Timaeus** | | 第迈欧 | 385 |
| **Timocreon** | | 提谟克勒翁 | 58 |
| **Tolmides** | | 托尔米德 | 96,122,123,126,133,134,161 |
| | Tory | 托利党 | 67 |
| **triremes** | triremes | 三列桨战舰 | 47,84,116,126,187,248 |
| **Troezen** | | 托洛溱 | 35,84,223,224,246,312 |
| **Troy; Trojan War** | Troy | 特洛伊;特洛伊战争 | 362 |
| **Trygaeus** | | 揣该乌斯 | 196 |
| **Tryphilia** | | 渠斐里崖 | 54 |

(续表)

| 拉丁转写 | 英译,别称 | 中译 | 页码(原书页码) |
|---|---|---|---|
| Tyranny | | 僭主政治;僭政 | 1,20,321<br>雅典对盟邦的僭政:43,44,144,148,150,314,315,352<br>在科林斯:214<br>在埃吕忒莱:99<br>在米利都:100<br>泡萨尼阿斯被控施行僭政:38,320<br>在伯罗奔尼撒半岛:11<br>伯利克里被控施行僭政:141,142<br>在西傩浦:181<br>斯巴达对僭政的敌视:11—13,23<br>在忒拜:89 |
| Tyrtaeus | | 悌尔泰俄斯 | 139 |
| | Tzetzes | 策策斯 | 385 |
| Ukraine | | 乌克兰 | 40,179 |
| Uliades of Samos | | 萨摩司的游利亚德 | 39 |
| | Versailles | 凡尔赛 | 129,267 |
| | the Congress of Vienna | 维也纳会议 | 129 |
| | Voltaire | 伏尔泰 | 9 |
| | Peace of Westphalia | 《威斯特伐利亚和约》 | 129 |
| | World War I | 第一次世界大战 | 204,236,336,346 |
| Xanthippus | | 刻桑提普 | 35,46,57,59,63,64,67,83 |
| Xenares son of Cnidis | | 柯尼迪之子色那列 | 30 |
| Xenocritus | | 色诺克里图 | 158,150 |
| Xenophon | | 色诺芬 | 30,138,377 |
| xenos; xenia | guest-friend; guest-friendship | 宾友关系 | 268 |
| Xerxes I | the first Xerxes | 薛西斯一世 | 31,34,306 |

(续表)

| 拉丁转写 | 英译,别称 | 中 译 | 页码(原书页码) |
|---|---|---|---|
| **xymbouloi** | xumbouloi; advisors sent to watch king | 参谋;参谋团 | 124,126,329 |
| **xyngrammateus** | syngrammateus; a fellow; a co-secretary | 联席秘书 | 149,151,152 |
| **Zacynthus; Zacynthians** | | 扎金索斯;扎金索斯人 | 246 |
| **Zeno** | | 芝诺 | 78 |
| **zeugites** | zeugite class | 双牛级公民 | 68,184 |
| **Zeus** | | 宙斯 | 118,141,164,197,201 |

## 附表2.1 古代文献引述格式举例

| 引述样本 | 作者/作品 | 样本定位信息 |
|---|---|---|
| Aelian *V. H.* 6.1. | Aelian. *Varia Historia*. 克劳狄乌斯·埃里阿努斯《史林杂辑》。 | 第6节,第1句。 |
| Aeschin. 2.34. | Aeschines. Speeches. *On the Embassy*. 埃斯基涅《演说集》第2篇"使团辞"。 | 第2篇"使团辞",第34节。 |
| Aesch. *Eum.* 292—296. | Aeschylus. *Eumenides*. 埃斯库罗斯《复仇女神》。 | 第292—296行。 |
| And. *On the Peace*. 或作 And. 3.8. | Andocides. Speeches. *On the Peace with Sparta*. 安多基德斯《演说集》第3篇"论与斯巴达议和" | 第3篇"论与斯巴达议和",第8节。 |
| Aristodemus fr. 1. | Aristodemus. 亚里斯妥德慕。 | 第1则残篇。 |
| Aristoph. *Acharnaians*. 61 ff. | Aristophanes. *Acharnaians*. 阿里斯托芬《阿卡奈人》。 | 第61行及以下。 |

(续表)

| 引述样本 | 作者/作品 | 样本定位信息 |
|---|---|---|
| Aristoph. *Birds* 521. | Aristophanes. *Birds*. 阿里斯托芬《鸟》。 | 第 521 行。 |
| Aristoph. *Lys.* 1137 *ff*. | Aristophanes. *Lysistrata*. 阿里斯托芬《吕西翠妲》。 | 第 1137 行及以下。 |
| Aristoph. *Knights.* 128—137. | Aristophanes. *Knights*. 阿里斯托芬《骑士》。 | 第 128—137 行。 |
| Aristoph. *Peace* 679 *ff*. | Aristophanes. *Peace*. 阿里斯托芬《和平》。 | 第 679 行及以下。 |
| Aristoph. *Wasps* 648 *ff*. | Aristophanes. *Wasps*. 阿里斯托芬《蜂》。 | 第 648 行及以下。 |
| Arist. *Ath. Pol.* 1. 3. 4. | 亚里士多德《雅典政制》。 | 第 1 章,第 3 节,第 4 句。 |
| Arist. *Pol.* 1298*b*. | Aristotle. *Politica*. 亚里士多德《政治学》。 | 贝克页码(Bekker page)第 1298 页,b 栏。 |
| Athenaeus 9. 407. | Athenaeus. *The Deipnosophists*. 雅典那乌斯《宴聚贤谈录》。 | 第 9 卷 "论 τακερός 与 σίναπι",第 73 节。 |
| Ctesias 32—34. | Ctesias. *Persica*. 科泰夏司《波斯史》。 | 第 32—34 节。 |
| Diod. 13. 69. 1. | Diodorus. *Bibliotheca Historica*. 狄奥多罗斯《历史辑丛》。 | 第 13 卷,第 69 节,第 1 句。 |
| Eupolis, frg. 297. | 游波利司。 | 第 297 则残篇。 |
| Hdt. 7. 143. | Herodotus. *Histories*. 希罗多德《历史》。 | 第 7 卷,第 143 节。 |
| Hell. *Oxy.* 1. 1. | *Hellenica Oxyrhynchia*. 奥克西林库斯纸草作者《奥克西林库斯希腊志》。 | 第 1 卷,第 1 节。 |
| Isoc. *De Pace* 30. | Isocrates. *De Pace*. 伊索克拉底《论和平》。 | 第 30 节。 |
| Isoc. *Panath*. 67. | Isocrates. *Panathenaicus*. 伊索克拉底《泛雅典娜赛会演说辞》。 | 第 67 节。 |
| Isoc. *Paneg*. 72. | Isocrates. *Panegyricus*. 伊索克拉底《泛希腊集会辞》。 | 第 72 节。 |

(续表)

| 引述样本 | 作者/作品 | 样本定位信息 |
|---|---|---|
| Justin 3. 6. | Marcus Junianus Justinus. Epitome of the Philipic History of Pompeius Trogus. V. Alcibiades, Lysander, and the expedition of Cyrus.<br>查士丁《庞培思·忒罗古〈腓力史〉概要》。 | 第3卷,第6节。 |
| Nepos, *Cim*. 1. | Nepos. *Vitae. Cimon.*<br>奈波斯《外族名将传》"客蒙传"。 | "客蒙传",第1节。 |
| Nepos, *Them*. 53. | Nepos. *Vitae. Themistocles.*<br>奈波斯《外族名将传》"地米斯托克利传"。 | "地米斯托克利传",第53节。 |
| Nic. Dam. frg. 57. | 大马士革的尼各劳斯。 | 第57则残篇。 |
| Paus. 10. 9. 9. | Pausanias. *Description of Greece*. X. Phocis and Ozolian Locri.<br>保塞尼亚斯《希腊游记》。 | 第10卷佛基斯与西洛克里司,第9章,第9节。 |
| Philochorus fr. 88 | Philochorus. *Atthis.*<br>斐洛克茹司《亚狄珈史》。 | 第88则残篇。 |
| Photius, *Lexicon*, s. v. Θουριομάντεις. | Photius, *Lexicon*.<br>佛提乌《辞书》。 | "图里占卜家"词条。 |
| Pl Gorgias | Plato. *Gorgias.*<br>柏拉图《高尔吉亚篇》。 | |
| Pl. *Menexenus* | Plato. *Menexenus.*<br>柏拉图《美诺科塞努篇》。 | |
| Pl. *Meno* | 柏拉图《美诺篇》。 | |
| Plut. *Arist*. 21. 1—2 | Plutarch. *Lives. Aristides.*<br>普鲁塔克《平行列传》"阿里斯提德传"。 | "阿里斯提德传",第21节,第1—2句。 |
| Plut. *Cim*. 4. | Plutarch. *Lives.* Cimon.<br>普鲁塔克《平行列传》"客蒙传"。 | "客蒙传",第4节。 |

(续表)

| 引述样本 | 作者/作品 | 样本定位信息 |
|---|---|---|
| Plut. de Mal. Herod. 859 D. | Plutarch. de Malignitate Herodoti. 普鲁塔克《论希罗多德的恶意》。 | |
| Plut. Mor. 835d—e. | Plutarch. Moralia. "Vitae decem oratorum" 普鲁塔克《道德论丛》。 | 第3篇"论吕西阿斯"。 |
| Plut. Per. 2—3. | Plutarch. Lives. Pericles. 普鲁塔克《平行列传》"伯利克里传"。 | "伯利克里传",第2—3节。 |
| Plut. Quaest. Graec. 5. | Plutarch. Quaestiones Graecae. 普鲁塔克《希腊问题》。 | 第5节。 |
| Plut. Quaest. Rom. 52. | Plutarch. Quaestiones Romanae. 普鲁塔克《罗马问题》。 | 第52节。 |
| Plut. Solon 12. | Plutarch. Lives. Solon. 普鲁塔克《平行列传》"梭伦传"。 | "梭伦传",第12节。 |
| Plut. Them. 19. | Plutarch. Lives. Themistocles. 普鲁塔克《平行列传》"地米斯托克利传"。 | "地米斯托克利传",第19节。 |
| Ps. -Scymnus, 439. | Ps. -Scymnus. The Periodos to Nicomedes. 伪司基穆诺《献给尼各米德的环游纪》。 | |
| Strabo. | Strabo. Geographica. 斯特拉波《地理志》 | |
| Suidas (the Suda), s. v. Θουριομάντεις | Suidas. 《苏达辞书》。 | "图里占卜家"词条。 |
| Theopompus fr. 88 | 迢彭浦斯。 | 第88则残篇。 |
| Thuc. 7. 19. 1—2. | Thucydides. The Histories. 修昔底德《伯罗奔尼撒战争史》 | 第7卷,第19节,第1—2句。 |

(续表)

| 引述样本 | 作者/作品 | 样本定位信息 |
|---|---|---|
| Pseudo-Xenophon, *Athenaion Politeia* 1.1,3. | Pseudo-Xenophon. *Athenaion Politeia*. 伪色诺芬《雅典政制》 | 第1卷,第1节,第3节。 |
| Xen. *Hell.* 1.1.6. | Xenophon. *Hellenica*. 色诺芬《希腊志》 | 第1卷,第1节,第6句。 |

## 附表2.2 近现代古典学家所编古代文献辑丛引述格式举例

| 引述样本 | 原　　文 | 中　　文 |
|---|---|---|
| *ATL III*, 366. | B. D. Meritt, H. T. Wade-Gery, and M. F. McGregor, *Athenian Tribute Lists* | 《雅典贡赋表》,第3卷,第366页。 |
| *IG*II² 8 | *Inscriptiones Graecae* | 《希腊铭文集成》,第2卷,第8条铭文。 |
| *FGrH* | F. Jacoby, *Die Fragmente der griechischen Historiker* | 雅各比,《希腊史撰残编》。 |
| *PW*. | A. Pauly, G. Wissowa, and W. Kroll, *Realenzyklopädie der klassischen Altertumswissenschaft*. | A. 保理、G. 威梭瓦、W. 克罗尔,《古典科学百科全书》 另,中国出版的版本作《保利古典学百科全书》 |
| *SEG* X, 48. | A. Chaniotis, T. Corsten, N. Papazarkadas and R. A. Tybout eds. *Supplementum Epigraphicum Graecum*. | 《希腊铭文补遗》,第10卷,第48条铭文。 |
| *SIG* 61. | W. Dittenberger. *Sylloge Inscriptionum Graecarum*. Number 61. | W. 递滕贝格,《希腊铭文辑佚》,第61条。 |
| *Tod* 57 | M. N. Tod. *A Selection of Greek Historical Inscriptions to the End of the Fifth Century*. | 《希腊铭文选辑:截至公元前5世纪》,第57条。 |

## 附表 2.3　古代作家及铭文引用索引

Aelian, *V.H.* 6.1: 126
Aeschines 2.34, 2.75: 167
Aeschylus, *Eumenides* 292-296, 762-774: 274
Andocides 3.8: 271, 354
Aristodemus
　frg. 1: 195
　frg. 16: 254
Aristophanes
　*Acharnians*
　　61 ff: 243
　　515-522: 254-255
　　532-539: 255
　　601: 387
　*Birds* 521: 168
　*Knights* 128-137: 200
　*Lysistrata*
　　1137 ff: 267
　　1138-1144: 72
　*Peace*
　　601-609: 196
　　603 ff: 254
　　615-618: 196
　　1084: 168
　*Wasps* 684 ff: 71
Aristotle
　*Athenaion Politeia*
　　21: 104
　　23: 41, 59, 64, 377
　　24: 64
　　25: 59, 64, 71, 78
　　26: 68, 103
　　27: 63, 66, 68, 69, 71
　　28: 137
　　35: 280
　　41: 64
　*Politics*
　　1269a: 27
　　1275a: 70
　　1275b: 104
　　1292b: 21
　　1302b: 95
　　1319b: 104

　　1321a: 104
Athenaeus
　344e: 168
　589e: 59
　603d: 175
　603f-605b: 176
*ATL*
　D 1: 251
　D 2: 251
　D 7: 116
　D 10: 99-100
　D 11: 100
　D 14: 116
　D 15: 116
　D 16: 126
　D 17: 127

Ctesias 32-34: 97

Diodorus
　11.3: 31, 32
　11.43: 58, 104, 116
　11.46: 39
　11.47: 40
　11.50: 51
　11.54: 53-55
　11.55: 53-55
　11.56: 55
　11.60: 45
　11.60-62: 47
　11.63: 73-74
　11.64: 72
　11.65: 53
　11.70: 97
　11.74: 97
　11.75: 97
　11.77: 97
　11.78: 84, 85, 95
　11.79: 19, 25, 80, 85, 86
　11.80: 91
　11.81: 89, 90, 95
　11.81-83: 95
　11.82: 91

Diodorus (cont.)
11.84: 96
11.85: 96
11.86: 103
11.88: 119, 126
12.1-2: 171
12.3-4: 105
12.4: 108
12.5: 124
12.6: 122, 124
12.7: 128, 134, 156
12.10: 156, 158
12.11: 157, 158, 164
12.23: 164
12.27: 170, 172, 176
12.30: 208
12.32: 167
12.35: 165
12.38-39: 195
12.39: 301, 354
12.41: 316
12.45: 340

Eupolis, frg. 297 (Koch): 168

Hellenica Oxyrhynchia 13.4: 19
Herodotus
1.66-68: 10
1.82: 12
3.47-48: 23
3.48: 214, 217
3.49: 214, 217
3.50-53: 217
5.50: 26
5.70-72: 318
5.74: 20
5.74-81: 89
5.75: 28
6.21: 40
6.72: 50
6.108: 89
6.127: 206
6.136: 59
7.138: 31
7.145: 32
7.148: 32
7.154: 207
8.3: 32, 39
8.5: 377
8.111-112: 58
8.126-129: 274
9.28: 274
9.35: 54
9.104: 33, 34
9.106: 34
9.114: 35

IG, I$^2$
18: 259
20: 154
26: 120
32: 102
37: 280
45: 183
50: 176, 185
51: 155, 254
52: 155, 254
71: 276
76: 169
293: 176
295: 248
296: 243
400: 243
929: 85
943: 181
945: 284

Isocrates
De Pace 30: 377
Panathenaica 67: 377
Panegyrica 72: 377

Justin 3.6: 89

Nepos
Cimon
1: 59
3: 91
Themistocles: 53
Nicolaus Damascenus
frg. 57: 214, 216, 217
frg. 59: 274

Pausanias
1.27: 119, 126
1.29: 90
3.7: 50
3.11: 54
3.12: 31
5.4: 54
5.23: 128
6.10: 206
Philochorus
frg. 88: 120
frg. 121: 197
Plato
Gorgias
515: 69, 106
516: 53
Menexenus 235: 200
Meno 94: 137

Plutarch
  Aristides
    21: 33
    22: 59
    23: 38-39
    25: 41, 53
  Cimon
    4: 59, 78
    5: 60, 65
    6: 39
    8: 45, 146
    10: 66, 53, 91
    12-14: 47
    13: 78
    14: 62, 63, 67, 182
    15: 63, 68, 71, 72, 74
    16: 59, 60, 67, 72, 267, 379
    17: 73, 74, 91
    18: 91, 103, 105
    19: 105
  De Malignitate Herodoti 859: 50
  Moralia
    552E: 216
    835C: 156
    859C: 12
  Pericles
    2-3: 63, 91, 124
    5: 67
    6: 168
    7: 141, 320
    8: 84, 144, 252
    9: 68, 69, 71, 147
    10: 63, 78, 103
    11: 119, 134, 136, 142, 144, 390
    12: 101, 142, 144
    14: 145, 147, 327
    15: 69, 79, 147
    16: 160
    17: 111, 113
    18: 122
    19: 96, 119
    20: 180, 389
    21: 120, 121
    22: 124
    23: 126
    24: 170, 171, 198
    25: 171, 172, 198
    28: 176
    29: 238, 242, 244, 248, 254, 322
    30: 261, 324
    31: 194, 320
    32: 195, 197
    33: 199, 268, 320
    35: 340
    37: 103

*Quaestiones Graecae*
    5: 11
    29: 206
*Quaestiones Romanae* 52: 11
*Solon* 12: 318
*Themistocles*
    19: 60
    20: 50, 51, 58
    21: 58
    22: 53
    23: 55, 59
    24: 216
    24-29: 55
Pseudo-Scymnus 439: 215
Pseudo-Xenophon, *Athenaion Politeia*
    3.10-11: 95
SEG
    X, 7: 154
    X, 48: 155
    X, 86: 276
    X, 221: 173
    X, 413: 181
    XII, 6: 154
    XII, 20: 155
    XIV, 1: 154
    XXI, 10: 154
    XXI, 35: 155
    XXII, 3: 154
Strabo
    47: 243
    247: 385
    263: 157
    264: 164
    316: 215
    326: 210
    336: 54
    357: 206
    373: 53
    452: 216-217

Theopompus, frg. 88: 91
Thucydides
    1.1: 1
    1.11: 97
    1.13: 214
    1.18: 12
    1.19: 13
    1.22: 3, 228, 373
    1.23: 3, 306, 363, 366
    1.24: 206, 207
    1.25: 207
    1.26: 208, 210, 215, 223
    1.27: 223-225
    1.28: 225, 226
    1.29: 226, 227

Thucydides (cont.)
1.30: 227
1.31: 227, 246
1.33: 230, 369
1.34: 229
1.35: 128, 227, 229
1.37: 211, 231
1.38: 231
1.39: 231, 265
1.40: 128, 174, 231, 233, 235, 278
1.41: 43, 174
1.42: 233, 256
1.43: 233
1.44: 128, 212, 237, 239, 242, 245, 368
1.45: 128, 243, 244
1.46: 218, 245
1.47: 246
1.49: 247
1.50: 248
1.52: 249
1.53: 249
1.55: 217, 218, 250, 253
1.56: 278
1.57: 276-281
1.58: 279, 281
1.59: 281
1.60: 282, 283
1.61: 283
1.62: 284
1.63: 284
1.64: 284
1.65: 284
1.67: 128, 254, 258, 286
1.68: 288, 299
1.69: 288, 289
1.70: 208, 290
1.71: 292
1.72: 287, 294, 295
1.73: 294, 295
1.75: 297
1.76: 297
1.77: 298
1.78: 128
1.79: 300
1.80: 301
1.81: 301
1.82: 303
1.84: 302
1.85: 304
1.87: 305, 310, 315
1.88: 306
1.90: 36
1.91: 36, 37
1.92: 37
1.94: 37
1.95: 38, 39
1.96: 39, 40
1.97: 42
1.98: 44-46
1.99: 43, 44, 46
1.100: 47, 182
1.101: 47, 61, 62
1.102: 25, 33, 71-74, 85
1.103: 19, 21, 25, 79, 80, 256
1.104: 21, 81
1.105: 84, 85
1.107: 86, 87, 90
1.108: 91, 95, 96
1.109: 97
1.110: 97
1.111: 96
1.112: 103, 105, 120, 311
1.113: 95, 122, 124
1.114: 124, 126
1.115: 170-172, 225
1.116: 176
1.117: 176, 189, 386
1.118: 306, 311, 368
1.119, 311
1.120: 312
1.121: 313
1.122: 314
1.123: 314
1.124: 315
1.125: 311, 315
1.126: 317, 318
1.128: 320, 321
1.129-135: 321
1.135: 53, 55
1.136: 55, 216
1.137-138: 55
1.139: 254, 321, 324-326
1.140: 128, 258, 327-329
1.141: 232, 331, 332
1.142: 332, 333
1.143: 333
1.144: 128, 192, 266, 334, 369
1.145: 128, 341
1.146: 341
2.2: 341
2.7: 246, 342
2.9: 218, 246
2.12: 325, 342
2.13: 268
2.32: 243
2.59: 340
2.63: 44
2.65: 69, 79, 340
2.67: 225
2.68: 252, 253, 384
2.70: 285

**Thucydides** (*cont.*)
2.72: 33
2.97: 181, 182
2.99: 182
3.10: 40, 42, 43
3.11: 42
3.13: 173
3.19: 200
3.54: 33
3.62: 89, 95
3.68: 89
4.49: 217, 218
4.50: 30
4.80: 27
4.92: 122
4.102: 186, 187, 189
4.103: 167, 188, 189
4.104-105: 189
4.106: 167, 188, 189
4.107: 189
4.108: 186, 187, 189
4.119: 267
4.134: 19, 21
5.11: 188
5.13: 325
5.14: 27, 105
5.17: 22
5.19: 169
5.22: 105
5.24: 169
5.28: 105
5.29: 21
5.31: 21
5.36: 30
5.39: 22
5.43: 21, 74
5.46: 21
5.47: 53
5.58-59: 94
5.63: 126
5.77: 53
5.172: 323
6.76: 43
7.18: 128, 339
8.76: 172

**Tod**
26: 85
39: 120
42: 280
44: 183
48: 181
50: 176
55: 248
57: 155, 180
58: 155, 180
59: 284
74: 169
82-86: 126

**Xenophon,** *Hellenica*
2.2: 11, 29
2.3: 30
2.4: 15, 29
3.2: 15, 29
3.3: 21
3.4: 20
3.5: 16
4.6: 29
5.2: 21
5.4: 19, 21
6.5: 377
7.3: 20

# 附表 3.1　近现代古典学家姓名及著述

| 姓名原文 | 姓名译文 | 著述原文 | 著述译文 |
|---|---|---|---|
| **Silvio Accame** | 西尔维奥·霭坎 | | |
| **F. E. Adcock** | F. E. 埃德科 | *Thucydides and his History.* | 《修昔底德及其史书》 |
| **J. A. Alexander** | J. A. 亚历山大 | *Potidaea, Its History and Remains.* | 《波提狄亚：历史与遗存》 |
| **Luigi Albertini** | 路易·亚伯蒂尼 | *The Origins of the War of 1914.* translated and edited by I. M. Massey. | 《1914 年战争的起源》，I. M. 励赛编译 |
| **Antony Andrewes** | 安东尼·安德鲁斯 | *An Historical Commentary on Thucydides.* vol. IV.<br>＝HCT IV. | 《修昔底德历史评注》，第 4 卷 |
| **E. Badian** | E. 巴笛安 | *Ancient Societies and Institutions.* ASI. | 《古代社会与机制》 |
| **J. Barns** | J. 巴恩斯 | | |
| **J. P. Barron** | J. P. 巴隆 | *The Silver Coins of Samos.* | 《萨摩司银币》 |
| **R. L. Beaumont** | R. L. 波芒特 | | |
| **K. Julius Beloch** | K. 尤里乌斯·贝洛赫 | *Die Attische Politik seit Perikles.*<br>-AP. | 《伯利克里以降的亚狄珈政策》 |
| | | *Griechische Geschichte*, 2d ed.<br>-GG². | 《希腊历史》，第二版 |
| **Hermann Bengtson** | 赫尔曼·本岑 | *Griechische Geschichte*, 2nd ed. | 《希腊历史》，第二版 |
| | | *Die Staatsverträge der griechisch-römischen Welt von 700 bis 338 v. Chr.* II | 《希腊罗马世界的国际条约：从公元前 700 年到公元前 338 年》，第 2 卷 |

(续表)

| 姓名原文 | 姓名译文 | 著述原文 | 著述译文 |
| --- | --- | --- | --- |
| D. W. Bradeen | D. W. 布拉丁 | Studies in Fifth-Century Attic Epigraphy. | 《公元前5世纪亚狄珈碑铭研究》（与 M. F. 麦格雷戈合著） |
| H. Brauer | H. 卜浩尔 | Die Kriegsschuldfrage in der geschichtlichen Überlieferung des Peloponnesischen Krieges. | 《伯罗奔尼撒战争史撰传统中的战争责任问题》 |
| Peter A. Brunt | 彼得·A. 布伦特 | | |
| Bürchner | 布尔什纳 | PW XII, 1413. | 《保-威古典学百科全书》，第12卷，第1413页。 |
| B. J. Bury | B. J. 伯里 | History of Greece, rev. R. Meiggs, 4th Edition. | 《希腊历史》，第四版 |
| | | the Ancient Greek Historians. | 《古希腊史家》 |
| Georg Busolt | 格奥尔格·布索特 | Griechische Geschichte. -GG II | 《希腊历史》，第2卷 |
| | | Griechische Geschichte. -GG III:1 | 《希腊历史》，第3卷，第1册 |
| | | Griechische Geschichte. -GG III:2 | 《希腊历史》，第3卷，第2册 |
| | | Griechische Staatskunde. =GS. | 《希腊治国方略》（与海因里希·所柏答合著） |
| | | Die Lakedaimonier und Ihre Bundesgenossen. | 《拉栖代梦及其盟邦》 |
| Jérôme Carcopibi | 杰罗姆·卡柯彼诺 | L'Ostracisme athénien. | 《雅典陶片放逐制》 |
| M. Cary | M. 加里 | Mélanges Glotz. | 《格罗茨纪念文集》 |
| Classen | 克拉森 | Thucydides Book I. | 《修昔底德史书第1卷》 |

(续表)

| 姓名原文 | 姓名译文 | 著述原文 | 著述译文 |
|---|---|---|---|
| P. Cloché | P. 柯罗歇 | Thèbes de Béotie. | 《彼欧提亚的忒拜》 |
| Mortimer Chambers | 莫蒂默·张伯思 | Aristotle's History of Athenian Democracy. | 《亚里士多德对雅典民主政体的历史记载》 |
| C. N. Cochrane | C. N. 柯西兰 | Thucydides and the Science of History. | 《修昔底德与历史科学》 |
| Cohen | 柯恩 | Histoire grecque. II. -HG. II. | 《希腊历史》,第2卷 |
| W. R. Connor | W. R. 康纳 | The New Politicians of Fifth-Century Athens. | 《公元前5世纪雅典的新政客》 |
| F. M. Cornford | F. M. 柯恩福 | Thucydides Mythistoricus. | 《修昔底德在历史与神话之间》 |
| Richard Crawley | 理查德·克劳利 | Thucydides' Peloponnesian War. | 《修昔底德著伯罗奔尼撒战争史》(克劳利英译本) |
| G. E. M. de Ste. Croix | G. E. M. 德·圣·克洛瓦 | The Origins of the Peloponnesian War. | 《伯罗奔尼撒战争的起源》 |
| O. Davies | O. 岱为 | Roman Mines in Europe. | 《欧洲的罗马矿场》 |
| James Day | 詹姆斯·戴 | Aristotle's History of Athenian Democracy. | 《亚里士多德对雅典民主政体的历史记载》 |
| Hans Delbrück | 汉斯·德尔布吕克 | Die Strategie des Perikles. | 《伯利克里的战略》 |
| | | Geschichte der Kriegskunst. I. Das Altertum. | 《战争艺术史(第1卷):古代》 |
| Guy Dickins | 盖·狄金思 | | |
| Karl Dienelt | 卡尔·狄讷特 | Die Friedenspolitik des Perikles. | 《伯利克里的和平方针》 |
| W. Dittenberger | W. 递滕贝格 | Sylloge Inscriptionum Graecarum. = SIG. | 《希腊铭文辑佚》 |
| S. Dow | S. 道尔 | | |
| H. Droysen | H. 德罗伊森 | Athen und der Westen vor d. sizil. Expedition. | 《雅典与西方:西西里远征之前》 |

(续表)

| 姓名原文 | 姓名译文 | 著述原文 | 著述译文 |
|---|---|---|---|
| Duncker | 敦柯 | | |
| A. J. Earp | A. J. 义耳蒲 | | |
| Charles Edson | 查尔斯·埃德森 | | |
| Victor Ehrenberg | 维克多·厄霖博格 | Sophocles and Pericles. | 《索福克勒斯与伯利克里》 |
| | | the Greek State | 《希腊城邦》 |
| | | The People of Aristophanes. | 《阿里斯托芬笔下的民众》 |
| Fauvel | 佛奥弗 | | |
| Fiehn | 翡恩 | | |
| John H. Finley Jr. | 约翰·J. 芬力 | Thucydides. | 《修昔底德》 |
| M. I. Finley | M. I. 芬利 | Trade and Politics in the Ancient World. | 《古代世界的贸易与政治》(第二届经济史国际学术研讨会论文集) |
| | | Generalization in the Writing of History. Louis Gottschalk ed. | 《历史写作中的普遍化》(路易·戈德查克主编) |
| Peter J. Fliess | 彼得·J. 弗历思 | Thucydides and the Politics of Bipolarity. | 《修昔底德与两极体系的政治》 |
| W. H. Forbes | W. H. 佛卜思 | Thucydides Book I. | 《修昔底德史书第1卷》 |
| W. G. Forrest | W. G. 弗罗斯特 | A History of Sparta, 950—192. B. C. | 《斯巴达史:公元前950年到公元前192年》 |
| A. French | A. 法兰奇 | The Growth of the Athenian Economy. | 《雅典的经济发展》 |
| Hartvig Frisch | 哈特弗希·弗李希 | The Constitution of the Athenians. | 《雅典人的政治制度》 |
| F. J. Frost | F. J. 佛罗斯特 | | |
| Mary Morse Fuqua | 玛丽·摩茜·孚夸 | A Study of Character Portrayal in the History of Thucydides. | 《修昔底德史书人物刻画研究》(康奈尔大学博士学位论文,未出版) |

(续表)

| 姓名原文 | 姓名译文 | 著述原文 | 著述译文 |
|---|---|---|---|
| Hiller von Gaertringen | 席勒·冯·加尔特林根 | | |
| G. Glotz | G. 格罗茨 | Histoire grecque. II -HG. II | 《希腊历史》, 第2卷 |
| A. W. Gomme | A. W. 戈姆 | A Historical Commentary on Thucydides, I. IV. | 《修昔底德历史评注》, 第1卷《修昔底德历史评注》, 第4卷 |
| A. J. Graham | A. J. 格雷厄姆 | Colony and Mother City in Ancient Greece. | 《古希腊的殖民地与母邦》 |
| A. H. Greenidge | A. H. 格林尼齐 | A Handbook of Greek Constitutional History | 《希腊政体历史手册》 |
| George Grote | 乔治·格罗特 | A History of Greece. IV. V. VII. | 《希腊历史》, 第4卷《希腊历史》, 第5卷《希腊历史》, 第7卷 |
| G. B. Grundy | G. B. 古伦第 | Thucydides and the History of His Age. I | 《修昔底德及他那个时代的史学》, 第1卷 |
| Fritz Gschnitzer | 弗里茨·格施尼策 | Abhänigige Orte in Griechischen Altertum. | 《古希腊的附庸地》 |
| Hammond | 哈蒙德 | History of Greece. | 《希腊历史》 |
| Franz Hampl | 弗兰茨·汉浦 | | |
| J. Hasebroek | J. 哈斯布略克 | | |
| Barclay V. Head | 巴克莱·V·海德 | Historia Numorum. A Manual of Greek Numismatics. | 《钱币史: 希腊钱币学手册》 |
| B. W. Henderson | B. W. 亨德松 | The Great War between Athens and Sparta. | 《雅典与斯巴达之间的大战》 |
| L. I. Highby | L. I. 亥拜 | the Erythrae Decree. Klio, Beiheift XXXVI. | 《埃吕忒莱法令》, 作为《克丽娥学刊》增刊, 第36期 |
| Hignett | 伊涅特 | A History of the Athenian Constitution. -HAC. | 《雅典政制史》 |

(续表)

| 姓名原文 | 姓名译文 | 著述原文 | 著述译文 |
|---|---|---|---|
| G. F. Hill | G. F. 熙尔 | Sources for Greek History Between the Persian and the Peloponnesian Wars. | 《希腊史料:从第二次希波战争结束到伯罗奔尼撒大战爆发之前》 |
| Holzapfel | 霍尔乍浦斐 | Untersuchungen über die Darstellung der griechischen Geschichte. | 《希腊史撰分析》 |
| Karl Hude | 卡尔·胡德 | | |
| G. L. Huxley | G. L. 赫胥黎 | Early Sparta. | 《早期斯巴达》 |
| Gordon M. Kirkwood | 戈登·M. 柯克伍德 | | |
| Jacob A. O. Larsen | 雅各布·A. O. 拉尔森 | The Greek Federal States. | 《希腊邦联城邦》 |
| | | Representative Government in Greek and Roman History. | 《希腊罗马史中的代议制政府》 |
| D. M. Leahy | D. M. 莱西 | | |
| Ronald P. Legon | 罗纳德·P. 勒贡 | Demos and Stasis: Studies in the Factional Politics of Classical Greece. | 《民众与内乱:古典时代的希腊党争》 |
| Robert J. Lenardon | 罗伯特·J. 勒纳尔冬 | | |
| O. Lendle | O. 岚铎 | | |
| Lepaulmier | 勒麿米耶 | | |
| F. A. Lepper | F. A. 莱珀 | | |
| D. M. Lewis | D. M. 刘易斯 | Sparta and Persia. | 《斯巴达与波斯》 |
| Felix Jacoby | 斐力克斯·雅各比 | Die Fragmente der griechischen Historiker | 《希腊史撰残编》 |
| Werner Jaeger | 维尔纳·耶格尔 | Paedeia: the Ideals of Greek Culture I. (trans. Gilbert Highet) | 《教化:希腊文化理想》,第1卷(吉尔伯特·海厄译) |
| J. Johnson | J. 约翰逊 | | |
| Henry Stuart Jones | 亨利·斯图亚特·琼斯 | | 修昔底德史书牛津古典文本 |
| W. Judeich | W. 于戴希 | PWV. s. v. "Diotimus 1". | 《保-威古典学百科全书》,第5卷,条目"丢悌慕(一)" |

(续表)

| 姓名原文 | 姓名译文 | 著述原文 | 著述译文 |
|---|---|---|---|
| Donald Kagan | 唐纳德·卡根 | The Great Dialogue, A History of Greek Political Thought. | 《大对话：一部希腊政治思想史》 |
| Ulrich Kahrstedt | 乌里奇·喀施戴特 | Griechisches Staatsrecht. Vol. 1. | 《希腊宪法》，第1卷 |
| D. Kienast | D.齐纳斯特 | | |
| Bernard Knox | 伯纳德·诺克斯 | | |
| K. Kraft | K.卡拉夫特 | | |
| Walter Lafeber | 沃特·拉夫博 | | |
| Laurence Lafore | 劳伦斯·拉佛 | The Long Fuse: an Interpretation of the Origins of World War I. | 《漫长的熔融：对第一次世界大战起因的一种解释》 |
| Douglas M. MacDowell | D. M.麦克道威尔 | | |
| Antonio Maddalenad | 安东尼奥·玛答勒纳 | Thuycydidis Historiarum Liber Primus. III | 《修昔底德史书第1卷》，第3册 |
| H. B. Mattingly | H. B.马丁理 | | |
| Victor Martin | 维克多·马丁 | La vie internationale dans la Grèce des cités. | 《希腊城邦间关系》 |
| John Maunsell Frampton May | 约翰·茅恩瑟·弗兰蒲敦·励 | The Coinage of Damastion and the Lesser Coinages of the Illyro-Paeonain Region. | 《达抹司提坞的铸币与邑吕利亚-派欧尼亚地区的少量铸币》 |
| M. F. McGregor | M. F.麦格雷戈 | Studies in Fifth-Century Attic Epigraphy. | 《公元前5世纪亚狄珈碑铭研究》（与D. W.布拉丁合著） |
| B. D. Meritt | B·D·梅里特 | the Greek Political Experience, Studies in Honor of William Kelly Prentice. | 《希腊政治经验：献给威廉·凯里·普兰提斯的纪念研究》 |
| | | Athenian Financial Documents. | 《雅典财政文献》 |

(续表)

| 姓名原文 | 姓名译文 | 著述原文 | 著述译文 |
|---|---|---|---|
| Eduard Meyer | 爱德华·梅耶 | Forschungen zur alter Geschichte. -Forsch. II | 《古代史研究》,第2卷 |
| | | Geschichte des Altertums. 2, IV -GdA 2, IV | 《古代历史》,第2卷 《古代历史》,第4卷 |
| H. D. Meyer | H. D. 墨耶 | | |
| H. Michell | H. 米歇 | The Economics of Ancient Greece. | 《古希腊经济》 |
| J. G. Milne | J. G. 弥耳讷 | | |
| Franz Miltner | 弗兰茨·密特讷 | PW XIX., 754, s. v. "Perikles". | 《保-威古典学百科全书》,第19卷,条目"伯利克里" |
| Arnold Momigliano | 阿诺德·莫米利亚诺 | Studies in Historiography. | 《史撰学研究》 |
| Max Montgelas | 马克思·蒙特加拉 | Outbreak of the World War: German Documents Collected by Carl Kautsky. translated by Carnegie Endowment for International Peace. | 《世界大战的爆发:卡尔·考茨基德国档案汇编》,卡内基国际和平基金会译 |
| Nesselhauf | 倪赛耳豪夫 | Untersuchungen zur Geschichte der delisch-attischen Symmachie. | 《提洛-亚狄珈同盟历史研究》 |
| H. Nissen | H. 倪森 | | |
| C. H. Oldfather | C. H. 奥德弗瑟 | | 《狄奥多罗斯历史辑丛》(娄卜英译本) |
| James H. Oliver | 詹姆斯·H. 奥利弗 | The Athenian Expounders of the Sacred and Ancestral Law. | 《神圣法与先祖法的雅典解卦人》 |
| O'Neill | 欧耐迤 | Ancient Corinth. | 《古代科林斯》 |
| G. Pasquali | G·帕斯夸里 | | |
| Lionel Pearson | 莱昂内尔·皮尔森 | | |
| J. von Pflugk-Hartung | J. 冯·蒲夫戈-哈敦 | Perikles als Feldherr. | 《伯利克里作为将军》 |

(续表)

| 姓名原文 | 姓名译文 | 著述原文 | 著述译文 |
|---|---|---|---|
| W. K. Pritchett | W. K. 普利切特 | Studies in Ancient Greek Topography. Part II "Battlefields". | 《古希腊地形学研究:第2卷"战场"》 |
| A. E. Raubitschek | A. E. 劳彼茨切克 | | |
| D. W. Reece | D. W. 李斯 | | |
| Reiske | 籁司柯 | | |
| Peter John Rhodes | P. J. 罗德斯 | A Commentary on the Aristotelian Athenaion Politeia | 《亚里士多德〈雅典政制〉评注》 |
| | | The Athenian Boule. | 《雅典的议事会》 |
| E. S. G. Robinson | E. S. G. 罗宾森 | | |
| Jacqueline de Romilly | 杰奎琳·德·萝蜜莉 | La guerre du Péloponnèse, II, VIII. | 《伯罗奔尼撒战争史》,第2卷 《伯罗奔尼撒战争史》,第8卷 (布岱法译本, the Budé edition) |
| | | Thucydides and the Athenian Imperialism. | 《修昔底德与雅典帝国主义》 |
| Gaetano De Sanctis | 贾他诺·德·桑悌 | Storia dei Greci. SdG. | 《希腊历史》 |
| | | Atthis. | 《亚狄斯》 |
| | | Pericle. | 《伯利克里》 |
| J. E. Sandys | J. E. 桑兹 | Aristotle's Constitution of Athens. | 《亚里士多德的雅典政制》 |
| Hans Schaefer | 汉斯·谢斐 | Realenzyklopädie der klassischen Altertumswissenschaft -PW. | 《古典科学百科全书》 -"保-威百科全书" |
| W. Scharf | W. 遐夫 | | |
| Bernhard Schmidt | 伯恩哈德·施密特 | Korkyraeische Studien. | 《柯西拉研究》 |
| | | Die Insel Zakynthos. | 《扎金索斯岛》 |
| F. Schober | F. 萧伯 | PWV: 2, 1452—1459, s. v. Thebai [Boiotien]. | 《保-威古典学百科全书》,第5卷,第2册,条目"忒拜(彼欧提亚)" |

(续表)

| 姓名原文 | 姓名译文 | 著述原文 | 著述译文 |
| --- | --- | --- | --- |
| **Joseph Schumpeter** | 约瑟夫·熊彼特 | Imperialism and Social Classes. | 《帝国主义与社会阶级》（海因茨·诺登[Heinz Norden]英译） |
| **Eduard Schwartz** | 爱德华·舒瓦茨 | Das Geschichtswerk des Thukydides. | 《修昔底德的历史著作》 |
| **Walter Shücking** | 华尔特·胥金 | Outbreak of the World War: German Documents Collected by Carl Kautsky. | 《世界大战的爆发：卡尔·考茨基德国档案汇编》 |
| **Raphael Sealey** | 拉斐尔·西里 | Essays in Greek Politics. | 《希腊政治文选》 |
| **C. Forster Smith** | C. 福斯特·史密斯 | History of the Peloponnesian War | 《伯罗奔尼撒战争史》（娄卜英译本） |
| **S. B. Smith** | S. B. 史密斯 | | |
| **R. E. Smith** | R. E. 史密斯 | | |
| **Hans-Peter Stahl** | 汉斯-彼得·施塔尔 | Thukydides, Die Stellung des Menschen im geschichtlichen Prozess. | 《修昔底德：历史进程中个人之地位》 |
| **Steup** | 史度普 | Thucydides Book I. | 《修昔底德史书第一卷》 |
| **D. L. Stockton** | D. L. 斯托克顿 | | |
| **C. H. V. Sutherland** | C. H. V. 苏瑟兰德 | | |
| **Henrich Swoboda** | 海因里希·所柏答 | Griechische Staatskunde. =GS. | 《希腊治国方略》（与格奥尔格·布索特合著） |
| **A. E. Taylor** | A. E. 泰勒 | | |
| **A. J. P. Taylor** | A. J. P. 忒乐 | The Struggle for the Mastery of Europe 1848—1914. | 《对控制欧洲的争夺：1848—1914年》 |
| **M. N. Tod** | M. N. 托德 | The Cambridge Ancient History, V. | 《剑桥古代史》，第5卷 |
| | | A Selection of Greek Inscriptions to the End of the Fifth Century. | 《希腊铭文选辑：截至公元前5世纪》 |

(续表)

| 姓名原文 | 姓名译文 | 著述原文 | 著述译文 |
|---|---|---|---|
| **Karl Völkl** | 卡尔·沃克 | | |
| **F. Vogel** | F. 沃格尔 | | 狄奥多罗斯拓伊布纳（Teubner）版编辑 |
| **Henry Theodore Wade-Gery** | H. T. 怀德-嘉利 | *Essays in Greek History.* | 《希腊历史文集》 |
| | | *CAH* III. | 《剑桥古代史》，第3卷 |
| | | *Athenian Studies Presented to William Scott Ferguson.* | 《献给威廉·司格特·弗格森的雅典研究》（作为《哈佛古典语文学研究》增刊，第1卷出版） |
| **E. M. Walker** | E. M. 沃尔克 | | |
| **P. K. Walker** | P. K. 沃克 | | |
| **W. P. Wallace** | W. P. 华莱士 | *The Euboean League and Its Coinage.* | 《优卑亚同盟及其铸币》 |
| **H. Wentker** | H. 文柯 | *Sizilien und Athen.* | 《西西里与雅典》 |
| **A. B. West** | A. B. 韦司特 | | |
| **H. D. Westlake** | H. D. 韦斯特莱克 | | |
| **Eduard Will** | 爱德华·维尔 | *Korinthiaka.* | 《科林斯志》 |
| **A. G. Woodhead** | A. G. 伍德海德 | *Thucydides on the Nature of Power.* | 《修昔底德论权力本质》 |
| **F. R. Wüst** | F. R. 伍斯特 | | |

## 附表3.2 古典学期刊刊名缩写与译名对照表

| 刊名缩写 | 刊名 | 译名 |
|---|---|---|
| **AC** | *L'Antiquité Classique* | 古典时代 |
| **AHR** | *American Historical Reivew* | 美国历史学评论 |
| **AJA** | *American Journal of Archeology* | 美国考古学期刊 |

(续表)

| 刊名缩写 | 刊 名 | 译 名 |
|---|---|---|
| AJP | American Journal of Philology | 美国古典语文学期刊 |
|  | Bulletin de la Faculté des Lettres de Strassbourg | 斯特拉斯堡文学通讯 |
| BSA | Proceedings of the British School at Athens | 雅典不列颠学校辑刊 |
|  | Klio | 克丽娥学刊 |
|  | La Nouvelle Clio | 新克丽娥学刊 |
| CP | Classical Philology | 古典语文学 |
| CQ | Classical Quarterly | 古典学季刊 |
| CQ N. S. | Classical Quarterly New Series | 古典学季刊(新编) |
| CR | Classical Review | 古典评论 |
|  | Foreign Affairs | 外交 |
| GRBS | Greek, Roman, and Byzantine Studies | 希腊罗马拜占庭研究 |
|  | Gymnasium | 体育学刊 |
| Hermes | Hermes | 赫尔墨斯学刊 |
| Hesperia | Hesperia: the Journal of the American School of Classical Studies at Athens | 西土学刊:雅典美国古典学学校辑刊 |
| Historische Zeitschrift N. F. | Historische Zeitschrift, in Neue Folge | 历史学期刊(新编) |
| Historia | Historia | 历史学刊 |
| HSCP | Harvard Studies in Classical Philology | 哈佛古典语文学研究 |
| JHS | Journal of Hellenic Studies | 希腊研究期刊 |
| Mnemosyne | Mnemosyne | 涅默叙涅期刊 |
|  | New York Review of Books | 纽约书评 |
| Phoenix | Phoenix | 凤凰学刊 |
| Riv. di Fil. | Rivista di filologia e d'istruzioine classica | 古典语文学与古典学教学评论 |
|  | Rheinische Museum | 莱茵博物馆 |
|  | Studi Italiani di filologia classica | 意大利古典语文学研究 |
| TAPA | Transactions of the American Philological Association | 美国古典语文学会通讯 |

## 附表 3.3　近现代古典学家引用索引

Accame, S., 155, 380
Adcock, F. E., 147, 179, 194, 256-257, 260, 262-263, 266, 294, 317, 323, 325, 337, 365-366, 384
Albertini, L., 236
Alexander, J. A., 273-274, 283, 389
Andrewes, A., 28, 55, 107, 185, 364, 378

Barron, J. P., 100-102
Beaumont, R. L., 206, 209-211, 219, 385
Beloch, K. J., 53, 61, 69, 74, 81-82, 92, 105, 109, 111, 125, 147, 161, 165, 176, 96, 257, 261-262, 266, 270, 317, 337, 345, 385
Bengtson, H., 61, 154-155, 257, 345, 348, 385
Bradeen, D. W., 181
Brauer, H., 195
Brunt, P. A., 31-33, 41, 256-259, 262, 270, 366
Bury, J. B., 252, 257, 262, 270, 366
Busolt, G., 10, 11, 14, 16, 23, 24, 26, 29, 40, 50, 52-55, 59, 61, 68, 69, 83, 89, 91, 92, 122, 125, 129, 146, 156, 165, 166, 171-172, 176, 209, 255-257, 261, 279, 280, 294, 305, 307, 311, 316, 317, 323, 325, 330, 345, 378, 382, 384, 385

Carcopino, J., 146
Cary, M., 210
Chambers, M., 64, 104
Classen, J., 46, 246, 256, 257, 286, 305, 321
Cloché, P., 89, 95, 158, 160, 171, 191, 384
Cochrane, C. N., 362
Cohen, R., 53, 58, 59, 61, 84, 92, 170, 189, 209, 257, 262, 263, 317, 322, 345, 347, 384
Connor, W. R., 261

Cornford, F. M., 238, 239, 262, 270, 347, 360-362
Crawley, R., 363

Davies, O., 210
Day, J., 64, 104
Delbrück, H., 337-338
Dickins, G., 26, 28, 239
Dienelt, K., 82, 112
Dow, S., 380
Droysen, H., 155

Earp, A. J., 100
Edson, C., 389
Ehrenberg, V., 9, 10, 115, 147, 150-152, 155-158, 160-162, 168, 169, 180, 191, 268, 382-384

Finley, J. H., Jr., 290
Finley, M. I., 212, 360, 361
Fliess, P. J., 349
Forbes, W. H., 225, 293
Forrest, W. G., 53, 55, 381
French, A., 40, 180
Frisch, H., 138
Frost, F. J., 194, 197, 198, 201
Fuqua, M. M., 379

Glotz, G., 53, 58, 59, 61, 84, 92, 170, 189, 209, 257, 262, 263, 317, 322, 345, 347, 384
Gomme, A. W., 24, 25, 36, 45, 46, 79, 80, 82, 85-87, 90-92, 95, 97, 105, 107, 115, 120, 126, 127, 138, 160, 161, 170, 176, 206, 223, 225, 246, 270, 273, 275, 276, 281, 283, 284, 286, 287, 293, 295, 304, 305, 311, 312, 314, 325, 341, 371, 377, 380, 382, 384, 386, 391
Graham, A. J., 184, 186-189, 206-208, 214, 215, 217, 218, 389
Greenidge, A. H. J., 29

Grote, G., 50, 53, 61, 62, 83, 84, 92, 146, 173, 209, 317, 377
Grundy, G. B., 26, 28, 191, 239, 240, 314, 348
Gschnitzer, F., 187

Hammond, N. G. L., 61, 257, 380
Hampl, F., 187
Hasebroek, J., 23
Head, B. V., 383
Henderson, B. W., 337
Highby, L. I., 11, 180
Hignett, C., 63, 64, 69, 73, 104, 134, 137, 380
Hill, B. H., 381
Hill, G. F., 185
Holzapfel, L., 261
Huxley, G. L., 10, 12, 13

Jacoby, F., 194, 197, 201
Jaeger, W., 366
Johnson, J., 248
Judeich, W., 385

Kagan, D., 23, 65, 94, 104, 146, 292, 373
Kahrstedt, U., 11, 13-15, 17, 176
Kautsky, K., 236
Kienast, D., 197, 199
Kirkwood, G., 362-364
Kraft, K., 107

Lafore, L., 355
Langer, W. L., 220
Larsen, J., 13, 15, 16, 19, 20, 31-33, 40-43
Leahy, D. M., 95, 287
Legon, R. P., 172, 176, 209
Lenardon, R. J., 52, 53
Lendle, O., 197
Lepper, F. A., 255, 256
Lewis, D. M., 65, 104, 381

MacDowell, D., 95, 287
Maddalena, A., 363
Martin, V., 10, 14, 15, 40, 41
Mattingly, H. B., 99, 107, 116, 259, 389
May, J. M. F., 210
McGregor, M. F., 70, 381
Meiggs, R., 48, 97-100, 102, 107, 113, 114, 116, 185, 252
Meritt, B. D., 99, 101, 102, 115, 150, 179, 183, 185, 243, 248, 252, 380-382, 390

Meritt, B. D., Wade-Gery, H. T., and McGregor, M. F., 31-33, 40-42, 44-47, 79, 81, 86, 98-100, 102, 107-108, 110, 113, 116-120, 126, 128, 150, 157, 160, 167, 176, 179, 182, 188, 252, 254, 259, 262, 274-276, 380-382, 385, 387-390
Meyer, E., 11, 50, 61, 92, 109, 125, 142, 172, 173, 189, 194, 209, 242, 252, 257, 262, 263, 266, 270, 271, 292, 317, 322, 337, 345, 357, 359, 360, 362, 366, 377, 385
Meyer, H. D., 31, 35, 143
Michell, H., 180
Milne, J. G., 210
Miltner, F., 82, 111, 176, 386
Momigliano, A., 361, 362, 373

Nesselhauf, H., 81, 102, 126, 150, 176, 266, 325, 327, 330
Nissen, H., 257, 266, 347, 360, 385

Oliver, J. H., 104, 107, 168, 388
O'Neill, J. G., 158

Pasquali, G., 330
Pearson, L., 363, 364
Perrin, B., 66
Pflugk-Hartung, J. von, 337
Pritchett, W. K., 154, 381

Raubitschek, A. E., 33, 92, 101, 102, 137, 385
Reece, D. W., 79, 380
Romilly, J. de, 1, 293, 295, 345, 360, 363, 365, 366, 369, 372, 373, 386

Sanctis, G. De, 84, 105, 112, 121, 125, 147, 160, 191, 242, 262, 263, 317, 337, 386
Sandys, J. E., 137
Schaefer, H., 23
Scharf, W., 82, 380
Schmidt, B., 209, 246
Schober, F., 89
Schumpeter, J., 219, 220
Schwartz, E., 257, 270, 293, 359, 360, 362
Sealey, R., 31, 35, 40, 61, 63, 68, 69, 107, 108, 147, 364, 377, 388
Smith, C. F., 1, 363, 386
Smith, R. E., 28
Smith, S. B., 309
Stahl, H.-P., 242
Steup, J., 46, 246, 256, 257, 286, 305, 321

Stockton, D., 107
Sutherland, C. H. V., 211
Swoboda, H., 10, 11, 14, 29, 40, 54, 55, 89, 279, 280

Taylor, A. E., 198
Taylor, A. J. P., 236, 336
Tod, M. N., 155

Völkl, K., 265-267

Wade-Gery, H. T., 13, 99, 101, 102, 107, 116, 134, 137, 158-161, 185, 198, 199, 252, 253, 382, 384, 385, 388
Walker, E. M., 42, 61, 84, 85, 92, 103, 105, 107, 125
Walker, P. K., 366, 371
Wallace, W., 380
Wentker, H., 155, 160, 206
West, A. B., 102
Westlake, H. D., 187, 360
Will, E., 22-24, 206, 215, 386
Woodhead, A. G., 186, 367, 389, 390
Wüst, F. R., 34

## 附表 3.4   参考文献

Accame, Silvio, "L'alleanza di Atene con Leontini e Regio," *Riv. di fil.*, N.S., XIII (1935), 73–74.

Accame, Silvio, "Note storiche su epigrafi attiche del V secolo," *Riv. di fil.*, N.S., XXX (1952), 111–136.

Adcock, F. E., "The Breakdown of the Thirty Years Peace, 445–431 B.C.," *CAH*, V (1940), 165–192.

Adcock, F. E., "Thucydides in Book I," *JHS*, LXXI (1951), 1–12.

Adcock, F. E., *Thucydides and his History*, Cambridge, 1963.

Albertini, Luigi, *The Origins of the War of 1914*, 3 vols., translated and edited by I. M. Massey, Oxford, 1953.

Alexander, J. A., "Thucydides and the Expedition of Callias against Potidaea, 432 B.C.," *AJP*, LXXXIII (1962), 265–287.

Alexander, J. A., *Potidaea, Its History and Remains*, Athens, Georgia, 1963.

Andrewes, A., "Sparta and Arcadia," *Phoenix*, VI (1952), 1–5.

Andrewes, A., "Thucydides on the Causes of War," *CQ*, N.S., IX (1959), 223–239.

Andrewes, A., "Thucydides and the Persians," *Historia*, X (1961), 1–18.

Andrewes, A., "The Government of Classical Sparta," in *ASI*, Oxford, 1966, 1–20.

Badian, E., ed., *Ancient Societies and Institutions, Studies Presented to Victor Ehrenberg on his 75th birthday*, Oxford, 1966.

Barns, J., "Cimon and the First Athenian Expedition to Cyprus," *Historia*, II (1953–54), 163–176.

Barron, J. P., "Milesian Politics and Athenian Propaganda c. 460–440 B.C.," *JHS*, LXXXII (1962), 1–6.

Barron, J. P., "Religious Propaganda of the Delian League," *JHS*, LXXXIV (1964), 35–48.

Bauer, W., "Epigraphisches aus dem Athener National Museum," *Klio*, XV (1918), 188–195.

Beaumont, R. L., "Greek Influence in the Adriatic Sea Before the Fourth Century B.C.," *JHS*, LVI (1936), 159–204.

Beaumont, R. L., "Corinth, Ambracia, Apollonia," *JHS*, LXXII (1952), 62–73.

Beloch, K. J., *Die Attische Politik seit Perikles*, Leipzig, 1884.

Beloch, K. J., *Griechische Geschichte*, 2nd ed., Strassburg, Berlin, and Leipzig, 1912–1927.

Bender, G. F., *Der Begriff des Staatsmannes bei Thukydides*, Diss. Erlangen, 1937; Würzburg, 1938.

Bengtson, Hermann, *Griechische Geschichte*, 2nd ed., Munich, 1960.

Bengtson, Hermann, *Die Staatsverträge der griechisch-römischen Welt von 700 bis 338 v. Chr.*, II, Munich and Berlin, 1962.

Bétant, E. -A., *Lexicon Thucydideum*, Hildesheim, 1961 (reprint).

Boeckh, August, *Die Staatshaushaltung der Athener*, 3rd ed., Max Frankel, ed., Berlin, 1886.

Bradeen, D. W., "The Popularity of the Athenian Empire," *Historia*, IX (1960), 257–269.

Brauer, H., *Die Kriegsschuldfrage in der geschichtliche Überlieferung des Peloponnesischen Krieges*, Emsdetten, 1933.

Brunt, P. A., "The Megarian Decree," *AJP*, LXXII (1951), 269–282.

Brunt, P. A., "The Hellenic League Against Persia," *Historia*, (1953/1954), 135–163.

Bury, J. B., *History of Greece*, 3rd ed., rev. by Russell Meiggs, London, 1952.

Bury, J. B., Cook, S. A., Adcock, F. E., *The Cambridge Ancient History*, I-VI, Cambridge, 1923–1927.

Busolt, Georg, *Die Lakedaimonier und Ihre Bundesgenossen*, Leipzig, 1878.

Busolt, Georg, *Griechische Geschichte*, 3 vols., Gotha, 1893–1904.

Busolt, Georg, and Heinrich Swoboda, *Griechische Staatskunde* in Müller's *Handbuch der Altertumswissenschaft*, 2 vols., Munich, 1920–26.

Calder, W. M., "The Corcyrean-Corinthian Speeches in Thucydides I," *CJ*, L (1955), 179ff.

Carcopino, Jérôme, *L'Ostracisme athénien*, 2nd ed., Paris, 1935.

Cary, M., "The Sources of Silver for the Greek World," *Mélanges Glotz*, Paris, 1932, 133–142.

Chambers, Mortimer, "Thucydides and Pericles," *HSCP*, LXII (1957), 79ff.

Chambers, Mortimer, "Four Hundred and Sixty Talents," *CP*, LIII (1958), 26–32.

Chambers, Mortimer, "Studies on Thucydides, 1957–1962," *CW*, LVII (1963–64), 6–14.

Cloché, P., "La politique extérieure d'Athènes de 462 à 454 avant J.-C.," *L'Antiquité Classique*, XI (1942), 25–39 and 213–233.

Cloché, Paul, "Périclès et la politique extérieure d'Athènes entre la paix de 446–445 et les préludes de la guerre du péloponnèse," *L'Antiquité Classique*, XIV (1945), 93–128.

Cloché, Paul, *Thèbes de Béotie*, Namur, Louvain, and Paris, no date.

Connor, W. R., "Charinus' Megarian Decree," *AJP*, LXXXIII (1962), 225–246.

Cornford, F. M., *Thucydides Mythistoricus*, London, 1907, reprinted 1965.

Davies, O., *Roman Mines in Europe*, Oxford, 1935.

Day, James, and Mortimer Chambers, *Aristotle's History of Athenian Democracy*, Berkeley and Los Angeles, 1962.

Delbrück, Hans, *Die Strategie des Perikles*, Berlin, 1890.

Delbrück, Hans, *Geschichte der Kriegskunst*, Vol. I, *Das Altertum*, Berlin, 1920, reprinted 1964.

De Sanctis, G., *Atthis*, 2nd ed., Rome, 1904.

De Sanctis, G., "La prima spedizione ateniese nell'Occidente," *Riv. di fil.*, N.S., XIII (1935), 71–72.

De Sanctis, *Pericle*, Milan and Messina, 1944.

De Sanctis, Gaetano, *Storia dei Greci*, Florence, 1963.

Dickins, Guy, "The True Cause of the Peloponnesian War," *CQ*, V (1911), 238–248.

Dickins, Guy, "The Growth of Spartan Policy," *JHS*, XXXII (1912), 1–42.

Dienelt, Karl, *Die Friedenspolitik des Perikles*, Vienna and Wiesbaden, 1958.

Dittenberger, W., *Sylloge Inscriptionum Graecarum*, 4 vols., 4th ed., Leipzig, 1915; reprinted Hildesheim, 1960.

Dow, S., "Studies in the Athenian Tribute Lists," *CP*, XXXVII (1942), 371–384 and 38 (1943), 20–27.

Earp, A. J., "Athens and Miletus *ca.* 450 B.C.," *Phoenix*, VIII (1954), 142–147.

Edson, Charles, "Strepsa (Thucydides 1. 61. 4)," *CP*, L (1955), 169–190.

Ehrenberg, Victor, "Sparta (Geschichte)," *PW*, III A, 1929, 1373–1453.

Ehrenberg, Victor, "Polypragmosyne: A Study in Greek Politics," *JHS*, LXVII (1947), 46–67.

Ehrenberg, Victor, "The Foundation of Thurii," *AJP*, LXIX (1948), 149–170.

Ehrenberg, Victor, *The People of Aristophanes*, Oxford, 1951.

Ehrenberg, Victor, *Sophocles and Pericles*, Oxford, 1954.
Ehrenberg, Victor, *The Greek State*, Oxford, 1960.
Essen, M. H. N. von, *Index Thucydideus*, Berlin, 1887.
Ferguson, W. S., *The Treasurers of Athena*, Cambridge, Mass., 1932.
Finley, J. H., "Euripides and Thucydides," *HSCP*, XLIX (1938), 23ff.
Finley, J. H., "The Unity of Thucydides' History," *HSCP*, Suppl., I, 1940, 255ff.
Finley, J. H., *Thucydides*, Cambridge, Mass., 1942.
Finley, M. I., "Generalizations in Ancient History," in *Generalization in the Writing of History*, Louis Gottschalk, ed., Chicago, 1963, 19–35.
Finley, M. I., "Classical Greece," in *Trade and Politics in the Ancient World*, Second International Congress of Economic History at Aix-en-Province in 1962, Paris, 1965, I, 11–35.
Finley, M. I., "The Classical Cold War," *New York Review of Books*, VIII: 5, March 23, 1967, 26.
Fliess, P. J., "War Guilt in the History of Thucydides," *Traditio*, XVI (1960), 1ff.
Fliess, P. J., *Thucydides and the Politics of Bipolarity*, Baton Rouge, 1966.
Forbes, W. H., *Thucydides Book I*, Oxford, 1895.
Forrest, W. G., "Themistokles and Argos," *CQ*, N.S., X (1960), 221–241.
French, A., *The Growth of the Athenian Economy*, London, 1964.
Frisch, Hartvig, *The Constitution of the Athenians*, Copenhagen, 1942.
Frost, F. J., "Pericles and Dracontides," *JHS*, LXXXIV (1964), 69–72.
Frost, F. J., "Pericles, Thucydides, son of Melesias, and Athenian Politics Before the War," *Historia*, XIII (1964), 385–399.
Fuqua, Mary M., *A Study of Character Portrayal in the History of Thucydides*, unpublished dissertation, Cornell University, Ithaca, New York, 1965.
Glotz, Gustave, and Robert Cohen, *Histoire Grecque*, II, Paris, 1929.
Gomme, A. W., *Essays in Greek History and Literature*, Oxford, 1937.
Gomme, A. W., "The Old Oligarch," *HSCP*, Suppl., I, 1940, 211–245.
Gomme, A. W., "Two Notes on the Athenian Tribute Lists," *CR*, LIV (1940), 65–69.
Gomme, A. W., "I.G. I.² 296 and the Dates of τὰ ποτειδεατικά," *CR*, LV (1941), 59–66.
Gomme, A. W., *A Historical Commentary on Thucydides*, I–III, Oxford, 1950–1956.
Gomme, A. W., "Thucydides ii 13.3: An Answer to Professor Meritt," *Historia*, III (1954/1955), 333–338.

Graham, A. J., *Colony and Mother City in Ancient Greece*, Manchester, 1964.
Greenidge, A. H. J., *A Handbook of Greek Constitutional History*, London, 1902.
Grote, G., *A History of Greece*, 4th ed., London, 1872.
Grundy, G. B., "The Policy of Sparta," *JHS*, XXXII (1912), 261–269.
Grundy, G. B., *Thucydides and the History of his Age*, 2nd ed., Oxford, 1948.
Gschnitzer, Fritz, *Abhängige Orte in Griechischen Altertum*, Munich, 1958.
Hammond, N. G. L., "Studies in Greek Chronology of the Sixth and Fifth Centuries B.C.," *Historia*, IV (1955), 371–411.
Hammond, N. G. L., *A History of Greece to 322 B.C.*, Oxford, 1959.
Hampl, Franz, "Poleis Ohne Territorium," *Klio*, XXXII (1939), 1–60.
Hasebroek, J., *Griechische Wirtschafts und Gesellschaftsgeschichte*, Tübingen, 1931.
Head, B. V., *Historia Numorum*, London, 1911, reprinted 1963.
Henderson, B. W., *The Great War Between Athens and Sparta*, London, 1927.
Highby, L. I., *The Erythrae Decree. Contributions to the early history of the Delian league and the Peloponnesian confederacy*, Klio, Beiheft XXXVI, N.F., 23 (1936).
Hignett, C., *A History of the Athenian Constitution*, Oxford, 1952.
Hill, B. H., and B. D. Meritt, "An Early Athenian Decree Concerning Tribute," *Hesperia*, XIII (1944), 1–15.
Hill, G. F., *Sources for Greek History Between the Persian and Peloponnesian Wars*, new edition by Russell Meiggs and A. Andrewes, Oxford, 1951.
Hiller von Gaertringen, F., *Inscriptiones Graecae*, I, editio minor, *Inscriptiones Atticae Euclidis anno anteriores*, Berlin, 1924.
Holzapfel, L., *Untersuchungen über die Darstellung der griechischen Geschichte*, Leipzig, 1879.
Hude, C., *Scholia in Thucydidem*, Leipzig, 1927.
Huxley, G. L., *Early Sparta*, Cambridge, Mass., 1962.
Jacoby, F., *Die Fragmente der griechischen Historiker*, I–II, Berlin, 1923–1930; III, Leyden, 1940.
Jaeger, W., *Paideia*, tr. Gilbert Highet, I, Oxford, 1954.
Judeich, W., "Diotimus (1)," *PW*, V (1905), 1147.
Kagan, D., "Corinthian Diplomacy after the Peace of Nicias," *AJP*, LXXXI (1960), 291–310.

Kagan, D., "The Origin and Purposes of Ostracism," *Hesperia*, XXX (1961), 393–401.

Kagan, D., "Argive Politics and Policy after the Peace of Nicias," *Classical Philology*, LVII (1962), 209–218.

Kagan, D., "The Enfranchisement of Aliens by Cleisthenes," *Historia*, XII (1963), 41–46.

Kagan, D., *The Great Dialogue: A History of Greek Political Thought from Homer to Polybius*, New York, 1965.

Kahrstedt, U., *Griechisches Staatsrecht*, I, Sparta und seine Symmachie, Göttingen, 1922.

Kienast, D., "Der Innenpolitische Kampf in Athens von der Rückkehr des Thukydides bis zu Perikles' Tod," *Gymnasium*, LX (1953), 210–229.

8–Extract–10 Fairfield

Kirkwood, G. M., "Thucydides' Word for Cause," *AJP*, LXXIII (1952), 37–61.

Klaffenbach, G., "Das Jahr der Kapitulation von Ithome," *Historia*, I (1950), 231–235.

Kolbe, W., *Thukydides im Lichte der Urkunden*, Stuttgart, 1930.

Kolbe, W., "Diodorus Wert für die Geschichte der Pentekontaetie," *Hermes*, LXXII (1937), 241–269.

Kraft, K., "Bemerkungen zu den Perserkriegen," *Hermes*, XCII (1964), 158–171.

Langer, W. L., "A Critique of Imperialism," *Foreign Affairs*, XIV (1935–36), 102–119.

Larsen, J. A. O., "Sparta and the Ionian Revolt: A Study of Spartan Foreign Policy and the Genesis of the Peloponnesian League," *CP*, XXVII (1932), 136–150.

Larsen, J. A. O., "The Constitution of the Peloponnesian League," *CP*, XXVIII (1933), 256–276, and XXVII (1934), 1–19.

Larsen, J. A. O., "The Constitution and Original Purposes of the Delian League," *HSCP*, LI (1940), 175–213.

Larsen, J. A. O., *Representative Government in Greek and Roman History*, Berkeley and Los Angeles, 1955.

Leahy, D. M., "Aegina and the Peloponnesian League," *CP*, XLIX (1954), 232–243.

Legon, Ronald P., *Demos and Stasis: Studies in the Factional Politics of Classical Greece*, unpublished doctoral dissertation, Cornell University, Ithaca, New York, 1966.

Lenardon, R. J., "The Archonship of Themistocles," *Historia*, V (1956), 401–419.

Lenardon, R. J., "The Chronology of Themistocles' Ostracism and Exile," *Historia*, VIII (1959), 23–48.
Lendle, O., "Philochorus über den Prozess des Phidias," *Hermes*, LXXXIII (1955), 284–303.
Lepper, F. A., "Some Rubrics in the Athenian Quota-Lists," *JHS*, LXXXII (1962), 25–55.
Lewis, D. M., "Ithome Again," *Historia*, II (1954), 413–418.
Lewis, D. M., "Notes on Attic Inscriptions," *BSA*, XLIX (1954), 17–50.
Lewis, D. M., "Cleisthenes and Attica," *Historia*, XII (1963), 22–40.
Mac Dowell, "Aegina and the Delian League," *JHS*, LXXX (1960), 118–121.
Martin, V., *La vie internationale dans la grèce des cités*, Paris, 1940.
Mattingly, H. B., "The Athenian Coinage Decree," *Historia*, X (1961), 148–188.
Mattingly, H. B., "Athens and Euboea," *JHS*, LXXXI (1961), 124–132.
Mattingly, H. B., "The Methone Decrees," *CQ*, N.S., XI (1961), 154–163.
Mattingly, H. B., "The Peace of Kallias," *Historia*, XV (1965), 273–281.
Mattingly, H. B., "Periclean Imperialism," *ASI*, 193–224.
Mattingly, H. B., "Athenian Imperialism and the Foundation of Brea," *CQ*, N.S., XVI (1966), 172–192.
Mattingly, H. B., "Athens and Aegina," *Historia*, XVI (1967), 1–5.
May, J. M. F., *The Coinage of Damastion and the Lesser Coinages of the Illyro-Paeonian Region*, London, 1939.
McGregor, M. F., "The Politics of the Historian Thucydides," *Phoenix*, X (1956), 93–102.
McGregor, M. F., "The Ninth Prescript of the Attic Quota-Lists," *Phoenix*, XVI (1962), 267–275.
Meiggs, Russell, "The Growth of Athenian Imperialism," *JHS*, LXIII (1943), 21–34.
Meiggs, Russell, "The Crisis of Athenian Imperialism," *HSCP*, LXVII (1963), 1–36.
Meiggs, Russell, "The Dating of Fifth-Century Attic Inscriptions," *JHS*, LXXXVI (1966), 86–98.
Meritt, B. D., "Tribute Assessments in the Athenian Empire from 454 to 440 B.C.," *AJA*, XXIV (1925), 247–273.
Meritt, B. D., "The Reassessment of Tribute in 438–7," *AJA*, XXIX (1925), 292–298.
Meritt, B. D., *Athenian Financial Documents*, Ann Arbor, 1932.
Meritt, B. D., "Athens and Delian League," in *The Greek Political Ex-*

*perience, Studies in Honor of William Kelly Prentice*, Princeton, 1941, 50–60.

Meritt, B. D., "The Early Athenian Tribute Lists," *CP*, XXXVIII (1943), 223–239.

Meritt, B. D., "Attic Inscriptions of the Fifth Century," *Hesperia*, XIV (1945), 61–133.

Meritt, B. D. and Wade-Gery, H. T., "The Dating of Documents to the Mid-Fifth Century," *JHS*, LXXXII (1962), 67–74 and LXXXIII (1963), 100–117.

Meritt, B. D., Wade-Gery, H. T., and McGregor, M. F., *The Athenian Tribute Lists*, 4 vols.: I, Cambridge, Mass., 1939, II–IV, Princeton, 1949–1953.

Meyer, Eduard, *Forschungen zur alten Geschichte*, II, Halle, 1899.

Meyer, E., *Geschichte des Altertums*, 5th ed., reprinted in 1954 and 1956, Basel.

Meyer, H. D., "Vorgeschichte und Gründung des delisch-attischen Seebundes," *Historia*, XII (1963), 405–446.

Meyer, H. D., "Thukydides Melesiou und die oligarchische Opposition gegen Perikles," *Historia*, XVI (1967), 141–154.

Michell, H., *The Economics of Ancient Greece*, Cambridge, 1957.

Milne, J. G., "The Monetary Reforms of Solon: A Correction," *JHS*, LXIII (1938), 96–97.

Miltner, Franz, "Perikles," *PW*, XIX (1938), 748–790.

Momigliano, A., "La composizione della storia di Tucidide," *Memoria della Reale Accademia delle Scienze ditorino*, II: 67 (1930), 1–48.

Momigliano, Arnaldo, *Studies in Historiography*, London, 1966.

Montgelas, Max, and Schücking, Walther, *Outbreak of the World War: German Documents Collected by Karl Kautsky*, translated by the Carnegie Endowment for International Peace, New York, 1924.

Nesselhauf, H., *Untersuchungen zur Geschichte der delisch-attischen Symmachie*, *Klio*, Beiheft, XXX (1933).

Nesselhauf, H., "Die diplomatischen Verhandlungen vor dem peloponnesischen Kriege," *Hermes*, LXIX (1934), 286–299.

Nissen, H., "Der Ausbruch des peloponnesischen Krieges," *Historische Zeitschrift*, N.F. XXVII (1889), 385ff.

Oliver, J. H., *The Athenian Expounders of the Sacred and Ancestral Law*, Baltimore, 1950.

Oliver, J. H., "The Peace of Callias and the Pontic Expedition of Pericles," *Historia*, VI (1957), 254–255.

Oliver, J. H., "Reforms of Cleisthenes," *Historia*, IX (1960), 503–507.

O'Neill, J. G., *Ancient Corinth*, Baltimore, 1930.

Pasquali, G., "L'ultimatum spartano ad Atene nell' inverno 431–0," *Studi Italiani di filologia classica*, V (1927), 299ff.
Pearson, Lionel, "Prophasis and Aitia," *TAPA*, LXXXIII (1952), 205–223.
Pflugk-Hartung, J. von, *Perikles als Feldherr*, Stuttgart, 1884.
Pritchett, W. K., "Review of ATL, Vols. 2 and 3," *CP*, XLVII (1952), 261–263.
Pritchett, W. K., "Dotted Letters in Greek Epigraphy," *AJA*, LIX (1955), 55–61.
Pritchett, W. K., "The Height of the Lapis Primus," *Historia*, XIII (1964), 129–134.
Raubitschek, A. E., "Kimons Zurückberufung," *Historia*, III (1954/1955), 379–380.
Raubitschek, A. E., "The Covenant of Plataea," *TAPA*, XCI (1960), 178–183.
Raubitschek, A. E., "Theopompus on Thucydides the Son of Melesias," *Phoenix*, XIV (1960), 81–95.
Raubitschek, A. E., "The Peace Policy of Pericles," *AJA*, LXX (1966), 37–42.
Reece, D. W., "The Date of the Fall of Ithome," *JHS*, LXXXII (1962), 111–120.
Robinson, E. S. G., "The Athenian Currency Decree and the Coinage of the Allies," *Hesperia*, Suppl., VIII (1949), 324–340.
Romilly, Jacqueline de, *Thucydides and Athenian Imperialism*, tr. Philip Thody, Oxford, 1963.
Sandys, J. E., *Aristotle's Constitution of Athens*, 2nd ed., London, 1912.
Schaefer, H., *Staatsform und Politik. Untersuchungen zur griechischen Geschichte der VI. und V. Jht.*, Leipzig, 1932.
Scharf, J., "Die erste ägyptische Expedition der Athener. Ein Beitrag zur Geschichte der Pentecontaetie," *Historia*, III (1954/1955), 308–325.
Scharf, W., "Noch einmal Ithome," *Historia*, III (1954/1955), 153–162.
Schmidt, Bernhard, *Korkyraeische Studien*, Leipzig, 1890.
Schober, F., "Thebai (Boiotien)," *PW*, V (1934), 1452–1459.
Schumpeter, J., *Imperialism and Social Classes*, tr. Heinz Norden, New York, 1955.
Schwartz, E., *Das Geschichtswerk des Thukydides*, Hildesheim, 1960, reprinted from edition of 1929.
Schweigert, E., "Epigraphical Notes," *Hesperia*, VIII (1939), 170–176.
Sealey, R., "The Peace of Callias Once More," *Historia*, III (1954/1955), 325–333.

Sealey, R., "The Entry of Pericles into History," *Hermes*, LXXXIV (1956), 234–247.
Sealey, R., "The Great Earthquake in Lacedaemon," *Historia*, VI (1957), 368–371.
Sealey, R., "Thucydides, Herodotus and the Causes of War," *CQ*, N.S., VII (1957), 1–11.
Sealey, R., "Athens and the Archidamian War," *PACA*, I (1958), 61–87.
Sealey, Raphael, "The Origins of the Delian League," in *ASI*, 233–256.
Smith, R. E. " Ἀληθεστάτη πρόφασις," *Greece and Rome*, XI (1941–42), 23.
Smith, R. E., "The Opposition to Agesilaus' Foreign Policy 394–371 B.C.," *Historia*, II (1953/1954), 274–288.
Smith, S. B., "The Economic Motive in Thucydides," *HSCP*, LI (1940), 267–309.
Stahl, H. -P., *Thukydides* Die Stellung des Menschen im geschichtlichen Prozess, *Zetemata* Monographien zur klassischen Altertumswissenschaft, Heft 40, Munich, 1966.
Ste. Croix, G. E. M. de, "The Character of the Athenian Empire," *Historia*, III (1954/55), 1–41.
Ste. Croix, G. E. M. de, "Notes on Jurisdiction in the Athenian Empire," *CQ*, N.S., XI (1961), 95–112 and 268–280.
Stockton, David, "The Peace of Callias," *Historia*, VIII (1959), 61–79.
Sutherland, C. H. V., "Corn and Coin: A Note on Greek Commercial Monopolies," *AJP*, LXIV (1943), 129–147.
Taylor, A. J. P., *The Struggle for the Mastery of Europe*, Oxford, 1954.
*Thucydide, La Guerre du Péloponnèse*, Texte établit et traduit par J. de Romilly, Livres I² et II (Budé), Paris, 1958, 1962.
*Thucydides*, text and translation by Charles Forster Smith, I–IV (Loeb), London and Cambridge, Mass., 1919–1923.
*Thucydidis Historiae* iterum rec. brevique adn. crit. instr. H. S. Jones; app. crit. corr. et aux, J. E. Powell, Oxford, 1942.
*Thucydidis Historiae* post Carolum Hude edidit Otto Luschnat, Vol. I, Libri I–II, editio altera correctior (Teubner), Leipzig, 1960.
*Thucydidis Historiarum Liber Primus*, testo critico e commento con traduzione e indici, Antonio Maddalena, 3 vols., Florence, 1952.
*Thukydides*, J. Classen, bearbeitet von J. Steup mit einem nachwort und bibligrapischen nachträgen van Rudolf Stark; 5 Auflage, I, II, Berlin, 1909, 1914; Nachdruck, Berlin, 1963.
Tod, M. N., *Greek Historical Inscriptions*, 2nd ed., Vol. I, Oxford, 1946.
Völkl, Karl, "Das megarische Psephisma," *Rheinische Museum*, XCIV (1951), 330–336.

Wade-Gery, H. T., "The Financial Decrees of Callias," *JHS*, LI (1931), 57–85.

Wade-Gery, H. T., "Strategoi in the Samian War," *CP*, XXVI (1931), 309–313.

Wade-Gery, H. T., "Thucydides the son of Melesias," *Essays*, 239–270 = *JHS*, 1932.

Wade-Gery, H. T., "The Peace of Kallias," *HSCP*, Suppl., I (1940), 126ff.

Wade-Gery, H. T., and B. D. Meritt, "Athenian Resources in 449 and 431 B.C.," *Hesperia*, XXVI (1957), 163–197.

Wade-Gery, H. T., *Essays in Greek History*, Oxford, 1958.

Walker, E. M., "The Confederacy of Delos," "Athens and the Greek Powers, 462–445 B.C.," and "The Periclean Democracy," *CAH*, V (1940), 33–67, 68–97, and 98–112.

Walker, P. K., "'The Pentecontaetia' in Thucydides, Book I," *CQ*, N.S., VII (1957), 27–38.

Wallace, W., "The Egyptian Expedition and the Chronology of the Decade 460–450 B.C.," *TAPA*, LXVII (1936), 252–260.

Wassermann, F. M., "Thucydidean Scholarship, 1942–1956," *CW*, L (1956–57), 65–70, 89–101.

Wentker, H., *Sizilien und Athen*, Heidelberg, 1956.

West, A. B., "The Tribute Lists and the Non-Tributary Members of the Delian League," *American Historical Review*, XXXV (1930), 267–275.

Westlake, H. D., "Thucydides and the Pentecontaetia," *CQ*, N.S., V (1955), 53–67.

Westlake, H. D., "Thucydides and the Fall of Amphipolis," *Hermes*, XC (1962), 276–287.

Wiliamowitz-Möllendorff, U. von, *Aristoteles und Athen*, Berlin, 1893.

Will, Édouard, "Note sur la défection de Byzance en 440–439 av. J.-C.," *Bulletin de la Faculté des Lettres de Strassbourg*, 1946–1947, 145–146.

Will, Édouard, "Sur l'évolution des rapports entre colonies et métropoles à partir du VIe s.," *La Nouvelle Clio*, VI (1954), 413–460.

Will, Édouard, *Korinthiaka*, Paris, 1955.

Woodhead, A. G., "The Site of Brea: Thucydides I. 61. 4," *CQ*, (1952), 57–62.

Woodhead, A. G., "Thucydides' Portrait of Cleon," *Mnemosyne Series* 4, XIII (1960), 289–317.

Wüst, F. R., "Amphiktyonie, Eidgenossenschaft, Symmachie," *Historia*, III (1954–5), 129–153.

Zahn, R., *Die erste Periklesrede (Thuk. I 140–44)*, Diss, Kiel, 1932, Leipzig, 1934.

图书在版编目(CIP)数据

伯罗奔尼撒战争的爆发 /(美)唐纳德·卡根(Donald Kagan);曾德华译.李隽旸校.
—上海:华东师范大学出版社,2019
 ISBN 978-7-5675-9178-3

Ⅰ.①伯… Ⅱ.①唐…②曾…③李… Ⅲ.①伯罗奔尼撒战争—研究
Ⅳ.①K125

中国版本图书馆 CIP 数据核字(2019)第 085292 号

华东师范大学出版社六点分社
企划人 倪为国

The Outbreak of the Peloponnesian War
by Donald Kagan, originally published by Cornell University
Copyright © 1969 by Cornell University Press
The edition is a translation authorized by the original publisher
Simplified Chinese Translation Copyright © 2019 by East China Normal University Press Ltd.
ALL RIGHTS RESERVED.
上海市版权局著作合同登记 图字:09-2010-780 号

## 伯罗奔尼撒战争的爆发

著　者　(美)唐纳德·卡根
译　者　曾德华
校　者　李隽旸
责任编辑　徐海晴
封面设计　吴元瑛

出版发行　华东师范大学出版社
社　　址　上海市中山北路 3663 号　邮编　200062
网　　址　www.ecnupress.com.cn
电　　话　021-60821666　行政传真　021-62572105
客服电话　021-62865537
门市(邮购)电话　021-62869887
地　　址　上海市中山北路 3663 号华东师范大学校内先锋路口
网　　店　http://hdsdcbs.tmall.com

印刷者　上海盛隆印务有限公司
开　本　700×1000　1/16
印　张　32
字　数　365 千字
版　次　2019 年 8 月第 1 版
印　次　2019 年 8 月第 1 次
书　号　ISBN 978-7-5675-9178-3/K·537
定　价　128.00 元

出版人　王焰

(如发现本版图书有印订质量问题,请寄回本社客服中心调换或电话 021-62865537 联系)